高等学校"十四五"医学规划新形态教材
（药学类系列）

供药学类、中药学类、生物工程类、化学类、化工与制药类
及其他相关专业使用

药 剂 学

主　编　吴正红　高建青
副主编　祁　荣　杨星钢　史新元　戚建平　李　翀

编　者（按姓氏汉语拼音排序）

毕肖林	南京中医药大学	陈华黎	重庆医科大学
陈　艺	贵州医科大学	慈天元	上海中医药大学
邓　黎	四川大学	邓艳平	福建医科大学
高建青	浙江大学	古丽巴哈尔·卡吾力	新疆医科大学
关志宇	江西中医药大学	侯冬枝	广东药科大学
侯　琳	郑州大学	李　翀	西南大学
李　磊	大连医科大学	李　瑞	南京医科大学
戚建平	复旦大学	祁　荣	北京大学
祁小乐	中国药科大学	史新元	北京中医药大学
王　珂	西安交通大学	王　森	南方医科大学第十附属医院
吴正红	中国药科大学	徐荷林	温州医科大学
杨星钢	沈阳药科大学	姚金凤	首都医科大学
张懋璠	中国医科大学	钟志容	西南医科大学

中国教育出版传媒集团

高等教育出版社·北京

内容简介

本教材编写旨在满足新时代我国药学教育和现代制剂工业的发展需求，充分利用新一代信息技术，整合优质资源，探索构建灵活、开放、规范的新形态产教研融合的教材体系，有利于助教、助学，有益于教学过程的开展。全书共十二章，分别为绪论、药物制剂的基本理论、药用辅料与药品包装、液体制剂及其技术、无菌制剂及其技术、固体制剂及其技术、半固体制剂及其技术、雾化制剂及其技术、中药制剂及其技术、生物技术药物制剂及其技术、新型制剂技术和新型制剂各论。

本教材图文并茂、内容精炼。教材以融合创新的思路，将信息技术与教材建设、课程建设融合。以数字链接的形式，展现"学习目标""思维导图""自测题""拓展阅读""微视频"等内容资源，以期展现出"新形态"的特色。

本教材可供药学类、中药学类、生物工程类、化学类、化工与制药类及其他相关专业学生使用。

图书在版编目（CIP）数据

药剂学 / 吴正红，高建青主编 . -- 北京 : 高等教育出版社，2025.9. -- ISBN 978-7-04-064765-5

Ⅰ. R94

中国国家版本馆 CIP 数据核字第 2025CK6356 号

Yaojixue

项目策划　吴雪梅　张映桥

| 策划编辑 | 张映桥 | 责任编辑 | 张映桥 | 封面设计 | 李卫青 | 责任印制 | 张益豪 |

出版发行　高等教育出版社	网　　址　http://www.hep.edu.cn
社　　址　北京市西城区德外大街4号	http://www.hep.com.cn
邮政编码　100120	网上订购　http://www.hepmall.com.cn
印　　刷　北京中科印刷有限公司	http://www.hepmall.com
开　　本　850mm×1168mm　1/16	http://www.hepmall.cn
印　　张　29.25	
字　　数　865 千字	版　次　2025 年 9 月第 1 版
购书热线　010-58581118	印　次　2025 年 9 月第 1 次印刷
咨询电话　400-810-0598	定　价　72.00元

本书如有缺页、倒页、脱页等质量问题，请到所购图书销售部门联系调换
版权所有　侵权必究
物　料　号　64765-00

数字课程（基础版）

药剂学

主编　吴正红　高建青

abooks.hep.com.cn/64765

使用方法：

1. 电脑或移动设备访问课程网站。
2. 注册并登录后，进入"个人中心"。
3. 刮开图书封底防伪码涂层，通过扫描二维码或手动输入 20 位密码，完成防伪码绑定。
4. 绑定成功后，即可开始本数字课程的学习。

如有使用问题，请点击页面下方的"疑问"按钮。

"药剂学"数字课程编委会

主　编　吴正红　高建青　刘玲玲　朱　颖
副主编　杨星钢　戚建平　李　翀　关志宇
　　　　钟志容　周成功　蒋　琼　孙亚洲

编　者（按姓氏汉语拼音排序）

毕肖林	南京中医药大学	陈华黎	重庆医科大学
陈　艺	贵州医科大学	慈天元	上海中医药大学
邓　黎	四川大学	邓艳平	福建医科大学
董　凯	西安交通大学	冯　利	国家开放大学
傅　玉	西南大学	高建青	浙江大学
古丽巴哈尔·卡吾力	新疆医科大学	关志宇	江西中医药大学
韩海岭	赢创特种化学（上海）有限公司	韩立冬	南京羚诺生物医药技术研究院有限公司
何海生	复旦大学	侯冬枝	广东药科大学
侯　琳	郑州大学	蒋　琼	德国肖特集团
蒋心驰	浙江大学	柯发敏	西南医科大学
李　翀	西南大学	李　磊	大连医科大学
李　瑞	南京医科大学	李新立	山东赫尔希胶囊有限公司
刘　葭	北京中医药大学	刘玲玲	中国医药工业信息中心
刘　庆	美国汉佛莱医药顾问有限公司	刘　瑜	复旦大学
刘　怡	亚什兰集团公司	罗有仕	北京兰贝石恒温技术有限公司
吕雅琪	上海中医药大学	马　冲	深圳市信宜特科技有限公司
潘　亮	南京三迭纪医药科技有限公司	戚建平	复旦大学
祁　荣	北京大学	祁小乐	中国药科大学
任兴发	月旭科技（上海）股份有限公司	戎志刚	奥星制药设备（石家庄）有限公司
史新元	北京中医药大学	舒　铃	长沙晶易医药科技股份有限公司
孙　磊	山东新马制药装备有限公司	孙亚洲	长沙晶易医药科技股份有限公司
王　珂	西安交通大学	王　森	南方医科大学第十附属医院
吴俊珠	大理大学	吴文婷	江西中医药大学
吴正红	中国药科大学	吴紫珩	澳大利亚蒙纳士大学
薛　亚	南京智教云智能科技有限公司	杨　磊	中国药科大学
杨星钢	沈阳药科大学	姚金凤	首都医科大学
叶田田	沈阳药科大学	徐荷林	温州医科大学
张慧娟	郑州大学	张懋璠	中国医科大学
张倩玉	重庆医科大学	章晓骅	南京正大天晴制药有限公司
赵蓓蓓	德国肖特集团	郑　楠	首都医科大学附属北京安定医院
钟志容	西南医科大学	周成功	南京智教云智能科技有限公司
朱亚东	苏州易科新创科学仪器有限公司	朱　颖	上海卡乐康包衣技术有限公司
朱正辉	菲特（中国）制药科技有限公司		

前言

医药创新已经成为中国进入创新型国家的重要标志，成为中国经济高质量发展的重要领域。目前，我国药物研究和产业发展正进入创新跨越新阶段，但创新药物研发还存在诸多瓶颈和短板。党和国家多次强调，要加强医药人才培养，集中力量加快解决药品、医疗器械、医用设备、疫苗等领域"卡脖子"问题。

为认真贯彻落实党的二十大报告对教材建设与管理作出的新部署、新要求，全面推进习近平新时代中国特色社会主义思想和党的二十大精神进教材，打造一批将信息技术与教育教学深度融合的药学类专业本科新形态教材，助力高校"懂医精药、善研善成"的药学人才培养，高等教育出版社启动了高等学校"十四五"医学规划新形态教材（药学类系列）建设工作。

受高等教育出版社委托，为了满足新时代我国药学教育和现代制剂工业的发展要求，充分利用新一代信息技术，整合优质资源，探索构建灵活、开放、规范的新形态教材体系，在总结现有药剂学相关教材使用经验的基础上，通过系统梳理、突出共性、理论与技术并举、重塑教材架构，我们联合国内外长期从事药剂学教学、科研，以及制剂生产相关的专家、学者，编写了这本《药剂学》新形态教材。

本教材图文并茂、内容精炼。以融合创新的思路，将信息技术与教材建设、课程建设融为一体，结合现代制剂工业技术和发展趋势，力求夯实专业基础，突出制剂共性技术，反映专业知识前沿，让学生由浅入深、循序渐进地掌握常规制剂相关理论和技术，拓展新型制剂相关知识和技术，以有利于开展产教融合、科教融合，协同育人。

本教材由十二章构成，分别为绪论、药物制剂的基本理论、药用辅料与药品包装、液体制剂及其技术、无菌制剂及其技术、固体制剂及其技术、半固体制剂及其技术、雾化制剂及其技术、中药制剂及其技术、生物技术药物制剂及其技术、新型制剂技术和新型制剂各论。同时，为拓展学生的学习空间，本教材以数字链接的形式，展现"学习目标""思维导图""自测题""拓展阅读""微视频"等课程资源，以期展现出"新形态"的特色。

本教材可供药学类、中药学类、生物工程类、化学类、化工与制药类及其他相关专业学生使用，也可作为从事药物制剂研发人员的参考用书。教材的编写得到了各参编单位以及高等教育出版社的大力支持，在此表示衷心的感谢！在本教材编写过程中，平其能教授、周建平教授提出了许多宝贵的指导性意见，在此深表感激。由于编者水平有限，教材中难免存在诸多不足，衷心希望广大读者批评指正。

吴正红　高建青
2025 年 4 月

目 录

第一章 绪论 …………………………………… 1
　第一节 药剂学的基本概况 ………………… 1
　　一、药剂学常用术语 ……………………… 2
　　二、药剂学的主要任务 …………………… 4
　　三、药剂学的相关学科 …………………… 5
　　四、药物剂型的分类及重要性 …………… 7
　　五、药剂学的发展沿革 …………………… 9
　第二节 药典及其他药品相关法规简介 …… 10
　　一、药典 ………………………………… 10
　　二、国家药品标准 ……………………… 11
　　三、药品相关管理有关规定 …………… 11
　　四、处方药与非处方药 ………………… 14

第二章 药物制剂的基本理论 ………………… 15
　第一节 药物溶液的形成理论 ……………… 15
　　一、药用溶剂的种类及性质 …………… 15
　　二、药物溶解与溶出 …………………… 17
　　三、药物溶液的性质与检测方法 ……… 24
　第二节 微粒分散体系 ……………………… 26
　　一、概述 ………………………………… 26
　　二、微粒分散体系的物理化学性质 …… 27
　　三、微粒分散体系的物理稳定性相关
　　　　理论 ………………………………… 29
　第三节 流变学基础 ………………………… 37
　　一、概述 ………………………………… 38
　　二、牛顿流体 …………………………… 38
　　三、非牛顿流动 ………………………… 39
　　四、触变性 ……………………………… 41
　　五、黏弹体 ……………………………… 42
　　六、流变学在药剂学中的应用 ………… 43
　第四节 粉体学基础 ………………………… 45
　　一、概述 ………………………………… 45
　　二、粉体粒子的性质 …………………… 46
　　三、粉体学在药剂学中的应用 ………… 60
　第五节 药物制剂的稳定性 ………………… 61
　　一、概述 ………………………………… 61
　　二、药物稳定性的化学动力学基础 …… 61
　　三、药物制剂的降解途径、影响因素及
　　　　稳定化方法 ………………………… 63
　　四、药物制剂的物理稳定性及稳定化
　　　　方法 ………………………………… 71
　　五、药物制剂稳定性试验方法 ………… 72
　　六、新药开发过程中药物制剂稳定性的
　　　　研究 ………………………………… 75
　第六节 药物制剂的设计 …………………… 76
　　一、概述 ………………………………… 76
　　二、药物制剂的处方设计前工作 ……… 78
　　三、药物剂型选择和制剂设计的基本
　　　　原则 ………………………………… 84
　　四、药物制剂设计研究的主要内容和
　　　　方法 ………………………………… 88

第三章 药用辅料与药品包装 ………………… 92
　第一节 药用辅料 …………………………… 92
　　一、概述 ………………………………… 92
　　二、药用辅料的用途及其功能性指标 … 95
　　三、表面活性剂 ………………………… 98
　　四、药用高分子材料 …………………… 103
　　五、药用预混辅料与共处理辅料 ……… 105
　第二节 药品包装 …………………………… 107
　　一、概述 ………………………………… 107
　　二、药品的包装材料和容器 …………… 108
　　三、药品软包装 ………………………… 113
　第三节 药用辅料与药品包装的法规 ……… 117
　　一、药用辅料有关法规 ………………… 117
　　二、药品包装有关法规 ………………… 119

第四章 液体制剂及其技术 …………………… 122
　第一节 概述 ………………………………… 122
　　一、液体制剂的定义 …………………… 122

二、液体制剂的特点 … 123
三、液体制剂的质量要求 … 123
四、液体制剂的分类 … 123
五、液体制剂的常用溶剂与附加剂 … 124
六、液体制剂的一般制备工艺流程 … 127
七、液体制剂的包装与贮存 … 128
　第二节　液体制剂单元操作技术 … 128
一、制药用水处理技术 … 128
二、液体过滤技术 … 133
　第三节　液体制剂各论 … 137
一、低分子溶液剂 … 137
二、高分子溶液剂 … 140
三、溶胶剂 … 144
四、混悬剂 … 146
五、乳剂 … 152

第五章　无菌制剂及其技术 … 163
　第一节　概述 … 163
一、无菌制剂的定义 … 163
二、无菌制剂的分类 … 163
三、无菌制剂的质量要求 … 164
　第二节　无菌制剂单元操作技术 … 164
一、空气净化技术 … 164
二、热原的去除技术 … 167
三、渗透压调节技术 … 168
四、灭菌与无菌技术 … 170
　第三节　无菌制剂各论 … 175
一、注射剂 … 175
二、输液剂 … 186
三、注射用无菌粉末 … 192
四、眼用液体制剂 … 196
五、其他无菌制剂 … 200

第六章　固体制剂及其技术 … 202
　第一节　概述 … 202
一、固体制剂的定义和特点 … 202
二、固体剂型的制备工艺 … 203
三、口服固体剂型的体内吸收过程 … 203
　第二节　固体制剂单元操作技术 … 204
一、粉碎 … 204
二、筛分 … 209
三、混合 … 212

四、制粒 … 215
五、干燥 … 218
六、压片 … 221
七、包衣 … 227
八、工业化连续制造 … 232
　第三节　固体制剂各论 … 233
一、散剂 … 233
二、颗粒剂 … 238
三、胶囊剂 … 241
四、片剂 … 250
五、滴丸剂 … 263
六、微丸剂 … 266
七、膜剂 … 270
八、栓剂 … 273

第七章　半固体制剂及其技术 … 279
　第一节　概述 … 279
一、半固体制剂的定义和分类 … 279
二、半固体制剂的特点 … 279
三、半固体制剂的组成基质 … 280
四、半固体制剂的质量要求 … 280
　第二节　半固体制剂单元操作技术 … 280
一、制管 … 280
二、配料 … 281
三、灌装 … 281
四、包装 … 282
五、质量控制 … 282
　第三节　半固体制剂各论 … 282
一、软膏剂 … 282
二、乳膏剂 … 287
三、凝胶剂 … 292
四、眼膏剂 … 294

第八章　雾化制剂及其技术 … 296
　第一节　概述 … 296
一、雾化制剂 … 297
二、吸入制剂和非吸入制剂 … 298
三、呼吸道给药 … 298
　第二节　雾化制剂单元操作技术 … 299
一、研磨法 … 299
二、喷雾干燥法 … 300
三、超临界流体技术 … 302

四、结晶法 ………………………………… 303
第三节　雾化制剂各论 …………………………… 304
　　一、气雾剂 ………………………………… 304
　　二、粉雾剂 ………………………………… 311
　　三、喷雾剂 ………………………………… 312

第九章　中药制剂及其技术 ……………………… 316
　第一节　概述 ……………………………………… 316
　　一、中药制剂的概念 ……………………… 316
　　二、中药制剂的特点 ……………………… 317
　　三、中药剂型的选择原则与未来研究
　　　　方向 ………………………………… 317
　第二节　中药制剂单元操作技术 ………………… 317
　　一、粉碎 …………………………………… 317
　　二、浸提 …………………………………… 318
　　三、分离与纯化 …………………………… 323
　　四、浓缩与干燥 …………………………… 324
　第三节　常用中药制剂 …………………………… 326
　　一、汤剂 …………………………………… 326
　　二、合剂 …………………………………… 327
　　三、流浸膏剂与浸膏剂 …………………… 328
　　四、酒剂 …………………………………… 328
　　五、酊剂 …………………………………… 329
　　六、煎膏剂（膏滋）……………………… 329
　　七、中药丸剂 ……………………………… 330
　　八、中药片剂 ……………………………… 332
　　九、中药注射剂 …………………………… 333
　　十、其他中药剂型 ………………………… 334

第十章　生物技术药物制剂及其技术 …………… 335
　第一节　概述 ……………………………………… 335
　　一、生物技术药物的定义 ………………… 335
　　二、生物技术药物的特点 ………………… 336
　　三、生物技术药物的分类 ………………… 337
　　四、生物技术药物的质量要求 …………… 339
　　五、生物技术药物制剂的现状 …………… 339
　第二节　多肽、蛋白质类药物给药系统 ………… 340
　　一、多肽、蛋白质类药物的结构及性质 … 340
　　二、多肽、蛋白质类药物注射给药系统 … 342
　　三、多肽、蛋白质类药物非注射给药
　　　　系统 ………………………………… 344
　第三节　核酸类药物给药系统 …………………… 348

　　一、核酸类药物的概念、分类及性质 …… 348
　　二、核酸类药物的递送载体 ……………… 350
　第四节　疫苗制剂 ………………………………… 352
　　一、疫苗的分类 …………………………… 352
　　二、疫苗的递送 …………………………… 352
　第五节　细胞治疗和组织工程 …………………… 354

第十一章　新型制剂技术 ………………………… 356
　第一节　固体分散技术 …………………………… 356
　　一、概述 …………………………………… 356
　　二、固体分散体的速释和缓释机制 ……… 357
　　三、固体分散体载体的选择 ……………… 357
　　四、固体分散体的制备方法 ……………… 358
　　五、固体分散体的类型 …………………… 358
　　六、固体分散体的质量评价 ……………… 359
　　七、应用举例 ……………………………… 360
　第二节　包合技术 ………………………………… 360
　　一、概述 …………………………………… 360
　　二、包合技术的原理 ……………………… 361
　　三、包合技术的特点 ……………………… 361
　　四、包合物的类型 ………………………… 361
　　五、常用的包合材料 ……………………… 362
　　六、包合作用的影响因素 ………………… 363
　　七、包合物的制备方法 …………………… 363
　　八、包合物的质量评价 …………………… 364
　　九、应用举例 ……………………………… 364
　第三节　微囊化技术 ……………………………… 364
　　一、概述 …………………………………… 364
　　二、常用的微囊化囊材 …………………… 365
　　三、微囊的制备方法 ……………………… 366
　　四、微囊中药物的释放 …………………… 368
　　五、微囊的质量评价 ……………………… 368
　　六、应用举例 ……………………………… 369
　第四节　微球制备技术 …………………………… 369
　　一、概述 …………………………………… 369
　　二、常用的微球制备材料 ………………… 369
　　三、微球的制备方法 ……………………… 370
　　四、微球的影响因素 ……………………… 372
　　五、微球的质量评价 ……………………… 373
　　六、微球制备技术在制剂中的应用 ……… 373
　第五节　脂质体制备技术 ………………………… 374
　　一、概述 …………………………………… 374

二、脂质体的分类 …………………… 374
三、常用的脂质体制备材料 ………… 375
四、脂质体的制备方法 ……………… 376
五、脂质体制备的影响因素 ………… 378
六、脂质体的灭菌 …………………… 378
七、脂质体的质量评价 ……………… 379
八、脂质体技术在制剂中的应用 …… 380
第六节 纳米粒制备技术 ……………… 381
一、概述 ……………………………… 381
二、纳米粒制备技术的原理 ………… 382
三、纳米粒的制备方法 ……………… 383
四、纳米粒制备的影响因素 ………… 384
五、纳米粒的质量评价 ……………… 384
第七节 自乳化释药技术 ……………… 385
一、概述 ……………………………… 385
二、自乳化释药系统的分类 ………… 385
三、自乳化释药系统的特点 ………… 386
四、自乳化释药系统的形成原理 …… 386
五、自乳化释药系统的组成 ………… 387
六、自乳化释药系统的制备方法 …… 387
七、自乳化释药系统的质量评价 …… 389
第八节 纳米混悬剂技术 ……………… 389
一、概述 ……………………………… 389
二、纳米混悬剂的形成原理 ………… 390
三、纳米混悬剂的组成 ……………… 391
四、纳米混悬剂的制备方法 ………… 391
五、纳米混悬剂的质量评价 ………… 393
第九节 药物微粉化技术 ……………… 394
一、概述 ……………………………… 394
二、药物微粉化方法 ………………… 394
三、药物微粉化在药物制剂中的应用 … 395
第十节 磷脂复合物技术 ……………… 396
一、概述 ……………………………… 396
二、磷脂复合物的制备方法 ………… 397
三、磷脂复合物的质量评价 ………… 397
四、磷脂复合物技术在制剂中的应用 … 398
五、应用举例 ………………………… 398
第十一节 药物共晶技术 ……………… 399
一、概述 ……………………………… 399
二、共晶的制备方法 ………………… 400

三、共晶在药物制剂中的应用 ……… 401
第十二节 增材制造技术 ……………… 402
一、概述 ……………………………… 402
二、增材制造的方法 ………………… 402
三、增材制造技术在药物制剂中的
应用 ……………………………… 403
四、应用举例 ………………………… 404

第十二章 新型制剂各论 ……………… 406
第一节 快速释放制剂 ………………… 406
一、概述 ……………………………… 406
二、口腔崩解片 ……………………… 407
三、分散片 …………………………… 408
四、咀嚼片 …………………………… 410
五、泡腾片 …………………………… 412
第二节 缓释、控释制剂 ……………… 413
一、概述 ……………………………… 413
二、口服缓释与控释制剂 …………… 420
三、口服定时和定位制剂 …………… 425
四、口服缓释与控释制剂体内外评价 … 427
第三节 黏膜给药制剂 ………………… 430
一、口腔黏膜给药制剂 ……………… 430
二、鼻腔黏膜给药制剂 ……………… 433
第四节 透皮制剂 ……………………… 434
一、透皮制剂的特点 ………………… 435
二、药物的透皮吸收 ………………… 435
三、药物透皮吸收的促进方法 ……… 437
四、透皮贴剂的制备 ………………… 441
五、透皮制剂的质量控制 …………… 444
第五节 靶向制剂 ……………………… 446
一、靶向制剂的定义与特点 ………… 446
二、靶向制剂的分类 ………………… 447
三、被动靶向制剂 …………………… 447
四、主动靶向制剂 …………………… 448
五、物理化学靶向制剂 ……………… 449
六、器官组织靶向制剂 ……………… 450
七、靶向制剂的入胞机制 …………… 450
八、靶向制剂的评价 ………………… 451

参考文献 ………………………………… 454

第一章 绪 论

编者导学

章节导航
第一节 药剂学的基本概况
第二节 药典及其他药品相关法规简介

药剂学是将原料药制成药物制剂的一门学科,具有较强的综合性和实践性,涉及多门学科。无论何种药物,都不能被直接应用于患者,在其被应用于临床之前必须经过一定的处方、工艺设计及制备过程,方可成为供临床使用的药品,因而药剂学具有工艺学属性和临床医疗实践性质。药品作为特殊的商品,用于防治疾病、维护大众健康,其具有生命关联性、高质量性、公共福利性、高度的专业性和品种多样性等特性。

本章阐明药剂学的性质,主要讲述了药剂学的常用术语、主要任务、相关学科,以及药物剂型的分类、重要性、发展沿革。同时还介绍了药典及其他药品相关法规等。

第一节 药剂学的基本概况

药剂学(pharmaceutics),全称药物制剂学,是一门研究药物制剂的基本理论、处方设计、制备工艺、质量控制和合理应用等内容的综合性应用技术学科。其概念的内涵实际上可以分成三个层次:①药剂学的研究对象是药物制剂;②药剂学的研究内容是关于药物制剂的基本理论、处方设计、制备工艺、质量控制和合理应用等;③药剂学的学科属性是一门综合性应用技术学科。

药剂学的基本任务是研究将药物制成适宜的剂型,以满足医疗卫生工作的需要。在药剂学研究中,需根据药物理化性质、体内吸收代谢特点的不同,设计合适的剂型以充分发挥其疗效,减少毒副作用和不良反应;需在药物的生产加工中采取合适的处方设计和生产工艺,以合理剂型适合相应的给药途径;同时,也要满足药物本身的保管和运输要求。

总而言之,药剂学是制药产业链中关键环节,是将药物转化为制剂药品用于临床的桥梁。在药品研发过程中,由基础研究向产业化转化过程中药剂学起到承上启下的作用。

一、药剂学常用术语

(一)药物

药物(drug)指用于预防、治疗和诊断疾病的活性物质(active pharmaceutical ingredient,API),也称原料药(drug substance),包括化学合成药物(chemical drug),如尼莫地平;天然药物(natural drug),如柴胡;生物技术药物(biotechnological drug),如胰岛素等。在理论上,凡能影响机体器官生理功能及细胞代谢活动的物质都属于药物的范畴,但任何药物在供给临床使用前,均须制成适合医疗和预防应用的形式。

(二)药品

药品(medicine)指用于预防、治疗、诊断人的疾病,有目的地调节人的生理机能并规定有适应证或者功能主治、用法和用量的物质,即国家有关部门批准生产的原料药和制剂产品,包括中药材、中药饮片、中成药、化学原料药及其制剂、抗生素、生化药品、放射性药品、血清、疫苗、血液制品和诊断药品等,如氨茶碱与氨茶碱片、人血白蛋白与人血白蛋白粉针剂、柴胡与柴胡注射液等。药物与药品是不完全等同的两个概念。

药品具备商品的使用价值,也具有特殊属性,主要表现为双重性、专属性、质量重要性。

(1)双重性:"是药三分毒",药品不仅能起到治疗、诊断或预防的作用,还可能存在不良反应,如副作用、毒性作用等。

(2)专属性:药品不是一种独立的商品,它与医学紧密结合,相辅相成。患者只有通过医生的检查诊断,并在医生与执业药师的指导下合理用药,才能达到保护健康、预防或治疗疾病的目的。

(3)质量重要性:从药品的定义可知,药品是用于预防、治疗、诊断人的疾病,有目的地调节人的生理机能并规定有适应证或者功能主治、用法和用量的物质。因此,其质量重要性尤为突出。药品的质量属性主要指其安全性、有效性、均一性和稳定性。

另外,药品的质量没有等级之分,没有优等品、一等品、二等品、合格品等说法,只有符合规定与不符合规定之分。只有符合规定的产品,才能允许销售,否则不得销售。

(三)药物剂型

药物剂型(dosage form),简称剂型,指根据不同给药方式和不同给药部位等要求,为适应疾病的诊断、治疗或预防的需要而制备的药物应用形式,如片剂、胶囊剂、溶液剂、乳剂、注射剂、栓剂等。

(四)药物制剂

药物制剂(pharmaceutical preparation),简称制剂,指将原料药物按照某种剂型制成一定规格并具有一定质量标准的具体品种。根据制剂命名原则,制剂名=药物通用名+剂型名,如维生素C片、阿莫西林胶囊、鱼肝油胶丸等。药物制剂能直接应用于患者,解决了药品的用法和用量问题。另外,制剂还可指某一类剂型的总称,如液体制剂、固体制剂等;或药物的制备过程(pharmaceutical manufacturing)。

(五)药用辅料

药用辅料(pharmaceutical excipient),简称辅料,指生产药品和调配处方时所用的赋形剂和附加剂,是除活性成分(即主药)或前药以外,在安全性方面已进行了合理的评估,一般包含在药物制剂中的物质。药用辅料除了赋形、充当载体、提高稳定性外,还具有增溶、助溶、缓释、控释等重要功能,是可能会影响到药品的质量、安全性和有效性的重要成分,也是制剂生产中必不可少的组成部分。

(六)药用物料

药用物料(pharmaceutical material),简称物料,指制剂生产过程中所用的原料、辅料和包装材料等物品的总称。

（七）包装材料

包装材料（packaging material）指直接接触药品的内包装材料、外包装材料以及印刷性包装材料等。其中，内包装材料指用于与药品直接接触的包装材料，也称为直接包装材料或初级包装材料，如：玻璃瓶、安瓿、铝箔、油膏软管、瓶塞等。外包装材料指不直接与药品接触的包装材料，如：纸盒、木桶、铝听、铝盖、纸箱等。印刷性包装材料指印有文字、数字、符号等的包装材料。这类包装材料可以是内包装材料如软膏管，也可以是外包装材料，如外盒、外箱等。

（八）药品通用名称

药品通用名称（China approved drug name，CADN），简称通用名，指根据国际通用药品名称国家药典委员会按照《中国药品通用名称命名原则》制定的药品名称，即中国药品通用名称。通用名具有通用性，即无论何处生产的同种药品都可以采用。

（九）国际非专有药名

国际非专有药名（international nonproprietary name for pharmaceutical substance，INN），又称国际非专属药名、国际非专利药名，系研发药物机构向世界卫生组织申请后获得核准的药品正式名称，属官方的非专利性名称，且为全球通用的唯一性名称，也称为通用名称（generic name）。

（十）药品商品名

药品商品名（drug trade name），又称商标名，指经国家药品监督管理部门批准的特定企业使用的药品专用的商品名称，即不同厂家生产的同一种药物制剂可以有不同的名称，具有专有性质，不可仿用。商品名一经注册，该药品即为注册药品。

（十一）药品规格

药品规格（drug specification），简称规格，指每一支、片或其他每一个单位制剂中含有主药的重量（效价）、含量或装量，是临床使用药物的重要依据。同一种药品可以有不同的规格，供不同疾病和不同年龄组的患者使用。药品规格要与常用剂量相适应，以方便临床应用。

（十二）批

批（lot 或 batch）指在规定限度内具有同一性质和质量并在同一连续生产周期内生产出来的一定数量的药品。所谓规定限度是指一次投料、同一生产工艺过程、同一生产容器中制得的产品，可见"批"所要反映的最根本的问题是在允许限度内质量的均匀性。

（十三）批号

批号（lot number 或 batch number）指用于识别"批"的一组数字或字母加数字，用于追溯和审查该批药品的生产历史。在药品生产过程中，将同一次投料、同一次生产工艺所生产的药品用一个批号来表示。批号表示生产日期和批次，可由批号推算出药品的有效期和存放时间的长短，同时便于药品的抽样检验，还代表该批药品的质量。每批药品均应编制生产批号。

（十四）药品批准文号

药品批准文号（drug approval number），即生产新药或者已有国家标准的药品，经国家药品监督管理部门批准，并在批准文件上规定该药品的专有编号，是药品生产合法性的标志。药品批准文号格式：国药准字+1位字母+8位数字；试生产药品批准文号格式：国药试字+1位字母+8位数字。其中，"H"代表化学药品，"Z"代表中药，"B"代表保健药品，"S"代表生物制品，"T"代表体外化学诊断试剂，"F"代表药用辅料，"J"代表进口分包装药品。

（十五）ICH

ICH，即人用药物注册技术要求国际协调理事会（The International Council for Harmonisation of Technical Requirements for Pharmaceuticals for Human Use，ICH）。该组织在1990年由美国、日本和欧盟三方的政府药品注册部门和制药行业发起。

六个参加单位分别是：欧洲联盟（European Union，EU）、欧洲制药工业协会联合会（European Federation of Pharmaceutical Industries and Associations，EFPIA）、日本厚生劳动省（Ministry of Health，Labour and Welfare，MHLW）、日本制药工业协会（Japan Pharmaceutical Manufacturers Association，JPMA）、美国食品药品监督管理局（Food and Drug Administration，FDA）和美国药物研究和生产联合会（Pharmaceutical Research and Manufacturers of America，PRMA）。

2017年6月，中国国家食品药品监督管理总局成为ICH成员；2018年6月，中国国家药品监督管理局成为ICH管理委员会成员。

二、药剂学的主要任务

药剂学的宗旨是制备安全（safety）、有效（efficacy）、稳定（stability）、可控（controllability）、顺应（compliance）的药物制剂，以满足医疗与预防的需要。其主要任务包括以下几方面。

（一）药剂学基本理论的研究

药剂学基本理论是药物制剂和剂型的设计基础，对于剂型的改进和完善、新剂型和新制剂的开发以及提高药物制剂的产品质量都有重要的指导作用，对提高药物制剂的生产技术水平，制成安全、有效、稳定的制剂具有重要的意义。例如，利用增加难溶性药物的溶解度来提高药物生物利用度；利用相变原理制备微球、微乳等药物新剂型等；利用药物微粉化、微囊与微球化及固体分散法等促进和控制药物的溶解、释放和吸收；利用片剂的压缩成型理论及粉末直接压片技术生产新型片剂；利用界面科学的基本理论指导和解决混悬液、乳状液和其他各种微粒制剂的稳定性问题；利用流变学性质对乳剂、混悬剂和软膏剂等剂型进行质量控制；利用生物药剂学和药物动力学理论正确评价制剂质量，为合理制药、用药提供重要依据；利用化学反应动力学的基本原理，可以预测药物制剂的有效期等。目前已形成的药剂学基础理论有流变学理论、粉体学理论、微粒分散系理论、界面理论、释药动力学理论、药物稳定性理论、药物压缩成型理论、药物体内代谢动力学模型理论、生物药剂学分类系统理论等。

（二）新制剂和新剂型的设计与开发

随着社会的发展，以及人民生活水平的提高和对健康要求的日益增长，原有的剂型和制剂（如片剂、胶囊剂、溶液剂、注射剂等）已难以满足"三效"（高效、速效、长效）、"三定"（定时、定位、定量）、"五方便"（服用、携带、生产、贮存、运输方便）的要求。因此，研究与开发新制剂和新剂型是药剂学的一项重要任务，也是国外药物制剂的研究重点。例如，基于生物药剂学、药物代谢动力学、时辰药理学等原理设计的药物递送系统（drug delivery system，DDS），可延长药物在体内的作用时间，增加药物作用的持久性，降低或减少血药浓度的峰谷现象，增加对病灶组织的选择性，提高药物的治疗指数，减少毒副作用，增加患者的耐受性等。同时，扩充原料药的制剂品种亦是延长新药专利保护期的有效途径。

目前，人工智能（artificial intelligence，AI）技术以令人难以置信的速度发展，在未来新制剂和新剂型的设计与开发中将大显身手，如优化药物制剂与辅料选择、协助设计提高溶解度的制剂策略、纳米载体与靶向递送系统设计等。

（三）辅料、设备、制备工艺与技术的革新

辅料、设备、制备工艺与技术是制备一个理想剂型和优良制剂不可缺少的三大支柱。无论是速释制剂、缓释制剂、控释制剂还是靶向制剂，均应选择适宜的辅料。可以说，没有辅料就没有剂型，没有新辅料也就没有新剂型，如泊洛沙姆、磷脂、聚氧乙烯蓖麻油等，为静脉乳的制备提供了更好的选择；乙基纤维素、醋酸纤维素、丙烯酸树脂系列等，促进了缓、控释制剂的发展。为了适应现代药物剂型和制剂的发展，人们将不断提升药用辅料的安全性、功能性、适应性和高效性。

制剂规模化生产离不开制剂设备和机械，新设备和新机械的研制有利于提高制剂生产效率、保证制剂质量。为了进一步保障药品质量和用药安全，制药机械和设备朝着一机多用、多机联动、高度自动控制和智能化方向发展。改进和研制制药机械和设备不仅有助于推进新剂型的发展，也有助于提高生产效率，降低产品成本。

新辅料和新设备将带来新工艺和新技术。例如，利用固体制剂连续制造平台可将片剂的粉碎、筛分、混合、制粒、干燥、整粒、总混、压片等单元操作聚集一体，只需在一个平台操作就生产出片剂；采用挤出-滚圆机可集混合、挤压过筛、切割滚圆和干燥于一体，进一步制得微丸；将固体分散体、包合物、微囊、微球、微粉化、球形结晶、脂质体、纳米粒等技术应用于新剂型的开发和制剂质量的提高等，但有些技术仍需不断完善和进一步发展。

（四）中药制剂的研究和开发

中医药是我国的宝贵遗产。在传承中药传统剂型的同时，运用现代科学技术和方法，研制开发中药新剂型，不仅可以提高中药疗效，改善中药制剂质量，而且对于弘扬我国中医药文化传统亦具有重大意义。目前，我国已研制开发了中药注射剂、中药颗粒剂、中药片剂、中药胶囊剂、中药滴丸剂、中药栓剂、中药软膏剂、中药气雾剂等20多个新型中药剂型，极大丰富和发展了中药的剂型和品种。但由于中药制剂存在成分复杂、质量标准不易确立等诸多问题，在中医药理论指导下，运用现代科学知识大力开发中药的新剂型仍是一项长期而艰巨的任务。例如，开发中药缓释、控释制剂和中药靶向制剂等。

（五）生物技术药物制剂的研究和开发

生物技术药物，广义是指所有以生物物质为原料的各种生物活性物质及其人工合成的类似物，以及通过现代生物技术制得的药物。例如，细胞因子、纤溶酶原激活剂、重组血浆因子、生长因子、融合蛋白、受体、疫苗和单抗等。一般说来，生物技术药物，如基因、多肽、蛋白质等，具有活性强、剂量小、可用于治疗各种疑难病症等优点，但存在相对分子质量大、性质不稳定、体内吸收差、半衰期短等问题，因此研究与开发适合于生物技术药物的安全、有效、稳定、使用方便的新剂型和新制剂亦是药剂学所面临的一项新任务。

三、药剂学的相关学科

药剂学是一门以多学科理论为基础的综合性应用技术学科。在其不断发展的过程中，各学科彼此相互影响、相互渗透，已形成了药剂学的分支学科。根据学科的相关属性，将其分为三大类：①基础性研究学科，如物理药剂学、生物药剂学、药物代谢动力学等；②产业化研究学科，如工业药剂学、药物制剂工程学、药用高分子材料学、制药机械学、药品包装学等；③临床应用研究学科，如临床药学、调剂学等。其主要学科简介如下。

（一）基础性研究学科

1. 物理药剂学 物理药剂学（physical pharmaceutics）指应用物理化学的基本原理、方法和手段研究药剂学中有关药物剂型设计的一门理论学科。它主要通过对物质的物理、化学变化规律与机理的认识，以指导药物制剂、剂型的实践，使药剂学的剂型设计、制备、质量控制等趋于科学化和理论化。如应用表面化学和络合原理阐述药物的增溶、助溶机理；应用胶体化学及流变学的基本原理，指导混悬剂、乳剂、软膏剂等制剂的处方、工艺设计和优化；应用粉体学原理指导药物固体制剂的处方、工艺设计和优化；应用化学动力学原理评价、提高药物制剂的稳定性等。

2. 生物药剂学 生物药剂学（biopharmaceutics）指研究药物及其剂型在体内的吸收、分布、代谢与排泄的机制及过程，并阐明药物因素、剂型因素和生理因素与药效之间关系的边缘学科。它的研究目的主要是正确评价药剂质量、设计合理的剂型及制剂工艺，以及为临床合理用药提供科学依据，保证用药的有效性与安全性。

在生物药剂学研究中，生物药剂学分类系统（biopharmaceutics classification system，BCS）是基于药物的水溶性及肠道渗透性分类的科学架构。根据 BCS 将药物分为四大类，即：Ⅰ类药物为高溶解性和高渗透性；Ⅱ类药物为低溶解性和高渗透性；Ⅲ类药物为高溶解性和低渗透性；Ⅳ类药物为低溶解性和低渗透性。

美国食品药品监督管理局制定的 BCS 评价指南，主要包括三个方面：药物的生物渗透能力（permeability）、药物的溶解能力（solubility）、制剂的快速溶出能力（immediate release）。这些性质符合要求的药物/制剂可以在注册审评时得到生物豁免（biowaiver）。具有生物豁免的Ⅰ类药物制成口服固体速释剂型，可不需进行体内生物利用度实验，仅通过体外溶出度实验可说明生物等效。

药物的溶解性是通过将最高剂量单位的药物溶解于 250 mL pH 介于 1.0 和 8.0 之间的溶出介质中测定而得。当药物的剂量除以介质中的药物浓度小于或等于 250 mL 时，即为高溶解性药物。一般情况下，药物在胃肠道内稳定且吸收程度高于 85% 或有证据表明其有良好渗透性，可认为是高渗透性药物。

2005 年提出的基于药物体内处置的分类系统（biopharmaceutics drug disposition classification system，BDDCS）以代谢程度替代渗透性指标，与 BCS 形成互补。

3. 药物代谢动力学 药物代谢动力学（pharmacokinetics），简称药代动力学或药动学，系应用动力学（kinetics）原理与数学模式，定量地描述与概括药物通过各种途径（如静脉注射、静脉滴注、口服给药等）进入体内的吸收（absorption）、分布（distribution）、代谢（metabolism）和排泄（excretion）过程的"量－时"变化或"血药浓度－时"变化的动态规律的一门学科。药代动力学研究各种体液、组织和排泄物中药物的代谢产物水平与时间关系的过程，并研究解释这些数据的模型所需要的数学关系式，对新药设计、给药方案优化、剂型改进等具有重要的指导作用。

（二）产业化研究学科

1. 工业药剂学 工业药剂学（industrial pharmaceutics）指研究药物制剂和剂型的工程理论、工艺技术、生产设备和质量管理等内容的一门综合性应用技术学科。作为药剂学的核心，工业药剂学不仅涵盖药剂学的基本内容，还强化了制剂加工技术，如粉碎、分级、混合、制粒、压片、过滤、灭菌、空气净化等制剂单元操作及设备。同时，融合了材料科学、机械科学、粉体工程学、化学工程学的理论和实践，在新剂型的研究与开发、处方设计、生产工艺技术的研究与改进以及提高质量方面发挥关键作用。

2. 药物制剂工程学 药物制剂工程学（engineering of pharmaceutical preparation）指以药剂学、药品生产质量管理规范、工程学及相关理论和工程技术为基础，综合研究制剂生产实践的一门应用性工程学科。其综合研究的内容包括产品开发、工程设计、单元操作、生产过程和质量控制等，目的是如何规模化、规范化生产制剂产品。

3. 药用高分子材料学 药用高分子材料学（polymer in pharmaceutics）指研究用于药物剂型设计和制剂处方中的合成和天然高分子材料的结构、制备、理化特性、功能与应用的一门交叉学科。高分子材料广泛应用于剂型中，它可赋予药物剂型所需的物理、化学、药理和生物学性质。

4. 制药机械学 制药机械学（pharmaceutical mechanics）系以机械学为基础，结合制药设备的特殊性，阐明制药设备的基础理论、部件构造、机械传动、维修与保养等的一门综合性工程学科。

（三）临床应用研究学科

1. 临床药学 临床药学（clinical pharmacy）亦称临床药剂学，指以患者为对象，研究合理、有效与安全用药的一门临床应用性学科。其研究内容主要包括：临床用制剂和处方的研究；药物制剂的临床研究和评价；药物制剂的生物利用度研究；药物剂量的临床监控；药物配伍变化及相互作用研究等。

2. 调剂学 调剂学（dispensing pharmaceutics）是一门研究方剂（按医师处方专为某一患者调制的，并明确规定用法、用量的药剂）的调制技术、理论和应用的学科。调剂学属于医院药剂学的范畴，其涉及药学诸多学科、相关人文科学以及药品调配技术和应用技术的研究，目的是为患者提供安全、高效的药学服务。

四、药物剂型的分类及重要性

药物剂型可直接影响药效，有些剂型特别是固体剂型，其中药物的性质和制备工艺不同会对药效产生不同影响。而药物剂型的种类繁多，为便于学习、研究和应用，需对剂型进行分类。

（一）剂型的分类

1. 按给药途径分类 将同一给药途径的剂型分为一类，此分类与临床联系紧密，能反映给药途径对剂型制备的要求。

（1）经胃肠道给药剂型：指服药后药物通过胃肠道吸收后发挥疗效的剂型，即口服给药剂型，如合剂、糖浆剂、散剂、颗粒剂、胶囊剂、片剂、丸剂等。需注意有些药物易受胃酸破坏或被肝代谢，有些药物对胃肠道有刺激性。

（2）非经胃肠道给药剂型：指除胃肠道给药途径以外的其他所有剂型，如注射给药剂型、呼吸道给药剂型、皮肤给药剂型、黏膜给药剂型和腔道给药剂型等，通常无肝首过效应。主要包括：①注射给药剂型，如注射剂，包括静脉注射、肌内注射、皮下注射及皮内注射等；②皮肤给药剂型，如外用溶液剂、洗剂、软膏剂、贴剂、凝胶剂等；③眼部给药剂型，如滴眼剂、眼膏剂、眼用凝胶、眼用膜剂等；④耳部给药剂型，如滴耳剂、耳用凝胶剂、耳用膜剂等；⑤鼻腔给药剂型，如滴鼻剂、喷雾剂、粉雾剂等；⑥口腔给药剂型，如含漱剂、含片、舌下片、口腔膜剂等；⑦肺部给药剂型，如气雾剂、吸入粉雾剂、喷雾剂等；⑧直肠、阴道和尿道给药剂型，如灌肠剂、阴道泡腾片、栓剂等；⑨透析用剂型，如腹膜透析用剂型、血液膜透析用剂型等。

按给药途径分类，其缺点是会产生同一种剂型由于给药途径的不同而重复出现，如喷雾剂既可以通过口腔给药，也可以通过鼻腔、皮肤或肺部给药，从而无法体现具体剂型的内在特性。

2. 按分散体系分类 根据分散介质存在状态的不同以及分散相在分散介质中存在的状态特征不同进行分类，便于应用物理化学原理阐明制剂特征，基本上可以反映出剂型的均匀性、稳定性以及对于制法的要求。

（1）溶液型：药物以分子或离子状态均匀地分散在分散介质中形成的均匀分散体系，通常系指低分子溶液剂，如芳香水剂、溶液剂、糖浆剂、甘油剂、醑剂、溶液型注射剂等。药物分子的直径小于 1 nm。

（2）胶体型：药物以分散质点直径为 1～100 nm 的状态分散在分散介质中形成的分散体系。有两种类型：一种是高分子溶液的均匀分散体系，如胶浆剂、涂膜剂等；另一种是固体药物以胶粒（多分子聚集体）状态分散在分散介质中形成的非均匀分散体系，如溶胶剂。

（3）乳剂型：液体分散相（通常含有药物）以小液滴形式分散在另一种互不相溶的液体分散介质中形成的非均匀分散体系。如口服乳剂、静脉乳剂、乳膏剂等。分散相的直径通常在 0.1～50 μm。

（4）混悬型：难溶性药物以固体微粒的状态分散在分散介质中形成的非均匀分散系统，如混悬型洗剂、口服混悬剂、部分软膏剂等。分散相的直径通常在 0.5～50 μm。

（5）气体分散型：液体或固体药物以微粒状态分散在气体分散介质中形成的分散系统，如气雾剂、喷雾剂、粉雾剂等。

（6）固体分散型：固体药物以聚集体状态与辅料混合而形成的固体混合物分散体系，如散剂、胶囊剂、片剂、丸剂等。

（7）微粒分散型：药物以液体或固体微粒状态分散的分散体系，如微囊、微球、脂质体、纳米囊、纳米粒等。

按分散体系分类，其缺点在于不能反映剂型的用药特点，可能会出现同一种剂型由于辅料和制法不同而属于不同的分散系统，如注射剂可以是溶液型，也可以是乳剂型、混悬型或微粒分散型等。

3. 按形态学分类 即根据物质形态分类的方法。

（1）固体剂型：如散剂、颗粒剂、胶囊剂、片剂、丸剂、栓剂等。

（2）半固体剂型：如软膏剂、乳膏剂、糊剂等。

（3）液体剂型：如溶液剂、芳香水剂、合剂、注射液等。

（4）气体剂型：如气雾剂、喷雾剂、部分吸入剂等。

按形态学分类具有直观、明确的特点，对药物制剂的设计、生产、储存和应用有一定的指导意义。不足之处在于"重形式、轻功能"，难以满足现代药物研发与临床应用的精细化需求。

4. 按作用时间分类 根据剂型作用起效快慢，分为速释制剂、普通制剂和缓释控释制剂等。

按作用时间分类能直接反映用药后药物起效的快慢和作用持续时间的长短，因而有利于合理用药。但其无法区分剂型之间的固有属性。如注射剂和片剂都可以设计成速释和缓释产品，但两种剂型的制备工艺截然不同。

另外，还有按制法分类，如流浸膏剂等；按质量检验项目分类，如无菌制剂等。

各种剂型分类方法均有长有短，有不完善或不全面之处，在长期的生产、临床和教学实践中习惯采用综合分类的方法。

（二）剂型的重要性

剂型是药物临床使用的最终形式，是药物的传递体，系将药物输送到体内或直接在用药部位发挥疗效。一般来说一种药物可以制备多种剂型，给药途径不同可能产生不同的疗效，应根据药物的性质以及不同的治疗目的选择合理的剂型与给药方式。

1. 药物剂型与给药途径的关系 药物剂型与给药途径密切相关，主要体现在以下两个方面。

（1）药物剂型的制备必须以给药途径的特点为依据，以满足临床用药的需求：目前，人体给药途径有二十余种，即口腔、舌下、颊部、胃肠道、直肠、子宫、阴道、尿道、耳道、眼睛、鼻腔、咽喉、支气管、肺部、皮肤、皮内、皮下、肌内、静脉、动脉、椎管等。

（2）药物剂型必须与给药途径相适应：例如，眼部给药是以液体、半固体剂型最为方便；舌下给药则应以速释制剂为主；直肠给药应选栓剂；口服给药可以选溶液剂、片剂、胶囊剂、乳剂、混悬剂等多种剂型。有些剂型可以多种途径给药，如溶液剂可经胃肠道、皮肤、口腔、鼻腔、直肠等。

2. 药物剂型的重要性 一种药物可制成多种剂型，可用于多种给药途径，至于一种药物可制成何种剂型主要由药物的性质、临床应用、运输、储存等方面的要求决定。良好的剂型应有利于发挥良好的药效，其重要性主要体现在以下几个方面。

（1）可改变药物的作用性质：多数药物的药理活性与剂型无关，但有些药物与剂型有关。例如，①硫酸镁口服剂型具有泻下作用，而其5%注射液静脉滴注具有镇静、镇痉作用；②1%依沙吖啶（ethacridine）注射液用于中期引产，而其0.1%~0.2%溶液局部涂敷具有杀菌作用。

（2）可调节药物的作用速度：例如，注射剂、舌下片、吸入气雾剂等起效快，常用于急救；丸剂、缓释控释制剂、植入剂等起效缓慢，临床可根据疾病治疗的需要选用不同作用速度的剂型。

（3）可降低（或消除）药物的不良反应：例如，口服氨茶碱治疗哮喘病效果很好，但有引起心跳加快的副作用，若改成栓剂则可消除此不良反应；缓释与控释制剂能保持血药浓度平稳，从而在一定程度上降低某些药物的不良反应。

（4）可产生靶向作用：例如，静脉注射用脂质体在体内能被网状内皮系统的巨噬细胞所吞噬，使药物在肝、脾等器官中浓集性分布，而在肝、脾等靶器官发挥疗效。

（5）可提高药物的稳定性：例如，药物制成固体剂型的稳定性就高于液体剂型，因此，对于易发生降解的药物，可以考虑制成固体剂型。

（6）可影响疗效：例如，片剂、颗粒剂、丸剂等固体剂型若制备工艺不同会对药效产生显著的影响；若药物晶型、药物粒径不同，也可直接影响药物的释放，从而影响药物的治疗效果。

五、药剂学的发展沿革

药剂学起源于人类在与疾病斗争中经验的积累，是一门有着悠久历史的学科。在我国早期的医学和药学著作，如《针灸甲乙经》《黄帝内经》《伤寒论》《金匮要略》等都有关于药物剂型和疗效关系的记载。相关著作记载的主要剂型有汤剂、酒剂、饼剂、曲剂、洗浴剂、丸剂、膏剂等。

国外药剂学发展最早的是古埃及和古巴比伦王国，公元前16世纪的著作《伊伯氏纸草本》就记载有散剂、硬膏剂、丸剂、软膏剂等多种剂型，并有药物的处方和制法等。欧洲药剂学起始于公元2世纪左右，其鼻祖盖伦（Claudius Galen，131—201年，罗马籍希腊人）在他的著作中记述了散剂、丸剂、浸膏剂、溶液剂、酒剂等多种剂型，即称之为"盖伦制剂"。

19世纪，药剂学的发展步入快车道。1833年，莫特斯（Francois Mothes）发明了软胶囊；1843年，布罗克登（William Brockedon）发明了压片机；1847年，默多克（James Murdock）发明了嵌套式硬胶囊剂；1886年，利穆桑（Stanislas Limousin）发明了安瓿。胶囊剂、片剂、注射剂等近代剂型的相继出现，标志着药剂学发展到一个新的阶段，同时物理学、化学、生物学等自然科学的进步也为药剂学学科的出现奠定了理论基础。1847年，德国药师莫尔（Karl Friedrich Mohr）编著出版了第一本药剂学教科书《药剂工艺学》，标志着药剂学作为一门独立学科诞生。

20世纪，药剂学发生了翻天覆地的变化。20世纪50年代，将化学和物理化学基础用来设计、生产和评价制剂，并采用客观体外科学指标评定质量，药剂学走入物理药剂学时代；20世纪60—70年代，药品的质量评定由体外认证拓展到体内，药剂学步入生物药剂学时代；20世纪80年代，由于合成与半合成的化学药物大量出现和应用，发现不少药物有毒副作用，药品的质量转向临床评定，药剂学进入临床药学时代；20世纪90年代，随着分子药理学、药物分子传递学、高分子材料学、系统工程学等学科的发展、渗透，新材料、新设备、新工艺的不断涌现和药物载体的修饰，单克隆抗体的应用等，药物剂型和制剂研究迈入药物递送系统时代。

21世纪，药剂学将跨入一个综合性系统工程时代。依据患者生理特点、病理机制和药物的作用靶点，可借助AI技术开展药物制剂的设计与体内外评价，制剂生产的自动化、连续化、个性化，逐步向智能化设计、智能化制造和精准给药发展。

纵观药剂学的发展历程，药物剂型可简单地划分为五代：第一代剂型，是指简单加工供口服与外用的汤、酒、灸、条、膏、丹、丸、散等剂型；第二代剂型，是指随着临床用药的需要、给药途径的扩大以及工业机械化与自动化，生产的片剂、注射剂、胶囊剂和气雾剂等为主的剂型，即所谓的普通制剂，这一时期主要是通过体外试验控制制剂的质量；第三代剂型，即缓释、控释制剂，是以疗效仅与体内药物浓度有关而与给药时间无关这一概念为基础，旨在减少给药次数，并能在较长时间内维持药物的有效浓度；第四代剂型，即靶向药物递送系统，以药物浓集于靶器官、靶组织、靶细胞或细胞器为目的，提高药物在病灶部位的浓度，减少在非病灶部位的药物分布，以增加药物的治疗指数并降低毒副作用；第五代剂型，即基于体内信息反馈的智能化药物递送系统。目前，在药物剂型研究中，继承与发展兼备，需传承和发展第一代剂型，通过学习第一代、第二代剂型的相关理论和知识，以完善和发展第三代、第四代和第五代剂型的设计与开发，进一步确保用药安全有效。

第二节 药典及其他药品相关法规简介

为确保药品质量，保障人民用药安全，药品研发、生产、流通和使用必须遵循国家的相关法规和标准。

一、药典

药典（pharmacopoeia）是一个国家和地区记载药品标准、规格的法典，一般由国家和地区药品监督管理部门主持编纂、颁布实施。国际性药典则由公认的国际组织或有关国家协商编订。药典的重要特点是它的法定性和体例的规范化。

药典中收载的是疗效确切、副作用小、质量较稳定的常用药物及其制剂，并规定其质量标准、制备要求、鉴别、杂质检查与含量测定等，因此药典可作为药品生产、检验、供应与使用的依据。一个国家的药典在一定程度上可以反映该国药品生产、医疗和科学技术水平，在保证用药安全有效、促进药品研究和生产等方面有重大指导作用。

（一）《中华人民共和国药典》

《中华人民共和国药典》简称《中国药典》，是由中华人民共和国国家药典委员会编制的记载中国药品标准、规格的法典，是中国药品生产、供应、使用和管理部门检验药品的共同依据。中华人民共和国第一版药典于1953年8月出版，定名为《中华人民共和国药典》，依据《中华人民共和国药品管理法》（后简称《药品管理法》）等有关法规组织制定和颁布实施。此后依次颁布了1963年版、1977年版、1985年版、1990年版、1995年版、2000年版、2005年版、2010年版、2015年版、2020年版、2025年版，共12个版本，新版本一经颁布实施，其同品种的以前各版标准或其原国家标准即同时停止使用。《中国药典》自1985年后，每5年修订一次。有时为了使新的药物和制剂能及时地得到补充和修改，往往在下一版新药典出版前，还出现一些增补版。

1953年版《中国药典》由一部组成。1963年版、1977年版、1985年版、1990年版、1995年版、2000年版由两部组成，一部收载中药，二部收载化学药和生物制品。2005年版、2010年版由三部组成，一部收载中药，二部收载化学药，三部收载生物制品。2015年版、2020年版、2025年版由四部组成。一部收载中药，分三类，即：药材和饮片、植物油脂和提取物、成方制剂和单味制剂；二部收载化学药，分两部分，即：第一部分为化学药品、抗生素、生化药品及各类药物制剂（列于原料药之后），第二部分为放射性药物制剂；三部收载生物制品及相关通用技术要求；四部收载通用技术要求、指导原则和药用辅料等。

2025年版《中国药典》主要包括：凡例、品种正文、通用技术要求和指导原则。①凡例是正确使用《中国药典》的基本原则，是对品种正文、通用技术要求以及药品质量检验和检定中有关的共性问题的统一规定。"凡例"中的有关规定具有法定的约束力。②品种正文为品种项下收载的内容，是药典的主体部分。③通用技术要求包括《中国药典》收载的通则和总论等。④指导原则系指为规范药典执行，指导药品标准制定和修订，提高药品质量控制水平所制定的推荐性技术要求。

药品标准由凡例、品种正文及其引用的通用技术要求共同构成。本版药典收载的凡例与通用技术要求对未载入本版药典的其他药品标准具有同等效力。

（二）国外药典

据不完全统计，世界上已有近40个国家编制了国家药典，另有3种区域性药典和世界卫生组织牵头组织编制的《国际药典》等。国际上最有影响力的药典是《美国药典》《英国药典》《日本局方》《欧洲药典》和《国际药典》。

《美国药典》(The United States Pharmacopoeia，USP)，由美国政府所属的美国药典委员会(The United States Pharmacopieial Convention)编辑出版。USP 于 1820 年出第一版，1950 年以后每 5 年出一次修订版。《国家处方集》(National Formulary，NF)于 1883 年出第一版，1980 年 15 版起并入 USP，但仍分两部分，前面为 USP，后面为 NF。USP-NF 的基本内容包括：凡例、通则和标准正文，共 4 卷，是唯一由美国 FDA 强制执行的法定标准。2005 年以后，《美国药典》每年出版一次，从第 43 版起（2020 年版）只提供互联网在线版，不再提供印刷版，最新版本为 USP-NF 48/2025。

《英国药典》(British Pharmacopoeia，BP)，是英国药典委员会(British Pharmacopoeia Commission)的正式出版物，是英国制药标准的重要来源，是英国药剂和药用物质的官方标准文集，包括出口到英国的产品，更包含《欧洲药典》的所有标准。《英国药典》诞生于 1864 年，每年 8 月出版新版本，并在次年 1 月 1 日起产生法律效力。最新的版本为 BP 2025，共 6 卷。

《欧洲药典》(European Pharmacopoeia，EP)。欧洲药典委员会于 1964 年成立，1977 年出版第一版《欧洲药典》。《欧洲药典》为欧洲药品质量检测的唯一指导文献，具有法律约束力，是欧洲上市药品强制执行的法定标准。EP 不收载制剂，但收载制剂通则，出版周期为 3 年，最新版本为 Ph. Eur. 11.0 或 EP 11.0，2022 年 7 月出版，2023 年 1 月生效，共 3 卷。

《日本药局方》，即《日本药典》(Pharmacopoeia of Japan，JP)，由日本药方局编集委员会编纂，由厚生省颁布执行，每 5 年修订一次。分两部出版，第一部收载原料药及其基础制剂，第二部主要收载生药、家庭药制剂和制剂原料。最新版本为《日本药局方》18 版，JP 18，2021 年 6 月 7 日生效。

《国际药典》(International Pharmacopoeia，Ph.Int.)，是 WHO 为了统一世界各国药品的质量标准和质量控制的方法而编纂的，它对各国无法律约束力，仅作为各国编纂药典时的参考标准。自 1951 年和 1955 年分两卷出版了第 1 版《国际药典》，1967 年出版第 2 版，1979 年出版第 3 版，2006 年出版第 4 版，2015 年出版为第 5 版，2025 年 3 月 WHO 在官网发布第 12 版（在线版）《国际药典》。

二、国家药品标准

国家药品标准是国家对药品的质量、规格和检验方法所作的技术规定，以保证药品质量，是进行药品生产、经营、使用、管理及监督检验的法定依据。国家药品标准包括《中国药典》、药品注册标准和其他药品标准。

国家注册标准是指由国家药品注册机关批准给申请人特定药品的标准，生产该药品的药品生产企业必须执行该注册标准，亦属于国家药品标准范畴。

对于原地方药品标准，经国家药品监督管理部门的重新修订，统一整理、编纂并颁布实施，对临床常用、疗效确切、生产地区较多的原地方标准品种并入国家药品标准中，原地方标准于 2006 年取消。

三、药品相关管理有关规定

药品是一种特殊的商品，从研发到生产到销售，各个环节都与普通商品不同，需严格按照药品管理法及相关法规进行。

（一）《药品管理法》

《药品管理法》旨在加强药品监督管理、保证药品质量、保障人体用药安全、维护人民身体健康和用药的合法权益。在中华人民共和国境内从事药品研制、生产、经营、使用和监督管理等活动，适用本法。本法所称药品，是指用于预防、治疗、诊断人的疾病，有目的地调节人的生理机能并规定有适应证或者功能主治、用法和用量的物质，包括中药、化学药和生物制品等。《药品管理法》于 1984

年9月20日第六届全国人民代表大会常务委员会第七次会议通过，自1985年7月1日起施行。现行版本于2019年8月26日修订，新修订的《药品管理法》经十三届全国人大常委会第十二次会议表决通过，于2019年12月1日起施行。

《药品管理法》以药品监督管理为中心内容，深入论述了药品评审与质量检验、医疗器械监督管理、药品生产经营管理、药品使用与安全监督管理、医院药学标准化管理、药品稽查管理、药品集中招投标采购管理、对医药卫生事业和发展具有科学的指导意义。

（二）《药物非临床研究质量管理规范》

《药物非临床研究质量管理规范》（Good Laboratory Practice，GLP），也称良好实验规范，是药物进行临床前研究必须遵循的基本准则。其内容包括药物非临床研究中对药物安全性评价的实验设计、操作、记录、报告、监督等一系列行为和实验室的规范要求，是从源头上提高新药研究质量、确保用药安全的根本性措施。

1972—1973年，新西兰、丹麦率先实施了GLP实验室登记规范。美国FDA也于1976年11月颁布了GLP法规草案，并于1979年正式实施。1981年，国际经济合作与发展组织（Organization for Economic Cooperation and Development，OECD）制定了GLP原则。20世纪80年代中期，日本、韩国、瑞士、瑞典、德国、加拿大、荷兰等国也先后实施了GLP。GLP逐渐成为国际通行的确保药品非临床安全性研究质量的规范。

20世纪80年代末期，GLP的概念被引入中国。自1993年12月起，我国开始起草、试点实施GLP规范，由中华人民共和国国家科学技术委员会发布了《药品非临床研究质量管理规定（试行）》，但由于种种原因，我国的GLP未能得到很好的推广和实施。

随着经济的发展和用药安全意识的加强，国内对GLP的认识有了很大提高，1999年10月14日，国家药品监督管理局首次修改并发布《药品非临床研究质量管理规范（试行）》，明确了各层次人员的职责、质量保证部门的职责，明确了GLP的监督、检查及认证部门。2003年8月13日，经国家食品药品监督管理局局务会审议通过，再次修订GLP。2007年4月16日，国家食品药品监督管理局第三次修订GLP，将GLP由试行改为正式实施。现行GLP于2017年6月20日经国家食品药品监督管理总局局务会议审议通过并公布，自2017年9月1日起施行。我国的GLP正迈向正规化、国际化。

（三）《药物临床试验质量管理规范》

《药物临床试验质量管理规范》（Good Clinical Practice，GCP）是临床试验全过程的标准规定，包括方案设计、组织、实施、监查、稽查、记录、分析、总结和报告。凡药品进行各期临床试验，包括人体生物利用度或生物等效性试验，均须按此规范执行。遵循GCP目的在于保证临床试验过程的规范，临床试验数据的可靠性、可信性，保护受试者的权利、安全和健康，并与源于赫尔辛基宣言的原则保持一致。

临床试验是新药研发过程的重要一环，对新药在上市前的安全性和有效性最后评价起着关键作用。GCP最早于1980年在美国提出；20世纪80年代中后期，日本和许多欧洲国家先后制定并实施了GCP；1990年由欧洲、日本、美国三方药品管理当局及三方制药企业管理机构共同发起了"人用药品注册技术规定国际协调会议"，是对三方国家人用药品注册技术规定的现存差异进行协调的国际协调组织；1991年WHO考虑到GCP应成为各成员国共同接受的原则，起草了WHO的GCP。自1990年ICH建立以来，尤其是1997年5月ICH GCP的颁布，GCP得到了世界各国的广泛重视。2017年6月2日在加拿大蒙特利尔，中国正式加入ICH，真正融入国际药品监管体系。

ICH的目的是寻求解决三方国家之间存在的不统一的规定和认识，通过协调逐步取得一致，为药品研究开发、审批上市制定一个统一的国际性指导标准，以便更好地利用人、动物和材料资源，减少浪费，避免重复，加快新药在世界范围内开发和使用，同时采用规范的统一标准来保证新药的质量、安全性和有效性，体现保护公共健康的管理责任。

2025年1月6日，ICH 正式发布的 E6（R3）《药物临床试验质量管理规范》（GCP）是继 2016 年 11 月 9 日发布 E6（R2）版本后的重大更新，旨在适应临床试验生态体系的发展和技术进步。通过协调 ICH 成员国监管要求（如数据互认、伦理审查流程），推动跨国多中心试验效率提升。在保障参与者安全的前提下，支持创新技术应用（如基因治疗、细胞疗法），加速新药研发。

目前，全球范围的多中心临床试验，尤其是多国多中心临床试验基本以 ICH 和 WHO 的各项指导原则为标准。

1998 年 3 月，根据我国国情，卫生部参照了 WHO GCP 和 ICH4 GCP 制定颁布了《药物临床试验管理规范（试行）》；1999 年 9 月，国家药品监督管理局颁布《药物临床试验管理规范》；2003 年 8 月，国家食品药品监督管理局颁布《药物临床试验质量管理规范》；2020 年 4 月 23 日，国家药品监督管理局会同国家卫生健康委员会组织修订发布《药物临床试验质量管理规范》，并自 2020 年 7 月 1 日起施行。

（四）《药品生产质量管理规范》

《药品生产质量管理规范》（Good Manufacturing Practice of Medical Products）是药品在生产全过程中，用科学、合理、规范化的条件和方法来保证生产出优良制剂的一整套系统的、科学的管理规范，是药品生产和质量全面管理监控的通用准则。

（1）GMP 三大目标要素：①将人为的差错控制在最低的限度；②防止对药品的污染和低质量药品的生产；③保证高质量产品生产的质量管理体系。

（2）GMP 的检查对象：①人；②生产环境；③制剂生产的全过程。"人"是实行 GMP 管理的软件，也是关键管理对象，而"物"是 GMP 管理的硬件，也是必要条件，两者缺一不可。

（3）GMP 总的要求：所有医药工业生产的药品，在投产前，对其生产过程必须有明确规定，所有必要设备必须经过校验；所有人员必须经过适当培训；厂房建筑及装备应合乎规定；使用合格原辅料；采用经过批准的生产方法；还必须具有合乎条件的仓储及运输设施；对整个生产过程和质量监督检查过程应具备完善的管理操作系统，并严格付诸执行。

GMP 是防止药品在生产过程中发生差错、混淆、污染，确保药品质量的必要、有效的手段。1963 年，美国制定了世界第一部药品 GMP，以指导药品生产和质量管理。1969 年，WHO 建议各成员国实行药品 GMP 制度。随着 GMP 的不断发展和完善，GMP 对药品生产过程中的质量保证作用得到了国际的公认，目前已有 100 多个国家和地区实行了 GMP 管理制度。我国于 1988 年第一次颁布药品 GMP，现行版的 GMP 是 2010 年修订，于 2011 年 3 月 1 日开始执行。2017 年中国加入 ICH 后，执行的 GMP 将向 ICH 标准靠拢，以统一的标准实施药品 GMP 认证，实现与欧美国家的 GMP 互认。

cGMP 是英文 Current Good Manufacture Practice 简称，即《动态药品生产管理规范》，亦称现行药品生产管理规范，它要求在产品生产和物流的全过程都必须验证。

（五）《药品经营质量管理规范》

《药品经营质量管理规范》（Good Supply Practice，GSP），即良好供应规范，旨在控制医药商品流通环节所有可能发生质量事故的因素，从而防止质量事故发生的一整套管理程序，是药品经营企业统一的质量管理准则。

按照 GSP 的要求，药品经营企业必须围绕保证药品质量，从药品管理、人员、设备、购进、入库、储存、出库、销售等环节建立一套完整质量保证体系，通过层层把关，有效杜绝假劣药品的出现和质量事故的发生。

1980 年，国际药品联合会在西班牙马德里召开的全体大会，日本积极推广《药品供应管理规范》，即 GSP。日本是实施 GSP 最早的国家之一。

1982 年，中国开始了 GSP 的起草工作。1984 年，中国医药公司组织制定的《医药商品质量管理规范（试行）》，由国家医药管理局发文在全国医药商业范围内试行；1991 年，中国医药商业协会组织力量对 1984 年版 GSP 进行了修订，并于 1992 年由国家医药管理局正式发布并实施；1998 年，在 1992 版 GSP 的基础上国家药品监督管理局重新修订了《药品经营质量管理规范》，并于 2000 年 4 月 30 日颁布，2000 年 7 月 1 日起施行；2013 年版《药品经营质量管理规范》由卫生部于 2012 年 11 月 6 日公布，2013 年 6 月 1 日施行；2015 年版《药品经营质量管理规范》经国家食品药品监督管理总局于 2015 年 6 月 25 日公布并施行；2016 年版《药品经营质量管理规范》经国家食品药品监督管理总局于 2016 年 7 月 13 日公布并施行。

由此可见，为了保证药品质量，确保人民群众用药安全，国家制定了一系列法规：在实验室阶段实行 GLP，在新药临床试验阶段实行 GCP，在药品生产过程中实施 GMP，在医药商品经营过程中实施 GSP。

四、处方药与非处方药

（一）处方的概念与分类

处方指医疗和生产部门用于药剂调制、制剂制备的一种重要书面文件。有以下几种。

1. 法定处方　法定处方（official formula）是国家药品标准收载的处方。它具有法律的约束力，在制备或医师开具法定制剂时均需遵照其规定。

2. 生产处方　生产处方（formulation）是制剂生产或者调配的重要书面文件，是配料和成本核算的依据，包括药物、用量、配制方法以及工艺等内容。

3. 医师处方　医师处方（prescription）医师对患者进行诊断后对特定患者的特定疾病而开具写给药局或药房的有关药品的名称、给药量、给药方式、给药天数以及制备等的书面凭证。该处方具有法律、技术和经济的意义。

4. 协定处方　协定处方（cipher prescription）是医院药剂科与临床医师根据医院日常医疗用药的需要，协商制定的处方。该处方适用于大量配制和储备药品，便于控制药品的品种和质量，提高工作效率，减少患者取药等候时间。每家医院的协定处方仅限于在本单位使用。

（二）处方药与非处方药

《药品管理法》规定了国家对药品实行处方药与非处方药的分类管理制度，这也是国际上通用的药品管理模式。

1. 处方药　处方药（prescription medicine）是必须凭执业医师或执业助理医师的处方才可调配、购买，并在医生指导下使用的药品。处方药可以在国家卫生行政部门和药品监督管理部门共同指定的医学、药学专业刊物上介绍，但不得在大众传播媒介发布广告宣传。

2. 非处方药　非处方药（nonprescription medicine）系不需凭执业医师或执业助理医师的处方，消费者可以自行判断购买和使用的药品。非处方药经专家遴选，由国家药品监督管理部门批准并公布。在非处方药的包装上，必须印有国家指定的非处方药专有标识。非处方药在国外又称之为"可在柜台上买到的药物"（over the counter，OTC）。目前，OTC 已成为全球通用的非处方药的简称。

处方药和非处方药不是药品本质的属性，而是管理上的界定。无论是处方药，还是非处方药都是经过国家有关药品监督管理部门批准的，其安全性和有效性是有保障的。其中非处方药主要是用于治疗各种消费者容易自我诊断、自我治疗的常见轻微疾病。

（吴正红）

更多数字资源详见　新形态教材网

　学习目标　　思维导图　　思政元素　　案例讨论　　动画
　微视频　　　拓展阅读　　本章小结　　自测题　　　教学课件

第二章 药物制剂的基本理论

编者导学

章节导航

第一节 药物溶液的形成理论　　第四节 粉体学基础
第二节 微粒分散体系　　　　　第五节 药物制剂的稳定性
第三节 流变学基础　　　　　　第六节 药物制剂的设计

药物制剂的质量源于药物制剂的设计,而药物制剂的设计贯穿于制剂研发的整个过程。首先需要对药物溶液的形成理论、微粒分散体系、流变学基础、粉体学基础、药物制剂的稳定性等有较为全面的认识;然后根据药物的理化性质和治疗需要,结合各项临床前研究工作,确定给药的最佳途径,并综合各方面因素,选择合适的剂型;根据所确定的剂型的特点,选择适合于该剂型的辅料或添加剂,通过各种测定方法考察制剂的各项指标,采用实验设计优化法对处方和制备工艺进行优选,最终形成适合于工业化生产和临床应用的制剂产品。

本章主要讲述药物溶液的形成理论、微粒分散体系、流变学基础、粉体学基础、药物制剂的稳定性以及药物制剂的设计。

第一节 药物溶液的形成理论

一、药用溶剂的种类及性质

(一)药用溶剂的种类

液体制剂的溶剂,对于溶液剂称为溶剂;对于混悬剂、乳剂,由于药物在溶剂中并不溶解而是分散,故称为分散介质。在液体制剂中,溶剂对药物不仅有溶解和分散作用,对液体制剂的药理效应、稳定性亦有重要影响。液体制剂的溶剂对药物的分散度和液体制剂的稳定性及所产生的疗效起着很重要的作用。优良的口服液体制剂的分散介质应适宜口服,对胃肠道无刺激性,毒性小,无不适臭味,化学性质稳定,对药物具有良好的溶解性和分散性,不干扰主药的作用和含量测定,成本低,有一定的防腐能力。在实际应用中同时具备以上条件的溶剂很少,一般应根据药物的理化性质和临床需要,选择最佳的溶剂或混合溶剂,需要时再加入各种附加剂,以满足医疗要求。

按极性大小,溶剂可分为极性溶剂、半极性溶剂和非极性溶剂。

1. 极性溶剂

（1）水（water）：是常用的极性溶剂，本身无药理作用，能与乙醇、甘油、丙二醇等溶剂以任意比例混溶。水的介电常数为80，极性大，能溶解大多数无机盐和许多有机药物，并能溶解植物药材中的生物碱盐、糖类、苷类、鞣质、蛋白质等有机物质，来源广泛，成本低。但某些药物在水中不稳定，易霉变，不易长期储存。配制水性液体制剂应用新鲜纯化水。

（2）甘油（glycerol）：为1,2,3-丙三醇，药用甘油含1,2,3-丙三醇不得少于95.0%。甘油为无色、澄明的黏稠液体，有甜味，毒性小，介电常数为56，能与水、乙醇、丙二醇等任意比例混溶。用于口服液体制剂时，含甘油12%以上有甜味且能防止鞣质的析出，但口服制剂中甘油含量过大时有刺激性，且黏性大。浓度为30%以上的甘油有防腐作用，但成本高，应用受到一定限制。

（3）二甲基亚砜（dimethyl sulfoxide, DMSO）：有"万能溶媒"之称，为澄明液体，密度为1.095～1.105 g/mL，能与水、乙醇、丙酮混溶。本品溶解范围广，能溶解许多水溶性、脂溶性药物以及一些难溶于水、甘油、乙醇、丙二醇的药物。

2. 半极性溶剂

（1）乙醇（ethanol）：为常用溶剂，可与水、甘油、丙二醇等以任意比例混合，可溶解大部分有机药物和药材中的有效成分，如糖类、苷类、生物碱及其盐、挥发油、树脂、鞣质、有机酸等；乙醇的溶解性因乙醇的浓度而异。乙醇有一定的生理活性，易挥发、燃烧。为防止乙醇挥发，制剂应密闭储存。浓度为20%以上的乙醇具有防腐作用。

（2）丙二醇（propylene glycol）：药用一般为1,2-丙二醇，性质与甘油相近，但黏度较甘油小，可作为内服及肌内注射液溶剂。丙二醇毒性小、无刺激性，能溶解许多有机药物；一定比例的丙二醇和水的混合溶剂能延缓许多药物的水解，增加稳定性。丙二醇对药物在皮肤和黏膜的吸收有一定的促进作用。

（3）聚乙二醇（polyethylene glycol，PEG）：液体制剂中常用聚乙二醇300～600，为无色澄明液体，理化性质稳定，能与水、乙醇、丙二醇、甘油等溶剂以任意比例混合。聚乙二醇不同浓度的水溶液是良好溶剂，能溶解许多水溶性无机盐和水不溶性的有机药物。本品对一些易水解的药物有一定的稳定作用。其在洗剂中，能增加皮肤的柔韧性，具有一定的保湿作用。

3. 非极性溶剂

（1）脂肪油（fatty oil）：是常用的一类非极性溶剂，多指植物油，如麻油、大豆油、花生油等。本品能与非极性溶剂混合，能溶解油溶性药物，如激素、挥发油、游离生物碱和许多芳香族药物。但脂肪油也容易酸败，容易与碱性药物产生皂化反应而变质。本品多用于外用液体制剂，如洗剂、搽剂等。

（2）液体石蜡（liquid paraffin）：是从石油产品中分离得到的液态烃的混合物，分为轻质和重质两种。液体石蜡为无色无味的澄明油状液体，化学性质稳定，但接触空气能被氧化。本品能与非极性溶剂混合，而且能溶解生物碱、挥发油等非极性物质等，与水不能混溶，在胃肠道中不分解不吸收，有润肠通便的作用，可作口服制剂与搽剂的溶剂。

（3）油酸乙酯（ethyl oleate）：是油溶性药物的常用溶剂。在空气中易氧化、变色，故使用时常加入抗氧剂。

（4）肉豆蔻酸异丙酯（isopropyl myristate）：由异丙醇和肉豆蔻酸酯化而得，为透明、无色、流动液体，化学性质稳定，不会酸败和水解。本品刺激性低，无过敏性。

（5）乙酸乙酯（ethyl acetate）：为无色油状液体，有微弱果香味。相对密度（20℃）为0.897～0.906。本品有挥发性和可燃性，在空气中易氧化；能溶解挥发油、甾体药物及其他油溶性药物；常作搽剂的溶剂。

(二)药用溶剂的性质

极性是溶剂非常重要的性质,直接影响药物的溶解度。介电常数和溶解度参数常用来衡量溶剂的极性大小。

1. 介电常数 介电常数(dielectric constant)是指将相反电荷在溶液中分开的能力,它反映溶剂分子的极性大小。介电常数(ε)值的大小常借助电容测定仪,通过测定溶剂的电容值 C,由式(2-1)求得:

$$\varepsilon = C/C_0 \tag{2-1}$$

式中,C_0 为电容器在真空时的电容值,常以空气为介质测得的电容值代替,通常测得空气的介电常数接近于1。介电常数大的溶剂极性大,介电常数小的溶剂极性小,在极性溶剂中,极性大的溶质溶解度大。

2. 溶解度参数 溶解度参数(solubility parameter)是指同种分子间的内聚力,也是表示分子极性大小的一种量度。

物质溶解度参数这一概念由 Hildebrand 首先提出,它是表征简单液体分子间相互作用强度特征的有用数值。随着溶解度参数理论的发展,溶解度参数在药剂学及药物化学中的应用将越来越多。利用药物与辅料的溶解度参数差值,可以为药物选择合适的辅料,提高药物的稳定性。例如溶解度参数可以用于制备乳剂型药物中,为药物选择适当的乳化剂及助乳化剂。再例如,在固体分散体的辅料筛选中,可以利用溶解度参数的理论选择出与药物互溶性较好的辅料,以提高药物稳定性及生物利用度。溶解度参数理论也可应用在药物化学中药物的重结晶,选择与药物溶解度差值在 7.5~15.0 的试剂,在高温时药物溶于试剂中,低温时析出较多药物结晶。而溶解度参数也可以作为预测药物在某些载体中的溶解度的工具。确定物质溶解度参数的方法有许多形式,总体来说,可分为直接测定法和间接测定法两种。

二、药物溶解与溶出

(一)定义

1. 溶解 从广义上讲,两种以上的物质混合成一个状态的均匀相的过程称为溶解。狭义上,溶解是一种液体对于固体、液体或气体态产生物理或化学反应使其成为分子状态的均匀相的过程。一般评价物质的溶解性质是溶解度,是指物质在水或其他溶剂中可以溶解的最大量。

2. 溶出 药物从制剂内释放并溶解于体液是被吸收的前提,这一过程在生物药剂学中称为溶出,而溶出的速度和程度称为溶出度。

(二)提高溶解度和溶出度的方法

在药物的制剂研究中,溶解度和溶出度关系密切,药物溶解度越大,溶出速度就越快;溶解度越小,溶出速度就越慢。因此,提高溶解度对于提高药物的溶出度及生物利用度有着重要的意义。

1. 调节 pH 调节溶液 pH 增加可解离的(弱)酸性或(弱)碱性药物的解离度是一种简单有效的常用的增溶方法之一。对于弱酸性药物,常用碱或有机胺与之成盐,如氢氧化钠、氢氧化钾、氨水、乙二胺、三乙醇胺等;对于弱碱性药物,常用无机酸或有机酸等与之成盐,如盐酸、硫酸、磷酸、硝酸、柠檬酸、酒石酸、抗坏血酸等。

2. 应用增溶剂 增溶是指在难溶性的药物水溶液中加入表面活性剂使其溶解度增加的方法,加入的表面活性剂称为增溶剂。增溶机制是表面活性剂形成胶束。胶束是由多个表面活性剂分子聚集而成,其内部相当于液态的碳氢化合物,根据相似相溶原理,非极性溶质较易溶于胶束内部烃核之中形成增溶现象。同系列的表面活性剂,作增溶剂时碳链越长,胶束烃核中心区容量越大,增溶量越大;表面活性剂的 HLB 值越大,增溶效率越高。通过增溶相图确定增溶剂的用量。增溶剂也存在毒副作用，应注意其毒性、刺激性、溶血反应等。

使用增溶剂，宜先将增溶剂与增溶质混合，必要时加入少量水，最好是完全溶解后，再与其他附加剂混合，使增溶量增加；若将增溶剂先溶于水再加增溶质往往不能达到预期的效果，例如，用聚山梨酯80（吐温80）增溶棕榈酸维生素A，若将聚山梨酯80先溶于水，再加入药物，药物则几乎不溶。

3. 应用助溶剂 难溶性物质与加入的第三种物质在溶剂中形成可溶性分子间的络合物、复盐或缔合物等，以增加药物在溶剂（主要是水）中的溶解度，这第三种物质称为助溶剂。助溶剂往往是一类水溶性化合物，具有能与水分子和非极性基团相互作用的两亲性结构，能显著增加疏水性溶质的溶解度。

常用的助溶剂往往有两大类，一类是某些有机酸及其钠盐，如苯甲酸、水杨酸、柠檬酸及其钠盐。比如呋喃西林溶解度较小导致药液浓度低，为了提高其溶解度，可加入苯甲酸钠，其溶解度大大增加。另一类助溶剂是酰胺类或胺类化合物，比如乌拉坦、尿素、烟酰胺、乙二胺、乙醇胺。助溶剂的加入会影响溶液剂的吸收、生理活性、毒性、刺激性及稳定性，必须对其安全性、有效性和稳定性进行考察。

4. 应用潜溶剂 溶质可能分别在两种纯溶剂中均微溶，但在特定比例的混合溶剂中溶解度却显著增加即为潜溶，显著增加溶解度的复合溶剂为潜溶剂。药物在各种溶剂中的溶解度不同，对于水难溶性药物，向水中加入其他一种或几种与水互溶的溶剂组成混合溶剂，使药物溶解度增加。常用的潜溶剂有乙醇、丙二醇、甘油、聚乙二醇、山梨醇、二甲基亚砜等。

5. 制备水溶性前体药物 前体药物是将活性药物经过衍生化形成的药理惰性物质，它在体内经酶反应或化学反应，还原为活性药物而发挥其治疗作用。通过成酯、成盐或进行分子结构修饰形成亲水性前体药物，可增加难溶性药物的水溶性。前体药物在体内经过酶解或水解等作用转化为原药而发挥疗效。例如，紫杉醇为难溶性抗肿瘤药物，用氨基酸将其与聚乙二醇相连，利用聚乙二醇的亲水性可达到增加药物溶解度的目的。

6. 制备包合物 包合物是指将一种分子包藏在另一种分子空穴结构内而形成的具有独特形式的复合物。包合物的形成，取决于两者的极性和立体结构，相互之间不发生化学反应，不存在离子键、共价键或配位键等化学键的作用；包合过程是物理过程而不是化学过程，β-环糊精为常用的包合材料。

7. 制备脂质体 脂质体是指采用类脂质双分子将药物包封于内而形成的超微型球状制剂。第一个静脉用脂质体为两性霉素B脂质体，于1990年上市，其中两性霉素B为难溶性药物。脂质体对人体无毒性，无免疫原性，可生物降解，可以将脂溶性药物包裹在囊泡疏水基团的夹层中，阻止药物颗粒间结合，增加药物的溶解度。通过制备脂质体以提高药物溶解度的应用较多，如紫杉醇，几乎不溶于水，制备为紫杉醇脂质体以增加紫杉醇溶解度。

8. 制备微球或纳米粒 微球是指药物溶解或分散在载体中形成的微小骨架型球体。药物的溶解度与粒径的大小成反比，微球和毫微粒作为难溶药物的载体，可使药物以足够小的颗粒包埋或溶解在微球及毫微粒内部，也可吸附在其表面，增大药物比表面积使其溶解度增加。

9. 制备微乳 微乳是由油相、水相、表面活性剂及助表面活性剂在适当比例条件下自发形成的一种液-液混合系统，助表面活性剂通常为短链醇、胺或其他两性化合物。O/W型微乳是水难溶性药物的良好载体，它对药物的增溶既有表面活性剂的作用，也具有内核油相的作用。微乳可提高难溶性药物的溶解度，促进大分子水溶性药物在人体的吸收，提高药物在体内生物利用度。微乳可以同时包容不同脂溶性的药物，提高不稳定药物的稳定性。由于微乳的粒径小且分布均匀，药物分散度高，因此微乳作为药用载体应用具有较大的潜力和广阔的前景。

10. 改变药物的晶型 多晶型现象在有机药物中广泛存在，晶型不同导致晶格能不同，药物的熔点、溶解速度和溶解度也不同。例如，维生素 B_2 的三种晶型在水中的溶解度分别为 60、80、120 mg/L。无定形物质由于其无结晶结构无晶格能束缚，自由能大，所以溶解度比结晶型大。利用这一规律，可以将药物转变为无定形状态以提高其溶解度。但无定形不稳定，在制剂生产过程中要注意晶型转化而导致的溶解度下降。固体分散物具有抑晶性，能使药物以无定形状态存在，比较稳定，是提高难溶性药物溶解度常用的方法。

11. 制备固体分散体 固体分散体是将药物以分子、胶态、微晶、亚稳定或无定形等状态均匀分散在某一固态载体物质中所形成的分散体系。其制备方法有熔融法、溶剂法、溶剂熔融法、研磨法、液相溶剂扩散法等，具体方法应根据药物的性质来确定。

固体分散体的增溶作用主要体现在两个方面：首先是增加药物的分散度，药物在载体中以分子、胶态、微晶等状态高度分散，粒子粒径极小，药物具有较好的溶解度；其次是载体对药物有抑晶性，具有可润湿性及高度分散性，使药物在固体分散体中以无定形或亚稳定型存在，处于高能状态，可以提高药物的溶解度和溶出度。固体分散体的溶出速率很大程度取决于所用载体的特性，固体分散体的载体应满足：无致癌性、无毒、不产生与药物治疗目的相反作用、不与药物发生化学反应、不影响主药的化学稳定性，从而使药物处于最佳分散状态。

用于固体分散体的材料很多，水溶性材料包括聚乙二醇类、聚维酮类、表面活性剂类、有机酸类、糖类与醇类；难溶性材料包括纤维素类、聚丙烯酸酯类和脂质类；肠溶材料包括纤维素衍生物。利用不同性质的载体可以使药物在高度分散状态下，达到不同的用药目的，如水溶性高分子载体可增加难溶性药物的溶解度和溶出速率，从而提高药物生物利用度。

12. 纳米混悬技术 纳米混悬技术包括 Top-down 技术、Bottom-up 技术及其联用技术。① Top-down 技术：即自上而下技术，通过机械力将药物结晶剪切成纳米尺寸的药物微粒，其代表技术主要有介质研磨法（media milling method）、高压均质法（high-pressure homogenization）等。② Bottom-up 技术：是指将含有药物的良性溶剂加入另一种不良溶剂中，使药物浓度过饱和从而析出结晶的方法，包括微量沉淀法、超临界流体法等。

（三）溶出度测定方法

1. 仪器装置

（1）第一法（篮法）

1）转篮：分篮体与篮轴两部分，均为不锈钢或其他惰性材料制成，其形状尺寸如图 2-1 所示。篮体 A 由方孔筛网（丝径为 0.28 mm ± 0.03 mm，网孔为 0.40 mm ± 0.04 mm）制成，呈圆柱形，转篮内径为 20.2 mm ± 1.0 mm，上下两端都有封边。篮轴 B 的直径为 9.75 mm ± 0.35 mm，轴的末端连一圆盘，作为转篮的盖；盖上有一通气孔（孔径为 2.0 mm ± 0.5 mm）；盖边为两层，上层直径与转篮外径相同，下层直径与转篮内径相同；盖上的 3 个弹簧片与中心呈 120° 角。

2）溶出杯：一般由硬质玻璃或其他惰性材料制成的底部为半球形的 1 000 mL 杯状容器，内径为 102 mm ± 4 mm（圆柱部分内径最大值和内径最小值之差不得大于 0.5 mm），高为 185 mm ± 25 mm；溶出杯配有适宜的盖子，盖上有适当的孔，中心孔为篮轴的位置，其他孔供取样或测量温度用。溶出杯置恒温水浴或其他适宜的加热装置中。

3）篮轴：与电动机相连，由速度调节装置控制电动机的转速，使篮轴的转速在各品种项下规定转速的 ±4% 范围之内。运转时整套装置应保持平稳，均不能产生明显的晃动或振动（包括装置所处的环境）。转篮旋转时，篮轴与溶出杯的垂直轴在任一点的偏离均不得大于 2 mm，转篮下缘的摆动幅度不得偏离轴心 1.0 mm。

4）测定装置：仪器一般配有 6 套以上测定装置。

（2）第二法（桨法）：除将转篮换成搅拌桨外，其他装置和要求与第一法相同。搅拌桨的下端及桨叶部分可涂适当的惰性材料（如聚四氟乙烯），其形状尺寸如图 2-2 所示。桨杆对称度（即桨

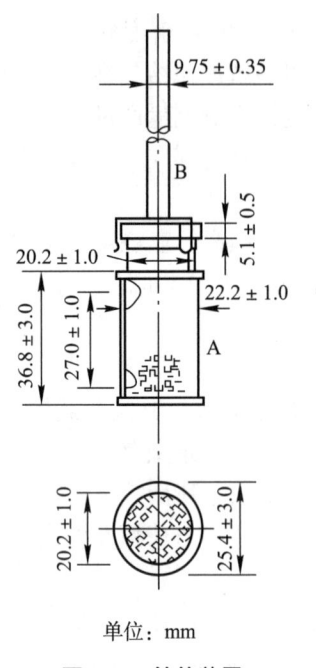

图 2-1 转篮装置

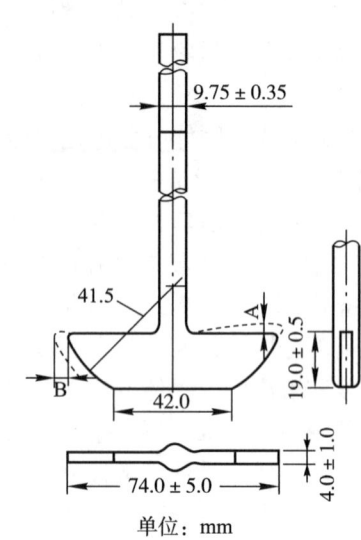

图 2-2 搅拌机装置

轴左侧距桨叶左边缘距离与桨轴右侧距桨叶右边缘距离之差）不得超过 0.5 mm，桨轴和桨叶垂直度 90.0°±0.2°；桨杆旋转时，桨轴与溶出杯的垂直轴在任一点的偏差均不得大于 2 mm；搅拌桨旋转时 A、B 两点的摆动幅度不得超过 0.5 mm。

（3）第三法（小杯法）

1) 搅拌桨：其形状尺寸如图 2-3 所示。桨杆上部直径为 9.75 mm±0.35 mm，桨杆下部直径为 6.0 mm±0.2 mm；桨杆对称度（即桨轴左侧距桨叶左边缘距离与桨轴右侧距桨叶右边缘距离之差）不得超过 0.5 mm，桨轴和桨叶垂直度 90.0°±0.2°；桨杆旋转时，桨轴与溶出杯的垂直轴在任一点的偏差均不得大于 2 mm；搅拌桨旋转时，A、B 两点的摆动幅度不得超过 0.5 mm。

2) 溶出杯：一般由硬质玻璃或其他惰性材料制成的底部为半球形的 250 mL 杯状容器，其形状尺寸如图 2-4 所示。内径为 62 mm±3 mm（圆柱部分内径最大值和内径最小值之差不得大于 0.5 mm），

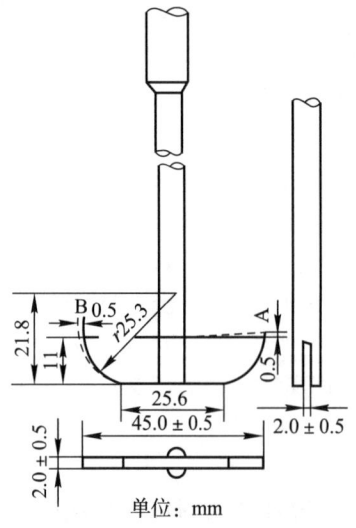

图 2-3 小杯法搅拌装置

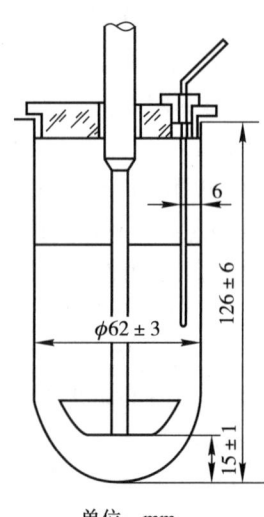

图 2-4 小杯法溶出装置

高为126 mm±6 mm，其他要求同第一法。

3）其他：桨杆与电动机相连，转速应在各品种项下规定转速的±4%范围之内。其他要求同第二法。

（4）第四法（桨碟法）

1）方法1：搅拌桨、溶出杯按第二法，溶出杯中放入用于放置贴片的不锈钢网碟（图2-5）。网碟装置见图2-6。

2）方法2：除将方法1的网碟换成如图2-7所示的网碟外，其他装置和要求与方法1相同。

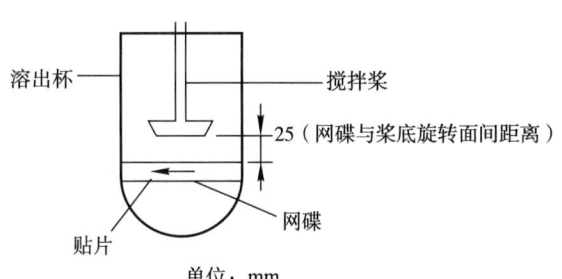

图2-5 方法1装置

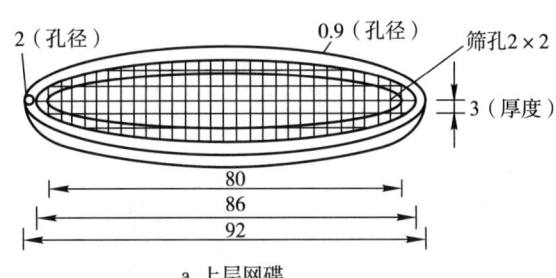

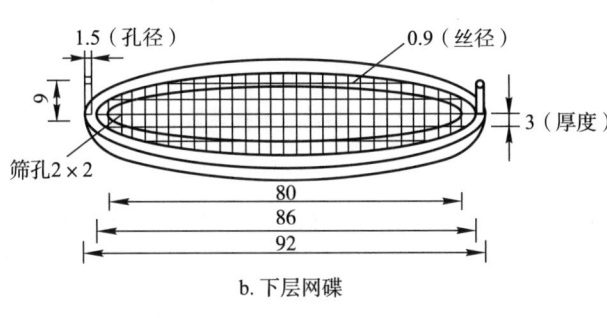

图2-6 方法1网碟装置

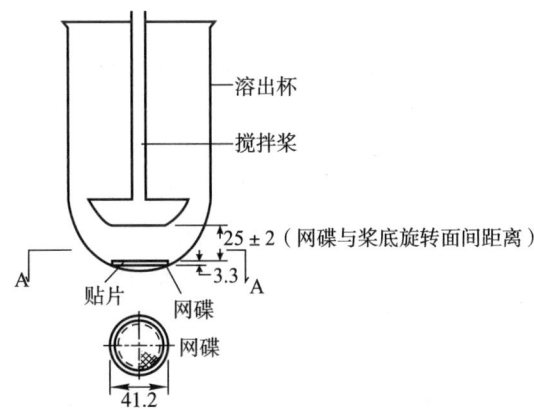

图2-7 方法2装置

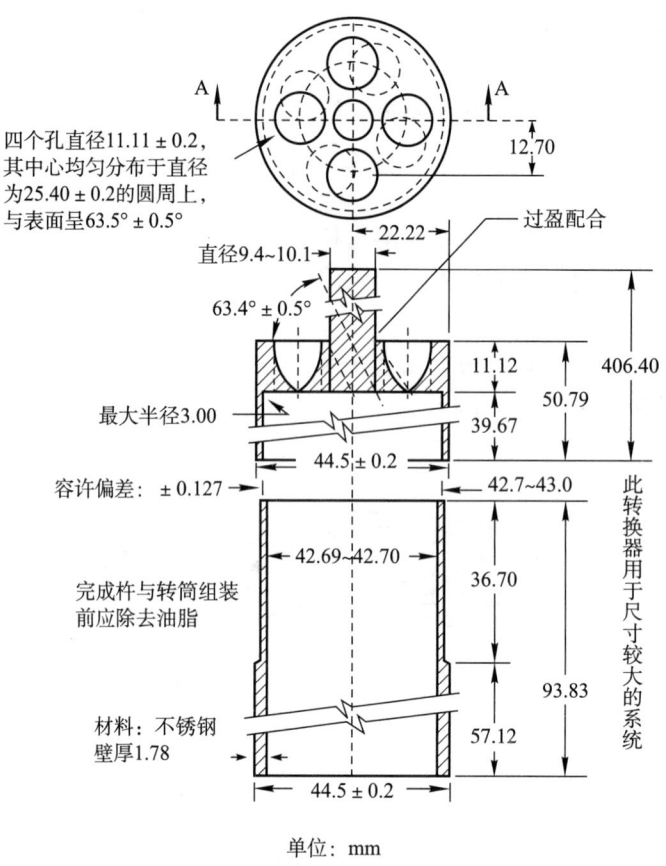

图 2-8 转筒法搅拌装置

（5）第五法（转筒法）：溶出杯按第二法，但搅拌桨另用不锈钢转筒装置替代。组成搅拌装置的杆和转筒均由不锈钢制成，其规格尺寸见图 2-8。

（6）第六法（流池法）：装置由溶出介质的贮液池、用于输送溶出介质的泵、流通池和保持溶出介质温度的恒温水浴组成，接触介质与样品的部分均为不锈钢或其他惰性材料制成。应使用品种正文项下规定尺寸的流通池。

1）流通池：常用流通池的形状尺寸如图 2-9 所示，由透明惰性材料制成，垂直安装在一个带过滤系统装置上（参见各品种项下的具体规定），以防止未溶解的颗粒从流通池顶部漏出；标准流通池的内径一般为 12 mm 和 22.6 mm；流通池的锥形部分通常充填直径为 1 mm 的玻璃珠，在倒置的锥体下端放置直径为 5 mm 的玻璃珠以防止样品池中的介质倒流入管路；样品支架（图 2-9）用于放置特殊制剂，如植入片。样品池浸没在恒温水浴中，并保持温度在（37±0.5）℃。流通池用一个夹子和两个固定的 O 形环固定。泵应与溶出仪分开，以防止仪器受到泵产生的振动影响。泵的水平位置不得高于溶出介质的贮液池。连接管应尽量短，可采用内径为 1.6 mm 的聚四氟乙烯以及惰性材料制成的法兰接头。在泵的作用下溶出介质向上流过流通池，流速通常在 240～960 mL/h。标准流速为 4 mL/min、8 mL/min 和 16 mL/min。泵应能提供恒流（变化范围为规定流速的 ±5%），流速曲线应为正弦曲线，脉动频率为（120±10）冲/min，也可使用无脉冲泵。采用流池法作为溶出度检查的方法，应规定流速与脉冲频率。

2）溶出仪：适用性的考察应包括仪器的规格尺寸是否与上述规定一致或在其允许的范围内，此外在使用过程中应周期性地监控关键的试验参数，如溶出介质的体积与温度和溶出介质的流速。

3）其他：仪器一般配有 6 套以上测定装置。

第一节 药物溶液的形成理论

（7）第七法（往复筒法）

1）溶出杯：平底筒状溶出杯由硬质玻璃或者其他适宜的惰性材料制成。溶出杯内径为（47±1.4）mm，高为（180±1）mm。溶出杯上配有防挥发盖，防挥发盖高度为（66.8±1）mm，上端外径为（50.8±1）mm，下端可与溶出杯匹配，内径为（38.1±1）mm；盖上的中心孔供往复轴（直径6~8mm）穿过。中心孔两侧可设置数量不等的排气孔，其直径为（3.9±0.1）mm。溶出杯置恒温水浴或其他适当的加热装置中。

2）往复筒：由硬质玻璃或者其他适宜的惰性材料制成。往复筒内径为23~26mm，高为（100±1）mm，底部放置筛网的圆筒状螺帽高为（18±1）mm，顶部螺帽高为（23±1）mm。往复轴与顶部螺帽于螺帽的中心点相连。螺帽中心点两侧可设置数量不等的排气孔。往复筒置于溶出杯中。

3）往复轴和筛网：往复轴及其相关配件一般由不锈钢或其他适宜材料制成，筛网由不锈钢或其他惰性的材料制成。见图2-10。

4）电动机：可驱动往复筒在溶出杯内做垂直往复运动，也可引导往复筒在水平方向移动。仪器的往复频率应可调节，并保持往复频率在品种项下规定的±5%的范围内变化。运行时，除往复筒平稳地垂直运动外，装置和实验室台面均不应出现明显移动、振荡或震动。

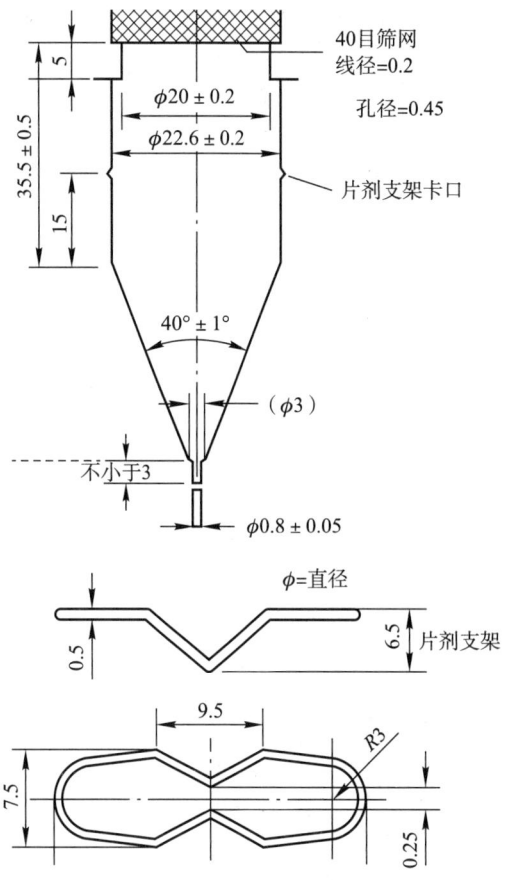

图2-9 方法6用于片剂和胶囊大池（上方）和大池支架（下方）

2. 检测方法

（1）高效液相色谱法（HPLC）：本法属于色谱法范畴，在高压输液系统的辅助下泵入色谱柱内不同极性的溶剂、缓冲液等，并分离相关成分，借助特定仪器展开检测，最终有效分析样本。高效液相色谱法以液体为流动相，而在色谱中最关键的一个部分就是高压输液系统。这一方法借助高压输液泵，将比例或是极性不同的溶剂充分混合，向固定相的实验色谱柱中泵入制成的流动相，再借助进样阀向其中注入检测样品，以流动相和柱内相通，之后再完全分离柱内液体，将其慢慢渗入到检测器内并进行监测，从而完成试样化学分析。高效液相色谱法的应用主要借助三部分内容，分别是高效微粒固定相、新型高压输液泵以及高灵敏度检测器，三者合用将经典液相色谱法优势充分发挥了出来。

目前，高效液相色谱法在具体应用时采用了高效色谱填料、小口径柱，借助高压输液泵使溶剂能够更快地流通，尽快通过色谱柱。由于高效液相色谱法所采用的高压输液泵工作效率非常高，因此在对药物成分进行检测时花费的时间较短，同时借助色谱柱进行分离，极大地提高了分离效果与检测速度。与经典柱色谱法相比，其能够更快地完成分离，部分甚至超过1000倍。因此，高灵敏、高压、高效和高速是高效液相色谱法的主要特点，高效液相色谱法在临床上具有越来越广的应用范围。

（2）紫外-可见光分光光度法：本法被广泛应用于生命科学、环境科学、农业科学、食品安全、医疗卫生以及化工等领域。其工作原理是利用不同物质对波长在200~800 nm的紫外至可见光的吸收能力不同，并依据郎伯-比尔定律，建立的一种对物质进行定性和定量分析的方法。该方法是依据郎伯和比尔发现的物质对光的吸收与溶液层厚度以及溶液浓度呈正相关，且每种物质对紫外可见光的吸收光谱具有特异性。随着科学技术的不断发展，紫外分光光度计的灵敏度和准确度得到了很大的提升，因此，其应用范围在不断扩大。

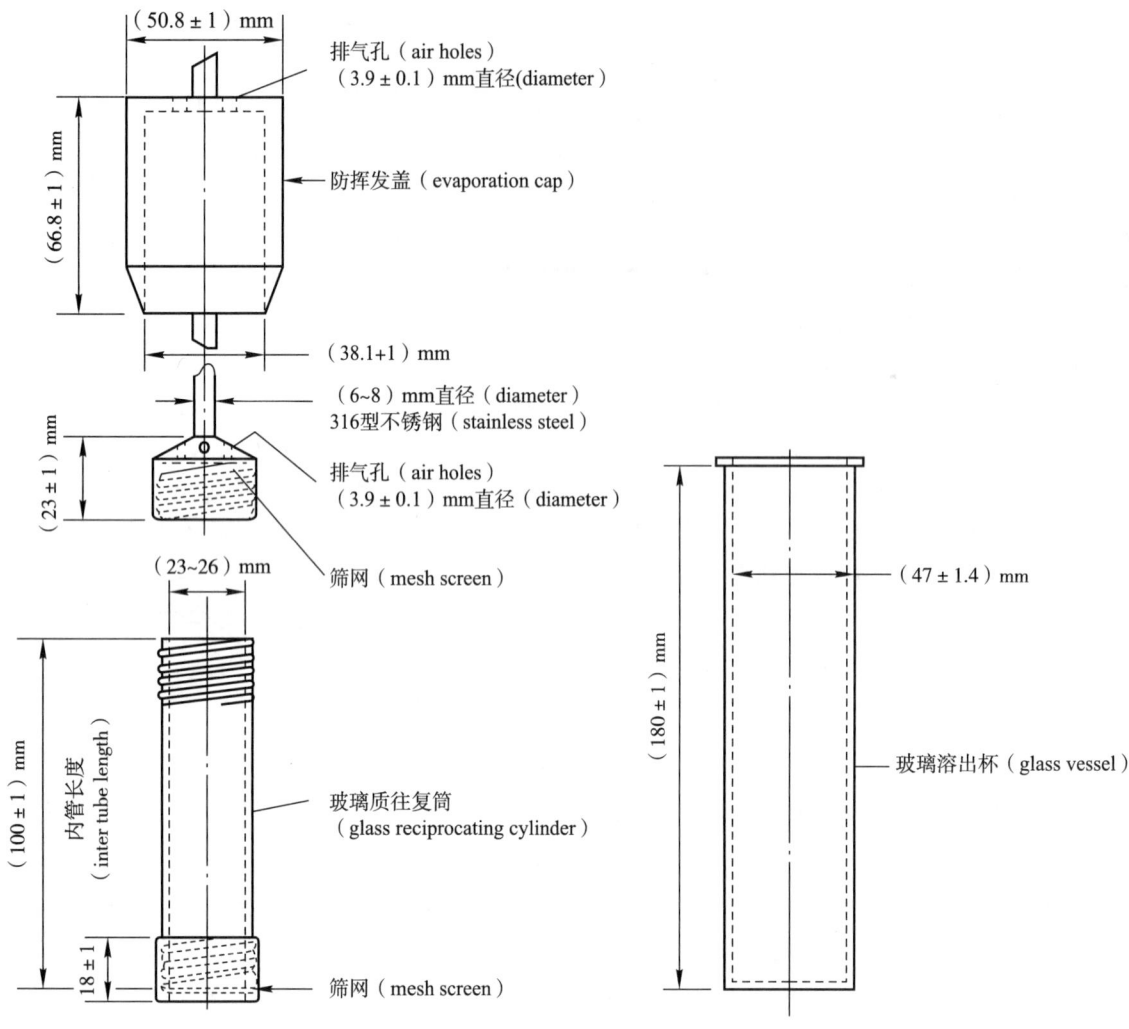

图 2-10 往复筒法简易装置

三、药物溶液的性质与检测方法

(一) 热力学性质

热化学是化学热力学的分支，主要通过量热的方法准确测量物理、化学及生物过程的热效应，从而根据热效应来研究有关现象及规律性。可以利用量热仪精确地测出药物在拟生命体液中稀释时的热量变化，从而进一步阐释药物在生命体液中理化性质的变化规律。通过研究药物的稀释焓、溶解焓、生成焓等宏观热力学性质，进而判断微观药物溶液相互作用的规律。例如，通过测量双氯芬酸铯和双氯芬酸铷在水溶液中的溶解焓和稀释焓，结果表明双氯芬酸铯和双氯芬酸铷在水溶液中溶解，熵驱动过程 – 反应物的无序程序会增加，从而使反应自发进行。

测量方法：①等温微量热法，能获得焓相互作用系数等热力学参数，根据参数能推断溶液体系中各组分之间的相互作用；②密度体积法，能获得表观偏摩尔体积、标准偏摩尔体积等热力学参数，根据这些参数获得药物 – 溶剂、药物 – 药物相互作用的情况。

(二) 流变性

1. 牛顿流体 流变学是研究流动和变形的科学，主要考察应力和应变的相关性。对药物溶液进行流变性测试，可了解药物分子形态及分子间相互作用的信息。测量流体的流变学性质可推测出药物溶液中粒子间的相互作用力和微观结构，故通过改变粒子间相互作用力和微观结构，可调控流体的流变学性质。同时，改变药物溶液的浓度，其流变性也随之改变。流体的流变性主要表现为屈服值、剪切特性、黏弹性和触变性等。测量方法：采用 NXS-11B 型旋转黏度计测定药物溶液体系的流变性。

（1）屈服值：是指流体随剪切应力增大而开始流动时的应力值，或流体随剪切应力降低而停止流动时的应力值。屈服值是流体本身的性质，是区分平衡流动流体和固体的标准。屈服值往往是通过流变学手段在多个假设条件下测定。流体屈服值与蠕变、触变性、应力增长及特征松弛时间有关。

（2）剪切特性：剪切作用是指流体在存在外力时因受到外力的作用而产生的剪切作用力。这种外力可以是流体本身的力学性质，也可以是来自外部的力。它一方面强化分子碰撞，引起流体聚集，黏度增加。另一方面，剪切作用会强制流体指向，当剪切力过大时，将破坏流体原有结构，使分子链趋向流动方向，致使黏度下降。

（3）黏弹性：是指同时具有固体弹性和流体黏性的物质或体系的性质，可分为线性黏弹性和非线性黏弹性两种形式。在线性黏弹区内对流体进行测试时，流体函数与应变或应力大小无关，而应变随应力成比例增加。黏弹性流体在较小的应力或应变条件下往往呈线性黏弹性，而在较大的应变或剪切速率下，应力和应变速率一般不呈线性关系，即流体表现为非线性黏弹性。

（4）零剪切黏度：是指高分子溶液中的分子或熔融态的高分子宛如乱成一团柔软而纠缠的线球，虽然每条分子链都在努力蠕动着，但是由于分子链与链之间的纠缠点有效的维系着彼此结构的稳定。通俗地说，零剪切黏度就是剪切速率为零时的黏度，一般用 η_0 表示（实验上无法直接测得）。零剪切黏度（单位为 Pa·s）与药物浓度存在较高的相关性，即在一定的范围内随着浓度的增加，使链段密度增加，通过分子间作用力的增强使得零剪切黏度也相应增强。

2. 非牛顿流体　非牛顿流体是剪切力与剪切应变率之间不是线性关系的流体。非牛顿流体的应用十分普遍，涉及食品工厂设计果酱类食品的运输加工及高分子聚合物在化工生产中的运输等诸多方面，在工业生产方面的应用研究体现了极大的价值。其研究方法包括实验法、解析解法与数值解法。实验法直接，但成本高且实验普遍性不高。解析解法理论上为最理想的研究方法，建立微分方程，使用纯数学方法得出方程的精确解，但求解的难度较大。数值解法则是属于一种近似解法。由于数值解法容易获得且能保证足够的求解精度，其已经成为研究非牛顿流体问题最为常用的方法。非牛顿流体与传统的牛顿流体相比，其性质有较大的差异。非牛顿流体的流动性很差且剪切应变速率远小于牛顿流体，从而使其黏度远大于牛顿流体，即剪切应变速率与黏度呈负相关关系。

（三）表面张力

液体表面张力是表征液体性质的重要参量，是描述表面现象的关键物理量。液体表面张力的准确测量在生物医学、工程技术等领域具有广泛应用。测量液体表面张力的传统方法有毛细管上升法、最大气泡压力法、拉脱法和悬滴法等。

（四）物理性质

1. 密度的测定　采用密度计进行密度的测定。其原理为同一密度计的重力恒定，随着浮力的变化而浮动直至达到平衡。密度计的读数大小根据式（2-2）：

$$F_{浮} = G = mg = \rho g V \quad (2-2)$$

式中，$F_{浮}$ 为浮力（牛顿，N），G 为重力（N），m 为质量（克，g），g 为重力加速度（9.8×10^{-3} N/g），ρ 为密度（g/cm³），V 为排出的液体的体积（cm³）。

密度计越深入液体，排出的液体的体积 V 越大，g 固定时，液体的密度就越低。

2. 黏度的测定　经一定长度毛细管，由于两种不同液体的黏滞系数不同，所以所需时间不同。黏度是表征流体黏性的物理量，是物质的重要特性之一。由于液体分子之间存在相互作用力，使得流体内每个液体层的流速不同。流体的黏度与其分子间相互作用强度和分子结构有关。采用奥氏黏度计进行黏度的测定，其原理为选用体积相等的两种不同的液体，分别计算得出最终所求液体的黏度，根据式（2-3）：

$$\frac{\eta_1}{\eta_2} = \frac{P_1 t_1}{P_2 t_2} = \frac{\rho_1 t_1}{\rho_2 t_2} \quad (2-3)$$

式中，η 为液体黏度（mPa·s）；P 为压力（MPa）；ρ 为密度（g/cm^3）；t 为时间（s）；1、2 为待测液体和基准液体。

3. 电导率的测定 电导率是表示溶液传导电流的能力，单位为西门子每米（S/m）。可采用电导率仪对溶液的电导率进行测量。其原理是将两块平行的极板放在被测溶液中，在极板的两端加上一定的电势，然后测量极板间流过的电流。多数药物在临床上使用的是成盐形式，通常溶液的电导率与药物溶液的物质的量浓度、温度均有直接的关系。当温度不变时，溶液的电导率随药物溶液物质的量浓度的增大而增大，这主要是因为物质的量浓度的增加导致单位体积溶液中参与导电的离子数目增加；当溶质浓度不变时，溶液的电导率随着温度的升高而增大，这主要是因为温度增加导致离子的热运动加快，进而导致电导率增加。

（钟志容）

第二节 微粒分散体系

一、概述

分散体系（disperse system）是一种或几种物质高度分散在某种介质中所形成的体系。被分散的物质称为分散相（disperse phase），而连续的介质称为分散介质（disperse medium）。

（一）分类

分散体系按分散相粒子的大小可分为如下几类：分子分散体系（molecular dispersion system），其粒径 <1 nm；胶体分散体系（colloidal disperse system），其粒径在 1~100 nm；粗分散体系（coarse disperse system），其直径 >100 nm。通常将粒径在 1 nm~100 μm 的分散相统称为微粒（microparticulate），由微粒构成的分散体系则统称为微粒分散体系（microparticulate disperse system）。参见表 2-1。

表 2-1 按照分散相质点的粒径对分散体系分类

类型	粒径	微粒特点
粗分散体系（悬浮体、乳浊液等）	>10^{-7} m	一般显微镜下可见，不能透过滤纸和半透膜，不扩散
胶体分散体系（溶胶）	10^{-9}~10^{-7} m	超显微镜如电镜下可见，能透过滤纸，不能通过半透膜，扩散慢
分子分散体系（溶液）	<10^{-9} m	超显微镜下不可见，能透过滤纸和半透膜，扩散快

根据分散相和分散介质之间的亲和力不同，过去曾将分散体系分为亲液胶体（lyophilic colloid）和憎液胶体（lyophobic colloid）。高分子溶液被归入亲液胶体；溶胶（sol）是多相分散体系，在介质中不溶，有明显的相界面，归为憎液胶体。高分子溶液的有些性质和溶胶类似，但它是均匀分散的真溶液，是热力学稳定、可逆的体系，因此和溶胶有本质的区别。现"亲液胶体"一词已不再使用。

在药剂学中，微粒分散体系被发展成为微粒给药系统。属于粗分散体系的微粒给药系统主要包括混悬剂、乳剂、微囊、微球等，它们的粒径在 100 nm~100 μm；属于胶体分散体系的微粒给药系统主要包括纳米乳、纳米脂质体、纳米粒、纳米囊、纳米胶束等，它们的粒径一般小于 100 nm。

（二）微粒分散体系在药剂学中的意义

微粒分散体系在药剂学中具有重要意义：①由于粒径小，有助于提高药物的溶解速度及溶解度，有利于提高难溶性药物的生物利用度；②有利于提高药物在分散介质中的分散性；③微粒在体内的分布具有一定的选择性，如一定大小的微粒在体内容易被网状内皮系统吞噬；④微囊、微球等根据载体性质控制药物的释放速度，延长药物在体内的作用时间，减少剂量，降低毒副作用；⑤改善药物在体内外的稳定性等。由于微粒分散体系具有上述独特的性质，所以在缓释、控释、靶向制剂的研究及开发中发挥着重要作用。近年来纳米技术的发展，使微粒给药系统的研究得到了更广泛的关注。未来几十年内，微粒给药体系的研究必将带来更广阔的应用前景。

（三）微粒分散体系的基本特点

微粒分散体系是不均匀的多相分散体系，它们有如下共同的基本特点。

1. 分散性　微粒分散体系的性质和分散度直接相关。例如，胶粒的布朗运动、扩散慢、沉降、不能通过半透膜等性质，皆由微粒分散系特殊的分散度决定。粒子大小为 $10^{-9} \sim 10^{-7}$ m 才会有丁达尔现象（Tyndall phenomenon）和动力学稳定性，分散度较大的粗分散体系则不具备这些特点。

2. 多相性　微粒分散体系是不均匀的，其多相性表现在分散相粒子和介质之间有明显的相界面，而溶液体系是均匀分散的单相体系，两者的性质完全不同，多相性是它们之间的根本性区别。

3. 聚结不稳定性　高度分散的多相体系有巨大的表面积和表面能。体系有缩小表面积、降低表面能的自发趋势，是热力学不稳定体系。体系中分散相粒子自发聚结的趋势称为聚结不稳定性。

微粒分散体系的分散性、多相性和聚结不稳定性之间是相互关联的，它们是微粒分散体系的基本特点。

二、微粒分散体系的物理化学性质

微粒分散体系的主要物理化学性质包括其动力学性质、光学性质和电学性质等。

（一）动力学性质

1. 布朗运动　1827 年，英国植物学家布朗（Robert Brown）在显微镜下对水中悬浮的花粉进行了观察，发现花粉微粒在不停地无规则移动和转动，并将这种现象命名为布朗运动（Brownian motion）。布朗运动是液体分子热运动撞击微粒的结果。爱因斯坦（Einstein）根据分子运动论导出了布朗运动的公式：

$$\Delta = \sqrt{\frac{RTt}{L3\pi\eta r}} \tag{2-4}$$

式中，Δ 为在 t 时间内粒子在 x 轴方向的平均位移，η 为介质的黏度，r 为粒子半径，T 为热力学温度，L 为阿伏伽德罗常数（6.022×10^{23}）。

可见，布朗运动与微粒粒径有关。微粒很小，如在 100 nm 以下，某一瞬间液体分子从各个方向对微粒的撞击不能彼此抵消，某一瞬间在某一方向上获得较大冲量，微粒就会向此方向做直线运动，在另一瞬间又向另一方向运动，展现出明显的布朗运动，可以提高微粒分散系的物理稳定性。但是，微粒很大，如在 10 μm 以上时，在某一瞬间液体分子从各个方向对微粒的撞击可以彼此抵消，布朗运动不明显，主要展现出重力作用产生的微粒沉降。

2. 扩散与渗透压　由于布朗运动的结果，胶体微粒可自发地从高浓度区域向低浓度区域扩散。相反，粗分散体系微粒则扩散不明显。扩散是布朗运动的宏观表现。爱因斯坦导出了布朗运动的位移与扩散系数之间的关系：

$$\Delta = \sqrt{2Dt} \tag{2-5}$$

根据式（2-5），可以通过测定布朗运动的位移求出扩散系数。

将式（2-4）代入式（2-5）中得：

$$D = \frac{RT}{L} \times \frac{1}{6\pi\eta r} \tag{2-6}$$

从式（2-6）可见，粒子的扩散能力和粒子的大小成反比，粒径越大，扩散能力越弱。通过扩散系数的大小，求出质点的粒径。若已知粒子的密度，可求出粒子的摩尔质量。

将只允许溶剂分子通过而不允许溶质分子通过的半透膜的两侧分别放入溶液和纯溶剂，这时纯溶剂侧的溶剂分子通过半透膜扩散到另一溶液侧，这种现象称为渗透（osmosis）。爱因斯坦指出扩散作用和渗透压之间有着密切的联系。如果没有半透膜，溶质分子将从高浓度向低浓度方向扩散，这种扩散力和溶剂分子通过半透膜从低浓度向高浓度方向的渗透力大小相等、方向相反。胶体粒子比溶剂分子大得多，不能通过半透膜，因此在溶胶和纯溶剂之间会产生渗透压（osmotic pressure），渗透压的大小可用稀溶液的渗透压公式计算：

$$\pi = CRT \tag{2-7}$$

式中，π 为渗透压，C 为溶胶的浓度，R 为气体常数，T 为热力学温度。

由于稳定性的缘故，一般溶胶的浓度较低，其渗透压也很低，因而难以测定。高分子溶液可以配制成高浓度的溶液，因此它的渗透压较大，可以测出来。渗透压法是测定高分子摩尔质量的一个常用方法。

3. 沉降与沉降平衡 分散体系中的微粒粒子密度如果大于分散介质的密度，就会发生沉降（sedimentation）。如果是粗分散体系，粒子较大，经过一段时间后，粒子会全部沉降到容器的底部。如果粒子比较小，布朗运动明显，粒子一方面受到重力作用而沉降，另一方面由于沉降使上、下部分的浓度发生变化，引起扩散作用，使浓度趋向于均匀。当沉降和扩散这两种方向相反的作用力达到平衡时，体系中的粒子以一定的浓度梯度分布，这种平衡称作沉降平衡（sedimentation equilibrium）。

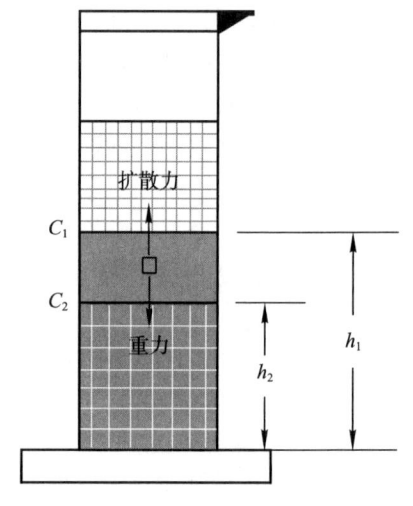

图 2-11 沉降平衡

在一个截面积为 A 的圆柱形容器内（图 2-11）装有某种分散体系，设分散微粒为大小均匀的球形粒子，半径为 r，微粒和介质的密度分别为 ρ、ρ_0，微粒在高度 h_1 和 h_2 处的浓度分别为 C_1 和 C_2，达到平衡后，液层微粒浓度与高度符合 2-8 关系式。

$$\ln\frac{C_2}{C_1} = -\frac{L}{RT} \cdot \frac{4}{3}\pi r^3 (\rho - \rho_0) g (h_2 - h_1) \tag{2-8}$$

由式（2-8）可知，粒子浓度随高度的变化程度和粒子的大小及密度有关。相同物质的微粒分散体系，微粒愈大，浓度随高度的变化越大；不同种类物质的微粒分散体系，物质的密度愈大，浓度随高度的变化越大。

（二）光学性质

光是一种电磁波，当一束光照射到一个微粒分散体系时，可以出现光的吸收、反射和散射等现象。光的吸收主要由微粒的化学组成与结构所决定；光的反射与散射主要取决于微粒的大小。微粒的粒径小于光的波长，会出现光散射现象，而粒径较大的粗分散体系只有光的反射。微粒大小不同，表现出不同的光学现象，从而可以进行微粒大小的测定。

在暗背景下，当光束通过烟雾时，可以从侧面看到一个光柱，仔细观察，可见到很多的细微亮点移动，换而言之，一束光线在暗室内通过纳米分散体系，在其侧面可以观察到明显的乳光，这就是丁达尔现象。丁达尔现象的本质是粒子对光散射（scattering）。光是一种电磁波，当光照射到不均匀的介质时,电磁波使粒子中分子的外层电子做与入射光相同频率的强迫振动,这使粒子相当于一个新的光源,向各个方向发射与入射光相同的光。当粒子的直径大于入射光的波长时,主要发生光的反射;当粒子的直径小于入射光的波长时,就会出现光散射现象。乳光是散射光的宏观表现,根据乳光判断纳米粒分散体系是一个简便的方法。同样条件下,粗分散体系以反射光为主,不能观察到Tyndall效应;而低分子的真溶液则是以透射光为主,同样也观察不到乳光。

(三)电学性质

微粒分散系的电学性质主要是由微粒表面发生的电离、吸附或摩擦等产生的电荷所表现的性质。

1. 电泳 如果将两个电极插入微粒分散体系的溶液中,施加电压,则分散于溶液中的微粒可向阴极或阳极移动,这种在电场作用下微粒进行的定向移动就叫电泳。

设有一个半径为 r 的球形微粒,表面电荷密度为 σ,在电场强度为 E 的作用下移动,其恒速运动的速度为 v,符合式(2-9)。

$$v = \sigma E/6\pi\eta r \qquad (2-9)$$

可见微粒在电场作用下移动的速度与其粒径大小成反比,其他条件相同时,微粒越小,移动越快。

2. 双电层结构 微粒分散系中的微粒表面因吸附介质中某种离子或其本身物质发生电离作用,使微粒表面带电,吸附介质中的反离子,在界面形成双电层结构。由于正、负离子静电吸引和热运动两种效应的结果,溶液中的反离子只有一部分紧密地排在固体粒子表面附近,相距1~2个反离子厚度称为吸附层;与吸附层相邻,随着距离增加反离子较少,反离子按一定的浓度梯度扩散到溶液主体中,称为扩散层,见图2-12。在电场中,微粒与介质之间发生相对位移时,所移动的切动面在远离微粒表面的区域。胶粒表面到液体内部的总电势称为表面电势或热动力电势(electric potential)。从切动面到液体内部电中性处的电势称为动电位或 ζ 电位(zeta potential)。ζ 电势在微粒与介质之间出现相对位移时才能表现出来,因此称为动电位。热力学电势不受液体中离子浓度的影响,但 ζ 电位会受离子浓度的影响。溶液中的离子浓度增加,更多的反离子进入切动面,使 ζ 电势下降。

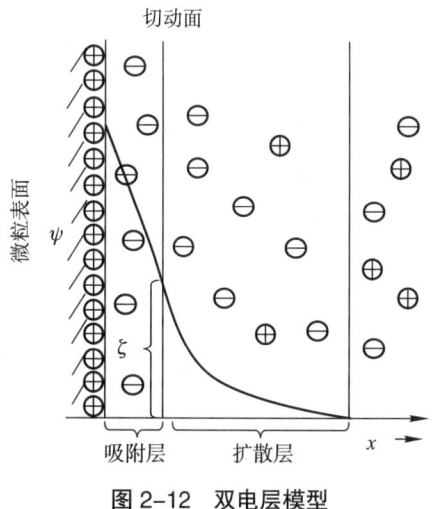

图2-12 双电层模型

ζ 电位是衡量胶体微粒带电荷多少的指标。ζ 电位的大小取决于反离子在吸附层和扩散层中的分布量,吸附层反离子愈多则扩散层中反离子愈少,扩散层越薄,ζ 电位愈小。电解质可以改变粒子表面的 ζ 电位势,电解质浓度越大,扩散层越薄,ζ 电位越小。当电解质浓度足够大时,可使 ζ 电位为零,此时电泳、电渗速度为零,溶胶很容易聚沉。

ζ 电位与微粒的物理稳定性关系密切。微粒表面带有同种电荷,在一定条件下因产生相互排斥,使微粒稳定。ζ 电位除了与介质中电解质的浓度、反离子的水化程度等有关外,也与微粒的大小有关。根据静电学,ζ 电位与球形微粒的半径 r 之间关系可用式(2-10)表示:

$$\zeta = \sigma\varepsilon/r \qquad (2-10)$$

式中,σ 为表面电荷密度,ε 为介质的介电常数。可见在相同条件下,微粒越小,ζ 电位越高。

三、微粒分散体系的物理稳定性相关理论

微粒分散体系的物理稳定性直接关系微粒给药系统的应用,也是微粒制剂产业化的困难之一。微

粒分散体系中微粒的粒径大小及粒径分布、ζ电位的大小是表征制剂物理稳定性的重要参数。影响微粒分散体系物理稳定性的因素十分复杂，研究这些因素将有利于改善微粒分散体系的物理稳定性。本节将综合讨论微粒分散体系的物理稳定性，物理稳定性相关理论，以及其物理稳定性研究方法。

（一）微粒分散体系的物理稳定性

微粒分散体系物理稳定性的核心问题是微粒的粒径大小与粒径分布，表现为微粒的絮凝、聚结、沉降、乳析和分层等。许多微粒分散制剂的物理稳定性的变化，如热力学稳定性、动力学稳定性、聚集稳定性等都与微粒粒径大小与分布密切相关。

1. 热力学稳定性　微粒分散体系是具有巨大表面的多相体系，根据热力学理论，微粒分散体系的 Gibbs 自由能变化（ΔG）为

$$\Delta G = \gamma \mathrm{d}A \tag{2-11}$$

式中，γ 为表面张力；$\mathrm{d}A$ 是制备微粒分散制剂时体系表面积的改变值。当 γ 为正值时，ΔG 则增大，具有表面过剩自由能。由能量最小原理可知，体系有从高能量自发地向低能量变化的趋势，即小粒子要自动地聚集成大粒子而使体系表面积减小，因此微粒分散体系是热力学不稳定体系。为克服该类制剂的不足，微粒分散体系中加入稳定剂，如表面活性剂或某些电解质离子等，它们吸附在微粒的表面可使表面张力（γ）降低，使体系维持一定的稳定性。例如，在乳剂制备中加入高级醇类以使 $\gamma \leqslant 0$，这样体系便成为热力学稳定的乳剂，即微乳。1980 年氢氧化铝溶胶制备的成功，标志着要制备热力学上稳定的微粒分散药物制剂是可能的。

2. 动力学稳定性　微粒（一般 <1 μm）具有布朗运动，微粒分散系具有一定的动力稳定性。当微粒的半径 >1 μm 后，微粒的平均位移只有 0.656 μm·S^{-1}，布朗运动不显著。此时微粒在分散介质中受重力场作用而匀速运动，其沉降或上浮的速度服从 Stokes 定律（Stokes' law）：

$$v = \frac{2r^2(\rho_1 - \rho_2)g}{9\eta} \tag{2-12}$$

式中，v 为微粒沉降速度（cm/s），r 为微粒半径（cm），ρ_1、ρ_2 分别为微粒和分散介质的密度（g/cm^3），η 为分散介质的黏度[P（泊）（1P = 0.1 Pa·s）]，g 为重力加速度常数（cm/s^2）。微粒沉降速度 v 可用来评价粗分散体系的动力学稳定性，v 越小说明体系越稳定，反之不稳定。

因此，为了减小微粒沉降或上浮的速度，可通过增加分散介质的黏度，如加入增稠剂，调节微粒与分散介质的密度差，使 $\rho_1 \approx \rho_2$。这样有利于提高该微粒分散制剂的稳定性。要提高微粒分散制剂的动力稳定性最主要的途径是减小微粒的半径，一般当微粒半径从 10 μm 减小为 1 μm 时，其沉降速度降低为原来的百分之一。此外，改善微粒粒径的均匀性、防止晶型转变、控制温度变化等都可在一定程度上阻止微粒沉降。微粒实际沉降速度通常小于计算值，原因是多分散体系并不完全符合 Stokes 定律的要求，如单分散、浓度无限稀释、微粒间无相互作用等。

3. 聚集稳定性　聚集稳定性是针对微粒分散体系的分散度是否随时间变化而言，如微小粒子聚集形成新的大粒子且不再分散，则体系粒子数目减少，分散度降低，体系聚集稳定性低；若微小粒子长期地不聚集，则聚集稳定性高。

微粒表面带有同种电荷，在一定条件下因相互排斥而稳定。如在微粒分散体系中加入一定量的某种电解质，可中和微粒表面的电荷，降低表面带电量、降低双电层的厚度，使微粒间的斥力下降，出现絮状聚集，但振摇后可重新分散均匀，这种现象叫作絮凝（flocculation）。加入的电解质叫作絮凝剂（flocculant）。电解质的离子强度、离子价数、离子半径等都会影响絮凝效果。一般离子价数越高，絮凝作用越强，如化合价为 2、3 价的离子絮凝作用分别为 1 价离子的 10 倍和 100 倍。通常，当絮凝剂的加入使微粒表面 ζ 电位降至 20~25 mV 时，形成的絮凝物疏松、不易结块，而且易于分散，有助于微粒分散体系的物理稳定。

如果在微粒体系中加入某种电解质使微粒表面的 ζ 电位升高，静电排斥力增加，阻碍了微粒之

间的碰撞聚集，这个现象称为反絮凝（deflocculation）。加入的电解质称为反絮凝剂（defloculant）。对粒径较大的微粒粗分散体系，如果出现反絮凝，就不能形成疏松的纤维状结构，微粒之间没有支撑，沉降后易产生严重结块，不能再分散，对物理稳定性是不利的。

同一电解质可因加入量的不同，在微粒分散体系中起絮凝作用（降低 ζ 电位）或反絮凝作用（升高 ζ 电位）。如柠檬酸盐或酸式柠檬酸盐、酒石酸盐或酸式酒石酸盐、磷酸盐和一些氯化物（如三氯化铝）等，既可作絮凝剂又可作反絮凝剂。

絮凝和反絮凝主要应用于提高微粒分散体系的物理稳定性。如果微粒体系能够呈絮凝状态，或者一直保持反絮凝状态而不沉淀，那么此体系就具有良好的物理稳定性。因此，为了使微粒体系具有最佳的物理稳定性，可以通过以下三种方法：①使用絮凝剂使微粒保持絮凝状态防止出现结块现象。②在系统中加入可溶性高分子材料，使微粒分散于结构化载体体系（structured vehicles），形成反絮凝状态。这里的结构化载体体系一般是指亲水胶体（hydrocolloids），即可溶性高分子溶液。常用的这类高分子材料有甲基纤维素、羧甲纤维素、卡波姆等。这些高分子材料可以改变分散体系的黏度而减小微粒的沉降速度，维持微粒的稳定状态。③加入絮凝剂并将微粒体系与结构化载体体系混合，可使整个体系达到最佳稳定状态。

（二）微粒分散体系物理稳定性相关理论

1. DLVO 理论 微粒之间普遍存在范德瓦耳斯力吸引作用，但粒子相互接近时又因双电层的重叠而产生排斥作用，微粒的稳定性就取决于微粒之间吸引与排斥作用的相对大小。在 20 世纪 40 年代，苏联学者 Derjauin、Landau 与荷兰学者 Verwey、Overbeek 分别独立提出了溶胶稳定性理论，称为 DLVO 理论。理论提出了两个质点间的相互吸引能和双电层排斥能的计算方法，该理论是目前为止关于胶体稳定性及电解质对稳定性的影响解释得较为完善的理论。

（1）微粒间的吸引势能：分子之间的范德瓦耳斯力（Van der Waals universal force of attraction）指的是以下三种涉及偶极子（dipole）的长程相互作用力：①两个永久偶极之间的相互作用力（dipole-dipole or Keesom orientation force）；②永久偶极与诱导偶极间的相互作用力（dipole-induced dipole or Debye induction force）；③诱导偶极之间的色散力（London dispersion force）。上述三种相互作用力都是负值，即表现为吸引，其大小与分子间距离的六次方成反比，称为六次率。除了少数的极性分子外，色散力在三种作用中占主导地位。

微粒可以看作是大量分子的集合体。1937 年，哈梅克（John Henry Hamaker）假设溶胶粒子间的引力势能等于一个粒子中的任意一个分子与另一粒子中的任意分子之间的引力势能的加和。对于同一物质，半径为 a、距离很近的两个球形微粒之间的引力势能为：

$$\Phi_A = -\frac{A}{12} \times \frac{a}{H} \tag{2-13}$$

式中，Φ_A 为引力势能；H 为两球之间的最短距离；A 为 Hamaker 常数，是物质的重要特征常数，与单位体积内的原子数、极化率、分子之间的相互作用有关，其值在 $10^{-20} \sim 10^{-19}$。Hamaker 常数是在真空条件下测得的，如果是在分散介质中的微粒，必须用有效 Hamaker 常数代替。

式（2-13）适用于微粒大小比微粒间距离大得多的情形，若微粒非常小，则必须考虑对球半径的校正，所得的公式比较复杂，但仍可以得到引力势能和距离之间的关系：

$$\Phi_A \propto \frac{1}{H^2} \tag{2-14}$$

同物质微粒间的范德瓦耳斯力永远是相互吸引，介质的存在能减弱吸引作用，而且介质与微粒的性质越接近，微粒间的相互吸引就越弱。

（2）双电层的排斥势能：微粒表面双电层的结构如前述。当微粒彼此的双电层尚未接触时，两个带电微粒之间并不存在静电斥力作用，只有当微粒接近到它们的双电层发生重叠，并改变了双电层电势与电荷分布时，才产生排斥作用。计算双电层的排斥作用能的最简便的方法是采用 Langmuir 方程，将排斥力当作是在两双电层重叠之处过剩离子的渗透压所产生的，如果是低电势，则两球之间的在单位面上移的排斥能 Φ_R 可用式（2-15）表达。

$$\Phi_R = \frac{1}{2} \cdot \varepsilon a \psi_0^2 \exp(-kH_0) \tag{2-15}$$

式中，ε 为介电常数，a 为微粒半径，ψ_0 为微粒表面电势，H_0 为两粒子球面间的最短距离，k 为波兹曼常数。式（2-15）表明，微粒之间的排斥能随微粒表面电势 ψ_0 和粒子半径 a 的增加而升高，随离子间距 H_0 的增加呈指数下降。

（3）微粒间的总相互作用势能：微粒间的总相互作用能 $\Phi_T = \Phi_A + \Phi_R$。以 Φ_T 对微粒间距离 H 作图，即得总势能曲线，如图 2-13 所示。从式（2-13）可知，当 H 逐渐减小时，Φ_A 的绝对值无限增加；当 H 很小时，吸引大于排斥，Φ_T 为负值；当微粒间距离 H 增大时，Φ_R 和 Φ_A 都下降，其中 Φ_R 随距离增加而呈指数下降，因此在 H 很大时，Φ_T 也是负值；若距离再增加，Φ_T 趋近于零。在中间地段，即距离与双电层厚度同数量级时，Φ_R 有可能超过 Φ_A，从而 $\Phi_T - H$ 曲线出现峰值，即势垒（voltage barrier）。若势垒足够高，则可以阻止微粒相互接近，不至于聚沉。然而，Φ_R 也可能在所有距离上都小于 Φ_A，则微粒的相互接近没有任何阻碍，很快聚沉。还应该指出，虽然在 H 很小时吸引大于排斥，但在微粒间相距很近时，由于电子云的相互作用而产生 Born 排斥能，总势能又急剧上升为正值。因此，$\Phi_T - H$ 曲线的一般形状如图 2-13 所示，在距离很小与很大时各有一势能极小值出现，分别称为第一与第二极小值。在中等距离则可能出现势垒，势垒的大小是微粒能否稳定的关键。前已述及，增加溶液电解质浓度或离子价数，则可降低排斥能 Φ_R，在总势能曲线中，势垒也随之减小，则体系的稳定性下降。

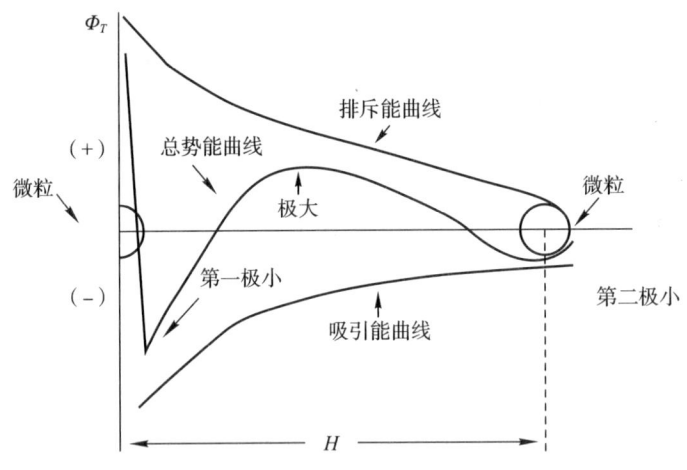

图 2-13　DLVO 理论：两个粒子间的势能曲线

（4）临界聚沉浓度：微粒的物理稳定性取决于总势能曲线上势垒 Φ_{max}（图 2-13）的大小，可以将势垒当作判断微粒稳定与否的标准。势垒 Φ_{max} 随溶液中电解质浓度的加大而降低，当电解质浓度达到某一数值时，势能曲线的最高点恰为零（即 $\Phi_{max} = 0$），此时势垒消失，体系由稳定转为聚沉，这就是临界聚沉状态，这时的电解质浓度即为该微粒分散体系的聚沉值（coagulation value）。由于处于临界聚沉状态的势能曲线在最高处必须满足两个条件，即 $\Phi_T = \Phi_A + \Phi_R = 0$ 与 $\dfrac{d\Phi_T}{dH} = \dfrac{d\Phi_R}{dH} + \dfrac{d\Phi_A}{dH} = 0$，这样得到：

$$聚沉值 = C \times \frac{\varepsilon^3 (kT)^5 \gamma_0^4}{A^2 Z^6} \quad (2-16)$$

式中，C 为常数，ε 为介质的介电常数，Z 为离子的价数，γ_0 为与微粒表面电势有关的参数，k 为波兹曼常数，T 为热力学温度，A 为 Hamaker 常数。

这是 DLVO 理论得出的关于电解质聚沉作用的重要结果。聚沉值具有如下特征：① 在表面电势较高时，聚沉值与反离子价数的六次方成反比；② 聚沉值与介质的介电常数的三次方成正比；③ 当规定零势垒为临界聚沉条件时，聚沉值与微粒大小无关。

通常，在势垒为零或很小时才发生聚沉，微粒凭借动能克服势垒的障碍，一旦越过势垒，微粒间相互作用的势能随彼此接近而降低，最后在势能曲线的第一极小值处达到平衡位置。如果在微粒之间相互作用的势能曲线有较高的势垒，足以阻止微粒在第一极小值处聚结，但其第二极小值足以抵挡微粒的动能，则微粒可以在第二极小值处聚结。由于此时微粒间相距较远，这样形成的聚集体必定是一个松散的结构，容易破坏和复原，表现出触变性质。习惯上，将第一极小值处发生的聚结称为聚沉（coagulation），而将在第二极小值处发生的聚结称为絮凝（flocculation），聚沉和絮凝均是不稳定的表现。

DLVO 理论的要点总结：①微粒间存在斥力势能 Φ_R，同时也存在吸引势能 Φ_A。Φ_R 是由于带电微粒相互靠拢时扩散层重叠所产生的静电排斥力，而不是点电荷静电排斥力所产生的斥力势能；Φ_A 是范德瓦耳斯力性质的，但不同于短程范德瓦耳斯力，而是长程范德瓦耳斯力所产生的吸引力势能，它与距离的一次方或二次方成反比。②微粒间存在的斥力势能和引力势能的相对大小决定体系的总势能，并决定其稳定性。微粒间的总势能 Φ_T 可以用其斥力势能 Φ_R 与引力势能 Φ_A 之和表示：$\Phi_T = \Phi_A + \Phi_R$。当 $\Phi_R > \Phi_A$ 时，则体系相对稳定；反之，$\Phi_R < \Phi_A$，则微粒相互靠拢发生聚沉。③斥力势能 Φ_R、引力势能 Φ_A 及总势能 Φ_T 随粒子间距离而改变。由于 Φ_R、Φ_A 与距离关系不同，因此在一定距离 Φ_R 占优势，而在另一距离 Φ_A 又占优势。④加入电解质对 Φ_A 影响不大，对 Φ_R 影响明显。⑤DLVO 理论存在的问题：高分子聚合物与非离子型表面活性剂的稳定作用不能解释；DLVO 理论忽略静电斥力势能以外的因素；不能解释非水胶体分散系的稳定性。

2. 空间稳定理论 DLVO 理论的核心是微粒的双电层因重叠而产生排斥作用。但是，在非水介质中双电层的排斥作用已经相当模糊，实验已证明，即使在水体系中，加入一些非离子型表面活性剂或高分子能降低微粒的 ζ 电势，但稳定性反而提高了。这些事实表明，除了双电层的静电作用外，还有其他的稳定因素起作用，即微粒表面上吸附的大分子从空间阻碍了微粒相互接近，进而阻碍了它们的聚结，因此称这一类稳定作用为空间稳定作用。

空间稳定作用很早以前就得到应用。在我国古代，古人向墨汁中掺进树胶，可使炭粉不致聚结。在现代工业上，制造油漆、照相乳剂等产品时，均加入高分子作为稳定剂。这种稳定作用的理论是 20 世纪 60 年代之后才逐渐发展起来的，虽然现在还未发展成统一的定量理论，但其发展很快，已成为近年来微粒稳定性研究的重要课题之一。其基本经验规律包括：①分子稳定剂结构特点：作为有效的稳定剂，高分子一方面必须和微粒具有很强的亲和力，以便能牢固地吸附在微粒表面上；另一方面又要与溶剂有良好的亲和性，以便分子链充分伸展，形成厚的吸附层，达到保护微粒不聚结的目的。②高分子的浓度与相对分子质量的影响：一般来说，相对分子质量越大，高分子在微粒表面上形成的吸附层越厚，稳定效果越好。许多高分子还有临界相对分子质量，低于此相对分子质量的高分子无保护作用。高分子浓度的影响比较复杂，吸附的高分子要能覆盖微粒表面才能起到保护作用，即需要在微粒表面上形成一个包围层，再多的高分子并不能增加它的保护作用，但若高分子的浓度过低，微粒表面不能被完全覆盖，则不但起不到保护作用，反而使胶体对电解质的敏感性增加。由于高分子链起了"桥联"作用，把邻近微粒吸附在链子上，促使微粒聚集下沉，称这种作用为敏化作用（sensitization）。③溶剂的影响：在良溶剂中高分子链段能伸展，吸附层变厚，稳定作用增强。在不良溶剂中，高分子的稳定作用变差。实验中发现，若在介质中逐渐加入不良溶剂，在介质刚好转变为高分子的不良溶剂时，分散微粒开始聚沉。

（1）理论基础：与电解质聚沉理论不同，空间稳定理论至今尚未形成成熟的定量关系，主要包括两个理论，即体积限制效应理论和混合效应理论。

1）体积限制效应理论（theory for volume restriction effect）：吸附在微粒表面上的高分子长链有多种可能构型。两微粒接近时，彼此的吸附层不能互相穿透，因此，对于每一吸附层都造成了空间限制（图2-14 a），从而产生排斥作用。排斥能的大小可以从构型熵随微粒间距离的变化计算得出。

2）混合效应理论（theory for mixing effect）：微粒表面上的高分子吸附层可以互相穿透（图2-14 b）。吸附层之间的这种交联可以看作是两种浓度的高分子溶液的混合，其中高分子链段之间及高分子与溶剂之间的相互作用发生变化。从高分子溶液理论和统计热力学出发，可以分别计算混合过程的熵变与焓变，从而得出吸附层交联时自由能变化的符号和大小。若自由能变化为正，则微粒互相排斥，起保护作用；若自由能为负，则起絮凝作用，吸附层促使微粒聚结。

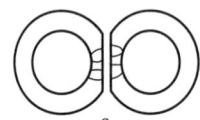 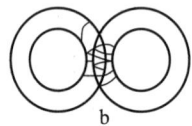

图2-14　高分子吸附层效应
a. 体积限制效应，压缩不穿透；b. 混合效应，穿透不压缩

（2）微粒稳定性的判断：不管排斥作用因何而起，我们总可以将微粒接近时因吸附层相互作用而产生的自由能的变化（ΔG_R）分成熵变（ΔS_R）与焓变（ΔH_R）两个部分，由热力学定律得到：

$$\Delta G_R = \Delta H_R - T\Delta S_R \tag{2-17}$$

若使胶粒稳定，则 $\Delta G_R > 0$，有如下三种情况：① ΔH_R、$\Delta S_R > 0$，但 $\Delta H_R > T\Delta S_R$，焓变起稳定作用，对此系统进行加热时，随着温度 T 的上升，ΔG_R 值逐渐变小，当 ΔG_R 降为负值时，容易聚沉，体系不稳定；② ΔH_R、$\Delta S_R < 0$，但 $|\Delta H_R| < |T\Delta S_R|$，熵起稳定作用，加热时会使体系趋于稳定；③ $\Delta H_R > 0$，$\Delta S_R < 0$，无论是焓变还是熵变均不会对体系的稳定性产生影响，即微粒的稳定性不受温度影响。

由于空间稳定效应的存在，微粒间的相互作用能 Φ_T 应写成：

$$\Phi_T = \Phi_R + \Phi_A + \Phi_S \tag{2-18}$$

式中，Φ_R 为静电排斥能，Φ_A 为吸引能，Φ_S 为空间稳定效应产生的排斥能。总势能曲线的形状如图2-13所示。由于在微粒相距很近时 Φ_S 趋于无穷大，故在第一极小值处聚沉不大可能发生，微粒的聚结多表现为较远距离上的絮凝。与双电层排斥作用相比，空间稳定作用受电解质浓度的影响很小，它在水体系及非水体系中均可起作用，能够使很浓的分散体系稳定，这些都是空间稳定作用的特点。

3. 空缺稳定理论　该理论起源于20世纪50年代，科学研究者发现，高分子没有被吸附于微粒表面时，粒子表面上高分子的浓度低于体系溶液中高分子的浓度，形成负吸附，使粒子表面上形成一种空缺表面层。在这种体系中，自由高分子的浓度不同、大小不同可能使胶体聚沉，也可能使胶体稳定，这种使胶体分散体系稳定的理论称为空缺稳定理论（theory of depletion stabilization），亦称自由高分子稳定理论。

随着高分子溶液浓度的降低，自由能曲线下移，当势垒降低到刚使胶体发生聚沉时，相应的浓度称为临界聚沉浓度（critical coagulation concentration，C_1）；随着高分子溶液浓度的增加，自由能曲线上移，当势垒增加到刚使胶体稳定时相应的浓度称为临界稳定浓度（critical stable concentration，C_2）。

由于稳定是在高浓度区出现，而聚沉则是在低浓度区发生，所以 C_2 总是大于 C_1。C_2 值越小表示该高分子的稳定能力越强，而 C_1 值越小则表示其聚沉能力越强，所以讨论影响因素实质上是讨论影响 C_1 和 C_2 的因素。

（1）高分子相对分子质量的影响：以相对分子质量为 4 000～300 000 的聚氧乙烯作空缺稳定剂，讨论其相对分子质量对聚苯乙烯乳胶稳定性的影响：①当随相对分子质量增大时，C_1 和 C_2 同时减少，这就是说相对分子质量大的高分子既是良好的聚沉剂，又是良好的稳定剂；②在任一相同相对分子质量的情况下，C_2 值总是大于 C_1 值，这说明同一高分子在高浓度下发生稳定作用，而在低浓度下发生聚沉作用；③而对较大相对分子质量（比如 $M > 10\ 000$ 时）的高分子来说，C_1 和 C_2 值均与相对分子质量的平方根（$M^{1/2}$）成反比。

（2）微粒大小的影响：以相对分子质量为 10 000 的聚氧乙烯作自由高分子为例，随着粒径的增大，C_1 和 C_2 之值同时减少，即粒径较大的微粒在高浓度的高分子溶液中呈现较大的稳定性，而在低浓度的高分子溶液中却呈现出较大的聚沉性。

（3）溶剂的影响：溶剂的好坏直接影响高分子的溶解及其分子在溶液中的形状。良好的溶剂与高分子的相互作用力较大，可以使高分子在溶液中充分伸展开来，它们的混合使体系的自由能减少更多；对于不良溶剂，高分子在溶液中呈卷曲状，C_1 和 C_2 值都较大。

4. 微粒聚结动力学 粒径超过 1 μm 的微粒是不稳定的，所谓的稳定与否，是指聚沉速度的相对快慢。因此，聚沉速度是微粒稳定性的定量反映。由 DLVO 理论可知，微粒之所以稳定是由于总势能曲线上势垒的存在。倘若势垒为零，则微粒相互接近时必然导致聚结，若有势垒存在，且只有其中的一部分聚结，这里我们称前者为快聚结、后者为慢聚结。

（1）快聚结：当微粒间不存在排斥势（$\Phi_T = 0$）时，微粒一经碰撞就会聚结，其速度由碰撞速率决定，而碰撞速率又由微粒布朗运动所决定，或者说由微粒的扩散速度所决定，研究快速聚结动力学实际上是研究微粒向另一微粒的扩散。

单分散球形微粒由布朗运动的扩散作用控制时，假设初始微粒体系单位体积内的粒子数为 N_0，微粒的半径相同皆为 a，则每个球形微粒都有一作用半径 r（$\approx 2a$），若两球的中心距离等于此作用半径，则两球相碰。由 Fick 扩散第一定律得：

$$\frac{dN}{dt} = -DA\frac{dN}{dr} \quad (2-19)$$

式中，dN/dt 为在 dt 时间内扩散入参考球（半径为 r）作用范围内的粒子数；D 为两个微粒间的相对扩散系数（若忽略两微粒间的相互作用，当两个微粒大小相同时，则 $D = 2D_1$，D_1 为一个微粒的扩散系数）；A 为参考球的表面积，$A = 4\pi r^2$。根据反应动力学方程处理后可得快聚结的速度常数 $K_r = 8\pi D_1 a$。若用 Einstein（爱因斯坦）关系式 $D_1 = \dfrac{kT}{6\pi \eta a}$ 代入，即得：

$$K_r = \frac{4kT}{3\eta} \quad (2-20)$$

式中，η 为黏度，k 为波兹曼常数，a 为微粒的半径，T 为热力学温度。快聚结的速度常数 K_r，是反映聚结快慢的重要参数，它受温度和介质黏度的影响，与微粒大小无关，并且不受电解质浓度的影响。

微粒体系进行快聚结时，微粒的数目迅速减少，微粒由初始数目 N_0 减少至一半所需的时间可以用式（2-21）计算：

$$t_{1/2} = \frac{1}{K_r N_0} = \frac{3\eta}{4kTN_0} \quad (2-21)$$

如在 25℃的水（$\eta = 0.01$）中，对浓度为 0.1%（按体积）、半径 $a = 1.0 \times 4^{-5}$ cm 的球形微粒混悬

剂，可得 $t_{1/2} \approx 1\text{ s}$。

（2）慢聚结：当存在势垒时，由于微粒间的排斥作用，实际聚结速度比用式（2-21）所预测的要小得多。将这个因素考虑进去之后，应对 Fick 扩散第一定律加以修正：

$$\frac{dN}{dt} = -DA\frac{dN}{dr} + 阻力因子 \tag{2-22}$$

阻力因子是指阻止粒子扩散的因素，它与微粒内的位能有关。若用双分子反应的动力学方法处理后，可得到慢聚结的速度常数 K_s，如下：

$$K_s = \frac{4\pi D_1}{\int_{2\alpha}^{\infty} \exp\left(\frac{\Phi}{kT}\right) r^{-2} dr} \tag{2-23}$$

式中，Φ 为微粒间相互作用势能，D_1 为微粒的扩散系数，k 为波兹曼常数，α 为微粒的半径，T 为热力学温度，r 为参考球的半径。K_s 为慢聚结的速度常数，它的大小可反映慢聚结速度的快慢。

比较式（2-20）和式（2-23），可得两者之间的关系为：

$$K_r = K_s \cdot 2a \int_{2a}^{\infty} \exp\left(\frac{\Phi}{kT}\right) r^{-2} dr = K_s \cdot \omega \tag{2-24}$$

式中，ω 称为稳定率（stability ratio），是一个很重要的函数，它具有势垒的物理意义，代表微粒体系的稳定性。当 $\omega = 1$ 时，根据式（2-24）知，慢聚结就是快聚结。从式（2-24）可知：

$$\omega = 2a \int_{2a}^{\infty} \exp\left(\frac{\Phi}{kT}\right) r^{-2} dr \tag{2-25}$$

其中 Φ 为微粒间相互作用势能，它是电解质浓度的函数。利用微粒体系的电性质及 DLVO 理论，做近似处理后，即得：

$$\lg\omega = -K_1 \lg c + K_2 \tag{2-26}$$

式中，c 为电解质浓度（mmol/L）；在一定温度下，K_1 和 K_2 是常数。式（2-26）表明，稳定率 ω 是电解质浓度 c 的函数，电解质浓度的变化会影响微粒体系的慢聚结速度。

电解质浓度对慢聚结的速度有显著的影响，如将氯化钠溶液的浓度由 1%～2% 稀释至 0.1% 时，聚结速度则降低为原来的几十分之一至几百分之一。其原理为随着电解质浓度 c 的降低，微粒间相互作用势能 Φ 不断增大，则 K_s 不断增大，因此聚结速度会降低。

（3）架桥聚结：虽然都是同样的高分子，但当这些高分子有效地覆盖微粒表面时，它们能够发挥空间结构的保护作用；当被吸附的高分子只覆盖一小部分表面时，它们往往使微粒对电解质的敏感性大大增强。这种絮凝作用被称为敏化，因为它可以减少引起絮凝作用所需的电解质的量。敏化的作用机制是在高分子浓度较低时，吸附在微粒表面上的高分子长链可能同时吸附在另一微粒的表面上，通过被吸附的高分子袢上或尾端上的锚基与另一微粒的裸露部分相接触并吸附在上面而形成分子桥。要使这一过程发生，就必须使微粒表面尽可能不被高分子覆盖，使其有足够的裸露部分。倘若溶液中的高分子浓度很大，微粒表面已完全被吸附的高分子所覆盖，这时微粒不再会通过搭桥而聚结，此时高分子起保护作用。

（三）微粒分散体系物理稳定性研究方法

微粒分散体系中微粒的粒径大小及粒径分布、ζ 电位的大小是表征微粒制剂物理稳定性的重要参数。任何能够反映微粒大小及粒度分布、ζ 电位相关变化的测定方法均可用于微粒分散体系的物理稳定性研究。

1. 光散射法 利用微粒的光散射性质对微粒分散系的稳定性和粒度分布进行评价。可通过光散射法测定胶体的聚沉速度。通过样品池的入射光光强为 I_0，垂直偏振的散射光光强为 I_{90}。I_{90}/I_0 是 Rayleigh 比率，测定 Rayleigh 比率并对时间作图，直线的斜率可反映胶体的稳定性。

2. 漫反射光谱法　漫反射光谱法（diffuse reflection spectrometry，DRS）是一种测定微粒分散系粒径变化、表面性质或体系中药物随时间变化的手段。该法对被测体系无扰动，通过紫外或可见光谱特征来监测体系的物理化学变化，并以此评价乳剂的稳定性。

3. 显微镜法　运用光学显微镜、电子显微镜或者荧光显微镜等直接测定微粒的形态和粒径变化。采用显微镜与高速电影摄影机连接，连续观测微粒子的运动，将摄影投射至数字转换台上，可以得到不同时间的粒度分布及粒子运动的数据。还可以按不同时间间隔进行显微照相，并可采用在照片的一定面上计数的方法，进行乳剂粒度的测定和凝结动力学研究。这种方法比较直观、真实，但计数测定费时麻烦。目前应用显微分光图像分析仪，分辨率可达 0.1 μm，随机抽测片中粒子的正投影面积和形态因子（每样品测 100~500 个粒子），将仪器测出的面积换算成等投影面积的球形粒子的直径（D）并按大小分类，由计算机进行数据处理后得出粒度分布。

4. 电学法　利用微粒荷电性质、电位与粒径的关系来评价乳剂的稳定性。微粒分散系用电解质溶液稀释后，不同大小的分散粒子通过具有标准孔径的小孔管时，引起小孔管两极间电阻改变，将电阻的改变转换为电位脉冲信号，可测定粒子的累积粒度分布，这种方法称为库尔特计数器法。但应注意，在用电解质溶液稀释时常会改变微粒的形态和大小。

5. 热学法　利用微波对微粒分散系的照射，测定分散系表面和底部的温差大小，来测定比较不同乳剂的稳定性，这种方法称为微波辐射法。乳剂在加热过程中，在一定温度有转相现象，可利用热学法来评价乳剂的稳定性。

6. 沉降法　利用微粒与分散介质的密度差来测定分散系的粒度分布，并与其他检测器联合进行定性、定量，形成目前的沉降场流动分离法（sedimentation field-flow fractionation，SFFF）；再有比较常用的超速离心分析法，用来测定粒度分布和研究分散系的稳定性。该法不适用于微粒与分散介质的密度差较小的情况。

7. 动电电位相关的评价　ζ 电位是微粒表面荷电性质与荷电大小的标志，它不仅影响微粒制剂的物理稳定性，往往影响其体内分布与体内药物动力学。有关电位的测定，传统采用显微电泳法。该方法是靠测定带电粒子在外加电场作用下的移动速度来确定其 ζ 电位，由于粒子的选择有局限性，也很难精确测定粒子的位移，同时又受诸多因素影响，因此误差较大。电泳光散射（electrophoretic light scattering，ELS）是将激光光散射与显微电泳结合起来的新技术，它能精确地测定粒子在外电场作用下的动力学性质，如胶体粒子的电泳迁移率、ζ 电位和扩散系数等。该方法不仅可弥补显微电泳法的不足，同时具有测量速度快、分辨率高和适应范围广等优点。

（徐荷林）

第三节　流变学基础

流动和变形是自然界最常见的现象，也是物体的固有特性。物体在适当的外力作用下具有的流动性和变形性称为流变性。研究物体变形和流动的科学称为流变学（rheology）。

古希腊哲学家赫拉克利特提出了"万物流变"的流变思想，人们已经认识到产生流动和变形需要力这个古老的概念，但未明确阐述力和变形之间的关系。春秋时期的《考工记》记载："假令弓力胜三石，引之中三尺，每加物一石，则张一尺。"揭示了弹力和之间成比例的关系。1660 年，胡克阐述了弹性物体的应力和伸长率呈线性关系，即胡克定律；1687 年，牛顿阐述了流体的应力与应变率呈线性关系，即牛顿流体定律。1929 年，宾厄姆（Eugene Cook Bingham）将固体变形和液体流动整合起来，提出了流变学的概念，该词由希腊语 rheos（流动）和 logos（学科）演化而来，至今已发展成为一门介于力学、化学、物理与工程科学之间的新兴交叉学科，广泛应用于材料、工程、食品、医药等领域。

一、概述

变形（deformation）也称形变，指对某一物体施加外力时，其内部各部分的形状和体积发生变化的过程；此时物体内部存在一种与外力对抗的内力使物体保持原状，在单位面积上存在的内力称为应力（stress）或内应力（internal stress）。以物体剪切变形为例，如图 2-15 所示，底端平板固定，当对顶面平板沿切线方向施加外力 F 时，物体以一定速度 v 发生形变，称为剪切应变（shearing strain，γ），$\gamma = \Delta x / y = \tan\theta$。此时单位面积上的作用力称为剪切应力（shear stress，σ，单位 Pa，N/cm²），$\sigma = F/S$。

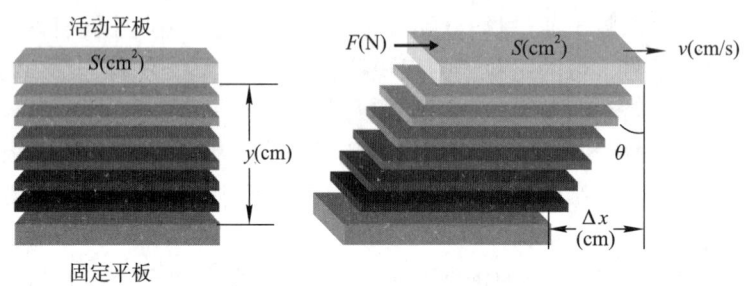

图 2-15　物体剪切变形示意图

当对固体施加外力，再撤去外力时，因外部应力而产生的形变有恢复原状的趋势，这种性质称为弹性（elasticity）；其发生的形变为可逆形变，称为弹性形变（elastic deformation）；具有弹性的物体称为弹性体。对于理想固体，剪切应力 σ 与剪切应变 γ 之间成正比，遵循胡克定律（Hook's law），用剪切模量（shearing module，G，单位 N/m²）衡量物体单位剪切应变所需的剪切应力，即 $G = \sigma/\gamma$。

当对流体（液体和气体）施加外力时，产生非可逆形变，称为流动（flow）。此时流体以一定速度流动，并带动邻近层流体流动，且在各流层间产生速度梯度 dv/dx，称为剪切速率（rate of shear，$\dot\gamma$ 或 D，单位 s⁻¹），即流体质点产生的相对运动速度。流体各流层间因流动而产生的相对位移会阻碍流体的进一步流动，这种性质称为黏性（viscosity）。剪切速率的大小与制剂操作、制剂物性和使用性能有关，常见制剂操作的剪切速率近似值如表 2-2 所示。特定条件下，当剪切速率达到最大值时，流体质点将开始发生形变或结构破裂，此时流体的稳定性和可塑性也随之发生改变。剪切速率被广泛应用于流体搅拌、混合、输送等过程，对于优化制剂工艺、提高生产效率具有重要意义。

表 2-2　常见制剂操作的剪切速率

操作	剪切速率 /($\dot\gamma$/s⁻¹)	操作	剪切速率 /($\dot\gamma$/s⁻¹)
从瓶内倾倒药液	50	皮下注射	4 000
胶体磨研磨	10 ~ 106	调制软膏	1 000
鼻喷剂从塑料瓶中喷出	20 000	皮肤上涂洗剂	400 ~ 1 000

二、牛顿流体

牛顿在 17 世纪论述了理想流体的黏性，提出了"流体内部的剪切应力 σ 与垂直于流体运动方向的速度梯度（剪切速率$\dot{\gamma}$）成正比"的关系，即牛顿黏性定律（Newton's law of viscosity）：

$$\sigma = \eta \cdot \frac{dy}{dx} = \eta \cdot \dot{\gamma} \quad (2-27)$$

式中，η为黏度系数，又称动力黏度（kinetic viscosity）（单位Pa·s），表示剪切速率为1/s、面积为1 cm^{2}时液层间的内摩擦力，用于衡量流体在外力作用下质点间相对运动而产生的阻力。流体流动的难易程度与其自身黏度有关。

遵循牛顿黏性定律的流体属于牛顿流体，其流变曲线（rheogram）如图2-16中直线a所示，剪切应力σ与剪切速率$\dot{\gamma}$呈直线关系，且通过原点。牛顿流体的黏度是常数，与剪切速率无关，黏度是温度的函数，随温度升高而减小，许多液体温度每升高1℃，黏度降低约2%。如水、空气、油、液体石蜡等低分子化合物的纯液体及溶液或高分子稀溶液都属于牛顿流体。运动黏度（kinematic viscosity）是指牛顿流体的动力黏度与其在相同温度下密度的比值，单位为m^2/s、mm^2/s。特性黏度（intrinsic viscosity）为当高分子极稀溶液（浓度趋于0时）的比浓黏度，常用于测定高分子聚合物平均相对分子质量。

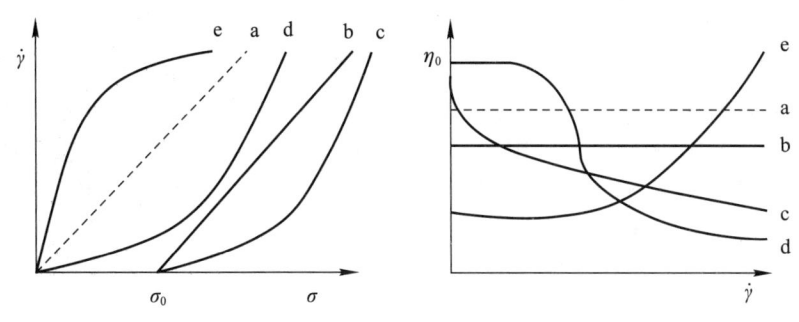

图2-16 流体的流变曲线

a. 牛顿流体；b. Bingham塑性流体；c. Herschel–Bulkley流体；d. 假塑性流体；e. 胀塑性流体

三、非牛顿流动

不遵循牛顿黏性定律的流体统称为非牛顿流体（non-Newtonian fluid），可分为塑性、假塑性、胀塑性和触变流体。其流变曲线如图2-16所示，剪切应力σ与剪切速率$\dot{\gamma}$不呈直线关系，有些不通过原点。$\sigma/\dot{\gamma}$的比值称为表观黏度η^a（apparent viscosity），η^a不是常数，它是剪切速率$\dot{\gamma}$的函数。实际上大多数液体与半固体制剂，如高分子溶液、胶体溶液、乳剂、混悬剂、软膏剂、凝胶剂等均属于非牛顿流体。

（一）塑性流体

当外加给流体的剪切应力较小时不发生流动，表现为弹性形变，当剪切应力超过某一临界值时发生永久形变或流动，这种特性称为塑性（plasticity），引起形变或流动的临界剪切应力称为屈服应力（yield stress）或屈服值（yield value），产生的不可逆形变或流动称为塑性形变（plastic deformation）或塑性流动（plastic flow）。这种在受到外力作用时并不立即流动，需要待外力增大到某一程度时才开始流动的流体称为塑性流体（plastic fluid）。在制剂中呈现为塑性流动的剂型有高浓度乳剂、混悬剂、单糖浆等。

塑性流体的流变曲线如图2-16b、c所示，它不通过原点，具有屈服应力，与剪切应力（σ）轴相交于屈服值（σ_0）。当静止时流体的粒子聚集形成网状结构，剪切应力σ小于σ_0时为弹性体，当应力超过σ_0时，导致体系网状结构被破坏，开始流动，进一步分为两种类型：①Bingham塑性流体，该类塑性流体在开始流动后，转变为黏性流体，且黏度不变，类似于牛顿流体，见图2-17；②Herschel–

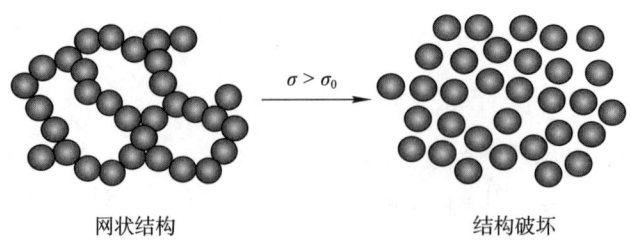

图 2-17 塑性流体结构变化示意图

Bulkley 流体，该类塑性流体在开始流动后，流动行为不遵循牛顿黏性定律。加入表面活性剂或反絮凝剂，会减小粒子间的引力（范德瓦耳斯力）和斥力（短距离斥力），进而减少或消除屈服应力。

（二）假塑性流体

假塑性流体（pseudoplastic fluid）是一种无屈服应力，表观黏度随剪切速率增加而减小的非牛顿流体。其流变曲线如图 2-16d 所示，通过原点，没有屈服应力，只要加上小的剪切应力就会发生流动，且随剪切应力的增加，剪切速率的增速越来越大，曲线的斜率即表观黏度越来越小，表明流体的表观黏度随搅动的加剧而变小，这种现象称为剪切稀化（shear thinning）。

假塑性流体大多数是含有链状高分子，或形状不规则的颗粒的分散体系，如甲基纤维素、海藻酸钠、淀粉以及大多数高分子溶液等。当静止时体系中质点取向各异，当剪切速率增加时，分子链段或粒子长轴逐渐随流动方向取向，呈有序排列，从而使流动阻力减少，表观黏度 η^a 显著下降；当剪切速率继续增加到一定值，分子链段或粒子长轴全部沿流动方向取向，此时剪切速率与剪切应力成正比关系，黏度不再改变，如图 2-18 所示。

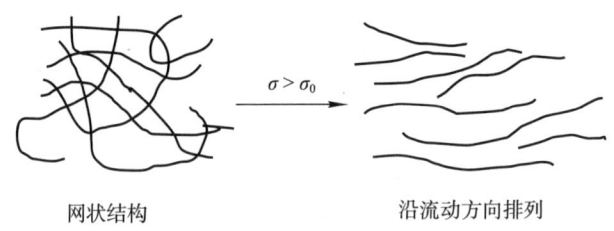

图 2-18 假塑性流体结构变化示意图

（三）胀塑性流体

胀塑性流体（dilatant fluid）是一种表观黏度随剪切速率的增加而提高的一种非牛顿流体。其流变曲线如图 2-16e 所示，通过原点，没有屈服应力，但随剪切应力的增加，曲线的斜率即表观黏度越来越大，表明流体流动的阻力随着搅动速度的加剧越来越大，搅动越快越显稠，这种现象称为剪切稠化（shear thickening）。

剪切稠化作用可用胀容现象（dilatancy）解释，即粒子在强烈的剪切作用下成为疏松排列结构，引起外观体积增大，导致黏性阻力增大的现象。高浓度混悬液、糊剂及高分子凝胶等具有胀容和剪切稠化现象。胀塑性流体通常为凝聚性粒子，且处于紧密填充状态的分散体系。这种体系在浓度低时为牛顿液体，浓度较高时则为塑性流体，浓度再高时即为胀塑性流体，如 30%～40% 淀粉浆即表现出胀性流动。在低速搅拌剪切时，粒子处于有序的排列状态，充满致密排列的粒子间隙的分散介质（水）具有润滑作用，表现出较小的黏性阻力，流动性较好，而当高速搅拌时，原有的紧密排列状态被打乱，形成多孔隙的疏松填充状态，分散介质（水）不能充满粒子之间的间隙，粒子间没有了水的润滑作用，增大了粒子间的摩擦力，导致黏性阻力会骤然增大，甚至失去流动性，如图 2-19 所示。

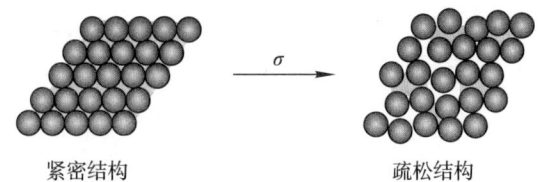

图 2-19　胀塑性流体结构变化示意图

四、触变性

塑性流动、假塑性流动与胀塑性流动的剪切应力与剪切速率的关系与时间无关，剪切应力增大或减小的逆向改变时，切变速率及黏度也随之逆向改变，无时间滞后。对应于某一剪切应力，有其固定的剪切速率。

对某些非牛顿流体，剪切应力作用时间的长短对体系的流变性有影响，即表观黏度与剪切应力作用时间长短有关。当体系在搅拌时成为流体，而停止搅动后逐渐变稠甚至胶凝，而不是立即恢复到搅拌前的状态，其间有一个时间过程，且这一过程可以反复可逆进行，这种性质称为触变性（thixotropy）。触变性流体的流变曲线为一环状曲线，如图 2-20 所示，其上下行线不重合，构成滞后环（hysteresis lop）。滞后环面积的大小反映了触变性的大小。制剂中的凝胶为半固体，无流动性。而某些凝胶在恒温搅动或其他机械作用下受震动，内部结构被破坏，表现为体系的黏度下降，成为能流动的溶胶；停止振动后，溶胶逐渐变稠，最后恢复为凝胶，这表明它们具有触变性。

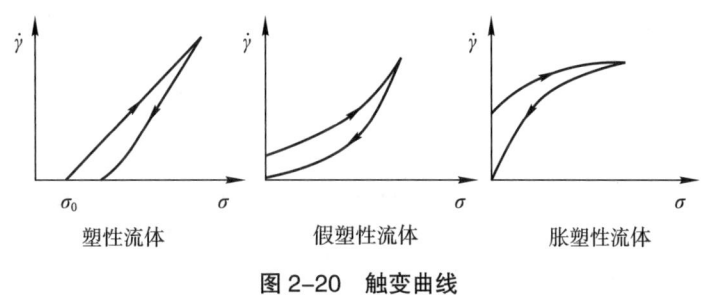

图 2-20　触变曲线

普遍认为触变性是流体结构可逆转变的一种现象（即凝胶 - 溶胶 - 凝胶的转变），它是由温度、pH 或其他影响因素诱发黏度时间依赖性改变而引起的，体系的容积却不会发生变化。换言之，触变性是表述等温体系的一个术语，在这样的体系中，表观黏度会在剪切应力的作用下降低，而当应力去除时，又会缓慢恢复原来的黏性。

流体表现触变性的机制可以理解为随着剪切应力的增加，粒子之间形成的物理交联结构受到了破坏，黏度随之减小。当撤掉剪切应力时，被拆散的粒子靠布朗运动移动到一定的几何位置，才能恢复原来的结构，即粒子之间结合构造的恢复需要一段时间，从而呈现出对时间的依赖，表现出触变性，如图 2-21 所示。因此，剪切速率减小时的曲线与增加时的曲线不重叠，形成了与流动时间有关的滞后环。

一些制剂如高浓度混悬剂、乳剂与亲水性高分子溶液，在一定条件下都有可能存在触变

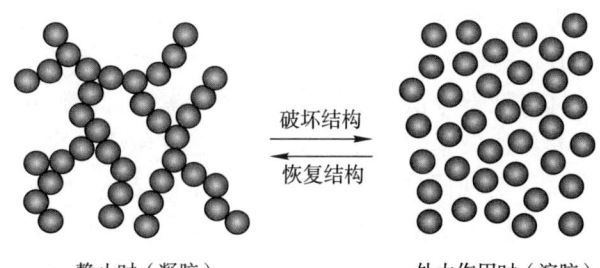

图 2-21　触变性结构示意图

性。如将单硬脂酸铝加入花生油中研磨混合后，120℃加热 0.5 h，冷却后，即表现触变性。当单硬脂酸铝的浓度为 2.2%（g/mL）时，其胶凝时间为 1.3 h。

五、黏弹体

如果物体兼具有弹性和黏性，则认为其具有黏弹性（viscoelasticity），称为黏弹体（viscoelastic body）。黏弹性是一种力学松弛行为。它的响应可视为弹性与黏性的组合，如图 2-22 所示，黏弹体在施加载荷时，弹性形变是瞬时产生的与速率（时间）无关的可恢复形变，物体在弹性体形变过程中储存能量；黏性形变是随着时间的推移而发生的与速率（时间）相关的永久形变，物体在黏性形变过程中耗散能量。对于大多数高分子材料，一些分散体系如软膏剂、乳膏剂、凝胶剂等半固体制剂，以及凝胶贴膏、橡胶贴膏和贴剂等均具有黏弹性，压片的粉体压缩过程也涉及粉体或颗粒物料的黏弹性。这类物质材料的流动和形变既不服从胡克定律，也不遵循牛顿流体定律，需要将流动和形变与其结构和物性联系起来方可全面掌握其流变性。

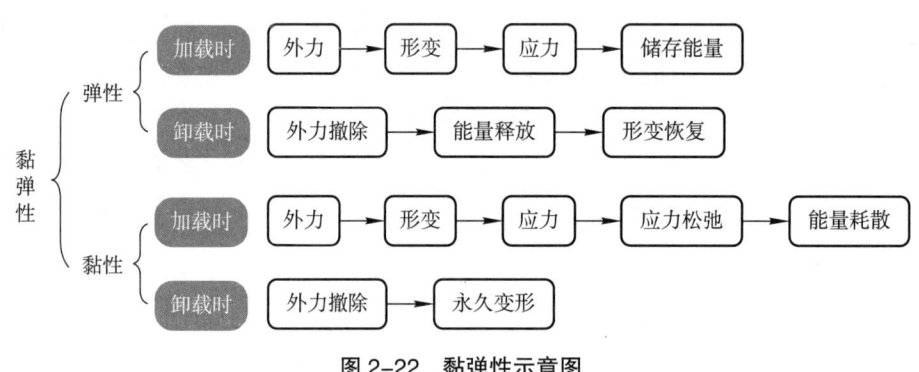

图 2-22 黏弹性示意图

黏弹体静态特征表现为蠕变（creep）和应力松弛（stress relaxation）；动态特征表现为滞后（hysteresis）和内耗（internal friction）。蠕变是黏弹体在应力保持不变的条件下，不断地产生塑性形变，形变随时间逐渐增大的现象。蠕变大小反映物体尺寸的稳定性和长期负载能力，如透皮贴剂的压敏胶基质由于蠕变性在背衬层边缘或防黏层缝隙产生渗出的冷流现象。蠕变曲线如图 2-23 所示，蠕变曲线的第一部分可以分为三个区域：瞬时弹性响应（a）、黏性滞后弹性形变（b）和稳态黏性流动（c）；一旦松弛阶段已经开始，（d）直接与（a）相关并且（e）与（b）相关，（f）表示材料不可恢复的黏性形变，以及（g）可恢复的弹性形变。

应力松弛则是指总形变（弹性形变和塑性形变）保持不变的条件下，随蠕变使塑性形变不断增加，弹性形变相应减少，而应力随时间逐渐衰减的现象，应力将逐渐放松到非零应力水平，由弹性形变逐渐变为塑性形变，在释放施加的应力后，弹性部分将立即恢复，黏性部分将随着时间的推移完全或部分恢复。例如，橡胶松紧带开始使用时感觉比较紧，用过一段时间后越来越松，也就是说，实现同样的形变量，所需的力越来越少。蠕变与应力松弛在本质上相同，都是因为物体内部的黏性阻力使形变和应力达到平衡需要一段时间，如图 2-24 所示，因此蠕变是松弛现象的另一

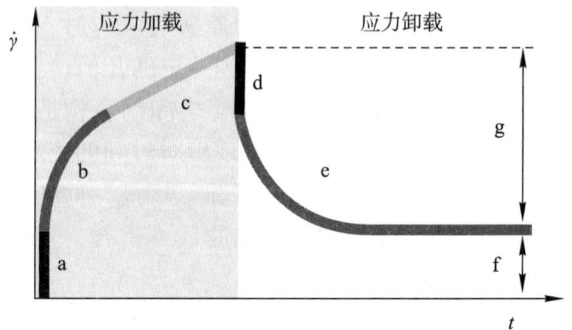

图 2-23 蠕变曲线

表现形式，反之也可把应力松弛看作是应力不断降低的"多级"蠕变过程，蠕变抗力高的材料，其抵抗应力松弛的能力也高。应力松弛常带来不利影响，如压片过程中，由于物料的黏弹性，压缩完成后产生应力松弛，致使片剂体积增加，产生弹性复原，甚至松片或顶裂。

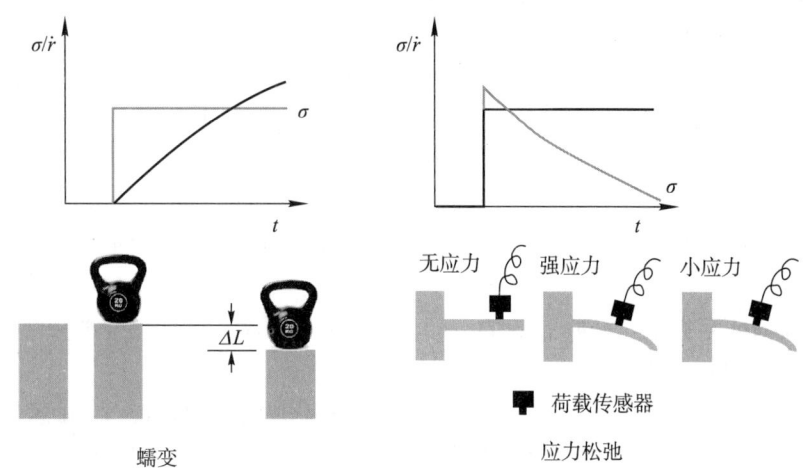

图 2-24　蠕变和应力松弛示意图

滞后是指黏弹体在循环交变应力作用下，形变滞后于应力变化的现象，也指黏弹体在应力加载、卸载时需经历一段时间方能完成应变的现象。内耗是指由于滞后现象，导致每个应力循环中都要消耗功，使一部分机械能转化为热能，造成能量耗散的现象，也称力学损耗。

六、流变学在药剂学中的应用

药物制剂属于多组分复杂的分散体系，其流变性质极其复杂，受其组成的物理、化学性质、结构及环境条件等诸多因素的影响。药物制剂的稳定性、可挤出性、涂展性、通针性、滞留性、黏附性、控释性等性能与流变学性质密切相关。药物制剂流变学研究的重要意义在于可以应用流变学理论对混悬剂、乳剂、胶体溶液、半固体制剂、贴膏剂、贴剂等的剂型设计、处方工艺研究、质量控制等进行评价和指导。

（一）药物制剂流变学性质测定

1. 液体制剂的黏度　液体的黏度可用黏度计测定，《中国药典》（2025 年版）收载了平氏毛细管黏度计、乌氏毛细管黏度计和旋转黏度计三种测定方法。毛细管黏度计适用于牛顿流体运动黏度的测定，其中平氏毛细管黏度计测定法通过相对法测量一定体积的液体在重力的作用下流经毛细管所需时间，以计算流体的运动黏度或动力黏度。乌氏毛细管黏度计常用于测定高分子聚合物极稀溶液的特性黏度，用于计算平均相对分子质量。旋转黏度计是通过测定转子在流体内以一定角速度（ω）相对运动时其表面受到的扭矩（M），以计算牛顿流体或非牛顿流体的动力黏度。

2. 半固体制剂、贴膏剂和贴剂的流变性　主要通过流变仪进行测定，包括旋转流变仪和转矩流变仪，其中旋转流变仪适用面最广。它通过控制夹具（锥板、平行板和同轴转桶等）的相对运动产生简单剪切流动，主要包括应变和应力控制型两种测量模式，通过测定夹具在旋转过程中所产生的力矩或应力、旋转角位移或角速率、样品的应变等，获得制剂的流变曲线，并进行模型拟合，得到制剂的流变学模型和详细流变学特征，如屈服应力（σ_0）、零剪切黏度（η_0）、无限剪切黏度（η_∞）等流变性参数，弹性模量（elastic modulus，G'）、黏性模量（viscous modulus，G''）、损耗因子 $\tan\delta$（G''/G'）、复数模量 G^*、复数黏度 η^*、应力松弛模量 Gr（relaxation modulus）及蠕变柔量 J（creep compliance）

等线性黏弹性、触变性、黏弹性的瞬时响应参数,具体可参考相关流变学测量资料。此外,还可采用插度计测定半固体制剂的稠度,以插入针在一定载重下插入制剂的深度,来衡量其稠度。

(二)药物制剂流变学的应用

1. 流变性与制剂稳定性 混悬剂、乳剂、乳膏剂等,属于非均相多相分散体系和热力学不稳定体系,分散相趋向聚结,导致分层、沉降,易受到环境条件影响产生稳定性问题。通过在混悬剂中添加具有触变性的助悬剂,或在乳化体系中添加可在连续相形成凝胶网络结构的稳定剂,增加连续相的黏度,使体系具有一定屈服应力和触变性,可延缓分散相聚结,防止内部网状结构破坏,从而提高混悬剂、乳剂、乳膏剂等非均相体系的稳定性。因此,在非均相液体制剂和半固体制剂的处方设计中,增稠剂、助悬剂或稳定剂的黏度、屈服应力及触变性等流变学参数是重要的考察因素。由于黏弹性对微观结构的变化较敏感,因此可用蠕变、振荡和温度测试评价制剂的黏弹性变化,从而预测其物理稳定性。

2. 流变性与制剂使用性能 药物制剂的流动性与其可挤出性、涂展性、通针性、滞留性和黏附性等密切相关,直接影响制剂的使用性能、顺应性甚至疗效。

乳剂、软膏剂、乳膏剂和凝胶剂等半固体制剂的可挤出性、涂展性和皮肤触感,对于患者的用药性能和顺应性具有重要影响。该类制剂通常具有塑性和触变性,当黏度和屈服应力过小,制剂开盖时自动流出或挤出时难以控制挤出量,同时不利于在皮肤附着和滞留;黏度和屈服应力过大则挤出困难,不易涂展,皮肤触感较差。采用具有适宜屈服应力的触变性体系,轻轻挤压所施的剪切应力即可破坏制剂微观结构,保证顺利挤出,当挤压停止,又可重新恢复原有的结构和黏度,保证有效控制挤出量;可使制剂易于涂展,停止涂抹时药物能黏附于皮肤,有利于药物经皮吸收。研究认为在剪切速率为 500 s^{-1} 条件下,良好涂展性和皮肤触感对应的黏度和应力范围分别是 1 350~3 500 Pa·s 和 8.5~15 Pa。

通针性是注射剂顺利注射的关键,受黏度、针规、颗粒形状、粒度和颗粒浓度、屈服应力和触变性等因素的影响,通针性不佳不仅导致注射困难,还容易造成注射剂量不准确。如乳剂型、混悬型注射剂或疫苗、注射用敏感凝胶、新型微粒制剂的黏度、粒度或浓度过大,易导致针头阻塞或将颗粒留在注射器中,但过细的颗粒亦可能因屈服应力过高堵塞针头,故需采用合适的黏度、屈服应力和粒径。具有触变性的注射剂,通过针头注射时在高剪切应力作用下,其微观结构易被破坏,注射之后在体内再恢复结构和稠度,从而形成储库,如高浓度普鲁卡因青霉素 G 注射用混悬剂(40%~70%)。

溶液、乳液、混悬液等传统皮肤、黏膜、腔道用液体制剂,因其黏度低,易从用药部位流失,滞留性差,从而影响药物的吸收。特别是眼用液体制剂,使用后由于泪液分泌、鼻泪管排出及眨眼反射等保护性生理机制,其容易流失,在结膜囊内和角膜滞留时间非常有限,影响其生物利用度和疗效,通常需要频繁给药,但同时会带给患者顺应性及安全性问题。具有触变性的原位凝胶眼部给药制剂,可根据眼部的温度、离子强度等环境变化发生相转变,形成具有黏弹性的凝胶。据报道,水溶性聚丙烯酸凝胶在家兔眼部给药可滞留 4~6 h,这是由于凝胶具有很高的屈服值,使其抵抗眼睑和眼球运动而引起的剪切作用。

黏附力可反映凝胶贴膏、透皮贴剂与皮肤黏附的牢固程度。药物释放的程度及速度与贴剂和皮肤黏附的面积、紧密程度和持续时间是直接相关的,也是直接影响制剂的安全性和有效性的一项重要的质控指标。

《中国药典》(2025 年版)收载了黏附力测定法,分别为:初黏力、持黏力、剥离强度及黏着力。研究表明,可用流变学参数表征凝胶贴膏的黏附力,初黏力与 $\delta_\omega = 0.1$ rad/s 值呈正相关,剥离强度与 $1/(G'_\omega = 100/G'_\omega = 0.1)$ 值呈正相关,内聚力与 $1/J_c$ 值呈正相关。采用流变学测定凝胶贴膏膏体的储能模量 G'、损耗模量 G''、屈服应力 σ_0、蠕变柔量 J 等流变学参数,可为调整处方基质的种类及配比,提升贴膏的成型质量,解决因膏体内聚力、黏弹性不理想所出现的黏性较差、难剥离、透布、烂膏等问题提供依据。透皮贴剂的压敏胶自身内聚力不足或药物和辅料导致其内聚力减弱，都会使压敏胶在贮存中发生蠕变产生溢出切割边缘的现象，或给药过程中贴剂发生褶皱、位移，或移除贴剂后给药部位留下压敏胶残留，称为冷流现象。储存（25℃）和临床使用（32℃）条件下过量冷流，可能导致贴剂黏附在包装袋内部难以取出和应用，还可能改变载药基质与皮肤之间的接触面积，影响透皮贴剂的使用性能和安全性。采用旋转流变仪可以对透皮贴剂进行流动曲线、黏弹性（弹性模量 G'、黏性模量 G'' 和蠕变柔量 J）等相关流变特性的研究测试，可以准确量化贴剂的黏附性能和冷流现象，为处方工艺优化提供依据。

3. 流变性与制剂释药特性　制剂中药物的释放速度与介质黏度密切相关。通常介质黏度增加会降低药物的扩散速度，从而降低药物的释放速度。如凝胶骨架缓释片的原理即当片剂接触消化液后，其表面的亲水凝胶材料发生水化形成具有一定黏度的凝胶层，减缓了药物通过凝胶层释放至消化液中的扩散速度，凝胶层的厚度、黏度、黏弹性、强度等对缓释片的释药特性有重要影响。除了黏度之外，载体的流变性和黏弹性对药物特性的影响更值得关注。注射原位凝胶给药系统，注入体内可迅速完成溶胶-凝胶相转变，转变为高黏度黏弹性凝胶，可控制药物在体内实现数月内持续释放。挤出型单室渗透泵片芯常采用羟乙纤维素等高分子聚合物作为溶胀材料，当水分通过半透膜渗入片芯后，溶胀材料不断水化溶胀形成具有一定黏度的浓稠物至弱凝胶，利用产生的溶胀压和渗透压，将药物从释药孔中挤出。研究发现，药物的释药特性与片芯溶胀材料溶液的表观黏度无法建立直接的相关性，而与黏弹性特征的相关性显著。采用黏性模量 G'' 较高的高分子聚合物时，渗透泵片具有更快的释药速率；弹性模量 G' 高的聚合物机械强度较高，具有较高的耐蚀性，而药物在挤出的絮状物内难以较快溶解分散，造成释放速率变慢；而剪切变稀现象较为明显的 HPMC 作为溶胀材料，易造成药物释放不稳定。

4. 流变性与制剂生产工艺　流体类药物制剂生产时的搅拌、混合、乳化、填充、灌装和输送等工序均涉及流变学的应用，深入研究流变学性质，可为制备工艺设计、设备选型以及工艺放大提供依据。如热熔注模法生产混悬型栓剂，难溶性药物与基质混合并熔融后，易因药物与基质密度差异较大，发生主药沉降而导致药物分散不均匀、药物含量均匀度差的问题，可通过适当增加基质在熔融状态下的黏度解决该问题。对于乳剂、混悬剂和软膏剂等非牛顿流体制剂，存在剪切稀化或稠化现象、触变性及黏弹性等复杂流变学性质，其制备工艺参数（如搅拌方式、搅拌速率、加热温度和时间、冷却温度和速率等）对制剂的微观结构有决定性影响，通过流变学考察有助于确定关键工艺参数及其范围。由于设备结构、原理和大小不同，制剂操作时剪切速率不同，物料的黏稠度和流变学特性随之变化，对制剂生产的传热传质过程有很大的影响。如乳化设备搅拌桨、均质器的直径和转速不同，产生不同的末端线速度，造成剪切速率和剪切应力不同，导致乳化体系的微观结构、流变学性质和质量产生差异。因此，在工艺放大、设备选型或改进时，均需对制备工艺进行重新认证。由于混悬剂、软膏剂、凝胶剂等制剂的流变性特点，一般在常温时其流动性并不足以满足灌装和输送的需求，通常会采用升温或振动等方式来提高其流动性，以满足灌装和输送单元操作的需求。

（王　森）

第四节　粉体学基础

一、概述

粉体（powder）是无数个固体粒子的集合体的总称，即由粒子组成的整体。这些固体粒子既可以是数毫米的颗粒，也可以是数纳米的粉末。通常所说的"粉""粒"都属于粉体的范畴，一般将小于

100μm 的粒子称为"粉"，大于 100μm 的粒子叫"粒"。在一般情况下，粒径小于 100μm 时，容易产生粒子间的相互作用而流动性较差；粒径大于 100μm 时，粒子自重大于粒子间的相互作用而流动性较好，并成为肉眼可见的"粒"。在制药行业中常用的粒子大小范围通常从药物原料粉的 1μm 到片剂的 10mm。众所周知，物态有三种，即固体、液体、气体。液体和气体具有流动性，而固体没有流动性。但将大块固体粉碎成粒子群之后，则具有与液体相类似的流动性，具有与气体相类似的压缩性，且具有固体的抗变形能力。因此，常把"粉体"视为第四种物态来处理。

粉体学（micromeritics）是研究粉体的基本性质及其应用的科学，包括对粉体重要性质的表征，如粒径、粒径分布、形态、休止角、孔隙率和其他相关性质。粉体不一定是单一的结晶体，也可能处于多个粒子聚集在一起的状态。为了区别单一的粒子和聚结的粒子，将单一结晶粒子称为一级粒子（primary particle），将一级粒子的聚结体称为二级粒子（second particle）。如图 2-25 所示。

图 2-25　一级粒子和二级粒子光学照片

在固体剂型的制备过程中（散剂、颗粒剂、片剂、胶囊剂、粉针剂、混悬剂等）必将涉及固体药物的粉碎、分级、混合、制粒、干燥、压片、包装、输送、储存等。因此粉体学技术能为固体制剂的处方设计、生产过程，以及质量控制等方面提供重要的理论依据和试验方法，如粉体粒子大小会影响溶出度和生物利用度，粉体的性质会影响片剂的成型及崩解，粉体的流动性、相对密度等性质会影响散剂、胶囊剂、片剂等按容积分剂量的准确性，粉体的密度、分散度及形态等性质会影响药物混合的均匀性等。因此，粉体学作为药剂学的基本理论之一，日益受到药学工作者的关注。

二、粉体粒子的性质

通常组成粉体的每个粒子的形状、大小、表面状态都不同，粉体的性质可能随着粒子的微小变化而发生很大变化。除外，粉体的密度与孔隙率、粉体的流动性与充填性、粉体的润湿性与吸湿性、粉体的黏附与内聚、粉体的压缩性等对固体制剂及某些剂型的处方设计、制备工艺优化、成形性、稳定性及释药性等均有显著影响，因此研究粉体的性质对固体物料的处理至关重要。

（一）粒径与粒度分布

粒径大小（particle size）是粉体最基本的性质。由于粉体粒子的形态不规则，很难用球体的直径，立方体的边长等方式表示粒径大小。因此对于一个不规则粒子的粒径测定方法不同，测定值不一样，其物理意义也不同。

1. 粒径的表示方法

（1）几何学粒径（geometric diameter）：是根据几何学尺寸定义的粒子径，如图 2-26 所示。几何学粒径一般采用显微镜法测定。

1）三轴径：在粒子的平面投影图上测定长径 l 与短径 b，在投影平面的垂直方向测定粒子的厚度 h，见图 2-26（a）。三轴径反映粒子的实际尺寸。

2）定方向径：在粒子的平面投影图上测得的粒径，常见的有以下几种，见图 2-26（b）。①定方向接线径（feret diameter）：在定方向测量与粒子投影面两边相切的两平行线的距离；②定方向等分径（martin diameter）：在定方向将投影面分成两等分的直线长度；③定方向最大径（krummbein diameter）：在定方向最长两点之间的距离。

3）圆相当径：常见的有投影面积相当径和周长圆相当径，见图 2-26（c）。①投影面积相当径（heywood diameter）：是与粒子的投影面积相同的圆的直径；②周长圆相当径：有投影面积的周长相同的圆的直径。

4）球相当径：常见的有球体积相当径和球表面积相当径，见图 2-26（d）。①球体积相当径（equivalent volume diameter）：与粒子体积相同的球体的直径；②球面积相当径（equivalent surface diameter）：与粒子体表面积相同的球体的直径。

5）纵横比（aspect ratio）：系粒的最大轴长度与最小轴长度之比。对于球形颗粒是 1，针状颗粒的值最大。

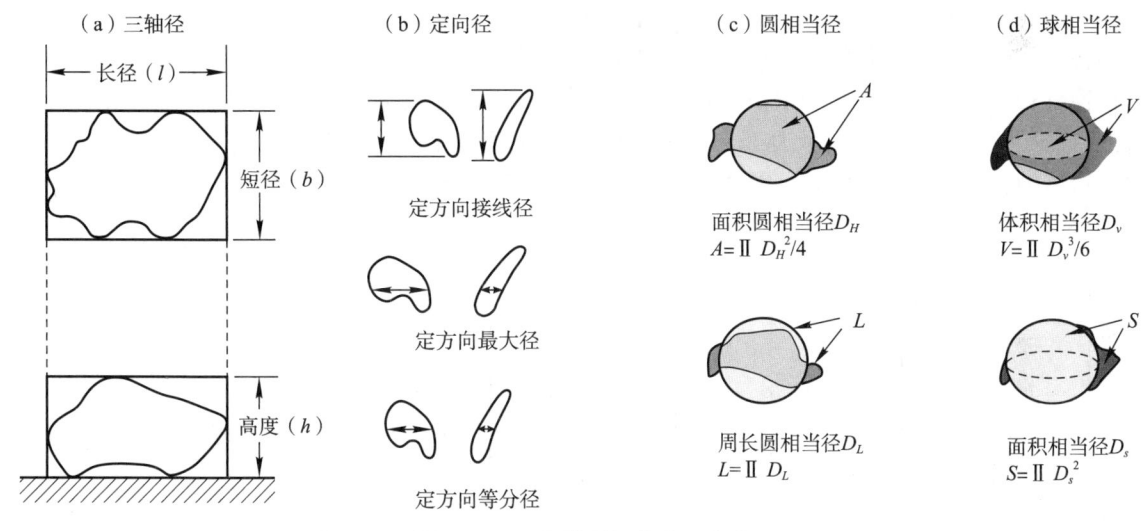

图 2-26 不同粒子径的表示方法

（2）筛分径（sieving diameter）：又称细孔通过相当径。当粒子通过粗筛网被截留在细筛网时，粗细筛孔直径的算术或几何平均值称为筛分平均径，记作 D_A。

算术平均值：$D_A = \dfrac{a+b}{2}$ （2-28）

几何平均径：$D_A = \sqrt{ab}$ （2-29）

式中，a 为粒子通过的粗筛网直径，b 为粒子被截留的细筛网直径。

（3）有效径（effective diameter）：是与粒子在液相中具有相同沉降速度的球的直径，又称沉降速度相当径（settling velocity diameter）。该粒径是根据 Stocks 方程计算所得的，故又称 Stocks 径，记作 D_{Stk}。

$$D_{Stk} = \sqrt{\dfrac{18\eta}{(\rho_1 - \rho_2) \cdot g} \cdot \dfrac{h}{t}}$$ （2-30）

式中，ρ_1，ρ_2 分别表示被测粒子与液相的密度，η 为液相的黏度，h 为等速沉降距离，t 为沉降时间。

（4）比表面积等价径（equivalent specific surface diameter）：是与粒子具有相同比表面积的球的直径，记作 D_{SV}。用透过法、吸附法测得比表面积后计算求得。这种方法求得的粒径为平均粒径，不能获得粒度分布，以球体为例：

$$D_{SV} = \frac{\varphi}{S_W \cdot \rho} \tag{2-31}$$

式中，φ 为粒子的性状系数，球体 $=6$，其他形状 $=6.5\sim8$，S_W 为比表面积，ρ 为粒子密度。

（5）空气动力学相当径：粉体的空气动力学相当径又称空气动力学径（aerodynamic diameter），是与不规则粒子具有相同的空气动力学行为的单位密度球体的直径。具有相同空气动力学径的颗粒可以有不同的形状、大小和密度。空气动力学径可以用以下公式表示和计算：

$$d_a = d_g \left[\frac{\rho_p}{\rho_o \chi}\right]^{0.5} \tag{2-32}$$

式中，d_a 为颗粒的空气动力学粒径，d_g 为几何粒径，ρ_p 为颗粒的密度（g/cm³），ρ_o 为标准密度（g/cm³），χ 是动态形状因子（假设粒子是球形的，则 $\chi=1$）。该直径通常用于吸入性颗粒。

2. 粒径分布　粒径分布（particle size distribution）反映不同粒径的粒子群在粉体中所分布的情况，反映粒子大小的均匀程度，可对药物的溶出和生物利用度产生影响，了解其对药物制剂处方设计、制备工艺（如混合、制粒、压片等）参数确定有指导意义。

粒径分布可分为频率分布和累积分布。频率分布：表示与各个粒径相对应的粒子在全部粒子群中所占的百分数。累积分布：表示大于（on）或小于（pass）某个粒径的粒子在全部粒子群中所占的百分数，粉体的粒径分布示意图，见图 2-27。

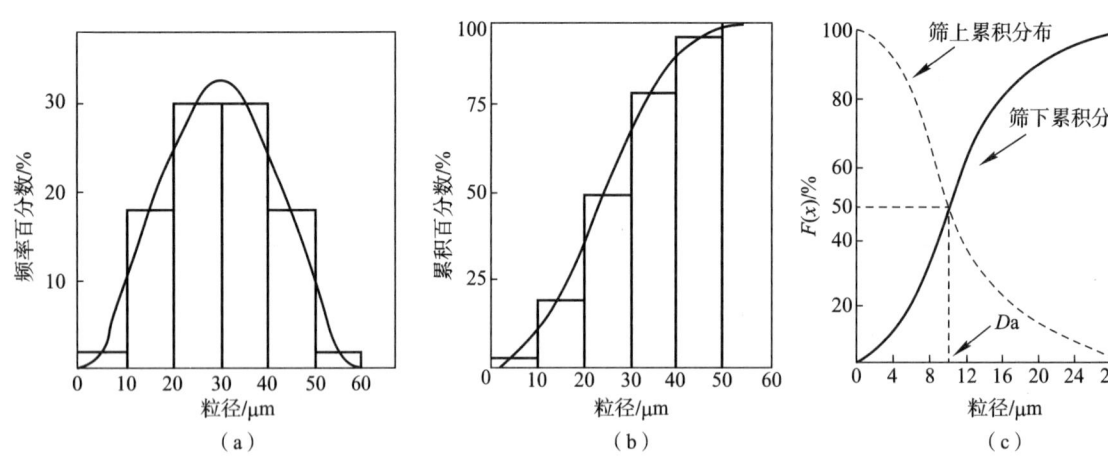

图 2-27　粉体的粒径分布示意图

粒度分布的基准可以用个数基准（count basis）、质量基准（mass basis）、面积基准（surface basis）、体积基准（volume basis）、长度基准（length basis）等。测定基准不同，粒度分布曲线也不一样，因此表示粒度分布时必须注明测定基准。粒度分布亦可以用其他参数表示，如几何标准偏差（geometric standard deviation, GSD，用符号 σ_g 表示）和分布跨距（span），跨距越小分布越窄，即粒子大小越均匀，用如下式表示：

$$\sigma_g = \frac{D_{84}}{D_{50}} = \frac{D_{50}}{D_{16}} = \sqrt{\frac{D_{84}}{D_{16}}} \tag{2-33}$$

$$\text{Span} = \frac{D_{90} - D_{10}}{D_{50}} \tag{2-34}$$

式中，D_{10}、D_{16}、D_{50}、D_{84}、D_{90} 分别表示筛下累积粒度分布图上 10%、16%、50%、84%、90% 的颗粒所对应的粒径。

3. 平均粒径 由于组成粉体的粒子大小不均匀，所以，不能用某个粒子的直径代表粉体所有粒子的大小。通常需要测定若干粒子的粒径，然后用这些粒子的平均粒径（mean diameter）来表示粉体的大小。粉体平均粒径的表示方法有多种，见表 2-3。中位径是最常用的平均径，也叫中值径，在累积分布中累积值正好为 50% 所对应的粒子径，常用 D_{50} 表示。

表 2-3 各种平均粒径与计算公式

名称	公式
算术平均径（arithmetic mean diameter）	$d_{av} = \sum nd / \sum n$
几何平均径（geometric mean diameter）	$d_g = \sqrt[n]{d_1^{n_1} \cdot d_2^{n_2} \cdot d_3^{n_3} \cdot d_n^{n_n}}$
调和平均径（harmonic mean diameter）	$d_{hm} = \sum n / \sum \dfrac{n}{d}$
众数径（mode mean diameter）	频数最多的粒子径
中位径（medium mean diameter）	指 50% 的粒子的径均小于该值的粒径，累积中间值（D_{50}）
长度平均径（surface length mean diameter）	$d_l = \sum nd^2 / \sum nd$
体面积平均径（volume surface mean diameter）	$d_{vs} = \sum nd^3 / \sum nd^2$
重量平均径（weight mean diameter）	$d_w = \sum nd^4 / \sum nd^3$
面积平均径（surface mean diameter）	$d_s = \sqrt{\sum nd^2 / \sum n}$
体积平均径（volume mean diameter）	$d_v = \sqrt[3]{\sum nd^3 / \sum n}$
比表面积径（specific surface diameter）	$d_{ss} = \phi / \rho S_w$

4. 测定粒子径的方法 测定粒径的方法很多，主要分为几何学测定法和有效粒子径测定法。表 2-4 列出药学领域用的粒子径测定方法及范围。《中国药典》（2025 年版）规定可用显微镜法（第

表 2-4 药学中常用粒径测定方法、范围及特点

测定方法		粒径 /μm	平均径	粒度分布	比表面积	流体力学原理
几何学测定法	光学显微镜法	1~1 000	√	√	×	×
	电子显微镜法	0.001~1 000	√	√	×	×
	筛分法	>45	√	√	×	×
有效粒子径测定法	沉降法	0.5~100	√	√	×	√
	库尔特计数法	1~600	√	√	×	×
	气体透过法	1~100	√	×	√	√
	气体吸附法	0.03~1	√	×	√	×
	激光散射法	0.02~3 500	√	√	×	×
	动态光散射法	0.001~2	√	√	×	×

注："√"表示能；"×"表示不能

一法）或筛分法（第二法）测定的药物制剂的粒子大小或限度，用光散射法（第三法）测定原料药或药物制剂的粒度分布。

（1）显微镜法（microscopy method）：《中国药典》（2025年版）通则规定，可用该法（第一法）测定药物制剂的粒子大小或限度，同时还可以观察粒子的形态。将粒子放在显微镜下，根据投射影像的等价粒径（equivalent diameter）的方法，主要测定几何学粒径，包括投影面积径、投影周长径等。光学显微镜可以测定 $1 \sim 1\,000\,\mu m$ 的粒径，扫描电子显微镜可以测定范围在 $0.05 \sim 1\,000\,\mu m$ 的微纳米级粒径，透射电子显微镜可测量 $1 \sim 50\,nm$ 的粒子。该方法的主要缺点是只能通过粒子的长度和宽度估测粒径，不能获得粒子厚度的数据。另需测定 $300 \sim 500$ 个粒子以获得较为准确的粒径分布，耗时比较长。

（2）筛分法（sieving method）：为测定粒度的经典方法，《中国药典》（2025年版）通则规定，可用该法（第二法）测定药物制剂的粒子大小或限度，用筛网的孔径表示。常用的测定范围在 $45\,\mu m$ 以上。一般分手动筛分法、机械筛分法与空气喷射筛分法。手动筛分法和机械筛分法适用于测定大部分粒径大于 $75\,\mu m$ 的样品。对于粒径小于 $75\,\mu m$ 的样品，则应采用空气喷射筛分法或其他适宜的方法。

机械筛分法系采用机械方式或电磁方法，产生垂直振动、水平圆周运动、拍打、拍打与水平圆周运动相结合等振动方式，空气喷射筛分法则采用流动的空气流带动颗粒运动。

筛分原理系利用筛孔机械阻挡的分级方法。将筛子由大孔到细孔按筛号顺序上下排列，通常由 $6 \sim 8$ 个筛子组成，相邻筛子间粒径的增加为 $2^{1/2}$ 或 $2 \times 2^{1/2}$ 的关系。将一定量粉体样品置于最上层的粗筛中，振摇一定时间后，称量留在每个筛中的粉粒质量，计算其质量百分比，并可用相邻两筛孔平均值表示该层粉粒的粒径大小。筛分法测定粒径的误差较大，载料量、筛分使用时间和振动强度可改变筛孔的大小而影响测定的准确性。

（3）沉降法（sedimentation method）：根据 Stokes 方程，粒子在液体介质中的沉降速率与粒子大小密切相关，是利用液相中混悬粒子的沉降速度，根据 Stokes 方程求算粒径。该方法适用于 $100\,\mu m$ 以下的粒径测定，必要时可在混悬剂中加入反絮凝剂以使待测粒子处于非絮凝状态。

沉降法中主要包括滞留区（retention zone）测定法和非滞留区（non-retention zone）测定法。在非滞留区测定法中常用吸管法（pipette method），在该法中，在不同的时间点，一定体积的混悬液被取出测量其样品浓度随时间的变化。该法中最经典的是 Andreasen 吸管法，见图 2-28。它由 2 m 高的刻度量筒组成，能承装 550 mL 混悬液。滴管位于量筒的中心，由磨口玻璃塞固定使其尖端位于基线处。可通过三向阀定时取样 10 mL，离心或干燥后测定粉末重量。利用 Stocks 方程计算每个样品中最大的粒子直径。

（4）库尔特计数法（Coulter counter method）：亦称电阻法（electrical stream sensing zone method）测定的是等体积球相当径，测定范围为 $0.1 \sim 1\,000\,\mu m$。测定时将粉末样品分散在电解质溶液中制备稀混悬液，样品可超声处理以避免颗粒聚集，必要时可加入分散剂。其测定原理是小孔通过法，如图 2-29 所示。首先将被测样品均匀分散于电解液中，然后将带有小孔的玻璃管同时浸入上述电解液，使电解液流过小孔。小孔的两侧各有一个电极并构成回路，每当电解液中的颗粒流过小孔时，由于颗粒部分地阻挡了孔口通道并排挤了与颗粒相同体积的电解液，使得孔口部位的电阻发生变

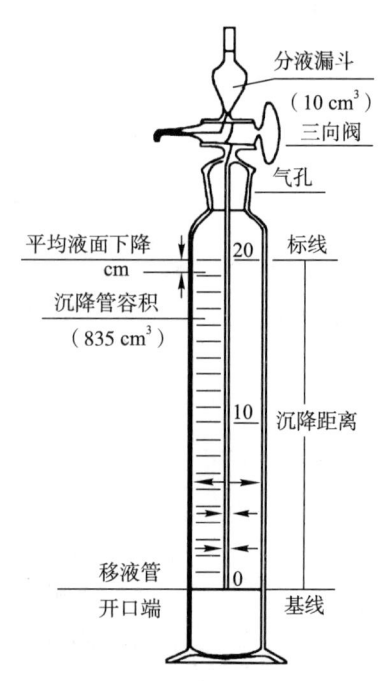

图 2-28 Andreasen 吸管法测定有效径示意图

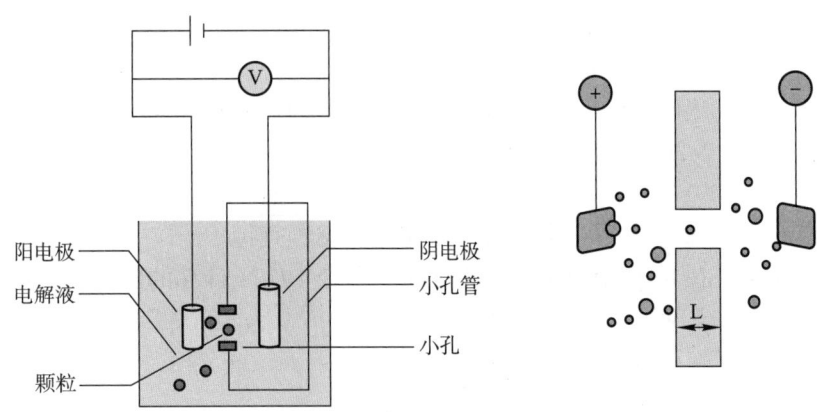

图 2-29 库尔特计数法测定粒径的原理示意图

化。利用电阻的变化与粒子所排开的体积成比例的关系将电信号换算成粒子的等体积球相当径。

（5）激光衍射/散射法（laser light diffraction/scattering method）：既可测定粉末状的颗粒也可测定混悬液中的颗粒。激光衍射法的测定原理包括 Fraunhofer 散射理论（Fraunhofer diffraction theory）和米式理论（Mie theory）。激光散射法测定粒径是基于光子相关分析理论（photo-correlation spectroscopy，PCS）。基于 Fraunhofer 和米氏散射理论，可测定的粒径范围为 0.02 ~ 3 500 μm；基于光子相关分析理论，可测定的粒径范围为 0.001 ~ 2 μm。当颗粒直径比入射光波长大得多时，从颗粒发出的衍射光集中在前方（激光束的前进方向）。在正前方的较小角度范围内发生较大的强度波动，而与正前方的光相比，其他方向的光非常弱，可利用散射理论求得光强度变化。但当颗粒直径≤入射光波长时，随着粒径减小，衍射光的强度分布从正前方向四面八方延伸。如果粒径进一步减小，侧面光与后方光进一步变强，此时需要利用米氏理论计算粒径分布，需要提供材料的折射系数数据。

对于纳米级的粒子，可基于粒子的布朗运动，采用光散射原理测定：当光束遇到颗粒阻挡时，一部分光将发生散射现象，散射光的传播方向将与主光束的传播方向形成一个夹角。颗粒越大，产生的散射光的夹角越小；颗粒越小，产生的散射光的夹角越大。散射光的强度代表该粒径颗粒的数量。这样，在不同的角度上测量散射光的强度，即可得到样品的粒度分布数据。

（6）比表面积法：粉体的比表面积可用吸附法和透过法测定，参见本书比表面积测定法。粉体的比表面积随粒径的减少而迅速增加，因此通过粉体层中比表面积的信息与粒径的关系可求得平均粒径。该法不能求得粒度分布，测定的粒度范围为 100 μm 以下。

（7）级联撞击器法：级联撞击器是监管部门和《中国药典》（2025 年版）选择测量可吸入颗粒物的空气动力学粒径和粒径分布时的首选仪器。常用的有 Anderson 级联撞击器（Andersen cascade impactor，ACI）和下一代撞击器（next generation impactor，NGI）。吸入颗粒粒径和粒径分布测量的具体方法详见《中国药典》（2025 年版）附录。

（二）粒子的形态

粒子形态指一个粒子的轮廓或表面上各点所构成图像的形状，如球形（spherical）、立方形（cubical）、片状（platy）、柱状（prismatical）、鳞状（flaky）、粒状（granular）、棒状（rodlike）、针状（needle-like）、块状（blocky）、纤维状（fibrous）等。粒子的形态可影响粉体的流动性、充填性，也会在一定程度上影响粉体的表面积。粒子形态可用形状指数和形状系数描述。

1. 形状指数 形状指数（shape index）是将粒子的某些性质与球或圆的理论值比较形成的无因次组合，包括球形度和圆形度。

（1）球形度（sphericity）：指用粒子的球相当径计算的球体表面积与粒子的实际表面积之比（φ_s），亦称真球度表示粒子接近球体的程度。

$$\varphi_s = \frac{\pi D_v^2}{S} \tag{2-35}$$

式中，D_v 为粒子的球相当径 [$D_v = (6V/\pi)^{1/3}$]，S 为粒子的实际体表面积。一般不规则粒子的表面积不易测定，用式（2-36）计算更实用。

$$\varphi = \frac{粒子投影面积相当径}{粒子投影面最小外接圆直径} \tag{2-36}$$

（2）圆形度（circularity）：指用粒子的投影面积相当径（D_H）计算的圆周长与粒子的投影面周长之比（φ_c），表示粒子的投影面接近于圆的程度。

$$\varphi_c = \frac{\pi D_H}{L} \tag{2-37}$$

式中，D_H 为 Heywood 径 [$D_H = (4A/\pi)^{1/2}$]，L 为粒子的投影周长。

2. 形状系数 在立体几何中，用特征长度计算体积或面积时往往乘以系数，这种系数就叫形状系数（shape factor）。粒径为 D，体积为 V_p，表面积为 S 的粒子的形状系数表示如下：

（1）体积形状系数 ϕ_v：

$$\phi_v = \frac{V_p}{D^3} \tag{2-38}$$

显然，球体的形状系数为 $\pi/6$，立方体的形状系数为 1。

（2）表面积形状系数 ϕ_s：

$$\phi_s = \frac{S}{D^2} \tag{2-39}$$

球体的表面积形状系数为 π，立方体的表面积形状系数为 6。

（3）比表面积形状系数 ϕ：比表面积形状系数用表面积形状系数与体积形状系数之比表示。

$$\phi = \frac{\phi_s}{\phi_v} \tag{2-40}$$

球体的比表面积形状系数为 6，立方体的比表面积形状系数为 6。某粒子的比表面积形状系数越接近于 6，该粒子越接近于球体或立方体，不对称粒子的比表面积形状系数 >6，常见粒子的比表面积形状系数在 6~8 的范围内。

（三）粒子的比表面积

1. 比表面积的表示方法 粒子的比表面积（specific surface area）指单位体积或单位重量的表面积，分别用体积比表面积 S_v 和重量比表面积 S_w 表示。

（1）体积比表面积：是单位体积粉体的表面积，S_v，cm^2/cm^3。

$$S_v = \frac{s}{V} = \frac{\pi d^2 n}{\frac{\pi d^3}{6} n} = \frac{6}{d} \tag{2-41}$$

式中，s 为粉体粒子的总表面积，V 为粉体粒子的总体积，d 为比表面积径，n 为粒子总数。

（2）重量比表面积：是单位重量粉体的表面积，S_w，cm^2/g。

$$S_w = \frac{s}{W} = \frac{\pi d^2 n}{\frac{\pi d^3 \rho n}{6}} = \frac{6}{d\rho} \tag{2-42}$$

式中，W 为粉体的重量，ρ 为粉体的真密度，其他同式（2-41）。

从上述方程可以看出，比表面积随着粒径的减小而增大。如果粒径为 1 μm，体积比表面积为 6 μm^{-1}；而粒径为 100 μm 时，其体积比表面积仅为 0.06 μm^{-1}。比表面积不仅对粉体性质，而且对制剂性质和药理性质均具有重要意义。

2. 比表面积的测定方法 直接测定粉体比表面积的常用方法有气体吸附法和气体透过法。

（1）气体吸附法（gas adsorption method）：系利用粉体吸附气体的性质，气体的吸附量不仅与气体的压力有关（吸附等温线），而且与粉体的比表面积有关。通常在低压下形成单分子层，在高压下形成多分子层。如果已知一个气体分子的截面积 A，测定形成单分子层的吸附量 V_m，即可计算出该粉体的比表面积 S_w。

测定方法：在一定温度下，测定一系列压力 P 下气体的吸附体积 V，即气体吸附等温曲线，然后根据 BET 方程，$p/V(p_0-p)$ 对 p/p_0 绘图，可得直线（图 2-30b）。BET（Brunauer-Emmett-Teller）方程如下：

$$\frac{P}{V(P_0-P)} = \frac{1}{V_mC} + \frac{C-1}{V_mC} \cdot \frac{P}{P_0} \quad (2-43)$$

式中，V 为在 P 压力下 1 g 粉体吸附气体的量（cm³/g）；V_m 为形成单分子层的气体吸附量（cm³/g）；C 为与吸附热有关的常数，值为 $\exp\left(\frac{E_1-E_L}{RT}\right)$，其中 E_1 为第一层吸附热，E_L 为液化热；P_0 为测定温度与吸附热有关的常数，值为 $\exp RT$ 度下气体的饱和蒸气压。通过图 2-30b 中直线的斜率与截距求得 V_m。根据式（2-44）求得比表面积，S_w，m²/g。

$$S_w = A \cdot \frac{V_m}{22\,400} \cdot 6.02 \times 10^{23} \quad (2-44)$$

式中，A 为吸附气体 1 mol 的有效截面积，常用气体为氮气，其 $A = 1.62 \times 10^{-19}$ m²/mol；6.02×10^{23} 为阿伏伽德罗常数；22 400 为 1 mol 体积（cm³）。

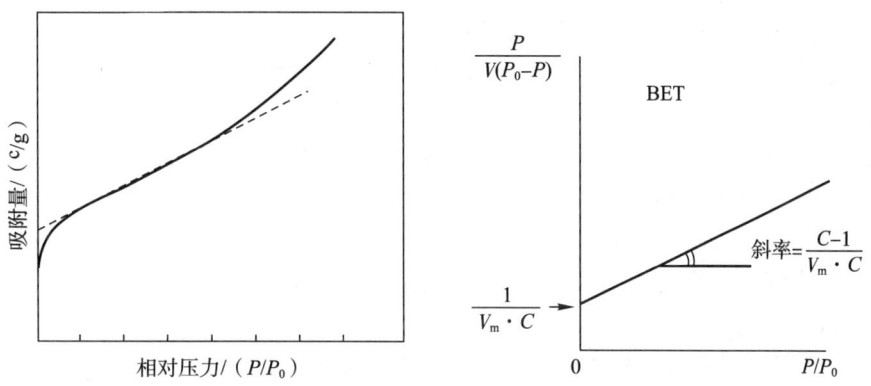

图 2-30 粉体吸附氮气的典型吸附曲线（a）及 BET 方程线性图（b）

（2）气体透过法（gas permeability method）：当气体通过粉体层时气体透过粉体层的空隙而流动，因此气体的流动速度与阻力受粉体层表面积大小（或粒径大小）的影响。粉体层的比表面积 S_w 与气体流量阻力度等的关系可用 Kozeny-Carman 公式表示。

$$S_w = \sqrt{\frac{A \cdot \Delta P \cdot t}{\eta \cdot K \cdot L \cdot V} \cdot \frac{\varepsilon^3}{(1-\varepsilon)^3}} \quad (2-45)$$

式中，A 为粉体层的横截面积；ΔP 为粉体层的压力差（阻力）；ε 为粉体层的空隙率；η 为气体的黏度；K 为 Kozeny 常数，通过实验测定，数值为 5；L 为空隙长度；V 为 t 时间内通过粉体层的气体流量。

气体透过法只能测定粒子外部的比表面积，粒子内部空隙的比表面积不能测得，因此不适用于多孔性粒子的比表面积与粒径的测定。

(四)粉体的其他性质

除粉体的基本性质外,粉体的其他性质(derived properties of powders),如粉体的密度及空隙率、粉体的流动性与充填性、粉体的吸湿性与润湿性,以及粉体的黏附与内聚、粉体的压缩性质,对固体制剂的处方筛选、制备工艺优化和产品质量保证具有重要的指导意义。

1. 粉体的密度　众所周知,密度是物质单位体积的质量。但在粉体中,颗粒内部、颗粒与颗粒之间都含有空隙,根据所取的体积不同密度的意义也不同。通常密度可分为真密度、粒密度和堆密度。

(1)分类及其定义

1)真密度(true density, ρ_t):是粉体质量(W)除以真体积V_t求得的密度,即$\rho_t = W/V_t$。真体积不包括颗粒内外空隙的体积,如图2-31(a)中的斜线部分所示。

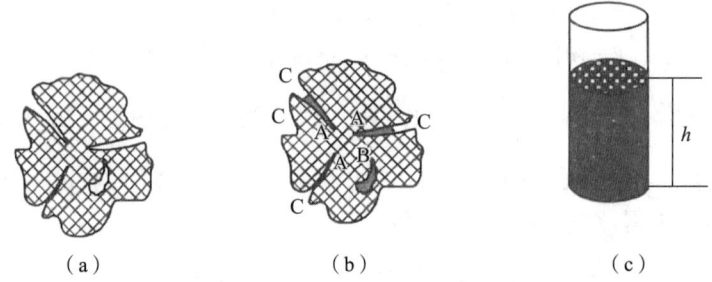

图2-31　不同类别的粉体体积示意图(斜线部分为物料,空隙为空气)

注:a. 真体积(除去所有内外空隙的斜线部位);b. 颗粒体积(含开口细孔A与封闭细孔B);
c. 粉体的堆体积(装有粉体的容器体积包括颗粒间和颗粒内空隙)

2)粒密度(granule density, ρ_g):是粉体质量除以粒体积V_g所求得的密度即$\rho_g = W/V_g$。粒体积包括内部空隙,如图2-31(b)所示。通常采用水银置换法测定颗粒体积,在常压下水银不能渗入颗粒内小于10μm的细孔。

3)堆密度(bulk density, ρ_b):是粉体质量除以该粉体所占的体积V求得的密度即$\rho_b = W/V$,亦称松密度。堆体积实际是装填粉体的容器体积,如图2-31(c)所示。填充粉体时,经一定规律振动或轻敲后测得的堆密度称振实密度ρ_{bt}(tap density)。

若颗粒致密、无细孔和空洞,则$\rho_t = \rho_g$;理论上$\rho_t \geq \rho_g > \rho_{bt} \geq \rho_b$。

(2)测定方法

1)真密度的测定:若要测定粉体的真密度,首先要测定除去粉体中大于分子或原子的粒子内空隙和粒子间空隙后粉体所占有的体积。

当固体颗粒无孔时,真密度和粒密度相同,都可以用氦气置换法或液体汞、苯置换法测得。当材料多孔存在内部面积时,最好采用氦气置换法测定真密度,因为氦气能深入颗粒的最小空隙而不被材料吸附,因此一般认为用氦测定的密度接近真密度。

氦气测定法:Franklin设计了用氦气测定物质真密度的方法,该法是根据氦气可以透入固体细小孔隙而不被吸附进行测定的。测定时,首先通入已知重量的氦气到待测试的空仪器中,测定仪器的容积(V_0,死体积),然后将称重的待测试样品加入测定器中,抽气以除去粉末上所吸附的气体,然后再导入一定量的氦气,用汞压力计测定压力变化,应用气体定律计算出粉体颗粒周围及进入颗粒细孔的氦气体积(V_t)。$V_t - V_0$的差值即为测试粉体所占有的体积,根据其重量可求得粉体的真密度。

有时采用液体置换法测得的密度可近似认为是真密度,但当液体不能很好地渗透进入粉体空隙时会存在一定的偏差。此外,如将粉体用强大的压力压成片,测定片剂的重量和体积,所求出的密度称为高压密度,与真密度十分接近。

2）粒密度的测定：粉体粒密度常用液体浸入法（liquid displacement/immersion method）测定所用液体一般为汞。由于汞的表面张力较大，一般在常压下不能渗入粉体粒子的微小空隙，但可以进入粒子间的空隙中，因此用该法测得的体积为粉体粒子固有体积与粒子中内部空隙的体积之和。除汞外，其他液体如苯、水和四氯化碳也可用于测定粉体的粒密度。

测定原理：将粉体置于测量容器中，加入液体介质，并让液体介质充分浸透到粉体粒子的空隙中；然后，采用加热或减压法脱气后，测定粉体排出液体的体积，计算其粒密度。测量粒密度方法有两种，即比重瓶法和吊斗法，常用的为比重瓶法。

3）堆密度与振实密度的测定：堆密度（bulk density）又称松密度，为单位体积粉体的质量，将粉体装入容器中所测得的体积包括粉体真体积、粒子内空隙、粒子间空隙等，因此粉体的预处理方式、测量容器的形状和大小、装填速度及装填方式等均可影响粉体体积。常用的测定堆体积的方法为将约 50 cm³ 经过筛处理［《中国药典》（2025 年版）二号筛］的粉体小心装入 100 mL 量筒中，将该量筒从 1 英寸（2.54 cm）高度落到硬的木质表面，重复 3 次（间隔 2 s）所测得的体积为粉体的堆体积，根据其重量可计算堆（松）密度。

振实密度是对粉体层进行振荡（tapping）后得到的密度，粉体的体积随着振荡次数而发生变化，最终体积不变时即可得到振实密度，又称最紧堆密度。

在粉体学中，通常用"轻质""重质"描述粉末的性质。以碳酸镁为例，轻质碳酸镁说明其堆密度小、堆体积大，重质碳酸镁说明其堆密度大、堆体积小。需要说明的是，"轻质""重质"与粒密度、真密度无关。

2. 粉体的空隙率 空隙率（porosity）是粉体层中空隙所占有的比率。粉体是由固体粒子和空气所组成的非均相体系，因此粉体的充填体积（V）为固体成分的真体积（V_t）、颗粒内部空隙体积（V_{intra}）、颗粒间空隙体积（V_{inter}）之和，即 $V = V_t + V_{intra} + V_{inter}$。相应地将空隙率分为颗粒内空隙率 $\varepsilon_{intra} = V_{intra}/(V_t + V_{intra})$；颗粒间空隙率 $\varepsilon_{inter} = V_{inter}/V$；总空率 $\varepsilon_{total} = (V_{intra} + V_{inter})/V$ 等。一般也可以通过相对应的密度计算求得，如式（2-46）、式（2-47）和式（2-48）所示。

$$\varepsilon_{intra} = 1 - \frac{\rho_g}{\rho_L} \tag{2-46}$$

$$\varepsilon_{inter} = 1 - \frac{\rho_b}{\rho_g} \tag{2-47}$$

$$\varepsilon_{t.} = 1 - \frac{\rho_b}{\rho_t} \tag{2-48}$$

粉体在压缩过程中之所以体积减小，主要是因为粉体内部的空隙减少，片剂在崩解前吸水也受空隙率大小的影响。一般片剂的空隙率在 5% ~ 35%。

空隙率的测定方法还有压汞法、气体吸附法等，可参阅有关文献及说明书。

3. 粉体的流动性 粉体的流动性（powder flowability）对颗粒剂、胶囊剂、片剂等制剂的性质影响较大，是保证产品质量的重要性质，因此人们研究了粉体流动性的表征方法，以期建立粉体流动行为与制造过程中所表现出来的性质的相关性。

（1）粉体流动性的评价方法：常用的评价粉体流动性的方法有休止角、流出速度、压缩度和 Hausner 比、剪切室法（shear cell）。这些参数可用于描述粉体的流出速度或流出粉末的均一性，但并非粉体的内在性质。

1）休止角（angle of repose）：是粉体堆积层的自由斜面与水平面形成的最大角，是粒子在粉体堆积层的自由斜面上滑动时所受的重力和粒子间摩擦力达到平衡而处于静止状态下测得的。常用的测定静态休止角的方法有固定漏斗法、固定圆锥底法。动态休止角可通过将粉体装入量筒中（一端为平面），然后以一定的速度旋转后测定。动态休止角是流动的粉体与水平面间所形成的夹角。

常用的休止角测定方法为固定圆锥底法。如图 2-32 所示，将圆底置于无振动的平面，圆锥底上可有边缘以利于粉末的滞留，可通过仔细调整圆锥的高度以得到对称性好的粉体圆锥。漏斗应位于粉体锥顶 2～4 cm，以尽量减小流下的粉体对圆锥尖端的影响。通过测量圆锥体的高度，可利用以下公式计算休止角：

$$\tan\theta = 圆锥高度\ h / 圆盘半径\ r \quad (2-49)$$

休止角是检验粉体流动性好坏的最简便的方法。休止角越小，摩擦力越小，流动性越好，一般认为 $\theta \leqslant 30°$ 时流动性好，$\theta \leqslant 40°$ 时可以满足生产过程中流动性的需求。Carr 分类法定性描述了粉体流动性和休止角间的关系，并在制药行业得到普遍认可，见表 2-5。

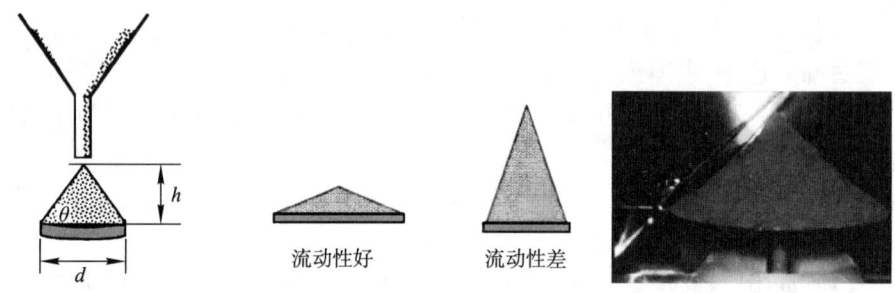

图 2-32　固定圆锥底法测定休止角

表 2-5　粉体的流动性和相应的休止角

流动性质	休止角 /（°）	流动性质	休止角 /（°）
极好（excellent）	25～30	不好（poor, must agitate, vibrate）	46～55
好（good）	31～35	很不好（very poor）	56～65
较好（fair, aid not needed）	36～40	非常不好（very, very poor）	>66
通过（passable, may hang up）	41～45		

2）流出速度（flow rate）：可用单位时间内从容器的小孔中流出粉体的量表示，如测定 100 g 粉末流出小孔所需要的时间或测定 10 s 内可流出小孔的样品量，测定装置如图 2-33（a）所示。如果粉体的流动性很差而不能流出时可加入 100 μm 的玻璃球助流，如图 2-33（b）。测定粉体开始流动所需玻璃球的最少量（W%），以表示流动性，加入量越多流动性越差。

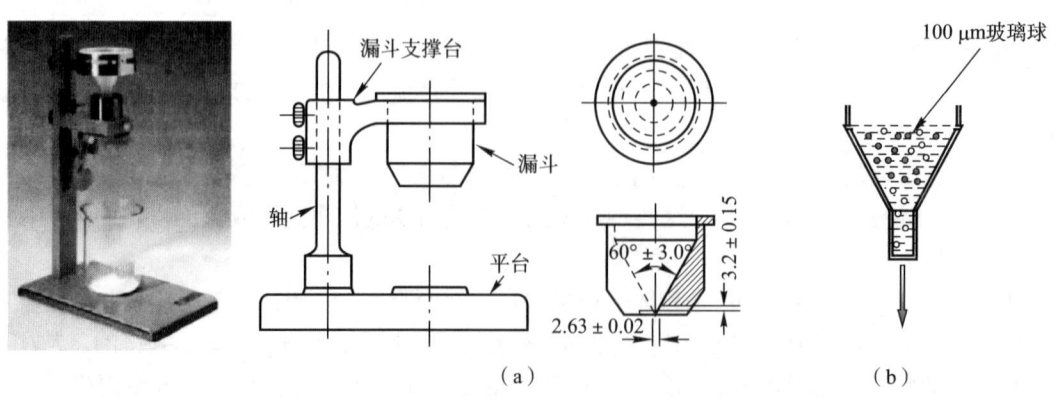

图 2-33　粉体的流动性试验装置（JIS Z2502）（a）和玻璃球助流（b）示意图

3）压缩度和 Hausner 比：近些年来，压缩度（compressibility index，Carr index，又称卡尔指数）和 Hausner 比成为预测粉体流动性的简单便捷的方法。通过测量粉体的堆密度和振实密度可计算得到压缩度和 Hausner 比。

压缩度和 Hausner 比的测量方法：将一定量的粉体轻轻装入量筒后测量最初堆体积 V_{bulk}；采用轻敲法（tapping method）使粉体处于最紧状态，测量最终的体积 V_{tapped}；根据式（2-50）计算压缩度 C，也可以在计算最松密度 ρ_{bulk} 与最紧密度 ρ_{tapped} 后根据式（2-50）计算压缩度 C。建议采用 250 mL 量筒，100 g 粉末样品测定，测定 3 次取平均值。

$$C = \frac{V_{bulk} - V_{tapped}}{V_{bulk}} \times 100\% = \frac{\rho_{tapped} - \rho_{bulk}}{\rho_{tapped}} \times 100\% \tag{2-50}$$

压缩度是粉体流动性的重要指标，其大小反映粉体的团聚性、松软状态。Hausner 比（Hausner Ratio，HR）与压缩度紧密相关，可用式（2-51）计算

$$HR = \frac{V_{bulk}}{V_{tapped}} = \frac{\rho_{tapped}}{\rho_{bulk}} \tag{2-51}$$

通过压缩度和 Hausner 比的数值可对粉体的流动特性进行分类，见表 2-6。

表 2-6 压缩度、Hausner 比值与粉体流动特性分类

流动特性	压缩性能	Hausner 比
非常好（excellent）	≤10	1.00 ~ 1.11
好（good）	11 ~ 15	1.12 ~ 1.18
较好（fair）	16 ~ 20	1.19 ~ 1.25
尚可（passable）	21 ~ 25	1.26 ~ 1.34
差（poor）	26 ~ 31	1.35 ~ 1.45
非常差（very poor）	32 ~ 37	1.46 ~ 1.59
极差（very, very poor）	>38	>1.60

（2）改善粉体流动性的方法：粒子间的黏着力、摩擦力、范德瓦耳斯力、静电力等作用阻碍粒子的自由流动，影响粉体的流动性。为了减弱这些力的作用可采取以下措施。

1）增大粒子大小：通常细粉的流动性较粗粉差。对粉末进行制粒，通过增大粒子大小可有效减少粒子间的黏着力，改善流动性。一般粒径在 250 ~ 2 000 μm 的粉体的流动性较好，粒径在 75 ~ 250 μm 的粉体的流动性取决于其形态和其他因素。当粒径 <100 μm 时，粉体的流动性会出现问题。

2）改善粒子形态及表面粗糙度：球形粒子的光滑表面，可减少摩擦力。可采用喷雾干燥得到近球形的颗粒，如喷雾干燥乳糖。颗粒的表面粗糙度也会影响粉末的流动性。相比于表面光滑的颗粒，表面粗糙的颗粒的黏附性更强，并更容易嵌合在一起。可以通过控制改变生产方法如结晶条件等改变颗粒的形态和质地。

3）改变表面作用力：通过改变过程条件降低粉末间的摩擦性接触可减少颗粒间的静电作用，改善流动性。颗粒的含湿量也会影响粉末的流动性。粉体表面吸附水分会增加其堆密度降低空隙率，从而增加粒子间黏着力。因此对于湿含量高的粉末，适当干燥有利于减弱粒子间作用力。对于易吸湿的粉末，应在低湿度条件下处理。

4）助流剂的影响：助流剂（glidant）可降低粉末间的黏附性和黏着性以改善流动性。在粉体中加入 0.5% ~ 2% 微粉、硅胶、滑石粉等助流剂在粒子表面填平粗糙面而形成光滑的表面以减少阻力，但过多的助流剂反而增加阻力。当因湿含量增加影响粉末流动性时，加入少量的氧化镁细粉可改善

流动性。

5）改变过程条件：通过使用振动的漏斗、使用强制饲粉装置可改善粉末的流动性。

4. 粉体的吸湿性和润湿性

（1）吸湿性（moisture absorption）：是在固体表面吸附水分的现象。将药物粉末置于湿度较大的空气中时容易发生不同程度的吸湿现象以至于使粉末的流动性下降、固结、润湿、液化等，甚至促进化学反应而降低药物的稳定性。

药物的吸湿性与空气状态有关。如图 2-34 所示，图中的 P 表示空气中的水蒸气分压，P_W 表示物料表的水蒸气压。当 $P > P_W$ 时发生吸湿（吸潮）；$P < P_W$ 时发生干燥（风干）；$P = P_W$ 时吸湿与干燥达到动态平衡，此时的水分称平衡水分。将物料长时间放置于一定的空气状态后物料中所含的水分为平衡水分。平衡水分与物料的性质及空气状态有关，不同药物的平衡水分随空气状态的变化而变化。

1）水溶性药物的吸湿性：水溶性的药物粉末在较低的相对湿度环境中其平衡水分含量较低，不吸湿，但当空气中的相对湿度提高到某一定值时，吸湿量急剧增加，见图 2-35，此时的相对湿度为物料的临界相对湿度（critical relative humidity，CRH）。CRH 是水溶性药物的固有特征，是衡量药物吸湿性大小的重要指标。CRH 越小则越易吸湿；反之，则不易吸湿。

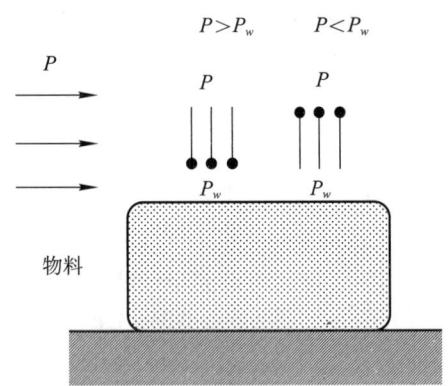

图 2-34 物料的吸湿与风干

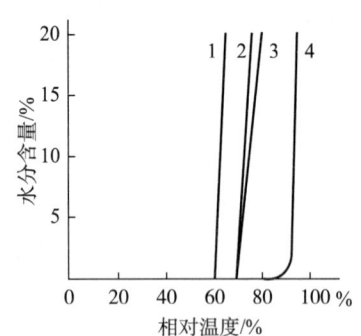

图 2-35 水溶性药物的吸湿平衡曲线
1. 尿素；2. 柠檬酸；3. 酒石酸；4. 对氨基水杨酸钠

水溶性药物混合物的 CRH 值可根据 Elder 方程式（2-52）计算，即水溶性药物混合物的 CRH 约等于各成分 CRH 的乘积，而与各成分的量无关。使用 Elder 方程的条件是各成分之间不发生相互作用，因此含共同离子或在水溶液中形成复合物的体系不适合。

$$CRH_{AB} = CRH_A \cdot CRH_B \quad (2-52)$$

式中，CRH_{AB} 为 A 与 B 物质混合后的临界相对湿度，CRH_A 为 A 物质的临界相对湿度，CRH_B 为 B 物质的临界相对湿度。以上公式说明混合物的 CRH_{AB} 比其中任何一种物质的 CRH 值都低，更易于吸湿。为了防止物料在操作和保存过程中吸潮，须控制空气的相对湿度在物料的临界相对湿度之下。

CRH 值的测定通常采用粉末吸湿法或饱和溶液法。

2）水不溶性药物的吸湿性：水不溶性药物的吸湿性在相对湿度变化时缓慢发生变化，没有临界点，如

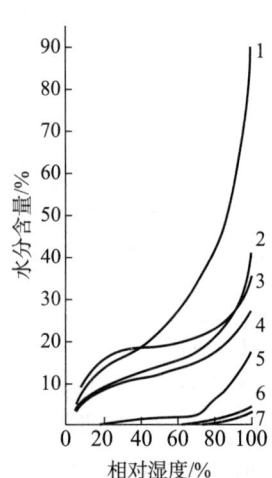

图 2-36 非水溶性药物（或辅料）的吸湿平衡曲线
1. 合成硅酸铝；2. 淀粉；3. 硅酸镁；4. 天然硅酸铝；
5. 氧化镁；6. 白陶；7. 滑石粉

图 2-36 所示。由于平衡水分吸附在固体表面，相当于水分的等温吸附曲线。水不溶性药物混合物的吸湿性具有加和性。

（2）润湿性（wetting）：是固体界面由固－气界面变为固－液界面时所表现的性质，如图 2-37 所示。将液滴滴到固体表面时，液滴的切线与固体平面间的夹角称为接触角。根据液滴与固体之间的润湿性不同，接触角最小为 0°、最大为 180°，接触角越小润湿性越好。根据接触角的大小，润湿性分为完全润湿（$\theta = 0°$）、润湿（$0° < \theta < 90°$）、不润湿（$90° < \theta < 180°$）和完全不润湿（$\theta = 180°$）。

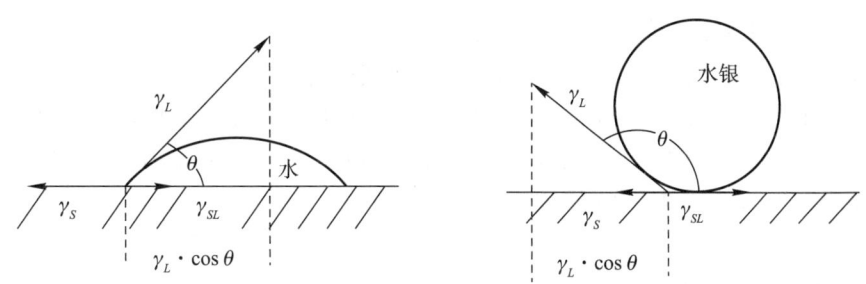

图 2-37 在物料表面上水和水银的润湿情况与接触角

水在玻璃板上的接触角约等于 0°，水银在玻璃板上的接触角约 140°，这是因为水分子间的引力小于水和玻璃间的引力，而水银原子间的引力大于水银与玻璃间的引力。液滴在固体表面上受力达到平衡时接触角 θ 与各张力之间的关系符合 Young's 式，表示如下：

$$\gamma_S = \gamma_{SL} + \gamma_L \cos\theta \tag{2-53}$$

式中，γ_S，γ_L，γ_{SL} 分别为固－气、液－气、固－液间的界面张力。

常用的接触角测定方法包括液滴法和毛细管上升法。①液滴法：将粉体压制成大片，水平放置后在其表面中心轻轻滴液滴，直接由量角器测定凸面和水平面的夹角。②毛细管上升法：在圆筒管中精密充填粉体，在下端用滤纸轻轻堵住后浸入水中，如图 2-38 所示，计算水在粉体层的上升速度，根据 Washburn 公式即可计算接触角。

$$h^2 = rt\gamma_1 \cos\theta / 2\eta \tag{2-54}$$

式中，h 为 t 时间内液体上升的高度；γ_1、η 分别为液体的表面张力和黏度；r 为粉体层内的毛细管半径。因毛细管半径不好测定，常用于比较相对润湿性。

（五）粉体的压缩成型性

粉体具有压缩成型性，片剂的制备过程就是将药物粉末或颗粒压缩成具有一定形状和大小的坚固聚集体的过程。

压缩性表示粉体在压力下体积减小的能力；成型性表示物料紧密结合成一定形状的能力。对于药物粉末来说压缩性和成型性是紧密联系在一起的，因此把粉体的压缩性和成型性简称为压缩成型性。在片剂的制备过程中，若颗粒或粉末的处方不合理或操作过程不当就会产生裂片、黏冲等不良现象以致影响产品质量。压缩成型理论以及各种物料的压缩特性，对于处方筛选与工艺选择具有重要意义。

固体物料的压缩成型性是一个复杂问题，其机制尚未完全清楚。目前主要有以下几种解释：①压缩后粒子间的距离很近，从而在粒子间产生范德瓦耳斯力、静电力等引力。②粒子在受压时产生的塑性变形使粒子间的接触面积增大。③粒子受压破碎而产生的新生表面具有较大的表面自由能。④粒子在受压变形时相互嵌合而产生的机械结合

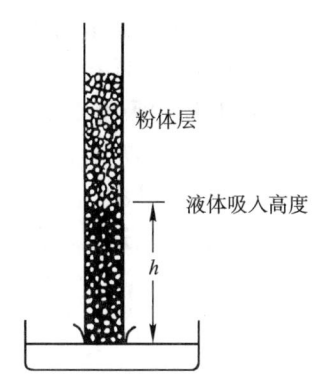

图 2-38 管式接触角测定仪

力。⑤物料在压缩过程中由于摩擦力而产生热,特别是颗粒间支撑点处局部温度较高,使熔点较低的物料部分熔融,解除压力后重新固化而在粒子间形成"固体桥"。⑥水溶性成分在粒子的接触点处析出结晶而形成"固体桥"等。

（六）黏附性与凝聚性

在粉体的处理过程中经常发生黏附器壁或形成凝聚的现象。黏附性指不同分子间产生的引力,如粉体的粒子与器壁间的黏附；凝聚性（或黏着性）指同分子间产生的引力,如粒子与粒子间发生的黏附而形成聚集体。产生黏附性与凝聚性的主要原因为：

（1）在干燥状态下主要由范德瓦耳斯力与静电力发挥作用。

（2）在润湿状态下主要由粒子表面存在的水分形成液体桥或由于水分的减少,而产生的固体桥发挥作用。在液体桥中溶解的溶质干燥而析出结晶时形成固体桥,这是吸湿性粉末容易固结的原因。

一般来说,粒度越小,粉体越易发生黏附与凝聚,因而影响粉体的流动性、充填性。因此通过制粒方法增大粒径或加入助流剂等手段可防止黏附、凝聚。

三、粉体学在药剂学中的应用

粉体的特性对不同剂型的制备工艺过程、成型性、稳定性及释药性等均产生影响。因此多数剂型根据不同需要进行粒子加工,以改善粉体性质来满足产品质量和粉体操作的需求。

1. 对混合的影响 原料药粉末混合是制剂加工中重要的操作单元之一,原辅料粉末的大小、堆密度、形态等直接影响混合的均一性。当粉体粒子间的粒径或密度相差比较大,不但不宜混合,而且已混匀的粉体在加工、运输过程中也会因振动而产生分层；外形为片状或针状的粉体,因易形成层状或束状堆积,只有强烈振动才能分散粒子,使混合操作极为不便。

2. 对分剂量、充填的影响 制剂加工一般都是按照容积分剂量,分剂量所需容积常根据制剂的剂量和粉末或颗粒的堆密度计算,堆密度小,所占体积大,制粒使堆密度增大后充填可使胶囊服用粒数减少。粉末或颗粒的流动性对分剂量、充填的准确性有重要影响。流动性差或黏附力大的粉体,可加入滑石粉、微分硅胶等助流剂,可增加流动性差的粉粒的流动性,减少装量差异。

3. 对可压性和崩解的影响 粉体的晶形、形态、大小、粒度分布对片剂的可压性有显著影响。立方晶体具有较高的晶体对称性,压制时,晶体表面凹凸不平,可相互嵌合,易压制成片。鳞片状、针状等结晶流动性不好,而且这类结晶为横向排列,制成的片剂容易顶裂,因此不宜直接压片。松散颗粒堆密度小,压制时缝隙中空气不易完全释放出来,是产生松、裂片的主要原因。片剂的孔隙率和润湿性能直接影响片剂的崩解,孔隙率较小,润湿性比较差需要加崩解剂以促进崩解。

4. 对直接稳定性影响 混悬液（如硫酸钡造影剂）属于动力学不稳定体系,在放置中微粒易下沉,下沉的速度与粒径平方成正比,常用减小粒径的方法来增加混悬液的动力学稳定性。粒度分布的均匀性也影响混悬液的稳定性,粒子大小不均一,粒径小的粒子溶解度增加,粒径大的粒子结块,使混悬剂分层,影响稳定性,粒子均匀可防止结块。粉末气雾剂也应防止粒子凝聚。

5. 对药物吸收和疗效的影响 难溶性药物的溶出与其表面积有关,减小粒径增加比表面积可加速溶出速度,增加药物吸收,提高疗效。控制粒径大小调节释药速度也是缓释制剂制备技术之一。药物的溶出还与其润湿性有关,疏水性较强的药物不仅要减小粒径,而且还应改善其润湿性,这样才能显著提高其溶出速率,有利于药物的吸收。

（古丽巴哈尔·卡吾力）

第五节 药物制剂的稳定性

一、概述

药物制剂的稳定性（stability）指药物制剂保持其体外物理、化学、生物学性质稳定，以及保持其疗效和安全性。安全、有效、稳定是药物制剂应达到的基本要求。如果在生产、运输、贮存、销售和使用过程中，制剂中药物发生分解变质，不仅使药效降低，甚至有些变质的物质可能产生毒副作用，危及患者生命健康。药物制剂的稳定性对于保证制剂产品的质量，以及临床用药的安全有效具有重要的意义。

药物制剂稳定性研究一般涉及物理、化学、生物学三个方面。化学稳定性的要求是制剂中药物的含量或效价不发生变化。物理稳定性是指制剂的物理性能如外观、气味等不变。生物学稳定性的要求是制剂不被微生物污染，保持微生物学检查不超标。药物制剂的化学、物理和生物学稳定性很大程度上决定了疗效和毒性稳定性。在药物制剂研发过程中，通常将制剂放置在高温、高湿及光照等条件下，考察药物可能发生的变化，探讨影响药物制剂稳定性的因素及避免或延缓药物降解的措施，寻找提高制剂稳定性的方法，制订药品的有效期，为新药申报提供稳定性依据。

二、药物稳定性的化学动力学基础

化学动力学是研究化学反应速率、反应机理及外界条件对反应速率影响的学科。化学动力学是药物制剂稳定性研究的理论基础。运用化学动力学，可以研究制剂中药物的降解机制、降解速率及其影响因素，并预测药物制剂的有效期。

（一）反应速率与反应级数

反应速率（reaction rate）是指单位时间内药物浓度的变化。药物的反应速率（dC/dt）与浓度的关系式一般可用式（2-55）表示。

$$-\frac{dC}{dt} = kC^n \quad (2-55)$$

式中，k 为反应速率常数；C 为反应物的浓度；n 为反应级数（reaction order），用来阐明反应物浓度对反应速率的影响。当 $n=0$ 时代表零级反应（zero-order reaction），$n=1$ 时代表一级反应（first-order reaction），$n=2$ 时代表二级反应（second-order reaction）。尽管制剂中有些药物的降解反应机制十分复杂，但多数药物的降解可按零级、一级、伪一级反应处理。

1. 零级反应 反应速率与反应物浓度无关，而受其他因素的影响，如反应物的溶解度、某些光化反应中光的照度等。零级反应的微分速率方程为：

$$-\frac{dC}{dt} = k \quad (2-56)$$

积分式为：

$$C = C_0 - kt \quad (2-57)$$

式中，C_0 为 $t=0$ 时反应物的浓度，单位为 mol/L；C 为 t 时反应物的浓度，单位为 mol/L；k 为反应速率常数，单位为 $(mol/L) \cdot s^{-1}$。

零级反应的特征是 C 与 t 呈线性关系。通常将反应物消耗一半所需的时间记为半衰期（half life，$t_{1/2}$），零级反应的 $t_{1/2} = \dfrac{C_0}{2k}$，表明起始浓度 C_0 越大半衰期越长。药品的有效期（shelf life，$t_{0.9}$）是指药品在规定容器或包装中并在标签指定的贮存条件下,药物降解10%所需的时间,零级反应的 $t_{0.9} = \dfrac{C_0}{10k}$。在混悬液中,药物的降解仅与溶解的药物有关,而混悬的固体颗粒不降解,当溶液中的药物降解后,固体颗粒中的药物会继续溶解补充至溶液相中,保持溶液的药量不变,这类降解反应属于零级反应。

2. 一级反应 反应速率与反应物浓度的一次方成正比,一级反应的微分速率方程为:

$$-\frac{dC}{dt} = kC \tag{2-58}$$

积分式为:

$$\lg C = -\frac{kt}{2.303} + \lg C_0 \tag{2-59}$$

式中,C_0 为 $t=0$ 时反应物的浓度,单位为 mol/L;C 为 t 时反应物的浓度,单位为 mol/L;k 为反应速率常数,单位为 s^{-1}、min^{-1}、h^{-1} 或 d^{-1}。

一级反应的特征是 $\lg C$ 与 t 呈线性关系。半衰期 $t_{1/2} = \dfrac{0.693}{k}$,有效期 $t_{0.9} = \dfrac{0.1054}{k}$。恒温时,一级反应的半衰期和有效期与反应物浓度无关。

在药物制剂的降解反应中,多数情况属于一级或伪一级反应。若两种物质参与反应,但其中一种反应物的浓度远超过另一种反应物的浓度时,可将该反应视为一级反应,称为伪一级反应(pseudo first-order reaction)。如用缓冲溶液维持药物制剂中恒定的 pH 时,缓冲溶液中的离子浓度远高于药物浓度,此时降解反应为伪一级反应。表 2-7 表示零级、一级、二级反应速率方程及其特征。

表 2-7 零级、一级、二级反应速率方程及其特征

反应级数	零级	一级	二级
$-\dfrac{dC}{dt} = kC^n$	$n=0$	$n=1$	$n=2$
微分式	$-\dfrac{dC}{dt} = k$	$-\dfrac{dC}{dt} = kC$	$-\dfrac{dC}{dt} = kC^2$
积分式	$C = C_0 - kt$	$\lg C = -\dfrac{kt}{2.303} + \lg C_0$	$\dfrac{1}{C} = kt + \dfrac{1}{C_0}$
k 的单位	$(mol/L) \cdot s^{-1}$	s^{-1}、min^{-1}、h^{-1}、d^{-1}	$(mol/L)^{-1} \cdot s^{-1}$
半衰期 $t_{1/2}$	$t_{1/2} = \dfrac{C_0}{2k}$	$t_{1/2} = \dfrac{0.693}{k}$	$t_{1/2} = \dfrac{1}{C_0 k}$
有效期 $t_{0.9}$	$t_{0.9} = \dfrac{C_0}{10k}$	$t_{0.9} = \dfrac{0.1054}{k}$	$t_{0.9} = \dfrac{1}{9 C_0 k}$

(二)温度对反应速率的影响

温度是影响药物降解速率最主要的因素之一。除光化反应外,药物的化学降解反应大多遵循阿仑尼乌斯(Arrhenius)公式(式 2-60)。

$$k = A e^{-E/RT} \tag{2-60}$$

式中,k 为反应速率常数,A 为频率因子,E 为活化能,R 为气体常数,T 为热力学温度。式(2-60)取对数形式为:

$$\lg k = -\frac{E}{2.303RT} + \lg A \qquad (2-61)$$

从 Arrhenius 公式可以看出,药物的降解反应速率常数与温度有关,反应温度越高,药物的降解速率也就越快。因此,药物制剂在制备、储存和运输过程中应选择适宜的温度,减少受热时间,以保证药物的稳定性。

三、药物制剂的降解途径、影响因素及稳定化方法

(一)降解途径

由于药物的化学结构不同,其降解反应也不尽相同,水解(hydrolysis)和氧化(oxidation)是药物降解的两个主要途径。在某些药物中也可能发生异构化、聚合、脱羧等反应,有时一种药物还可能同时发生多种降解反应。

1. 水解 易于水解的药物类型与结构见表 2-8。

(1)酯类药物的水解:含有酯键药物的水溶液,在 H^+ 或 OH^- 或广义酸碱的催化下水解反应加速,特别是在碱性溶液中,由于酯类分子中氧的负电性比碳大,故酰基易被极化,亲核性试剂 OH^- 易于进攻酰基上的碳原子,使得酰-氧键断裂,生成醇和酸。酯类药物的水解过程往往伴随着溶液 pH 的降低。在酸碱催化下,酯类药物的水解通常可用一级或伪一级反应处理。

盐酸普鲁卡因是这类药物的代表,普鲁卡因水解后生成对氨基苯甲酸与 2-(二乙氨基)乙醇,水解产物无明显的麻醉作用(图 2-39)。属于这类药物的还有盐酸可卡因、盐酸丁卡因、溴丙胺太林、硫酸阿托品、氢溴酸后马托品等,均应注意由于水解而造成的稳定性问题。

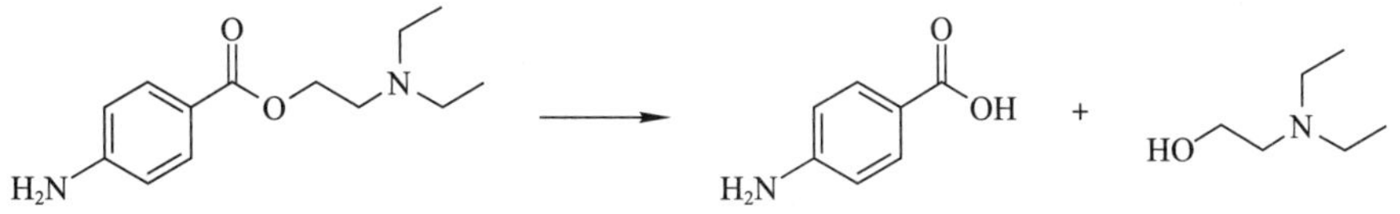

图 2-39 普鲁卡因的水解

表 2-8 易于水解的药物类型与结构

药物类型	结构	举例
酯类	RCOOR′	阿司匹林
	ROPO$_3$Na	地塞米松磷酸钠
	ROSO$_3$M$_x$	硫酸雌酮
	RONO$_2$	硝酸甘油
内酯类	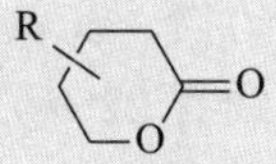 (六元环内酯结构)	毛果芸香碱 螺内酯
酰胺类	RCONR′$_2$	氯霉素、吡嗪酰胺
β-内酰胺类	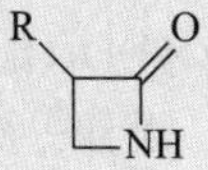 (β-内酰胺环结构)	青霉素 头孢唑啉钠
肟类	R$_2$C=NOH	碘解磷定

药物类型	结构	举例
酰亚胺类	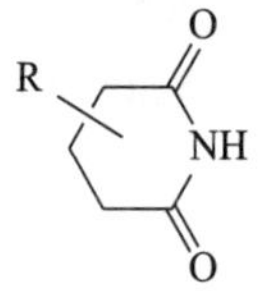	格鲁米特 乙琥胺
丙二酰脲类	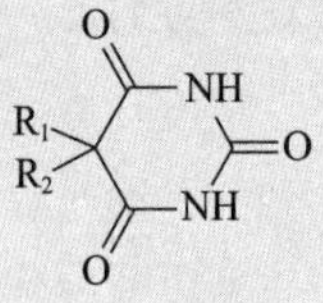	苯巴比妥
氮芥类	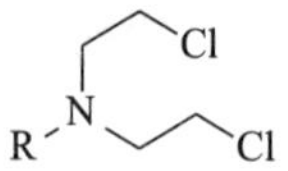	美法仑

（2）酰胺类药物的水解：酰胺类药物通常情况下较酯类药物稳定，水解后生成相应的酸和胺。有内酰胺结构的药物，水解后易开环失效。氯霉素、青霉素类、头孢菌素类、巴比妥类、利多卡因、对乙酰氨基酚等都属于此类药物。

1）氯霉素：固体时化学性质比较稳定，干燥粉末密封保存20年，其抗菌效力几乎不变，但其水溶液易分解，主要是酰胺键水解，生成1-（4-硝基苯基）-2-氨基-1,3-丙二醇与二氯乙酸（图2-40）。

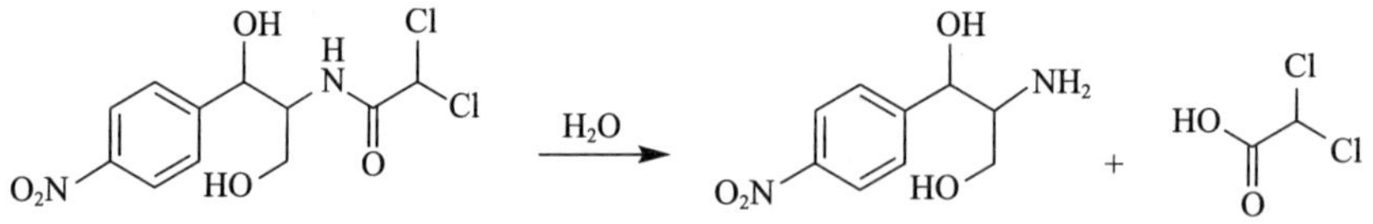

图2-40 氯霉素的水解

氯霉素水解速率与溶液pH有关。氯霉素溶液在pH 6时最稳定，在pH 2以下或pH 8以上时易水解，而且在pH 8以上还有脱氯的水解作用。115℃热压灭菌30 min，氯霉素水解量达15%，故不宜采用此法灭菌。

2）青霉素和头孢菌素类：这类药物分子中存在不稳定的β-内酰胺环，在H^+或OH^-影响下，极易开环失效。如氨苄青霉素在酸性或碱性溶液中，易水解为α-氨苄青霉酰胺酸。氨苄青霉素最稳定的pH为5.8，其水溶液室温贮藏7天，效价失去约80%，故本品只能制成注射用无菌粉末。头孢唑啉钠在酸性或碱性溶液中易水解失效，在pH 4~7的水溶液中较稳定，在pH为4.6的缓冲液中$t_{0.9}$约为90 h。

3）巴比妥类：这类药物为六元环的酰胺类药物，在碱性溶液中容易水解。巴比妥类钠盐水溶液灌封于安瓿中（未充CO_2）在室温贮藏1个月，约有22%分解。

有些酰胺类药物，如利多卡因，邻近酰胺基有较大的基团，由于空间效应，故不易水解。

（3）其他药物的水解：阿糖胞苷在酸性溶液中，脱氨水解为阿糖脲苷；在碱性溶液中，嘧啶环破裂，水解速率加快。阿糖胞苷的水溶液在pH 6.9时最稳定，水溶液经稳定性预测$t_{0.9}$约为11个月，常制成注射粉针剂使用。另外，维生素B、安定、碘苷等药物的降解，也主要是水解作用。

2. 氧化 在有机化学中常把失去电子或脱氢统称为氧化。氧化通常是由空气中的氧引起的自由基链式反应。药物被氧化后，不仅效价损失，而且可能产生颜色或沉淀。有些药物即使被氧化极少量，亦会色泽变深或产生不良气味，严重影响药品的质量。药物的氧化过程与化学结构有关，易于氧化的药物类型与结构见表 2-9。

（1）酚类药物：这类药物分子结构中具有酚羟基，如肾上腺素、左旋多巴、吗啡、阿扑吗啡、水杨酸钠等，易氧化变色。

（2）烯醇类药物：分子中含有烯醇基，极易氧化，而且氧化过程较为复杂，维生素 C 是这类药物的代表。在有氧条件下，维生素 C 先氧化生成去氢抗坏血酸，然后经水解为 2,3- 二酮古罗糖酸，此化合物进一步被氧化为草酸与 L- 丁糖酸。维生素 C 水溶液在氧化分解过程中逐渐变成微黄色、黄色，直至褐色。金属离子如铜离子、铁离子等对维生素 C 的氧化产生催化作用。在无氧条件下，维生素 C 发生脱水反应和水解反应生成呋喃甲醛和二氧化碳，由于 H^+ 的催化作用，在酸性介质中脱水反应比在碱性介质中快。

（3）其他药物：芳胺类，如磺胺嘧啶钠；吡唑酮类，如氨基比林、安乃近；噻嗪类，如盐酸氯丙嗪、盐酸异丙嗪等药物都易氧化，其中有些药物氧化过程极为复杂，常生成有色物质。此外含有碳碳双键的药物如维生素 A 或 D 也容易被氧化，其氧化过程为典型的游离基链式反应。易氧化的药物要特别注意光、氧、金属离子对他们稳定性的影响，以保证产品质量。

表 2-9 易于氧化的药物类型与结构

药物类型	结构	举例
酚类	R—C₆H₄—OH	对乙酰氨基酚
儿茶酚类	R—C₆H₃(OH)₂	多巴胺 异丙肾上腺素
醚类	R—O—R′	苯海拉明
硫醇	RCH_2SH	卡托普利
硫醚	R—S—R′	异丙嗪
羧酸类	RCOOH	ω-3 脂肪酸
亚硝酸盐类	RNO_2	亚硝酸异戊酯
醛类	RCHO	甲醛
胺类	H—NRR′	吗啡 氯氮平
烯醇类	HO—CR=	维生素 C

3. 光降解 光降解（photodegradation）是指药物在光的作用下所发生的有关降解反应。光敏感的药物有氯丙嗪、异丙嗪、氢化可的松、维生素 B_2、维生素 A、辅酶 Q_{10} 等。硝普钠避光放置时其溶液剂的稳定性良好，至少可保存 1 年，但在灯光下其半衰期仅为 4 h。由于氧化反应常由光照引发，因此光降解常伴随氧化反应，但光降解并不仅限于氧化反应。应注意的是，某些药物的光降解可能会生成单线态氧（singlet oxygen）而产生光毒性，如呋塞米、乙酰唑胺、氯噻酮等。

4. 其他反应

（1）异构化（isomerization）：通常分为光学异构化（opitical isomerization）和几何异构化（geometric isomerization）两种。药物异构化后，生理活性可能降低甚至没有活性。如左旋肾上腺素在 pH 4 左右产生外消旋化后生物活性降低 50%。维生素 A 的活性形式是全反式（all-trans），可在 2、6 位形成顺式异构体，此种异构体的活性低于全反式。

（2）聚合（polymerization）：是两个或多个分子结合在一起形成复杂分子的过程。高浓度氨苄青霉素水溶液在贮存过程中能发生聚合反应，一个分子的 β-内酰胺环裂开与另一个分子反应形成二聚物，继而形成高聚物。据报道这类聚合物能诱发过敏反应。

（3）脱羧（decarboxylation）：对氨基水杨酸钠在光、热、水分存在的条件下极易脱羧，生成间氨基酚，后者还可进一步氧化变色。普鲁卡因水解产物对氨基苯甲酸，可缓慢脱羧生成苯胺，苯胺在光线影响下氧化生成有色物质，这就是盐酸普鲁卡因注射液颜色变黄的原因。

（二）影响因素及稳定化方法

影响药物制剂稳定性的因素可分为处方因素和外界因素，处方因素主要包括 pH、广义酸碱、溶剂、离子强度、表面活性剂、基质或赋形剂等；外界因素主要包括温度、光线、空气、金属离子、湿度与水分、包装材料等。这些因素对于制剂处方的设计、剂型的选择、产品生产工艺条件和包装设计都十分重要。

1. 影响制剂稳定性的处方因素及稳定措施

（1）pH 的影响：酯类、酰胺类药物在水溶液中常受 H^+ 或 OH^- 催化水解，这种催化作用被称为专属酸碱催化（specific acid-base catalysis）或特殊酸碱催化，此类药物的水解速率主要由 pH 决定。pH 对反应速率常数 k 的影响可用式（2-62）表示：

$$k = k_0 + k_{H^+}[H^+] + k_{OH^-}[OH^-] \tag{2-62}$$

式中，k_0 表示参与反应的水分子的催化速率常数；k_{H^+} 和 k_{OH^-} 分别表示 H^+ 和 OH^- 的催化速率常数。

在 pH 很低时主要是酸催化，则式（2-62）可表示为：

$$\lg k = \lg k_{H^+} - pH \tag{2-63}$$

以 $\lg k$ 对 pH 作图得一直线，斜率为 -1。

在 pH 较高时主要是碱催化，K_w 为水的离子积，即 $K_w = [H^+][OH^-]$，则式（2-62）可表示为：

$$\lg k = \lg k_{OH^-} + \lg K_w + pH \tag{2-64}$$

以 $\lg k$ 对 pH 作图得一直线，斜率为 +1。

根据上述动力学方程可以得到反应速率常数 k 与 pH 的关系图，称为 pH-速度图（pH-rate profile）。在 pH-速度图中曲线最低点对应的横坐标，即为最稳定的 pH，以 pH_m 表示。

pH-速度图有多种形状。硫酸阿托品、苄基青霉素（benzylpenicillin）在一定 pH 范围内的 pH-速度图与 V 型相似，见图 2-41。硫酸阿托品水溶液因其 k_{OH^-} 比 k_{H^+} 大，pH_m 为 3.7，出现在酸性一侧。《中国药典》（2025 年版）规定硫酸阿托品注射液的 pH 为 3.5～5.5，实际生产控制在 pH 4.0～4.5。苄基青霉素的 pH_m 为 7.0，因 k_{H^+} 与 k_{OH^-} 相差不多。

某些药物如阿司匹林、丹皮酚 B 的 pH-速度图呈 S 形，见图 2-42。盐酸普鲁卡因 pH 速度图有一部分呈 S 型。

确定 pH_m 是溶液型制剂处方设计中首要解决的问题。pH_m 一般是通过实验求得，方法如下：保持处方中其他成分不变，配制一系列不同 pH 的溶液，在较高温度下（如 60℃）下进行加速实验，求出各种 pH 溶液的速率常数 k，然后以 $\lg k$ 对 pH 作图，即可求出 pH_m。药物的 pH_m 随温度变化而变化，如人参皂苷在 40、50、60 和 70℃ 的 pH_m 分别为 5.98、5.78、5.75 和 5.60，利用加速试验数据测算出 25℃ 时的 pH_m 为 6.03。在较高温度下所得到的 pH_m 一般可适用于室温，不会产生很大偏差。

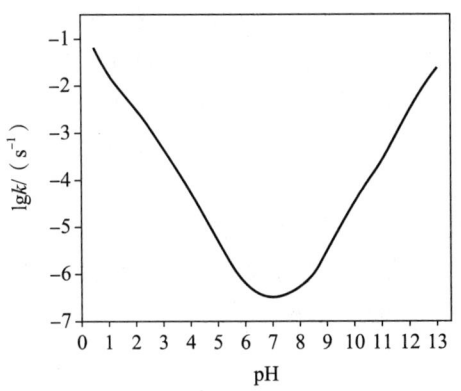

图 2-41　35℃苄基青霉素 pH- 速度图

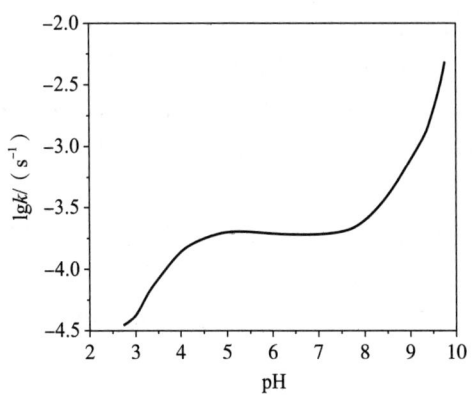

图 2-42　69.5℃阿司匹林 pH- 速度图

表 2-10 列举了一些药物的 pH_m。

为了延缓药物的降解，需将溶液的 pH 调至较稳定的 pH 范围，通常用盐酸或氢氧化钠作为 pH 调节剂，也可用磷酸、柠檬酸、醋酸及其盐类组成的缓冲体系来维持药液的 pH，此时应注意广义酸碱催化的影响。

pH 的调节不仅要考虑药物制剂的稳定性，同时还要考虑药物的溶解度和疗效及人体对制剂的适应性。如大部分生物碱在偏酸性溶液中比较稳定，故注射剂 pH 常调至偏酸范围内，但将它们制成滴眼剂时，就应尽量调节在偏中性范围，以减少刺激性，提高疗效。

表 2-10　一些药物的 pH_m

药物	pH_m	药物	pH_m
盐酸丁卡因	3.8	苯氧乙基青霉素	6.0
盐酸可卡因	3.5～4.0	毛果芸香碱	5.12
溴甲胺太林	3.38	乙酰唑胺	4.0～6.0
阿司匹林	2.5	克林霉素	4.0
三磷酸腺苷	9.0	地西泮	5.0
羟苯甲酯	4.0	氢氯噻嗪	2.5
羟苯乙酯	4.0～5.0	维生素 B_1	2.0
羟苯丙酯	4.0～5.0	吗啡	4.0
乳糖酸红霉素	4.0～8.0	维生素 C	6.0～6.5
氨苄西林钠	5.8	对乙酰氨基酚	5.0～7.0
头孢噻吩钠	3.0～8.0	奥美拉唑	8.0～10.0
甲氧西林	6.5～7.0	硝苯地平	6.0

（2）广义酸碱催化的影响：按照 Bronsted-Lowry 酸碱理论，给出质子的物质被称为广义的酸，接受质子的物质被称为广义的碱。除了 pH 对药物的水解速率有影响之外，广义的酸碱也可能催化水解药物，这种催化作用被称为广义的酸碱催化（general acid-base catalysis）或一般酸碱催化。许多药物制剂处方中为了维持溶液 pH 的稳定，常需要加入缓冲剂，而常用的缓冲剂（如醋酸盐、磷酸盐、柠檬酸盐、硼酸盐等）均为广义的酸碱，其对溶液中药物的降解可能有催化作用。例如，磷酸盐可催化青霉素 G 钾盐和苯氧乙基青霉素的降解，醋酸盐和柠檬酸盐可催化氯霉素分解。

缓冲液是否对药物的稳定性有影响，可通过增加缓冲剂的浓度，但保持盐与酸的比例不变（pH恒定），配制一系列不同浓度的缓冲溶液，然后观察药物在这一系列缓冲溶液中的分解情况。如果分解速率随缓冲剂浓度增加而增加，则可确定该缓冲剂对药物有广义的酸碱催化作用。为了减少这种催化作用的影响，在实际生产处方中，缓冲剂应用尽可能低的浓度或选用没有催化作用的缓冲系统。

（3）溶剂的影响：液体制剂中药物的降解会受到溶剂的影响。对于易水解的药物，有时采用加入适量非水溶剂如乙醇、丙二醇、甘油等来提高药物的稳定性，如含有非水溶剂的苯巴比妥注射液、地西泮注射液等。非水溶剂对易水解药物的影响可用式（2-65）说明。

$$\lg k = \lg k_\infty - \frac{k' Z_A Z_B}{\varepsilon} \tag{2-65}$$

式中，k 为反应速率常数；ε 为溶剂介电常数；k_∞ 为 ε 趋于 ∞ 时的反应速率常数，Z_A 和 Z_B 分别为溶液中离子和药物所带的电荷。对于一个给定系统，在一定温度下 k' 为常数。如果药物离子与攻击的离子的电荷相同（Z_A 和 Z_B 同为正值或负值），如 OH^- 催化水解苯巴比妥阴离子，则 $\lg k$ 对 $1/\varepsilon$ 作图所得直线的斜率为负值，说明在处方中采用介电常数低的溶剂可降低药物分解的速率。苯巴比妥钠注射液采用介电常数低的溶剂，如丙二醇（60%）可使注射液稳定性提高，25℃时 $t_{0.9}$ 可达 1 年左右。相反，若药物离子与进攻离子的电荷相反（Z_A 与 Z_B 的乘积为负值），如专属碱对带正电荷的药物催化，采取介电常数低的溶剂，就不能达到稳定药物制剂的目的。

（4）离子强度的影响：在制剂处方中，有时会加入电解质调节等渗，或加入盐（如一些抗氧剂）防止氧化，加入缓冲剂调节 pH 等。溶液离子强度（ionic strength）对药物降解速率的影响可用式（2-66）描述：

$$\lg k = \lg k_0 + 1.02 Z_A Z_B \sqrt{\mu} \tag{2-66}$$

式中，k 为反应速率常数，k_0 为溶液无限稀（$\mu = 0$）时的速率常数，μ 为离子强度，Z_A 和 Z_B 分别为溶液中离子和药物所带的电荷。以 $\lg k$ 对 $\sqrt{\mu}$ 作图可得一直线，其斜率为 $1.02 Z_A Z_B$，外推到 $\mu = 0$ 可求得 k_0。对于相同电荷离子间的反应，溶液离子强度增大则反应速率增大；而相反电荷离子间的反应，溶液离子强度增大则反应速率降低；溶液离子强度对中性分子药物的反应速率无影响。例如，药物离子带负电荷，受 OH^- 催化降解，加入盐使溶液的离子强度增加，则降解速率增加；如受 H^+ 的催化，溶液的离子强度增加，则降解速率降低。

（5）表面活性剂的影响：加入表面活性剂可使一些容易水解的药物稳定性增加，这是因为表面活性剂的浓度达到临界胶束浓度后，可在溶液中形成胶束，包裹药物，由于胶束的"屏障"作用，阻碍了 H^+ 或 OH^- 进入胶束，从而提高药物的稳定性。如苯佐卡因结构中含有酯键，易受 OH^- 催化水解，其在 30℃时的 $t_{1/2}$ 仅为 64 min，而在 5% 的十二烷基硫酸钠溶液中，苯佐卡因被增溶在胶束内，其在 30℃时的 $t_{1/2}$ 增加到 1 150 min。但还要注意，表面活性剂有时反而会加快某些药物的降解速率，如聚山梨酯 80 可使维生素 D 稳定性下降。故应通过实验，正确选用表面活性剂。

（6）处方中基质或添加剂的影响：一些半固体制剂，如软膏剂、栓剂中药物的稳定性与制剂处方的基质有关。如聚乙二醇用作氢化可的松软膏的基质时，会促进该药物的分解，有效期只有 6 个月；聚乙二醇用作栓剂基质时也可使乙酰水杨酸降解，产生水杨酸和乙酰聚乙二醇。固体制剂中添加的一些辅料也可能影响药物的稳定性。如维生素 C 片采用糖粉和淀粉为赋形剂，产品会变色；硬脂酸镁和硬脂酸钙可与乙酰水杨酸反应形成相应的乙酰水杨酸镁和乙酰水杨酸钙，因此在生产乙酰水杨酸片时，不能使用硬脂酸镁和硬脂酸钙作为润滑剂，而应选用影响较小的滑石粉或硬脂酸等。

2. 影响制剂稳定性的外界因素及稳定措施

（1）温度的影响：温度是外界环境中影响制剂稳定性的一个非常重要的因素，温度对多种降解途径如水解、氧化等均有较大影响，一般来说，温度升高，药物的降解速率加快。根据 Van't Hoff 规则，温度每升高10℃，反应速率增加2~3倍，这是一个经验规律，可粗略估计温度对反应速率的影响。Arrhenius公式（式2-60）定量地描述了温度与反应速率之间的关系，是预测药物稳定性的主要理论依据。

药物制剂在制备过程中，采用加热的操作很多，如加热溶解、灭菌、干燥等，因此考察温度对制剂中药物稳定性的影响，并据此制定合理的制备工艺和贮存条件，是制剂稳定性研究的重要内容。如有些产品在保证完全灭菌的前提下，可降低灭菌温度，缩短灭菌时间；对热特别敏感的药物，如某些抗生素、生物制品，要根据药物性质设计合适的剂型（如固体剂型），生产中采取特殊的工艺，如冷冻干燥、无菌操作等，同时产品要低温贮存，以保证产品质量。

（2）光线的影响：在制剂生产与产品的贮存过程中，还必须考虑光线的影响。光是一种辐射能，可提供发生反应所需的活化能，光线波长越短，能量越大，故紫外线更易激发化学反应。有些药物分子受光辐射作用使分子活化而产生分解，此种反应为光降解，其反应速率与系统的温度无关，这种易被光降解的物质称为光敏感物质。药物的光敏感性与其化学结构有一定的关系，如酚类和分子中有双键的药物，一般对光敏感。

光敏感的药物制剂在制备过程中要避光操作。选择包装对这类制剂甚为重要，对抗组胺药物用透明玻璃容器进行加速实验，8周含量下降36%，而用棕色瓶包装几乎没有变化。因此，这类药物制剂宜采用棕色玻璃瓶包装或容器内衬垫黑纸，避光贮存。此外，对于固体制剂可采用含遮光剂的衣料进行包衣，也是避光的良好措施。

（3）空气（氧）的影响：空气中的氧是引起制剂中药物氧化的主要因素。氧进入制剂有两条主要途径：一是由水带入，氧在水中有一定的溶解度，在平衡状态下，0℃水的含氧量为10.19 mL/L，25℃为5.75 mL/L，50℃为3.85 mL/L，而在100℃水中几乎没有氧；二是药物制剂的容器空间内存在着一定量的氧。为了防止药物的氧化，目前生产上常在溶液和容器空间中通入惰性气体如二氧化碳或氮气以置换其中的空气。在水中通CO_2至饱和时，残存的氧仅为0.05 mL/L，通氮至饱和时残存的氧约为0.36 mL/L。若通气不够充分，对成品质量影响很大，有时同一批号注射液，其色泽深浅不同，可能是由于通入惰性气体的量不同。选择惰性气体应视药物的性质而定，二氧化碳溶于水中呈酸性，pH降低，可使某些药物如钙盐产生碳酸钙沉淀，此时选用氮气为宜。丙二醇、甘油、乙醇等溶剂中的氧溶解量较小，采用这些溶剂可延缓药物的氧化。对于固体药物，也可采取真空包装等措施。

在制剂中加入抗氧剂（antioxidant）也是防止药物氧化的有效措施之一。一些抗氧剂本身为强还原剂，如亚硫酸盐类，它首先被氧化从而保护主药免遭氧化，在此过程中抗氧剂逐渐被消耗。另一些抗氧剂是链反应的阻化剂，能与游离基结合，中断链反应的进行，在此过程中其本身不被消耗。抗氧剂可分为水溶性抗氧剂与油溶性抗氧剂两大类，水溶性抗氧剂主要用于水溶性药物，油溶性抗氧剂具有阻化剂的作用，主要用于油溶性药物的抗氧化。常用的抗氧剂及浓度见表2-11。此外，还有一些化合物能显著增强抗氧剂的效果，通常称为协同剂（synergist）或增效剂，如柠檬酸、酒石酸、磷酸等。一般的酚类抗氧剂，可使用其用量（25~50）%的柠檬酸等有机酸作为增效剂。抗氧剂应根据药物的结构与性质、溶液的酸碱性等进行筛选，并避免与药物发生相互作用。焦亚硫酸钠和亚硫酸氢钠常用于弱酸性药液；亚硫酸钠和硫代硫酸钠主要用于偏碱性药液，如磺胺类注射液。硫代硫酸钠在偏酸性药液中可析出硫的细粒，肾上腺素与亚硫酸氢钠在水溶液中可形成无生理活性的磺酸盐化合物。另外还应注意辅料如甘露醇、酚类、醛类等物质可降低一些抗氧剂的活性。

（4）金属离子的影响：制剂中微量金属离子主要来自原辅料、溶剂、容器以及操作过程中使用的工具等。微量的金属离子对制剂中药物的氧化反应有显著的催化作用，如0.000 2 mol/L的铜能使维生素C的氧化速率增大10 000倍。铜、铁、钴、镍、锌和铅等离子都有促进氧化的作用，它们主要是缩短氧化作用的诱导期，增加游离基生成的速率。

为了避免金属离子的影响，应选用纯度较高的原辅料，在操作过程中尽量不使用金属器具，同时

表 2-11 常用抗氧剂及浓度

水溶性抗氧剂	常用浓度 /%	油溶性抗氧剂	常用浓度 /%
亚硫酸钠	0.1~0.2	叔丁基对羟基茴香（BHA）	0.005~0.02
亚硫酸氢钠	0.1~0.2	二叔丁基羟基甲苯（BHT）	0.005~0.02
焦亚硫酸钠	0.1~0.2	没食子酸丙酯（PG）	0.05~0.1
硫代硫酸钠	0.1	维生素E	0.05~0.5
硫脲	0.05~0.1	卵磷脂	0.025~0.25
维生素C	0.2	抗坏血酸棕榈酸酯	0.002~0.05
半胱氨酸	0.00015~0.05	—	—
蛋氨酸	0.05~0.1	—	—
硫代乙酸	0.005	—	—
硫代甘油	0.005	—	—

还可在处方中加入金属离子螯合剂如依地酸盐或柠檬酸、酒石酸、磷酸、二羟乙基甘氨酸等附加剂，有时螯合剂与亚硫酸盐类抗氧剂联合应用效果更佳。不过需注意依地酸二钠对玻璃容器存在腐蚀作用，其常用量为（0.005~0.05）%。

（5）湿度和水分的影响：空气湿度与物料含水量对固体药物制剂的稳定性有较大影响。水是化学反应的媒介，对于一些化学稳定性较差的固体药物如乙酰水杨酸、青霉素钠盐、氨苄西林、对氨基水杨酸钠和硫酸亚铁等，吸附水分后在表面形成一层液膜，使药物发生降解反应。一般固体药物受水分影响的降解反应速率与空气相对湿度成正比。氨苄西林极易吸湿，实验测定其临界相对湿度（CRH）仅为47%，如果在相对湿度（RH）75%的条件下放置24 h，氨苄西林可吸收水分约20%，同时粉末溶解。这些原料药的水分含量必须特别注意，一般水分含量在1%左右比较稳定，水分含量越高分解越快。为提高固体制剂的稳定性，在生产和贮存过程中，除降低空气湿度外，采用适宜的包装也很重要。

（6）包装材料的影响：对药物制剂来说，包装须与其临床用途相适应，还应具备保护作用、相容性、安全性及功能性等特性。药物贮藏于室温环境中时，其质量主要受热、光、水汽及空气（氧）的影响，包装设计时就要排除这些因素的干扰。例如，对于易吸潮的药物可采用防潮包装，对遇光易分解的药物可改善其包装材料的组成和颜色，易氧化的药物应采用小剂量包装或以单剂量熔封于充有二氧化碳或氮气等惰性气体的容器中。同时，还要考虑包装材料与药物制剂的相互作用。与口服制剂相比，吸入气雾剂及喷雾剂、眼用溶液及混悬液、溶液型及混悬型注射剂等制剂与包装材料发生相互作用的可能性更高。此外，大多数液体制剂的处方中除活性成分外还有一些功能性辅料如助溶剂、抗氧剂、防腐剂等，这些添加剂可能促进包装材料成分的溶出，因此与包装材料发生相互作用的风险较大。对于这些高风险制剂必须进行药品与包装材料的相容性研究，以证实包装材料与制剂具有良好的相容性。选择包装材料时，必须以试验结果和实践经验为依据，经过"装样试验"，使药用包装材料和药物制剂相互接触或彼此接近，并在一定时间内进行影响因素试验（高温、高湿及强光照射试验）、加速试验和长期试验，以选出合适的包装材料。

3. 药物制剂稳定化的其他方法 除了上述针对药物制剂稳定性影响因素的稳定化方法外，还有如下所述其他方法可用于提高制剂稳定性。

（1）改进剂型或生产工艺

1）制成固体制剂：在水溶液中不稳定的药物，当制成固体制剂时，可显著提高其稳定性。供口服有片剂、胶囊剂和颗粒剂等；供注射主要是注射用无菌粉末，其为目前青霉素类、头孢菌素类抗生素的基本剂型。采用包衣工艺是提高片剂稳定性的常用方法之一，如氯丙嗪、盐酸异丙嗪和对氨基水杨酸钠等均制成包衣片。一些对湿、热不稳定的药物，应尽量避免与水分接触，在制备片剂时可以采用粉末直接压片或干法制粒压片，这些方法同时也避免了干燥温度导致的降解速率增加；如需采用湿法制粒则可考虑非水润湿剂或黏合剂，如乙醇、聚维酮（PVP）乙醇溶液等。

2）制成微囊、微球或包合物：某些药物制成微囊或微球可增加药物的稳定性，如见光易分解的维 A 酸、易氧化的 β- 胡萝卜素、维生素 C、硫酸亚铁等药物。易挥发及受热易分解的大蒜素制成微囊、微球或环糊精包合物后，稳定性有很大提高。

（2）制成稳定的衍生物：对不稳定的药物进行结构改造，如制成难溶性盐、酯类、酰胺类或高熔点的衍生物，可增加其稳定性。一般混悬液中药物的降解只取决于其在溶液中的浓度，而不是在制剂中的总量，所以将容易水解的药物制成难溶性盐或难溶性酯类衍生物，其稳定性提高。通常药物水溶性越小，稳定性越好。例如，青霉素 G 钾盐，可制成溶解度小的普鲁卡因青霉素 G（水中的溶解度为 1∶250），稳定性明显提高；青霉素 G 还可以与 N,N- 双苄乙二胺生成苄星青霉素 G（长效西林），其溶解度进一步减小（1∶6 000），稳定性更佳。

四、药物制剂的物理稳定性及稳定化方法

（一）制剂中药物的物理稳定性及稳定化方法

制剂中药物存在的物理状态，如无定型、多晶型、水合物与溶剂化物等，会影响药物的溶解度等性质乃至药效和安全性。

1. 晶型　化学结构相同的药物，结晶条件不同，可得到晶格排列不同的晶体类型，这种现象称为多晶型（polymorphism）。药物的晶型不同，其晶格能通常也不相同，从而导致药物具有不同的熔点、溶解度、溶出速率、吸湿性、压缩成形性、稳定性、生物活性。药物的晶型对药品的质量控制至关重要。利福平、甲泼尼龙、氨苄青霉素和维生素 B 等药物的稳定性均与晶型有关。巴比妥、新生霉素、可的松类等药物的混悬剂在贮存中药物晶型发生改变，甚至造成结块。雅培公司开发的 HIV 蛋白酶抑制剂利托那韦在上市两年后发现，原料药利托那韦晶型 I 在制剂过程中沉淀形成了利托那韦晶型 II，晶型 II 的溶解度比原料药晶型 I 差，因而影响制剂的溶出速率和生物利用度，导致这种已上市的药品不得不撤市。药物的晶型中亚稳定型通常比稳定型有更好的溶解度、溶出速率和生物利用度，但亚稳定型自由能较大、不稳定，会自发转变成稳定型，导致药效降低，故需设法控制固体制剂中药物的亚稳定型。生产中可采用快速冷却或加入高分子材料、表面活性剂等方法，使药物保持亚稳定型。此外，一些喷雾干燥形成的亚稳定型结晶药物，在贮存过程中向稳定型转变，会影响制剂疗效，可通过与某些辅料同时喷雾干燥以减缓其向稳定型转变。如喷雾干燥的氢氯噻嗪中若不含 PVP，则 10 天后晶型完全转变，若加入的 PVP 的浓度高于 1%，晶型转变将明显减少。

同一药物既能形成不同的晶型，也可成为无定型，两者的物理性质差别很大，在一定条件下可以互变。无定型药物溶解时不必克服晶格能，所以其溶解度和溶出速率较结晶型大，但在贮存过程中甚至在体内可能转化为结晶型。例如，将苯妥英钠在振动球磨机中研磨可形成无定型，为保持无定型状态则需在研磨时加入微晶纤维素，防止苯妥英钠由无定型向结晶型转变。

2. 蒸发　某些药物在室温下具有较高的蒸气压，容易导致药物蒸发损失。如具有高蒸气压的硝酸甘油，其舌下片在贮存过程中容易发生药物含量明显降低，这种变化可通过处方中添加固定剂如聚乙二醇来抑制，采用 β- 环糊精包合硝酸甘油制备片剂亦可提高其稳定性。

（二）药物制剂的物理稳定性及稳定化方法

药物制剂的物理稳定性变化根据不同制剂表现不同。如乳剂发生分层、破裂，片剂的硬度、崩解时限发生变化，栓剂硬化等，详细内容见相应剂型章节。药物制剂中常见的一些物理稳定性变化见表 2-12。

表 2-12 药物制剂中常见的物理稳定性变化

物理稳定性变化	剂型
外观	所有剂型
气味	所有剂型
pH	溶液剂、混悬剂、乳剂、半固体制剂
黏度	溶液剂、混悬剂、乳剂、半固体制剂
含水量	片剂、胶囊剂、散剂
崩解	片剂、胶囊剂、散剂
溶出	片剂、胶囊剂、散剂
硬度	片剂、栓剂
脆碎度	片剂
铺展性	软膏剂、乳膏剂、凝胶剂、糊剂
粒度	混悬剂、乳剂、气雾剂、微粒给药系统

五、药物制剂稳定性试验方法

（一）稳定性试验的目的和基本要求

稳定性试验的目的是考察原料药物或制剂在温度、湿度、光线的影响下随时间变化的规律，为药品的生产、包装、贮存、运输条件提供科学依据，同时通过试验确定药品的有效期。

1. 样品的批次和规模 稳定性试验包括影响因素试验、加速试验与长期试验。影响因素试验通常采用 1 批供试品进行，加速试验和长期试验采用 3 批供试品进行。

《中国药典》（2025 年版）通则中"原料药物与制剂稳定性试验指导原则"规定：原料药物供试品应是一定规模生产的，供试品量相当于制剂稳定性试验所要求的批量，原料药物合成工艺路线、方法、步骤应与大生产一致。药物制剂供试品应是放大试验的产品，其处方与工艺应与大生产一致。每批放大试验的规模，至少是中试规模，口服固体制剂如片剂或胶囊剂至少应为 10 000 片或粒。大体积包装的制剂如静脉输液等，每批放大规模的数量通常应为各项试验所需总量的 10 倍。特殊品种、特殊剂型所需数量，根据情况另定。

若放大试验比规模生产的数量要小，申报的新药获批后，从放大试验转入规模生产时，对最初通过生产验证的 3 批规模生产的产品仍需进行加速试验与长期稳定性试验。

2. 包装及放置条件 稳定性试验要求在一定温度、湿度及光照条件下进行，这些放置条件的设置应充分考虑到原料药物与制剂在贮存、运输及使用过程中可能遇到的环境因素。原料药物进行加速试验与长期试验所用包装应采用模拟小桶，所用材料与封装条件应与大桶一致。药物制剂应在影响因素试验结果的基础上选择合适的包装，加速试验和长期试验所用的包装应与拟上市包装一致。

3. 考察时间点 稳定性研究中一般需要设置多个时间点考察样品的质量变化。考察时间点应基于对药物的理化性质的认识、稳定性趋势评价的要求而设置。如长期试验中，总体考察时间应涵盖所预期的有效期，中间取样点的设置要考虑原料药物与制剂的稳定性特点和剂型特点。对某些环境因素敏感的原料药物与制剂，应适当增加考察时间点。

4. 考察项目　稳定性研究的考察项目应选择在原料药物与制剂保存期间易于变化，并可能会影响原料药物与制剂的质量、安全性和有效性的项目，以便客观、全面地反映原料药物与制剂的稳定性。原料药物应重点考察性状、熔点、含量、有关物质、吸湿性等项目，以及根据品种性质选定其他考察项目；片剂应考察性状、含量、有关物质、崩解时限或溶出度以及释放度等项目；注射剂应考察性状、含量、pH、可见异物、不溶性微粒、有关物质、无菌等项目。对于缓释、控释制剂、肠溶制剂等应考察释放度等项目，微粒制剂应考察粒径或包封率以及泄漏率等项目。原料药物与制剂的稳定性重点考查项目可参考《中国药典》（2025年版）有关规定。

5. 分析方法和质量标准　研究药物稳定性要采用专属性强、准确、精密、灵敏的药物分析方法与有关物质（含降解产物及其他所生成的产物）检查方法，并对方法进行验证，以保证药物稳定性试验结果的可靠性。在稳定性试验中，应重视降解产物的检查。供试品的质量标准应与临床前研究及临床试验和规模生产所使用的供试品质量标准一致。

6. 显著变化　稳定性研究中样品发生了显著变化，则试验应终止。通常发生显著变化的项目主要有性状、含量和有关物质等。对于原料药还应注意结晶水的变化，而对于药物制剂还应注意pH、制剂溶出度或释放度等是否超出标准。

（二）稳定性研究的试验方法

根据研究目的和条件的不同，稳定性研究内容包括影响因素试验、加速试验、长期试验、热循环（冻融）试验、需重新配制使用的药品稳定性试验、多剂量包装产品拆封后的稳定性试验等。

1. 影响因素试验　影响因素试验（强化试验，stress testing）是在比加速试验更激烈的条件下进行。原料药要求进行此项试验，其目的是探讨药物的固有稳定性、了解影响其稳定性的因素及可能的降解途径与分解产物，为制剂生产工艺、包装、贮存条件和建立降解产物分析方法提供科学依据。药物制剂进行此项试验的主要目的是考察制剂处方的合理性与生产工艺及包装条件。

影响因素试验通常包括高温、高湿及强光照射试验。一般进行试验时，将原料药供试品置适宜的开口容器中（如称量瓶或培养皿），分散放置，厚度不超过3 mm，疏松原料药可略厚。当试验结果发现降解产物有明显的变化，应考虑其潜在的危害性，必要时应对降解产物进行定性或定量分析。对于制剂产品，将供试品如片剂、胶囊剂、注射剂除去外包装（注射用无菌粉末如为西林瓶装，不能打开瓶盖，以保持严封的完整性），并根据试验目的和产品特性考虑是否除去内包装，置适宜的开口容器中进行试验。供试品用1批进行。

（1）高温试验：供试品适宜的置开口恒温设备中，设备温度一般高于加速试验温度10℃以上，考察时间点应基于原料药本身的稳定性及影响因素试验条件下稳定性的变化趋势设置。通常可设定为0天、5天、10天、30天等取样，按稳定性重点考察项目进行检测。若供试品质量有明显变化，则适当降低温度进行试验。

（2）高湿度试验：供试品置开口恒湿密闭容器中，在25℃、相对湿度（90±5）%条件下放置10天，于第5天和第10天取样，按稳定性重点考察项目要求检测，同时准确称量试验前后供试品的重量，以考察供试品的吸湿潮解性能。若吸湿增重达5%以上，则在相对湿度（75±5）%下同法进行试验。若吸湿增重在5%以下，且其他考察项目符合要求，则不再进行此项试验。恒湿条件可通过在密闭容器如干燥器下部放置饱和盐溶液来实现，根据不同相对湿度的要求，可以选择NaCl饱和溶液[相对湿度（75±1）%，15.5~60℃]或KNO_3饱和溶液（相对湿度92.5%，25℃）。

（3）强光照射试验：供试品放在开口光照箱或其他适宜的光照装置内，可选择输出相似于D65/ID65发射标准的光源，或同时暴露于冷白荧光灯和近紫外灯下，在照度为4 500±500 lx的条件下，且光源总照度应不低于1.2×10^6 lx·h、近紫外灯能量不低于200 W·h/m^2，于适宜时间取样，按稳定性重点考察项目进行检测，特别要注意供试品的外观变化。

此外，根据药物的性质必要时可设计试验，探讨 pH 与氧及其他条件对药物稳定性的影响，并研究分解产物的分析方法。

2. 加速试验　加速试验（accelerated testing）是在加速条件下进行，其目的是通过加速药物及其制剂的化学或物理变化，探讨药物及其制剂的稳定性，为制剂处方设计、工艺改进、质量研究、包装改进、运输、贮存提供必要的资料。供试品要求 3 批，按市售包装，在温度（40±2）℃，相对湿度（75±5）% 的条件下放置 6 个月。所用设备应能控制温度 ±2℃、相对湿度 ±5%，并能对真实温度与湿度进行监测。在至少包括初始和末次等 3 个时间点（如 0、3、6 月）取样，按稳定性重点考察项目进行检测。如在 6 个月内供试品经检测质量发生了显著变化，则应在中间条件下即在温度（30±2）℃，相对湿度（65±5）%（可用 Na_2CrO_4 饱和溶液，相对湿度 64.8%，30℃）的情况下进行试验，建议的考察时间为 12 个月，应包括所有的稳定性重点考察项目，检测至少包括初始和末次等 4 个时间点（如 0、6、9、12 月）。溶液剂、混悬剂、乳剂、注射剂等含有水性介质的制剂进行试验时可不要求相对湿度。

对温度特别敏感药物及其制剂，预计只能在冰箱（5±3）℃内保存使用，可在温度（25±2）℃、相对湿度（60±5）% 的条件下进行加速试验，时间为 6 个月。

对拟冷冻贮藏的药物及其制剂，应对 1 批样品在（5±3）℃或（25±2）℃条件下放置适当的时间进行试验，以了解短期偏离标签贮藏条件（如运输或搬运时）对药物及其制剂的影响。

乳剂、混悬剂、软膏剂、乳膏剂、糊剂、凝胶剂、眼膏剂、栓剂、气雾剂、泡腾片及泡腾颗粒宜直接采用温度（30±2）℃、相对湿度（65±5）% 的条件下进行试验。

对于包装在半透性容器中的药物制剂，如低密度聚乙烯制备的输液袋、塑料安瓿、眼用制剂容器等，则应在温度（40±2）℃、相对湿度（25±5）% 的条件（可用 $CH_3COOK \cdot 1.5H_2O$ 饱和溶液）进行加速试验。

3. 长期试验　长期试验（long-term testing）是在接近原料药物或制剂的实际贮存条件下进行，其目的是为制订原料药物或制剂的有效期提供依据。供试品 3 批，市售包装。长期试验在温度（25±2）℃、相对湿度（60±5）% 的条件下进行，考虑到我国南方和北方气候的差异，也可选择在温度（30±2）℃、相对湿度（65±5）% 的条件下进行。每 3 个月取样一次，分别于 0 个月、3 个月、6 个月、9 个月、12 个月取样，按稳定性重点考察项目进行检测。12 个月后仍需继续考察的，分别于 18 个月、24 个月、36 个月等取样进行检测。将结果与 0 个月比较，以确定原料药物或制剂的有效期。由于实验数据的分散性，一般应按 95% 可信限进行统计分析，得出合理有效期。如 3 批供试品统计分析结果差别较小，则取其平均值为有效期，若差别较大则取其最短的为有效期。如果药物或制剂很稳定，测定结果变化很小，则不作统计分析。

对温度特别敏感的药物或制剂，长期试验可在温度（5±3）℃的条件下进行。对拟冷冻贮藏的药物或制剂，长期试验可在温度（-20±5）℃的条件下至少放置 12 个月进行考察。

对于包装在半透性容器中的药物制剂，则应在（25±2）℃、相对湿度（40±5）%，或（30±2）℃、相对湿度（35±5）% 的条件下进行试验。一般 6 个月的数据可用于新药申报临床研究，12 个月的数据用于申报生产。

（三）稳定性研究的其他试验方法

在实际研究中，还可以考虑采用经典恒温法、活化能估算法、初均速法、线性变温法等来预测药物制剂的稳定性。经典恒温法的理论依据是 Arrhenius 公式，其对于水溶液型药物制剂的预测结果具有一定的参考价值，依据 Arrhenius 公式的对数形式（式 2-61），以 $\lg k$ 对 $1/T$ 作图呈一条直线，直线斜率为 $-E/(2.303R)$，截距为 $\lg A$，由此可计算出反应活化能 E 和频率因子 A，若将直线外推至室温（25℃），就可求出室温时的降解速率常数（k_{25}）。由 k_{25} 可求出 $t_{0.9}$ 或室温贮藏若干时间以后残余的药物的浓度。

对于药物制剂而言，极少数是单纯的均相产品，制剂中通常添加了各种辅料，在制剂产品中按重量比计算，主药所占的比例通常较小，辅料可能占据了很大的重量比，因此简单地将原料药物的热力学降解规律，照搬到制剂中药物的降解过程中则不够科学、严谨。对于生化药品、基因药物，由于起效机制和降解途径的差异，这些经典的降解理论可能并不适用，所以一般不推荐使用外推法。目前通常以实际进行的长期留样试验的时间来确定产品的有效期。考虑到新药上市前需经历的临床前研究和临床试验的时间跨度较长，一般来说在产品正式获准上市前有充足的时间来完成不少于18个月或24个月的长期试验。而在仿制药品的申请以及一些可以豁免临床试验的申请中，由于时间过短可以考虑采用适当的外推预测。需注意的是，这种外推预测应建立在已经充分掌握上市成熟品种的稳定性信息的基础之上，如果被仿制产品的信息不充分，则还应以实际进行的长期试验为准。

六、新药开发过程中药物制剂稳定性的研究

在新药的研发过程中，药物制剂稳定性的研究是一项重要的内容。我国于1984年发布的《新药审批办法》就规定新药申报必须提供稳定性试验资料。历经40年，药物稳定性试验已从仅检测药品中有害物质的变化，发展至对原料药和制剂科学的质量控制。根据2020年国家市场监督管理总局发布的《药品注册管理办法》，新药申报中需要报送的稳定性试验资料包括原料药稳定性、制剂处方与工艺稳定性、包装材料稳定性、制剂加速试验和长期试验等内容。

（一）新药稳定性研究设计的要点

根据药物制剂的特点和质量控制的要求，选取能灵敏反映原料药物与制剂稳定性的指标，围绕相应的目的进行稳定性研究设计。

1. 原料药物 创新药物应对分解产物的性质进行必要的分析，这有助于了解其降解途径及稳定性影响因素。根据原料药物性质可考察其在溶液或混悬液状态时，或在较宽pH范围内对水解的敏感程度，以及氧或其他条件对药物稳定性的影响，如冷冻保存的原料药物，应考察在反复冻融条件下药物的变化情况。

2. 药物制剂 制剂的稳定性研究应根据原料药物稳定性试验结果和临床使用情况设计，主药与辅料配伍稳定性、制剂与包装材料相容性、贮藏和运输稳定性应基于剂型特点着重考察。贮藏和运输稳定性应模拟贮藏环境条件（如高原低压、海洋高盐雾等）和运输条件（如运输路线、交通工具、距离、振动、冷链运输等）进行多批次、特定时长的稳定性试验，明确产品在该条件下的长期稳定性，保证药品的安全、有效。对于需要溶解或者稀释后使用的药品，如小体积注射液、粉针剂等，应考察稀释后主药的降解情况、临床使用时的稳定性。对于多剂量产品如滴眼剂、滴鼻剂等，应模拟临床使用方法和环境，考察多次拆封后的稳定性，根据试验结果，确定开封后药品的使用期。

（二）新药稳定性研究内容

新药稳定性研究在药品研发周期通常分为四个阶段：处方前研究、制剂研究、申报新药阶段、获批后阶段。

1. 处方前研究 处方前研究主要是开展原料药物的稳定性试验，主要内容为考察活性成分稳定性，确定是否需要特殊的条件保证活性成分的稳定性，为下一步的制剂研究提供依据，预测处方中的辅料是否与活性成分有相互作用。

2. 制剂研究 制剂研究阶段的主要内容是测定处方中活性成分及其主要降解产物，比较试验处方及包装制剂的稳定性，明确影响药物制剂稳定性的主要因素，以及用哪些关键参数来筛选处方和制备工艺。

3. 申报新药阶段 确定药品的加工及包装工艺，完成初步的稳定性研究及有效期预测。

4. 获批后阶段 需要较大规模生产该产品，监督连续生产批号的稳定性，核实产品稳定性结论，

确定产品最终的有效期和贮存条件。

(李 瑞)

第六节 药物制剂的设计

一、概述

制剂研究在药物研发中具有至关重要的地位。剂型选择和处方以及工艺设计都对于确保药品的安全性、有效性、可控性和稳定性起着关键作用。本节将从质量源于设计理念的角度出发，详细阐述了药物制剂设计的前期研究、剂型选择以及制剂设计和研究等主要内容。

(一)制剂设计的目的

药物制剂的设计旨在依据疾病特性与临床用药需求，并结合药物的物理化学性质与生物学特征，确立适宜的给药途径与剂型，同时选择恰当的辅料、制备工艺及包装，最终形成适用于工业化生产与临床应用的制剂产品。在我国新药申报与审批制度日趋规范的背景下，新药研究重心从仿制转向创新，制剂设计在新药研发中的重要性日益凸显。无论是新化合物产品还是其他需求，均需明确制剂设计依据。现有药物剂型的改进需运用新技术以提高其安全性，使其相较于原有剂型具备显著的临床应用优势。当前药品注册分类包括创新药、改良型新药及仿制药等。

药品作为一种特殊商品，其基本属性为安全、有效和质量可控。近几十年来，药品质量控制管理模式发生了变革。从"质量源于检验"转变为"质量源于设计（quality by design，QbD）"，QbD 理念强调药品质量并非检验赋予，而是源于设计。同时，其利用药品研发过程中所积累的信息，在生产过程中进行质量风险管理。

(二)质量源于设计

QbD 是一种全球公认的先进理念，已在业界得到广泛认同和实施。在此基础上，人用药物注册技术要求国际协调理事会（ICH）为确保药物研究与注册的顺利进行，制定了一系列关于质量、安全性、有效性以及与综合学科相关的研究指南，为各国药物研发提供了重要参考。2006 年，美国食品药品监督管理局（FDA）提出了 QbD 理念，并将其纳入新药研发和质量风险管理领域。

根据 QbD 理念，药品研发过程中需从始至终关注最终产品质量。在配方设计、工艺路线确定、工艺参数选择、物料控制等环节，都要深入开展研究，积累翔实数据，并在充分理解的基础上确定最佳产品配方和生产工艺。QbD 在高风险制剂研发、质量评价及分析方法建立等方面具有显著优势。目前，QbD 理念广泛应用于片剂、纳米粒等制剂的开发研究，也有越来越多的药品采用该理念并成功上市。

在 QbD（表 2-13）理念指导下，药物产品开发的首要步骤是确立目标产品特征（target product profile，TPP）以及相关的目标产品质量概况（quality target product profile，QTPP）。明确药物制剂产品的目标特征，需首先分析其临床用药需求。根据疾病和用药情境的不同，给药方式和制剂形式各有差异。如全身作用药物，若患者自行使用，则应考虑口服制剂；但对于治疗常见症状如恶心、呕吐的需求，应避免口服，而采用注射、经皮或栓剂等给药形式；神志不清或急救用药时应开发注射剂型；长期慢性病可选择非注射给药或缓释长效注射剂型。依据 QTPP，确定生产方案设计，并通过试验、鱼骨法（图 2-43）及关键性分析（failure mode and effects criticality analysis，FMECA）方法等确定关键质量属性（critical quality attributes，CQAs），将其与关键物料属性（critical material attributes，CMAs）及关键工艺参数（critical process parameters，CPPs）相衔接。在认知和工艺控制程度的基础上，逐步建立设计空间（design space），最终完成整体战略方案，并在药品生产整个生命周期中进行有效管理，确保药品质量在 QbD 模式下得到实质性控制。研究思路如图 2-44 所示。

表 2-13　QbD 要素

分类	内容	目的
目标产品质量概况（QTPP）	概括了目标产品的主要质量属性，对原料药来说目标质量概况如杂质（工艺杂质、遗传毒性杂质、元素杂质等）、含量、晶型、异构体、残留溶剂、粒径分布等属性	总结了保证药品的安全性和有效性的基本质量属性
风险评估（Risk assessment）	风险管理过程中针对影响目标产品质量的因素综合分析并评估关键信息，以支持风险决策的系统化过程	分析评估系统性风险并支持风险决策
关键质量属性（CQAs）	是指某种物理、化学、生物学或微生物学的性质属性，该属性应当有适当的限度、范围或分布，从而保证预期的产品质量	确保对药品质量和安全性有影响的药品关键特性得以研究和控制
关键物料属性（CMAs）	为达到目标产品质量，将对目标产品质量属性有明显影响的物理、化学和生物学物性性质或属性限定和控制在一定范围内，或在一定范围内分布	确保对药品质量和安全性有影响的物料得以研究和控制
关键工艺参数（CPPs）	指工艺步骤或单元操作的输入运行参数（速度、流速等）或状态变量（温度、压力等）能显著影响产出物料的关键质量属性时，该工艺参数就是关键工艺参数	确保生产工艺能稳定生产出符合要求的产品
设计空间（Design space）	与保证目标产品质量相关的输入变量（如物料属性）和工艺参数的多种优化组合，制定出输入变量（如物料属性）和工艺参数的合理空间	设计空间用于保证工艺性能和产品质量的可靠性
控制策略（Control strategy）	是指根据目前产品属性和过程的理解，为达到目标预期而制定的控制方针、计划、方法等	确保生产工艺性能和产品质量

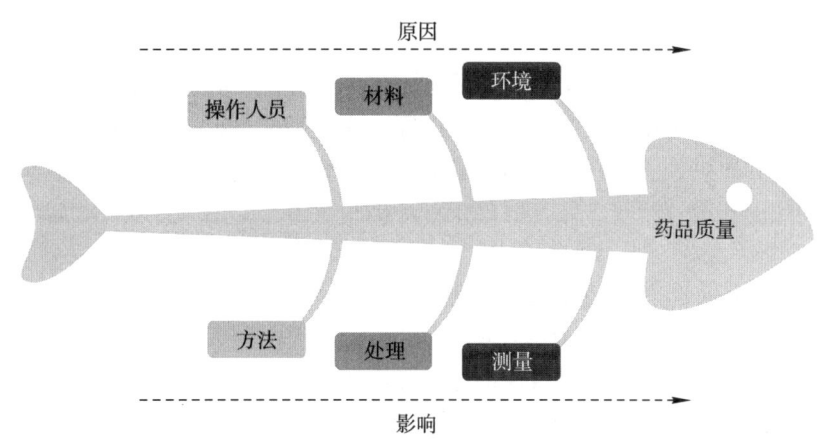

图 2-43　鱼骨法

传统处方研究和设计主要通过单变量实验优化处方和工艺参数，以确定最佳处方并设定质量标准。但实际生产中，因原料和设备差异，产品检测指标常偏离预定质量要求，甚至引发召回事件。因此，需系统研究影响成品质量的关键参数及作用机制，评估变化范围对质量的风险。基于可靠的科学技术理论，建立制剂处方和工艺设计空间，以确保药品质量。设计空间由关键指标和参数的可变区间组成。只要生产过程中处方和工艺参数变化在设计空间内，便可生产出符合质量标准的成品。

此外，与 QbD 理念相辅相成的为过程分析技术（process analytical technology，PAT），是 QbD 理

念在药物制剂设计与工艺研究中的新方法与思路，即全面运用先进的在线监测技术，实时监控处方与工艺的变动，从而将生产过程中处方和工艺参数的变化对成品质量的影响降至最低。

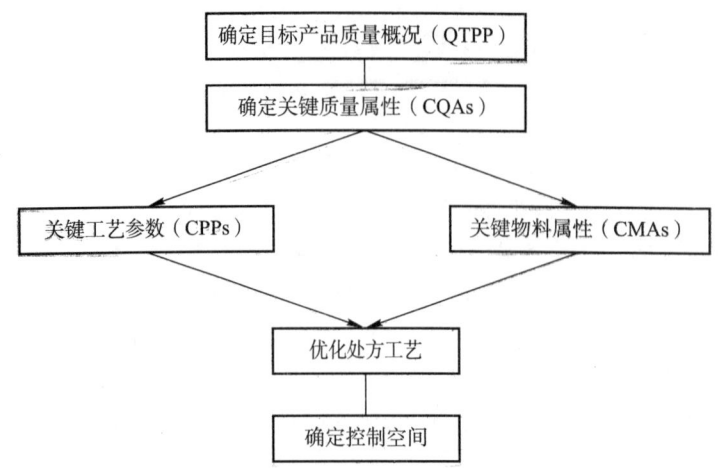

图 2-44　质量源于设计理念在处方工艺优化中的实施过程

立足于 QbD 理念，并通过科学的风险管理手段，推动药品创新及持续优化，确保药品质量，并维护公众健康。

二、药物制剂的处方设计前工作

（一）任务和要求

药物从合成至上市，需历经药理活性筛选、初步毒理学及分析方法研究、处方前工作、临床研究、处方与制备工艺研究以及申报等多个阶段。在此过程中，处方前工作（preformulation）占据着举足轻重的地位。

处方前工作主要通过实验研究和文献资料两方面收集所需科学信息，如药物基本性质、辅料相容性、药理作用及体内吸收、分布、代谢与排泄规律等。这些信息为研究人员在处方设计和生产开发中选择最优剂型、工艺和质量控制提供依据，并确保药物制剂在物理化学和生物学意义上的稳定性，以实现较高的生物利用度和最佳药效。处方前工作对药物制剂的安全性、有效性、稳定性和可控性具有重要意义。

处方前研究的核心任务是获取药物的理化性质参数、药代动力学特征、生物学性质以及与处方相关的理化性质，同时评估原料药物与拟选辅料之间的相互作用。研究旨在深入了解原辅料相关性质，明确制剂研究需重点解决的问题，并针对性地选择合适的剂型、辅料、制剂技术或工艺。

（二）药物的理化性质

药物的理化性质研究主要包括解离常数、溶解度、熔点、多晶型、分配系数、表面特性以及吸湿性等。

1. 溶解度和解离常数　溶解度是药物基本物理性质之一，定义为在特定温度和压力下，溶质在一定体积溶剂中的最大溶解量。绝大多数药物需通过吸收进入循环系统方可发挥作用，因此，无论给药途径如何，药物均需具备一定溶解度。溶解度较高的药物可制备成多种固体或液体剂型，以适应不同给药途径；而对于溶解度较低、难以溶出的药物，其溶出过程为限速步骤，且是影响生物利用率的主要因素。

溶解度和解离常数的测定对后续研究具有重要意义。因此，在处方前研究阶段，必须首先测定药物的溶解度和解离常数 pK_a 值。

在特定温度下，过量药物与特定溶剂混合并充分搅拌至饱和状态后，通过测定溶剂中药物浓度，可获得该温度下药物的饱和溶解度或平衡溶解度（equilibrium solubility）。

解离常数（dissociation constant）与药物的溶解性和吸收性密切相关。多数药物为有机弱酸（2-66）或有机弱碱（2-67），在不同 pH 介质中溶解度不同，存在形式亦不同，即主要以解离型和非解离型存在，对药物吸收可能产生较大影响。一般而言，解离型药物不易透过生物膜被吸收，非解离型药物则较易透过。溶解度与 pK_a 值在很大程度上影响后续研究工作，因此，进行处方前工作时需首先测定溶解度与 pK_a。溶解度在一定程度上决定药物能否制成注射剂和溶液剂。药物的 pK_a 值可指导研究人员通过调整 pH 或制成盐，解决溶解度问题，提高制剂稳定性。

Kaplan（1972）指出，在 37℃，pH 1~7 范围内，若药物在水中的溶解度小于 1%（10 mg/mL），可能出现吸收问题。他还发现，若溶出速率（intrinsic dissolution rate）大于 1 mg/（cm^2·min），吸收不受限；若小于 0.1 mg/（cm^2·min），吸收受溶出速率限制。由于药物溶解过程呈漏槽状态，溶出速率与溶解度成正比关系。这种十倍差异的固有溶出速率表明，最低可行性溶解度为 1 mg/mL，对于低于此限度的药物，需采用可溶性盐形式以提高可行性。

大多数药物是有机弱酸或弱碱性化合物，在水中解离，其方程式表示如下：

弱酸性药物　　　　　　　　　　　HA = H$^+$ + A$^-$
弱碱性药物　　　　　　　　　　　B + H$^+$ = BH$^+$

Henderson-Hasselbach 公式可以说明药物的解离状态，pK_a 和 pH 的关系：

对弱酸性药物　　　　　　　　$$pH = pK_a + \lg \frac{[A^-]}{[HA]} \tag{2-67}$$

对弱碱性药物　　　　　　　　$$pH = pK_a + \lg \frac{[B]}{[BH^+]} \tag{2-68}$$

Henderson-Hassellbach 公式可用来解决以下问题：①根据不同的 pH 所对应的药物溶解度测定 pK_a 值；②如果已知 [HA] 或 [B] 和 pK_a 则可预测不同 pH 条件下药物的溶解度；③有助于选择药物的适宜盐；④预测盐的溶解度和 pH 的关系。从公式（2-67）和公式（2-68）可知，pH 改变 1 个单位，药物的溶解度将发生 10 倍的变化。因此，液体制剂需要特别控制体系中 pH 的变化。

pK_a 值可以通过滴定法测定。如测定弱酸性药物的 pK_a 可用碱滴定，将结果以被中和的酸分数（X）对 pH 作图；同时还需滴定水，得到两条曲线。将两条曲线上每一点的差值作图，得到校正曲线。pK_a 即为 50% 的酸被中和时所对应的 pH。

对于胺类药物，其游离碱常常很难溶，pK_a 的测定可在含有机溶剂（如乙醇）的溶剂中进行测定，以不同浓度的有机溶剂（如 5%、10%、15%、20%）进行，将结果外推至有机溶剂浓度为 0 时，即可估算出水的 pK_a 值。

2. 分配系数　药物在人体内需完成吸收与转运过程，这既要求药物分子在体液中具备一定溶解度，还要求其能穿越生物膜。生物膜犹如类脂屏障，其作用与被转运分子的亲脂性紧密相连。油/水分配系数是衡量分子亲脂特性的参数，该系数越大，药物亲脂性越强。药物活性及其他属性（如溶液型制剂给药时是否析晶）均受油/水分配系数影响。因此，油/水分配系数（partition coefficient，P）成为影响药物体内作用的关键物理参数。

P 代表药物分配在油相和水相中的比例，用公式（2-69）来表示：

$$P = \frac{C_O}{C_W} \tag{2-69}$$

式中，C_O 为药物在油相中的质量浓度，C_W 为药物在水相中的质量浓度。

实际应用中常采用油/水分配系数的常用对数值，即 lg$P$ 作为参数。lg$P$ 值越高，说明药物的亲脂性越强；相反则药物的亲水性越强。分配系数的测定方法一般采用摇瓶法，即将药物加入水相和有机相的两相溶液中，充分摇匀，达到分配平衡后，分别测定两相中药物的浓度。

药物分配系数在研究开发涉及两相溶剂体系的制剂过程中具有实际应用价值。测定分配系数有助于指导处方和工艺设计。以 O/W 型药物乳剂为例，为增强或改变水中稳定性较差的药物吸收或体内分布，可以选择溶解能力较强的油相，以降低药物在水中的溶解度。在制备脂质体、微球等微粒制剂时，根据药物的油/水分配系数，合理选择有机相和水相及其用量比例，对提高载药量和包封率等方面具有重要意义。

此外，分配系数大小一定程度上反映了药物经生物膜转运能力。通常情况下，分配系数较大的药物更容易穿透细胞膜进行转运和吸收，但是过大则不易进入水性体液。例如，难溶性药物虽然具有较大分配系数，但由于其不能在胃肠道黏液层充分溶解而难以进入细胞膜进行转运；因此影响其转运的主要限速因素是其在水性体液中的溶解性。通过制剂学手段提高难溶性药物在水中的溶解度，则可促进其吸收效果。与之相反的，影响水溶性药物体内转运限速过程主要是药物从体液向细胞膜分配的过程。油/水分配系数适中的药物更容易被吸收利用。

对于弱碱性或弱酸性物质，在解离状态下，其分配系数相对较小，而在非解离状态下，分配系数则较大。因此，通过调控 pH，可以改变解离型与非解离型药物之间的比例，进而影响药物的分配特性。举例来说，在设计透皮吸收药物制剂时，通常会选择分子型药物而非药物的盐溶液，或者调节 pH 以提高非解离型药物的比例，从而提升药物穿越皮肤脂性角质层的效能。

3. 多晶型 药物的不同晶型其溶解度存在差异，这一现象可能对药物在体内的溶出、吸收过程产生影响，进而作用于药物的临床疗效及安全性。对于一些难溶性药物的口服固体或半固体制剂，晶型对其影响尤为显著。

固态物质由晶态与非晶态构成，晶型描述分子排列方式。多晶型指同种物质存在多种晶格结构，如药物的多晶型。稳定型最稳定，亚稳定型相对不稳定，晶型间可相互转化。稳定型与亚稳定型在物理化学性质如密度、熔点、溶解度等有差异。亚稳定型是高能状态，具较低熔点和较大溶解度。药物也可能呈无定形粉末，无定形与晶型可相互转换。无定形分子间作用力较弱，具有较低熔点、密度、硬度以及较高溶解度和溶解速率。

药物制剂的晶型选择对其吸收速度及药理活性产生影响，因此在选用药物制剂原料时，需充分考虑这一因素。药物的晶型往往决定其吸收速率和临床疗效，特别是难溶性药物，不同晶型溶解度及溶解速率的差异，容易导致其口服制剂在胃肠道吸收速率和吸收程度的差异。例如，棕榈氯霉素（无味氯霉素）存在 A 和 B 两种晶型，其中 A 型为稳定型，B 型为亚稳定型。B 型的溶解度是 A 型的 4 倍，在水中的溶解速率也比 A 型快得多，容易被酯酶水解并吸收，口服后血药浓度为 A 型的 7 倍。由于 A 型口服难吸收，属无效型，《中国药典》《美国药典》《英国药典》均规定应使用 B 型为棕榈氯霉素混悬液的原料，且制剂中 A 型的量不得超过 10%。各国药典中指定晶型的药物还有如甲苯咪唑（B 晶型）、头孢呋辛酯（无定形）等。

难溶性药物，如果需要制成固体口服制剂，应对原料药的晶型进行研究。首先，一个新的化合物应该研究其是否存在多晶型现象，并探究不同晶型之间的理化性质差异。确定目标晶型后，还需考察其晶型转变速度和转变后的物理性质，并通过药理、毒理及临床试验来确认最终的晶型选择。例如，在棕榈氯霉素中除了 A、B 两种已知晶型外，还存在一种溶解度更大但在室温下 315 小时即会转变为 B 型的无定形结构；而将 B 型转变为 A 型则需要 24 415 小时，在制剂生产和贮存要求上完全满足。若对药物多晶型研究不充分，则可能引发结晶析出、晶型转变、稳定性差以及生物利用率低等问题。许多制剂的不稳定性源于药物存在多个晶相，如醋酸可的松注射混悬液若使用错误的晶相，则长时间放置会导致结块现象。另外，无定形新霉素具有良好吸收特性，但在混悬液中会发生向吸收较差的晶型转变。

在药物制剂加工过程中，各种因素如环境、制备工艺及辅料等对药物晶型的影响不容忽视。例如：①在粉碎及压片过程中，机械作用产生的热量可能导致温度升高，从而引发药物晶型的转变；②在固体制剂的制粒工艺中，常用含水或醇的溶液作为黏合剂，也可能引发药物晶型的改变；③干燥过程也可能对药物晶型产生影响。有些药物在精制过程中采用溶媒结晶法，得到的晶型难以复溶，此时可采用冻干法进行制剂生产。在药物晶型鉴别时，辅料的影响需加以考虑。一般而言，可通过模拟制剂工艺过程，制备辅料含量固定但原料药含量不同的药物制剂样品，以便在不加辅料或按一定比例逐渐增加原料药用量的情况下，对药物晶型进行研究。

研究多晶型药物的研究方法包括溶出度与释放度测定法、X射线衍射法、红外光谱法、差示扫描量热法、差示热分析法、热台显微镜法和溶出速率法。各种晶型具有其独特的专属性检查手段，如某些药物的不同晶型在熔点或红外光谱上并无显著差异。因此，在进行晶型研究时，需根据化合物特性选择适宜且具有专业性的晶型检查方法。针对多晶形态药物，在稳定性考察试验中，还需设定相应指标以评估其结构，并确定合适的储存条件以确保药物稳定性。

总之，在多晶型药物的处方和工艺筛选过程中，应对各种因素对晶型的可能影响进行充分研究，以最大限度地降低低效和无效晶型的产生，从而确保药品的有效性和安全性。

4. 吸湿性 吸湿性（hygroscopicity）是指固体表面从周围环境中吸附水分的现象。由于粉末具有较大的比表面积，大多具有吸湿性。粉末吸湿性会导致其流动性降低、固结、润湿、液化等，甚至加速化学反应，从而影响药物的稳定性。药物吸湿程度受药物理化性质及周围空气中相对湿度（relative humidity，RH）的影响。空气湿度越高，物料越易吸湿。然而，不同溶解性的药物具有不同的吸湿规律。在水溶性药物中，当RH达到一定值（临界点）时，吸湿量急剧增加；而对于水不溶性药物，随着空气中RH的升高，吸湿程度缓慢增加，临界点不明显。

粉末吸湿达到平衡时的相对湿度称为临界相对湿度（CRH），此时粉末的吸湿速率最快，平衡曲线急剧上升。CRH是评价水溶性药物粉末吸湿难易程度的重要参数，测定CRH有以下意义：①作为药物吸湿性指标，CRH值越大，药物越不易吸湿；②为生产和贮藏环境提供参考，应将生产及贮藏环境的RH控制在药物的CRH值以下，以防止吸湿；③为选择辅料和内包装材料提供参考，一般选择CRH值较大的物料作为辅料。

在室温下，绝大多数药物在RH 30%~45%时，水分含量很低，此条件下贮存的物质较稳定。某些制剂（如泡腾剂）对水分非常敏感，因此对RH的要求更高，一般应在RH低于40%的条件下制备和储存。此外，采用合适的包装可以在一定程度上防止水分对制剂的影响。

测定药物吸湿性时，可将药物置于已知RH的环境中（如饱和盐溶液的密闭干燥器）进行吸湿性实验，定期称重，测定吸水量（增重）。不同药物、辅料、制剂的吸湿性各异。例如，淀粉、微晶纤维素（MCC）、羧甲基淀粉钠（CMS-Na）等高分子辅料具有一定吸湿性，而乳糖、磷酸钙等基本不吸湿。虽然某些辅料易吸湿，但其在处方中含量较小时，对制剂质量影响不大，仍可在制剂中使用。药物的吸湿性通常与其水溶性有关，但并非绝对，例如，苯佐卡因和盐酸普鲁卡因的溶解度相差较大，但两者均不吸湿。

此外，由于胶囊壳含有较多水分，某些吸湿性较强的药物制成胶囊剂后，可能使明胶失水变性，使胶囊壳硬化或难以崩解。因此，在胶囊制剂中，应充分考虑吸湿性对制剂质量的影响。

5. 粉体学性质 粉体是由固体粒子组成的集合体，其中粒子是粉体运动的基本单元。一般而言，当粒径小于100 μm时，粒子间的相互作用较强，因而流动性较差；而粒径大于100 μm时，粒子的重力大于粒子间的相互作用，流动性较好。在医药领域，粉体占固体制剂总量的70%~80%，如散剂、颗粒剂、胶囊剂、片剂、粉针、混悬剂等，大部分固体制剂需要经过粒子加工以改善粉体性质，满足产品质量和操作需求。

药物粉体学性质的关键因素包括粒子形状、大小、粒度分布、粉体密度、附着性、流动性、润湿性和吸湿性等。这些因素对药物制剂的处方设计、制剂工艺及最终产品产生显著影响。例如，流动性、含量、均匀度、稳定性、颜色、口感、溶出速率和吸收速率等指标都受到药物粉体学性质的制约。此外，固体制剂中所使用的辅料（如填充剂、崩解剂、润滑剂等）的粉体性质也能改变或改善主药的粉体性质。合适的选择可以提升药物制剂的质量，反之，则可能降低制剂质量。关于粉体相关性质的详细内容，详见本章第二节的相关内容。

（三）药物与辅料配伍研究

药用辅料在药物制剂中发挥着至关重要的作用。它们对于药物制剂的成型与稳定性、保证药品质量、开发新剂型和新品种，以及满足医疗使用要求等方面都起到了积极的作用。

作为药用辅料，通常应具备"惰性物质"的特点，即性质稳定、不与主药发生反应、无生理活性、不影响主药的含量测定，同时对药物的释放、溶出和吸收没有不良影响。对于部分具有生物活性的辅料，作为辅料使用时，其用量应低于产生活性的量。功能性辅料则可以赋予制剂特定的释放和体内配置特性，常应用于缓释、控释、靶向制剂中。然而，当辅料与药物配伍不恰当时，可能会产生负面作用，严重影响药物的稳定性、有效性和安全性。药物剂型中药物和辅料不相容会导致口感、溶解性、物理形式、药效及稳定性的改变。

辅料与药物的作用可以是物理的或化学的。物理作用包括辅料对药物的静电吸附、氢键结合，以及引起药物的晶型转化等。例如，在制备抗菌药西吡氯铵片时，使用硬脂酸镁作为润滑剂，由于西吡氯铵的阳离子被硬脂酸阴离子吸附后难以解吸附，药物释放困难，使其生物利用度降低。一些剂量较小的生物碱与吸附性较强的物质如活性炭、白陶土、碳酸钙等配伍，有可能被吸附而释放不完全。化学作用方面，最典型的是一种还原糖与胺类基团（伯胺、仲胺）的美拉德反应（Maillard）。已有报道发生 Maillard 反应的药物包括蛋白多肽类药物、阿昔洛韦、盐酸氟西汀等。常见还原糖有乳糖、葡萄糖、麦芽糖等。进一步的研究发现，含氨基的药物还可与淀粉、纤维素等反应。因此，含氨基药物（伯胺和仲胺药物）在选择辅料时，应避免使用还原糖及可能分解成还原糖的辅料。其他化学作用还包括辅料改变了制剂的酸碱度，降低药物的稳定性；药物与辅料的沉淀反应；辅料中的水分引起药物的水解反应；辅料使药物分子发生异构化、聚合等。

药物与辅料相容性的研究主要用于预测不相容现象，为选择药物处方中的辅料提供依据。这项研究对药物开发至关重要，通常用来作为选择剂型成分的依据，描述药物稳定性曲线，鉴别降解产品和理解反应机制。在进行药物与辅料之间的相互作用研究时，一方面可以通过文献调研了解已经明确的辅料间、辅料与药物间的相互作用情况（表2-14），以避免选择存在不良相互作用的辅料。另一方

表 2-14 部分药物辅料不相容性

辅料	非相容性
乳糖	美拉德反应；乳糖杂质 5-羟甲基-2-糠醛的克莱森-施密特反应；催化作用
微晶纤维素	美拉德反应；水吸附作用导致水解速度加快；由于氢键作用而发生的非特异性的非相容性
聚维酮和交联聚维酮	过氧化降解；氨基酸和缩氨酸的亲核反应；对水敏感药物的吸湿水解反应
羟丙纤维素	残留过氧化物的氧化降解
交联羧甲纤维素钠	弱碱性药物吸附钠反离子；药物的盐形式转换
羧甲淀粉钠	由于静电作用吸附弱碱性药物或其钠盐；残留的氯丙嗪发生亲核反应
淀粉	淀粉终端醛基团与肼类反应；水分解质反应；药物吸附；与甲醛反应分解使功能基团减少
二氧化硅胶体	在无水条件下有路易斯酸作用；吸附药物
硬脂酸镁	氧化镁杂质与布洛芬反应；提供一个碱性 pH 环境加快水解；Mg 会起到螯合诱导分解的作用

面，对于缺乏相关研究数据的，应考虑进行原辅料相容性实验研究。

多种分析技术可用于研究药物与辅料之间的相互作用，其中热分析法因简便、快速而最为常用。如果药物与辅料之间发生相互作用，热分析图谱可观察到这种相互作用引起的热分析曲线的变化。此外，高效液相色谱法、傅里叶变换红外光谱法、X射线粉末衍射法和漫反射光谱法等也经常使用。热台显微镜法、扫描电子显微镜法等被认为是研究药物与辅料相容性的补充手段；核磁共振、液质联用等技术也可用于研究药物辅料相互作用机制，鉴定作用产物。这些技术有助于更深入地了解药物与辅料之间的相互作用，为处方设计提供更准确的数据支持。

1. 固体制剂中药物与辅料的配伍研究　固体制剂常用的辅料包括填充剂、黏合剂、润滑剂与崩解剂等。每种辅料都具有独特的理化性质，因此选择适宜的辅料与药物配伍时，对于制剂加工成型、外观、有效性及安全性等方面具有重要意义。

在固体制剂中，辅料对药物的溶解性和稳定性产生重要影响。由于大部分固体制剂是口服给药，经过胃肠道吸收或在胃肠道发挥药效，因此要求制剂能够释放出药物。对于水溶性强的药物，辅料对其溶出影响较小。然而，对于难溶性药物，理想的辅料可以促进药物的溶解和吸收，例如采用亲水性赋形剂、性能良好的崩解剂、必要的增溶剂等，以减少疏水性成分的应用。此外，一些稳定性差的药物在与不适宜的辅料配伍时，可能会发生固－固相互作用或者加速药物降解。例如，阿司匹林片处方中常用的润滑剂为滑石粉而不是硬脂酸镁，因为碱性硬脂酸盐的催化可以加速阿司匹林的降解。当处方中加入酒石酸、苹果酸或马来酸等有机酸时，可以阻止或延缓阿司匹林降解反应的发生。

国家药品监督管理局发布的《化学药物制剂研究基本技术指导原则》中建议，在考察口服固体制剂中药物与辅料的相容性时，建议按照主药：辅料质量比为1∶5（用量较大的辅料）或20∶1（用量较小的辅料如润滑剂）的比例混合。取一定量样品，按照药物稳定性指导原则中影响因素的试验方法，分别在强光、高温、高湿的条件下放置10天。通过HPLC或其他适宜的方法检查含量及有关物质的变化，同时观察外观、色泽等物理性状的变化。必要时，可以用原料药和辅料分别做平行对照实验，以判别是原料药本身的变化还是辅料的影响。

2. 液体制剂中药物与辅料的配伍研究　药物溶液和悬浊液的配伍研究需要考察其在酸性、碱性、高氧、高氮环境以及加入螯合剂和稳定剂等配伍情况，以及不同温度条件下的稳定性。研究注射剂的配伍稳定性时，通常将药物置于含有特定附加剂的溶液中进行研究，这些附加剂可能是含有重金属（可能同时包含螯合剂）或抗氧剂（在含氧或氮的环境中）。这种研究旨在评估氧化、光照和重金属对药物和辅料稳定性的影响，为注射剂的处方设计提供重要依据。对于口服液体制剂，通常会研究药物与不同辅料的配伍，包括乙醇、甘油、糖浆、抑菌剂和缓冲液等。这些研究有助于测定溶液中主药的降解反应活化能，并绘制出药物降解反应的阿伦尼乌斯图；有助于了解辅料对药物制剂稳定性的影响；有助于全面了解药物制剂在不同条件下的稳定性，为药物制剂的开发和优化提供重要依据。

（四）药物的生物学性质

药物经不同给药途径进入体内后，分布至全身各组织器官。通常要以一定浓度在作用部位维持一段时间，方具备治疗效果。掌握药物在体内的吸收、分布、代谢、排泄等特性，有助于合理规划给药途径、剂型、用药频次及剂量。

1. 药物的吸收和生物药剂学分类　通常情况下，药物在机体内使用后首先面临吸收过程，即必须穿透生物膜才能进入血液循环系统。生物膜是一种类脂性半透膜，因此对于具有较高脂溶性的药物来说更容易渗透。研究发现，大多数药物通过被动扩散方式渗透生物膜，在这个过程中基本上符合表观一级速率过程，并且吸收速率与吸收部位药物浓度成正比。此外，药物的理化特性（如酸碱性、脂溶性、溶解度、粒径和晶型等）对其吸收也有重要影响。不同剂型和给药部位可能导致不同的体内过程。简而言之，注射给药相较于口服给药具有更快的起效时间；在口服给药剂型中，溶液剂作用最迅速，其次为混悬剂、散剂、胶囊剂和片剂；值得注意的是包衣片则具有最慢的作用时间，并且其吸收受复杂因素影响。1995年，阿米顿（Gordon Amidon）提出了口服药物的生物药剂学分类系统（BCS），在2004年被美国FDA采纳。该分类系统根据药物的水溶解性和肠渗透性的高低，将口服药物分为四类（图2-45）。其中，高溶解度药物是指药物的最大剂量在250 mL生理介质（pH 1.0~7.5）中能够完全溶解，反之则为低溶解度药物。渗透性高低可通过人体或动物在体小肠灌流试验、动物离体小肠渗透试验以及细胞模型的摄取或渗透试验等方法判断。当药物口服吸收程度达到90%以上时，定义为高渗透性药物，反之则为低渗透性药物。

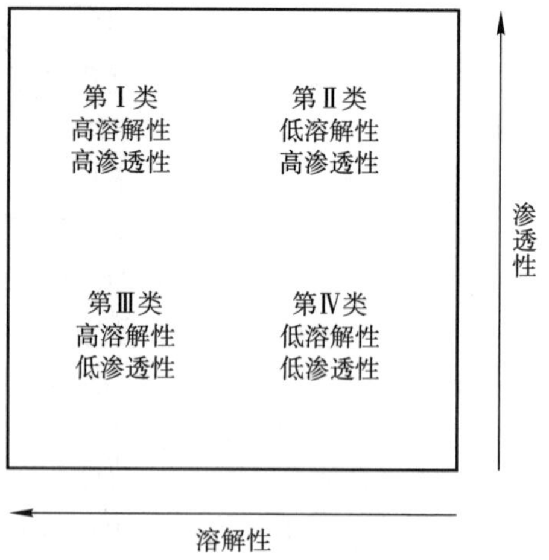

BCS分类在药物制剂设计中具有指导意义。对于溶解度大、渗透性好的药物（BCS Ⅰ类药物）及部分溶解度大、渗透性差的药物（BCS Ⅲ类药物），在制剂开发过程中风险较小，可尝试开发为各类控释制剂。对于溶解度小、渗透性好的药物（BCS Ⅱ类药物）或溶解度大、渗透性差的药物（BCS Ⅲ类药物），需分别从改善药物溶出速率和提高药物透过性两方面进行剂型设计。而对于溶解度小、渗透性差的药物（BCS Ⅳ类药物），改善溶出速率和提高透过性的难度较大，制剂开发风险较高，不宜作为口服制剂开发。根据BCS分类，有目的地提出拟解决的关键问题，以便选择适宜的剂型、优化处方和工艺，并获得安全有效的药品。

2. 体内药动学 药物处方前的研究涵盖了药物体内动力学性质和参数的测定，以便在后续研究中，根据药物的体内分布、代谢、排泄特性，结合其物理化学性质，设计适宜的给药途径和剂型。以氨氯地平片为例，该药为当前广泛应用的降压药物之一，半衰期为35~50 h，具有起效缓慢、药效持久的特点，因此将其制备为普通片，便能实现一天一次的平稳降压效果。

（五）药物的药理和毒理特性

1. 药理和药效学性质 在药物制剂设计过程中，对原料药的作用机理与药效学性质的了解至关重要。这有助于指导制剂设计，提高药物治疗的有效性。同时，还需要充分考虑剂型和给药途径对药物疗效的影响，以确保药物能够充分发挥疗效。

2. 毒理学特性 药物的毒副反应主要源于其化学结构，并与药物制剂设计密切相关。对于治疗窗较窄的药物，设计缓释、控释制剂是一个有效的策略。缓释、控释制剂能够降低峰谷波动，保持稳定的血药浓度，从而减少毒副作用。在选择辅料时，需要对其潜在毒性进行评估，确保其不会对药物治疗产生负面影响。通过合理设计给药途径、选择适当的辅料、注意药物的剂量和使用方法，可以减少药物的毒副反应，提高药物治疗的安全性和有效性。

三、药物剂型选择和制剂设计的基本原则

（一）药物剂型选择的基本原则

1. 根据临床用药目的确定给药途径和剂型 研究开发药物剂型和制剂的主要目标是满足临床治疗和预防疾病的需求。选择合适的给药途径、药物剂型和制剂对发挥药效、降低药物不良反应和提高用药顺应性具有重要意义，是药物研发的关键环节。药物的生物活性受其理化性质和剂型影响，因此需综合考虑药物溶解度、粒径、添加剂等因素，选择适宜药物的剂型。药物的有效剂量随剂型和给药途径的变化而变化，因此需重新考虑不同剂型和给药途径，并在临床研究中分别评估，以确定有效剂量。药物需设计为适宜剂型才能发挥良好疗效，因此可设计多种剂型以优化治疗效果。将药物制成与给药途径相适宜的制剂可充分发挥药效，降低毒副反应，提高稳定性和顺应性。表2-15概括了常用

图2-45 生物药剂学分类系统（BCS）

的临床给药途径和相应的剂型，图 2-46 则展示了药物通过不同剂型给药后可能通过的途径。

表 2-15 列出了适合于不同给药途径的剂型

给药途径	剂型
口服	溶液剂、糖浆、混悬剂、乳剂、凝胶剂、粉末剂、颗粒剂、胶囊剂、片剂
直肠	栓剂、软膏剂、乳膏剂、粉末剂、溶液剂
局部	软膏剂、乳膏剂、糊剂、洗剂、凝胶剂、溶液剂、气雾剂、经皮贴剂
注射	注射剂（溶液型、混悬型、乳剂型）、植入剂、透析溶液
呼吸道	气雾剂（溶液型、混悬型、乳剂型、粉末型）、吸入剂、喷雾剂
黏膜	溶液剂、吸入剂
鼻腔	溶液剂、喷剂
眼部	溶液剂、眼膏剂、乳膏剂
耳部	溶液剂、混悬剂、软膏剂、乳膏剂

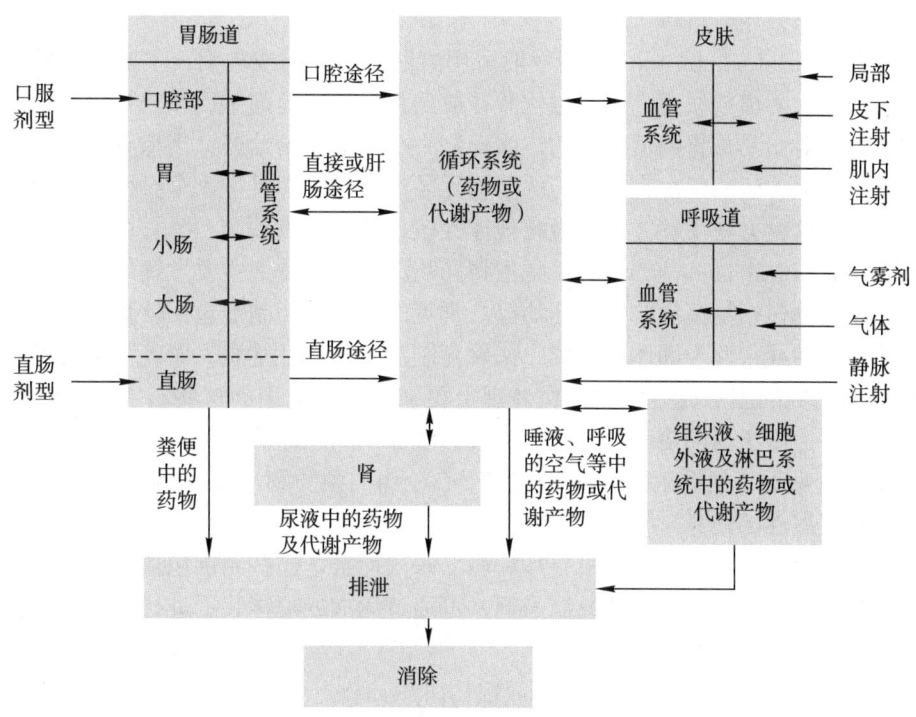

图 2-46 药物通过不同剂型给药后可能通过的途径

常见的给药途径及其对应剂型分为以下几种：

（1）口服给药（oral administration）：是所有给药途径中最常用的一种。口服给药是指通过口腔摄入药物，主要在胃肠道内吸收而转运至体循环，以全身治疗为目的的给药方式。口服给药是最易为患者所接受的最常用给药途径之一，适合于各种类型的疾病和人群，尤其适合于需长期治疗的慢性疾病患者。其中片剂是目前临床应用最为广泛的口服剂型。口服给药虽然方便、安全，但易受胃肠生理因素的影响，临床疗效常有较大的波动。

口服剂型设计时一般要求：①在胃肠道内吸收良好：良好的崩解、分散、溶出性能以及吸收是发挥疗效的重要保证；②避免胃肠道的刺激作用；③克服首过效应；④具有良好的外部特征：如芳香气味、可口的味觉、适宜的大小及给药方法；⑤提高患者用药依从性，例如适于特殊用药人群，如老人与儿童常有吞咽困难，应采用液体剂型或易于吞咽的小体积剂型。现已上市的口腔崩解片（orally disintegrating tablet，ODT）因其在口腔内接触唾液后在极短的时间内崩解，不仅受到吞咽困难患者的欢迎，而且非常适合无水情况下服药。

（2）注射给药（parenteral administration）：是应用注射器在身体的不同位置以不同的深度将药物注入体内。注射给药途径有皮下、肌内、血管内、脊髓腔、关节腔、腹腔、眼内、颅内注射等，其中皮下注射、肌内注射、静脉注射是三种常用的给药方式。注射给药适用于药物需要快速吸收的紧急情况，或者患者失去意识不能口服给药的情况，或者是口服给药吸收较差、经胃肠道失活的药物，如胰岛素、紫杉醇、青霉素等首选注射给药。与口服给药相比，注射给药的吸收较快，而且血药浓度较容易监测，但其缺点是患者的顺应性较差，在多数情况下不仅有疼痛感或不适感，而且需医护人员的帮助，另外注射给药后，药物瞬间到达体内，产生的血药浓度高峰，有可能超过其治疗窗，造成毒副反应。最近人们关注的无针注射，是指将溶液或者粉末形式的药物通过高压系统作用于皮肤而直接进入人体。

设计注射剂型时，根据药物的性质与临床要求可选用溶液剂、混悬剂、乳剂等，并要求无菌、无热源、刺激性小等。需长期注射给药时，可采用缓释注射剂。对于在溶液中不稳定的药物，可考虑制成冻干制剂或无菌粉末，用时溶解。

（3）直肠给药（rectal administration）：一般采用溶液剂、栓剂或乳剂，主要发挥局部作用。栓剂以固态形式进入直肠、阴道或尿道，迅速融化并释放药物。选择栓剂基质和药物载体会显著影响药物释放的速度和程度。对于易被胃肠道破坏的口服药物，可考虑直肠给药；当患者失去意识或出现吞咽困难时，也可以考虑该方法。经由直肠给药的药物无须经过肝脏即可进入全身循环系统，克服了药物的首过效应。然而，这种方法不够方便且吸收规律性较差从而难以预测。

（4）局部给药（topical administration）：是指将药物应用于皮肤，主要发挥局部作用，也可发挥全身作用。局部作用药物包括抗菌和抗炎类药物等。常见的局部给药制剂包括软膏、乳膏和糊剂，这些制剂将药物溶解在油性或水性半固体基质中，如软膏制剂采用油性基质，而乳膏则属于半固体乳化系统，糊剂含有较高比例的固态成分，因此在外观上更加坚硬，选用的这些基质会影响到药物释放行为。液体制剂也主要适用于局部使用，并包括溶液、洗涤剂和悬浮液。尽管市场上存在许多具有发挥全身作用的经皮吸收贴剂（例如硝酸甘油贴剂用于心绞痛的预防和治疗），但总体而言，药物通过皮肤吸收是一项具有挑战性的任务。

药物也常用于身体的其他部位，如眼、耳和鼻。一般而言，这些制剂包括软膏剂、乳膏剂、混悬剂和溶液剂。经鼻给药制剂通常为溶液或混悬剂，可通过滴加或喷雾装置进行应用。耳部制剂则具有较高的黏度，以促进药物在该区域的停留。

（5）呼吸道给药（respiratory administration）：指的是通过气雾剂、喷雾剂或非常细小的固体颗粒形式进行药物给药，利用肺部提供的巨大表面积（成年男性肺泡表面积可达100 m^2）和丰富毛细血管来促进药物吸收。因此，肺部给药具有快速的吸收速度，几乎可以与静脉注射相媲美。肺泡是其主要的吸收区域，在以喷雾剂或固体形式给予药物时，颗粒大小显著影响其在肺泡中的透过程度。0.5~1 μm的颗粒径能够到达肺泡，小于该范围的颗粒会随气流被排出体外，而大于该范围的颗粒则会沉积在较大支气管中。对于哮喘治疗而言，肺部给药具有重要意义，例如使用干粉喷雾剂（如色甘酸钠）或将药物溶解在惰性液化助推剂中制成喷雾剂（如硫酸沙丁胺醇喷雾剂）。这种给药方式特别适合生物技术制备的多肽和蛋白质类药物，并使其发挥全身作用或靶向作用。

2. 根据药物的理化性质选择给药途径和剂型　药物理化性质是药物制剂设计中的基本要素之一。药物的某些理化性质在某种程度上限制了其给药途径和剂型。在制剂设计中应全面地把握药物的理化性质，找出该药物在制剂研发中的难点，有目的地选择适宜的剂型、辅料、制剂技术或工艺。而在药物的各理化性质中最重要的是溶解度和稳定性。

（1）溶解度：溶解度对于药物剂型和制剂设计有着重要作用。可根据 BCS 分类进行剂型设计，如 BCS Ⅱ 类药物，药物的溶解或溶出是吸收的限速过程，需加入适量增溶剂、助溶剂或潜溶剂等提高药物溶解度。

（2）稳定性：药物由于受到外界因素如空气、光、热、氧化、金属离子等的作用，常常发生分解，使药物疗效降低，甚至产生未知的毒性物质。因此进行剂型设计时，必须将稳定性作为考察的主要内容之一。如遇稳定性较差的药物，可以选择比较稳定的剂型，如固体剂型或加隔离层，薄膜衣片可减少与外界的接触，减少分解。

生物技术药物，如多肽、蛋白质等，因其易于受到胃肠道 pH 和酶的影响，往往难以通过口服途径给药。因此，通常采用注射方式进行给药。若要实现非注射给药，就必须有效解决这类药物在进入血液循环前的稳定性问题，如采用干粉肺吸入、结肠定位释药等方法。

（二）药物制剂设计的基本原则

药物制剂是药物应用于人体前的最终形式，其质量可直接影响药物疗效的发挥。剂型或制剂可影响到药物的安全性、有效性、可控性、稳定性和顺应性等方面。良好的制剂设计应提高或不影响药物的药理活性，减少药物的不适反应或不良反应。在确定给药途径和剂型后，根据药物性质及制剂要求，选择合适的辅料和工艺，将其制成质量可靠、使用方便、成本经济的药物制剂。药物制剂设计的基本原则主要包括以下五个方面。

1. 安全性（safety） 药物制剂的设计应能提高药物治疗的安全性，降低不良反应。药物的毒副反应主要源自药物本身和药物制剂中使用的辅料。例如，抗癌药紫杉醇在水溶液中溶解度较低，在制备紫杉醇注射液时添加聚氧乙烯蓖麻油作为增溶剂。然而，该增溶剂具有强刺激性，并导致严重的临床过敏反应等毒副作用。通过制剂设计开发了紫杉醇脂质体制剂和白蛋白结合型紫杉醇，从而降低不良反应发生率。理想的制剂设计应在确保疗效的基础上，使用最小有效量，并保证药物在治疗后能迅速从体内清除而无残留，最大限度地减少刺激和毒副作用。对于治疗指数较低的药物，设计时需考虑减少血药浓度峰谷波动，以达到稳定的血药浓度水平，从而降低毒副作用的发生率；针对具有强刺激性的药物，可通过适宜的剂型和合理的处方来降低药物的刺激性，如双氟芬酸钠滴眼液处方中加入透明质酸，可以有效减轻其对眼睛造成的刺激。

2. 有效性（effectiveness） 药品的有效性为使用药品的基本前提，尽管原料药物被视为药品疗效的关键因素，但其作用往往受到剂型因素的制约。若制剂设计不合理，药理活性较高的药物在体内可能无效。药物的有效性不仅与给药途径相关，还与剂型及剂量等因素密切相关。如治疗心绞痛的药物硝酸甘油，通过舌下、透皮、口服等多种给药方式，其起效速度与作用强度存在显著差异。

药物制剂的设计旨在提高药物治疗的有效性，至少不应削弱药物的疗效。为实现这一目标，可以从药物本身特性或治疗目的出发，运用制剂手段克服药物的不足，充分发挥其疗效。例如，在制备口服制剂时，为促进难溶性药物的吸收并提高其生物利用度，可在处方中加入增/助溶剂，制成固体分散体、微粉化、乳剂或微乳剂等形式，以增加药物的溶解度和溶解速率。

3. 可控性（controllability） 药品质量是其有效性与安全性的关键因素，因此，药物制剂设计须确保质量可控，这也是药物制剂审批过程中的基本要求之一。可控性主要表现在制剂质量的可预测性和稳定性。稳定性要求不同批次生产的制剂均符合质量标准，且变异范围控制在允许范围内。为确保制剂质量达标，制备过程应选择成熟的剂型、给药途径和制备工艺。国际上现行的"QbD"理念，在剂型和处方设计阶段便充分考虑质量可控因素。

4. 稳定性（stability） 药物制剂的稳定性，涵盖了物理、化学和生物学三个方面，是确保药物有效性和安全性的关键要素。在药物制剂的设计过程中，必须保证药物具备充分的稳定性。处方设计时，需密切关注是否存在配伍禁忌，以及制备工艺是否会影响药物及辅料的稳定性。在新制剂的制备工艺研究过程中，应开展稳定性试验，以筛选处方和制备工艺，并考察其在贮存和使用期间的稳定性。药物的不稳定性可能导致药物含量下降，生成具有不良反应的物质，如液体制剂发生沉淀、分层等现象，固体制剂出现形变、破裂等，甚至还可能发生霉变、染菌等。为解决这些问题，可以采取调整处方、优化制备工艺或改变包装等措施。

5. 顺应性（compliance） 顺应性是指患者或医护人员对于药物使用的接受程度（acceptance），这一因素对药物制剂的治疗效果具有显著影响。顺应性的考量范畴涵盖制剂的使用方式、外观、尺寸、形状、色泽、嗅味等多方面因素。在开发药物制剂时，设计者应遵循顺应性原则，权衡最便捷的给药途径并尽量减少给药次数，同时避免在处方设计中可能引发患者不适或痛苦的情况。例如，体积较大的口服固体制剂对于老年人、儿童以及吞咽困难的患者而言并不适宜；而在针对儿童的药物制剂中，口感设计及评估显得尤为重要。

此外，制剂设计时还应考虑降低成本，简化制备工艺。

四、药物制剂设计研究的主要内容和方法

药物制剂的设计是制剂研发过程中的核心环节，涵盖了从处方前研究到制剂工艺研究的整个过程。在处方前研究阶段，通过对原料药的理化性质、药理学性质、药动学性质等方面的全面认识，结合临床治疗需求，确定最佳给药途径和合适的剂型，同时，明确药物和制剂需要解决的关键问题，选择适宜的辅料和用量，并考察制备工艺及参数。

在制剂工艺研究阶段，根据剂型特点、拟用原辅料的理化性质和稳定性等因素，结合生产条件和设备，进行工艺研究。通过实验设计优选并初步确定实验室样品的制备工艺，并建立相应的过程控制指标。为确保制剂工业化生产，必须进行工艺放大研究，必要时对处方、工艺、设备等进行调整。

质量研究和稳定性考察是处方筛选和工艺优化的重要基础。药品包装材料（容器）的选择主要侧重于药品内包装材料（容器）的考察。通过文献调研、制剂与包装材料相容性研究等实验，初步选择内包装材料（容器），并通过加速试验和长期留样试验进行考察。

我国国家药品监督管理局对新药的质量研究和稳定性研究分别制定了相应的指导原则，涉及此部分工作可参照有关指导原则进行。同时，处方及工艺研究中获取的信息可为药品质量控制（中控指标和质量标准）中项目的设定和建立提供参考依据。

制剂研究的各项工作之间有着密切联系。剂型选择是以对药物的理化性质、生物学特性及临床应用需求等综合分析为基础，而这些方面也正是处方及工艺研究中的重要依据。因此，在制剂研发过程中，需要全面考虑各方面因素，确保药物制剂的安全、有效和质量可控。

（一）药物制剂处方设计

1. 剂型设计 药物剂型的选择考虑理化性质、临床需求等多方面因素，明确优点和特点，提供文献资料支持。设计过程复杂，受临床需要、药物性质、药动学数据和生产工艺条件等因素影响。剂型设计要充分发挥药物特点，使其具有临床优势。

（1）临床需要：考虑药物的治疗作用、适应证。抢救危重、急症患者可选速效剂型，如注射剂、气雾剂、舌下片等。持久药效可采用缓释、控释制剂或经皮递药系统。局部用药根据部位特点选择相应剂型。

（2）药物性质：全面了解药物的药理作用机制、物理化学性质，关注药物体内半衰期、代谢过程及稳定性影响。剂型设计要克服药物固有缺点，发挥疗效，如具有苦味、臭味、易挥发、易潮解药物可制成包衣片；难溶于水的药物不适合制成溶液型；短半衰期药物开发长效缓释制剂；避免首过效应，如硝酸甘油舌下片吸收。

（3）生产工艺条件：考虑剂型对工艺路线、设备、生产环境的要求。如注射剂生产需高洁净度，

冻干粉针剂生产需冻干设备。

2. 处方筛选 自行设计的处方都应进行处方筛选。在进行处方筛选时,应结合制剂特点设计至少3种不同的处方供小样试制。处方中需包括主药和符合剂型要求的各类辅料,而主要工作是对辅料及其用量进行筛选。辅料选择应根据剂型或制剂条件及给药途径的需要。例如,小剂量片剂可选择填充剂以便制成适当大小的片剂;难溶性药物的片剂除一般成型辅料外还需考虑崩解剂或表面活性剂;凝胶剂数应选择形成凝胶的辅料;混悬液中需要能调节药物粒子沉降速率的辅料等。同时还需考虑到辅料与主药之间不发生相互作用且不影响制剂含量测定等因素。处方相容性主要研究主药与辅料间的相互作用。通过实验来检查含量、物质变化和物理性状,并根据实验结果选择无相互作用的优质稳定处方。

3. 制剂工艺筛选优化 制剂工艺筛选优化过程,对药物制剂质量影响重大,例如口服固体制剂的生物利用度以及液体制剂的澄明度和稳定性等。在设计工艺路线时,需要综合考虑药物与辅料的理化性质、剂型、处方、生产技术、设备条件和经济成本等因素。工艺条件筛选是一个系统且规范的过程,需要全面研究各种影响因素,并对每个因素进行多水平研究。而工艺放大则是药品工业化生产的关键基础,在此阶段应对生产过程中关键环节进行调查,并优化工艺条件,确定适用于工业化生产的设备和方法。

4. 影响制剂的因素与包装材料考察 对影响制剂的因素与包装材料考察是对质量合格样品进行光、热、湿度和空气等敏感特性的研究。通过实验观测制剂在不同条件下的质量变化,指导其进行避光、防潮、低温贮存等包装措施。

5. 制剂的关键质量属性评价 经过辅料选择、处方筛选和工艺筛选后,得到的新制剂必须满足剂型要求的CQAs。因此,对其基本性能进行考察是必要的。

总之,药物制剂的研究涉及辅料选择、制剂工艺筛选优化及影响因素考察等多个方面。这些研究为药物制剂的安全性、有效性、稳定性提供了保障,并为工业化生产奠定了基础。

(二)实验设计优化

实验设计(design of experiment,DOE),在质量控制全过程中具有举足轻重的地位,它是提升产品质量、产品设计开发以及优化工艺流程的关键工序。实验设计用于系统性地探究和验证各因素对结果的关联性,从而为改进过程提供依据。在实验中,通常将实验条件划分为多个组合,每个组合针对一个特定因素进行控制,并评估其对结果的显著性影响。进而,能更全面地揭示因素与结果之间的关联性,并确立最优因素组合。

优化过程涵盖以下三个方面:①选取合适的优化设计方案以适应线性或非线性模型拟合;②建立效应与因素之间的数学关系式,并通过统计学检验确保模型可靠性;③优选最佳化处方和工艺条件,并进行验证。

在药剂学领域,常用的优化方法包括以下几种。

1. 正交设计 这是一种利用正交表进行多因素多水平试验设计的方法。正交设计试验的代表性强,试验次数较少,结果分析简洁明了。然而,由于试验次数与水平数呈平方关系,该方法适用于水平数不多的试验设计。目前,大多数正交设计采用3水平,个别情况下采用5水平或其他水平。

2. 均匀设计 该方法以试验点在试验范围内的均匀分散为原则,不考虑整齐可比的多因素试验设计。均匀设计试验次数较少,所有试验设计方法都在试验范围内提供代表点选取方法。若仅关注试验点在试验范围内的均匀分散,不考虑整齐可比,可大幅减少试验次数,同时达到预期目标。根据均匀设计表安排的试验次数与因素水平数相等。由于试验次数较正交设计显著减少,可适当增加因素水平数,无须担忧这导致试验次数呈水平数的平方增加。目前,已有均匀设计程序可供使用,通过程序进行试验设计和计算,提高效率。

3. 效应面优化法 效应面优化法又称响应面优化法,是通过一定的实验设计考察自变量即影响因素对效应的作用并进行优化的方法。效应面优化法的基本原理就是通过描绘效应对考察因素的效应面，从效应面上选择较佳的效应区，从而回推出自变量的取值范围即最佳实验条件的优化法。该方法是一种新的集数学与统计学于一体，利用计算机技术进行数据处理的优化方法。常用的效应面优化方法是采用中心复合设计。

近年来，新型优化方法如星点设计、析因设计、单纯形优化法、拉氏优化法等在药剂学处方和工艺设计中的应用逐渐增多。具体操作方法可参考相关文献，或利用专业软件完成。

(三) 制剂关键质量属性的确定

根据临床用药安全性和有效性的要求，不同制剂剂型在放置过程中对药物稳定性和可能造成污染和交叉污染的风险而有不同程度的要求。因此，不同剂型的CQAs的制定依据需要详细考虑，具体如表 2-16 所示。在稳定性试验过程中，这些CQAs应作为重点关注的内容。

表 2-16 不同剂型的关键质量属性关注点

剂型	CQAs 关注点
片剂	溶出度（或崩解度）、释放速率（缓释控释制剂）、水分和硬度/脆碎度、有关物质、含量等
胶囊剂	硬胶囊：脆度、溶出度（或崩解度）、水分和微生物污染程度。 软胶囊：溶出度（或崩解度）、微生物污染程度、pH、泄漏和薄膜形成
口服溶液、混悬剂和乳剂	①沉淀物的形成、澄清度（对于溶液剂）、pH、黏性、可提取物、微生物污染程度。 ②对于混悬液，应增加分散均匀性、流变学特性、平均粒径和微粒分布、沉降体积比。如果合理多晶的转换也应进行检查。 ③对于乳剂，相分离、平均粒径和分散乳滴的分布也应进行评价
计数剂量吸入剂和鼻喷剂	每剂含量均匀度，每个包装药用喷次的标示数量符合每喷含量均匀度，空气动力学的粒径分布，显微镜评价，水分，泄漏率，微生物污染程度，阀传递系统（喷射重量），塑料和橡胶成分的提取物/浸出物，重量损失，泵传递系统，包装容器、密封物和泵中塑料和橡胶成分的提取物/浸出物和不溶性微粒。 样品贮藏应以垂直和翻转/侧放方位进行放置。 对于混悬型气雾剂，显微检查阀部件的性状和容器内容物中的大颗粒，原料药微粒的形态结块的范围，结晶的生长，外源性颗粒物，容器内部的腐蚀或垫圈的磨损
鼻喷剂、溶液剂和混悬剂	澄清度（对于溶液剂）、微生物污染程度、pH、不溶性微粒，每喷药物含量均匀度，喷射次数符合单位容器每喷药物含量均匀度，雾滴和（或）粒径分布，重量损失，泵传递系统，显微评价（对于混悬剂），不溶性微粒，容器、密封物和泵中塑料和橡胶成分的提取物/浸出物
局部用药制剂、眼用制剂和耳用制剂	包括广泛的种类，油膏、乳膏、洗剂、贴剂、凝胶剂、溶液剂、眼用滴剂、皮肤喷剂。 ①局部用药制剂应评价澄清度、均一性、pH、混悬度（对于洗剂）、密度、黏度、粒径分布（对于混悬剂）、微生物污染程度/无菌和重量损失。 ②眼用制剂或耳用制剂（例如乳膏、油膏、溶液和混悬液）的评价应包括下列额外的属性：无菌、不溶性微粒和装量。 ③皮肤用喷雾剂的评价应包括：压力、重量损失、有效重量分布、喷射速率、微生物污染程度，喷雾模式、水分和粒径分布（对于混悬剂）
栓剂	软化范围、融变时限、溶出度（37℃）
小体积注射剂（SVPs）	颜色、澄清度（对于溶液）、不溶性微粒、pH、无菌、内毒素。 用于注射溶液的粉末稳定性研究应包括监控颜色、复溶时间和水分。 贮藏在标签建议条件下，复溶药物制剂的最大目标使用期间，每隔合适的时间间隔，应检查特殊的参数包括：澄清度、颜色、pH、无菌、热原/内毒素和不溶性微粒。 制剂复溶后监控无菌被认为是合适的，例如双腔注射器，被认为进行复溶操作时不会危及无菌安全性。 ①混悬注射剂的稳定性研究应包括粒径分布、分散性和流变学特点。 ②注射乳剂的稳定性研究应包括相分离、黏度、平均粒径和分散相乳滴的分布

(四)制剂稳定性研究

药物制剂的稳定性是指其在体外的稳定性,这是保证药物制剂安全有效的重要因素。如果药物在制剂过程中发生分解或变质,不仅会导致药效降低,还可能产生不良反应,对患者的健康造成威胁。因此,药物制剂的稳定性对于保证制剂的安全性和有效性至关重要。此外,药物制剂经过机械化规模生产,如果产品不稳定,将会造成巨大的经济损失。因此,在我国,新药的申请必须呈报有关稳定性的资料,这也是为了确保药物制剂的质量和安全性。

为了合理地进行处方设计、提高制剂质量、保证用药的有效性和安全性以及提高经济效益,我们必须重视和研究药物制剂的稳定性。从原料合成、剂型设计到制剂生产,稳定性研究都是基本内容之一。只有通过深入研究药物的稳定性,才能更好地掌握药物的性质和特点,为临床用药提供更加安全、有效的选择。

在药物制剂的稳定性研究中,一般包括化学、物理学和生物学三个方面。化学稳定性研究主要关注原料药的化学性质,考察辅料及其质量对原料药水解、氧化等化学降解的影响,以寻找减少或避免这些反应的方法。物理学稳定性研究主要考察制剂的物理性能发生变化的现象及其机制。例如,混悬剂中药物颗粒结块、结晶生长,乳剂的分层、破裂,胶体制剂的老化,片剂崩解度、溶出速率的改变,药物晶型的变化,药物的沉淀或结晶等。生物学稳定性研究主要考察药物制剂滋生微生物的情况。例如,细菌或霉菌等微生物使产品变质、腐败,甚至分解而引起的稳定性变化,以及中药汤剂变质、水丸霉变等。广义的生物学稳定性还包括药物的药效学与毒理学变化、微生物污染等。

因此,在处方设计的开始,不仅要考察处方本身的配伍稳定性和工艺过程中的药物稳定性,还应考虑制剂在贮藏和使用期间的稳定性,需进行影响因素试验,即在高温、高湿和强光照射条件下考察处方及制备工艺对药物稳定性的影响,用以筛选更为稳定的处方和制备工艺。之后再进行加速试验,通过加速药物的化学或物理变化,预测药物的自身稳定性,为新药申报临床研究与申报生产提供必要的资料。最后还应进行长期稳定性试验,为制定药物的有效期提供依据。具体见本章节第五节药物制剂的稳定性。

当前,AI 技术方兴未艾,在药物制剂设计中的应用正引发制药行业的深刻变革,其核心价值在于通过"数据驱动、精准预测和流程优化",显著提升药物开发的效率与成功率。AI 技术正从"分子设计、递送优化、工艺控制到临床转化"全方位重塑药物制剂开发模式。未来随着多模态数据融合与算法迭代,AI 有望进一步突破复杂制剂(如核酸药物、多肽递送系统)的技术瓶颈,推动个性化精准医疗的实现。

(邓艳平)

更多数字资源详见 新形态教材网

- 学习目标 思维导图 思政元素 案例讨论 动画
- 微视频 拓展阅读 本章小结 自测题 教学课件

第三章 药用辅料与药品包装

编者导学

章节导航

第一节 药用辅料

第二节 药品包装

第三节 药用辅料与药品包装的法规

"没有辅料就没有药物制剂",药用辅料不仅是制剂成型的关键,也是提高药品疗效与安全性的有力助手。在制剂生产与使用中,药用辅料起着至关重要的作用。药品包装则被誉为"药品的第二生命",发挥着保护、标识、警示、防伪等作用,良好的药品包装不仅可以确保药品的物理和化学稳定性,还可以提高使用者的用药体验。

本章较为系统地介绍了药用辅料与包装材料的相关概念、常用种类,以及在药剂学中的应用、标准与相关法规。此外,本章还对表面活性剂、药用高分子材料、预混辅料等进行了详细介绍。旨在帮助读者在全球药品行业不断发展的背景下,深入了解药用辅料和包装材料的有关知识与发展动态,为广大药学工作者及从业人员提供参考。

第一节 药用辅料

一、概述

药用辅料(pharmaceutical excipient)指生产药品和调配处方时所用的赋形剂与附加剂,是除活性成分或前体外,在安全性方面已进行合理的评估,一般包含在药物制剂中的物质。药用辅料是药物制剂的重要组成成分,在制剂研发、生产和使用过程中均发挥着重要作用。

(一)药用辅料的作用

制剂中的药用辅料为非活性物质,通常具有赋形、载药、增溶、助溶、调节 pH 与释放速度,提高药物稳定性等重要作用,直接与药物接触,影响着药物制剂的安全性、有效性、顺应性与经济性。

1. 决定药品的剂型与规格 作为药物制剂的一部分,药用辅料通常发挥着赋予制剂形态的作用,如吸附液体药物的固体粉末——吸收剂,还有软膏剂中的基质,溶液剂中的溶剂等。同时,大多数药物的单次给药剂量并不大,有的甚至为微克级,极易造成剂量偏差,需与药用辅料混合,使其均匀分散于辅料中,以保证制剂剂量准确。在临床用药过程中,为达到安全有效的目的,对于阿托品、地高辛等单次用量较小的药物，也会通过加入适宜辅料稀释，调剂成倍散使用。

2. 可改变药物的给药途径和作用方式 应用不同的药用辅料，同一药物可开发成不同的剂型或制剂，进而改变药物的给药途径或者作用方式甚至治疗效果。口服左旋多巴首过效应显著，生物利用度低，疗效差，采用半胱氨酸、巯基乙酸、α-硫代甘油等含硫基（-SH）的化合物作为稳定剂制成注射剂，改变给药途径，避开首过效应，保证疗效。应用不同辅料将硝酸甘油制成注射剂、舌下片、贴剂等，在绕过首过效应的同时，实现了速效或长效作用。

3. 可保障制剂顺利生产 高速旋转式压片机每小时的产片量可达30万~60万片，在保证混合粉体物料的填充与压制效果的同时，需要尽可能缩短时间，且高速压片设备对震动要求更加苛刻，这就对混合物料粉体的流动性和可压性提出了更高的要求，因此辅料的性能和功能就决定了生产是否能够顺利实施。例如，在改良释放特性的直压片剂的配方中，以具有不同取代度的羧甲基淀粉钠替换天然淀粉，改善了原有的不良流动性与对润滑剂作用的敏感性；以微晶纤维素、微粉硅胶为赋形剂组成的微型颗粒具有独特的形状、孔隙率，具有较好的流动性和混合性能。

4. 可影响药物的释放 药用辅料的黏度、溶解溶胀性能、介观（mesoscopic，即介乎于微观和宏观之间的状态）在制剂中的状态，微观结构上与药物共存的形式等特征，都会影响药物的释放。研究表明，黄原胶、海藻酸钠、瓜尔胶、高直链淀粉、羧甲基淀粉钠等药用辅料可优化药物释放行为，保证血药浓度能在较长时间内保持最佳的治疗水平。正在研发的某些新型药用辅料，还可利用负反馈效应，根据环境变化（如温度、pH、酶-底物反应、竞争结合、抗体相互作用和某些分子的浓度），或是外部触发（如超声波、磁场、电刺激、光、化学或生化制剂）作出反应，智能释放药物，即可以根据预设反应开启或停止释放药物，也可根据患者的需要提供药物。例如，应用新型药用辅料将胰岛素等药物设计成能够在血糖水平上升时释放的给药系统；温敏水凝胶通过感应外部温度变化，使凝胶基质材料内部孔隙发生改变，从而改变药物的释放。

5. 可影响药物稳定性 药用辅料对药物的稳定性有影响。有的药用辅料可能加快药物的降解，如阿司匹林与淀粉混合后降解半衰期显著缩短；有的可竞争性保护制剂中的药物，如维生素C、维生素E、焦亚硫酸钠等；有的可包裹药物或药物的不稳定结构，使之与周边环境隔绝，如环糊精、明胶包裹的微囊，不仅可以保护药物免受氧化，还可以防止水解和光解；有的可通过螯合等形式，阻断催化剂对药物降解的加速作用，如乙二胺四乙酸等；有的可调整处方使之处在药物的pH_m，进而提高稳定性，如洛匹那韦和利托那韦口服液产品中使用缓冲液（如柠檬酸、乙酸盐和磷酸盐缓冲液）。

6. 可以改善药物的生物利用度 药用辅料可能改变药物的吸湿性、分散性、溶解性等物理性状，影响药物的扩散速率，加快或延缓药物的吸收。若将药物溶解于植物油，则在用药后，药物先从油向水溶液分配，然后被机体吸收，因此亲油性大的药物，常常因为向水溶液分配困难而延缓吸收。药物的水性混悬液的吸收速率一般比油溶液快，因为药物微粒溶解于水比药物从油溶液转溶于水时的吸收更为有利。例如，采用环糊精衍生物包裹伊曲康唑，提高其溶出速率，进而增加生物利用度。又如软膏基质能以两种方式改变药物的透皮吸收，即既可由于角质层特性可逆性生理变化（水合作用）而引起药物吸收的变化，也可由于角质层-基质的分配系数的改变而引起药物吸收的变化。

（二）药用辅料的应用原则

选择合适的药用辅料对制剂外观形态、生产实施，以及临床疗效和贮存都十分重要。在新药研发中选用辅料的时候，通常要遵循以下原则：一是满足制剂成型、有效、稳定、安全、方便要求的最少用量原则。用量少，且恰到好处，不仅可节约原料、降低成本，更重要的是可以减小剂量。二是无不良影响原则，即不降低药物疗效，不产生毒副作用，不干扰制剂质量监控。辅料配伍使用不恰当时将对制剂的质量产生影响，如聚乙二醇（PEG）、甲基纤维素、羧甲纤维素钠等均能与酚类、尼泊金类等抑菌剂形成络合物而降低其抑菌效果；阳离子型与阴离子型表面活性剂配伍会使二者的作用均受影响，乳化作用和抑菌作用均减弱或消失；硬脂酸镁的碱性会加速阿司匹林水解，而且其对维生素C

的氧化同样有加速作用。

（三）药用辅料的种类

1. 按来源分类 根据来源，可将药用辅料分为天然辅料、半合成辅料和全合成辅料。天然辅料有动物来源的，如虫胶、胆固醇、蜂蜜、蛋黄卵磷脂等；植物来源的，如淀粉、纤维素等；矿物质来源的，如滑石粉、硼砂等。半合成辅料有羟丙甲纤维素、甲基纤维素、环糊精等。全合成辅料有PEG、PVP等。

这种分类方式有利于对安全风险较大来源的药用辅料进行严格监管，如动物来源药用辅料指从动物组织、器官、腺体、血液、体液、分泌物、皮、骨、角、甲等分离提取的，并经充分安全评估的，能够在药品制剂中添加使用的组分及其加工品。国家药典委员会对动物来源药用辅料的原材料选择、生产工艺和过程控制、质量控制、供应商审计都制定了相关规定，以降低药用辅料可能存在的风险。但按照来源进行分类，每种来源的药用辅料数量众多，不利于查询。

2. 按化学结构分类 根据药用辅料化学结构特征，可将其分为酸类、碱类、盐类、醇类、酚类、酮类、醚类、纤维素类及糖类等。这种分类方法虽然能够较为直接地标识各类药用辅料在化学结构上的共性，但并不能指出具有相同结构辅料的不同功能特性和用途。例如，同为纤维素类辅料，微晶纤维素有较强的结合力与良好的可压性，不仅可以用于湿法制粒，还可用于直接压片，但不溶于水，羧甲基纤维素则可溶于水，常用于可溶性片剂的黏合剂等。

3. 按给药途径分类 根据适合的给药途径，药用辅料可分为口服用、注射用、黏膜用、经皮或局部给药用、经鼻或口腔吸入给药用、眼部给药用等。以该方法进行分类，有利于药监部门根据不同给药途径对辅料进行管理及审批，如大豆磷脂（供注射用）与大豆磷脂（供其他给药途径用）相比，增加了蛋白质、有关物质、无菌等检查项。但同一药用辅料往往可用于不同给药途径的多种药物制剂，且有不同的作用和用途，造成大量重复，不便查询和统计。

4. 按作用与用途分类 依据辅料的作用与用途，其可分为50余类，如溶剂、抛射剂、增溶剂、助溶剂、乳化剂、着色剂、黏合剂、崩解剂、填充剂、润滑剂、润湿剂、渗透压调节剂、稳定剂（如蛋白稳定剂）、助流剂、抗结块剂、矫味剂、抑菌剂、助悬剂、包衣剂、成膜剂、芳香剂、增黏剂、抗黏着剂、抗氧剂、抗氧增效剂、螯合剂、皮肤渗透促进剂、空气置换剂、pH调节剂、吸附剂、增塑剂、表面活性剂、发泡剂、消泡剂、增稠剂、包合剂、保护剂（如冻干保护剂）、保湿剂、柔软剂、吸收剂、稀释剂、絮凝剂与反絮凝剂、助滤剂、冷凝剂、络合剂、释放调节剂、压敏胶黏剂、硬化剂、空心胶囊、基质（如栓剂基质和软膏基质）、载体材料（如干粉吸入载体）等。

这种分类方式能够较清晰地标识出各种辅料的共同功能，有利于查阅和选择，同时结合结构种类，则可以较好地推测辅料作用机理，便于准确选择和应用。但是各辅料理化性质可能存在较大差别，如抗氧剂类，有的易溶于水，有的易溶于油脂，适用处方不同，但都具有失去电子被氧化的还原性。

5. 新型药用辅料 药用辅料的不断开发与应用，大大推动了现代剂型的改进与革新，进而促进了药剂学的飞速发展与新药品种的创制。脂质体、纳米粒、聚合物胶束、囊泡等新技术均以新辅料的发展为支撑。例如，羟丙甲纤维素、PEG、聚丙烯酸树脂、壳聚糖及白蛋白等药用辅料材料，在口服缓释、控释系统、血管内靶向给药系统等研究中广泛应用；环糊精不容易水解，但在结肠菌丛作用下被分解为寡糖，因此不会在胃和小肠中释放药物，可以用于制备结肠给药系统。

（四）药用辅料的一般质量要求

药用辅料应经过充分的安全性评估，对人体无毒害作用，化学性质稳定，不与主药及其他辅料发生作用，不影响制剂的质量检验。在制剂中所用的辅料应不易受温度、pH、光线、保存时间等因素的影响，与主药无配伍禁忌，一般情况下不影响主药的剂量、疗效和制剂主成分的检验，尤其不影响安全性。此外，还需要对辅料的用量进行筛选，在保证制剂质量的前提下，尽可能以较小的用量发挥较大的作用。

二、药用辅料的用途及其功能性指标

药用辅料会影响制剂的生产、质量,以及使用过程中的安全性、有效性、稳定性和顺应性,因此,辅料的选择和使用应重点考虑是否能够有效保证药品的顺利生产和疗效发挥。按照性能,药用辅料可归属不同功能类别,对辅料功能性和制剂性能具有重要影响的物理化学性质,被称为药用辅料的功能性相关指标。

(一)稀释剂

稀释剂(diluent)也称填充剂(filler),指制剂中用来增加体积或重量的相对惰性的成分。在制剂中,稀释剂通常占有较大比例,不仅可保证制剂具有一定的体积,而且可减少主要药物成分的剂量偏差,改善药物的压缩成型性,常用的有无机盐类、纤维素类、淀粉类、糖类。稀释剂的类型和用量选择通常取决于它的物理化学性质,特别是功能性指标,包括:结晶性、水分、粒度和粒度分布、粒子形态、比表面积、固体密度、堆密度、振实密度、引湿性、溶解度、粉体流动性、压缩性等。

(二)黏合剂

黏合剂(adhesive)指一类使无黏性或黏性不足的物料粉末聚集成颗粒,促进压缩成型,具有黏性的固体粉末或溶液,可分为湿黏合剂和干黏合剂。黏合剂可改善颗粒性质,如流动性、强度、抗分离、含尘量、压缩性或药物释放等。常用黏合剂包括淀粉浆、纤维素衍生物、聚乙烯吡咯烷酮(polyvinyl pyrrolidone,PVP,聚维酮)、明胶等。其功能性相关指标包括:结晶性、相对分子质量和相对分子质量分布、黏度、水分、粒度和粒度分布、比表面积、固体密度、堆密度与振实密度、溶解度、粉体流动性、表面张力等。

(三)崩解剂

崩解剂(disintegrant)是指加入处方中促使制剂迅速崩解成小单元并使药物更快溶出的功能性成分。崩解剂包括天然、合成或化学改造的天然聚合物,常用的有干淀粉、羧甲基淀粉钠、低取代羟丙基纤维素、交联羧甲纤维素钠、交联聚维酮、泡腾剂等。当其接触水分、胃液或肠液时,可通过吸收液体膨胀溶解或形成凝胶,引起制剂结构的破坏和崩解,增大比表面积,从而促进药物的溶出。评价崩解剂功能的指标有:水分、粒度和粒度分布、粒子形态、膨胀率或膨胀指数、水吸收速率、粉体流动性、泡腾量、浸润角/接触角等。

(四)润滑剂

润滑剂(lubricant)是指固体制剂制备中起润滑作用的辅料,其作用为减小颗粒间、颗粒和固体制剂生产设备金属接触面之间(如压片机冲头和冲模)的摩擦力,可分为界面润滑剂、流体薄膜润滑剂和液体润滑剂。常用的有硬脂酸镁、微粉硅胶、滑石粉、氢化植物油、聚乙二醇类、十二烷基硫酸钠等。润滑剂的功能性相关指标包括结晶性、熔点、水分、粒度和粒度分布、粒子形态、比表面积、固体密度、堆密度与振实密度、纯度(如硬脂酸盐与棕榈酸盐比率)、粉体流动性等。

(五)助流剂/抗结块剂

助流剂(glidant)是指增加颗粒或粉末流动性的辅料,是药物制剂或者食品中常见的一种辅料,能提高粉末流速,提高制剂的均匀度;用于直接压片时,还可防止粉末的分层现象。抗结块剂(anticaking agent)是可减少粉末聚集结块的物质,也可减少加工时颗粒或粉末形成漏斗桥。大多数情况下,助流剂具有抗结块剂的功能,常用的有微粉硅胶和滑石粉。助流剂或抗结块剂的功能性相关指标包括水分、粒度和粒度分布、粒子形态、比表面积、固体密度、堆密度、振实密度、粉体流动性、水吸收速率等。

(六)包衣剂/增塑剂

包衣剂(coating agent)是涂覆或包覆在制剂表面的物质的总称,包括包衣成膜材料、增塑剂、遮光剂、色素、打光剂等，用于糖衣、薄膜衣、肠溶衣及缓释、控释包衣的包衣剂，其功能性相关指标包括组成、结构、纯度、相对密度、熔点、折光率、黏度、黏附力、玻璃化转变温度、脂肪与脂肪油、水分、粒度、粒度分布、溶解度、成膜性、抗拉强度、透气性、表面张力等。

（七）增塑剂

增塑剂（plasticizer）通常是可改变高分子膜材柔韧性和弹性的涤烦子量辅料。增塑剂的增塑作用是由于增塑剂分子插入到高分子聚合物的分子链之间，使聚合物分子链间的引力减弱，即削弱分子链间的聚集作用，而增加分子链的移动性、柔软性，使塑性增加。其功能性相关指标包括组成、结构、纯度、残留溶剂、熔点、折光率、相对密度、水分、热分析等。

（八）表面活性剂

表面活性剂（surfactant）是少量存在时能明显降低系统表面张力或界面张力，改变系统界面状态的物质。其可分为天然表面活性剂和合成表面活性剂，其功能性相关指标包括组成、结构、纯度、相对分子质量、相对分子质量分布、相对密度、熔点、pH、黏度、脂肪与脂肪油、粒度、粒度分布、溶解度、临界胶束浓度、润湿角、表面张力等。

（九）栓剂基质

栓剂基质（suppository base）是栓剂的载体，是调节制剂在腔道温度下由固体实现熔融、溶蚀或溶解的辅料，包括油脂性基质（如可可豆脂、半合成椰油酯、半合成或全合成脂肪酸甘油酯等）和水溶性基质（如甘油明胶、PEG、泊洛沙姆等），其功能性相关指标包括栓剂性能、熔点、凝点、黏度、脂肪与脂肪油、溶解度等。

（十）助悬剂/增稠剂

助悬剂（suspending agent）/增稠剂（viscosity increasing agent）是制剂处方中能够减缓溶质或颗粒运动的速率，降低液体制剂的流动性，稳定分散系统的辅料，常用的有甘油、糖浆、鲸蜡素、阿拉伯胶、琼脂、海藻酸、羧甲基纤维素、明胶、PVP等，其功能性相关指标包括相对分子质量、相对分子质量分布、黏度、粒度、粒度分布、溶解性等。

（十一）软膏基质

软膏基质（ointment base）是相对惰性的黏稠半固体物，分为油性基质（如凡士林）、吸收性软膏基质（如羊毛脂）、乳剂型基质（如浮膏）、水溶性软膏基质（如PEG），其功能性相关指标包括熔点、凝点、黏度、脂肪与脂肪油、溶解度、酸值、皂化值等。

（十二）络合剂/螯合剂/包合剂

络合剂（complexant）、螯合剂、包合剂统称为络合剂，是通过配位链或范德华力与药物或药物中的其他物质形成络合物的辅料，形成的络合物可改善药物的物理化学性质，如溶解度和稳定性。螯合（chelant）是含有两个或两个以上配位体，与金属离子发生反应而形成稳定的螯合物的物质（如乙二胺四乙酸二钠和乙二胺四乙酸钙钠），螯合物旨在掩蔽金属离子的催化性能，增加药物的稳定性。包合剂（inclusion agent）是一类特殊的络合物，包合剂（主分子）是指具有空穴结构，可以和药物（客分子）形成包合物的物质。络合剂包括螯合剂和包合剂。络合剂的功能性相关指标包括组成、结构、纯度、熔点、pH、重金属、水分、粒度、粒度分布、溶解度等。

（十三）保湿剂

保湿剂（humectant）是指能在半固体制剂的基质中防止水分蒸发散失而保持其适宜的柔软性的物质。乳膏剂、凝胶剂等半固体制剂中常需使用适量的保湿剂以防止其失水变性。可分为吸湿型保湿剂和封闭型保湿剂，前者常用的有甘油、丙二醇、山梨醇、麦芽糖醇、透明质酸及其钠盐等，后者主要有石蜡、硅油类、动植物来源的脂类、磷脂类（如卵磷脂）等。保湿剂的功能性相关指标包括组成、结构、纯度、相对分子质量、相对分子质量分布、相对密度、熔点、凝点、黏度、脂肪与脂肪油、水吸收速率、保湿能力等。

（十四）成膜剂

成膜剂（film former）是在颗粒或制剂表面交联或成膜的聚合物材料，一般分为天然高分子聚合物成膜材料（如明胶、阿拉伯胶、琼脂、淀粉等）、半合成或合成高分子成膜材料（如聚乙烯醇、聚乙烯醇缩醛、聚乙烯吡咯烷酮和乙烯-乙酸乙烯共聚物），其功能性相关指标包括组成、结构、纯度、黏附力、相对密度、熔点、pH、黏度、脂肪与脂肪油、干燥失重、眼用制剂中的颗粒物、粒度和粒度分布、粒子形态、固体密度、堆密度、振实密度、溶解度、膜的机械强度、粉体流动性等。

（十五）冻干保护剂

冻干保护剂（lyoprotectant）是指在冻干过程中促使制剂成型或饱满的辅料，可避免冻干块状物的收缩和塌陷，使得冻干产品能快速复原，防止在冷冻干燥过程中由于吹出而使产品损失，以促进有效的干燥，赋予制剂配方物理和化学稳定性等，常用的有多糖、糖醇、甘露醇等。冻干保护剂的功能性相关指标包括组成、结构、纯度、结晶性、相对分子质量、相对分子质量分布、熔点、旋光度、pH、玻璃化转变温度、溶解度等。

（十六）干粉吸入剂载体

干粉吸入剂载体（dry powder inhalant carrier）用于帮助药物活性成分在肺部沉积，同时可作为稀释剂以定量药物，常用的有乳糖、富马酰基二酮哌嗪等，其功能性相关指标包括组成、结构和纯度、结晶性、氮、水分、粒度和粒度分布、粒子形态、比表面积、固体密度、堆密度与振实密度、溶解度、粉体流动性、水吸收速率等。

（十七）乳化剂

乳化剂（emulsifier）是指乳剂处方中能促进分散相分散到不相溶分散介质中，并稳定乳剂的辅料。常用的有聚山梨酯80、十二烷基硫酸钠、泊洛沙姆、脂肪酸甘油酯、阿拉伯胶、皂土等。其功能性相关指标包括组成、结构和纯度、pH、黏度、脂肪与脂肪油、粒度和粒度分布、HLB值、表面张力、润湿角等。

（十八）释放调节剂

释放调节剂（release regulator）是用于调控药物释放速率或释放时间的辅料，依赖化学和物理方式调控药物释放速度，主要有共聚物、纤维素衍生物、疏水性脂质材料和溶蚀性材料等，其功能性相关指标包括结构、取代基和取代度、结晶性、熔点、黏度测定法、脂肪与脂肪油、水分、粒度和粒度分布、粒子形态、比表面积、溶解度、粉体流动性、膜的机械强度、凝胶强度等。

（十九）压敏胶黏剂

压敏胶黏剂（pressure sensitive adhesive）是一类对压力敏感的胶黏性辅料。经皮给药系统（如透皮贴剂）需要使用压敏胶黏剂来维持药物递送系统与皮肤之间的接触，常用的有各种丙烯酸或甲基丙烯酸的酯类、丙烯酰胺、甲基丙烯酰胺、聚异丁烯和聚硅氧烷。压敏胶黏剂的功能性相关指标包括相对分子质量和相对分子质量分布、黏度、玻璃化转化温度、粒度和粒度分布、膜的机械强度、通透性等。

（二十）硬化剂

硬化剂（hardener）是一种能够增加制剂（如软膏、乳膏）黏度或硬度的一种物质或多种物质的混合物，常用的有饱和脂肪酸的甘油酯、固体脂肪醇、饱和脂肪醇和饱和脂肪酸的酯、饱和烃、高相对分子质量的PEG等。硬化剂能够增加软膏（如凡士林）的保湿能力或者作为乳膏中的共乳化剂（如硬脂醇、鲸蜡醇）。此外，硬化剂还可用于栓剂，通过改善制剂硬度使之在贮藏和使用过程中不致软化变形。硬化剂的功能性相关指标包括相对分子质量和相对分子质量分布、熔点、凝点、黏度、脂肪与脂肪油等。

（二十一）增溶剂

增溶剂（solubilizer）是指制剂处方中能够通过形成胶束增加难溶物质在溶剂中的溶解度并形成

澄明溶液的辅料，表面活性剂具有形成胶束的能力，是增溶剂的主体。常用的增溶剂有固态、液态或蜡质。相较于离子型表面活性剂，非离子型表面活性剂的增溶能力更强，在制剂中使用更为广泛。增溶剂的功能性相关指标包括组成、结构和纯度、相对分子质量和相对分子质量分布、相对密度、熔点、pH、黏度、脂肪与脂肪油、溶解度、临界胶束浓度、润湿角、表面张力、亲水亲油平衡值、昙点、Krafft点等。

（二十二）抑菌剂

抑菌剂（bacteriostatic agent）是指在药物制剂中用于杀死细菌、酵母菌和霉菌或抑制其生长的一类辅料。常用的抑菌剂有羟苯酯类、苯甲酸及苯甲酸钠、山梨酸、山梨酸钾、苯扎氯铵等。抑菌剂的功能性相关指标包括组成、结构和纯度、相对分子质量和相对分子质量分布、相对密度、熔点、pH、溶解度、油水分配系数、抑菌效力等。

（二十三）渗透压调节剂

渗透压调节剂（osmotic pressure regulator）用于调节制剂处方中溶液渗透压的物质。通常情况下，静脉输液、椎管注射用注射液、眼用/鼻用溶液等应保证其渗透压摩尔浓度与使用部位的人体组织相当，避免红细胞皱缩或溶血、减轻给药疼痛或不适。渗透压调节剂的功能性相关指标包括组成、结构、纯度、pH、溶解度、渗透压摩尔浓度等。

（二十四）皮肤渗透促进剂

皮肤渗透促进剂（percutaneous penetration enhancer）是指能调节皮肤通透性，增加药物透皮速率或透皮量的一类辅料，也称经皮渗透促进剂。皮肤渗透促进剂的功能性相关指标包括组成、结构、纯度、脂肪和脂肪油、pH、黏度、油水分配系数等。

（二十五）冷冻剂

冷冻剂（cryogenic agent）常用于生物样本的保存，一般是惰性气体的液态体，具有极低的温度。液氮是生物医药领域最常用的冷冻剂。冷冻剂的功能性相关指标包括纯度、水分、沸点等。

三、表面活性剂

能降低液体表面张力的性质称为表面活性，能显著降低液体表面张力的物质称为表面活性剂。表面活性剂分子中同时含有不对称分布的亲油基团和亲水基团（图3-1）。亲油基团一般为8~20个碳原子的烃链；亲水基团主要是羧酸、磺酸、硫酸、氨基或胺基及其盐、羟基、酰胺基、醚键等。表面活性剂分子的结构决定其表面活性大小。

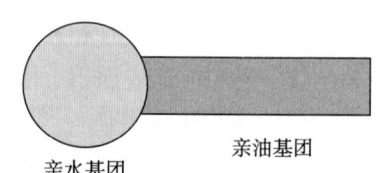

图3-1　表面活性剂分子结构示意图

在水溶液中，表面活性剂分子的存在状态与其浓度有关。表面活性剂分子进入水溶液时，首先在水溶液表面的气-液界面上竖直排列，亲油基团指向空气；随着表面活性剂的量增大，气-液界面分布趋近饱和，表面活性剂分子开始向溶液内部扩散；当溶液中表面活性剂的量进一步增加时，表面活性剂分子亲油基团受到水分子的排斥而缔合形成胶束（图3-2）。

表面活性剂的溶液与固体接触时，表面活性剂分子可能在固体表面发生吸附，使固体表面性质发生改变。极性固体物质对离子表面活性剂的吸附在低浓度下其吸附曲线为S形，形成单分子层，表面活性剂分子的疏水链伸向空气。在表面活性剂溶液浓度达临界胶束浓度时，吸附达到饱和，此时的吸附为双层吸附，表面活性剂分子的排列方向与第一层相反，亲水基团指向空气。提高溶液温度，吸附量将随之减少。对于非极性固体物质，一般只发生单分子层吸附，疏水基吸附在固体表面而亲水基指向空气，当表面活性剂浓度增加时，吸附量并不随之增加甚至有减少的趋势。

固体表面对非离子表面活性剂的吸附与前相似，但其吸附量随温度升高而增大，且可以从单分子

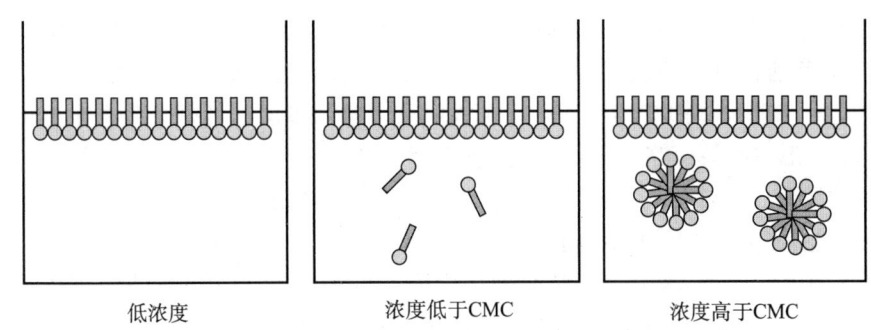

| 低浓度 | 浓度低于CMC | 浓度高于CMC |

图 3-2 不同剂量下表面活性剂分子在溶液中的状态

层吸附向多分子层吸附转变。

（一）表面活性剂的种类及主要品种

根据表面活性剂分子中亲水基团的解离性质，可将表面活性剂分为离子型和非离子型两类。

1. 离子型表面活性剂 离子型表面活性剂（ionic surfactant）指溶于水时，能电离生成离子的表面活性剂。其分子同时含有亲水基团和亲油基团，且其亲水基团为离子型基团。根据其电离情况，可分为阴离子型、阳离子型和两性离子型表面活性剂。

（1）阴离子型表面活性剂（anionic surfactant）：即亲水基团带有负电荷的表面活性剂。在溶剂系统中起表面活性作用的是阴离子部分，荷负电。主要包括肥皂类、硫酸化物、磺酸化物。

1）高级脂肪酸盐：又称肥皂类，通常为 $C_{12} \sim C_{18}$ 的脂肪酸盐，常用硬脂酸、油酸、月桂酸等，可分为碱金属皂（如钠皂、钾皂）、碱土金属皂（如钙皂、镁皂）和有机胺皂（如三乙醇胺皂）。该类表面活性剂常用于外用制剂，有一定刺激性，且易被破坏，碱金属皂还可在硬水环境中被钙等二价金属盐破坏，电解质亦可使之盐析。

2）硫酸化物：包括硫酸化脂肪油和高级脂肪酸硫酸类，脂肪链在 $C_{12} \sim C_{18}$。前者常用酸化蓖麻油，作去污剂、润湿剂等。后者常用十二烷基硫酸钠（又称月桂醇硫酸钠），表面活性强，耐酸，性质稳定，但有一定刺激性，主要作外用乳膏剂的乳化剂，还可作增溶剂或片剂的润湿剂。

3）磺酸化物：包括脂肪族磺酸化物和烷基芳基磺酸化物。常用二辛基珀酸磺酸钠、十二烷基苯磺酸钠、牛磺胆酸钠等，去污、起泡及油脂分散能力都很强，在酸性溶液中不易水解，遇热稳定，常作洗涤剂、胃肠道脂肪乳化剂和单脂肪酸甘油酸的增溶剂。

（2）阳离子表面活性剂（cationic surfactant）：主要是含氮的有机胺衍生物，其分子中阳离子亲水基团与疏水基团相连，荷正电，又称为阳性皂或逆性肥皂，主要为季铵类化合物，具有较强的表面活性和杀菌作用，但毒性较大，一般只能外用。常用作杀菌剂和防腐剂，主要用于皮肤、黏膜、手术器械消毒。药剂学中常用苯扎氯铵（洁尔灭）、苯扎溴铵（新洁尔灭）、消毒净等。

（3）两性离子型表面活性剂（amphoteric surfactant）：指分子中同时具有正负电荷基团的表面活性剂，即分子中既有正电荷基团（胺盐或季铵盐型亲水基等）又有负电荷基团（羧酸盐、磺酸盐、磷酸盐型亲水基等），根据分散介质的 pH 变化，显现出阳离子型或阴离子型表面活性剂的性质。

1）卵磷脂：天然两性离子型表面活性剂，种类包括脑磷脂、磷脂酰乙醇胺、磷脂酰胆碱、肌醇磷脂等磷脂，以及糖脂、中性脂、胆固醇和神经鞘脂等。卵磷脂毒性小，不溶于水，可溶于乙醚、三氯甲烷等有机溶剂，对热敏感，酸、碱、酶可使其分解。对油脂的乳化能力很强，可作静脉注射乳剂的乳化剂，也是制备脂质体的主要材料。

2）氨基酸型和甜菜碱型：合成两性离子型表面活性剂，阴离子部分主要是羧酸盐，阳离子部分为季铵盐（氨基酸型）或盐（甜菜碱型），季铵盐在等电点时亲水性减弱，且有产生沉淀的可能，而后者在各 pH 的溶液中均易溶。该类表面活性剂在碱性溶液中呈阴离子型，起泡和去污能力都较强，在酸性溶液中则呈阳离子型，杀菌能力较强，如十二烷基双（氨乙基）- 甘氨酸（Tego-51）。

2. 非离子型表面活性剂 非离子型表面活性剂（nonionic surfactant）是指在水溶液中不电离，主要由一定数量的含氧基团（一般为醚基和羟基）构成亲水基的表面活性剂。其在水中不会解离，亲水基团为甘油、PEG、山梨醇等，亲油基团为长链脂肪酸、长链脂肪醇、烷基或芳烃基等，亲水基和亲油基以酯键或醚键结合。毒性低、刺激小、稳定性好、溶血作用较小，广泛用于外用制剂、内服制剂以及注射剂，个别品种还可用于静脉注射给药途径。

（1）脂肪酸山梨坦：系失水山梨醇脂肪酸酯，商品名为司盘（Span）。根据脂肪酸种类和数量，分为月桂酸山梨坦（Span-20）、棕榈酸山梨坦（Span-40）、硬脂酸山梨坦（Span-60）、三硬脂酸山梨坦（Span-65）、油酸山梨坦（Span-80）、三油酸山梨坦（Span-85）等。脂肪酸山梨坦不溶于水，易溶于乙醇，在酸、碱和酶的作用下易水解，亲油性较强，其 HLB 值为 1.8~8.6，常作 W/O 型乳化剂，或 O/W 型乳剂的辅助乳化剂。

（2）聚山梨酯：系聚氧乙烯失水山梨醇脂肪酸酯，商品名为吐温（Tween）。根据脂肪酸种类和数量可分为聚山梨酯 20（Tween-20）、聚山梨酯 40（Tween-40）、聚山梨酯 60（Tween-60）、聚山梨酯 65（Tween-65）、聚山梨酯 80（Tween-80）、聚山梨酯 85（Tween-85）等。聚山梨酯易溶于水、乙醇和多种有机溶剂，不溶于油，在酸、碱和酶作用下水解，亲水性强，常作 O/W 型乳化剂、增溶剂、分散剂和润湿剂。

（3）聚氧乙烯型：根据疏水基不同，主要包括聚氧乙烯脂肪酸酯、聚氧乙烯脂肪醇醚、聚氧乙烯-聚氧丙烯共聚物。

1）聚氧乙烯脂肪酸酯：由聚氧乙烯与长链脂肪酸缩合而成的酯，也称聚乙二醇酯型表面活性剂，包括有卖泽（Myrij）类、聚乙二醇十二羟基硬脂酸酯（Solutol HS 15）等，水溶性和乳化能力很强，主要用作 O/W 型乳化剂。

2）聚氧乙烯脂肪醇醚：系由 PEG 与环氧乙烷（EO）经加成反应制得的醚类，主要有苄泽（Brij）、西土马哥（Cetomacrogol）、平平加 O（Perogol O）等。Cremophore 为一类聚氧乙烯蓖麻油化合物，其 HLB 值为 12~18，常作增溶剂和 O/W 型乳化剂，常用 Cremophore EL 和 Cremophore RH4。

3）聚氧乙烯-聚氧丙烯共聚物：又称泊洛沙姆（poloxamer），商品名为普朗尼克（pluronic），HLB 值在 0.5~30，亲水性随分子中聚氧乙烯比例增加而增强，具有优良的乳化、润湿、分散、起泡和消泡等性能，但增溶能力较弱，为 O/W 型乳化剂。泊洛沙姆 188（pluronic F68）是为数不多的可用作静脉注射乳剂的乳化剂。此外，泊洛沙姆 407，可用作增溶剂和乳化剂等。

（4）脂肪酸甘油酯：常用单硬脂酸甘油酯，其 HLB 值为 3~4，在 60℃乙醇中极易溶，在水中几乎不溶，表面活性较弱，用作 W/O 型乳化剂和增稠剂，还可用于 O/W 型乳剂的辅助乳化剂。

（5）蔗糖脂肪酸酯：简称蔗糖酯，有单酯、二酯、三酯、多酯等，HLB 值为 5~13，不溶于水或油，可溶于乙醇、丙二醇，在水、甘油中加热可形成凝胶，常用作 O/W 型乳化剂和分散剂，脂肪酸含量高的蔗糖酯也常用作阻滞剂。

（二）表面活性剂的毒性与刺激性

大多数表面活性剂都可以溶解细胞膜上的脂质，有的甚至可以完全溶解细胞，而造成严重毒性。因此在选择、应用表面活性剂时，必须注意其毒性和刺激性。一般，按照表面活性剂的毒性由大到小排列为：阳离子型＞阴离子型＞非离子型；两性离子型＜阳离子型。溶血作用大小排序为：阴、阳离子型＞非离子型或两性离子型。非离子表面活性剂溶血作用大小排序为：聚氧乙烯基烷基醚＞聚氧乙烯烷芳基醚＞聚氧乙烯脂肪酸酯＞聚山梨酯。聚山梨酯的溶血作用大小为：聚山梨酯 20＞聚山梨酯 60＞聚山梨酯 40＞聚山梨酯 80。

从给药途径来看，表面活性剂口服给药毒性较缓慢，非离子型表面活性剂口服相对安全，泊洛沙姆 188、聚山梨酯 80（Ⅱ）（供注射用聚山梨酯 80）等少数表面活性剂可用于注射。大多数表面活性剂可用于外用制剂，但长期使用可能对皮肤或黏膜造成伤害，其刺激性大小为：阳离子型＞阴离子型＞非离子型或两性离子型。这种对皮肤黏膜刺激作用，有些是不可逆的，在选择表面活性剂的时候需要注意。

（三）表面活性剂在药剂学中的应用

1. 增溶剂

（1）临界胶束浓度：表面活性剂分子在水溶液表面吸附达到饱和后，即向溶液内部转移，当超过其溶解度后，表面活性剂分子的疏水基相互缔合形成疏水基向内、亲水基向外的缔合体，称为胶束或胶团。开始形成胶束的表面活性剂浓度称为临界胶束浓度（critical micelle concentration，CMC）。CMC的大小与表面活性剂的结构、组成有关，在研究过程中，还会受到实验条件（如温度、pH及电解质等外界因素）的影响。实验证实，亲水基相同的同系列表面活性剂，亲油基团越大，CMC越小。离子型表面活性剂的CMC比非离子型大得多，而胶束缔合数较低。根据种类和浓度大小，溶液中的表面活性剂会形成球状、片状、层状、圆柱状等不同形状的胶束。溶液中有胶束生成后，摩尔电导、黏度、渗透压、密度、光散射等参数的变化规律会发生改变，因此可以利用这些参数在表面活性剂生成胶束前后变化规律的改变测定CMC。

（2）增溶：溶解度小的物质在胶束包裹或表面吸附作用下，使溶解度显著增加的现象称为增溶。发挥增溶作用的表面活性剂称为增溶剂（solubilizer），被增溶的物质称为增溶质。作增溶剂的最适HLB值为15~18。许多因素会影响表面活性剂的增溶作用，每种表面活性剂CMC不同，CMC越小，形成胶束越快，增溶效果越好；在CMC以上，随着表面活性剂用量增加，增溶量增加，当增溶达到饱和后则变混浊或析出沉淀；解离型药物与带有相反电荷的表面活性剂混合时，可能影响增溶效果；增溶剂与增溶质先行混合的增溶效果优于增溶剂先与水混合的效果；温度影响胶束形成、增溶质的溶解，以及表面活性剂的溶解度。

温度会影响表面活性剂的溶解度。对于离子型表面活性剂而言，当温度上升到某一值时，其溶解度急剧增加，此拐点的温度称为Krafft点（Krafft point，离子型表面活性剂的特征值），对应的溶解度即为该表面活性剂的CMC，也是其应用温度的下限；对于含聚氧乙烯基的非离子型表活性剂溶解度则会急剧下降，溶液出现混浊，这种现象称为起昙（或起浊），此时的温度称为昙点（或浊点，cloud point），温度达到昙点后，增溶作用下降。大部分表面活性剂的昙点介于70~100℃，但泊洛沙姆188在常压下观察不到起昙现象。

2. 乳化剂

（1）亲水亲油平衡值：表面活性分子中亲水基团和亲油基团对油或水的综合亲和力称为亲水亲油平衡（hydrophile lipophile balance，HLB）值，该值越小亲油性越强，越大亲水性越强。一般将表面活性剂HLB值范围定为0~40。其中，非离子型表面活性剂HLB值在0~20，完全由疏水碳氢链形成的石蜡的HLB值定为0，完全由亲水性氧乙烯组成的聚氧乙烯的HLB值定为20，其他含碳氢链和乙烯基的表面活性剂的HLB值介于0~20，十二烷基硫酸钠HLB值定为40。一些常用表面活性剂的HLB值见表3-1。

表3-1 常用表面活性剂HLB值

表面活性剂	HLB值	表面活性剂	HLB值
脂肪酸山梨坦85	1.8	聚氧乙烯400单油酸酯	11.4
脂肪酸山梨坦83	3.7	聚氧乙烯400单硬脂酸酯	11.6
脂肪酸山梨坦80	4.3	聚氧乙烯400单月桂酸酯	13.1
脂肪酸山梨坦65	2.1	平平加O	15.9

续表

表面活性剂	HLB 值	表面活性剂	HLB 值
脂肪酸山梨坦 60	4.7	西土马哥	16.4
脂肪酸山梨坦 40	6.7	Cremophore EL	12~14
脂肪酸山梨坦 20	8.6	Cremophore RH4	14~16
聚山梨酯 85	11.0	乳化剂 OP-10	14.5
聚山梨酯 80	15.0	泊洛沙姆 188	16.0
聚山梨酯 65	10.5	二硬脂酸乙二酯	1.5
聚山梨酯 60	14.9	单油酸二甘酯	6.1
聚山梨酯 40	15.6	卵磷脂	3.0
聚山梨酯 20	16.7	油酸三乙醇胺	12.0
苄泽 30	9.5	油酸钠	18.0
苄泽 35	16.9	油酸钾	20.0
卖泽 45	11.1	阿特拉斯 G-3300	11.7
卖泽 49	15.0	阿特拉斯 C-263	25~30
卖泽 51	16.0	十二烷基硫酸钠	40
卖泽 52	16.9	阿拉伯胶	8.0

HLB 值可通过以下公式进行计算：

$$\text{HLB} = \frac{\text{亲水基质量}}{\text{亲水基质量}+\text{亲油基质量}} \times 20 \tag{3-1}$$

对于离子型表面活性剂而言，其 HLB 值还可通过分子中各基团的 HLB 基团数代入以下经验式求算：

$$\text{HLB} = 7 + \sum (\text{亲水集团的 HLB 数}) - \sum (\text{疏水集团的 HLB 数}) \tag{3-2}$$

非离子型表面活性剂的 HLB 值具有加和性，几种非离子型表面活性剂混合后的 HLB 值为：

$$\text{HLB} = \frac{\text{HLB}_a \times W_a + \text{HLB}_b \times W_b + \text{HLB}_c \times W_c}{W_a + W_b + W_c} \tag{3-3}$$

式中，HLB_a、HLB_b 和 HLB_c 分别为三种非离子型表面活性剂的 HLB 值；W_a、W_b 和 W_c 分别为三者的用量，HLB 为混合后的 HLB 值。

（2）乳化剂：表面活性剂是最常用的一类乳化剂（emulsifier），可以通过显著降低油水界面的表面张力，在分散相形成稳定的乳化膜（静电与位阻排斥效应、界面张力梯度与 Gibbs-Marangoni 效应、界面黏度、液晶相、刚性界面膜、混合表面活性剂的自稠化效应等），防止乳滴合并，决定着特定油水两相能否形成相对稳定的分散体系。通常 HLB 值为 8~16 的表面活性剂可作 O/W 型乳化剂，HLB 值为 3~8 的表面活性剂可作 W/O 型乳化剂。由于毒性与刺激性原因，阴离子型表面活性剂通常被用作外用制剂的乳化剂；非离子型表面活性剂可作为外用、口服或注射用乳剂的乳化剂，其中一些还可用作静脉注射的乳化剂，如泊洛沙姆 188。

3. 润湿剂 促进液体在固体表面铺展或渗透的作用称为润湿作用。具有润湿作用的表面活性剂称为润湿剂（wetting agent），广泛地应用于片剂、颗粒剂、混悬剂等剂型的制备，同时也会影响制剂的溶出与吸收行为。润湿剂的最适 HLB 值一般为 7~9，并应有适宜的溶解度。

4. 助悬剂与分散剂 助悬剂（suspending agent）是指能增加分散介质的黏度，以降低微粒的沉降速度或增加微粒亲水性的附加剂。分散剂（dispersant）是一种可均一分散那些难以溶解于液体的无机或有机的固体及液体颗粒，同时也能防止颗粒的沉降和凝聚，形成稳定悬浮液所需的两亲性试剂，即在分子内同时具有亲油性和亲水性两种相反性质的表面活性剂。

表面活性剂在微粒或液滴表面分布可形成水化膜并荷电，降低界面张力的同时，提高粒子之间的排斥力，从而阻止微粒相互靠近，减少沉降与聚集，提高分散性。同时，有些高分子表面活性剂可以提高分散介质的黏度，降低药物微粒的沉降速度。

5. 起泡剂与消泡剂 药品生产过程中，很多药物都具有一定表面活性，如皂苷、蛋白质、树胶及其他含高分子的中药材浸出液或溶液，当剧烈搅拌或蒸发浓缩时，会产生稳定的泡沫，给生产带来困难。为消除这一不良现象，可通过加入HLB值为1~3的亲油性表面活性剂（称为消泡剂，defoamer）来破坏泡沫。同时，有些制剂在使用过程中，如栓剂、洗剂等，则需要通过起泡（或使泡沫稳定）使药品分散得更均匀或延长作用时间，所使用的亲水性较强的表面活性剂称为起泡剂（foaming agent），其HLB值一般为12~18。

6. 去污剂 去污剂（detergent）又称洗涤剂，指用于除去污垢的表面活性剂，其HLB值一般为13~15。去污作用包括润湿、分散、乳化、增溶、起泡等。常用去污剂一般为阴离子型表面活性剂，如油酸钠及其他脂肪酸钠皂、钾皂、十二烷基硫酸钠或烷基磺酸钠等。

7. 消毒剂和杀菌剂 消毒剂（disinfectant）是指用于杀灭传播媒介上病原微生物，使其达到无害化要求的物质。杀菌剂（antiseptic）是指对真菌或细菌有杀死或抑制作用的一类化学物质。阳离子表面活性剂可与细菌生物膜上的蛋白质产生强烈的相互作用使之变性失活，而具有较强的消毒杀菌作用，部分两性离子表面活性剂和少数阴离子表面活性剂（如甲酚皂等）也具有类似的功能。因此，这些表面活性剂在手术前皮肤消毒、伤口或黏膜消毒、手术器械和环境消毒等方面应用越来越广泛。例如，苯扎溴铵（新洁尔灭）的0.5%醇溶液、0.02%水溶液和0.05%水溶液（含0.5%亚硝酸钠）分别用于皮肤消毒、局部消毒和器械消毒。此外还有苯扎氯铵（洁尔灭）、消毒净等。

四、药用高分子材料

药用高分子材料指具有生物相容性且经过安全性评价的应用于药物制剂的一类高分子辅料，本部分重点介绍用于药物制剂辅料的高分子材料。

（一）药用高分子材料的特点

药用高分子材料的特点为：①相对于小分子材料，高分子材料的相对分子质量大，且相对分子质量具有多分散性；②溶液的黏度高；③溶解速度慢，需先经过溶胀过程才能溶解；④分子链长，分子结构层次多；⑤固态情况下常具有一定的机械强度。作为药用辅料，其还应该：①无毒、无抗原性，且经过安全性评价；②具有良好的生物相容性和物理化学性能；③具有适宜的载药与释药性能。

（二）药用高分子材料的种类与主要品种

按照功能与用途，药用高分子材料可分为常规辅料类和新技术辅料类，前者如丸剂的赋形剂、片剂的黏合剂等；后者如纳米制剂载体、靶向材料等。按照来源，可分为天然高分子材料，如明胶、淀粉、纤维素、阿拉伯胶等；半合成高分子材料，主要有淀粉衍生物、纤维素衍生物；合成高分子材料，如PEG、PVP等。按结构分类可分为均聚物和共聚物，前者是由一种单体聚合而成的聚合物，一般不包括天然高分子；后者是由一种以上单体聚合而成的聚合物，包括天然和合成高分子，也包括无一定重复单元的复杂大分子。

1. 天然及半合成高分子材料 该类高分子材料具有无毒、安全、性质稳定、生物相容性好、成膜性好等优点。主要包括以下几类：

（1）多糖类：①淀粉及其衍生物，如淀粉、预胶化淀粉、糊精等；②纤维素及其衍生物，如微晶纤维素（MCC）、醋酸纤维素（CA）、乙基纤维素（EC）、羟乙基纤维素（HEC）、羟丙基纤维素（HPC）、醋酸羟丙甲纤维素琥珀酸酯（HPMCAS）等；③其他，如阿拉伯胶、海藻酸钠、壳聚糖及透明质酸等。

（2）蛋白质类：主要有明胶、白蛋白等。

2. 合成高分子材料 该类材料大多化学结构和相对分子质量明确，来源稳定，性能优良，品种规格较多，主要包括以下几类。

（1）聚乙烯烃类：主要有PVP、交联聚维酮（PVPP）、聚乙烯醇（PVA）、聚乙烯醇酸（DVAP）、乙烯-醋酸乙烯共聚物（EVA）、聚醋酸乙烯酸（PVAP）、聚乙烯压敏胶等。

（2）聚丙烯酸类：主要有卡波姆（丙烯酸键合烯丙基蔗糖或季戊四醇烯丙基醚的高分子聚合物Carbomer）、丙烯酸树脂类（包括胃溶型、胃崩型、肠溶型和渗透型等不同品种）、聚丙烯酸钠、交联聚丙烯酸钠、聚丙烯酸压敏胶等。

（3）聚氧乙烯类（聚醚类）：主要有PEG、泊洛沙姆（聚氧乙烯-聚氧丙烯醚嵌段共聚物Poloxamer）、聚氧乙烯脂肪酸酯等。

（4）有机硅类：主要有二甲基硅氧烷、硅橡胶、硅橡胶压敏胶等。

（5）聚类：主要有聚乳酸（PLA）、乳酸-羟基乙酸共聚物（又称为聚乙交酯-丙交酯，PLGA）、聚醚聚氨酯、聚癸二酸二壬酯、聚氰基烷基氨基酯、聚磷腈等。

（三）药用高分子材料在药剂学中的应用

1. 常释制剂的辅料 在固体制剂中，药用高分子材料可作为稀释剂（又称填充剂）、黏合剂、崩解剂、润滑剂、包衣材料等。例如，价廉易得的淀粉，流动性和可压性优良的微晶纤维素，作为固体制剂的填充剂应用广泛。将淀粉制备成5%~20%浓度的淀粉浆可作为黏合剂，糊精干燥粉末则可用作为干黏合剂。

药用高分子材料由于其力学三态（玻璃态、高弹态、黏流态）的特殊性，在液体或半固体制剂中可作溶剂、共溶剂、增溶剂、助悬剂、分散剂、胶凝剂、乳化剂以及皮肤保护剂等。常用纤维素醚类（如羧甲纤维素钠、羟丙甲纤维素、甲基纤维素、羟乙基纤维素、羟丙基纤维素等）、卡波姆、泊洛沙姆、PEG、PVP等。近年来发展迅速的智能型高分子水凝胶，在水溶性高分子改善药物溶出行为的基础上，可实现在病灶部位的缓释、控释行为，大幅提升了药物的生物利用度。

2. 调释制剂的辅料 由于高分子材料的特殊性质，药物制剂开发中经常将其作为调控药物释放部位、速度与时间的辅料。例如，我国古代采用天然蜡质与药物混合制备蜡丸，利用溶蚀释放原理实现缓慢释药的效果；现代利用高黏度羟丙甲纤维素的凝胶阻止释放作用，实现药物的缓释；应用聚丙烯酸树脂等材料的溶解性与pH、菌群、压力等相关的特点，制备到达结肠才能释放的结肠定位释放制剂；应用海藻酸钠、瓜尔胶等的生物黏附性特点，将药品黏附于口腔、胃部、肠道黏膜等的表面，延长药物在这些部位的停留时间，提高其局部或者全身治疗效果，满足临床特殊治疗需要。另外要注意的是，有些高分子材料除具有黏附功能外，还具有其他功能，如聚卡波菲（calcium polycarbophil）和卡波姆在发挥生物黏附性的同时，还具有胰蛋白酶抑制作用，多应用于口服蛋白多肽类药物给药体系。

3. 靶向材料 通过温度、pH敏感，以及受体-配体亲和作用等机制，运载药物到达特定区域或识别、黏附到体内特定细胞表面（也可能载药进入细胞），形成靶向作用。目前，研究较多的有抗体或表面接枝抗体的聚合物、外源凝集素、纤毛蛋白及其他微生物黏附素等，如大豆凝集素（SBA）能特异性识别在多种恶性肿瘤细胞上表达的异常糖链，从而介导其到达并停留于治疗部位，提升治疗效果，降低毒副作用。

4. 生物降解性材料 该类高分子材料主要用于植入制剂、微粒分散给药系统、手术药品或器械等。根据来源可分为合成生物可降解聚合物和天然生物可降解聚合物两类。

合成生物可降解聚合物分为细菌和人工合成两大类，前者包括聚羟基烷基醇酯（PHAs）、聚（β-苹果酸）等，后者包括聚（α-氨基酸）、聚己内酯（PCL）、聚氰基丙烯酸酯（PACA）等。人工合成生物降解聚合物主要包括聚酯类、聚酯胺类、聚酸酐类等。聚乳酸-羟基乙酸共聚物（PLGA）是一种经典的聚酯类生物降解材料，生物相容性好，无毒，载药量高，兼具缓释性和靶向性，被广泛应用于缓释制剂、植入制剂和组织工程等领域。聚酯胺类聚合物质地坚硬、弹性好，对环境非常稳定，目前较多应用于植入制剂。聚磷酸酯类聚合物的化学结构灵活，可调整，且可作为蛋白质载体，因而应用范围更加广泛。

天然可降解聚合物包括淀粉、纤维素、聚糖、甲壳素、壳聚糖及其衍生物等。壳聚糖是一类被广泛研究的天然可降解聚合物，具有生物黏附性和多种生物活性，可促进药物吸收，提高多肽、蛋白质类药物稳定性，并且有生物相容性好、毒性低、不溶血等特点，可被体内溶菌酶、胃蛋白酶等多种酶生物降解，降解产物无毒且能被生物体完全吸收。

五、药用预混辅料与共处理辅料

（一）预混辅料与共处理辅料

预混与共处理药用辅料系将两种或两种以上药用辅料按特定的配比和工艺制成具有一定功能的混合物。作为一个辅料整体在制剂中使用，既保持每种单一辅料的化学性质，又不改变其安全性。根据处理方式的不同，分为预混辅料与共处理辅料。

1. 预混辅料 预混辅料（pre-mixed excipient）指两种或两种以上药用辅料通过简单物理混合制成的、具有一定功能且表观均一的混合辅料。预混辅料中各组分仍保持独立的化学实体。

2. 共处理辅料 共处理辅料（co-processed excipient）系由两种或两种以上药用辅料经特定的物理加工工艺（如喷雾干燥、制粒等）处理制得，以达到特定功能的混合辅料。共处理辅料在加工过程中不应形成新的化学共价键。与预混辅料的区别在于，共处理辅料无法通过简单的物理混合方式制备。

（二）预混辅料与共处理辅料的特点

预混辅料与共处理辅料表现出的是所混粉体的综合性能，因而相对单一辅料，其具有表观均一，性质稳定；功能多样，是所混各种辅料功能的综合体现；生物安全性与含量均一性良好；充分发挥各辅料优势，使用方便；节约时间和成本的优势。同时也要注意，该类辅料具有特定配方组成，每种预混辅料并非几种单一辅料的任意混合，而是经过大量处方筛选，通过严格的性能测试、稳定性考察，同时考虑与各种活性药物的兼容性，达到了预期生产的要求，最终形成的配方。每种预混与共处理药用辅料都有严格的配方组成，每种单一辅料都应符合相应的生产标准，才可生产出符合标准的药用辅料。在《中国药典》（2025年版）通则中，从性状、鉴别、检查、功能性指标、含量及功能有效性指标、微生物限度、稳定性方面对预混与共处理药用辅料的质量控制进行了要求。此外，共处理辅料还需关注晶型（如有）与杂质（包括单一成分控制的杂质及其之外的新杂质）等的变化情况。

（三）预混辅料与共处理辅料的种类

根据实际用途，可将预混辅料和共处理辅料分为压片类、包衣类和其他功能改善类。

1. 压片类 随着高速压片机和粉末直接压片技术的发展和推广，对辅料流动性、黏合性、可压性、再分散与助溶等性能的要求越来越高。针对此类需求，研究人员先后开发了Cellactose 80、Ludipress、Avicel HFE、StarLac等（表3-2），满足分散片、口崩片等，以及粉末直压工艺等的需求。

2. 包衣类 该类辅料指在颗粒、丸剂或片剂等药芯外表面包覆的稳定高分子薄膜材料，与传统糖衣相比，具有生产周期短、用料少，可提高药物溶出、增加药物稳定性和改善患者依从性等特点。

部分包衣类预混辅料与共处理辅料品种见表3-3。

表3-2 压片类预混辅料与共处理辅料品种

名称	配方	性能及用途
Cellactose 80	75% 乳糖、25% 微粉状纤维素	流动性好，压缩后以塑性变形为主，可压性好。常应用于分散片、口崩片和咀嚼片
Ludipress	93.4% 一水乳糖、3.2% Kollidon 30、3.4% Kollidon CL	直接压片辅助物，也可以作为硬胶囊中的填充剂使用
Avicel HFE	90% 微晶纤维素、10% 甘露醇	甘露醇改善了崩解性能，提高了溶出速率。可用于直压技术和多单元微丸系统
StarLac	85% 一水乳糖、15% 白色淀粉	口感细腻、流动性好、不易分层、崩解快、稳定好，适制备咀嚼片、低剂量制剂和包衣片片芯
Di-Pac	97% 蔗糖、3% 糊精	流动性较好，稳定好，制剂不易崩而易溶化，故多应用于压制咀嚼片
SugarTab	93% 蔗糖、7% 转化糖	粒度大，流动性差，与药物混合时易含量不匀；味似蔗糖，吸湿性低，崩解缓慢，可用于直接压制咀嚼片
MicroceLac 100	25% 微晶纤维素、75% 一水乳糖	流动性好，不易结块，压缩性优异；制剂硬度稳定；适用于小片剂、矿物药品、异形片剂、高剂量制剂、流动性较差的以及含微粉化药物成分的片剂

表3-3 包衣类预混辅料与共处理辅料品种

名称	配方	用途
Surelease	本品总固含量为25%，包括乙基纤维素、油酸（稳定剂）、癸二酸二丁（增塑剂）、氨水，有时还含有轻质硅胶（抗黏剂）	缓释、控释类包衣预混材料
Aquacoat	总固含量约为30%，包括乙基纤维素25%（W/W）、十二烷基硫酸钠、鲸蜡醇	偏碱性介质中释药速率明显加快，适合肠溶制剂包衣
Aquacoat ECD	30% 亚微细粒的乙基纤维素粒子固体聚合物	缓释、控释类包衣预混材料
Aquacoat CPD	30% 醋酸纤维素酞酸酯（CAP）	适用于肠溶和控制药物释放的薄膜包衣
Kollicoat SR 30D	27% 聚醋酸乙烯酯、2.7% PVP、0.3% 十二烷基硫酸钠	非 pH 依赖的水分散体，肠溶缓释衣材料

3. 其他功能改善类 对于非均相液体制剂而言，物理稳定性的优劣不仅影响产品外观和患者使用，更重要的是会影响制剂使用中的安全性与有效性。如 Avicel RC/CL（由微晶纤维素、羧甲基纤维素钠组成）具有触变胶特性，静止变稠，振摇、涂抹时流动性增加，主要用于混悬剂、乳剂的助悬剂。此外，还有用于咀嚼片稀释剂的 Avicel CE-15（85% 微晶纤维素和15% 瓜尔胶），用于片剂和胶囊的印字的 Opacode（虫胶为主，配以各种溶剂），改善制剂外观、色泽的 Opaglos 2 和 Opalux 等各类预混与共处理药用辅料。

（四）预混与共处理药用辅料在药剂学中的应用

预混与共处理药用辅料凭借其优良的综合性能，以及选用、生产过程中的方便，在研发和生产中越来越受到重视，在很多方面都得到了广泛应用，促进了药物制剂水平的提高。

预混与共处理药用辅料的应用，对于固体制剂而言，可改善固体制剂处方的可压性、流动性、吸附性、崩解性等，优化后可满足各类设备对物料性能的要求，提高生产效率，可提升产品的崩解溶出，确保药物疗效的发挥，如 StarLac 等；对于液体和局部用制剂而言，主要可解决其容易出现的物理稳定性问题，同时提高药物的分散程度，如 RetaLac、Avicel RC-591 等。

预混与共处理药用辅料还可以通过包衣和骨架的形式，调控制剂中药物释放的速度、时间和位置，实现隔离、肠溶、缓释与控释效果。包衣材料如 Kollicoat Protect、Opadry、Acryl-EZE、Opadry-Enteric 和 Sureteric 等。骨架材料如 RetaLac、Kollidon S 等。

此外，为改善制剂外观、色泽，突出产品品牌等，可采用色素及其他可改善制剂外观的成分组成的预混辅料或共处理辅料，如 Opaglos2、Opadry fx、Opalux、Opaspray、Opatint 等。

第二节 药品包装

一、概述

我国国家标准《包装通用术语》中将"包装"定义为："为了在流通过程中保护产品、方便储运、促进销售，按一定技术方法而采用的容器、材料及辅助物等的总体名称。也指为了达到上述目的而采用容器、材料和辅助物的过程中施加一定方法等的操作活动"。前者主要指包装的材料与容器，而后者则涉及包装的操作过程，两者从不同侧面共同反映包装的含义，其对于保护产品质量，减少损耗，方便运输、贮存和销售，美化商品，提高服务质量均具有重要意义。

由于药品属于特殊商品，因此其包装除具有包装的一般属性外，还受到药物固有性质的制约，具有一定特殊性，即具有维持药物性质稳定和规范药品正确使用的重要作用。因此，合格的药品包装必须能够为药物的安全、有效和稳定提供保障，兼具药品保护、便携、美观，方便使用，规格适宜，标识规范、清晰等特点，以满足药品在流通、储存及使用等各个环节的不同需求。

（一）定义与分类

1. 定义 药品包装是指选用适宜的材料和容器，利用一定技术对药物制剂的成品进行分（灌）、封、装、贴签等操作，为药品提供品质保护、鉴定商标与说明的加工过程的总称。对药品包装本身可以从两个方面去理解：从静态角度看，包装是用适宜材料、容器和辅助物等将药品包装起来，起到应有的功能；从动态角度看，包装是采用材料、容器和辅助物的技术方法，是工艺及操作。

2. 分类 药品包装按其在流通领域中的作用可分为两大类：内包装与外包装。内包装指直接与药品接触的包装（如安瓿、注射剂瓶、铝箔等）。内包装应能保证药品在生产、运输、贮藏及使用过程中的质量，并便于医疗使用。药品内包装材料、容器（药包材）的更改，应根据所选用的药包材的材质，做稳定性试验，考察药包材与药品的相容性。外包装指内包装以外的包装，按由里向外分为中包装和大包装。外包装应根据药品的特性选用不易破损的包装，以保证药品在运输、贮藏、使用过程中的质量。本章中的药品包装主要介绍药品的内包装，即直接与药品接触的包装材料和容器。

（二）药品包装的作用

药品包装是药品生产的继续，是对药品施加的最后一道工序。对绝大多数药品来说，只有进行了包装，药品生产过程才算完成。一种药品，从原料、中间体、成品、制剂、包装到使用，一般要经过生产和流通（含销售）两个过程。在整个转化过程中，药品包装起着重要的桥梁作用，发挥着特殊的功能。

1. 发挥保护功能 药品在生产、运输、贮存与使用过程中常经历较长时期，包装不当，可能导致药品的物理性质或化学性质发生改变，使药品减效、失效甚至产生不良反应。药品包装应将保护功能作为首要因素考虑。保护功能主要包括以下两个方面。

（1）阻隔作用：在药品包装中，包装材质与方法可能不同，但包装应能保证容器内药物不穿透、不泄漏，也能阻隔外界的空气、光、水分、热、异物与微生物等与药品接触。

（2）缓冲作用：药品包装具有缓冲作用，可防止药品在运输、贮存过程中受各种外力的震动、冲击和挤压。

2. 方便患者使用　药品包装的主要作用是方便患者及临床使用，帮助医师和患者科学、安全用药。其主要包括标签、说明书、包装标志等。标签是药品包装的重要组成部分，其作用是向人们科学而准确地介绍具体药品的基本内容、商品特性。药品说明书包含有关药品的安全性、有效性等基本科学信息。包装标志是为了帮助使用者识别药品而设的特殊标志。

麻醉药品、精神药品、医疗用毒性药品、放射性药品等特殊管理的药品，外用药品，非处方药品在其包装、大包装和标签、说明书上必须印有符合规定的标志；对贮藏有特殊要求的药品，必须在包装、标签的醒目位置和说明书中注明。

随着包装材料与包装技术的发展，药品包装呈多样化。例如，剂量化包装、旅行保健药盒、冠心病急救药盒等；将多种药物同时装在1个盒内，盒子按每周天数分成几个部分，而每部分又按每天服药次数分成4个小室的新型药盒。这些药品包装简化了服药手续，提高了用药的依从性，同时可以监控患者的服药量，特别对老年患者更为适宜，进而提高治疗效果。

3. 有利于商品宣传　药品属于特殊商品，首先应重视其质量和应用。从商品属性看，产品包装的科学化、现代化程度，一定程度上有助于显示产品的质量、生产水平，能给人信任感、安全感，有助于营销宣传。

二、药品的包装材料和容器

（一）药包材的定义

药品的包装材料和容器简称药包材。药包材的选择取决于药品的物理化学性质、药物制品需要的保护情况，以及应用与市场需要等的要求。药包材应具备的性能及其对药品包装的影响见表3-4。

表3-4　药包材应具备的性能及其对药品包装的影响

药包材应具备的性能	对药品包装的影响
弹性	影响药品包装的防震性能
强度	影响药品包装的抗压性、抗拉性、抗跌落性、抗撕裂性
塑性	影响药品包装的抗形变能力
密度	影响药品包装的紧密度、多孔性、投料量及价格性能比
吸湿性	影响药品包装的吸湿率、水分控制能力
阻隔性	影响药品包装的透气性和透水性
导热性	影响药品包装的热量的传递性能
耐热性和耐寒性	影响药品包装在温差变化较大时性能的稳定性
化学稳定性	影响药品包装在外界环境的影响下性能的稳定性，不与药物反应，耐老化、耐锈蚀的能力
加工成型性	影响药品包装的加工操作和推广使用的难易程度
生物安全性	保证药品包装材料的无毒、无菌、无放射性等
回收再利用性能	影响药品包装的环保性能，包括对环境无污染、易回收、低成本等

（二）药包材的种类

药包材可分别按使用方式、形状及材料组成进行分类。

按使用方式不同，药包材可分为Ⅰ、Ⅱ、Ⅲ三类。Ⅰ类药包材指直接接触药品且直接使用的药品包装用材料、容器（如塑料输液瓶或袋、固体或液体药用塑料瓶）。Ⅱ类药包材指直接接触药品，但便于清洗，在实际使用过程中，经清洗后需要并可以消毒灭菌的药品包装用材料、容器（如玻璃输液瓶、输液瓶胶塞、玻璃口服液瓶等）。Ⅲ类药包材指除Ⅰ、Ⅱ类以外其他可能直接影响药品质量的药品包装用材料、容器（如输液瓶铝盖、铝塑组合盖）。

按形状不同，药包材可分为容器（如塑料滴眼剂瓶）、片材（如药用聚氯乙烯硬片）、袋（如药用复合膜袋）、塞（如丁基橡胶输液瓶塞）、盖（如口服液瓶撕拉铝盖）等。

按材料组成不同，药包材可分为金属、玻璃、塑料（热塑性、热固性高分子化合物）、橡胶（热固性高分子化合物）及上述成分的组合（如铝塑组合盖、药品包装用复合膜）等。

（三）典型药包材的特点

1. 金属 金属（metal）在药物制剂包装材料中应用较多的有锡、铝、铁和铅等，可制成刚性容器，如筒、桶、软管、金属箔等。采用锡、铅、铁、铝等金属制成的容器，光线、液体、气体、气味与微生物都不能透过；它们能耐高温，也能耐低温。为了防止内外腐蚀或发生化学作用，容器内外壁上往往需要涂保护层。

（1）锡：在金属中化学惰性较大，冷锻性最好，易坚固地包附在很多金属表面。锡管中常含0.5%铜以增加硬度。锡片上包铝既能增进成品外观又能抵御氧化。但锡价格比较昂贵。现已采用价廉的涂漆铝管来代替锡管。一些眼用软膏目前仍用纯锡管包装。

（2）铅：价格最廉，镀锡后的铅管具有铅的软度与锡的惰性。其多用于日用品，如黏合剂、牙膏等。因毒性问题，内服制品不用铅容器。

（3）铁：药物包装不用铁，但镀锡钢却大量应用于制造桶、螺旋帽盖与气雾剂容器。马口铁是包涂纯锡的低碳钢皮，它具有钢的强度与锡的抗腐蚀力。

（4）铝：是相对原子质量低而非常活泼的金属。铝制品质轻，节省运费；具有延展性、可锻性，无嗅、无味、无毒，具有不透性；也可制成刚性、半刚性或柔软的容器。铝中加入3%锑，可以增加铝的硬度。铝表面与大气中的氧起作用能形成氧化铝薄层，该薄层坚硬、透明，保护铝不再继续被氧化。铝制软膏管、片剂容器、螺旋盖帽、小药袋与铝箔等均在药剂中广泛应用。铝箔在药品包装中使用越来越广泛，主要包装形式是泡罩包装、条形包装。铝箔具有良好的包装加工性和保护、使用性能，防潮性好，气体透过性小，是做防潮包装不可缺少的材料，厚度在 20 μm 以上的铝箔防潮性能极佳。

2. 玻璃 玻璃（glass）具有优良的保护性，其本身稳定，价廉、美观。玻璃容器是药品最常用的包装容器。玻璃清澈光亮，呈化学惰性，不易渗透，坚硬，不老化，配上合适的塞子或盖子与盖衬，可以不受外界任何物质的入侵，但光线可透入。需要避光的药物可选用棕色玻璃容器。玻璃的主要缺点是质重和易碎。

玻璃的主要成分是由二氧化硅、碳酸钠、碳酸钙组成的硅酸盐复盐。药用玻璃可含有硅、铝、硼、钠、钾、钙、镁、锌与钡等阳离子。玻璃很多有用的性质是由所含金属元素产生的，降低钠离子含量能使玻璃具有抗化学性，但若没有钠或其他碱金属离子则玻璃难以熔融；氧化硼可使玻璃耐用、抗热震，增强机械强度。

一般药用玻璃瓶常用无色透明的或棕色的，蓝、绿或乳白色常用作装饰，棕色或红色可阻隔日光中的紫外线。但制造棕色玻璃所加入的氧化铁能渗进制品中，所以药物中含有的成分如能被铁催化就不宜使用棕色玻璃容器。着色剂可使玻璃呈现各种色泽，如碳与硫或铁与锰（棕色），镉与硫的化合物（黄色），氧化锆或氧化铜（蓝色），氧化铁、二氧化锰与二氧化铁（绿色），硒与镉的亚硫化物（红宝石色），氟化物或磷酸盐（乳白色）。

USP、BP规定药用玻璃分为四类，并规定了检查各类玻璃的碱性与抗水性的限度：Ⅰ类为中性玻璃，含10%氧化硼（B_2O_3）的硼硅酸盐玻璃；Ⅱ类为经过内表面处理的钠-钙-硅酸盐玻璃；Ⅲ类为未经表面处理的钠-钙玻璃，不能用作注射剂容器；Ⅳ类为普通的钠-钙玻璃，只用来包装口服与外用制剂。

《中国药典》(2025年版)要求，用于盛装输液的玻璃瓶，其内表面耐水性必须符合通则4202，即"玻璃容器内表面耐水性测定法"相关要求，符合这项要求的玻璃有两种：一种是Ⅰ型玻璃，它具有优异的化学稳定性（目前我国还没有这种玻璃制造的输液瓶，国际上也不多）；另一种是Ⅱ型玻璃，它的内表面有一层很薄的富硅层，能达到Ⅰ型玻璃的效果，为国际上广泛采用，目前我国约1/3的输液瓶是用这种玻璃制造的，其余约2/3的输液瓶是采用含氧化硼2%左右的非Ⅰ、非Ⅱ型玻璃制造的。测试证明，Ⅱ型玻璃的抗水性能优于非Ⅰ、非Ⅱ型玻璃，但Ⅱ型玻璃仅仅在内表面进行了脱碱处理，如重复使用，由于洗瓶和灌装消毒过程中的损伤，极薄的富硅层易遭到破坏而导致性能下降，因此，GB/T 2639-2008《玻璃输液瓶》中明确规定，Ⅱ型玻璃仅适用于一次性使用的输液瓶。

钠-钙玻璃适用于包装口服、外用制剂。它具有轻微的碱性但不影响制品。一些盐类如柠檬酸、酒石酸或磷酸的钠盐可侵蚀此种玻璃的表面，特别是在高压灭菌条件下，玻璃表面往往出现脱片现象。

3. 塑料及其复合材料　塑料（plastic）是一种合成的高分子化合物，具有许多优越的性能，可用来生产刚性或柔软容器。塑料比玻璃或金属轻、不易破碎（即使碎裂也无危险），但在透气性、透湿性、化学稳定性、耐热性等方面不如玻璃。所有塑料都能透气透湿、高温软化，很多塑料也受溶剂的影响。

根据受热的变化，塑料可分成两类：一类是热塑性塑料，它受热后熔融软化，冷却后变硬成型，但其分子结构和性能无显著变化，如聚氯乙烯（polyvinyl chloride，PVC）、聚乙烯（polyethylene，PE）、聚丙烯（polypropylene，PP）、聚酰胺（polyamide，PA，亦俗称尼龙，Nylon）等，此类较常用；另一类是热固性塑料，它受热后，分子结构被破坏，不能回收再次成型，如酚醛塑料、环氧树脂塑料等。

近年来，除传统的聚酯（polyethylene terephthalate，PET，聚对苯二甲酸乙二醇酯）、PE、PP等包装材料用于医药包装外，各种新材料如铝塑、纸塑等复合材料也广泛应用于药品包装，有效地提高了药品包装质量和药品档次，显示出塑料广泛的发展前景。

（1）聚氯乙烯（PVC）：本品透明性好、强度高、热封性和印刷性优良。在医药包装中，硬质PVC主要用于制作周转箱、瓶等；软PVC主要用于制作薄膜、袋等。近年来药品包装质量和档次的不断提高，为半硬质PVC片材开辟了新的应用空间，目前大量的PVC片材被用作片剂、胶囊剂的铝塑泡罩包装的泡罩材料。

（2）聚丙烯（PP）：本品无毒，密度很低，未填充或增强的密度仅有 0.90~0.91 g/cm^3，通常都是结晶态，熔点为 164~170℃，故耐热性高，可在沸水中蒸煮。它是弱极性高聚物，所以热黏合性、印刷性较差，常用于提高透明性或阻隔性。

（3）聚对苯二甲酸乙二醇酯（PET）：本品强度高、透明性好、尺寸稳定性优异、气密性好。在医药包装中使用的PET种类很多，常用来代替玻璃容器和金属容器，用于片剂、胶囊剂等固体制剂的包装。特性黏度在 0.57~0.64 cm^3/g 的PET经双向拉伸后形成双向拉伸PET（BOPET），常用于包装中药饮片。另外，由于其保气味和耐热性高，可作为多层复合膜中的阻隔层，如PET/PE复合膜等。PET的最大缺点是不能经受高温蒸汽消毒。

（4）聚萘二甲酸乙二醇酯（polyethylene naphthalate，PEN）：本品力学性能优良，有很强的耐紫外线照射特性，透明性、阻隔性好，玻璃化转变温度高达121℃，结晶速度较慢，易制成透明的厚壁耐热容器。PEN价格较高，为降低成本，常采用PEN与PET共混，形成PEN-PET共混物使其成本与玻璃相当，又具有与玻璃瓶相同的气密性。由于PEN有较强的耐紫外线照射的特性，使药品的成分不因光线照射而发生变化，常用于口服液、糖浆等制剂的热封装，是目前唯一能取代玻璃容器并可用工业方法蒸煮消毒的刚性包装材料。

（5）聚偏氯乙烯（polyvinylidene chloride，PVDC）：本品透明性好，印刷性和热封性能优异，最大特点是对空气中的氧气、水蒸气、二氧化碳等具有良好的阻隔性，防潮性极好。但由于其价格昂贵，在医药包装中主要与PE、PP等制成复合薄膜用作冲剂和散剂等制剂的包装袋。

（6）真空镀铝膜：本品是在高真空状态下将铝蒸发到各种基膜上的一种软包装薄膜产品，镀铝层非常薄。在中药颗粒剂、散剂的外包装中广泛使用的有PET、流延聚丙烯（cast polypropylene，CPP）、定向聚丙烯（oriented polypropylene，OPP）、PE等真空镀铝膜。其中应用最多是PET、CPP、PE真空镀铝膜。真空镀铝软薄膜包装除了具有塑料基膜的特性外，还具有漂亮的装饰性和良好的阻隔性，尤其是各种塑料基材经镀铝后，其透光率、透氧率和透水蒸气率降低至原来的几十分之一甚至不到百分之一。

（7）双向拉伸聚丙烯（biaxially oriented polypropylene，BOPP）：本品具有良好的透明性、耐热性和阻隔性，用于药品软包装复合袋的外层。把它与热封性好的低密度聚乙烯（low-density polyethylene，LDPE）、氯乙烯-醋酸乙烯共聚物（chlorinated ethylene vinyl acetate，CEVA）或与铝箔复合，能大大提高复合膜的刚度及物理机械性能，如在BOPP基膜上涂上防潮及阻隔性能优良的PVDC，则可大大提高它的防透过性能。

（8）流延聚丙烯：本品具有良好的热封性，用于药品包装复合包装袋的内层，真空镀铝后可与BOPP、PET等复合。

（9）氟卤代烃薄膜：本品是三氟氯乙烯（chlorotrifluoroethylene，CTFE）的共聚物，不可燃、阻隔性优良且透明，具有独特的应用范围。目前有两类，即CTFE和乙烯-三氟氯乙烯共聚物。CTFE化学性质稳定，能经受住金属、陶瓷和其他塑料所不能经受的化学物质的侵蚀；水汽渗透率比其他任何塑料薄膜都低，实际上其吸湿性等于零；能与各种基料复合，像PE、PVC、PET、PA、铝箔等；亦可用真空喷镀铝法，给它们喷镀金属。CTFE薄膜及其复合物主要用于包装需要高度防潮的药片和胶囊。

药品包装中可使用的塑料还有聚氨酯（polyurethane，PUR）、聚苯乙烯（polystyrene，PS）、乙烯-乙烯醇共聚物（ethylene vinyl alcohol，EVOH或EVAL）、EVA、聚四氟乙烯（polytetrafluoroethylene，PTFE）、聚碳酸酯（polycarbonate，PC）、聚氟乙烯（polyvinyl fluoride，PVF）等。其用途大都是发挥这些塑料所具有的防潮、遮光、阻气、印刷性好等优点。随着材料科学的发展和人类对健康的关注，药品包装将向着更安全、更全面和无污染的方向发展，塑料将以其优良的综合性能和合理的价格而成为医药包装中发展最快的材料。

药用塑料包装材料的选择，不但要了解各种塑料的基本性质，如物理、化学与屏蔽性质，还应清楚塑料中的附加剂。不论何种塑料，其基本组成为：塑料、残留单体、增塑剂、成形剂、稳定剂、填料、着色剂、抗静电剂、润滑剂、抗氧剂以及紫外线吸收剂等。任何一种组分都可能迁移而进入包装的制品中。PVC（与聚烯烃相比）中含有较多的附加剂，为塑料中有较大危险的一个品种。1950年8月美国FDA提出禁止制造和使用PVC容器做食品包装，因为它含有残留的单体氯乙烯以及增塑剂邻苯二甲酸二（2-乙基己酯）（DEHP），在燃烧时产生有害的氯气和氯化氢气体，故不符合安全卫生和消除公害的要求。

4. 橡胶 橡胶（rubber）具有高弹性、低透气和透水性、耐灭菌、良好的相容性等特性，因此橡胶制品在医药上的应用十分广泛，其中丁基橡胶、卤化丁基橡胶、丁腈橡胶、乙丙橡胶、天然橡胶和顺丁橡胶都可用来制造医药包装系统的基本元素——药用瓶塞。为防止药品在贮存、运输和使用过程中受到污染和渗漏，橡胶瓶塞一般常用作医药产品包装的密封件，如输液瓶塞、冻干剂瓶塞、血液试管胶塞、输液泵胶塞、口腔科麻醉针筒活塞、预装注射针筒活塞、胰岛素注射器活塞和各种气雾瓶（吸气器）所用密封件等。

橡胶瓶塞、玻璃或塑料容器的材料可能含有害物质，渗入药品溶液中，可能导致药液产生沉淀、微粒超标、pH 改变、变色等。理想的瓶塞应具备以下性能：对气体和水蒸气的低透过性；低吸水率；能耐针刺且不落屑；有足够的弹性，刺穿后再封性好；良好的耐老化性能和色泽稳定性；耐蒸汽、环氧乙烷和辐射消毒等。

（1）天然橡胶：本品是第一代用于药用瓶塞的橡胶。它具有优异的物理性能和耐落屑性能，但其硫化胶的透气性及耐化学品性无法满足现代医药工业的要求。由于天然橡胶需要高含量的硫化剂、防老剂以防老化，所以易产生药品不需要的高残余量的抽出物，其吸收率也不理想。因此，天然橡胶制成的胶塞已被列入淘汰的行列。

（2）乙丙橡胶：本品的配方采用过氧化物硫化，不含任何增塑剂。但对乙丙橡胶瓶塞及密封垫的分析表明，常有一些来自橡胶中的催化剂残余物，因此，这种橡胶一般只用于与高 pH 溶液或某些气雾剂接触的瓶塞或密封件。

（3）丁腈橡胶：本品具有优异的重密封性能和耐油、耐各种溶剂性能，被广泛应用于药品推进胶件，如气雾泵的计量阀、兽药耐油瓶塞等。

（4）丁基橡胶：本品是异丁烯和少量异戊二烯的共聚物。异戊二烯的加入使丁基橡胶分子链上有了可用硫黄或其他硫化剂硫化的双键。它具有对气体的低渗透性，低频率下的高减振性，优异的耐老化、耐热、耐低温、耐化学、耐臭氧、耐水及蒸汽、耐油等性能及较强的回弹性等特点。这些特点是理想的药用胶塞应必备的。丁基橡胶于 20 世纪 60 年代被国外的药用胶塞生产企业广泛用于特殊橡胶瓶塞的生产。

（5）卤化丁基橡胶：卤化丁基橡胶与丁基橡胶有着共同的性质和特点，但由于卤族元素氯或溴的存在，使胶料的硫化活性和选择性更高，易与不饱和橡胶共硫化，消除了普通丁基橡胶易污染的弊病，从而使卤化丁基橡胶在医药包装领域得到更广泛的应用。卤化丁基橡胶的特性，决定了它是当前药用瓶塞最理想的材料。目前全球 90% 以上的瓶塞生产企业多采用药用级可剥离型丁基橡胶或卤化丁基橡胶作为生产和制造各类药用胶塞的原料。

（四）药包材的质量要求与质量标准

1. 药包材的质量要求　为确认药包材可被用于包裹药品，有必要对这些材料进行质量监控。根据不同药包材的适用性，这些材料应具有下列特性：①保护药品在贮藏、使用过程中不受环境的影响，保持药品原有属性；②药包材与所包装的药品不能有化学、生物意义上的反应；③药包材自身在贮藏、使用过程中应有较好的稳定性；④药包材在包裹药品时不能污染药品生产环境；⑤药包材不得带有在使用过程中不能消除的对所包装药物有影响的物质。

2. 药包材的质量标准　所有药包材的质量标准需证明该材料具有上述特性，并得到有效控制。为此，各国制定了药包材的相应质量标准，分为质量标准体系与质量标准项目。

（1）药包材质量标准体系：药包材的质量标准体系主要包括药典体系、ISO 体系和工业标准体系。①药典体系：有关药包材方面的技术要求多见于一些国家的药典附录，主要包括安全性项目，如异常毒性、溶血、细胞毒性、化学溶出物、玻璃产品中的砷、PVC 中的氯乙烯、塑料中的添加剂等，以及有效性项目，如材料的确认、水蒸气渗透量、密封性、扭力等；② ISO 体系：ISO/TC76 以制定药品包装材料、容器标准为主要工作内容，根据形状制定标准（如铝盖、玻璃输液瓶），基本上涉及药包材的所有特性，但缺少材料确认项目，也缺少证明使用过程中不能消除的其他物质（细菌数）和监督抽查所需要的合格质量水平；③各国工业标准体系：各国工业标准已逐渐向 ISO 标准转化。

（2）药包材的质量标准项目：根据药包材的特性，药包材的质量标准主要包含以下项目。

1）材料的确认（鉴别）：主要确认材料的特性，防止掺杂，确认材料来源的一致性。为了确认材料的特性，根据材料的不同需设置特殊的检查项目，如 PE 材料应检查乙烯单体、聚对苯二甲酸乙二醇酯（PET）材料应检查乙醇残留量。其次是为了防止掺杂。最后用户能确认材料来源的一致性。

2）材料的化学性能检查：材料在各种溶剂（如水、乙醇和正己烷）中浸出物（主要检查有害物质、低相对分子质量物质、未反应物、制作时带入物质、添加剂等）、还原性物质、重金属、蒸发残渣、pH、紫外吸光度等；检查材料中特定的物质，如PVC硬片中氯乙烯单体、PP输液瓶中的催化剂、复合材料中溶剂残留；检查材料加工时的添加物，如橡胶中硫化物、PVC膜中增塑剂（邻苯二甲酸二辛酯）、PP输液瓶中的抗氧剂等。

3）材料、容器的使用性能：容器需检查密封性、水蒸气透过量、抗跌落性、滴出量（若有定量功能的容器）等；片材需检查水蒸气透过量、抗拉强度、延伸率；如该材料、容器组合使用，需检查热封强度、扭力、组合部位的尺寸等。

4）材料、容器的生物安全检查项目：①微生物数：根据该材料、容器被用于何种剂型，测定各种类微生物的量；②安全性：根据该材料、容器被用于何种剂型需选择测试异常毒性、溶血细胞毒性、眼刺激性、细菌内毒素等项目。

（五）药包材的选择原则

药包材的选用与其性能要求紧密相连，必须能保证药品质量外，还应遵循以下原则。

1. 相容性原则 药包材与药物的相容性原则是指药包材与药物间无相互影响或成分迁移，包括物理相容性、化学相容性和生物相容性三种。在药物有效期内，药包材本身应具有惰性，不应与药品发生物理、化学及生物相互作用，即包装本身不能对药品有不良影响，药品也不能对包装有不良影响，更不能改变其性质或影响其保护功能。选择与药物相容的药包材，必须通过药品包装材料与药物的相容性试验验证。

2. 适应性原则 药包材选用的适应性原则是指药包材的选用应与药品的生产、流通及应用环节相适应。在上述各个环节中，内包材应能够避免药物的渗漏、挥发；外包材应具有保护作用，易于识别；具有定量给药装置的包装材料，应能保证给药剂量的准确性。

3. 协调性原则 药包材选用的协调性原则是指药包材应与该包装所承担的功能相协调。药包材应与药物安全性、有效性相协调，能够抵抗外界气候、微生物、外力等作用，同时还应具有密封、防篡改、防替换、防误食等功能。

4. 对等性原则 药包材选用的对等性原则是指在进行药品包装时，应在保证药品质量的前提下，根据药品的价格、品性或附加值，选择价格相对等的药包材。对于贵重药品或附加值高的药品，应选用价格及性能比较高的药品包装材料；对于中低价格的常用药品，在保证药品质量的前提下，要考虑经济性，简化药品包装。

5. 美学性原则 药包材选用的美学性原则是指药品包装应符合美学要求。药包材的选用方面，主要考虑颜色、透明度、硬度、种类等。例如，镇静催眠药多选用冷色调的包装材料；许多口服液体制剂选用透明材质的包装容器，使人一目了然，也便于控制制剂的外观质量。

6. 无污染原则 药包材选用的无污染原则是指药包材除应具有优良的机械性能、化学惰性且无生物学毒性之外，还应能够自然分解和易于回收利用。寻找和使用可降解的药包材是当今制药界在药品包装发展方面的主题之一。药品包装向环保、安全、人性化的方向发展，也体现了药包材的选择原则。

三、药品软包装

软包装是近年来常用的包装形式。应用的包装材料主要是塑料膜，即单纯的塑料膜，或用纸、塑料、铝箔等制成的复合膜、铝塑泡罩等。

（一）铝塑泡罩包装

药品的铝塑泡罩包装（press through packaging，PTP），又称水泡眼包装，是先将透明塑料硬片吸塑成型后，将片剂、丸剂、颗粒剂或胶囊等固体药品填充在凹槽内，再与涂有黏合剂的铝箔片加热黏合在一起，形成独立的密封包装。这种包装是当今制药行业应用广泛、发展迅速的药品软包装形式之一，正逐步取代传统的玻璃瓶包装和散包装成为固体药品包装的主流。

与瓶装相比，泡罩包装最大的优点是便于携带、可减少药品在携带和服用过程中的污染，此外，泡罩包装在气体阻隔性、防潮性、安全性、生产效率、剂量准确性等方面也具有明显的优势。泡罩包装的另一优势是全自动的封装过程最大限度地保障了药品包装的安全性。全自动泡罩包装机包括泡罩成型、药品填充、封合、外包装纸盒的成型、说明书的折叠与插入、泡罩板的入盒以及纸盒的封合，全部过程一次完成。先进机型还有多项安全检测装置，包括包装盒和说明书的识别与检测，可提高安全性和卫生性、有效减少药品的误装。

1. 药品包装用铝箔 药品泡罩包装采用的铝箔是密封在塑料硬片上的封口材料（也叫盖口材料），通常称为PTP药用铝箔。它以硬质铝箔为基材，具有无毒、无腐蚀、不渗透、卫生、阻热、防潮等优点，很容易进行高温消毒灭菌，并能阻光，可保护药品片剂免受光照变质。铝箔与塑料硬片密封前需在专用印刷涂布机上印制文字图案，并涂以保护剂，在铝箔的另一面涂以黏合剂。涂保护剂的作用是防止铝箔表面油墨、图文磨损，同时也防止铝箔在机械收卷时外层油墨与内层的黏合剂接触而造成污染。黏合剂的作用是使铝箔与塑料硬片具有良好的黏合强度。由于铝箔的回收非常容易，且对环境几乎没有污染，所以用铝箔代替塑料和纸是比较好的发展方向。铝箔除用于片剂、胶囊的包装外，还可用于针剂等药品的外包装。

2. 药品包装常用泡罩材料 泡罩包装良好的阻隔性能源于铝箔和塑料硬片的使用。铝箔具有高度致密的金属晶体结构，有良好的阻隔性和遮光性；塑料硬片则具备足够的对氧气、二氧化碳和水蒸气的阻隔性能，高透明度和不易开裂的机械强度。目前最常用的药用泡罩包装材料有PVC片、PVDC片及真空镀铝膜。

3. 铝箔印刷用油墨及黏合剂 铝箔印刷用油墨应具备良好的铝箔黏附性，印刷的文字图案要牢固，同时溶剂释放较快，耐热性好，耐磨性及光泽性能好，且无毒、不污染所包装的药品，黏度应符合铝箔印刷速度及干燥的要求等。目前药用铝箔常用的油墨主要有醇溶性聚酰胺类油墨，其特点是具备较好的黏附性及光泽性，耐磨且溶剂释放性较好；另一类是以聚乙烯醋酸乙烯共聚合树脂/丙烯酸为主要成分的铝箔专用油墨，其色泽鲜艳、浓度高，耐高温性及与铝箔的黏附性强，有良好的透明性，已广泛应用于药品铝箔的印刷。

铝箔用黏合剂主要是聚醋酸乙烯酯与硝酸纤维素混合的溶剂型黏合剂。该黏合剂在熔融状态下流动性、涂布性好，在一定温度下与铝塑及PVC表面有良好的亲和力，能在化学或物理作用下发生固化结合。铝箔用黏合剂今后的发展方向，一是开发固含量高、黏度低的黏合剂；二是向无溶剂胶黏剂方向发展。使用无溶剂胶黏剂无废气排放，不需加热、鼓风、排风装置，设备更简单，能耗低，生产效率高。

药用铝箔的印刷、涂覆结合剂等工序均在药用PTP铝箔印刷涂布设备上完成。该设备主要由印刷系统、涂布系统、烘干系统及收放卷系统构成。

4. 铝塑泡罩材料热封的检验 药品包装厂将印刷涂布后的铝箔提供给制药厂，制药厂在自动泡罩包装机上对铝箔及塑料硬片进行热压合，并填入药品，其过程为：塑料硬片泡罩成型→填装药片或胶囊→塑料硬片与铝箔热压封合→按所设计的尺寸裁切成板块。

为保证所封合的泡罩包装的质量，应对其进行密封性能测试。具体方法为：将样品放入能承受100 kPa的容器中，盖紧密封，并抽真空至（80±13）kPa，30 s后，注入有色水，恢复常压，打开盖检查有无液体渗入泡罩。泡罩包装的湿热试验及其他检验方法，可根据ZBC 08003-87《药品铝塑泡罩包装》的要求进行检验。

(二)复合膜条形包装

条形包装（strip packaging，SP）是利用两层药用条形包装膜（SP膜）把药品夹于中间，单位药品之间隔开一定距离，在条形包装机上把药品周围的两层SP膜内侧热合密封，药品之间压上齿痕，形成一种单位包装形式（单片包装或成排组成小包装）。取用药品时，沿齿痕撕开SP膜即可。

条形包装覆膜袋不仅能包装片剂，也是颗粒剂、散剂等剂型的主要包装形式，适于包装剂量大、吸湿性强、对紫外线敏感的药品。条形包装可在条形包装机上连续作业，特别适合大批量自动包装。

SP膜是一种复合膜，具有一定的抗拉强度及延伸率，适合于各种形状和尺寸的药品，并且包装后紧贴内装药品，不易破裂和产生皱纹。目前较普遍使用的铝塑复合膜，一般有玻璃纸/铝箔/低密度聚乙烯（PT/Al/LDPE）和涂层/铝箔/低密度聚乙烯（OP/Al/LDPE）两种结构，即铝箔与塑料薄膜以黏合剂层挤压复合或挤出复合而成，由基层、印刷层、高阻隔层、密封层组成。基层在外，热封层在内，高阻隔层和印刷层位于中间。

基层材料要求机械性能优良、安全无毒、有光泽，有良好的印刷性、透明性、阻隔性和热封性。典型材料有PET、PT及带PVDC涂层的玻璃纸。PT/Al/LDPE结构的产品可在玻璃纸表面进行彩色印刷，且产品结构延展性较好，不易起皱。OP/Al/LDPE结构的产品由于采用铝箔表印，一般不能印刷太多颜色，且表面印字不耐划伤。

高阻隔层应有良好的气体阻隔性、防潮性和机械性能，其典型材料是软质铝箔。PT/Al/LDPE结构的产品由于表面采用玻璃纸，防潮性差，玻璃纸易与铝箔离层；其阻隔层一般采用$6.5 \sim 9 \mu m$厚铝箔，阻氧、阻水和隔光性能欠佳，故一般用于对阻隔性能要求不高的药品条形包装中。OP/Al/LDPE结构的复合膜，其阻隔层的铝箔厚度一般都在$25 \mu m$以上，因而其防潮性和阻气性能极佳（一般为PT/Al/LDPE结构的7倍以上），其氧气透过量和水蒸气透过量基本为零，特别适用于对防潮、阻气和隔光性能要求很高的药品条形包装中。若需要透明条形包装膜，则采用PVDC作高阻隔层材料。

密封层是条形包装膜的内层，应具有优良的热封性、化学稳定性与安全性，一般采用LDPE材料。

目前，国外的药用条形包装膜已由双层复合发展到多层复合，有的已达七层，国内有的厂家也在尝试生产，促进了我国条形包装技术的发展。

(三)输液软袋包装

传统输液容器为玻璃瓶。玻璃瓶具有良好的透明度、相容性及阻水阻气性能。但玻璃瓶也有明显的缺陷，如体重大，稳定性差，口部密封性差，胶塞与/或药液直接接触，易碎，碰撞引起隐形裂伤易使药液污染，烧制玻璃瓶时污染大且能耗大。在输液方式上，由于玻璃瓶不能扁瘪，输液过程中需形成空气回路，外界空气进入瓶体形成内压方能使药液滴出，空气中的灰尘、微生物（如细菌、真菌等）可由此进入玻璃瓶中污染药液；此外，当加入治疗性药物（如易氧化药物）需长时间滴注时，药物不断与空气接触，易引起部分药物降解。

针对玻璃瓶输液容器存在的缺陷，在20世纪60年代，一些国家开始研究使用高分子材料制造输液容器。塑料输液瓶材料多为PP、PE，其性能特点主要为稳定性好、口部密封性好、无脱落物、胶塞不与药液接触、质轻、抗冲击力强、节约能源、保护环境、一次性使用免回收等。但PP材料的耐低温性能较差，温度降低时抗脆性降低；PE材料不耐高温消毒。另外，在输液方式上，没有克服玻璃瓶的缺陷，需要进气口，因而有增加瓶内微粒或污染的可能。因此，硬塑料瓶的发展也受到限制。

为解决玻璃和塑料输液瓶易造成输液污染的问题，输液软袋包装应运而生。软袋输液在使用过程中可依靠自身张力压迫药液滴出，无须形成空气回路。输液软袋包装具有以下优点：①软袋包装较输液瓶轻便、不怕碰撞、携带方便；②特别适用于大剂量加药：如用瓶装500 mL的液体只能加药液20 mL，而软袋包装500 mL的液体则可加药液150 mL，且前者需反复抽吸，延长了操作时间，增加了污染机会;③加药后不漏液,输液瓶加药后会增加瓶内压力,造成液体从排气管漏出,既浪费药液又增加污染机会;④软袋包装液体是完全密闭式包装,不存在瓶装液体瓶口松动、裂口等现象;⑤柔韧性强,可自收缩。药液在大气压力下,可通过封闭的输液管路输液,消除空气污染及气泡造成栓塞的危险,且有利于急救及急救车内加压使用;⑥形状与大小简便易调,而且可以制作成单室、双室及多室输液;⑦输液袋在输液生产中可以完成膜的(清洗)印刷、袋成型、袋口焊接、灌装、无气或抽真空、封口,且生产线可以完成在线检漏和澄明度检查。

1. 聚氯乙烯软袋 PVC软袋作为第三代输液容器,在临床上解决了原瓶装半开放式输液的空气污染问题,但PVC软袋材料含有氯乙烯单体,不利于人体的健康。PVC中的增塑剂DEHP有可能会渗出溶于药液中,影响药液的内在质量,患者长期使用易影响其造血功能。此外,PVC材质本身具有透气性和渗透性,灭菌温度控制不好,可使输液袋吸水泛白而不透明;PVC材质中有微粒脱落,影响产品的澄明度。PVC材料本身的特点限制了其在输液包装方面的应用,而材质稳定、具有自身平衡压力而无须空气回路的非PVC软袋输液容器在三十多年来得到了飞速发展。

2. 聚烯烃多层共挤膜软袋 近年来聚烯烃多层共挤膜软袋(非PVC软袋)在国外已广泛取代玻璃瓶而用于输液包装,国内医药市场也相继上市了塑料软包装输液产品。聚烯烃多层共挤膜的发展经历了两个阶段:第一个阶段是20世纪80年代到90年代的聚烯烃复合膜,各层膜之间使用黏合剂,不利于膜材的稳定,对药液的稳定性也有潜在影响;第二个阶段是近年来发展起来的聚烯烃多层共挤膜,是多层聚烯烃材料同时熔融交联共挤出膜,不使用黏合剂,增加了膜材的性能,使其更安全、有效,符合药用和环保要求。由于该软袋具有很低的透水性、透气性及迁移性,软袋的成型需在A级洁净区域完成,无热原和微粒,不需清洗,材料质量符合《欧洲药典》《日本药局方》及《美国药典》的标准,适用于绝大多数药物的包装。

(1)聚烯烃多层共挤膜的结构:目前较常用的聚烯烃多层共挤膜多为三层结构,由三层不同熔点的塑料材料如PP、PE、PA及弹性材料(苯乙烯-乙烯/丁烯-苯乙烯嵌段共聚物,styrene-ethylene/butene-styrene block copolymer, SEBS),在A级洁净条件下共挤出膜。有两种类型,一种为内层、中层采用PP与不同比例的弹性材料混合,内层化学性质稳定,不脱落出异物;中层具有优良的水汽阻隔性能;外层为机械强度较高的PET或PP材料,表面经处理后文字印刷较为清晰。另一种为内层采用PP与SEBS的混合材料;中层采用SEBS,更增加了膜材的抗渗透性和弹性;外层采用PP材料。另外,由于两层材料的熔点从内到外逐渐升高,利于由内向外热合,使其更加严密牢固。PP材料具有很好的水汽阻隔性能,与各种药液有很好的相容性,能保证药液的稳定性。

(2)聚烯烃多层共挤膜的特性:该膜的结构和严格控制的生产过程决定了其具有以下特性。

1)安全性高:膜材多层交联共挤出,不使用黏合剂和增塑剂,吹膜使用A级洁净空气,筒状出膜,避免了污染。

2)惰性极好:不与任何药物发生化学反应,对大部分的药物吸收率极低。

3)热稳定性好:可在121℃高温蒸汽灭菌,不影响透明度。

4)阻隔性好:对水蒸气透过性极低,使输液浓度保持稳定;对气体透过性极低,使药物保持稳定。

5)机械强度高:可抗低温,不易破裂,易于运输、贮存。

6)环保型材料:使用后处理时对环境不造成影响,焚烧后只产生水和二氧化碳。

目前聚烯烃多层共挤膜成本较高,但由于聚烯烃多层共挤膜软袋与传统容器,如PVC软袋、玻璃瓶、PE瓶、PP瓶等相比,在封闭输液系统、柔软性/收缩性、消毒后透明度、机械强度、药物相容性、耐温性能、阻水性能及环境危害等评价项目上,其性能有非常显著的优势,相信随着技术的不断进步和膜材成本的降低,它在输液产品包装的发展中将发挥越来越重要的作用。

第三节 药用辅料与药品包装的法规

一、药用辅料有关法规

1984年以来，国家不同部门均发布过涉及药用辅料监管的法规文件，现按发布的部门机构分类，并按时间顺序总结药用辅料法规文件的发展情况如下。

（一）全国人民代表大会常务委员会文件

1984年9月，颁布了《药品管理法》，规定了生产药品所需的原料、辅料，应当符合药用要求、《药品生产质量管理规范》的有关要求。

2001年2月，颁布了《药品管理法》（2001年第一次修订），规定了生产药品所需的原料、辅料，必须符合药用要求。

2019年8月，颁布了《药品管理法》（2019年第二次修订），规定了生产药品所需的原料、辅料，应当符合药用要求、《药品生产质量管理规范》的有关要求。生产药品，应当按照规定对供应原料、辅料等的供应商进行审核，保证购进、使用的原料、辅料等符合规定要求。

（二）国务院文件

2004年7月，发布了《国务院对确需保留的行政审批项目设定行政许可的决定》，规定了药用辅料属行政许可事项，需注册审批。

2012年1月，发布了《国家药品安全"十二五"规划》，进一步明确提出将提高132个药用辅料标准，制订200个药用辅料标准的计划作为医药行业"十二五"规划的主要任务与重点项目。

2012年12月，发布了《生物产业发展规划》，将药用辅料产业纳入国家战略性新兴产业，明确了其在药品发展领域关键的基础性作用，并指出要建设一批符合国际标准的集约化药用辅料生产基地和培育龙头企业。

2015年8月，发布了《关于改革药品医疗器械审评审批制度的意见》，实行关联审批，将药用包装材料、药用辅料单独审批改为在审评审批药品注册申请时一并审评审批。

2017年2月，发布了《"十三五"国家药品安全规划》，规定了提高药用辅料、药包材标准整体水平，扩大品种覆盖面；完善技术指导原则，修订药物非临床研究、药物临床试验、处方药与非处方药分类、药用辅料安全性评价、药品注册管理、医疗器械注册技术审查等指导原则；对药用辅料的药包材生产企业开展延伸监管。

2018年3月，发布了《国务院办公厅关于改革完善仿制药供应保障及使用政策的意见》，规定加强药用原辅料、包装材料和制剂研发联动，促进药品研发链和产业链有机衔接，推动企业等加强药用原辅料和包装材料的研发，运用新材料、新工艺、新技术，提高质量水平。通过提高自我创新能力、积极引进国外先进技术等措施，推动技术升级，突破提纯、质量控制等关键技术，淘汰落后技术和产能，改变部分药用原辅料和包装材料依赖进口的局面，满足制剂质量需求。

（三）国家卫生健康委员会文件

1988年11月，卫生部发布了《关于新药审批管理的若干补充规定》，申报新辅料时，应同时报送加有该辅料的制剂资料；新辅料经国家卫生健康委员会批准后，发给证书及批准文号；新辅料经国家卫生健康委员会批准后，已生产的制剂若加入该辅料，属国家标准的，由国家卫生健康委员会审批，属地方标准的，由省、自治区、直辖市卫生健康委员会审批。

（四）国家药品监督管理局和原国家食品药品监督管理总局文件

2005年6月，发布了《关于印发药用辅料注册申报资料要求的函》，规定了包括新辅料、进口辅料、已有国家标准辅料、已有国家标准空心胶囊、胶囊用明胶和药用明胶注册申报资料要求。

2006年3月，发布了《药用辅料生产质量管理规范》，确定药用辅料生产企业实施质量管理的基本范围和要点，以确保辅料具备应有的质量和安全性，并符合使用要求。

2010年9月，发布了《关于征求药用原辅材料备案管理规定（征求意见稿）意见的通知》，要求境内生产的药用原辅材料的备案信息应当由合法的生产企业提交；境外生产的药用原辅材料的备案信息应当由境外合法厂商驻中国境内办事机构或者由其委托的中国境内代理机构提交；药用原辅材料厂商应当接受使用该原辅材料的药品制剂厂商的审计和药品监督管理部门的监督和检查；药品监督管理部门对通过药用原辅材料平台提交的备案信息不单独进行审核。

2012年8月，发布了《加强药用辅料监督管理的有关规定》，规定对药用辅料实施分类管理，对新的药用辅料和安全风险较高的药用辅料实行许可管理，即生产企业应取得《药品生产许可证》，品种必须获得注册许可；对其他辅料实行备案管理，即生产企业及其产品进行备案。

2016年1月，发布了《药包材和药用辅料关联审评审批申报资料要求（征求意见稿）意见的公告》，规定为简化药品审批程序，将直接接触药品的包装材料和容器、药用辅料由单独审批改为在审批药品注册申请时一并审评审批。

2016年5月，发布了《化学药品新注册分类申报资料要求（试行）》，规定申请制剂的，应提供辅料的合法来源证明文件，包括辅料的批准证明文件、标准、检验报告、辅料生产企业的营业执照、《药品生产许可证》、销售发票、供货协议等的复印件，说明辅料种类和用量选择的依据，分析辅料用量是否在常规用量范围内，是否适合所用的给药途径并结合辅料在处方中的作用分析辅料的哪些性质会影响制剂特性。

2016年8月，发布了《关于药包材药用辅料与药品关联审评审批有关事项的公告》，规定将直接接触药品的包装材料和容器、药用辅料由单独审评审批改为在审批药品注册申请时一并审评审批，此前已受理的药品、药包材和药用辅料注册申请继续按原规定审评审批；已批准的药包材和药用辅料，其批准证明文件有效期届满后，可继续在原药品中使用；用于其他药物临床试验或药品生产申请时，应按本公告要求报送相关资料。

2016年11月，发布了《关于发布药包材药用辅料申报资料要求（试行）的通告》，规定了药包材、药用辅料已与药物临床试验申请关联申报的，如在药品上市申请阶段发生变化，药包材、药用辅料生产企业应及时通知药品注册申请人，并直接向国家食品药品监督管理总局药品审评中心提交相关补充资料，附药包材、药用辅料《受理通知书》，无需重复关联申报。药品注册申请人在药品注册申报资料中一并提交药包材、药用辅料研究资料的，可以进行药品审评，完成审评后不对药包材、药用辅料核发核准编号。

2017年11月，发布了《关于调整原料药、药用辅料和药包材审评审批事项的公告》，规定了各级食品药品监督管理部门不再单独受理原料药、药用辅料和药包材注册申请，进一步明确药用辅料关联审评审批的范围，明确国家食品药品监督管理总局药品审评中心建立药用辅料登记平台与数据库，有关企业或者单位可通过登记平台提交资料，获得药用辅料登记号，待关联药品制剂提出注册申请后一并审评。

2017年12月，发布了《原料药、药用辅料及药包材与药品制剂共同审评审批管理办法（征求意见稿）》，文件细化了关联审评审批的流程，各主体的责任，原辅包登记、变更和终止程序。实施原辅包技术主卷档案管理制度，建立"原辅包登记平台"，对辅料建立"药用辅料数据库"，并公示药用辅料的相关信息，原辅包企业可单独提交原辅包登记资料。

2018年6月，国家药品监督管理局药品审评中心发布了《关于公开征求〈药用辅料登记资料要求（征求意见稿）〉和〈药包材登记资料要求（征求意见稿）〉意见的通知》，规定了境内外药用辅料登记人需提交的证明文件以及辅料的相关信息，如基本物理/化学性质、工艺流程、杂质研究、功能特性等。

2019年7月，发布了《关于进一步完善药品关联审评审批和监管工作有关事宜的公告》，规定了原辅包登记人在登记平台上登记，制剂申请人提交注册申请时与平台登记资料进行关联；也可在制剂注册申请时，由制剂注册申请人一并提供原辅包研究资料。原辅包的使用必须符合药用要求，主要是指原辅包的质量、安全及功能应该满足药品制剂的需要。药品制剂注册申请与已登记原辅包进行关联，药品制剂获得批准时，即表明其关联的原辅包通过了技术审评，登记平台标识为"A"；未通过技术审评或尚未与制剂注册进行关联的标识为"I"。

2023年7月，发布了《药品标准管理办法》（2023年版），其中第五十一条规定，《中国药典》中药用辅料、直接接触药品的包装材料和容器标准的制定和修订，按照本办法中国家药品标准有关规定执行。药用辅料、直接接触药品的包装材料和容器标准的执行，应当符合关联审评和药品监督管理的有关规定。

（五）国家发展和改革委员会文件

2011年6月，发布了《当前优先发展的高技术产业化重点领域指南（2011年度）》，将新型给药技术、装备和辅料，中药新剂型及其新型辅料等列入当前优先发展的高技术产业化重点领域。

2017年1月，发布了《战略性新兴产业重点产品和服务指导目录（2016版）》，其中，在"3.1.14其他功能材料"中明确将"药用辅料"纳入战略性新兴产业重点产品和服务指导目录。在"4.1.5生物医药关键装备与原辅料"中，涉及"新型固体制剂用辅料、新型包衣材料、新型注射用辅料、药用制剂预混辅料"等不同类型的辅料品种。

（六）工业和信息化部文件

2012年1月，发布了《医药工业"十二五"发展规划》，首次将药用辅料作为促进我国医药工业转型升级和快速发展、落实培育和发展战略性新兴产业的总体要求的医药工业"十二五"规划的五大重点领域之一，明确指出要加强新型药用辅料的开发和应用，提高药品质量，改善药品性能，保障用药安全。

2016年10月，发布了《医药工业发展规划指南》，文件提出要加强药用辅料的标准体系建设；支持新型药用辅料开发应用；发展基于"功能相关性指标"的系列化药用辅料，重点发展纤维素及其衍生物、高质量淀粉及可溶性淀粉、聚山梨酯、PEG、磷脂、注射用吸附剂、新型材料胶囊等系列化产品，开发用于高端制剂、可提供特定功能的辅料和功能性材料，重点发展丙交酯－乙交酯共聚物、聚乳酸等注射用控释材料等。

（七）仿制药质量与疗效一致性评价办公室文件

2017年12月，发布了《关于公开征求〈已上市化学仿制药（注射剂）一致性评价技术要求〉意见的通知》，文件要求进一步细化和明确已上市化学仿制药（注射剂）一致性评价的技术要求，明确要求辅料应符合注射用要求，除特殊情况外，应符合《中国药典》有关要求。

二、药品包装有关法规

（一）《药品管理法》

《药品管理法》由十三届全国人大常委会第十二次会议于2019年8月26日修订通过，修订后的《药品管理法》自2019年12月1日起施行。新修订的《药品管理法》虽取消了原第六章（药品包装的管理）的分节，但依然保留了药品包装的相关规定。《药品管理法》第四十六条规定：直接接触药品的包装材料和容器，应当符合药用要求，符合保障人体健康、安全的标准。对不合格的直接接触药品的包装材料和容器，由药品监督管理部门责令停止使用。第四十八条规定：药品包装应当适合药品质量的要求，方便储存、运输和医疗使用。发运中药材应当有包装。在每件包装上，应当注明品名、产地、日期、供货单位，并附有质量合格的标志。第四十九条规定：药品包装应当按照规定印有或者贴有标签并附有说明书。标签或者说明书应当注明药品的通用名称、成分、规格、上市许可持有人及其地址、生产企业及其地址、批准文号、产品批号、生产日期、有效期、适应证或者功能主治、用法、用量、禁忌、不良反应和注意事项。标签、说明书中的文字应当清晰，生产日期、有效期等事项应当显著标注，容易辨识。麻醉药品、精神药品、医疗用毒性药品、放射性药品、外用药品和非处方药的标签、说明书，应当印有规定的标志。

（二）《药品包装管理办法》

《药品包装管理办法》自1988年9月1日起施行，该办法对包装基本要求、工作人员、包装厂房、包装材料等作了规定。

（三）《药品包装用材料、容器生产管理办法（试行）》

《药品包装用材料、容器生产管理办法（试行）》自1992年4月1日起施行，凡从事药品包装用材料、容器（重点是直接接触药品的产品）生产的单位必须遵守本办法。该办法对企业的管理、产品的管理、罚则等作了规定，一并颁布了"核发《药品包装用材料、容器生产企业许可证》验收通则（试行）"。该办法自2000年10月1日起废止。

（四）《药品包装用材料、容器管理办法（暂行）》

国家食品药品监督管理局于2000年4月29日发布了《药品包装用材料、容器管理办法（暂行）》。对Ⅰ、Ⅱ、Ⅲ类药包材的注册审批（包括药包材生产企业质量保证体系的检查验收）、标准制定和监督管理工作等作了详细的规定。该办法自2000年10月1日起施行，原国家医药管理局第10号令《药品包装用材料、容器生产管理办法（试行）》同时废止。

（五）《直接接触药品的包装材料和容器管理办法》

为加强直接接触药品的包装材料和容器（药包材）的监督管理，保证药品质量，保障人体健康和药品的使用安全、有效、方便，《药品管理法》及《药品管理法实施条例》《直接接触药品的包装材料和容器管理办法》于2004年6月18日经国家食品药品监督管理局审议通过，自公布之日（2004年7月20日）起施行。相关办法施行后，国家药品监督管理局2000年4月29日发布的《药品包装用材料、容器管理办法（暂行）》同时废止。

《直接接触药品的包装材料和容器管理办法》分为总则、药包材的标准、药包材的注册、药包材的再注册、药包材的补充申请、复审、监督与检查、法律责任、附则九个部分。

（六）《药品说明书和标签管理规定》

《药品包装、标签和说明书管理规定（暂行）》，于2001年1月1日起执行。此后，国家食品药品监督管理局为确保该管理规定的贯彻实施，制定了《药品包装、标签规范细则（暂行）》，进一步加强和规范了药品的包装、标签管理。

《药品说明书和标签管理规定》于2006年3月10日经国家食品药品监督管理局审议通过，自2006年6月1日起施行。国家药品监督管理局于2000年10月15日发布的《药品包装、标签和说明书管理规定（暂行）》同时废止。

（七）《非处方药专有标识管理规定（暂行）》

为规范非处方药药品的管理，根据《处方药与非处方药分类管理办法（试行）》，国家食品药品监督管理局负责制定、公布了《非处方药专有标识管理规定（暂行）》。该规定指出，非处方药专有标识是用于已列入《国家非处方药目录》，并通过药品监督管理部门审核登记的非处方药药品标签、使用说明书、内包装、外包装的专有标识，也可用作经营非处方药药品的企业指南性标志。非处方药药品自药品监督管理部门核发《非处方药药品审核登记证书》之日起，可以使用非处方药专有标识。非处方药药品自药品监督管理部门核发《非处方药药品审核登记证书》之日起12个月后，其药品标签、使用说明书、内包装、外包装上必须印有非处方药专有标识。未印有非处方药专有标识的非处方药药品一律不准出厂。经营非处方药药品的企业自2000年1月1日起可以使用非处方药专有标识。

(八)药包材国家标准

为加强直接接触药品的包装材料和容器的监督管理,国家食品药品监督管理局根据《药品管理法》《药品管理法实施条例》及我国药包材发展的实际情况,参考国际上药包材同类标准,组织药典委员会及有关专家启动了药包材国家标准的制定和修订工作。

国家食品药品监督管理局于2002年制定并颁布实施了《国家药品包装容器(材料)标准》(YBB标准)。国家食品药品监督管理局制定颁布的药包材标准是国家为保证药包材质量、保证药品安全有效的法定标准,是我国药品生产企业使用药包材、药包材企业生产药包材和药品监督部门检验药包材的法定标准。YBB标准对不同材料控制的项目涵盖了鉴别试验、物理试验、机械性能试验、化学试验、微生物和生物试验。这些项目的设置为安全合理选择药品包装材料和容器提供了基本的保证,也为国家对药品包装容器实施国家注册制度提供了技术支持。

《中国药典》(2025年版)于2025年3月25日,经国家药品监督管理局(NPMA)会同国家卫生健康委员会批准颁布,并于同年10月1日实施。《中国药典》(2025年版)药包材标准体系,由"1+4+58"个标准组成。其中"1",即通则9621"药包材通用要求指导原则";"4",为玻璃、橡胶密封件、塑料、金属这四种药包材中最主要材质的指导原则;"58"是指《中国药典》(2025年版)收载的58种药包材通用检测方法。《中国药典》(2025年版)按"1+4+58"的形式收载药包材标准体系,一方面提升了我国国家药包材标准体系的整体水平,有利于促进企业对产品和标准的深入了解和理解,促进了全行业药包材检验能力的提升。另一方面,该体系为原辅包的关联审评提供了更有效的技术支撑,也方便了我国药包材标准体系与国际药包材标准体系的接轨。

(关志宇、张懋璠)

📖 **更多数字资源详见　新形态教材网**

- 学习目标
- 思维导图
- 思政元素
- 案例讨论
- 动画
- 微视频
- 拓展阅读
- 本章小结
- 自测题
- 教学课件

第四章 液体制剂及其技术

编者导学

章节导航
第一节　概述
第二节　液体制剂单元操作技术
第三节　液体制剂各论

广义而言，液体制剂作为临床常用的药物剂型，因其独特的优势，被广泛应用于口服、外用及注射等多种给药途径。液体制剂中包含多种附加剂，这些附加剂在液体制剂的增溶、稳定、防腐等方面发挥着重要作用。在制备液体制剂的过程中，水处理是至关重要的一环。根据《中国药典》(2025年版)的规定，制药用水被明确划分为饮用水、纯化水、注射用水及灭菌注射用水，并需通过反渗透、蒸馏等特定工艺进行制备。这些制药用水在液体制剂制备的不同阶段具有不同的应用。此外，过滤也是液体制剂制备过程中的关键步骤，它能有效去除或减少液体制剂中的大颗粒杂质，对于注射剂等要求更为严格的制剂尤为重要。根据药物活性成分(API)的分散状态，液体制剂可分为溶液剂、混悬剂和乳剂三种类型，每种类型都有其独特的优势和适用场景，可根据药物的性质及临床应用需求进行选择。不同类型的液体制剂在处方设计、制备工艺、质量控制等方面各有差异，并在临床应用中展现出各自的优势。

本章将首先对液体制剂的基本概念、分类及附加剂进行阐述，进而深入探讨液体制剂单元操作技术，包括水处理技术和过滤技术的具体方法。随后，以分散系统为核心，详细阐述各类液体制剂的定义、特点、处方设计、制备工艺及质量评价等方面，并通过实例进行具体说明。

第一节　概　　述

一、液体制剂的定义

液体制剂(liquid preparation)指药物以一定形式分散于液体介质中所制成的可供内服或外用的液体分散体系。液体制剂的品种多，不同类型的液体制剂制备方法不同，需要选择合适的溶剂和附加剂，以保证其稳定性和药效。在实际应用中，应根据患者病情和用药目的选择合适的液体制剂类型和用药途径。

二、液体制剂的特点

（一）优势

液体制剂临床应用广泛，在发挥药效、提高临床顺应性以及生物利用度方面均显示出显著的优势，具体情况如下。

（1）药物在液体介质中分散度大，吸收快，能较迅速地发挥药效。
（2）给药途径多，可以内服，也可以外用，如用于皮肤、黏膜和人体腔道等。
（3）易于分剂量，服用方便，特别适用于婴幼儿和老年患者。
（4）能减少某些药物的刺激性，如避免易溶性固体药物（溴化物、碘化物等）口服后由于局部浓度过高而引起胃肠道刺激。
（5）某些固体药物制成液体制剂后，有利于提高药物的生物利用度。

（二）不足

液体制剂也存在一些不足之处，具体情况如下。

（1）药物分散度大，受分散介质的影响，易引起药物的化学降解，使药效降低甚至失效。
（2）液体制剂体积较大，不方便携带、运输和贮存。
（3）水性液体制剂容易霉变，需加入防腐剂。
（4）非均相液体制剂的分散粒子具有很大的比表面积，易产生一系列的物理稳定性问题。

三、液体制剂的质量要求

液体制剂的质量要求包括以下几个方面。

1. **均匀性** 均相液体制剂应是澄明溶液，不能有沉淀、浑浊、异物等；对于非均相液体制剂，药物粒子应分散均匀，不能有分层现象。
2. **浓度准确性和稳定性** 液体制剂的浓度应准确，并且在贮存和使用过程中保持稳定，不能发生明显的药物降解或药效变化。
3. **口感和气味** 口服的液体制剂应具有良好的口感和气味，不能有异味或令人不适的感觉。
4. **防腐能力** 液体制剂应具有一定的防腐能力，能够防止微生物的生长和污染，以确保使用安全。
5. **无刺激性** 外用的液体制剂应无刺激性，不能对皮肤或黏膜产生明显的刺激或损伤。
6. **包装适宜** 液体制剂的包装容器应大小适宜，方便患者携带和使用，能够保证药品质量和安全。

液体制剂在制备和使用过程中，需要遵循合理的配方和严格的质量控制标准，以保证制剂的安全、有效、稳定。

四、液体制剂的分类

液体制剂可以根据不同的角度进行分类，以下是常见的几种分类方法。

（一）按分散系统分类

（1）均相液体制剂（homogeneous liquid preparation）：药物以分子或离子状态分散在液体分散介质中，形成均匀的分散体系，属于热力学及动力学稳定体系，如低分子溶液剂和高分子溶液剂等。
（2）非均相液体制剂（non-homogeneous liquid preparation）：药物以胶粒、微粒或液滴的形式分散在液体分散介质中，形成不均匀的分散体系，一般属于热力学或动力学不稳定体系，如溶胶剂、混悬剂、乳剂等。

均相体系和非均相体系在物理性质以及制备工艺上均有一定的区别，详见表4-1。

表4-1 均相与非均相分散系统的区别

分散系统	制剂类型	药物分散状态	药物粒子大小/nm	稳定性	丁达尔现象	制备方法	举例
均相	低分子溶液剂	以分子或离子分散的澄清溶液	<1	热力学、动力学稳定	无（透过）	溶解法、稀释法	复方碘溶液
	高分子溶液剂	以分子或离子分散的澄清溶液	1~100	热力学、动力学稳定	无	溶解法	胃蛋白酶合剂
非均相	溶胶剂	以胶粒分散形成的多相体系	1~100	热力学不稳定、动力学稳定	有	分散法或凝聚法	胶体氢氧化铝
	混悬剂	以固体微粒分散形成的多相体系	>500	热力学、动力学均不稳定	无	分散法或凝聚法	布洛芬混悬液
	乳剂	以液体微粒分散形成的多相体系	>100	热力学、动力学均不稳定	有（若乳滴粒径大于自然光波长时，则无）	干胶法、湿胶法、新生皂法、两相交替加入法、机械法	石灰搽剂

液体制剂的理化性质、稳定性、药效甚至毒性等均与药物粒子的大小有密切关系，所以研究液体制剂必须着眼于制剂中药物粒子的分散程度。

（二）按给药途径与应用方法分类

（1）内服液体制剂：如合剂、芳香水剂、糖浆剂、部分溶液剂、滴剂等。

（2）外用液体制剂：如皮肤用制剂（洗剂、搽剂等）、口腔用制剂（含漱剂、滴牙剂等）、五官用制剂（滴耳剂、滴眼剂、滴鼻剂等）、直肠用制剂（灌肠剂等）、阴道用制剂（洗剂、灌洗剂等）。

（三）按溶剂或分散介质分类

（1）以水为溶剂或分散介质的液体制剂：如溶液剂、芳香水剂、糖浆剂、水包油乳剂、大部分混悬剂等。

（2）以有机溶剂为溶剂或分散介质的液体制剂：如醑剂、酊剂等。

（3）以油为溶剂或分散介质的液体制剂：如油溶液、油包水乳剂、油混悬液等。

五、液体制剂的常用溶剂与附加剂

（一）常用溶剂

液体制剂的溶剂在均相体系中称为溶剂，在非均相体系中称为分散介质。根据药物性质、医疗要求和制剂要求不同，选择合适的溶剂或分散介质。主要分为极性溶剂、半极性溶剂和非极性溶剂三大类。

1. 极性溶剂

（1）纯化水（purified water）：水是液体制剂中最常用的溶剂或分散介质，能与乙醇、甘油、丙二醇等以任意比例混合，能溶解大多数无机盐及许多极性有机药物，能溶解生物碱盐类、苷类、糖类、蛋白质、树胶、鞣质、黏液质、酸类和色素等。但是一些药物在水中不稳定，水为溶剂的液体制剂容易发生霉变。

（2）甘油（glycerin）：又称为丙三醇，是一种无色、透明、无臭、味甜的黏稠液体，吸湿性很强，因此常被用来作为吸湿剂或保湿剂。纯甘油的相对密度为 1.2613 g/mL，熔点为 17.8℃，沸点为 290℃。能与水、乙醇、丙二醇等以任意比例混合。甘油能溶解许多不易溶于水的药物，且含甘油 30% 以上具有防腐作用。多用于外用制剂，起保湿、增加黏度等作用。

（3）二甲基亚砜（DMSO）：常温下为无色无臭的透明液体，吸湿性较强；具有高极性、高沸点、热稳定性好、非质子特性，能与水、乙醇、甘油、丙二醇等以任意比例混合；溶解范围广，有"万能溶剂"之称；可促进药物在皮肤的渗透。多用于皮肤外用制剂。

（4）N-甲基吡咯烷酮（N-methylpyrrolidone，NMP）：是一种无色透明液体，具有高沸点、高极性、低黏度的特性。它在常温下具有高化学稳定性和低毒性，不易燃，容易与水和许多有机溶剂混溶，在广泛的 pH 范围内都很稳定，但在高温和强酸、强碱条件下会分解。它是一种优良的溶剂，能够溶解多种难溶性药物，已在多种注射剂中使用并应用于临床，如丁丙诺啡缓释注射剂。

2. 半极性溶剂

（1）乙醇（ethanol）：无色透明的液体，有特殊香味，易挥发，能与水、甘油、丙二醇等以任意比例混合。乙醇是一种很好的溶剂，能溶解大部分有机药物和药材中有效成分，如生物碱及其盐类、挥发油、树脂、鞣质、有机酸和色素等；含乙醇 20% 以上具有防腐作用，40% 以上能延缓一些药物的水解。乙醇是液体制剂中的常用溶剂，如醑剂、酊剂等。乙醇具有一定的生理活性，易挥发、易燃烧。

（2）丙二醇（propylene glycol）：为 1,2-丙二醇，无色澄清黏稠液体，几乎无味无臭，易燃，低毒。能与水、乙醇、甘油等以任意比例混合；可以溶解许多药物成分，包括一些脂溶性药物、水溶性药物和高分子化合物，可延缓某些药物水解，同时丙二醇可以改善药物的润湿性，有助于药物在体内的释放和吸收。可用作内服及肌内注射液的溶剂，具有引湿性。

（3）聚乙二醇类（PEG）：是一种由环氧乙烷开环聚合而成的合成高分子材料，具有生物相容性、亲水性和润滑性。聚乙二醇的相对分子质量和化学特性可以根据需要进行调节，不同的聚乙二醇分子具有不同的物理和化学性质。液体制剂中常用 PEG 300～600，为无色澄明液体，能与水、乙醇、丙二醇、甘油等以任意比例混合。PEG 能溶解许多水溶性无机盐及水不溶性药物；对易水解的药物有一定的稳定作用。常用于外用液体制剂，可增加皮肤柔韧性且有保湿作用，但是聚乙二醇在某些情况下可能会引起过敏反应或毒性，因此在使用时需要关注其可能的副作用。

3. 非极性溶剂

（1）脂肪油（fatty oil）：多指植物油，具有黏性，在室温下可以流动，如大豆油、玉米油、花生油等；能溶解油溶性药物，如激素、游离生物碱、挥发油和许多芳香族药物。脂肪油是常用的非极性溶剂，但是易氧化、酸败。可作为乳剂的油相、混悬剂的分散介质，也可以溶解药物形成油溶液。

（2）液体石蜡（liquid paraffin）：为无色澄清油状液体，具有无臭、无味、化学性质稳定的特点，不溶于水和乙醇、能与多种油混合，能溶解生物碱、挥发油等非极性药物。接触空气能被氧化。有润肠通便作用，多用于软膏剂、糊剂，也可用作口服制剂、搽剂的溶剂。

（3）乙酸乙酯（ethyl acetate）：为无色澄清液体，有水果香味；能溶解挥发油、甾体药物及其他油溶性药物。具有挥发性、可燃性，在空气中暴露容易氧化。常作为搽剂溶剂。

（二）常用附加剂

1. 增溶剂　增溶剂（solubilizer）是具有增溶能力的表面活性剂。增溶是指难溶性药物在表面活性剂的作用下，在溶剂中增加溶解度并形成溶液的过程。常用的增溶剂有聚山梨酯（Tween）类、聚氧乙烯脂肪酸酯类、泊洛沙姆类等。

2. 助溶剂 难溶性药物与加入的第三种物质在溶剂中形成可溶性分子间的络合物、缔合物或复盐等，以增加药物在溶剂中的溶解度。这种加入的第三种物质就称为助溶剂（hydrotropy agent），其多为低分子化合物。例如，碘化钾可作碘的助溶剂，二乙胺可作茶碱的助溶剂，苯甲酸钠可作咖啡因的助溶剂等。

3. 潜溶剂 潜溶剂（cosolvent）是两种溶剂以一定比例混合使用，形成比单一溶剂更易溶解药物的混合溶剂。能与水形成潜溶剂的有乙醇、丙二醇、甘油、聚乙二醇等。例如，苯巴比妥在90%乙醇中有最大溶解度；甲硝唑在水–乙醇混合溶剂中的溶解度可提高5倍。

4. 防腐剂 防腐剂（preservative）指防止药物制剂受微生物的污染而产生变质的添加剂。在《中国药典》（2025年版）通则中，对于非无菌药品的微生物限度标准进行了严格规定。液体制剂特别是以水为溶剂的液体制剂，易被微生物污染进而变质，当液体制剂中含有糖类、蛋白质等营养物质时，微生物的滋长和繁殖更快。微生物污染对于制剂的质量有严重的影响，并可能产生毒副作用。因此，液体制剂的防腐对于维持制剂质量的稳定具有重要的作用。常用防腐措施主要有以下三种：①减少或防止环境以及制备过程中的污染；②严格控制原辅料的质量，减少微生物的引入；③添加防腐剂。

防腐剂的种类繁多，且在应用上也具有较大区别。

（1）羟苯酯（hydroxybenzoate）类：又称为尼泊金类，常用的有甲酯、乙酯、丙酯和丁酯，抑菌作用随烷基碳数增加而增加，溶解度则随之减小，故常混合使用；在酸性、中性溶液中均有效，在酸性溶液中作用较强；抑菌浓度一般在0.01%～0.25%；广泛应用于内服液体制剂中，也可外用；与聚山梨酯类和聚乙二醇等具有配伍禁忌；遇铁变色，遇弱碱或强酸易水解，可被塑料吸附。

（2）苯甲酸（benzoic acid）类：苯甲酸及其钠盐也是常用的防腐剂，0.03%～0.10%的苯甲酸可达到较好的防腐作用，发挥防腐作用的是未解离分子，故在酸性溶液中抑菌效果较好，苯甲酸pH为2.5～4.5；苯甲酸钠pH为2～5时防腐效果最好，其在酸性溶液中与苯甲酸的防腐能力相当。苯甲酸0.25%和尼泊金0.05%～0.1%联合应用对防止发霉和发酵最为理想，特别适于中药液体制剂。

（3）山梨酸（sorbic acid）类：山梨酸发挥防腐作用的是未解离分子，在pH 4.5水溶液中效果较好；在乙醇中易溶，水中极微溶解，对细菌最低抑菌浓度为0.02%～0.04%（pH＜6.0），对酵母、真菌最低抑菌浓度为0.8%～1.2%；山梨酸钾、山梨酸钙作用与山梨酸相同，水中溶解度更大，需在酸性溶液中使用；可与其他抗菌剂联合使用产生协同作用。

（4）苯扎溴铵（benzalkonium bromide）：又称新洁尔灭，为阳离子表面活性剂，淡黄色黏稠液体，溶于水和乙醇，通常使用浓度为0.02%～0.20%；在酸性和碱性溶液中稳定，耐热压；多用于外用制剂。

（5）醋酸氯己定（chlorhexidine acetate）：微溶于水，可溶于乙醇、甘油、丙二醇等溶剂，为广谱杀菌剂；一般用量为0.02%～0.05%；多用于外用制剂。

（6）其他：苯甲醇（benzyl alcohol）、苯氧乙醇（phenoxyethanol）、三氯叔丁醇（chlorobutanol）、对氯苯酚（parachlorophenol）、氯甲酚（chlorocresol）、苯扎氯铵（benzalkonium chloride）、硼酸（boric acid），以及一些挥发油，如桉叶油（eucalyptus oil）、桂皮油（cassia bark oil）、薄荷油（mint oil）等。

5. 矫味剂 矫味剂（flavouring agent）是在制剂中所使用的可掩盖和矫正药物不良臭味的物质，通常以甜味剂和芳香剂最为常用。

（1）甜味剂（sweeting agent）：包括天然甜味剂和合成甜味剂。

1）天然甜味剂：主要是糖类物质，如蔗糖、单糖浆、橙皮糖浆、麦芽糖、甜菊糖苷、山梨醇、甘露醇、木糖醇等，其中蔗糖和单糖浆应用最广。甜菊糖苷（stevioside）有清凉甜味，甜度为蔗糖的约300倍，但因甜中带苦，故常与蔗糖和糖精钠合用。

2）合成甜味剂：有阿司帕坦、三氯蔗糖、糖精钠等。其中阿司帕坦（aspartame）最为常用，也是许多食品的矫味剂，是一种合成氨基酸，甜度比蔗糖高 150～200 倍，不致龋齿，可用于糖尿病患者；三氯蔗糖（sucralose）甜度为蔗糖的 400～800 倍，不致龋齿，可用于糖尿病患者。

（2）芳香剂（aromatic agent）：包括天然香料和合成香料。天然香料如薄荷油、桂皮油、橙皮油、丁香油等；合成香料如香蕉香精、苹果香精、橘子香精、麦芽酚等。

（3）胶浆剂（mucilage）：具有黏稠缓和的性质，通过干扰味蕾的味觉起矫味作用，如阿拉伯胶、羧甲基纤维素钠、明胶、甲基纤维素等的胶浆。

（4）泡腾剂（effervescent agent）：有机酸（如柠檬酸、酒石酸等）与碳酸氢钠混合，遇水产生大量二氧化碳，可加速片剂或颗粒崩解，称为泡腾剂，同时也能麻痹味蕾起矫味作用；常用于改善盐类的苦味、涩味、咸味。

6. 着色剂 着色剂（colorant/coloring agent）用于改善制剂的外观，以帮助患者识别制剂的品种、区分用法，并减少对服药的厌恶感。着色剂包括天然色素和合成色素。

（1）天然色素：通常来源于植物或矿物，可用于食品和内服制剂中，以下是各种颜色的色淀染料：①红色，如苏木、甜菜红等；②黄色，如姜黄、低浓度 β-胡萝卜素等；③蓝色，如松叶兰、乌饭树叶等；④绿色，如叶绿素等；⑤棕色，如焦糖等；⑥棕红色：如氧化铁等（来源于矿物）。

（2）合成色素：常用的有苋菜红、胭脂红、柠檬黄、靛蓝等，用量为 0.5‰～1‰。

7. 其他附加剂 在液体制剂中，根据药物及临床应用的需要，有时会加入其他类型的附加剂以增加稳定性或减小刺激性等，如 pH 调节剂、金属离子络合剂等。

六、液体制剂的一般制备工艺流程

液体制剂的制备工艺流程可以根据不同剂型的要求而有所区别，但一般包括以下步骤（图 4-1）。

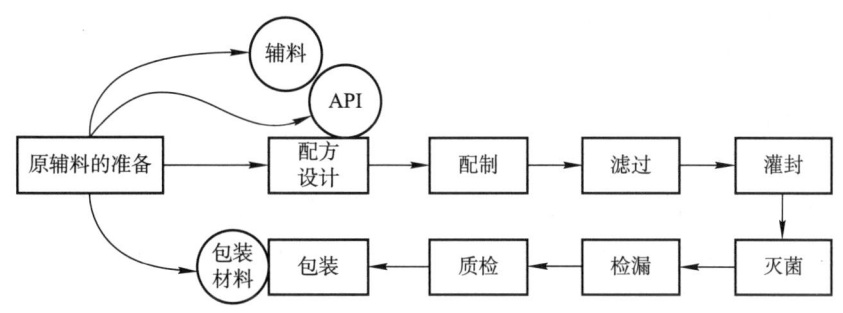

图 4-1 液体制剂制备一般工艺流程

（1）原辅料的准备：根据生产计划，采购所需原材料，包括 API、辅料和包装材料。对采购回来的原材料进行检验，确保其符合质量标准，并进行记录。

（2）配方设计：首先根据药物的性质和临床应用需求设计剂型，再根据药物剂量和疗效要求，确定活性成分的配比。选择合适的辅料进行配比，并确保其与活性成分相容。根据实际生产情况，对配方进行适当调整。

（3）配制：将活性成分、辅料和溶剂等按照配方比例混合、搅拌均匀，确保各成分充分溶解。

（4）滤过：通过过滤器将配制好的药液中的大颗粒、杂质等滤除，以得到澄清、透明的药液。

（5）灌封：将滤过的药液灌装到指定的包装容器中，如玻璃瓶、塑料瓶等。

（6）灭菌：如对无菌具有特殊要求，需通过高温或高压等方式对灌装好的液体制剂进行灭菌处理，以杀灭微生物，保证产品的无菌要求。

（7）检漏：对灌装或灭菌后的液体制剂进行密封性检查，确保无泄漏。

（8）质检：对最终的产品进行质量检验，包括外观、理化性质、微生物限度等方面的检测，确保产品符合质量标准。

（9）包装：对质检合格的产品进行包装，贴上标签和说明书，以便投放市场。

以上是一般液体制剂的制备工艺流程，具体流程可能会根据不同剂型的要求而有所区别。在实际生产过程中，还需要根据具体产品的要求进行相应的调整和优化。

七、液体制剂的包装与贮存

液体制剂的包装和贮存对产品的质量和稳定性至关重要。以下是一些关于液体制剂的包装和贮存的主要考虑因素。

1. 包装材料的选择 液体制剂的包装材料应不与药物发生反应，不改变药物的理化性质及疗效，尽量减少和防止外界因素的影响，坚固耐用、体轻、外形适宜、美观，便于运输、贮存、携带和使用。常见的液体制剂包装材料包括容器（如玻璃瓶、塑料瓶等）、瓶塞（如软木塞、橡胶塞、塑料塞）、瓶盖（如塑料盖、金属盖）、标签、说明书、纸盒、纸箱、木箱等。

2. 标签的规范 液体制剂的包装瓶上应贴有标签。医院液体制剂的投药瓶上应贴不同颜色的标签，习惯上内服液体制剂的标签为白底蓝字或黑字，外用液体制剂的标签为白底红字或黄字。某种大批量生产的液体制剂可特殊设计专用标签。

3. 贮存条件的控制 液体制剂特别是以水为溶剂的液体制剂在贮存期间极易发生水解和染菌，使其变质。因此，液体制剂应密闭贮存于阴凉干燥处。

第二节　液体制剂单元操作技术

一、制药用水处理技术

（一）制药用水的定义

制药用水是指制药工艺过程中用到的各种质量标准用水，作为制药工业中最广泛的物料之一，水可以作为工艺原料、溶剂、制药设备和系统清洗剂等。《中国药典》（2025年版）将制药用水分为饮用水、纯化水、注射用水及灭菌注射用水。水的处理从原水开始，经过一系列的精制和纯化处理后才能达到制药用水的标准（表4-2）。

表4-2　纯化水、注射用水及灭菌注射用水要求

类型	纯化水	注射用水	灭菌注射用水
制备	饮用水经蒸馏法、离子交换法、反渗透法或其他适宜的方法制得的制药用水	纯化水经蒸馏法或反渗透法制得的水	注射用水按注射剂生产工艺灭菌制备所得的水
pH	4.4～7.6	5.0～7.0	5.0～7.0
硝酸盐	≤0.06 μg/mL	≤0.06 μg/mL	≤0.06 μg/mL
亚硝酸盐	≤0.02 μg/mL	≤0.02 μg/mL	≤0.02 μg/mL
氯化物	—	—	取本品50 mL置试管中，加硝酸5滴与硝酸银试液1 mL，不得发生浑浊

续表

类型	纯化水	注射用水	灭菌注射用水
硫酸盐	—	—	取本品 50 mL 置试管中，加氯化钡试液 5 mL，不得发生浑浊
铵盐	—	—	取本品 50 mL 置试管中，加草酸铵试液 2 mL，不得发生浑浊
二氧化碳	—	—	取本品 25 mL，置 50 mL 具塞量筒中，加氢氧化钙试液 25 mL，密塞振摇，放置，1 h 内不得发生浑浊
氨	≤0.3 μg/mL	≤0.2 μg/mL	≤0.2 μg/mL
电导率（25℃）	≤5.1 μS/cm	≤1.3 μS/cm	标示装量≤10 mL 时，≤25 μS/cm；标示装量 >10 mL 时，≤5 μS/cm
总有机碳	≤0.50 mg/L（≤500 ppb）	≤0.50 mg/L（≤500 ppb）	≤0.50 mg/L（≤500 ppb）
不挥发物	≤10 mg/L	≤10 mg/L	≤10 mg/L
重金属	≤0.1 μg/mL	≤0.1 μg/mL	≤0.1 μg/mL
细菌内毒素	—	≤0.25 Eu/mL	≤0.25 Eu/mL
微生物	采用薄膜过滤法处理，R2A 琼脂培养基培养后，需氧菌总数≤100 cfu/mL	采用薄膜过滤法处理后，R2A 琼脂培养基培养后，需氧菌总数≤10 cfu/mL	不得有细菌检出

1. 原水 原水（raw water）通常指自来水公司供应的自来水或深井水，原水不能直接用作制药用水。

2. 饮用水 饮用水（tap water）是天然水经净化处理后所得的水，通常是制药用水的原水。其质量必须符合 GB 5749-2022《生活饮用水卫生标准》。饮用水可用于药材的漂洗、制药用具的粗洗。除另有规定外，也可作为药材的提取溶剂。

3. 纯化水 纯化水（purified water）是将饮用水经蒸馏法、离子交换法、反渗透法或其他适宜的方法制得的制药用水，其质量应符合《中国药典》（2025 年版）纯化水项下的规定。纯化水有多种制备方法，应严格监测各生产环节，防止微生物污染。

纯化水可作为配制普通药物制剂用的溶剂或试验用水；可作为中药注射剂、滴眼剂等灭菌制剂所用饮片的提取溶剂；口服、外用制剂配制用溶剂或稀释剂；非灭菌制剂用器具的精洗用水；也用作非灭菌制剂所用饮片的提取溶剂。纯化水不得用于注射剂的配制与稀释。

4. 注射用水 注射用水（water for injection）是将纯化水经蒸馏制得的水。通常用二次蒸馏的水，亦称重蒸馏水。注射用水主要用于注射剂、输液、眼用制剂的配制及其容器的精洗。使用注射用水配制的注射剂必须灭菌之后才能用于临床。

注射用水必须在防止细菌内毒素产生的设计条件下生产、贮存及分装。注射用水的储存方式和静态储存期限应经过验证确保水质符合质量要求，《中国药典》（2025 年版）规定注射用水可以在 80℃ 以上保温或 70℃ 以上保温循环或 4℃ 以下的状态下存放。

注射用水的质量应符合《中国药典》（2025 年版）注射用水项下的规定。在生产过程中一般检查的主要项目有氯化物、重金属、pH、铵盐、热原等，应定期检查。具体检查方法，参照《中国药典》（2025 年版）注射用水项下规定。此外，还可配合比电阻测定，简单快速，使用方便。

5. 灭菌注射用水 灭菌注射用水（sterile water for injection）是将注射用水经灭菌所得的水，其质量要求更高，应无菌、无热原。可直接用于临床，如注射用灭菌粉末的溶剂或注射剂的稀释剂。

灭菌注射用水为注射用水按照注射剂生产工艺制备所得，不含任何添加剂。其灌装规格应与临床需要相适应，避免大规格、多次使用造成的污染。其质量应符合《中国药典》（2025年版）灭菌注射用水项下的规定。

（二）制药用水的制备

制药用水的制备应符合《药品生产质量管理规范》（GMP）的要求。

1. 纯化水的制备

（1）原水预处理：制备纯化水首先要将来自自来水、井水、河水等的原水进行预处理，通常采用过滤器过滤，并通过软水器降低水的硬度。过滤器通常采用多介质过滤器和活性炭过滤器。

多介质过滤器一般称为机械过滤器或砂滤，过滤介质为石英砂，主要用于过滤除去原水中的大颗粒、悬浮物、胶体及泥沙等。活性炭过滤器主要用于去除水中的游离氯、色素、微生物、有机物以及部分重金属等。软水器主要是钠型阳离子树脂，Na^+ 交换原水中的 Ca^{2+}、Mg^{2+}，降低水的硬度。

（2）纯化方法

1）反渗透（reverse osmosis，RO）法：是一种高新膜分离方法，以压力为推动力，利用反渗透膜只能透水而不能透过溶质的选择性进行水的纯化。反渗透法能从含有各种无机物、有机物、微生物的水体中，提取纯水的物质分离过程，具有极强的筛分作用，其脱盐率高达99%，除菌率大于99.5%。反渗透法可用于去除水中的无机盐、糖类、氨基酸、细菌、病毒等杂质。

反渗透的工作原理是当把相同体积的稀溶液（如淡水）和浓溶液（如盐水）分别置于半透膜的两侧时，稀溶液中的溶剂将自然穿过半透膜而自发地向浓溶液一侧流动，这一现象称为渗透。当渗透达到平衡时，浓溶液侧的液面会比稀溶液的液面高出一定高度，即形成一个压差，此压差即为渗透压。渗透压的大小取决于溶液的固有性质，即与浓溶液的种类、浓度和温度有关而与半透膜的性质无关。若在浓溶液一侧施加一个大于渗透压的压力时，溶剂的流动方向将与原来的渗透方向相反，开始从浓溶液向稀溶液一侧流动，这一过程称为反渗透，结果是使水从盐水中分离出来，其原理如图4-2所示。

反渗透系统主要负责原水的脱盐，一般包括给水泵、阻垢剂或还原剂加药装置、5 μm 精密过滤器（保安过滤器）、一级高压泵、一级反渗透装置、CO_2 脱气装置或 NaOH 加药装置、二级高压泵、二级反渗透装置以及反渗透清洗装置等。具有耗能低、水质好、设备使用与保养方便等优点。

2）离子交换（ion exchange）法：是液相中的离子和固相中离子间所进行的一种可逆性化学反应，其原理如图4-3所示。当液相中的某些离子较为离子交换固体所喜好时，便会被离子交换固体

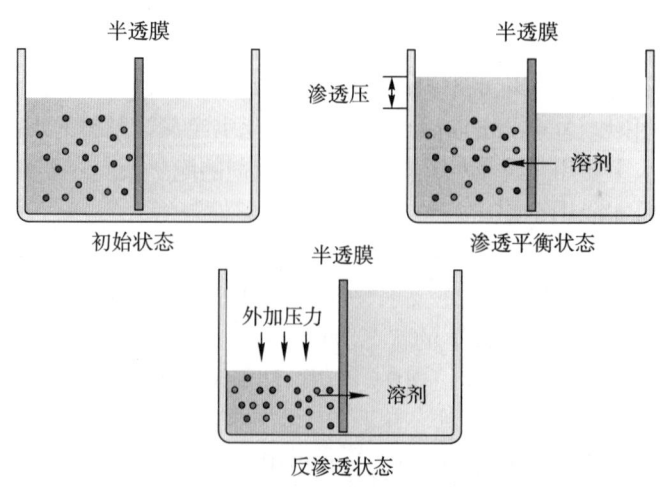

图 4-2 反渗透法原理示意图

吸附，为维持水溶液的电中性，所以离子交换固体必须释出等价离子回溶液中。离子交换法是以圆球形树脂（离子交换树脂）过滤原水，水中的离子会与固定在树脂上的离子交换。一般采用阳床、阴床、混合床的组合形式。常用的有阳离子交换树脂，如732型苯乙烯强酸性阳离子交换树脂，极性基团为磺酸基；阴离子交换树脂，如717型苯乙烯强碱性阴离子交换树脂，极性基团为季铵基团。

离子交换系统能够去除水中的盐类物质（阴、阳离子）得到去离子水。该系统由阳离子和阴离子树脂以及相关的容器、阀门、连接管道、仪表和再生装置等组成。它可以有效去除大部分阴离子（如硫酸根离子、氯离子和碳酸氢根离子等）和阳离子（如钾离子、钠离子、钙离子和镁离子等），同时还能够清除热原和细菌（图4-3）。离子交换系统具有水质化学纯度高、设备简单、能耗低和成本低等优点。

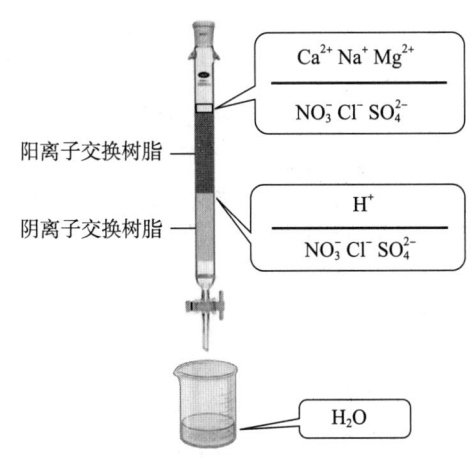

图4-3　离子交换原理示意图

3）电渗析（electrodialysis）法：是利用电场和离子选择性膜的协同作用，将含盐水中的离子分离出来，从而制备出纯化水。当加压电源时，离子选择性膜会将正离子和负离子分开，形成两个离子浓度不同的区域。因为正负离子在离子选择性膜上的电荷和尺寸不同，所以它们会被分离开来，形成两个带电区域。在这个过程中，正离子会向阴极移动，而负离子会向阳极移动。这样，含盐水就会分为两部分，一部分含有高浓度的盐，另一部分则含有低浓度的盐和水。随着时间的推移，通过离子选择性膜的过滤，含盐水中的离子浓度会逐渐降低，最终得纯化水。

电渗析制水系统由离子选择性膜、直流电源、电极、水箱、盐水箱等组件组成，其原理如图4-4所示。

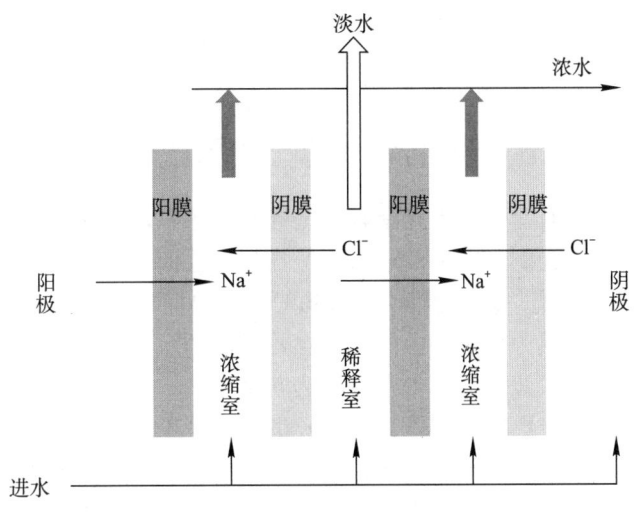

图4-4　电渗析原理示意图

2. 注射用水的制备

（1）蒸馏法（distillation method）：此法制备注射用水是在纯化水的基础上进行。它可除去水中所有不挥发性微粒（包括悬浮物、胶体、细菌、病毒、热原等杂质）、可溶性小分子无机盐、有机盐，可溶性高分子材料等，是最经典、最可靠的制备注射用水的方法。

蒸馏法利用专门的蒸馏水器，如塔式蒸馏水器、亭式蒸馏水器、多效蒸馏水器及气压式蒸馏水器，前两种生产量小，耗能大，现已很少应用。现主要设备有多效蒸馏水机和气压式蒸馏水机。

1）多效蒸馏水机（multi-effect distillator）：采用工业蒸汽加热，经过高温高压生产高质量的注射用水，确保稳定生产无热原注射用水。设备采用三级分离工艺，保证注射用水内毒素指标不超过 0.25 EU/mL，具有连续去除不凝性气体的作用。注射用水一般需新鲜制备，在 80℃以上保温或 70℃以上保温循环或 4℃以下状态存放，存放时间不得超过 12 h。

多效蒸馏水机的主要特点是：热效率高、耗能低、出水快、纯度高、水质稳定，并有自动控制系统。

核心原理是蒸发 - 冷凝 - 收集的连续循环过程。其工作原理为将纯化水进行第一级蒸发后，所生成的蒸气经过冷凝器后得到第一级纯水。接着，将第一级纯水送入第二级蒸发器，经过第二级蒸发和冷凝，得到第二级纯水。依此类推，多级蒸发和冷凝的过程不断提升水的纯度，从而得到高纯度纯水。为了确保输出水的质量，多效蒸馏水机还配备了电导率的在线检测设备。如果检测到的电导率符合预设标准，那么合格的蒸馏水将被作为注射用水输出；如果电导率不符合标准，那么不合格的蒸馏水将被排放掉。整个过程中，多效蒸馏水机利用多个效力的预热器和蒸发器来提高效率，确保处理过程的连续性和高效性。其原理如图 4-5 所示。

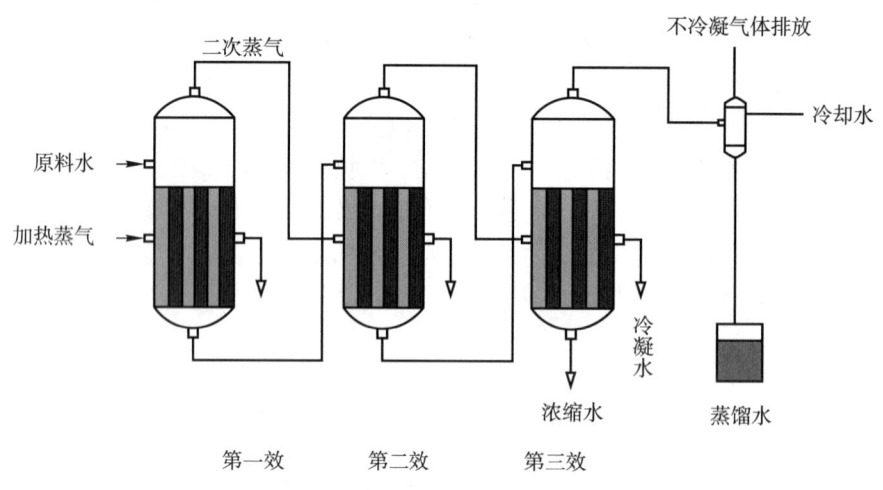

图 4-5 多效蒸馏水机原理示意图

在前四组塔内的上半部装有盘管，互相串联，蒸馏时，进料水（去离子水）先进入预热器预热后依次进入各效塔内。以四效塔为例，在一效塔内，经预热的去离子水通过塔顶分水装置，在塔内蒸发列管表面形成均匀的薄膜状水流，被高压蒸气（130℃）加热而蒸发，水蒸气被部分冷凝后，蒸气部分经隔沫装置进入二效塔作为热源加热塔内的水。二效塔内的水是在一效塔内冷凝的水通过塔底管路泵入，作为二效塔内的水源，二效塔的水再次被加热产生蒸气，并进入三效塔作为热源，没有气化的水再次泵入三效塔作为水源，依次进行，最终在四效塔内，产生的蒸气冷凝后成为蒸馏水，水作为浓缩水被排放。另外在一效塔内产生的纯蒸气在二效塔放热量后冷凝成蒸馏水，依次在各效塔产生的二次蒸气被冷凝、冷却后汇集于蒸馏水收集器。此种蒸馏水机出水温度在 80℃以上，有利于蒸馏水的保存，产量可达 6 吨 /h。

多效蒸馏水机性能取决于加热蒸汽压力和效数，但并不是压力越大，效数越多越好，要从设备投资、能源消耗、占地面积、维修能力等因素考虑，选用四效以上蒸馏水器较为合理。

2）气压式蒸馏水机（vapor compression distillator）：其工作原理是利用气压来控制水的蒸发过程。具体来说，气压式蒸馏水机内部设置有加压室和减压室，将待处理的水导入加压室并加压到一定的压力，然后将加压后的水引入减压室并减压到常压，同时向减压室通入低压蒸汽。这样，加压后的水在减压室就会产生大量的蒸气，蒸气在常压下冷凝后就得到了蒸馏水。气压式蒸馏水机主要适用于生产大量蒸馏水的场合，同时也可以用于处理高硬度、高碱度的原水。在蒸气冷凝过程中释放出的潜热可用于原水预热，进一步提高效率。该法不需要冷却水，但耗能大。

（2）反渗透法：采用本法制备注射用水是 20 世纪 60 年代发展起来的技术，由于完全能达到注射用水的要求，所以《美国药典》从 19 版开始就收载了此法为制备注射用水的法定方法之一。

一般一级反渗透装置能除去一价离子 90%~95%，二价离子 98%~99%，同时还能除去微生物和病毒，但除去氯离子的能力达不到药典的要求，因此需要至少二级反渗透系统才能制备注射用水。目前国内由于膜材除离子还不够彻底，仍以蒸馏法制备注射用水为主。

（3）综合法：采用本法制备注射用水是将各种不同的水处理技术按照各自的特点进行有效组合，可以提高注射用水的质量。具体组合方式有多种，主要根据原水质量、设备环境和工艺要求进行。常用的组合方式如下：

自来水→砂滤器→活性炭过滤器→细过滤器→电渗析装置或反渗透装置→阳离子树脂床→脱气塔→阴离子树脂床→混合树脂→多效蒸馏水机或气压式蒸馏水机→热贮水器（80℃）→注射用水。

利用综合法制备的注射用水质量最好，目前国内普遍采用该法制备注射用水，具有系列的成套设备。

二、液体过滤技术

液体过滤（liquid filtration）指通过推动力或其他外力作用下将悬浮液中的流体透过多孔性的过滤介质，固体颗粒被截留，实现流体与颗粒分离的操作过程。过滤是制备灭菌和无菌制剂、液体制剂等必不可少的重要单元操作。

（一）过滤机制

1. 介质过滤 介质过滤（medium filtration）指利用多孔性介质对液体进行过滤，以分离其中的固体颗粒和液体，存在表面过滤和深层过滤两种机制（如图 4-6 和表 4-3 所示）。介质过滤的速率和阻力主要受过滤介质控制。主要目的是收集澄清滤液，如注射液的过滤、除菌过滤等。

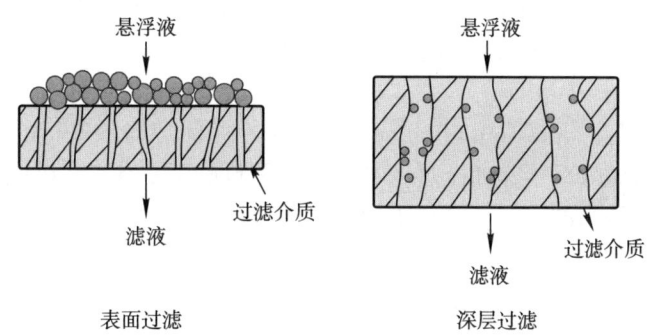

图 4-6 两种过滤机制比较示意图

表 4-3 过滤机制的比较

过滤机制	过滤介质	介质孔径	过滤特点	应用范围
表面过滤	微孔滤膜、超滤膜、反渗透膜等	小于颗粒粒径	截留在介质表面，分离度高	常用于分离溶液中含有少量固体杂质，以及分离度要求很高的液体制剂
深层过滤	砂滤棒、垂熔玻璃等	大于颗粒粒径	进入介质内部，借助惯性、重力、扩散等作用被截留在孔道内，也可以通过静电作用或范德瓦耳斯力作用被吸附在孔隙内部	常用于液体的粗滤

2. 滤饼过滤 滤饼过滤（cake filtration）指使用织物、多孔材料等作为过滤介质过滤的方法。过滤初期，部分小粒子可以进入甚至穿过介质的小孔；但粒子的架桥作用逐渐使介质的孔径缩小，固体粒子被截留在介质表面形成滤饼，滤饼成为真正的过滤介质（图4-7）。过滤的速率和阻力主要受滤饼的性质影响。

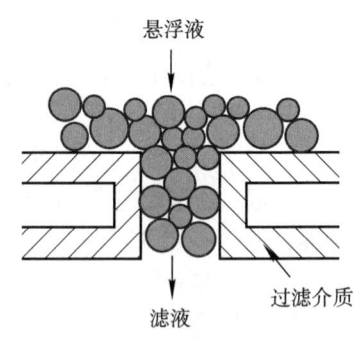

图4-7 滤饼过滤示意图

（二）影响过滤的因素

过滤的过程较为复杂，影响过滤的因素较多，如过滤介质、溶液性质、颗粒大小等都会影响过滤的速率。但是在介质和溶液相对固定的情况下，过滤时液体流过的介质空隙或致密滤饼渣层的间隙可假定为均匀的毛细管，根据液体流动性质，其遵循 Poiseuille 公式：

$$v = \frac{P\pi r^4}{8\eta L} \tag{4-1}$$

式中，v 为过滤速度（单位时间单位面积上过滤的滤液量）；P 为操作压力；r 为介质层内毛细管半径；L 为毛细管长度；η 为液体黏度。

根据上式可知，影响过滤的因素可总结为以下内容：①操作压力（P）：加压或减压以提高压力差，利于过滤；②孔隙大小（r）：增大颗粒粒径以减小滤饼阻力，利于过滤；③滤液黏度（η）：升高温度以降低滤液黏度，利于过滤；④毛细管长度（L）：进行预滤，以减少滤饼厚度，利于过滤。

（三）过滤方式

从影响过滤的因素来看，压力是影响过滤的主要因素，因此以下三种常用的过滤方式都是通过调整压力来加快过滤速度。

1. 重力过滤 重力过滤（gravity filtration）也称之为高位静压滤过，利用药液自身液位差产生的静压，自然流过滤器进行过滤。其特点是压力稳定，滤过质量好，但流速稍慢，适用于小批量生产。

2. 减压过滤 减压过滤（vacuum filtration）是通过减少滤液下面的压力，以增加滤液上下之间的压力差，从而加速过滤并使沉淀抽吸得较干燥的过滤方法。通常采用真空泵抽真空形成负压而使药液加速滤过。其特点是压力不够稳定，操作不当易使滤层松动或破损，影响过滤质量，常用于实验室制备。

3. 加压过滤 加压过滤（pressure filtration）是一种在密闭容器中进行的过程，它通过增加压力来加快过滤速率并提高过滤效率。在加压过滤过程中，物料被压缩空气或机械泵加压，然后通过过滤介质实现固液分离。由于压力的存在，物料中的固体颗粒被紧密地压在过滤介质上，液体则通过过滤介质流出，从而达到分离的目的。其特点是压力稳定、过滤效率高，全部装置需处于正压且密封性要求高，滤过质量好，常用于大生产，可实现连续式生产过滤。

（四）过滤介质

过滤介质（filtration media）也称为滤材，是指能够使工作介质通过，同时将其中固体颗粒或液滴截留，以达到分离或净化目的的多孔物。它决定了过滤操作的分离精度和效率，直接影响过滤机的生产强度及动力消耗。

通常过滤介质须具备以下性质：①惰性材料，不与滤液反应，也不吸附有效成分；②耐酸、耐碱、耐热，可适用于过滤各种性质的溶液；③过滤阻力小、滤速快、可反复使用、易清洗；④有一定的机械强度；⑤价格低廉，材料易得。

常用的过滤介质有多孔陶瓷、垂熔玻璃、烧结金属、滤膜等。不同的过滤介质性质不同，过滤机制也各有差异。

（五）助滤剂

助滤剂（filter aid）是在过滤操作中加入的一种辅助性粉粒状物质，能够提高滤液过滤效率，降低过滤阻力,增加过滤速率,得到高度澄清的滤液。在过滤操作中,助滤剂的使用方法包括将助滤剂按一定比例与待滤的悬浮液混合,然后一起过滤,或制备只含助滤剂的悬浮液,先行过滤,在过滤介质上形成预涂层,然后再过滤滤浆。预涂层能承受一定压力而不变形,又可防止滤布因堵塞而增加阻力。请注意,对于具体的过滤操作,助滤剂要根据具体的应用场景和需求进行选择。

常用的助滤剂有硅藻土、珍珠岩、纤维素、石棉、石墨粉、锯屑、氧化镁、石膏、活性炭、酸性白土等。不同助滤剂具有不同的性质和用途,例如,硅藻土具有很大的比表面积,能吸附胶体物质,并形成空隙率很高的滤饼,是应用最广泛的助滤剂;而活性炭具有较强的吸附热原能力和脱色作用,也能吸附生物碱类,是注射剂生产过程中最常用的助滤剂。

(六)过滤器及过滤装置

1. 砂滤棒 砂滤棒是将硅藻土或石英砂等颗粒材料与一定比例的黏合剂和水混合后,经过挤压成棒状,并在一定温度下进行烧结而成(图4-8)。不同烧结材料制成的砂滤棒具有不同的性质,因此可适用于不同的药液。例如,硅藻土滤棒适用于黏度高、浓度大的药液,而多孔素瓷滤棒则适用于低黏度的药液。

砂滤棒用作粗滤工具,可过滤药液中的大颗粒杂质,但由于表面粗糙,吸附药液能力强,难以清洗,易影响后续过滤效果。同时,砂滤棒会改变药液pH,可能影响药效,还可能带杂质,影响药液纯度。因此,实际生产中需考虑其使用效果和影响,选择合适设备和工艺,确保药液质量和稳定性。

2. 钛滤器 钛滤器是由钛金属粉末经过高温烧结而成,它的孔径细小、均匀,能够有效地过滤较细的微粒(图4-9)。由于钛滤器的材质钛金属具有高强度、高耐蚀性、高耐高温等优良性能,因此钛滤器在生产中是一种较好的预滤材料,被广泛应用于脱炭过滤等领域。

图4-8 砂滤棒实物图

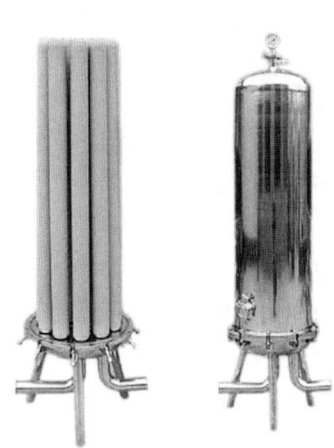

图4-9 钛滤器实物图

钛滤器具有许多优点:抗热性能好,能够在高温下保持稳定的过滤性能,可满足高温过滤的需求;强度大,能够承受较大压力,保证了过滤过程中的稳定性;重量轻,容易安装和拆卸,也方便操作和维护;不易破碎,使用过程中保证过滤效果的稳定性和长期性;过滤阻力小、滤速快,有效地降低了过滤成本。

3. 垂熔玻璃滤器 垂熔玻璃滤器是由高质量的硬质玻璃细粉经过精细烧结工艺制成的,其独特的结构使得它成为注射剂精滤或膜滤前的理想预滤选择。常见的形状包括漏斗状、球状或棒状(图4-10),使得在生产过程中能更加方便快捷地使用。

垂熔玻璃滤器的优点包括:①性质稳定,除了强碱和氢氟酸之外,它一般不会受到其他药液的影响;②吸附性很低,因此它一般不会影响药液的pH,可以保证药液的质量和稳定性;③可以进行热压灭菌处理,使得其在使用过程中更加安全可靠;④清洗十分简便,而且不易出现裂漏、碎屑脱落等现象,大大降低了维护成本。

垂熔玻璃滤器的型号众多,不同的型号有着不同的孔径,以满足不同过滤精度的需求。例如,3 号主要用于常压过滤,4 号适用于加压或减压过滤,而 6 号则被用作除菌过滤。

4. 微孔滤膜滤器 微孔滤膜滤器以微孔滤膜为过滤介质,这种滤膜具有极小的孔径和高孔隙率,能够有效地截留和过滤药液中的杂质和微粒。在目前的应用中,微孔滤膜滤器的形状主要有圆盘形和圆筒形两种,这种设计使得过滤面积更大,能够处理更多的药液。

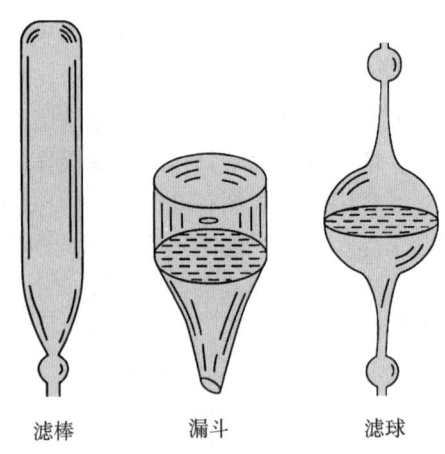

图 4-10 垂熔玻璃滤器图

微孔滤膜的材质包括聚醚砜(polyethersulphone, PES)、醋酸纤维素(cellulose acetate, CA)、硝酸纤维素(nitrocellulose, NC)、聚酰胺(polyamide, PA, 俗称尼龙)、聚四氟乙烯(polytetrafluoroethylene, PTFE)、聚偏四氟乙烯(polyvinylidene fluoride, PVDF)、聚丙烯(polypropylene, PP)等。在选择膜材时,应充分考虑待滤液的性质及其与滤膜的化学兼容性。例如,对于一些有机溶剂或酸性药液,应选择耐化学腐蚀性强的聚偏四氟乙烯或聚四氟乙烯等材质。对于一些碱性药液或高温度的药液,应选择耐碱性强的聚酰胺或聚丙烯等材质。同时,还需要考虑药液的性质和过滤要求,选择合适的孔径和孔隙率的滤膜,以达到最佳的过滤效果。

微孔滤膜滤器的优点包括:孔径均匀、孔隙率高、截留能力强,这使得微孔滤膜滤器成为一种高效、可靠的过滤介质;材质多样,可耐受多种不同特性的药液,包括酸、碱、有机溶剂等;无滤过介质的迁移,不改变药液的 pH;质地薄,对药液的吸附较小;一次性使用,不会产生交叉污染,大大降低了产品的风险。

微孔滤膜滤器(图 4-11)主要用于注射剂的精滤(0.65~0.80 μm)和除菌过滤(0.22 μm),能够有效地过滤掉药液中的微粒和细菌,特别适于一些不耐热产品,如胰岛素、辅酶等生物技术药物注射剂的除菌过滤。

除了用于注射剂的过滤,微孔滤膜滤器还可用于无菌检查。在进行无菌检查时,微孔滤膜滤器的高孔隙率和高截留能力能够有效地截留细菌,避免细菌进入滤液中,从而保证检查结果的准确性。

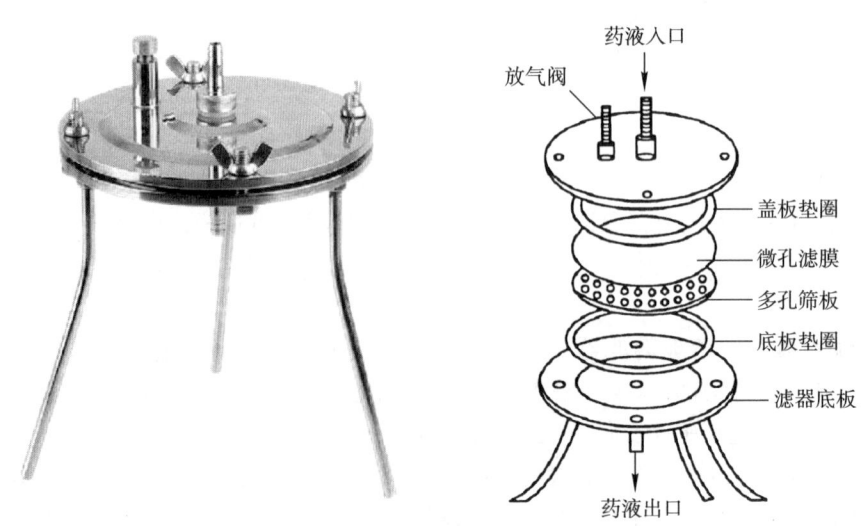

图 4-11 微孔滤膜滤器实物及结构示意图

5. 板框压滤器 板框压滤器（图4-12）是由多个中空滤框和实心滤板交替排列在支架上组成，形成一种独特的过滤结构，是一种间歇性固液分离设备。在物料泵的压力作用下，将料液送进各滤室，通过过滤介质，实现有效过滤。其优点是过滤面积大，截留的固体量多，可在各种压力下过滤；缺点是装配和清洗麻烦，且在使用过程中容易发生滴漏现象。常用于过滤黏性、颗粒大的浸出液。

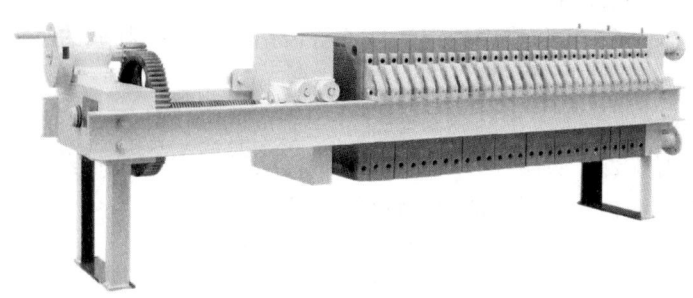

图4-12 板框压滤器实物图

第三节 液体制剂各论

液体制剂的临床应用广泛，按分散系统分类，可分为低分子溶液剂、高分子溶液剂、溶胶剂、混悬剂、乳剂等。

一、低分子溶液剂

（一）定义

低分子溶液剂也称低分子溶液型液体制剂，是由小分子药物分散在分散介质中形成的均相液体制剂。氯化钠溶液、葡萄糖溶液、复方碘溶液、花露水、樟脑醑、开塞露、止咳糖浆等均为日常典型的低分子溶液剂。

（二）分类

低分子溶液剂是可供内服或外用的液体制剂，可细分为下述类型：溶液剂、芳香水剂、糖浆剂、醑剂、酊剂和甘油剂。

1. 溶液剂 溶液剂（solution）指药物溶解于溶剂中所形成的澄明液体制剂。溶液剂的溶质一般为不挥发性的化学药物，溶剂多为水，也可用不同浓度的乙醇或油为溶剂。根据需要可加入助溶剂、抗氧剂、矫味剂、着色剂等附加剂。

2. 芳香水剂 芳香水剂（aromatic water）指芳香挥发性药物的饱和或近饱和水溶液，《中国药典》（2025年版）已将其称为露剂。用乙醇和水混合溶剂制成的含大量挥发油的溶液称为浓芳香水剂。其中的芳香挥发性药物多数为挥发油。

芳香水剂应澄明，必须具有与原有药物相同的气味，不得有异臭、沉淀和杂质。芳香水剂浓度一般都很低，可用于矫味、矫臭和作分散剂使用。芳香水剂多数易分解、变质甚至霉变，所以不宜大量配制和久贮。

3. 糖浆剂 糖浆剂（syrup）指含有原料药物的浓蔗糖水溶液，供口服用。糖浆剂中的药物可以是化学药物，也可以是药材的提取物。纯蔗糖的饱和水溶液浓度为85%（g/mL）或64.7%（g/g），称为单糖浆（simple syrup）或糖浆。蔗糖和芳香剂能掩盖某些药物的苦味、咸味及其他不适臭味，容易服用，尤其受儿童欢迎。糖浆剂易被霉菌、酵母菌和其他微生物污染，发生浑浊或变质，故低浓度的糖浆剂应添加防腐剂。糖浆剂中含蔗糖浓度高时，渗透压大，微生物的生长繁殖受到抑制。

4. 醑剂 醑剂（spirit）指挥发性药物的浓乙醇溶液，可供内服或外用。凡用于制备芳香水剂的药物一般都可制成醑剂。

醑剂中的药物浓度一般为5%~10%，乙醇浓度一般为60%~90%。醑剂中的挥发油容易氧化、挥发，长期储存会变色等。醑剂应贮存于密闭容器中，且不宜长期储存。

醑剂可用溶解法和蒸馏法制备。

5. 酊剂 酊剂（tincture）指药物用规定浓度乙醇浸出或溶解而制成的澄清液体制剂，亦可用流浸膏稀释制成。可供内服或外用。

6. 甘油剂 甘油剂（glycerin）指药物溶于甘油中制成的专供外用的溶液剂，常用于口腔、耳鼻咽喉科疾病。甘油具有黏稠性、吸湿性，对皮肤、黏膜有滋润作用，能使药物滞留于患处而延长药物局部药效，缓和药物的刺激性。由于甘油吸湿性较大，应密闭保存。

甘油剂的制备可用溶解法，如碘甘油；化学反应法，如硼酸甘油。

（三）特点（或性质）

低分子溶液剂是药物以分子状态分散在分散介质中所形成的澄明溶液，属于热力学稳定体系。由于药物的分散度大，因此用药后，吸收速度较快。

（四）组成

低分子溶液剂的溶质一般为不挥发性的化学药物，溶剂多为水，也可用不同浓度的乙醇、甘油或油为溶剂。

根据需要可加入助溶剂、抗氧剂、矫味剂、着色剂等附加剂。

（五）制备

低分子溶液剂常用的制备有溶解法和稀释法。

1. 溶解法 其制备过程是称量药物和附加剂→溶解→过滤→质量检查→包装等步骤。具体方法：取处方总量1/2~3/4量的溶剂，加入药物，搅拌使其溶解，过滤，并通过滤器加溶剂至全量。过滤后的药液应进行质量检查。制得的药物溶液应及时分装、密封、贴标签及进行外包装。

2. 稀释法 先将药物制成高浓度溶液，再用溶剂稀释至所需浓度即得。用稀释法制备溶液剂时应注意浓度换算，挥发性药物的浓溶液在稀释过程中应注意挥发损失，以免影响浓度的准确性。

（六）应用举例

例4-1：过氧化氢溶液（双氧水）

【处方】浓过氧化氢溶液25%（g/g）100 mL，蒸馏水加至1 000 mL。

【制法】取浓过氧化氢溶液100 mL，加蒸馏水至1 000 mL搅匀即得。

【注释】本品为无色澄清液体，无臭或有类似臭氧的臭气。相对密度1.01（25℃），遇氧化物或还原物迅速分解并产生泡沫；遇光更易分解，配制所用器具应充分洗净。

例4-2：复方碘溶液

【处方】碘50 g，碘化钾100 g，纯化水加至1 000 mL。

【制法】取处方量碘化钾，加纯化水约40 mL，制备成碘化钾的浓溶液；再加入处方量碘，边加边搅拌，至碘完全溶解；加入余量纯化水至1 000 mL即得。成品为澄清、透明的紫红色溶液，无任何沉淀物。

【注释】本品俗称卢戈溶液。碘化钾在此处方中为助溶剂。溶解碘化钾时尽量少加水，因高浓度的碘化钾有利于溶解度大的络合物（$I_2 + KI = KI_3 = K^+ + I_3^-$）生成；此乃成功制备的关键，并有利于碘的溶解和稳定。

例4-3：薄荷水

【处方】薄荷油2 mL，滑石粉15 g，纯化水加至1 000 mL。

【制法】称取滑石粉 15 g 置于干燥研钵中，将薄荷油 2 mL 加到滑石粉上，充分研匀；量取纯化水 950 mL，分次加到研钵中，先加少量，研匀后再逐渐加入其余部分的纯化水，每次都要研匀，最后留下少量纯化水；将上述混合液移入 150 mL 具塞玻璃瓶中，用余下的纯化水将研钵中的滑石粉冲洗入玻璃瓶，加塞剧烈振摇 10 min；用润湿过的滤纸反复滤过，直至澄清，再从滤器上添加纯化水至 1 000 mL，即得。

【注释】本品为薄荷水饱和溶解度 40 倍的浓溶液。该处方是用分散法配制的，滑石粉不宜过细，以免制出的溶液浑浊；处方中滑石粉颗粒的比表面积巨大，通过研磨工艺可将薄荷油吸附在滑石粉的细小颗粒表面上，相对于薄荷油-水的界面来说，大大增加了接触的表面积；再通过剧烈振摇工艺完成细小滑石粉表面所吸附薄荷油与纯化水之间的物质交换，从而达到大大增加薄荷油在水中溶解度的目的。

例 4-4：磷酸可待因糖浆

【处方】磷酸可待因 5 g，纯化水 15 mL，单糖浆加至 1 000 mL。

【制法】取磷酸可待因 5 g 溶于 15 mL 纯化水中，加单糖浆至全量，即得。

【注释】①药物加入的方法：水溶性固体药物可先用少量纯化水使其溶解再与单糖浆混合；水中溶解度小的药物可酌加少量其他适宜的溶剂使药物溶解，然后加入单糖浆中，搅匀，即得；药物为可溶性液体或药物的液体制剂时，可将其直接加入单糖浆中，必要时过滤；药物为含乙醇的液体制剂时，与单糖浆混合时常发生浑浊，为此可加入适量甘油助溶；药物为水性浸出制剂时，因含多种杂质，需纯化后再加到单糖浆中。②应在避菌环境中制备：各种用具、容器应进行洁净或灭菌处理，并及时灌装；应选择药用白砂糖；糖浆剂应在 30 ℃ 以下密闭储存；生产中宜用蒸汽夹层锅加热，温度和时间应严格控制。

例 4-5：樟脑酊

【处方】樟脑 100 g，95% 乙醇适量，加 95% 乙醇至 1 000 mL。

【制法】取樟脑溶于约 800 mL 乙醇中，充分溶解后再加入乙醇至全量，摇匀即得。必要时进行过滤。

【注释】本品为无色液体，有樟脑的特臭气味，含醇量应为 80%~87%。

例 4-6：甲醛水杨酸涂剂

【处方】甲醛溶液 50 mL，水杨酸 15 g，樟脑 15 g，95% 乙醇 500 mL，蒸馏水加至 1 000 mL

【制法】称取水杨酸与樟脑，加入乙醇溶解后，再缓缓加入甲醛溶液，过滤，加蒸馏水至全量。搅匀即得有甲醛臭的无色澄清液体。

【注释】水杨酸与樟脑都微溶于水，其在水中的溶解度分别为 1∶460 和 1∶800；二者在乙醇中溶解度较大，分别为 1∶3 和 1∶1。因此操作时应将蒸馏水缓慢加入二者的乙醇液中，且不断搅拌，否则易析出结晶。

所用甲醛溶液甲醛含量不得少于 36%（g/g），浓度应为 1.94%（g/mL）。

本品含甲醛溶液 50 mL，实际甲醛含量应为 1.94%（g/mL）。密闭保存，防止甲醛于低温（9 ℃ 以下）下聚合生成聚甲醛沉淀。主药水杨酸忌与金属接触，以防变色。

（七）质量评价

溶液剂应为澄清的液体制剂。因其制剂品种丰富，质量标准众多，这里仅列举其中的三种，余者可参见《中国药典》（2025 年版）。

1. 糖浆剂 糖浆剂的含糖量应不低于 45%（g/mL），糖浆剂应澄清，在贮存期间不得有酸败、异臭、产生气体或其他变质现象。含药材提取物的糖浆剂允许含少量轻摇即散的沉淀。一般应检查相对密度和 pH。单剂量灌装的糖浆剂应检查装量差异，多剂量灌装的糖浆剂应检查最低装量。根据需要糖浆剂中可添加适宜的附加剂，如适量的乙醇、甘油和其他多元醇作稳定剂；如需加入防腐剂，除另有规定外，制剂确定处方中羟苯酯类的用量不得超过 0.05%、山梨酸和苯甲酸的用量不得超过 0.30%；必要时可加入色素，如需加入其他附加剂，其品种与用量应符合国家规定，且不影响成品的稳定性，并应避免对检验产生干扰。

2. 酊剂 其浓度除另有规定外，含有毒剧药品（药材）的酊剂，每 100 mL 相当于原药物 10 g；其他酊剂每 100 mL 相当于原药物 20 g。乙醇含量需照《中国药典》（2025 年版）四部通则中乙醇测定法测定，应符合各品种项下的规定；甲醇含量需照《中国药典》（2025 年版）四部通则中甲醇检查法检查，应符合规定。

3. 露剂 在生产与贮藏期间应符合下列有关规定：饮片加水浸泡一定时间后，用水蒸气蒸馏，收集的蒸馏液应及时盛装在灭菌的洁净干燥容器中；收集蒸馏液、灌封均应在要求的洁净度环境中进行；根据需要可加入适宜的抑菌剂和矫味剂，其品种与用量应符合国家标准的有关规定。露剂应澄清，不得有沉淀和杂质等。露剂应具有与原有药物相同的气味，不得有异臭。一般应检查 pH。

除另有规定外，微生物限度的检查应按照通则中非无菌产品微生物限度检查：微生物计数法、控制菌检查法及非无菌药品微生物限度标准检查，应符合规定；处方的抑菌效力应符合抑菌效力检查法的规定。

二、高分子溶液剂

（一）定义

高分子溶液剂是由高分子化合物形成的液体制剂。在水中溶解时，因为分子较大（< 100 nm），亦称亲水胶体溶液。诸如明胶溶液、胃蛋白酶溶液等都属于高分子溶液剂。

在该类型液体制剂中药物是以分子状态分散在分散介质中形成的澄明溶液，属于热力学稳定体系。

（二）分类

胶体学领域可按胶粒与分散介质之间亲和力的不同分为亲液胶体与疏液胶体，其中当分散介质为水时则称为亲水胶体，即为高分子溶液剂。

（三）特点（或性质）

1. 高分子的荷电性 溶液中的高分子化合物因解离而带电，有的带正电，有的带负电。例如，纤维素及其衍生物、阿拉伯胶、海藻酸钠等高分子化合物在水溶液中一般带负电荷；琼脂、血红素等带正电荷。

某些高分子化合物所带的电荷受溶液 pH 的影响。蛋白质分子中含有羧基和氨基，在水溶液中，当溶液的 pH > 等电点时，则分子中 $-COO^-$ 数目多于 $-NH_3^+$ 数目，蛋白质带负电荷；反之当 pH < 等电点时，蛋白质带正电；在等电点时，蛋白质不带电，这时高分子溶液的许多性质发生变化，如黏度、渗透压、溶解度、电导等都变为最小值。高分子溶液的这种性质广泛应用于药剂学的剂型设计中，具有重要意义。例如，根据高分子化合物在溶液中的荷电，用电泳法可测得高分子化合物所带电荷种类。再如，复凝聚法制备微囊就是将荷电相反的两种溶液中的高分子凝聚而成囊。

2. 热力学性质 高分子溶液的稳定性主要是由高分子化合物水化作用和荷电两方面决定。高分子化合物含有大量亲水基团如 $-COOH$、$-NH_2$、$-OH$ 等，能与水形成牢固的水化膜，可阻止高分子化合物分子之间的相互凝聚，故在水中以单分子状态分散，形成均相的热力学稳定的分散体系。

3. 高分子的渗透压 亲水性高分子溶液与溶胶不同，有较高的渗透压，渗透压 π 的大小与高分子溶液的浓度 C 有关。其溶液的渗透压可用下式表示：

$$\pi/C = RT(1/M + BC) \tag{4-2}$$

式中，π 为渗透压；C 为高分子的浓度（g/L）；R 为气体常数；T 为热力学温度；M 为相对分子质量；B 为特定常数，是由溶质和溶剂相互作用的大小来决定的。由式（4-2）可见 π/C 对 C 呈直线关系。

4. 高分子溶液的黏度与相对分子质量 高分子溶液是黏稠性流体，其黏度与相对分子质量之间的关系可用式（4-3）表示，因此可根据高分子溶液的黏度 η 来测定高分子化合物的相对分子质量 M。

$$[\eta] = KM^a \tag{4-3}$$

式中，K、a 分别为高分子化合物与溶剂之间的特有常数。

5. 高分子溶液的聚结特性 高分子化合物含有大量亲水基，能与水形成牢固的水化膜，可阻止高分子化合物分子之间的相互凝聚，使高分子溶液处于稳定状态。但高分子水化膜的荷电发生变化时易出现聚结沉淀，例如，向溶液中加入大量的电解质，由于电解质的强烈水化作用，破坏高分子的水化膜，使高分子凝结而沉淀，这一过程称为盐析（如图4-13所示）；引起盐析作用主要是电解质的阴离子。不同电解质的阴离子盐析能力的比较称为感胶离子序，如柠檬酸根离子 > 酒石酸根离子 > 硫酸根离子 > 醋酸根离子 > 氯离子 > 碘离子 > 硫氢根离子。其中柠檬酸根三价阴离子的盐析作用最强。

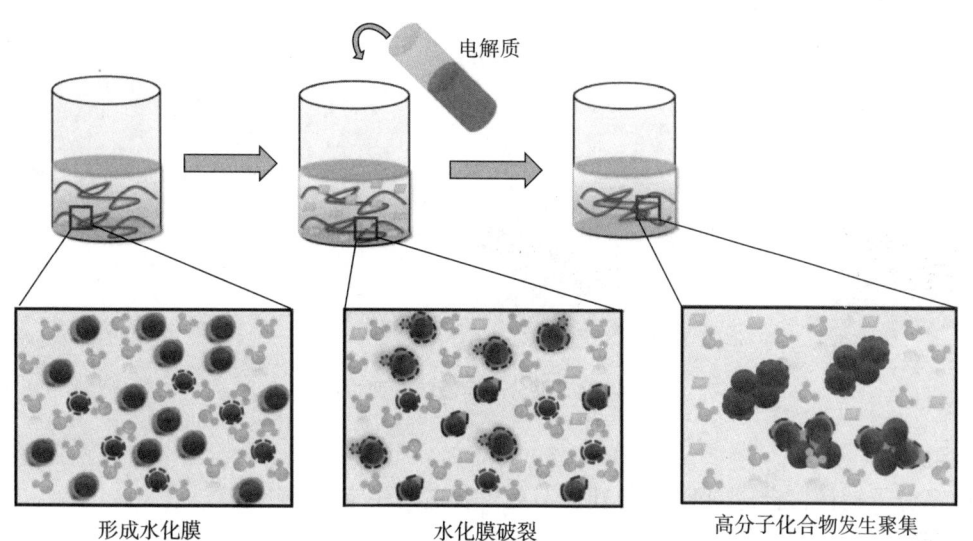

图4-13 高分子化合物的水化膜在电解质作用下的凝结/沉淀（即盐析）过程

向溶液中加入脱水剂，如乙醇、丙酮（实际上是一些高分子化合物的不良溶剂）等能破坏水化膜而使高分子发生聚结。采用此方法可将不同相对分子质量的大分子进行分离。

其他原因，如盐类、pH、絮凝剂、射线等的影响，使高分子化合物凝结沉淀，称为絮凝现象；产生絮凝的主要原因是电解质的加入，降低了双电层的 ζ 电位而产生絮凝。这一点对在混悬剂制备中的稳定剂的选择具有意义。

带相反电荷的两种高分子溶液混合时，由于相反电荷中和而产生凝结沉淀，可运用此性质来制备微囊，调节 pH 后，使得带正电的明胶高分子溶液与荷负电的阿拉伯胶高分子溶液相互作用，凝结成囊。

6. 胶凝性 线型高分子化合物在溶剂中溶胀、溶解，形成高分子溶液，此时分子链处于伸展状态，称为溶胶（在药剂学中被称为高分子溶液）。当条件改变时，如温度降低或pH改变，分子链靠近、相互吸引而产生物理交联，形成网状结构，并包含大量溶剂分子称为高分子凝胶。一些亲水性高分子溶液如明胶水溶液、琼脂水溶液，在温热条件下为黏稠性流动液体，当温度降低时，高分子溶液就形成网状结构，分散介质水被全部包含在网状结构中，形成了不流动的半固体状物，称为凝胶，如软胶囊的囊壳就是这种凝胶。从溶胶向凝胶转变的过程称为胶凝（gelatination）。当凝胶失去网状结构中的水分时，体积缩小，形成干燥固体，则称为干胶，如硬胶囊的明胶胶囊壳。

这种凝胶与化学交联的凝胶具有相似特征，如网状结构中的溶剂分子不能自由运动，是半固体状并有一定的强度、弹性或可塑性等。由于这种凝胶的网状交联主要依赖于分子间范德瓦耳斯力，所以当外界条件如温度、pH或溶剂改变时这种网状结构有可能被破坏，重新回到溶液状态，说明高分子溶液的胶凝具有可逆性。

7. 触变性质 有些亲水性胶体溶液，在一定温度下静置时，胶体溶液逐渐变成为凝胶，一经振摇又成为可流动的胶体溶液，胶体的这种可逆的变化性质称为触变性（如图4-14所示），具有触变性的胶体称为触变胶（如植物油中加入硬脂酸铝形成的胶体溶液）。利用触变胶作助悬剂也可制得比较稳定的混悬液。

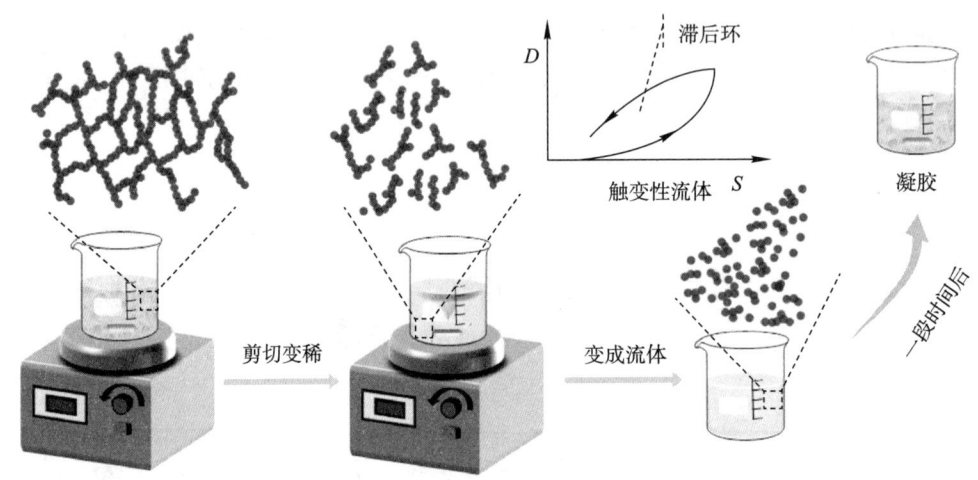

图4-14 高分子溶液的触变性能

（四）组成

主要由高分子辅料、合适的溶剂、pH调节剂、合适的稳定剂等组成。

（五）制备

1. 制备原理 制备高分子溶液，多采用溶解法，但是其溶解过程与低分子的不同，如图4-15所示，包括有限溶胀和无限溶胀两个过程。

（1）有限溶胀：高分子溶解时首先要经过溶胀过程。将高分子化合物用水浸泡，由于高分子化合物分子大、扩散慢；而水分子可以渗入高分子结构的空隙中，与高分子中的亲水基团发生水化作用而使体积膨胀，从而使高分子空隙间充满了水分子；这一过程称为有限溶胀。

（2）无限溶胀：由于高分子空隙间存在水分子，从而降低了高分子化合物分子之间的作用力（范德瓦耳斯力），溶胀过程继续进行，以至于最后达到高分子化合物完全分散在水中而形成高分子溶液，这一过程称为无限溶胀。

无限溶胀常需搅拌或加热等过程才能完成。形成高分子溶液的这一过程称为胶溶。胶溶过程的快慢取决于高分子的性质以及工艺条件。

2. 制备时的注意事项 不同的亲水胶体其无限溶胀的速度和难易有所不同，大多数需要搅拌或加热才能完成。

（1）制备明胶溶液时，先将明胶碎成小块，放于水中浸泡3~4h，使其吸水膨胀，这是有限溶胀过程，然后加热并搅拌使其形成明胶溶液，这是无限溶胀过程。

（2）琼脂、阿拉伯胶、西黄蓍胶、羧甲基纤维素钠等可其撒在冷水中，使之吸水膨胀，然后加热

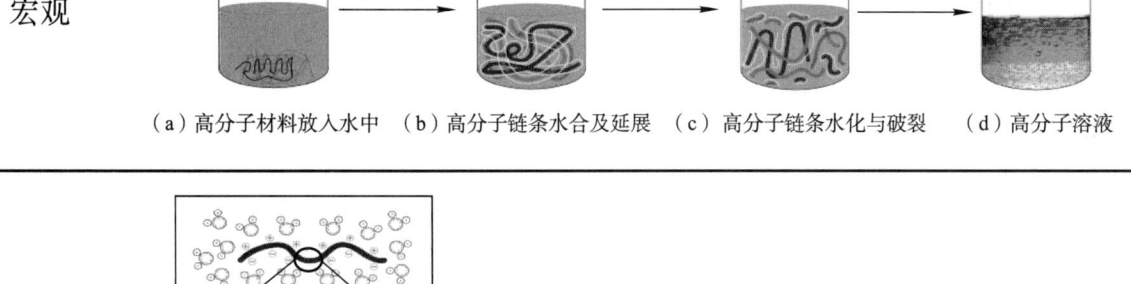
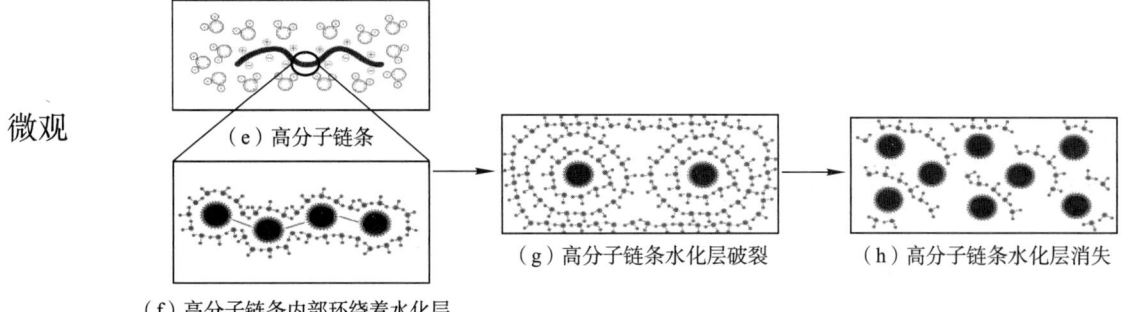

图 4-15　高分子材料从有限溶胀向无限溶胀的溶解过程示意图

使之完全胶溶。

（3）甲基纤维素和羟丙甲基纤维素则需先加入总体积的 1/5~1/3 的热水（80~90℃）中，充分分散与水化后降温，再加冷水至总体积，不断搅拌使溶解。

（4）淀粉遇水能立即膨胀，但无限溶胀过程必须加热至 60~70℃才能制成淀粉浆。

（5）胃蛋白酶、汞溴红、蛋白银等高分子药物，其有限溶胀和无限溶胀过程都很快，只需将其撒于水面，待其自然溶胀后再搅拌即可形成溶液，但如果将它们撒于水面后立即搅拌则形成团块，这时在团块周围形成了水化层，使溶胀过程变得相当缓慢，给制备过程带来困难。

（六）应用举例

例 4-7：胃蛋白酶合剂

【处方】胃蛋白酶 2.0 g，单糖浆 10.0 mL，橙皮酊 2.0 mL，稀盐酸 2.0 mL，5% 羟苯乙酯乙醇液 1.0 mL，纯化水加至 100.0 mL。

【制法】将稀盐酸、单糖浆加入约 80.0 mL 纯化水中，搅匀；再将胃蛋白酶撒在液面上，待自然溶胀、溶解；将橙皮酊缓缓加入溶液中；另取约 10.0 mL 纯化水溶解羟苯乙酯的乙醇液后，缓缓加入于上述溶液中；再加纯化水至全量，搅匀，即得。

【注释】①影响胃蛋白酶活性的主要因素是 pH，一般 pH 1.5~2.5。含盐酸的量不可超过 0.5%，否则使胃蛋白酶失去活性，故配制时须先将稀盐酸用适量纯化水稀释。②须将胃蛋白酶撒在液面上，待溶胀后再缓缓搅匀，且不得加热以免失去活性。③本品一般不宜直接过滤，因胃蛋白酶的等电点为 pH 2.75~3.00，因此在该溶液中 pH < 等电点，胃蛋白酶带正电荷，而润湿的滤纸或棉花带负电荷，过滤时则会发生对胃蛋白酶的吸附作用。必要时，可将滤材润湿后，用稀盐酸少许冲洗以中和滤材表面的电荷，从而消除吸附现象。④胃蛋白酶的消化力应为 1:3 000，即 1 g 胃蛋白酶应能消化凝固卵蛋白 3 000 g。⑤本品不宜与胰酶、氯化钠、碘、鞣酸、浓乙醇、碱以及重金属配伍，因能降低活性。

例 4-8：盐酸可卡因胶浆

【处方】盐酸可卡因 5 g，甲基纤维素 17 g，柠檬酸 1 g，5% 尼泊金乙酯醇溶液 20 mL，甘油 1 g，纯化水加至 1 000 mL。

【制法】①取盐酸可卡因、柠檬酸溶于约 800 mL 蒸馏水中，缓缓加入尼泊金乙酯醇溶液。②撒入甲基纤维素，使其溶胀至溶解（也可经折算加入甲基纤维素胶浆），加蒸馏水至全量，搅匀即得。

【注释】本品可作为胃镜检查时的麻醉剂。

甲基纤维素胶浆的制备：系将甲基纤维素撒入已盛有水的容器中，置冰箱内冷藏，待其自然膨胀、溶解或两日内数次振摇，即得。

例 4-9：聚维酮碘（碘络酮）溶液

【处方】聚维酮碘 100 g，蒸馏水加至 1 000 mL。

【制法】取聚维酮碘，撒于蒸馏水液面上，使其自然溶胀、溶解，加蒸馏水至全量，搅匀，即得。

【注释】聚维酮碘含有效碘 9.0%～12.0%，为无定形粉末，在水中或乙醇中均溶解，无碘的挥发性，对皮肤黏膜无刺激性，不引起过敏反应，局部应用时不与蛋白结合。

例 4-10：羧甲基纤维素钠胶浆剂

【处方】羧甲基纤维素钠 5 g，糖精钠 0.5 g，琼脂 5 g，纯化水加至 1 000 mL。

【制法】取羧甲基纤维素钠分次加入 400 mL 热纯化水中，轻轻搅拌使溶；另取碎块琼脂及糖精钠加入热纯化水 400 mL，煮沸数分钟，使琼脂溶解；两液合并，趁热过滤，加热纯化水至 1 000 mL，搅匀，即得。

【注释】①羧甲基纤维素钠也可在冷水中有限溶胀，然后加热使之完全溶解；②本品在 pH 3～11.5 之间均稳定，氯化钠等盐类可降低其黏度；③本品用于助悬剂、矫味剂，外用时则不加糖精钠。

三、溶胶剂

（一）定义

溶胶剂是指不溶性药物以纳米粒（<100 nm）的颗粒大小分散所形成的液体制剂，又称为疏水胶体溶液。诸如氯化银溶胶、氢氧化铁溶胶、胶体金等均属于溶胶剂。

溶胶剂与上述低分子和高分子溶液剂不同的是，由于是将药物以微粒状态分散在分散介质中所形成的液体制剂，溶胶剂中分散的微细粒子（即胶粒）为多分子聚集体，有极大的分散度，但水化作用很弱，它们之间存在着物理界面，因此并非均一体系，系多相分散体，归属于非均相的液体制剂，属于热力学不稳定、动力学稳定的系统。

将药物分散成溶胶状态，药效会出现显著的变化：如硫的粉末不被肠道吸收，但胶体硫在肠道中极易被吸收，以至于产生极大毒性甚至死亡；具有杀菌效果的胶态氯化银、碘化银、蛋白银等，同它们的银盐比较，没有特殊的刺激性；胶态金曾作为非全麻痹性诊断药使用；胶态汞也曾作为梅毒的治疗药物。目前溶胶剂很少使用，但随着纳米材料与纳米技术的应用，溶胶性质及相关理论对于指导药剂学领域中微粒给药系统的研究十分重要。

（二）分类

胶体学中将胶粒与分散介质之间亲和力的不同分为亲液胶体与疏液胶体，当分散介质为水时称为亲水胶体（即高分子溶液剂）与疏水胶体（即溶胶剂）。溶胶剂所用的分散介质大多为水，少数为非水溶剂如乙醇、乙醚、丙酮等。

在该类制剂中，应用较广泛的分散相有：天然多糖类（淀粉、树胶等）；合成或半合成的纤维素类（甲基纤维素、羧甲纤维素钠等）；蛋白质类（明胶、胃蛋白酶等）；蛋白银；右旋糖酐；聚乙烯吡咯烷酮；柠檬酸铁铵等。

（三）性质

1. 光学性质　当强光线通过溶胶剂时，在入射光的垂直方向上可以看到一个浑浊发亮的光柱，这种现象称为丁达尔现象。它是胶体粒子对光散射的结果。光线射向溶胶时,只有一部分光能通过,其余部分则被吸收、散射或反射。光的吸收主要取决于体系的化学组分,而散射和反射则与体系的分散度有关。当粒子直径大于入射光的波长时,主要发生反射,如粗分散体系因反射作用而呈现浑浊;当粒子直径小于入射光的波长时,则发生散射,如溶胶粒子比可见光波长(400~700 nm)小,因而散射(溶胶剂的混浊程度用浊度表示,浊度愈大表明散射光愈强)明显,产生丁达尔现象或乳光(入射光为白色时光柱呈蓝色,称为蓝色乳光);小分子真溶液或纯溶剂因粒子太小,光散射非常微弱。

溶胶剂的颜色与光线的吸收和散射有密切关系。不同溶胶剂对特定波长的吸收,使溶胶剂产生不同的颜色,如氯化金溶胶呈深红色,碘化银溶胶呈黄色,蛋白银溶胶呈棕色。

2. 电学性质 溶胶剂由于双电层结构而带电荷,可以带正电荷,也可以带负电荷。在电场的作用下胶粒或分散介质产生移动,在移动过程中产生电位差,这种现象称为界面动电现象。溶胶剂的电泳现象(electrophoresis)就是界面动电现象所引起的。动电电位愈高,电泳速度就愈快。

3. 动力学性质 溶胶剂中的胶粒在分散介质中发生的不规则运动,称为布朗运动。布朗运动是由于胶粒受溶剂水分子不规则的撞击而产生的。胶粒愈小,运动速度愈大。溶胶粒子的扩散速度、沉降速度及分散介质的黏度等都与溶胶的动力学性质有关。由于胶粒粒子在1~100 nm,不受重力作用的影响,又由于胶粒的布朗运动增加了其动力稳定性,故溶胶剂属于动力学稳定体系。其胶粒的沉降速度慢,可在较长时间内不发生沉淀。

4. 热力学性质 溶胶剂分子中以疏水基团占优势,与水的亲和作用很弱,不能形成水合物,只能以多个分子聚集成微粒,与水有明显的界面,比表面积与界面自由能大,胶粒有趋于合并使界面自由能降低的倾向,以致在长期的贮存过程中有粒子呈聚结的"陈化"现象,所以胶体溶液属于热力学不稳定体系。但由于胶粒表面电荷产生静电斥力,以及胶粒荷电所形成的水化膜,增加了溶胶剂的聚结稳定性。

为了增加溶胶剂的稳定性,使胶粒不至于聚集合并,常加入天然的或合成的亲水性高分子化合物,使其吸附在疏水胶粒的表面形成保护膜,使胶粒具亲水性,称为胶体的保护作用。这种在疏水胶中加入的亲水胶称为保护胶体(protective colloid)。加入保护胶体后,溶液具有亲水胶体的性质,如蛋白银为疏水性的银溶胶加入明胶溶液作保护胶后制成的液体,其稳定性与高分子溶液相似。

(四)构造

溶胶剂具有双电层构造:由于溶胶剂中固体微粒本身的解离或吸附溶液中某种离子而带有电荷,带电的微粒表面必然吸引带相反电荷的离子,称为反离子。大部分反离子紧密地分布在微粒的周围,并随微粒的运动而运动。吸附的带电离子和反离子构成了吸附层。少部分反离子扩散到溶液中,形成扩散层。吸附层和扩散层分别是带相反电荷的带电层称为双电层(electric double layer),也称扩散双电层。双电层之间的电位差称为ζ电位(zeta potential)。

在电场的作用下胶粒向与其自身电荷相反的方向移动,胶粒在移动过程中电位差才表现出来,所以又称为动电电位。电位的高低决定于反离子在吸附层和溶液中分布量的多少,吸附层中反离子越多则溶液中的反离子越少,电位就越低。相反,进入吸附层的反离子越少,电位就越高。所以ζ电位的高低与溶液中电解质的浓度有密切关系。

由于双电层中的离子有水化作用,所以在胶粒周围形成弱的水化膜。胶粒电荷越多,扩散层就越厚,水化膜也越厚。水化膜的存在使胶粒不易合并,增加溶胶的聚结稳定性。由于胶粒电荷之间排斥作用,可防止胶粒碰撞时发生聚结。电位越高斥力越大,溶胶也就越稳定。ζ电位降低至25 mV以下时,溶胶聚集速度增大,溶胶产生聚结不稳定性。

(五)制备

1. 分散法

(1)机械分散法:胶体磨是制备溶胶剂的常用设备。将药物、溶剂以及稳定剂从加料口处加入胶体磨中，胶体磨以 10 000 r/min 的转速高速旋转将药物粉碎到胶体粒子范围，制成质量很好的溶胶剂。

（2）胶溶法：亦称解胶法，是将聚集起来的粗粒又重新分散的方法。如新生成的 AgCl 粗分散粒子加入稳定剂（主要是 Ag^+ 起作用），经再分散可制得 AgCl 溶胶剂。

（3）超声分散法：用 20 000 Hz 以上的超声波所产生的能量使分散粒子粉碎成溶胶剂的方法。

2. 凝聚法

（1）物理凝聚法：改变分散介质的性质使溶解的药物凝聚成为溶胶。

（2）化学凝聚法：借助于氧化、还原、复分解等化学反应制备溶胶的方法。

（六）应用举例

例 4-11：氢氧化铁溶胶

【处方】饱和 $FeCl_3$ 溶液。

【制法】①量取 150 mL 蒸馏水，置于 300 mL 烧杯中先煮沸 2 min；②用移液管移取 10% 的 $FeCl_3$ 溶液 30 mL，逐滴加入沸水中，并不断搅拌；③继续煮沸 3 min，得到棕红色 $Fe(OH)_3$ 溶胶。

【注释】①实验操作中，须用饱和氯化铁溶液而不用氯化铁稀溶液。若氯化铁浓度过低，不利于氢氧化铁胶体的形成。②沸水中滴 $FeCl_3$ 饱和溶液，而非加热 $FeCl_3$ 饱和溶液。若溶液浓度过大直接生成 $Fe(OH)_3$ 沉淀就得不到氢氧化铁胶体。③实验过程不能用玻璃棒搅拌，否则溶液出现浑浊。④当反应体系呈现红褐色，即制得氢氧化铁胶体，应立即停止加热，否则也容易出现浑浊，产生红褐色的氢氧化铁沉淀。⑤往沸水中滴加饱和氯化铁溶液后，可稍微加热煮沸，但不宜长时间加热，长时间加热的话就会从胶体变为沉淀。

例 4-12：Al_2O_3 溶胶

【处方】$Al_2O_3 \cdot 6H_2O$，$NH_3 \cdot H_2O$，$AlCl_3$ 溶液，HNO_3，HCl，PEG400。

【制法】①以 $Al_2O_3 \cdot 6H_2O$ 为原料，以氨水为沉淀剂，沉淀反应温度80℃，胶溶温度80℃，胶溶剂分别采用 1 mol/L 的稀硝酸和稀盐酸，制备出 Al_2O_3 溶胶。②将分析纯的 $Al_2O_3 \cdot 6H_2O$ 和 $NH_3 \cdot H_2O$ 分别用去离子水配制成一定浓度的溶液。在室温条件下向 $AlCl_3$ 溶液中加入适量的表面活性剂 PEG400 作为分散剂并充分搅拌备用。③在一定温度的水浴条件下，将适量的 $AlCl_3$ 溶液加入氨水溶液中，并使反应体系最终控制在一定的 pH。④得到的沉淀物经纯化、抽滤，除去 Cl^- 和 NH_4^+，得到滤饼。⑤将滤饼用一定量去离子水充分分散，在水浴条件下将一定量的稀硝酸加入用去离子水分散的滤饼悬浊液中，升高至一定温度，并不断搅拌，经过一定时间后得到 Al_2O_3 溶胶。

【注释】①当铝盐浓度一定时，胶粒大小主要与反应的最终温度有关。②使用 HCl、HNO_3、$HClO_4$ 作胶溶剂，控制酸铝摩尔比在 0.03～0.10，通过检测胶溶产物，发现酸必须满足下面两个条件才能制备出稳定的溶胶：首先，酸根离子不与 Al^{3+} 发生反应；其次，必须为强酸以保证能提供必需的电荷效应。③胶溶过程的产率与热处理过程有很大关系，较高的温度和压力可以相应地提高产率。80℃是一个临界点，因为低于这个温度胶溶过程中前驱体会发生沉降。

四、混悬剂

（一）定义

混悬剂（suspension）是由难溶性固体药物以微粒状态分散在分散介质中形成的非均相液体制剂。诸如布洛芬混悬剂、炉甘石混悬剂、对乙酰氨基酚混悬剂、头孢克洛干混悬剂等日常常见品种。

（二）分类

大多数混悬剂为液体制剂。混悬剂所用的分散介质大多数为水，也可用植物油。

《中国药典》（2025年版）亦收载了干混悬剂（dry suspension），它是按混悬剂的要求将药物用适宜方法制成粉末状或颗粒状制剂，使用时加水即迅速分散成混悬剂，这有利于解决混悬剂在保存过程中的稳定性问题。

在药剂学中，搽剂、洗剂、注射剂、滴眼剂、气雾剂、软膏剂和栓剂等均有混悬型制剂。

（三）性质

混悬剂中的药物微粒一般在 0.5～10 μm，小者可为 0.1 μm，大者可达 50 μm 或更大；属于热力学和动力学性质都不稳定的粗分散体系。

混悬剂中药物微粒的分散度大、具有较高的表面自由能，因而处于不稳定状态。疏水性药物的混悬剂比亲水性药物存在更大的物理稳定性问题。一般可以从以下几个方面来考量其物理稳定性。

1. 混悬粒子的沉降速度 混悬剂中的微粒受重力作用产生沉降时，其沉降速度服从 Stokes 定律。

$$v = \frac{2r^2(\rho_1 - \rho_2)g}{9\eta} \quad (4-4)$$

式中，v 为微粒沉降速度（cm/s），r 为微粒半径（cm），ρ_1、ρ_2 分别为微粒和分散介质的密度（g/cm³），η 为分散介质的黏度 [P（泊）（1 P = 0.1 Pa·s）]，g 为重力加速度常数（cm/s²）。

根据 Stokes 定律，增加混悬剂的动力学稳定性的主要方法如图 4-16 所示：①尽量减小微粒半径，以减小沉降速度；②加入高分子助悬剂，增加分散介质的黏度，同时也减小了微粒与分散介质之间的密度差，微粒吸附助悬剂分子而增加亲水性。

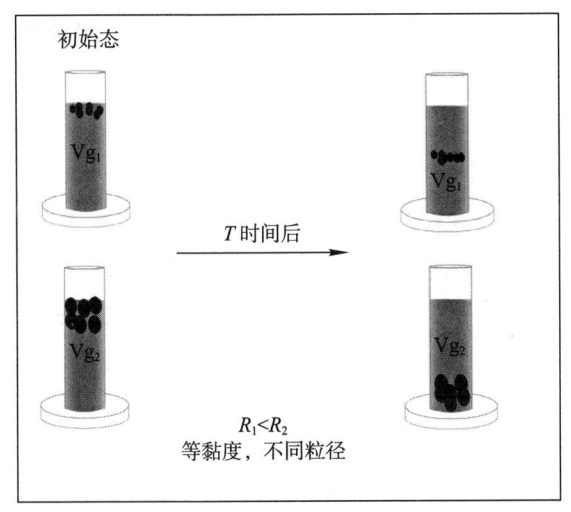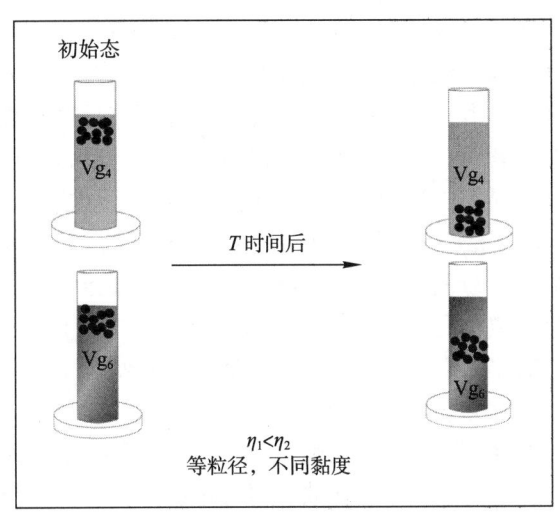

图 4-16 根据 Stokes 公式绘制的混悬剂物理不稳定性示意图

而现实中，混悬剂中的微粒大小是不均匀的，大的微粒总是迅速沉降；而细小微粒由于布朗运动而缓慢沉降，可长时间悬浮在分散介质中，保持混悬状态。

2. 微粒的荷电与水化 混悬剂中的微粒可因本身解离或吸附分散介质中的离子而荷电，即带有 ζ 电势。由于微粒表面荷电，水分子可在微粒周围形成水化膜，这种水化作用的强弱随双电层厚度而改变。微粒荷电使微粒间产生排斥作用，加之有水化膜的存在，阻止了微粒间的相互聚结，使混悬剂稳定。

向混悬剂中加入少量的电解质，可以改变双电层的构造和厚度，影响混悬剂的聚结稳定性并产生絮凝。疏水性药物混悬剂的微粒水化作用很弱，对电解质更敏感。亲水性药物混悬剂微粒除荷电外，本身具有水化作用，受电解质的影响较小。

3. 絮凝与反絮凝 混悬剂中的微粒由于分散度大而具有很大的总表面积，因而微粒具有很高的表面自由能，这种高能状态的微粒有降低表面自由能的趋势，表面自由能的改变可用式（4-5）

表示：

$$\Delta F = \delta_{S.L} \Delta A \tag{4-5}$$

式中，ΔF 为表面自由能的改变值，ΔA 为微粒总表面积的改变值，$\delta_{S.L}$ 为固 – 液界面张力。对一定的混悬剂 $\delta_{S.L}$ 是一定的，因此只有降低 ΔA，才能降低微粒的表面自由能 ΔF。可以看出，微粒团聚，增大粒径是使体系稳定的自发过程，但由于微粒荷电，电荷的排斥力阻碍了微粒产生团聚。如果加入适当的电解质，降低电位，可以减小微粒间电荷的排斥力。ζ 电势降低一定程度后，混悬剂中的微粒形成疏松的絮状聚集体，使混悬剂处于稳定状态。

混悬微粒形成疏松聚集体的过程称为絮凝（flocculation），加入的电解质称为絮凝剂（flocculant）。为了得到稳定的混悬剂，一般应控制 ζ 电势在 20~25 mV 范围内，使其恰好能产生絮凝作用。絮凝剂主要是具有不同价数的电解质，其中阴离子的絮凝作用大于阳离子。电解质的絮凝效果与离子的价数有关，离子价数增加 1，絮凝效果增加 10 倍。常用的絮凝剂有柠檬酸盐、酒石酸盐、磷酸盐及氢化物等。与非絮凝状态比较，絮凝状态具有以下特点：沉降速度快、有明显的沉降面、沉降体积大、经振摇后能迅速恢复均匀的混悬状态。

向絮凝状态的混悬剂中加入电解质，使絮凝状态变为非絮凝状态的这一过程称为反絮凝（deflocculation）。加入的电解质称为反絮凝剂（defloculant）。反絮凝剂所用的电解质与絮凝剂相同。

混悬剂的微粒间有静电斥力，同时也存在引力，即范德瓦耳斯力。当两个运动的微粒接近时电荷的斥力增大，引力也增大。斥力和引力以微粒间的相互作用能表示，如图 4-17 所示，斥力的相互作用能以正号表示，即 A 线；引力的相互作用能以负号表示，即 B 线；两种相互作用能之和为 C 线。当混悬剂中两个微粒间的距离缩短至 S 点时，引力稍大于斥力，这是粒子间保持的最佳距离，这时粒子形成絮凝状态。当粒子间的距离进一步缩短时，斥力明显增加，当曲线距离达到 m 点时斥力最大，微粒间无法达到聚集而处于非絮凝状态。受外界因素影响粒子间的距离很容易进一步缩短达到 P 点。在此点微粒之间产生强烈的相互吸引，以至于在强引力的作用下挤出粒子间的分散介质而使粒子结饼（caking），这时就无法再恢复混悬状态。

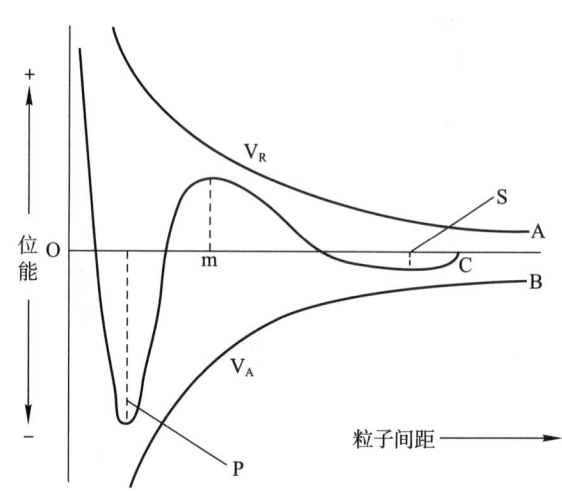

图 4-17 混悬剂中粒子间吸引与排斥的位能曲线

4. 结晶微粒的长大 混悬剂中的药物微粒大小不可能完全一致，在放置过程中，微粒的大小与数量在不断地发生变化：即小的微粒数目不断减少、大的微粒不断长大，使微粒的沉降速度加快，结果必然影响混悬剂的稳定性。研究结果发现，其溶解度与微粒大小有关。药物的微粒 <0.1 μm 时，这一规律可以用 Ostwald-Freundlich 方程式表示。

$$\ln \frac{S_2}{S_1} = \frac{2\sigma M}{\rho RT}\left(\frac{1}{r_2} - \frac{1}{r_1}\right) \tag{4-6}$$

式中，S_1 和 S_2 为粒子半径为 r_1 和 r_2 时的溶解度；ρ 为固体药物的密度；σ 为固体药物与液态溶剂之间的界面张力；M 为药物相对分子质量；R 为摩尔气体常数；T 为热力学温度。

混悬剂溶液在总体上是饱和溶液，但小微粒的溶解度大在不断地溶解，对于大微粒来说过饱和并不断地变大（如图 4-18 所示）。这时必须加入抑制剂以阻止结晶的溶解和生长，以保持混悬剂的物理稳定性。

5. 分散相的浓度和温度 在同一分散介质中分散相的浓度增加，混悬剂的稳定性降低。温度对

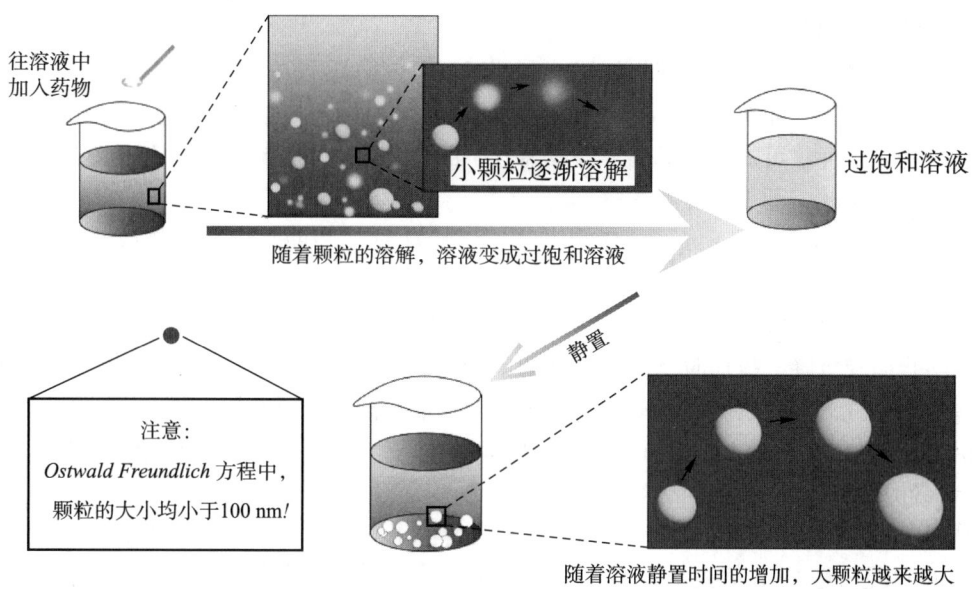

图 4-18　在 Ostwald-Freundlich 方程中所描述的小微粒不断溶解和大微粒不断变大的过程

混悬剂的影响更大，温度变化不仅改变药物的溶解度和溶解速度，还能改变微粒的沉降速度、絮凝速度、沉降容积，从而改变混悬剂的稳定性。冷冻可破坏混悬剂的网状结构，也使稳定性降低。

（四）组成

为了提高混悬剂的物理稳定性而加入的附加剂称为稳定剂。如表 4-4 所示，稳定剂包括助悬剂、润湿剂、絮凝剂和反絮凝剂等。

表 4-4　混悬剂中常用稳定剂

稳定剂类别	稳定原理	常用辅料举例	影响因素/选择标准
低分子助悬剂	能增加分散介质的黏度以降低微粒的沉降速度	甘油、糖浆剂等	性质稳定，受 pH 影响小，但应注意某些助悬剂与药物或其他附加剂有配伍变化
天然高分子助悬剂	能增加分散介质的黏度以降低微粒的沉降速度	阿拉伯胶、西黄蓍胶、桃胶、海藻酸钠、琼脂、淀粉浆等	性质稳定，受 pH 影响小，但应注意某些助悬剂与药物或其他附加剂有配伍变化
合成/半合成高分子助悬剂	能增加分散介质的黏度以降低微粒的沉降速度	甲基纤维素、羧甲纤维素钠、羟丙纤维素、卡波普、聚维酮、葡聚糖等	性质稳定，受 pH 影响小，但应注意某些助悬剂与药物或其他附加剂有配伍变化
触变胶	凝胶与溶胶恒温转变的性质，静置时形成凝胶防止微粒沉降	单硬脂酸铝溶解于植物油中可形成典型的触变胶	具有塑性流动和假塑性流动的高分子化合物的水溶液
润湿剂	能增加疏水性药物被水湿润的能力	聚山梨酯类、聚氧乙烯蓖麻油类、泊洛沙姆等	HLB 值在 7~11 的表面活性剂
絮凝剂/反絮凝剂	使混悬剂处于絮凝状态，以增加混悬剂的稳定性	柠檬酸盐、柠檬酸氢盐、酒石酸盐、酒石酸氢盐、磷酸盐及氯化物等	种类、性能、用量、混悬剂所带的电荷以及其他附加剂等

1. 助悬剂　助悬剂（suspending agent）指能增加分散介质的黏度以降低微粒的沉降速度或增加微粒亲水性的附加剂。助悬剂包括的种类很多，其中有低分子化合物、高分子化合物，甚至有些表面

活性剂。常用的助悬剂有。

（1）低分子助悬剂：如甘油、糖浆剂等，在外用混悬剂中常加入甘油。

（2）高分子助悬剂：通常可加入天然的高分子助悬剂，如阿拉伯胶、西黄蓍胶、桃胶、海藻酸钠、琼脂、淀粉浆等；也可加入合成或半合成高分子助悬剂，如甲基纤维素、羧甲纤维素钠、羟丙纤维素、卡波普、聚维酮、葡聚糖等。

此类助悬剂大多数性质稳定，受 pH 影响小，但应注意某些助悬剂与药物或其他附加剂有配伍变化。

此外还可以利用触变胶的触变性，以达到助悬、稳定作用。即凝胶与溶胶恒温转变的性质，静置时形成凝胶防止微粒沉降，振摇时变为溶胶有利于倒出。单硬脂酸铝溶解于植物油中可形成典型的触变胶，一些具有塑性流动和假塑性流动的高分子化合物的水溶液常具有触变性。

2. 润湿剂　润湿剂（wetting agent）指能增加疏水性药物被水湿润的能力的附加剂。

许多疏水性药物，如硫黄、固醇类、阿司匹林等不易被水润湿，加之微粒表面吸附空气，给制备混悬剂带来困难，这时应加入润湿剂，润湿剂可吸附于微粒表面，增加其亲水性，产生较好的分散效果。最常用的润湿剂是 HLB 值在 7~11 的表面活性剂，如聚山梨酯类、聚氧乙烯蓖麻油类、泊洛沙姆等。

3. 絮凝剂与反絮凝剂　制备混悬剂时常需加入絮凝剂，使混悬剂处于絮凝状态，以增加混悬剂的稳定性。絮凝剂和反絮凝剂的种类、性能、用量、混悬剂所带的电荷，以及其他附加剂等均对絮凝剂和反絮凝剂的使用有影响。

（1）絮凝剂主要是不同价数的电解质，其中阴离子絮凝作用大于阳离子。

（2）电解质的絮凝效果与离子价数有关，离子价数增加 1，絮凝效果增加 10 倍。

（3）同一电解质可因加入量的不同，在混悬剂中起絮凝作用（降低电位）或反絮凝作用（升高电位）。

常用的絮凝剂有柠檬酸盐、柠檬酸氢盐、酒石酸盐、酒石酸氢盐、磷酸盐及氯化物等。絮凝剂和反絮凝剂的使用对混悬剂有很大影响，应在试验的基础上加以选择。

（五）制备

制备混悬剂时，应使混悬微粒有适当的分散度，并应尽可能分散均匀，以减小微粒的沉降速度，使混悬剂处于稳定状态。混悬剂的制备方法分为分散法和凝聚法。

1. 分散法　分散法系将粗颗粒的药物粉碎成符合混悬剂微粒要求的分散程度，再分散于分散介质中制成的。

分散法制备混悬剂与药物的亲水性有密切关系，氧化锌、炉甘石、碱式硝酸铋、碱式碳酸铋、碳酸钙、碳酸镁、磺胺类等难溶性药物，因其分子中存在亲水性官能团，故相对地有一定的亲水性，制备时一般应先将药物粉碎到一定细度，再加处方中的液体适量，研磨到适宜的分散度，最后加入处方中的剩余液体至全量。小量制备可用乳钵，大量生产可用乳匀机、胶体磨等机械。处方中的液体可以是水，也可是其他液体成分。固体药物在粉碎时，加入适当液体研磨（称为加液研磨法），可以减小药物分子间的内聚力，使药物更容易粉碎得更细，微粒可达到 0.1~0.5 μm。加液研磨时，可使用处方中的液体，如水、芳香水、糖浆、甘油等，通常是 1 份药物可加 0.4~0.6 份液体，能产生最大分散效果。

对于疏水性强的难溶性药物，如硫黄等，其表面吸附大量的空气，当药物细粉加于水中时，微粒表面的空气难以被水置换，故不能被水润湿，使药物漂浮于水面上，不易混悬均匀。这时可用强力搅拌或适当加热，必要时可加少量的表面活性剂或一定量的润湿剂，与药物研匀以驱逐微粒表面的空气，再加液体混匀制成混悬剂。

对于干质重、硬度大的药物，可采用中药制剂常用的"水飞法"，即将药物加适量的水研磨至细，再加入较多量的水，搅拌，稍加静置，倾出上层液体，研细的悬浮微粒随上清液被倾倒出去，余下的粗粒再进行研磨，如此反复直至完全研细，达到要求的分散度为止。"水飞法"可使药物粉碎到极细的程度。

2. 凝聚法

（1）物理凝聚法：系将分子或离子状态分散的药物溶液加至另一不溶的分散介质中凝聚成混悬液的方法。一般将药物制成热饱和溶液，在搅拌下加至另一种药物不溶的液体中，使药物快速结晶，可制成 10 μm 以下（占 80%~90%）微粒，再将微粒分散于适宜介质中制成混悬剂。

例如，醋酸可的松滴眼剂就是用凝聚法制备的。将醋酸可的松溶于三氯甲烷中，滤过，将三氯甲烷溶液在搅拌下加至汽油中，加完后再搅拌 30 min，滤出结晶，120℃真空干燥，可得 10 μm 以下微晶占 75%，20 μm 以下的占 5%，个别的 40 μm 以下，得到的微晶分散于水中制成滴眼液。

（2）化学凝聚法：系用化学反应法使两种药物生成难溶性的药物微粒，再混悬于分散介质中制备混悬剂的方法。化学反应在稀溶液中进行并急速搅拌，可使制得的混悬剂中药物微粒更细小更均匀。例如，胃肠道透视用 $BaSO_4$ 就是用此法制成的。

（六）应用举例

例 4-13：复方硫黄洗剂

【处方】沉降硫黄 30 g，硫酸锌 30 g，樟脑醑 250 mL，羧甲纤维素钠 5 g，甘油 100 mL，纯化水加至 1 000 mL。

【制法】取沉降硫黄置乳钵中，加甘油研磨成细腻糊状；硫酸锌溶于 200 mL 纯化水中；另将羧甲纤维素钠用 200 mL 纯化水制成胶浆，在搅拌下缓缓加入乳钵中研匀，移入量器中；搅拌下加入硫酸锌溶液，搅匀；在搅拌下以细流加入樟脑醑，加纯化水至全量，搅匀，即得。

【注释】硫黄为强疏水性药物，甘油为润湿剂，使硫黄能在水中均匀分散；羧甲纤维素钠为高分子助悬剂，可增加混悬液的动力学稳定性；樟脑醑为10%樟脑乙醇液，加入时应急剧搅拌，以免樟脑因溶剂改变而析出大颗粒；可加聚山梨酯80作润湿剂，使成品质量更佳。但不宜用软肥皂，因为软肥皂能与硫酸锌生成不溶性的二价锌皂。

例 4-14：磺胺嘧啶混悬剂

【处方】磺胺嘧啶 100 g，柠檬酸钠 50 g，柠檬酸 29 g，氢氧化钠 16 g，单糖浆 400 mL，4%羟苯乙酯乙醇液 10 mL，纯化水加至 1 000 mL。

【制法】①将磺胺嘧啶混悬于 200 mL 纯化水中，将氢氧化钠加适量纯化水溶解后缓缓加入磺胺嘧啶混悬液中，边加边搅拌，使磺胺嘧啶与氢氧化钠反应生成钠盐而溶解；②另将柠檬酸钠与柠檬酸加适量纯化水溶解，过滤；③滤液缓缓加入上述磺胺嘧啶钠溶液中，不断搅拌，析出磺胺嘧啶；④最后加入单糖浆和羟苯乙酯乙醇液，加纯化水至 1 000 mL，摇匀，即得。

例 4-15：复方氢氧化铝混悬液

【处方】氢氧化铝 40 g，羧甲基纤维素钠 1.6 g，苯甲酸钠 2 g，三硅酸镁 80 g，Avicel RC 591 10 g，羟苯甲酯 1.5 g，柠檬香精 4 mL，纯化水加至 1 000 mL。

【制法】将苯甲酸钠、羟苯甲酯溶于纯化水中，与羧甲基纤维素钠制成胶浆；将氢氧化铝、三硅酸镁用羧甲基纤维素钠胶浆研匀，加柠檬香精混匀即得。

【注释】Avicel RC591，系由微晶纤维素与11%羧甲基纤维素钠组成，用作助悬剂、分散剂等。

（七）质量评价

1. 微粒大小 混悬剂中微粒的大小不仅关系混悬剂的质量和稳定性，也影响其药效和生物利用度，因此混悬剂中微粒的大小及其分布的测定是评价混悬剂质量的重要指标。显微镜法、库尔特计数法、浊度法、光散射法、漫反射法等可测定混悬剂粒子的大小。

2. 沉降容积比 沉降容积比（sedimentation rate）是指沉降物的容积与沉降前混悬剂的容积之比。

测定方法：将混悬剂放入量筒中，混匀，测定混悬剂的总容积 V_0，静置一定时间后，观察沉降面不再改变时沉降物的容积 V，其沉降容积比 F 为：

$$F = \frac{V}{V_0} = \frac{H}{H_0} \qquad (4-7)$$

沉降容积比也可用高度表示，H_0 为沉降前混悬液的高度，H 为沉降后沉降面的高度。F 值在 0~1，F 值愈大混悬剂愈稳定。H_0 混悬微粒开始沉降时，沉降高度 H 随时间而减小，所以沉降容积比 H/H_0 是时间的函数。以 H/H_0 为纵坐标，沉降时间 t 为横坐标作图，可得沉降曲线，曲线的起点最高点为 1，以后逐渐缓慢降低不与横坐标平行。根据沉降曲线的形状可以判断混悬剂处方设计的优劣，沉降曲线比较平和缓慢地降低可认为处方设计优良。但较浓的混悬剂不适用于绘制沉降曲线。口服混悬剂的沉降容积比不应低于 0.9。

3. 絮凝度 絮凝度（flocculation value）是反映絮凝剂对混悬剂稳定性的重要参数，用式（4-8）表示：

$$\beta = \frac{F}{F_\infty} = \frac{V/V_0}{V_\infty/V_0} = \frac{V}{V_\infty} \qquad (4-8)$$

式中，F 为加入絮凝剂后混悬剂的沉降容积比，F_∞ 为去絮凝剂后混悬剂的沉降容积比。絮凝度 β 表示由于絮凝剂的作用而增加的沉降物容积的倍数，例如，去絮凝混悬剂的 F_∞ 值为 0.15，絮凝混悬剂的 F 值为 0.75，则 $\beta = 5.0$，说明絮凝混悬剂沉降容积比是去絮凝混悬剂沉降容积比的 5 倍。β 值愈大，絮凝效果愈好。用絮凝度评价絮凝剂的效果、预测混悬剂的稳定性有重要价值。

4. 重新分散性 优良的混悬剂经过贮存后再振摇，沉降物应能很快重新分散，这样才能保证服用时的均匀度和分剂量的准确性。测定方法：将混悬剂置于 100 mL 具塞量筒内，以 20 r/min 的速度转动，经过一定时间的旋转后，量筒底部的沉降物应重新均匀分散，说明混悬剂的再分散性良好。

5. ζ 电位 一般 ζ 电位在 25 mV 以下时，混悬剂呈絮凝状态；ζ 电位在 50~60 mV 时，混悬剂呈反絮凝状态。可用电泳法测定混悬剂的 ζ 电位。

6. 流变学特性 用旋转黏度计或流变仪测定混悬液的流变学特性曲线，通过流变曲线的形状可判断流体类型，以评价混悬液的流变学性质。

若流体类型为触变流体、塑性流体和假塑性流体，则能有效地减缓混悬剂微粒的沉降速度。

五、乳剂

（一）定义

乳剂是由不溶性液体药物以液滴状态分散在分散介质中形成的非均相液体制剂，如图 4-19 所示，其热力学性质和动力学性质都不稳定，如鱼肝油乳剂、液体石蜡乳、维生素 E 乳和静脉营养乳等。

乳剂中的液滴状液体称为分散相（disperse phase）、内相（internal phase）或非连续相（noncontinuous phase），另一液体则称为分散介质（disperse medium）、外相（external phase）或连续相（continuous phase）。

（二）分类

1. 根据乳滴的大小分类 据此可将乳剂分类为普通乳、亚微乳和纳米乳。

（1）普通乳：其液滴大小一般在 1~100 μm，这时乳剂形成乳白色不透明的液体。

（2）亚微乳（subemulsion）：粒径大小一般在 0.1~1.0 μm，亚微乳常作为胃肠外给药的载体。静脉注射乳剂应为亚微乳，粒径可控制在 0.25~0.40 μm 内。

（3）纳米乳（nanoemulsion）：通常粒径在 10~100 nm，为胶体分散体系。纳米乳外观呈半透明

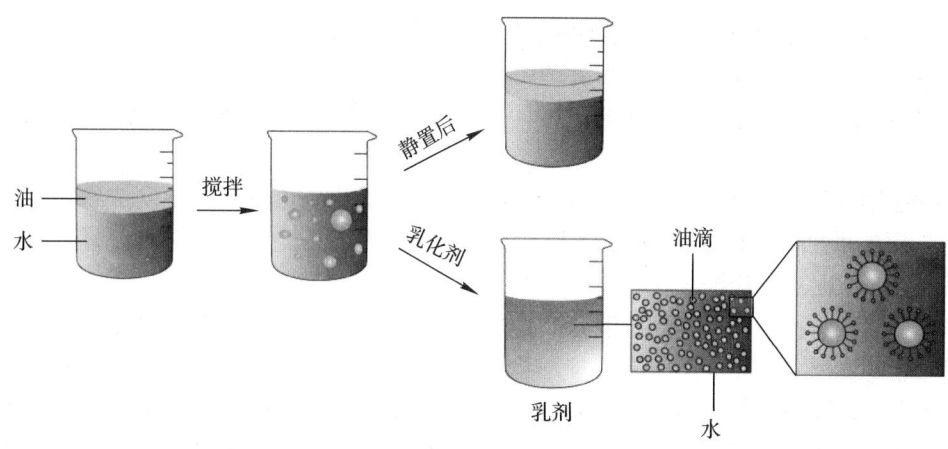

图 4-19 油和水在乳化剂作用下形成乳剂的示意图

或透明状,粒径分布为单峰或多峰,分散相为球形小液滴,制备时需要借助外界强大的机械能量。其中,微乳(microemulsion)从粒径大小来说属于纳米乳范畴,但微乳通常呈透明状,粒径分布为窄的单峰,分散相可以是球形或非球形小液滴。理论上微乳可以自发形成,但制备时通常仍借助一定的外界机械能量。乳剂液滴大小与乳剂外观的关系,如表 4-5。

表 4-5 液滴大小与乳剂外观的关系

液滴大小	更大液滴	>1 μm	0.1～1 μm	50～100 nm	<50 nm
外观	可分辨的两相	白色乳状液	蓝白色乳液	灰色半透明液	透明液
分类归属		普通乳		亚微乳	纳米乳

2. 根据乳化剂的种类、性质及相体积比分类 根据乳化剂的种类、性质及相体积比(φ)可以分类成水包油(O/W)、油包水(W/O)型和复乳(multiple emulsion),如 W/O/W 或 O/W/O 型。表 4-6 所列方法来区分水包油(O/W)型或油包水(W/O)型乳剂。

表 4-6 水包油(O/W)型或油包水(W/O)型乳剂的区别

乳剂类型	O/W 型乳剂	W/O 型乳剂
通常外观	乳白色	接近油的颜色
稀释性能	可用水稀释	可用油稀释
在皮肤上的感觉	初始无油腻感	有油腻感
导电性	导电	不导电或几乎不导电
水溶性染料染色	外相染色	内相染色
油溶性染料染色	内相染色	外相染色
滤纸浸湿法	液滴可迅速铺展,中心留有油滴	不能铺展

(三)特点和性质

1. 乳剂的特点

(1)乳剂中液滴的分散度很大,药物吸收和药效发挥很快,生物利用度高。

(2)油性药物制成乳剂能保证剂量准确,而且使用方便。

(3) 水包油型乳剂可掩盖药物的不良臭味,并可加入矫味剂。

(4) 外用乳剂能改善对皮肤、黏膜的渗透性,减少刺激性。

(5) 乳剂静脉注射后分布较快、药效高且具有靶向性,静脉营养乳剂是高能营养输液的重要组成部分。

2. 乳剂的形成理论 乳剂是由水相、油相和乳化剂经乳化制成的,但要制成符合要求的稳定的乳剂,首先必须提供足够的能量使分散相能够分散成微小的乳滴,其次是提供使乳剂稳定的必要条件,可从下述三个方面进行论证。

(1) 降低表面张力:当水相与油相混合时,用力搅拌即可形成大小不同的乳滴,但不稳定,很快会发生分相和合并分层(图 4-19)。这是因为形成乳剂的两种液体(相)之间存在界面张力,两相间的界面张力越大,表面自由能也越大,形成乳剂的能力就越小。两种液体形成乳剂的过程是两相液体之间形成大量新生界面的过程,乳滴越小,新增加的界面越大,乳剂粒子的表面自由能也就越大。这时乳剂就有巨大的降低界面自由能的趋势,促使乳滴合并以降低自由能,所以乳剂属于热力学不稳定分散体系。为保持乳剂的分散状态和稳定性,必须设法降低界面自由能,一是乳剂粒子自身形成球形,以保持最小的表面积;其次是最大限度地降低界面张力或表面自由能。

乳化剂的作用是吸附于乳滴界面,有效地降低表面张力或表面自由能,从而在简单的振摇或搅拌的作用下,就能形成具有一定分散度和稳定的乳剂,所以适宜的乳化剂是形成稳定乳剂的必要条件。

(2) 形成牢固的乳化膜:乳化剂吸附于乳滴周围,有规律地定向排列成膜,不仅降低油、水间的界面张力和表面自由能,而且可阻止乳滴的合并。在乳滴周围形成的乳化剂膜称为乳化膜(图 4-20)。乳化剂在乳滴表面上排列越整齐,乳化膜就越牢固,乳剂也就越稳定。

1) 单分子乳化膜:表面活性剂类乳化剂吸附于乳滴表面,有规律地定向排列成单分子乳化膜。若乳化剂是离子型表面活性剂,乳化膜的离子化使乳化膜本身带有电荷,由于电荷互相排斥,阻止乳滴的合并,使乳剂更加稳定。

2) 多分子乳化膜:亲水性高分子化合物类乳化剂吸附于乳滴表面,形成多分子乳化膜。强亲水性多分子乳化膜不仅阻止乳滴的合并,而且增加分散介质的黏度,使乳剂更稳定。如阿拉伯胶作乳化剂就能形成多分子膜。

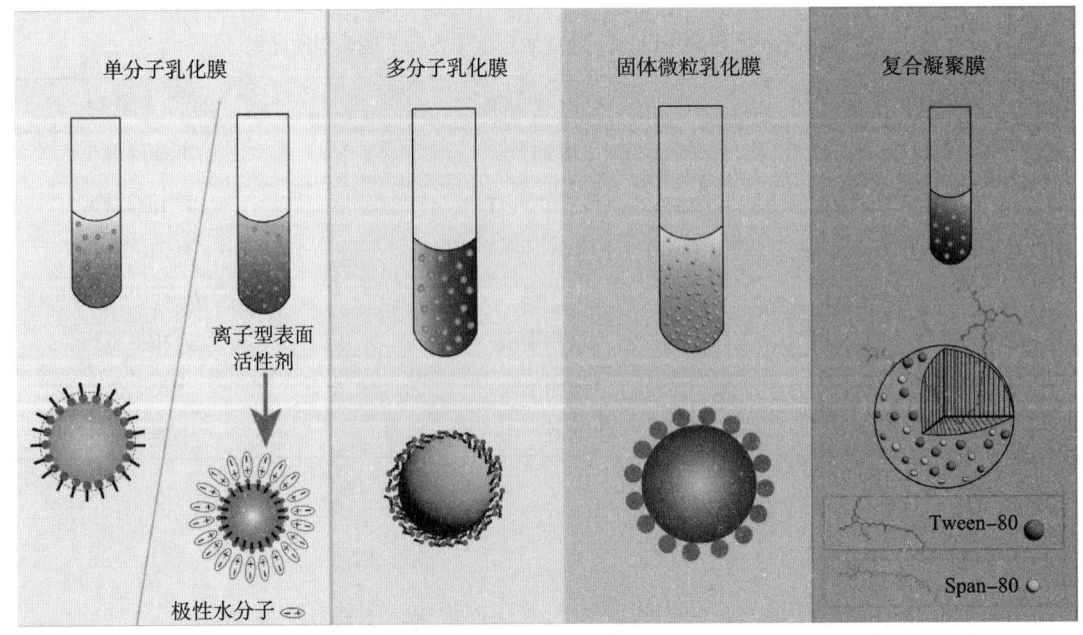

图 4-20 不同类型乳化剂所形成乳化膜的结构示意图

3)固体微粒乳化膜：作为乳化剂使用的固体微粒对水相和油相有不同的亲和力，因而对油、水两相表面张力有不同程度的降低，在乳化过程中固体微粒吸附于乳滴表面排列成固体微粒乳化膜，起阻止乳滴合并的作用，增加乳剂的稳定性。如硅皂土和氢氧化镁等都可作为固体微粒乳化剂使用。

4)复合凝聚膜：由两类或两类以上的不同乳化剂组成的乳化膜，更牢固，制成的乳剂也更稳定，如胆固醇与十二烷基硫酸钠、鲸蜡醇与硬脂酸钠以及复配吐温80与司盘80协同作用等形成的复合乳化膜。

（3）形成电屏障：乳剂分散相所带电荷的来源有电离、吸附和小液滴与介质间的摩擦，使小液滴表面吸附了可以电离的乳化剂离子（图4-21）。如一些离子型表面活性剂用作乳化剂时，乳化剂定向排列在分散相液滴周围，其亲水基团（极性基）指向水，疏水基团（非极性基团）指向油。

若是O/W型乳剂，则亲水基团朝外，可因表面游离基团或表面极性基团吸附溶液中的离子，使分散相小液滴成双电层结构，并具静电斥力，起到电屏障的稳定作用。

若是W/O型乳剂，则疏水基团朝外，或使用非离子型表面活性剂，可能使分散相小液滴与分散介质摩擦产生电荷。一般介电常数高者带正电，如水的介电常数为80，高于油相的，故 $-O/W+$ 小液滴带正电而 $^+W/O^-$ 小液滴带负电，质点上的电荷互相排斥有利于乳剂的稳定。

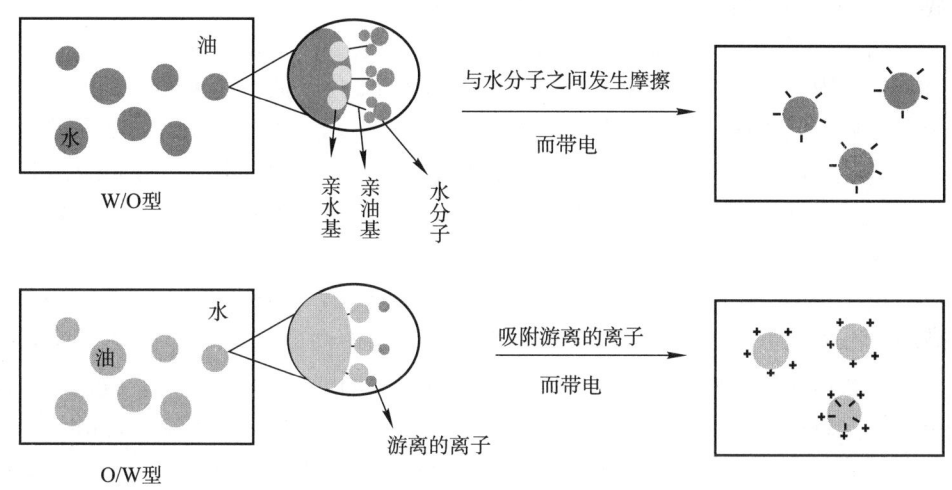

图4-21 乳化剂吸附在乳滴周围所形成乳化膜的电屏障形成和稳定作用示意图

3. 影响乳剂类型的主要因素 对于基本的乳剂类型O/W和W/O型，决定其因素很多，其中最主要是乳化剂的性质和乳化剂的HLB值，其次是形成乳化膜的牢固性、相容积比、温度、制备方法等。

（1）乳化剂类别及其性质

1)表面活性剂类乳化剂：乳化剂分子中含有亲水基和亲油基，形成乳剂时，亲水基伸向水相，亲油基伸向油相，若亲水基大于亲油基，乳化剂伸向水相的部分较大，使水的表面张力降低，可形成O/W型乳剂；若亲油基大于亲水基，则恰好相反，形成W/O型乳剂。

2)天然或合成的亲水性高分子乳化剂：其亲水基特别大，而亲油基很弱，降低水相的表面张力，形成O/W型乳剂。

3)固体微粒乳化剂：若亲水性大则被水相湿润，降低水的表面张力，形成O/W型乳剂；若亲油性大则被油湿润，降低油的表面张力，形成W/O型乳剂。所以乳化剂的亲油、亲水性是决定乳剂类型的主要因素。不过，当乳化剂的亲水性太大，极易溶于水时，反而使形成的乳剂不稳定。

乳化剂的溶解度也能影响乳剂的形成。通常易溶于水的乳化剂有助于形成O/W型乳剂，易溶于油的乳化剂有助于形成W/O型乳剂。油、水两相中对乳化剂溶解度大的一相将成为外相，即分散介质。乳化剂在某一相中的溶解度越大，表示两者的相溶性越好，表面张力越低，体系的稳定性越好。

（2）相容积比：油、水两相的容积比简称相容积比（phase volume ratio）。从几何学的角度看，具有相同粒径的球体最紧密填充时，球体所占的最大体积为74%；如果球体之间再填充不同粒径的小球体，球体所占的总体积可达90%。理论上相容积比在小于74%的前提下，相容积比越大越稳定，因为此时乳滴的运动空间小。实际上乳剂的相容积比达50%时能显著降低分层速度，因此相容积比一般在40%~60%比较稳定。相容积比<25%时乳滴容易分层；分散相的体积超过60%时，乳滴之间的距离很近，乳滴易发生合并或引起转相。因此制备乳剂时应考虑油、水两相的相容积比，以利于乳剂的形成和稳定。

4. 乳剂的稳定性　乳剂属热力学不稳定的非均匀相分散体系，乳剂常发生下列变化。

（1）分层：乳剂的分层（delamination）指乳剂放置后出现分散相粒子上浮或下沉的现象，又称乳析（creaming）。分层是由于分散相和分散介质之间的密度差造成的。乳滴上浮或下沉的速度符合 Stokes 公式。乳滴的粒子越小，上浮或下沉的速度就越慢。减小分散相和分散介质之间的密度差、增加分散介质的黏度都可以减小乳剂分层的速度。乳剂分层也与分散相的相容积有关，通常分层速度与相容积成反比，相容积比低于25%的乳剂很快分层，达50%时就能明显减小分层速度。分层的乳剂经振摇仍能恢复成均匀的乳剂，因此这是一个可逆的过程。

（2）絮凝：乳剂中分散相的乳滴发生可逆的聚集现象称为絮凝（flocculation）。但由于乳滴荷电以及乳化膜的存在，阻止了絮凝时乳滴的合并。如果乳滴的电位降低，乳滴聚集而絮凝，絮凝状态仍保持乳滴及其乳化膜的完整性。乳剂中的电解质和离子型乳化剂是产生絮凝的主要原因，同时絮凝与乳剂的黏度、相容积比以及流变性有密切关系。由于乳剂的絮凝作用，限制了乳滴的移动并产生网状结构，可使乳剂处于高黏度状态，有利于乳剂稳定。絮凝与乳滴的合并是不同的，但絮凝状态进一步变化也会引起乳滴的合并。

（3）转相：由于某些条件的变化而改变乳剂的类型称为转相（phase inversion），由 O/W 型转变为 W/O 型或由 W/O 型转变为 O/W 型。转相主要是由于乳化剂的性质改变而引起的。如油酸钠是 O/W 型乳化剂，遇氯化钙后生成油酸钙，变为 W/O 型乳化剂，乳剂则由 O/W 型变为 W/O 型。向乳剂中加入相反类型的乳化剂也可使乳剂转相，特别是两种乳化剂的量接近相等时更容易转相。转相时两种乳化剂的量比称为转相临界点（phase inversion critical point）。在转相临界点上乳剂不属于任何类型，处于不稳定状态，可随时向某种类型的乳剂转变。在乳剂的制备过程中也会用到乳剂的转相方面的知识。

（4）合并与破裂：乳剂中的乳滴周围有乳化膜存在，但乳化膜破裂导致乳滴变大，称为合并（coalescence）。合并进一步发展使乳剂分为油、水两相称为破裂（demulsification）。乳滴的合并与破裂过程均不可逆。乳剂的稳定性与乳滴的大小有密切关系，乳滴越小乳剂就越稳定，乳剂中的乳滴大小是不均一的，小乳滴通常填充于大乳滴之间，使乳滴的聚集性增加，容易引起乳滴的合并。所以为了保证乳剂的稳定性，制备乳剂时尽可能地保持乳滴的均一性。此外分散介质的黏度增加，可使乳滴的合并速度降低。影响乳剂稳定性的各种因素中，最重要的是形成乳化膜的乳化剂的理化性质，单一或混合使用的乳化剂形成的乳化膜越牢固，就越能防止乳滴的合并和破裂。

（5）酸败：乳剂受外界因素及微生物的影响，使油相或乳化剂等发生变化而引起变质的现象称为酸败（rancidity），该过程不可逆。所以乳剂中通常须加入抗氧剂和防腐剂防止氧化或酸败。

（四）组成

1. 乳剂的基本组成　乳剂由水相（water phase，W）、油相（oil phase，O）和乳化剂（emulsifier）组成，三者缺一不可。乳化剂是指在乳剂中能使一相液体以细小液滴的形式分散在另一相不相混溶液体中形成乳浊液的附加剂。其是乳剂的重要组成部分，对于乳剂的形成、稳定性以及药效等方面起重要作用。

（1）乳化剂的作用：①有利于形成乳滴、增加新生界面，使乳剂保持一定的分散度和稳定性；②乳化剂有效地降低表面张力，减少在乳剂的制备过程中更大能量的消耗。所以选择适宜的乳化剂，是制备符合要求的乳剂的必要条件。

（2）乳化剂应具备的条件：①应有较强的乳化能力，并能在乳滴周围形成牢固的乳化膜；②应有一定的生理适应能力，乳化剂不应对机体产生近期的和远期的毒副作用，也不应该有局部的刺激性；③受各种因素的影响小；④稳定性好；⑤用量符合相应制剂要求。

2. 乳化剂的种类

（1）表面活性剂：本类乳化剂分子中有较强的亲水基和亲油基，乳化能力强，性质稳定，容易在乳滴周围形成单分子乳化膜。这类乳化剂混合使用效果更好。

（2）天然高分子乳化剂：本类乳化剂指天然高分子材料，此类材料亲水性较强，黏度较大，可形成多分子乳化膜，稳定性较好。可制成 O/W 型乳剂，使用这类乳化剂需加入防腐剂。

1）阿拉伯胶：是阿拉伯酸的钠、钙、镁盐混合物，可形成 O/W 型乳剂。阿拉伯胶的乳化能力较弱，常与西黄蓍胶、琼脂等混合使用。适用于制备植物油、挥发油的乳剂，可供内服用。阿拉伯胶的使用浓度为 10%～15%，在 pH 4～10 范围内乳剂稳定。阿拉伯胶内含有氧化酶，使用前应在 80℃加热加以破坏。

2）西黄蓍胶：可形成 O/W 型乳剂，其水溶液具有较高的黏度，pH 5 时溶液黏度最大，0.1% 溶液为稀胶浆，0.2%～2% 溶液呈凝胶状。西黄蓍胶的乳化能力较差，一般与阿拉伯胶合并使用。

3）明胶：O/W 型乳化剂，用量为油量的 1%～2%，易受溶液 pH 及电解质的影响产生凝聚作用。使用时须加防腐剂，常与阿拉伯胶合并使用。

4）杏树胶：为杏树分泌的胶汁凝结而成的棕色块状物，用量为 2%～4%。乳化能力和黏度均超过阿拉伯胶，可作为阿拉伯胶的代用品。

5）卵黄：含有 7% 的卵磷脂，为强 O/W 型乳化剂，可供内服，1 g 卵黄磷脂相当于 10 g 阿拉伯胶的乳化能力，可乳化脂肪油 80～100 g，挥发油 40～50 g。受稀酸、盐类以及糖浆等影响较少，但应加防腐剂。

其他天然乳化剂有白及胶、果胶、桃胶、海藻酸钠、琼脂、酪蛋白、胆酸钠等。

（3）固体微粒乳化剂：本类乳化剂系不溶性微细的固体粉末，乳化时吸附于油水界面，能形成固体微粒乳化膜，形成乳剂。其乳剂的类型由接触角 θ 决定，一般 $\theta < 90°$ 易被水润湿，为 O/W 型乳剂；$\theta > 90°$ 易被油润湿，为 W/O 型乳剂。O/W 型乳化剂有氢氧化镁、氢氧化铝、二氧化硅、皂土等；W/O 型乳化剂有氢氧化钙、氢氧化锌等。

3. 助乳化剂 助乳化剂（co-emulsifier）指与乳化剂合并使用能增加乳剂稳定性的乳化剂。助乳化剂的乳化能力一般很弱或无乳化能力；或能提高乳剂的黏度，增强乳化膜的强度，防止乳滴合并；或能提高油相黏度；或可使界面的柔性得到改善。普通乳状液中，表面活性剂是吸附于油/水界面，界面的弯曲符合 Bancroft 规则。与微乳液相比较，普通乳状液质点大得多，因而弯曲界面的曲率半径也大得多。在微乳体系中，表面活性剂浓度相对要高得多，而高浓度表面活性剂体系往往形成液晶结构。液晶结构的一个特点是表面活性剂不是处于真正的液体，界面是刚性的，不易弯曲，因而难以转变为微乳液。

（1）增加水相黏度的辅助乳化剂：甲基纤维素、羧甲纤维素钠、羟丙纤维素、海藻酸钠、琼脂、西黄蓍胶、阿拉伯胶、黄原胶、果胶、皂土等。

（2）增加油相黏度的辅助乳化剂：鲸蜡醇、蜂蜡、单硬脂酸甘油酯、硬脂酸、硬脂醇等。

（3）当助乳化剂为醇时，醇的存在打乱了液晶相中的二维整齐排列，使之转变为有序性较差的界面膜，从而成为能包含大量油或水的外壳（即胶团溶液与微乳液的区别）。短链醇与表面活性剂能形成具有更高柔性的混合膜；醇的存在使混合膜液化，因而易于弯曲，从而可以形成更小乳滴（图4-22）。也是微乳、纳米乳处方中一般均需加入短链醇做助乳化剂的缘故。

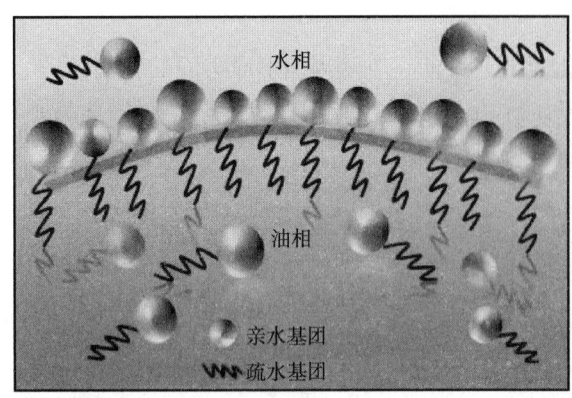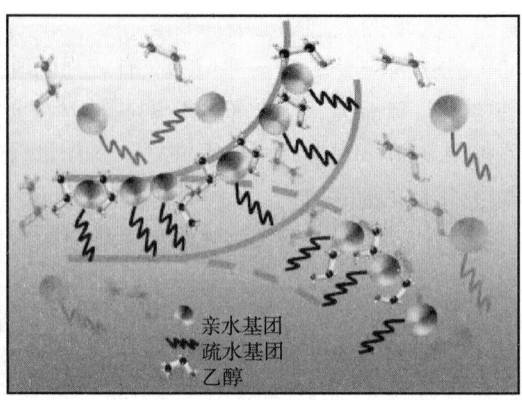

助乳化剂——乙醇、短链醇，由于其相对分子质量小，可以嵌入表面活性剂分子中，有助于形成界面膜的弯曲，即稳定性。

图4-22　短链醇与表面活性剂能形成具有更高柔性的混合膜时，短链醇使混合膜更易于弯曲，从而可以形成更小乳滴的示意图

4. 乳化剂的选择　应根据乳剂的使用目的、药物的性质、处方组成、欲制备乳剂的类型、乳化方法等综合考虑，适当选择乳化剂。

（1）根据乳剂的类型选择：在设计乳剂的处方时，首先确定乳剂类型，如O/W或W/O，根据乳剂类型分别选择所需的O/W型乳化剂或W/O型乳化剂。乳化剂的HLB值为这种选择提供了重要的依据。

（2）根据乳剂的给药途径选择：口服乳剂应选择无毒的天然乳化剂或某些亲水性高分子乳化剂等；外用乳剂应选择对局部无刺激性、长期使用无毒性的乳化剂；注射用乳剂应选择磷脂等乳化剂。

（3）根据乳化剂的性能选择：乳化剂的种类很多，其性能各不相同，应选择乳化性能强、性质稳定、受外界因素的影响小、无毒和无刺激性的乳化剂。

（4）根据乳化油相所需HLB值选择使用混合乳化剂，乳化剂混合使用有如下特点。

1）改变HLB值，可以改变乳化剂的亲油、亲水性，使其具有更大的适应性，如磷脂与胆固醇的混合比例为10：1时可形成O/W型乳剂、比例为6：1时则形成W/O型乳剂。

2）增加乳化膜的牢固性，如油酸钠为O/W型乳化剂，与鲸蜡醇、胆固醇等亲油性乳化剂混合使用可形成络合物，增强乳化膜的牢固性，并增加乳剂的黏度及稳定性。

3）非离子型乳化剂可以混合使用达到协同作用，如聚山梨酯和脂肪酸山梨坦等。

4）非离子型乳化剂可与离子型乳化剂混合使用。但阴离子型乳化剂和阳离子型乳化剂不能混合使用，主要原因是它们混合后通常能形成溶解度很小的化合物沉淀析出。

乳化剂混合使用必须符合油相对HLB值的要求，乳化油相所需的HLB值列于表4-7中，还需结合相应的实验研究进行确认。若油的HLB值为未知，可通过实验加以测定。

（五）制备

1. 制备方法

（1）干胶法：也称油中乳化剂法（emulsifier in oil method）。本法的特点是，先将乳化剂（胶）分散于油相中研匀后加水相制备成初乳，然后稀释至全量。在初乳中油相分别是植物油时油、水、胶为4：2：1、挥发油时2：2：1、液体石蜡时3：2：1。本法适用于阿拉伯胶或阿拉伯胶与西黄蓍胶的

表 4-7　乳化不同类型油相所需的 HLB 值

油相	所需 HLB 值 W/O 型	所需 HLB 值 O/W 型	油相	所需 HLB 值 W/O 型	所需 HLB 值 O/W 型
液体石蜡（轻）	4	10.5	鲸蜡醇	—	15
液体石蜡（重）	4	10~12	硬脂醇	—	14
棉籽油	5	10	硬脂酸	—	15
植物油	—	7~12	精制羊毛脂	8	15
挥发油	—	9~16	蜂蜡	5	10~16
蓖麻油	4	10	凡士林	5	12

混合胶。

（2）湿胶法：也称水中乳化剂法（emulsifier in water method）。本法先将乳化剂分散于水中研匀，再将油加入，用力搅拌使成初乳，加水将初乳稀释至全量，混匀，即得。初乳中油、水、胶的比例与上法相同。

（3）新生皂法（nascent soap method）：将油、水两相混合时，两相界面上生成的新生皂类产生乳化的方法。植物油中含有硬脂酸、油酸等有机酸，加入氢氧化钠、氢氧化钙、三乙醇胺等在高温下（70℃以上）生成的新生皂为乳化剂，经搅拌即可很容易地形成乳剂（图 4-23）。生成的一价皂则为 O/W 型乳化剂，生成的二价皂则为 W/O 型乳化剂。本法亦适用于乳膏剂的制备。

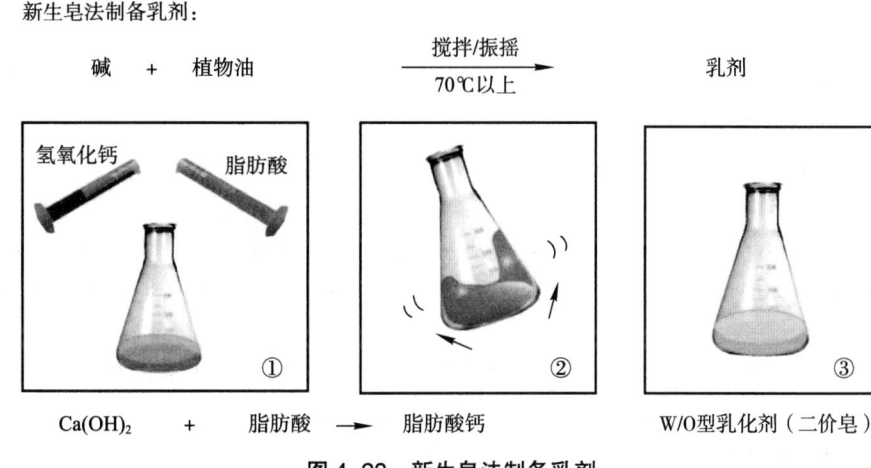

图 4-23　新生皂法制备乳剂

（4）两相交替加入法（alternate addition method）：向乳化剂中每次少量交替地加入水或油，边加边搅拌，即可形成乳剂。天然胶类、固体微粒乳化剂等可用本法制备乳剂。当乳化剂用量较多时，本法是一个很好的方法。

（5）机械法（mechanical method）：将油相、水相、乳化剂混合后用乳化机械制备乳剂的方法。机械法制备乳剂时可不用考虑混合顺序，借助于机械提供的强大能量，很容易制成乳剂。

（6）复合乳剂的制备：采用二步乳化法制备，第一步先将水、油、乳化剂制成一级乳，再以一级乳为分散相与含有乳化剂的水或油再乳化制成二级乳。如制备 O/W/O 型复合乳剂，先选择亲水性乳化剂制成 O/W 型一级乳剂，再选择亲油性乳化剂分散于油相中，在搅拌下将一级乳加于油相中，充分分散即得 O/W/O 型乳剂。

2. 乳剂中药物的加入方法 根据药物的溶解性质不同采用不同的加入方法：①若药物溶解于油相，可先将药物溶于油相再制成乳剂；②若药物溶于水相，可先将药物溶于水后再制成乳剂；③若药物不溶于油相也不溶于水相时，可用亲和性大的液相研磨药物，再将其制成乳剂，也可将药物先用已制成的少量乳剂研磨至细再与乳剂混合均匀。

制备符合质量要求的乳剂，要根据制备量的多少、乳剂的类型及给药途径等多个方面加以考虑。黏度大的乳剂应提高乳化温度，足够的乳化时间也是保证乳剂质量的重要条件。

3. 制备乳剂常用设备

（1）搅拌乳化装置：小量制备可用乳钵，大量制备可用搅拌机，分为低速搅拌乳化装置和高速搅拌乳化装置。组织捣碎机属于高速搅拌乳化装置。

（2）高压乳匀机（high pressure homogenizer）：借助强大的推动力将两相液体通过乳匀机的细孔而形成乳剂，制备时先用其他方法初步乳化，再用乳匀机乳化，效果较好。

（3）胶体磨（colloid mill）：利用高速旋转的转子和定子之间的缝隙产生强大的剪切力使液体乳化，对要求不高的乳剂可用本法制备。

（4）超声波乳化器（ultrasonic homogenizer）：利用 10～50 kHz 的高频振动来制备乳剂，可制备 O/W 和 W/O 型乳剂，但黏度大的乳剂不宜用本法制备。

（六）应用举例

例 4-16：鱼肝油乳剂

【处方】鱼肝油 500 mL，阿拉伯胶细粉 125 g，西黄蓍胶细粉 7 g，挥发杏仁油 1 mL，糖精钠 0.1 g，尼泊金乙酯 0.5 g，纯化水加至 1 000 mL。

【制法】将阿拉伯胶细粉与鱼肝油研匀，一次加入 250 mL 纯化水，用力沿一个方向研磨制成初乳，加糖精钠水溶液、挥发杏仁油、尼泊金乙酯醇液，再缓缓加入西黄蓍胶胶浆，加纯化水至全量，搅匀，即得。

【注释】处方中的鱼肝油为药物、油相；阿拉伯胶为乳化剂；西黄蓍胶为稳定剂（增加连续相黏度）；糖精钠、杏仁油为矫味剂；尼泊金乙酯为防腐剂。

例 4-17：石灰搽剂

【处方】花生油 10.0 mL，Ca(OH)$_2$ 饱和水溶液 10.0 mL。

【制法】①取 Ca(OH)$_2$ 加 50 mL 纯化水，在水浴锅上加热溶解，制成饱和水溶液；②量取 Ca(OH)$_2$ 饱和水溶液的上清液和花生油各 10.0 mL，同置 50 mL 具塞量筒中，加盖用力振摇至乳剂生成。

【注释】因处方中乳化剂是由处方中的两种成分之间发生反应，新生成而得，即 Ca(OH)$_2$ 与花生油中的游离脂肪酸生成的脂肪酸钙皂（二价皂），故本制备方法为新生皂法。

例 4-18：马洛替酯乳剂

【处方】马洛替酯 100 g，玉米油 300 g，精制豆磷脂 50 g，聚山梨酯 80 50 g，薄荷脑 5 g，甜菊苷 15 g，磷酸缓冲液适量，蒸馏水加至 5 L。

【制法】用蒸馏水适量溶解乳化剂（精制豆磷脂、聚山梨酯 80），将马洛替酯溶于玉米油，将此玉米油溶液逐渐加入上述乳化剂的水溶液中，在适宜温度下高速搅拌使形成初乳，然后加入矫味剂薄荷脑、甜菊苷混匀，用磷酸缓冲液调 pH 至 6.5～7.5，再加蒸馏水至足量，粗滤，过高压均质机，精滤后灌装于洗净烘干的玻璃瓶中，封口，100℃灭菌 30 min，即得。

【注解】本品为口服乳剂，用于治疗慢性肝病低蛋白血症。本品为 O/W 型乳剂，处方中以精制豆磷脂、聚山梨酯 80 为混合乳化剂，玉米油为油相兼作溶解药物的溶剂，薄荷脑、甜菊苷为矫味剂，磷酸盐缓冲液为 pH 调节剂。本品应避光，密闭贮存。

（七）质量评价

乳剂的给药途径不同，其质量要求也各不相同，很难制定统一的质量标准。但对乳剂的质量必须有最基本的评定。

1. 乳剂的粒径大小　这是衡量乳剂质量的重要指标。不同用途的乳剂对粒径大小要求不同，如静脉注射乳剂，其粒径应在 0.5 μm 以下。其他用途的乳剂粒径也都有不同要求。表 4-8 对可进行粒径测定的不同仪器进行了比较。

（1）显微镜测定法：用光学显微镜可测定粒径范围为 0.2～100 μm 的粒子，测定粒子数不少于 600 个。

（2）库尔特计数器测定法：库尔特计数器（coulter counter）可测定粒径范围为 0.6～150 μm 的粒子和粒度分布。方法简便、速度快，可自动记录并绘制分布图。

（3）激光散射法（laser light scattering method）：样品制备容易，测定速度快，可测定粒径为 0.01～2 μm 的粒子，最适于静脉乳剂的测定。

（4）透射电镜法：可测定粒子大小及分布，观察粒子形态。测定的粒径为 0.01～20 μm。

表 4-8　运用不同仪器进行颗粒粒径测定的对比分析

仪器名称	粒径测定范围	特点	缺点	适用场景
光学显微镜	0.2～100 μm	廉价，可观察颗粒形态和大小	测定粒子数不少于 600 个	微米粒径样品，诸如混悬剂、微球、微囊、普通乳等
库尔特计数器	0.6～150 μm	可得到粒径和粒度分布	小于 0.6 μm 的颗粒不好计数	微米粒径样品，诸如混悬剂、微球、微囊、普通乳等
激光散射	0.01～2 μm	样品制备容易，测定速度快；可得到粒径和粒度分布	测定的是颗粒的水化粒径；当粒径大于 2 μm 时误差大	纳米粒径样品，诸如脂肪乳、脂质体、纳米乳、胶束等
透射电镜	0.01～20 μm	放大倍率高，可细致观察粒子形态和局部细节	设备昂贵；制样复杂，可直观地看到外部形态和细节	纳米和微米粒径样品，诸如脂肪乳、脂质体、纳米乳、混悬剂、微球、普通乳等

2. 分层现象　乳剂经长时间放置，粒径变大，进而产生分层现象。这一过程的快慢是衡量乳剂稳定性的重要指标。

为了在短时间内观察乳剂的分层，可用离心法加速其分层，用 4 000 r/min 离心 15 min，如不分层可认为乳剂质量稳定。此法可用于比较各种乳剂间的分层情况，以估计其稳定性。将乳剂置于 10 cm 离心管中以 3 750 r/min 的速度离心 5 h，相当于放置 1 年的自然分层的效果。

3. 乳滴合并速度　乳滴合并速度符合一级动力学规律，其方程为：

$$\lg N = \frac{Kt}{2.303} + \lg N_0 \tag{4-9}$$

式中，N、N_0 分别为 t 和 t_0 时间的乳滴数，K 为合并速度常数，t 为时间。测定随时间 t 变化的乳滴数 N，求出合并速度常数 K，估计乳滴合并速度，用以评价乳剂的稳定性大小。此法的难点在于这个变化的乳滴数目 N 的测定。

4. 稳定常数的测定　本法是研究乳剂稳定性的定量方法。乳剂离心前后的光密度变化百分率称为稳定常数，用 K_e 表示，其表达式如下：

$$K_e = \frac{(A_0 - A)}{A_0} \times 100\% \tag{4-10}$$

式中，A_0 为未离心乳剂稀释液的吸光度，A 为离心后乳剂稀释液的吸光度。

测定方法：取乳剂适量于离心管中，以一定速度离心一定时间，从离心管底部取出少量乳剂，稀释一定倍数，以蒸馏水为对照，用比色法在可见光波长下测定吸光度 A，同法测定原乳剂稀释液吸收光度 A_0，代入公式计算 K_e。离心速度和波长的选择可通过试验加以确定。K_e 值越小乳剂越稳定。

拓展阅读 不同给药途径用的液体制剂

（戚建平、侯冬枝）

更多数字资源详见　新形态教材网

- 学习目标
- 思维导图
- 思政元素
- 案例讨论
- 动画
- 微视频
- 拓展阅读
- 本章小结
- 自测题
- 教学课件

第五章 无菌制剂及其技术

编者导学

章节导航
第一节　概述
第二节　无菌制剂单元操作技术
第三节　无菌制剂各论

　　无菌制剂的制备与应用在医药领域中占据着举足轻重的地位。本章将深入探讨无菌制剂及其技术的核心要点，旨在帮助读者全面了解无菌制剂的基本概念、制备原理、关键技术，以及质量控制等方面的知识。

　　无菌制剂作为现代医药体系的重要组成部分，其制备过程需要严格遵循无菌操作规范，确保产品的安全性和有效性。本章将系统介绍无菌制剂制备过程中的各个环节，包括原料的选择、生产设备的消毒与清洁、生产环境的控制以及产品的包装与储存等。同时，还将重点阐述无菌操作的关键技术，如微生物控制技术、无菌检测技术等，帮助读者掌握无菌制剂制备的核心技能。此外，本章还将关注无菌制剂的质量控制，介绍相关的质量标准和检测方法，以确保产品质量的稳定性和可靠性。本章内容既包含丰富的理论知识，又涵盖大量的实践案例，通过本章的学习，读者将能够掌握无菌制剂及其技术的相关知识，为未来的医药研究和生产实践奠定坚实的基础。

第一节　概　述

一、无菌制剂的定义

　　无菌制剂（sterile preparation）是指法定药品标准中列有无菌检查项目的制剂。按其生产工艺可分为两类，即：①采用最终灭菌工艺的为最终灭菌产品；②部分或全部工序采用无菌生产工艺的为非最终灭菌产品。对于热稳定性差的药物，如蛋白质、核酸和多肽类等生物大分子药物通常采用无菌生产工艺制备成无菌制剂。

二、无菌制剂的分类

　　根据无菌制剂的给药方式、给药部位、临床应用等特点，可进行如下分类。

（1）注射剂：用针头注入人体的制剂，如小容量注射剂、大容量输液、冻干粉针等。
（2）眼用制剂：用于眼部疾病的制剂，如滴眼液、眼用膜剂、眼膏和眼用凝胶等。
（3）植入型制剂：用埋植方式给药的制剂，如植入片、植入棒、植入微球、原位凝胶等。
（4）局部用外用制剂：用于外伤、烧伤及溃疡等创面用制剂，如溶液、凝胶、软膏和气雾剂等。
（5）手术用制剂：手术时使用的制剂，如止血海绵剂和骨蜡等。

三、无菌制剂的质量要求

无菌制剂除了应有制剂的一般要求外，还必须符合以下各项质量要求。
（1）无菌：制剂中不得含有任何活的微生物。
（2）无热原：特别是供静脉注射或脊椎腔注射的注射剂，以及一次用量超过 5 mL 的注射剂，必须检查其热原。
（3）可见异物和不溶性微粒，应符合药典规定。
（4）安全性：应具有良好的生物相容性，对组织基本无刺激性，一些非水溶剂和附加剂，必须经动物实验证实无刺激性和毒性，以确保安全。
（5）渗透压：渗透压应和血浆的渗透压相等或接近，供静脉注射用的大容量注射剂还要求具有等张性。
（6）pH：应和血液或组织具有相等或相近的 pH。一般注射剂要求 pH 4~9，脊椎腔注射剂要求 pH 5~8。
（7）稳定性：具有一定的物理稳定性、化学稳定性和生物稳定性，以确保产品在贮存期内安全有效。
（8）降压物质：有些注射液，如复方氨基酸注射液，其降压物质必须符合规定，确保安全。
此外，有些注射剂还应检查溶血作用、致敏作用等。

第二节 无菌制剂单元操作技术

一、空气净化技术

（一）概述
制剂生产车间需要采取空气净化技术，去除车间空气中的粉尘、烟、雾、蒸汽、不良气体、微生物等，保证制剂生产的洁净环境。

（二）洁净室的净化标准
洁净室的设计必须符合相应的洁净度要求，我国现行 GMP 将无菌药品生产所需的洁净区可分为 A、B、C、D 四个级别。
（1）A 级：高风险操作区，如：灌装区、放置胶塞桶与无菌制剂直接接触的敞口包装容器的区域及无菌装配或连接操作的区域，应使用单向流操作台（罩）维持该区的环境状态。单向流系统在其工作区域必须均匀送风，风速为 0.36~0.54 m/s（指导值）。应当有数据证明单向流的状态并经过验证。在密闭的隔离操作器或手套箱内，可用较低风速。
（2）B 级：指无菌配制和灌装等高风险操作 A 级洁净区所处的背景区域。
（3）C 级和 D 级：指无菌药品生产过程中重要程度较低的操作步骤洁净区。
以上各级别空气悬浮粒子的标准规定和洁净区微生物监控的动态标准如表 5-1 和表 5-2 所示。

表 5-1 洁净区空气悬浮粒子标准

洁净度级别	悬浮粒子最大允许数 /m³			
	静态		动态	
	≥0.5 μm	≥5.0 μm	≥0.5 μm	≥5.0 μm
A 级	3 520	20	3 520	20
B 级	3 520	29	352 000	2 900
C 级	352 000	2 900	3 520 000	29 000
D 级	3 520 000	29 000	不作规定	不作规定

表 5-2 洁净区微生物监测动态标准[①]

洁净度级别	浮游菌 cfu/m³	沉降菌（φ90 mm） cfu /4 h[②]	表面微生物	
			接触（φ55 mm） cfu/ 碟	5 指手套 cfu/ 手套
A 级	<1	<1	<1	<1
B 级	10	5	5	5
C 级	100	50	25	—
D 级	200	100	50	—

注：①表中各数值均为平均值；②单个沉降碟的暴露时间可以少于 4 h，同一位置可使用多个沉降碟连续进行监测并累积计数。

（三）不同制剂的配制对空气洁净度的要求

1. 最终灭菌产品

（1）C 级背景下的局部 A 级：高污染风险产品灌装（或灌封），如大于 50 mL 最终灭菌制剂。

（2）C 级：产品灌装（或灌封），如小于 50 mL 最终灭菌制剂；高污染风险产品称量、配制、过滤；眼用制剂、无菌软膏剂、无菌混悬剂等的配制、灌装（或灌封）；直接接触药品的包装材料和器具最终清洗后的处理。

（3）D 级：轧盖；灌装前物料的准备；产品配制（浓配或采取密闭系统的配制）和过滤；直接接触药品的包装材料和器具最终清洗。

2. 非最终灭菌产品

（1）B 级背景下的局部 A 级：处于未完全密封状态下产品的操作和转运，如产品灌装（或灌封）、分装、压塞、轧盖等；直接接触药品的包装材料、器具灭菌后的装配，以及处于未完全密封状态下转运和存放；无菌原料药的粉碎、过筛、混合、分装。

（2）B 级：处于未完全密封状态下的产品置于完全密封容器内的转运；直接接触药品的包装材料、器具灭菌后处于密封容器内的转运和存放。

（3）C 级：灌装前可除菌过滤的药液或产品配制；产品的过滤。

（4）D 级：直接接触药品的包装材料和器具的最终清洗、装配或包装、灭菌。

3. 生物制品

（1）B 级背景下的局部 A 级：非最终灭菌产品规定的各工序；灌装前不经除菌过滤的制品配制、合并等。

（2）C 级：体外免疫诊断试剂的阳性血清的分装；抗原、抗体的分装。

(3) D级：原料血浆的合并、组分分离、分装前的巴氏消毒；口服制剂其发酵培养密闭系统环境（暴露部分需无菌）；酶联免疫吸附试剂等体外免疫试剂的配液、分装、干燥、内包装等。

4. 其他制剂 例如，①口服制剂要求在D级条件下进行配制和分装；②非无菌外用制剂亦可在D级条件下进行配制和分装。

（四）空气净化

1. 空气的过滤 目前主要采用空气过滤器对空气进行净化。过滤器按过滤效率可分为粗效过滤器（lower efficiency particulate air filter）、中效过滤器（medium efficiency particulate air filter）、亚高效过滤器［sub-high efficiency particulate air（SHEPA）filter］、高效过滤器［high efficiency particulate air（HEPA）filter］四类。

（1）粗效过滤器：主要滤除粒径大于5μm的悬浮粉尘，过滤效率可达20%~80%，通常用于上风侧的新风过滤，除了捕集大粒子外，还防止中、高效过滤器被大粒子堵塞，以延长中、高效过滤器的寿命。因此也叫预过滤器（pre-filter）。

（2）中效过滤器：主要用于滤除粒径大于1μm的尘粒，过滤效率达到20%~70%，一般置于高效过滤器之前，用以保护高效过滤器。中效过滤器的外形结构大体与初效过滤器相似，主要区别是滤材。

（3）亚高效过滤器：主要滤除粒径小于1μm的尘埃，过滤效率可达95.0%~99.9%，置于高效过滤器之前以保护高效过滤器，常采用叠式过滤器。

（4）高效过滤器：主要滤除粒径小于1μm的尘埃，对粒径0.3μm尘粒的过滤效率在99.97%以上。一般装在通风系统的末端，必须在中效过滤器或亚高效过滤器的保护下使用。高效过滤器的结构主要是折叠式空气过滤器。高效过滤器的特点是效率高、阻力大不能再生、安装时正反方向不能倒装。

（5）过滤器的组合：①中效空气过滤组合，以粗、中效过滤器相组合（第三级中效过滤器，也可用亚高效过滤器代替），一般可用于C级或D级要求的洁净室。②高效空气过滤组合，以粗、中、高效过滤器相组合，一般用于A级到C级要求的洁净室。高效空气过滤组合如下图5-1。中效过滤器安装在风机的出口处，以保证中效过滤器以后的净化系统处于正压。

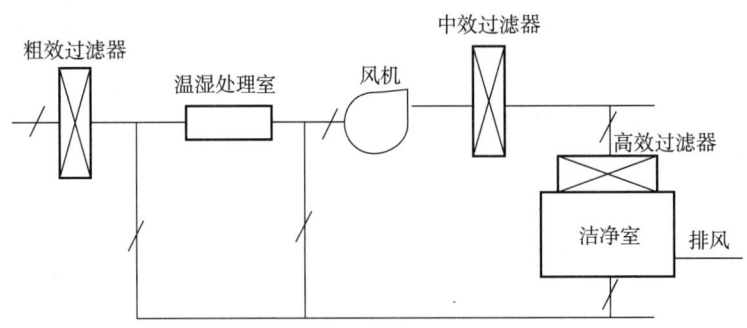

图5-1 高效空气滤过组合

2. 净化气流的组织 由过滤器送出来的洁净空气进入洁净室后，其流向的安排直接影响室内洁净度。气流形式有层流（laminar flow）和乱流（turbulent flow）。

（1）层流：是指空气流线呈同向平行状态，各流线间的尘埃不易相互扩散，亦称平行流，可以分为水平层流和垂直层流。垂直层流以高效过滤器为送风口，布满顶棚，地板全部为回风口，使气流自上而下地流动；水平层流的送风口布满一侧墙面，对应墙面为回风口，气流以水平方向流动。该气流即使遇到人、物等发尘体，进入气流中的尘埃也很少扩散到全室，而是随平行流迅速流出，保持室内洁净度，常用于A、B级洁净区。

（2）乱流：是指空气流线呈不规则状态，各流线间的尘埃易相互扩散，可获得 C、D 级的洁净空气。应当根据不同的洁净区要求选择合适的气流。

二、热原的去除技术

（一）热原

热原（pyrogen）是微生物产生的一种内毒素（endotoxin），是由磷脂、脂多糖和蛋白质所组成的复合物，其中脂多糖（lipopolysaccharide）是内毒素的主要成分，具有特别强的致热活性，因而通常认为"热原 = 内毒素 = 脂多糖"。热原的相对分子质量一般为 10×10^5 左右。

含有热原的注射液注入体内后，产生人体特殊致热反应的物质，大约半小时就能产生发冷、寒战、体温升高、恶心呕吐等不良反应，严重者出现昏迷、虚脱，甚至有生命危险。大多数细菌都能产生热原，其中致热能力最强的是革兰阴性杆菌所产生的热原。真菌甚至病毒也能产生热原。因此热原去除技术在注射剂生产中尤为重要。

（二）热原的性质

1. **耐热性**　一般说来，热原在 60℃ 加热 1 h 不受影响，100℃ 也不会分解，120℃ 干热 4 h 能破坏 98% 左右，在 180~200℃ 干热 2 h 或 250℃ 干热 30 min，650℃ 干热 1 min 可彻底破坏。可见在通常注射剂灭菌的条件下，往往不足以使热原破坏，因此必须引起注意。

2. **过滤性**　热原体积小，在 1~5 nm，故一般滤器甚至微孔滤膜也不能截留。

3. **吸附性**　热原可以被活性炭、白陶土、硅藻土、石棉等吸附。一般来说，热原能够被活性炭吸附，所以注射制剂中的热原能够用活性炭除去，但是对活性炭的要求较高。

4. **水溶性**　由于磷脂结构上连接有多糖，热原能溶于水，但其浓缩的水溶液带有乳光。

5. **不挥发性**　热原的本质是脂多糖，具有不挥发性，但可溶于水蒸气所夹带的雾滴而带入蒸馏水中，因此，蒸馏水器上需附有隔沫装置。

6. **其他**　热原能被强酸、强碱所破坏，也能被强氧化剂，如高锰酸钾或过氧化氢所氧化，超声波及某些表面活性剂（如去氧胆酸钠）也能使之失活。

（三）热原的污染途径

1. **注射用水**　注射用水是注射剂被热原污染的主要途径。如果蒸馏水器结构不合理，或操作不当，或注射用水贮藏时间过长都会被细菌污染。故使用新鲜注射用水是防止污染的有效措施，最好随蒸随用。

2. **原辅料**　用生物技术制备的药物，如右旋糖酐、水解蛋白或抗生素，葡萄糖、乳糖等辅料易在贮藏过程中因包装破损而被污染，滋生微生物。

3. **生产过程**　室内卫生条件差，操作时间长，装置不密闭均增加被细菌污染的机会。

4. **容器、用具、管道和装置**　严格按 GMP 要求认真清洗处理容器、用具、管道和装置等，合格后方能使用，以防止热原污染。

5. **注射器具**　输液瓶、乳胶管、针头与针筒等也是不可忽视的污染源，因此目前均采用一次性输液器具。

（四）去除热原的方法

1. **高温法**　因热原具有热不稳定性，因此可用高温法除去热原。主要用于玻璃器皿的处理，如注射用针筒、玻璃容器等在洗涤干燥后，于 250℃ 加热 30 min 以上可破坏热原。

2. **酸碱法**　热原能被强酸、强碱所破坏，因此玻璃容器等用具可用重铬酸钾硫酸清洁液或稀氢氧化钠处理，可有效破坏热原。

3. **吸附法**　活性炭对热原有较强的吸附作用，同时有助滤脱色作用，常用量为 0.1%~0.5%。此外还可用活性炭与白陶土合用除去热原。

4. 蒸馏法　利用热原的不挥发性，在多效蒸馏水器中制备蒸馏水时，热原仍留在浓缩水中。为了防止热原随水蒸气中的雾滴带入蒸馏水，在蒸发室的上部设有隔沫装置，以分离雾滴和上升蒸汽，或采用旋风分离法进行水汽分离，确保去除热原。

5. 离子交换法　热原分子上含有磷酸根与羧酸根，带有负电荷，因而可以被碱性阴离子交换树脂吸附。

6. 凝胶滤过法　凝胶滤过法也称分子筛滤过法，是利用凝胶物质作为滤过介质，当溶液通过凝胶柱时，相对分子质量较小的成分渗入凝胶颗粒内部而被阻滞，相对分子质量较大的成分则沿凝胶颗粒间隙随溶剂流出。如用二乙氨基乙基葡聚糖凝胶（分子筛）制备无热原去离子水。

7. 反渗透法　通过三醋酸纤维素膜或聚酰胺膜除去热原，效果好，具有较高的实用价值。

8. 超滤法　一般用3～15 nm超滤膜除去热原。如超滤膜过滤10%～15%的葡萄糖注射液可除去热原。

9. 其他　如Raney Ni在加热条件下可催化破坏热原；利用微波破坏热原；采用二次以上湿热灭菌法，或适当提高灭菌温度和时间，处理含有热原的葡萄糖或甘露醇注射液亦能得到热原合格的产品。

（五）热原与细菌内毒素的检查方法

按照《中国药典》（2025年版）附录中相关规定的热原检查法或细菌内毒素检查法检查热原与细菌内毒素。热原检查采用家兔法；细菌内毒素检查采用鲎试剂法。

三、渗透压调节技术

注入机体内的液体一般要求和体液等渗或等张，否则易产生刺激性或溶血等。因此注射液的处方设计时，需要调节溶液的渗透压，以保证注射液与体液等渗或与红细胞膜等张。

（一）等渗与等张的概念

1. 等渗溶液（isoosmotic solution）　指渗透压与血浆渗透压相等的溶液。因为渗透压是溶液的依数性之一，可用物理化学方法求得，因而等渗是一个物理化学概念。

0.9%的氯化钠溶液和5%的葡萄糖溶液与血浆具有相同的渗透压，称等渗溶液。肌内注射可耐受0.45%～2.70%的氯化钠溶液（相当于0.5～3个等渗度的溶液）。静脉注射，则着眼于对红细胞的影响，把红细胞视为一半透膜，在低渗溶液中，水分子穿过细胞膜进入红细胞，使得红细胞胀大破裂，造成溶血现象（渗透压低于0.45%氯化钠溶液时，将有溶血现象产生）。大量注入低渗溶液，会使人感到头胀、胸闷，严重的可发生麻木、寒战、高烧，甚至尿中出现血红蛋白。注入高渗溶液时，红细胞内水分渗出而发生细胞萎缩，但注射速度足够慢，血液可自行调节使渗透压很快恢复正常，所以不至于产生不良影响。对脊髓腔内注射，必须调节至等渗。

2. 等张溶液（isotonic solution）　指与红细胞膜张力相等的溶液，在等张溶液中既不会发生红细胞体积改变，更不会发生溶血，所以等张是个生物学概念。

许多药物的等渗浓度与等张浓度相同或相近。如0.9%的氯化钠溶液，既是等渗溶液又是等张溶液。对于理想的半透膜，它只允许溶剂分子出入，不让溶质分子通过，因此对于真正的半透膜，只要药物溶液的渗透压和细胞内渗透压相等（等渗），就不会引起溶血。但红细胞膜有时不是理想的半透膜，如盐酸普鲁卡因、甘油、尿素等药物，在等渗条件下，仍能迅速自由地通过细胞膜，导致细胞膜外水分进入细胞，使红细胞胀大破裂，引起溶血。这时需要加入适量氯化钠或葡萄糖，将药物浓度调节至等张浓度，即可避免溶血。例如，2.6%的甘油溶液，它与0.9%的氯化钠溶液具有相同的渗透压，但是2.6%的甘油100%溶血，所以是等渗不等张的溶液。如果制成含10%甘油、4.6%木糖醇、

0.9% 氯化钠的复方甘油注射液，实验表明不产生溶血现象。

一个药物的等张浓度，可用溶血法进行测定。如将人红细胞放入各种不同浓度氯化钠溶液中（从 0.6% 到 0.45%），则出现不同程度的溶血。同样，将人红细胞放入某种药物不同浓度的溶液中，也将出现不同程度溶血。将两种溶液的溶血情况进行比较，可得到该药物相当于氯化钠溶液浓度的等张浓度。

（二）渗透压的调节方法

1. 冰点降低法 血浆的冰点为 -0.52℃，因此任何溶液，只要其冰点降低为 0.52℃，即与血浆等渗。表 5-3 列出一些药物的 1% 水溶液的冰点降低数据，根据这些数据可以计算该药物配成等渗溶液的浓度。等渗调节剂的用量可用下式 5-1 计算。

$$W = \frac{0.52 - a}{b} \tag{5-1}$$

式中，W 为配等渗溶液所需加入的等渗调节剂的量，%，g/mL；a 为药物溶液的冰点下降度；b 为用以调节等渗的等渗剂 1% 溶液的冰点下降度。

表 5-3　一些药物的冰点下降度及等渗当量

药物名称	1%（g/mL）水溶液的冰点下降度 /℃	1 g 药物的氯化钠等渗当量
硼酸	0.28	0.47
盐酸乙基吗啡	0.19	0.15
硫酸阿托品	0.08	0.10
盐酸可卡因	0.09	0.14
氯霉素	0.06	
依地酸钙钠	0.12	0.21
盐酸麻黄碱	0.16	0.28
无水葡萄糖	0.10	0.18
含水葡萄糖	0.091	0.16
氢溴酸后马托品	0.097	0.17
盐酸吗啡	0.086	0.15
碳酸氢钠	0.381	0.65
氯化钠	0.58	
青霉素钾		0.16
硝酸毛果芸香碱	0.133	0.22
聚山梨酯 80	0.01	0.02
盐酸普鲁卡因	0.12	0.18
盐酸丁卡因	0.109	0.18

2. 氯化钠等渗当量法 与 1 g 药物呈等渗效应的氯化钠量。例如，盐酸普鲁卡因的氯化钠等渗当量为 0.18，即 1 g 的盐酸普鲁卡因能产生与 0.18 g 氯化钠相同的渗透压效应。每 100 mL 药物溶液所需等渗调节剂的用量 X 可用下式 5-2 计算。

$$X = 0.9 - EW \tag{5-2}$$

式中，E 为欲配药物的氯化钠等渗当量，g；W 为 100 mL 溶液中药物含量，%（g/mL）。如果是多组分的复方制剂，可用各成分的氯化钠等渗量加和，即下式 5-3 计算：

$$EW = E_1W_1 + E_2W_2 + E_3W_3 + \cdots + E_nW_n \tag{5-3}$$

四、灭菌与无菌技术

灭菌与无菌操作技术是注射剂、输液、滴眼剂等灭菌与无菌制剂质量控制的重要保证，也是制备这些制剂必不可少的单元操作。根据各种制剂或生产环境对微生物的限定要求不同，可采取不同措施。

1. 灭菌 灭菌（sterilization）指用物理或化学等方法杀灭或除去所有微生物繁殖体和芽孢的手段。

2. 灭菌法 灭菌法（sterilizing technique）指用适当的物理或化学手段将物品中活的微生物杀灭或除去，从而使物品残存活微生物的概率下降至预期的无菌保证水平的方法。

3. 无菌 无菌（sterility）指在任一指定物体、介质或环境中，不得存在任何活的微生物。

4. 无菌操作法 无菌操作法（aseptic technique）指在整个操作过程中利用或控制一定条件，使产品避免被微生物污染的一种操作方法或技术。

5. 防腐 防腐（antisepsis）指用物理或化学方法抑制微生物生长与繁殖的手段，也称抑菌。对微生物的生长与繁殖具有抑制作用的物质称抑菌剂或防腐剂。

6. 消毒 消毒（disinfection）指用物理或化学方法杀灭或除去病原微生物的手段。对病原微生物具有杀灭或除去作用的物质称消毒剂。

7. 无菌保证水平 对于任何一批灭菌产品而言，绝对无菌既无法保证也无法用试验来证实。无菌保证水平（sterility assurance level，SAL）指待灭菌产品暴露于适合的灭菌过程后活微生物残存的概率，用 10^{-n} 表示；SAL 越小，产品中残存微生物的概率越小。SAL 作为评价灭菌效果的一个质控指标，要求 $SAL \leq 10^{-6}$。

8. 过度杀灭法 过度杀灭法（overkill sterilization）指为确保达到一定的无菌保证水平，而不考虑被灭菌产品初始菌的数量及其耐热性的灭菌方法，$SAL \leq 10^{-6}$。该法适用于热稳定性很好，能经受苛刻灭菌条件的产品。该法要求 $F_0 \geq 12$，大容量注射剂一般要求采用过度杀灭法灭菌。

9. 残存概率法 残存概率法（bioburden based sterilization）指积累灭菌产品生产开始阶段及常规生产阶段的信息、指示菌（对灭菌程序呈现强耐热性的试验菌）以及生物负荷的信息，制定比过度杀灭法 F_0 值低的热力灭菌程序，同时产品的无菌保证水平不会降低的方法，$SAL \leq 10^{-6}$。该法要求 $8 \leq F_0 < 12$；适用于生产过程中很少检出芽孢，热稳定性不是很好，只能适度灭菌的产品。

灭菌与无菌操作的主要目的是：杀灭或除去所有微生物繁殖体和芽孢，最大限度地提高药物制剂的安全性，保证制剂的临床疗效。因此，研究、选择有效的灭菌方法，对保证产品质量有着重要意义。

微生物的种类不同、灭菌方法不同，灭菌效果也不同。细菌的芽孢具有较强的抗热能力，因此，常以是否杀灭芽孢为灭菌效果的检测标准。灭菌过程只是一个统计意义的现象，并不能使物料绝对无菌。药剂学中将灭菌法分为三大类：即物理灭菌法、化学灭菌法、无菌操作法。

（一）物理灭菌法

物理灭菌法（physical sterilization）系采用加热、射线和过滤方法杀灭或除去微生物的技术，亦称物理灭菌技术。

1. 热力灭菌法 热力灭菌法（thermal sterilization）系采用加热的方法，破坏蛋白质与核酸中的氢键，导致蛋白质变性或凝固、核酸破坏、酶失去活性，致使微生物死亡，从而达到灭菌的目的。热力灭菌法又可分为干热灭菌法和湿热灭菌法。

（1）干热灭菌法：指在干热环境中灭菌的方法，包括火焰灭菌法和干热空气灭菌法。

1）火焰灭菌法：指用火焰直接灼烧灭菌的方法。该法灭菌迅速、可靠简便，适用于耐火焰材质（如金属、玻璃及瓷器等）的物品与用具的灭菌。

2）干热空气灭菌法：指用高温干热空气灭菌的方法。由于干燥状态下微生物的耐热性强，必须长时间受高热的作用才能达到灭菌效果。因此，干热空气灭菌法采用的温度一般比湿热灭菌法高。为了确保灭菌效果，干热灭菌条件采用温度－时间参数或者结合FH值（FH值为标准灭菌时间，系灭菌过程赋予被灭菌物品160℃下的等效灭菌时间）综合考虑。干热灭菌温度范围一般为160~190℃，当用于除热原时，温度范围一般为170~400℃，无论采用何种灭菌条件，均应保证灭菌后的物品的非无菌单元的概率（probability of non sterile unit，PNSU）$\leq 10^{-6}$。

（2）湿热灭菌法：指在高温高湿环境中灭菌的方法。由于湿热潜热大，穿透力强，容易使蛋白质变性或凝固，因此该法的灭菌效率比干热灭菌法高。湿热灭菌法可分为：热压灭菌法、流通蒸汽灭菌法、煮沸灭菌法和低温间歇灭菌法。

1）热压灭菌法：指用高压饱和水蒸气加热法杀灭微生物的方法。由于高压饱和蒸气的潜热大，穿透力强，具有很强的灭菌效果，能杀灭所有细菌繁殖体和芽孢，是灭菌制剂生产中应用最广泛的一种灭菌方法。凡能耐高压蒸汽的药物制剂、玻璃容器、金属容器、瓷器、橡胶塞、膜过滤器等均能采用此法。湿热灭菌条件通常采用121℃灭菌30 min；126℃灭菌15 min；116℃灭菌40 min。也可采用其他温度和时间参数，但无论采用何种灭菌温度和时间参数，都必须证明所采用的灭菌工艺和监控措施能确保产品的 SAL $\leq 10^{-6}$。

2）流通蒸汽灭菌法：指在常压下使用100℃流通蒸气加热杀灭微生物的方法。灭菌时间通常为30~60 min。该法不能保证杀灭所有的芽孢，一般作为不耐热无菌产品的辅助灭菌手段。

3）煮沸灭菌法：指将待灭菌物品放入沸水中加热灭菌的方法。煮沸时间通常为30~60 min。该法灭菌效果较差，常用于注射器、注射针等器皿的消毒。必要时可加入适量的抑菌剂，如三氯叔丁醇、甲酚、氯甲酚等，可杀死芽孢，提高灭菌效果。

4）低温间歇灭菌法：指将待灭菌的物品置于60~80℃的水或流通蒸汽中加热1 h，杀灭其中的细胞繁殖体后，在室温中放置24 h，待芽孢发育成繁殖体，再次加热灭菌、放置，反复多次，直至杀灭所有芽孢。该法适合于不耐高温、热敏感物料和制剂的灭菌。其缺点是：费时，灭菌效率低，且对芽孢的杀灭效果不理想，必要时加适量的抑菌剂，以提高灭菌效率。美国及英国药典尚未收载本法。

5）影响湿热灭菌的因素：①微生物的种类与数量：微生物的种类不同、发育阶段不同，其耐热、耐压性能存在很大差异，在不同繁殖期，其耐热、耐压的次序为芽孢＞繁殖体＞衰老体；微生物数量越少，所需灭菌时间越短。②蒸汽性质：蒸汽有饱和蒸汽、湿饱和蒸汽和过热蒸汽。饱和蒸汽热含量高，热穿透力大，灭菌效率高；湿饱和蒸汽因含有水分，热含量较低，热穿透力较差，灭菌效率较低；过热蒸汽温度高于饱和蒸汽，但穿透力弱，灭菌效率低，且易影响药品稳定性。因此，热压灭菌应采用饱和蒸汽。③灭菌温度和时间：一般而言，灭菌温度越高，灭菌时间越长，药品被破坏的可能性越大。因此，在设计灭菌温度和灭菌时间时必须考虑药品的稳定性，即在达到有效灭菌的前提下，尽可能降低灭菌温度、缩短灭菌时间。④液体制剂的介质性质：一般情况下，在中性环境中微生物的耐热性最强，碱性环境次之，酸性环境则不利于微生物的生长和发育，因此介质pH对微生物的生长和活力具有较大影响。介质中的营养成分越丰富（如含糖类、蛋白质等），微生物的抗热性越强，应适当提高灭菌温度和延长灭菌时间。

2. 过滤除菌 过滤除菌指采用过滤法除去微生物的方法。药品生产中采用的除菌滤膜孔径一般不超过0.22 μm，繁殖型细菌一般＞1 μm，芽孢大小≤0.5 μm，显然过滤除菌法利用了表面过滤原理，将微生物有效地截留在过滤介质中，能除去微生物，但无法截留热原（热原的大小1~5 nm）。过滤除菌并非可靠的灭菌方法，一般仅适用于对热非常不稳定的药物溶液、气体、水等物料的灭菌。

灭菌用过滤介质应有较高的过滤效率，能有效地除尽物料中的微生物，滤材与滤液中的成分不发生相互交换，滤器易清洗，操作方便等。除菌过滤膜的材质分亲水性和疏水性两种，根据过滤物品的性质及过滤目的来选材质。为了保证产品的无菌，过滤后必须对产品进行无菌检查。除菌过滤器的除菌效率可用微生物的对数下降值（log reduction value，LRV）表示。

$$LRV = \lg N_0 - \lg N \tag{5-4}$$

式中，N_0 为产品除菌前的微生物数量；N 为产品除菌后微生物数量。对孔径为 0.22 μm 的过滤器而言，每 1 cm² 的有效面积的 LRV 应不小于 7。

3. 射线灭菌法　射线灭菌法（ray sterilization）是采用紫外线、微波和辐射杀灭微生物和芽孢的方法。

（1）紫外线灭菌法（ultraviolet sterilization）：是用紫外线的照射杀灭微生物和芽孢的方法。用于灭菌的紫外线波长一般为 200~300 nm，灭菌力最强的波长为 254 nm。紫外线不仅能促使核酸蛋白变性，同时空气受紫外线照射后产生微量臭氧，从而起共同杀菌作用。紫外线主要用于空气灭菌、液体灭菌、物料表面灭菌。

紫外线灭菌的特点是：①紫外线以直线进行传播，可被不同的表面反射或吸收，穿透力微弱，因此适合于物料表面的灭菌，不适用于药液和固体物质深部的灭菌；②紫外线较易穿透清洁空气及纯净的水，因此适用于无菌室空气的灭菌、蒸馏水的灭菌；③普通玻璃可吸收紫外线，因此装于普通玻璃容器中的药物不能灭菌。

紫外线对人体照射过久会发生结膜炎、红斑及皮肤烧灼等现象，故一般在操作前开启 1~2 h，操作时关闭。必须在操作过程中照射时，对操作者皮肤和眼睛应适当防护。

（2）微波灭菌法（microwave sterilization）：是利用微波照射而产生的热杀灭微生物的方法。所谓微波是指频率在 300 MHz 到 300 GHz 之间的高频电磁波。微波灭菌具有低温、常压、灭菌速度快（一般为 2~3 min）、高效、均匀、保质期长（不破坏药物原有成分，灭菌后的药品存放期可增加 1/3 以上）、节约能源、不污染环境、操作简单、易维护等优点。

（3）辐射灭菌法（radiation sterilization）：是将灭菌物品置于适宜放射源辐射的射线或适宜的电子加速器发出的电子束中，进行电离辐射而达到杀灭微生物的方法。发射 γ 射线最常用的放射性同位素是 ^{60}Co 或 ^{137}Cs，穿透力强。

辐射灭菌的特点是：①不升高灭菌产品的温度，适用于不耐热药物的灭菌；②穿透力强，可用于密封安瓿和整瓶药物的灭菌，甚至穿透包装进行灭菌；③灭菌效率高，可杀灭微生物繁殖体和芽孢；④辐射灭菌不适合用于蛋白、多肽、核酸等生物大分子药物的灭菌，还会引起聚乳酸、丙交酯-乙交酯嵌段共聚物、聚乳酸-聚乙二醇等药用高分子材料的降解，在应用时应注意避免。

（二）化学灭菌法

化学灭菌法（chemical sterilization）是用化学药品直接作用于微生物而将其杀死的方法。化学灭菌的目的在于减少微生物的数目，以控制一定的无菌状态。

1. 气体灭菌法　本法是采用化学消毒剂产生的气体杀灭微生物。常用的化学消毒剂有环氧乙烷、甲醛、气态过氧化氢、臭氧等。适用于环境消毒、不耐热的医用器具、设备和设施等的消毒，亦用于粉末注射剂。采用该法灭菌时应注意杀菌气体对物品质量的损害以及灭菌后残留气体的处理。

环氧乙烷灭菌器是在一定的温度、压力和湿度条件下，用环氧乙烷灭菌气体对封闭在灭菌室内的物品进行熏蒸灭菌的专用设备。主要特点是穿透力强，杀菌广谱，灭菌彻底，对物品无腐蚀无损害等。

2. 药液法　药液法指采用杀菌剂溶液进行灭菌的方法。该法常用于作为其他灭菌法的辅助措施，适合于皮肤、无菌器具和设备的消毒。常用的杀菌剂有：0.1% 和 0.2% 苯扎溴铵溶液（新洁尔灭）、2% 左右的酚或煤酚皂液、75% 乙醇等。

（三）无菌操作法

无菌操作法（aseptic processing）指在无菌控制条件下制备无菌制剂的操作方法。它不是一个灭菌过程，而是保持无菌原料的无菌度。无菌操作所用的一切用具、材料以及环境，均需按照前述的灭菌法灭菌，操作须在无菌操作室或无菌柜内进行。

1. 无菌操作室的灭菌 无菌操作室（aseptic processing room）的灭菌多采用灭菌和除菌相结合的方式，对于流动空气采用过滤介质除菌法；对于静止环境的空气采用气体、液体灭菌法和紫外线空气灭菌法等。

2. 无菌操作 无菌操作室、层流洁净工作台和无菌操作柜是无菌操作的主要场所。操作人员进入操作室之前要严格按照操作规程，进行净化处理；无菌室内所有用具尽量用热压灭菌法或干热灭菌法进行灭菌；物料在无菌状态下送入室内；人流、物流严格分离。制备注射剂时，多需加入抑菌剂。小量制备，可采用层流洁净工作台或无菌操作柜。柜内用紫外灯或使用药液喷雾灭菌。

3. 无菌检查验证 无菌操作必须经过无菌检查验证，《中国药典》（2025年版）规定，无菌检查需要在严格的无菌条件下进行，试验环境必须达到无菌检查的要求，检验全过程应严格遵守无菌操作，防止微生物污染。同时，单向流空气区域、工作台面及受控环境应定期按医药工业洁净室（区）悬浮粒子、浮游菌和沉降菌的测试方法进行洁净度确认，隔离系统也应定期验证其内部环境的洁净度符合无菌检查的要求。

（四）灭菌参数

热压灭菌法主要是通过控制灭菌温度和时间来达到所要求的灭菌效果，是目前灭菌制剂生产中使用最广泛的灭菌方法。为了保证终产品的无菌效果，目前多采用 F 与 F_0 值来验证灭菌的可靠性。现介绍和 F 与 F_0 值有关的基础理论。

1. D 值 研究表明，灭菌时其微生物的杀灭速度符合一级过程，即：

$$\frac{dN}{dt} = -kN \tag{5-5}$$

或

$$\lg N_t = \lg N_0 - \frac{kt}{2.303} \tag{5-6}$$

式中，N_0- 原有微生物数；N_t- 灭菌时间为 t 时残存的微生物数；k- 灭菌速度常数。$\lg N_t$ 对 t 作图得一直线，斜率 $= -\frac{k}{2.303} = \frac{\lg N_t - \lg N_0}{t}$，令斜率的负倒数为 D 值，即：

$$D = \frac{2.303}{k} = \frac{t}{\lg N_0 - \lg N_t} \tag{5-7}$$

由此可知，当 $\lg N_0 - \lg N_t = 1$ 时，$D = t$；即 D 的物理意义为，在一定温度下杀灭微生物 90% 或残存率为 10%（如 lg100 降低至 lg10）时所需的灭菌时间（min），即 $\lg N_0 - \lg N_t = \lg 100 - \lg 10 = 1$ 时的 t 值。

在一定灭菌条件下，不同微生物具有不同的 D 值；同一微生物在不同灭菌条件下，D 值亦不相同（如含嗜热脂肪芽孢杆菌的 5% 葡萄糖水溶液，121℃热压蒸汽灭菌的 D 值为 2.4 min，105℃的 D 值为 87.8 min）。因此，D 值随微生物的种类、环境和灭菌温度的变化而异。

2. Z 值 当灭菌温度升高时，速度常数增大，而 D 值（灭菌时间）随温度的升高而减少。在一定温度范围内（100~138℃）$\lg D$ 与温度 T 之间呈直线关系。

令

$$Z = \frac{T_2 - T_1}{\lg D_{T_1} - \lg D_{T_2}} \tag{5-8}$$

由式可知，Z 值为降低一个 $\lg D$ 值所需升高的温度数，即灭菌时间减少到原来的 1/10 所需升高的温度，或在相同灭菌时间内，杀灭99%的微生物所需提高的温度。如 $Z=10℃$，意思是灭菌时间减少到原来灭菌时间的10%，而具有相同的灭菌效果，所需升高的灭菌温度为10℃。式可以改写为：

$$\frac{D_{T_2}}{D_{T_1}} = 10^{\frac{T_1-T_2}{Z}} \tag{5-9}$$

设 $Z=10℃$，$T_1=110℃$，$T_2=121℃$，则 $D_{T_2}=0.079D_{T_1}$。即110℃灭菌1 min与121℃灭菌0.079 min，其灭菌效果相当。

若 $Z=10℃$，灭菌温度每增加1度，则 $D_{T_1}=1.259D_{T_2}$，即温度每增加1℃，其灭菌速率提高25.9%。

3. F 与 F_0 值 F 与 F_0 值为验证灭菌方法的灭菌效果的重要参数。

（1）F 值：指在一定灭菌温度（T）下给定的 Z 值所产生的灭菌效果与在参比温度（T_0）下给定的 Z 值所产生的灭菌效果相同时，其灭菌效果相当于在参比温度下灭菌了多长时间。其数学表达式为：

$$F = \Delta t \sum 10^{\frac{T-T_0}{Z}} \tag{5-10}$$

式中，Δt 为被灭菌物在某温度下的灭菌时间，min，一般为0.5~1.0 min；T 为每间隔 Δt 时间内所测得灭菌物温度（℃）；T_0 为参比温度（℃）。即整个灭菌过程的效果相当于 T_0 温度下 F 时间的灭菌效果。F 值常用于干热灭菌。干热灭菌时，以枯草芽孢杆菌为生物指示剂，$Z=20℃$，参比温度为170℃。根据《中国药典》（2025年版），干热灭菌条件主要通过采用温度-时间参数或者结合 FH 值来评价，无论采用何种灭菌条件，均应保证灭菌后的物品的 PNSU≤10^{-6}。破坏大肠杆菌内毒素的 F 值为250℃时750 min。

（2）F_0 值：在湿热灭菌时，常用参比温度定为121℃，以嗜热脂肪芽孢杆菌作为微生物指示菌，该菌在121℃时，Z 值为10℃。则：

$$F_0 = \Delta t \sum 10^{\frac{T-121}{Z}} \tag{5-11}$$

F_0 值为在一定灭菌温度（T），Z 为10℃时灭菌 t 时间所产生的灭菌效果与121℃，Z 值为10℃所产生的灭菌效果相同时，其灭菌效果相当于在121℃下灭菌 F_0 时间的效果。也就是说，无论温度如何变化，t min内的灭菌效果相当于温度在121℃下灭菌 F_0 min 的效果，即它把所有温度下灭菌时间转化成121℃下等效的灭菌时间。因此称 F_0 为标准灭菌时间（min）。按式定义的又叫物理 F_0，目前 F_0 仅限用于热压灭菌。

灭菌过程中，只需记录灭菌的温度与时间，就可算出 F_0，假设如下数据，Δt 取1 min，即每分钟测量一次温度。灭菌过程中不同时间对应的温度见表5-4。

表5-4 灭菌过程温度时间对应表

时间/min	0	1	2	3	4	5	6	7	8	9~39	40	41	42	43	44
温度/℃	100	102	104	106	108	110	112	115	114	115	110	108	106	102	100

F_0 值的计算要求测定灭菌物品内部的实际温度，并将不同温度与时间对灭菌的效果统一在121℃湿热灭菌的灭菌效力，它包括了灭菌过程中升温、恒温、冷却三部分热能对微生物的总致死效果。故 F_0 值可作为灭菌过程的比较参数，对于灭菌过程的设计及验证灭菌效果具有重要意义。

将式（5-11）编入计算机程序中，将计算机与灭菌器连接，根据测得数据，就可自动显示 F_0 值。F_0 值随温度变化而呈指数变化，因此温度即使有很小的差别（如0.1~1.0℃），将对 F_0 值产生显著影响。为了使 F_0 测定准确，应选择灵敏度高、重现性好、精密度为0.1℃的热电偶，灭菌时应将热电偶的探针置于被测物的内部，经灭菌器传到温度记录仪。对灭菌工艺及灭菌器进行验证时，要求灭菌器内热分布均匀一致，重现性好。

根据式（5-7）可得出 F_0 的计算公式（5-12），即 F_0 值等于 D 值与微生物的对数降低值的乘积。由于 F_0 由微生物的 D 值和微生物的初始数及残存数所决定，所以 F_0 又叫生物 F_0。

$$F_0 = D_{121} \times (\lg N_0 - \lg N_t) \quad (5\text{-}12)$$

式中，N_t 为灭菌后预期达到的微生物残存数，又叫染菌度概率（probability of nonsterility），一般取 N_t 为 10^{-6}，即原有菌数的百万分之一，或 100 万个制品中只允许有一个制品染菌，认为达到了可靠的灭菌效果。例如，将含有 200 个嗜热脂肪芽孢杆菌的 5% 葡萄糖水溶液在 121℃ 热压灭菌时，其 D 值为 2.4 min。则 $F_0 = 2.4 \times (\lg 200 - \lg 10^{-6}) = 19.92$ min。因此，F_0 值也可认为是相当于 121℃ 热压灭菌时杀死容器中全部微生物所需要的时间。

为了保证 F_0 值的灭菌效果，应注意以下两个问题：①根据式（5-12），若 N_0 越大，即被灭菌物中微生物数越多，则灭菌时间越长，故尽可能减少各工序中微生物对药品的污染，分装好的药品应尽快灭菌，以使初始微生物数在最低水平。最好使每个容器的含菌量控制在 10 以下（即 $\lg N_0 < 1$）；②为了得到可靠的灭菌效果，一般增加 50% 的 F_0 值，如规定 F_0 为 8 min，则实际操作应控制 F_0 为 12 min。

（五）无菌检查法

无菌检查法系用于检查药典要求无菌的药品、生物制品、医疗器具、原料、辅料及其他品种是否无菌的一种方法。若供试品符合无菌检查法的规定，仅表明了供试品在该检验条件下未发现微生物污染。《中国药典》（2025 年版）规定的无菌检查法有直接接种法和薄膜过滤法。

1. 直接接种法　将供试品溶液接种于培养基上，培养数日后观察培养基上是否出现混浊或沉淀，与阳性和阴性对照品比较或直接用显微镜观察。

2. 薄膜过滤法　取规定量供试品经薄膜过滤器过滤后，取出滤膜在培养基上培养数日，观察结果，并进行阴性和阳性对照试验。该方法可过滤较大量的样品，检测灵敏度高，结果较直接接种法可靠，不易出现"假阴性"结果。应严格控制操作过程中的无菌条件，防止环境微生物污染，从而影响检测结果。

第三节　无菌制剂各论

一、注射剂

（一）注射剂的定义

注射剂（injection）指原料药物或与适宜的辅料制成的供注入体内的无菌制剂。它是临床应用最广泛和最重要的剂型之一，对抢救用药尤为重要。

（二）注射剂的分类

1. 注射液　注射液指原料药物或与适宜的辅料制成的供注入体内的无菌液体制剂，包括溶液型、乳状液型或混悬型等注射液。可用于皮下注射、皮内注射、肌内注射、静脉注射、静脉滴注、鞘内注射、椎管内注射等。其中，供静脉滴注用的大容量注射液（除另有规定外，一般不小于 100 mL，生物制品一般不小于 50 mL）也可称为输液；每次注射体积在 1~50 mL，称小容量注射液，俗称"小针剂"。

（1）溶液型注射液：在水中或油中溶解且稳定的药物可制成溶液型注射液（injectable solution），体系应澄明，如硫酸镁注射液、黄体酮注射液。药物在水中难溶或为了长效目的，也可以以油为溶剂，如维生素 D 注射液和己烯雌酚注射液。

（2）混悬型注射液：难溶性药物或为了增加稳定性、产生长效作用，均可制成混悬型注射剂（injectable suspension）。除另有规定外，混悬型注射液中药物粒度应控制在 15 μm 以下，含 15~20 μm（间有个别 20~50 μm）者，不应超过 10%，若有可见沉淀，振摇时应容易分散均匀。中药注射剂一般不宜制成混悬型注射液；混悬型注射液不得用于静脉注射或椎管注射。如醋酸可的松注射液。

（3）乳状液型注射液：药物溶解或分散在适当乳剂型液体介质中，可以制成乳状液型注射剂（injectable emulsion），供注射用的一般为 O/W 型。乳状液型注射液应稳定，不得有相分离现象，不得用于椎管注射。静脉用乳状液型注射液中乳滴的粒度 90% 应在 1 μm 以下，不得有大于 5 μm 的乳滴。除另有规定外，静脉输液应尽可能与血液等渗，如静脉注射脂肪乳等。

2. 注射用无菌粉末　注射用无菌粉末指原料药物或与适宜辅料制成的供临用前用无菌溶液配制成注射液的无菌粉末或无菌块状物。可用适宜的注射用溶剂配制后注射，也可用静脉输液配制后静脉滴注。以冷冻干燥法制备的注射用无菌粉末，也可称为注射用冻干制剂。注射用无菌粉末配制成注射液后应符合注射剂的要求。一般采用无菌分装或冷冻干燥法制得。如注射用顺铂（无菌分装粉针剂）、PI3K 抑制剂 Copanlisib 注射用冻干制剂。

3. 注射用浓溶液　注射用浓溶液指原料药物与适宜辅料制成的供临用前稀释后注射的无菌浓溶液，如左乙拉西坦注射用浓溶液。注射用浓溶液稀释后应符合注射剂要求。

（三）注射剂的给药途径

注射剂在临床上有多种给药途径，给药途径不同，质量要求也有所不同。常见的给药途径有静脉注射、肌内注射、皮内注射或皮下注射等。

1. 静脉注射　静脉注射（intravenous injection，i.v.）分为静脉推注或静脉滴注。注射体积小于 50 mL 的小容量注射剂通常用于静脉推注，注射体积大于 50 mL 的大容量注射剂通常用于静脉滴注。与其他给药途径相比，静脉注射可使药物直接进入血液，起效最快，常用于急救、补充体液和营养物质。静脉注射用的注射剂通常为水溶液型注射剂，油溶液、混悬型或乳状液型注射剂易引起毛细血管堵塞，通常不得使用，但粒径小于 1 μm 的乳剂、脂质体、纳米粒等微粒类注射剂，也可用于静脉注射。静脉注射的注射剂质量要求较高，特别是对无菌、无热原的控制要求。

2. 肌内注射　肌内注射（intramuscular injection，i.m.）是注射于臀肌或上臂三角肌的肌肉组织中，注射体积通常为 1~5 mL。相比于静脉注射，肌内注射起效较慢，但持续时间更长。水溶液、油溶液、混悬型或乳状液型注射剂均可用于肌内注射。

3. 皮下注射　皮下注射（subcutaneous injection，s.c.）是注射于真皮与肌肉之间，注射体积通常为 1~2 mL。因皮下组织血流较慢，此部位的药物吸收较慢。主要是水溶液型注射剂。

4. 皮内注射　皮内注射（intradermal injection，i.d.）是注射于表皮和真皮之间，注射体积小于 0.2 mL，常用于过敏性试验或疾病诊断，如青霉素皮试等。主要是水溶液型注射剂。

5. 脊椎腔注射　脊椎腔注射（intraspinal injection）是注射于脊椎间蛛网膜下腔内。由于脊椎神经组织较为敏感且脊髓液循环较慢，注射体积应小于 10 mL，注射时应缓慢，且只能是水溶液型注射剂，pH 应在 5.0~8.0，渗透压必须调节至与脊髓液相等，不得添加抑菌剂。

6. 动脉注射　动脉注射（intra-arterial injection，i.a.）注射于靶区动脉末端，如诊断用动脉造影剂、肝动脉栓塞剂等。

7. 其他　包括心内注射、关节内注射、滑膜腔内注射、穴位注射等。

（四）注射剂的特点

注射剂吸收快，作用迅速；特别是静脉注射，药液可直接进入血液循环，更适于抢救危重病症患者；因注射剂不经胃肠道，故不受消化系统及食物的影响；注射剂剂量准确、作用可靠，可发挥全身或局部定位作用，适用于不宜口服和不能口服药物的患者。但注射剂使用不便，注射时有疼痛，制造过程复杂，车间设备和包装要求高，成本较高。

（五）注射剂的组成

注射剂的处方主要由主药、溶剂、附加剂组成。其附加剂包括渗透压调节剂、pH 调节剂、增溶剂、助溶剂、抗氧剂、抑菌剂、乳化剂、助悬剂等。由于注射剂的特殊要求，处方中所有组分，包括原料药都应采用注射用规格，符合药典或相应的国家药品质量标准。

1. 注射用原料药的要求 制备注射剂需使用可注射用的原料药，与口服制剂的原料相比，注射用原料药质量标准要求更高，除了对杂质和重金属的限量更严格外，还对微生物及其热原等有严格的规定，如要求无菌、无热原。配制注射剂时，必须使用注射用规格的原料药，若尚无注射用原料药上市，需对原料药进行精制并制定内控标准，使其达到注射用的质量要求。在注册申请时，除提供相关的证明性文件外，应提供精制工艺的选择依据、详细的精制工艺及其验证资料、精制前后的质量对比研究资料等。

2. 常用注射用溶剂

（1）注射用水（water for injection）：是最常用的溶媒，为纯化水经蒸馏所得的水，应符合细菌内毒素试验要求。《中国药典》（2025 年版）规定，注射用水必须在防止细菌内毒素产生的设计条件下生产、贮藏及分装。其质量应符合注射用水项下的规定。灭菌注射用水（sterilized water for injection）为注射用水按照注射剂生产工艺制备所得，不含任何添加剂。主要用于注射用灭菌粉末的溶剂或注射剂的稀释剂，可直接用于临床。药典规定其质量应符合灭菌注射用水项下的规定。

（2）注射用油（oil for injection）：常用的有大豆油、麻油、茶油等植物油。《中国药典》（2025 年版）关于注射用大豆油的具体规定，碘值为 126~140；皂化值为 188~195；酸值不大于 0.1；过氧化物、不皂化物、棉籽油、碱性杂质、水分、重金属、砷盐、脂肪酸组成和微生物限度等应符合要求。

酸值、碘值、皂化值是评定注射用油的重要指标。酸值说明油中游离脂肪酸的多少，酸值高则质量差，亦可反映酸败的程度。碘值说明油中不饱和键的多少，碘值高，则不饱和键多，易氧化，不适合注射用。皂化值表示油中游离脂肪酸和结合成酯的脂肪酸总量的多少，可以看出油的种类和纯度。考虑到油脂氧化过程中，可能生成过氧化物，故应控制注射用油中的过氧化物。植物油由各种脂肪酸的甘油酯所组成。在贮存时与空气、光线接触，时间较长往往发生化学变化，产生特异的刺激性臭味，称为酸败。酸败的油脂产生低分子分解产物如醛类、酮类和低级脂肪酸，不符合注射用油的标准。注射用油应贮于避光密闭洁净容器中，避免日光、空气接触，还可考虑加入抗氧剂等。

（3）其他注射用溶剂：在注射剂制备时，有时为增加药物溶解度或稳定性，常在以水为主要溶剂的注射剂中加入一种或一种以上非水溶剂，供注射用的非水性溶剂，应严格限制其用量，并应在药典各品种项下进行相应的检查。常用的有以下几种。

1）乙醇（alcohol）：本品可与水、甘油、挥发油等任意混合，可供静脉或肌内注射。小鼠静脉注射 LD_{50} 为 1.97 g/kg，皮下注射为 8.28 g/kg。采用乙醇为注射溶剂浓度可达 50%。但乙醇浓度超过 10% 时可能会有溶血作用和疼痛感。如氢化可的松注射液、紫杉醇注射液中均含一定量乙醇。

2）丙二醇（propylene glycol，PG）：本品可与水、乙醇、甘油混溶，能溶解多种挥发油，小鼠静脉注射的 LD_{50} 为 5~8 g/kg，腹腔注射为 9.7 g/kg，皮下注射为 18.5 g/kg。复合注射用溶剂中丙二醇常用含量为 10%~60%，用作皮下或肌内注射时有局部刺激性。其对药物的溶解范围广，已广泛用于注射溶剂，供静脉注射或肌内注射。如苯妥英钠注射液中含 40% 丙二醇。

3）聚乙二醇（PEG）：本品与水、乙醇相混溶，化学性质稳定，PEG 300、PEG 400 均可用作注射用溶剂，有报道 PEG 300 的降解产物可能会导致肾病变，因此 PEG 400 更常用，其对小鼠腹腔注射的 LD_{50} 为 4.2 g/kg，皮下注射为 10 g/kg。如噻替哌注射液以 PEG 400 为注射溶剂。

4）甘油（glycerin）：本品可与水或醇任意混溶，但在挥发油和脂肪油中不溶。小鼠皮下注射的 LD_{50} 为 10 mL/kg，肌内注射为 6 mL/kg。由于黏度和刺激性较大，不单独作注射溶剂。常用浓度为 1%~50%，但大剂量注射会导致惊厥、麻痹、溶血。常与乙醇、丙二醇、水等组成复合溶剂，如普鲁卡因注射液的溶剂为 95% 乙醇（20%）、甘油（20%）与注射用水（60%）。

5）二甲基乙酰胺（dimethylacetamide，DMA）：本品与水、乙醇任意混溶，对药物的溶解范围大，为澄明中性溶液。小鼠腹腔注射的 LD_{50} 为 3.266 g/kg，常用浓度为 0.01%，但连续使用时，应注意其慢性毒性。如氯霉素常用 50% DMA 作溶剂；利血平注射液用 10% DMA、50%PEG 作溶剂。

3. 注射剂主要的附加剂　注射剂除主药和溶剂外，可适当加入其他物质以增加主药的安全性、稳定性及有效性，这些物质统称为注射剂的附加剂。选用附加剂的原则是：所用附加剂应不影响药物疗效，避免对检验产生干扰，使用浓度不得引起毒性或明显的刺激性。应采用符合注射用要求的辅料，在满足需要的前提下，注射剂所用辅料的种类及用量应尽可能少。对于注射剂中附加剂有使用依据，但尚无符合注射用标准产品生产或进口的辅料，可对非注射途径辅料进行精制使其符合注射用要求，并制定内控标准。申报资料中应提供详细的精制工艺及其选择依据、内控标准的制定依据。必要时还应进行相关的安全性试验研究。

常见注射剂的附加剂见表 5-5。

表 5-5　注射剂的附加剂

种类及品种	浓度范围 /%	种类及品种	浓度范围 /%
（1）pH 调节剂及缓冲剂		二丁基羟基甲苯（BHT）	0.005～0.02
盐酸	q.s	丁基羟基茴香醚（BHA）	0.005～0.02
乳酸	0.1	（5）金属离子螯合剂	
氢氧化钠	q.s	乙二胺四乙酸二钠（EDTA-Na_2）	0.01～0.05
醋酸，醋酸钠	0.22，0.8	乙二胺四乙酸钙二钠（EDTA-$CaNa_2$）	0.01～0.05
柠檬酸，柠檬酸钠	0.5，4.0	（6）抑菌剂	
酒石酸，酒石酸钠	0.65，1.2	苯酚	0.25～0.5
（2）增溶剂、润湿剂与乳化剂		甲酚	0.25～0.3
卵磷脂	0.5～2.3	氯甲酚	0.05～0.2
泊洛沙姆 188	0.2	三氯叔丁醇	0.25～0.5
聚氧乙烯蓖麻油	1～65	苯甲醇	1～2
聚山梨酯 80	0.5～4.0	硫柳汞	0.001～0.01
脱氧胆酸钠	0.2	（7）等渗调节剂	
（3）助悬剂		氯化钠	0.5～0.9
甲基纤维素	0.03～1.0	葡萄糖	4～5
羧甲基纤维素钠	0.05～0.75	（8）止痛剂	
明胶	2.0	三氯叔丁醇	0.5
果胶	0.2	苯甲醇	1～2
（4）抗氧剂		盐酸普鲁卡因	0.5～2
亚硫酸氢钠（$NaHSO_3$）	0.1～0.2	利多卡因	0.5～1.0
焦亚硫酸钠（$Na_2S_2O_5$）	0.1～0.2	（9）粉针填充剂	
亚硫酸钠（Na_2SO_3）	0.1～0.2	葡萄糖	1～10
硫代硫酸钠（$Na_2S_2O_3$）	0.1	乳糖	1～8

续表

种类及品种	浓度范围 /%	种类及品种	浓度范围 /%
甘露醇	1~10	麦芽糖	2~5
（10）冻干保护剂		甘氨酸	1~2
乳糖	2~5	人血白蛋白	0.1~1
蔗糖	2~5		

（六）注射剂的制备

注射剂的生产过程包括原辅料的准备与处理、配制、灌封、灭菌、质量检查和包装等步骤。制备不同类型的注射剂，其具体操作方法和生产条件有区别。溶液型注射剂的制备工艺流程和环境区域划分如图 5-2 所示。

由图 5-2 可见，注射剂制备分为水处理、容器的处理、药液配制、灌装和封口、灭菌以及灯检和包装等。由于各个工艺过程对生产环境的要求不同，需要根据工艺要求对注射剂生产区域进行明确的划分。

1. 注射剂的水处理 制备注射液时，首先对原水进行处理，分别得到纯化水和注射用水。纯化

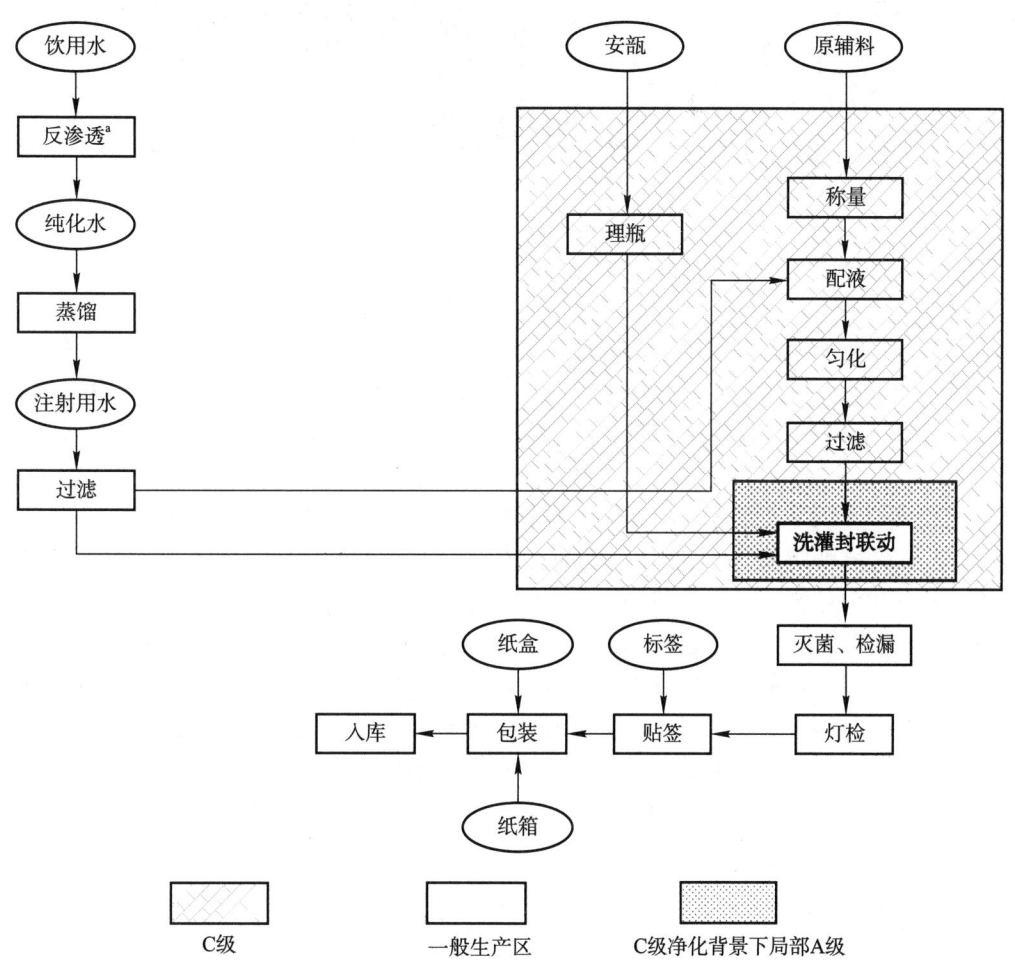

图 5-2 溶液型注射剂的制备工艺流程和环境区域划分

注：a 反渗透法、蒸馏法、离子交换法或其他适宜方法

水一般用于注射剂容器的初期冲洗；注射用水主要用于注射液的配制和注射剂容器的最后清洗。因此水处理是制备注射剂的一个重要环节，有关水处理的详细技术原理和工艺路线，参见本章第二节。

2. 容器的处理 注射剂容器（container for injection）用于灌装各种不同性质的注射剂，应具有很强的密闭性和很高的化学惰性，使得容器表面与药液在长期接触过程和灭菌过程中不会发生脱落、降解、物质迁移等现象，并且不使药液发生变化。

（1）容器的种类：注射剂的容器根据组成材料不同分为玻璃容器和塑料容器；根据分装剂量的不同分为单剂量装容器、多剂量装容器和大剂量装容器。小容量注射剂的容器主要以玻璃为主，也有塑料容器；大容量注射液的容器由玻璃、聚乙烯、聚氯乙烯和聚丙烯等材料制备。其中塑料容器近些年来已广泛用于注射剂的盛装，特别输液的容器有被塑料容器取代的趋势。

单剂量装容器大多为玻璃制作的安瓿（ampule），如图5-3A所示，常用的有1、2、5、10、20 mL等几种规格。多剂量装容器常为橡胶塞的玻璃瓶，橡胶塞上加铝盖密封，俗称西林瓶（Vial），如图5-3B所示，除供灌装注射液外，还可用于分装注射用粉末，常用的有5、10、20、30、50 mL等规格。大剂量装容器常见的为输液瓶和输液袋，常见规格一般有100、250、500、1 000 mL等。

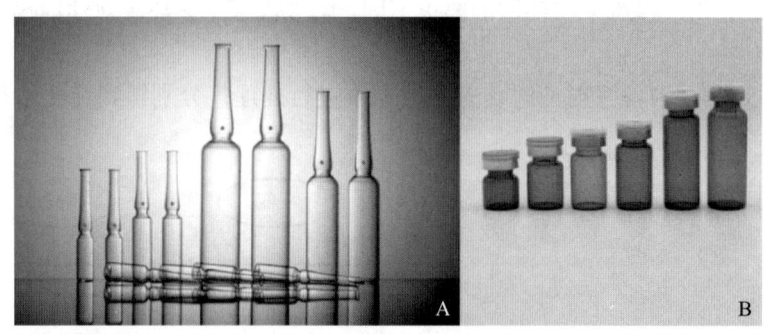

图5-3 注射剂容器
A. 安瓿；B. 西林瓶

（2）安瓿

1）安瓿的种类：安瓿分为有颈安瓿和粉末安瓿。其中曲颈易折安瓿因可避免折断安瓿瓶颈时造成玻璃屑、微粒进入安瓿污染药液，已得到广泛使用。粉末安瓿系供分装注射用药物粉末或结晶性药物，为便于药物的分装，其瓶身与颈同粗，在颈与身的连接处吹有沟槽，用时锯开灌入溶剂后注射使用。

还有可同时盛装粉末与溶剂的注射容器，容器分为上、下两个室，下隔室装无菌药物粉末，上隔室装溶剂，中间用特制的隔膜分开，使用时将顶部的塞子压下，隔膜打开，溶剂流入下隔室，将药物溶解后使用。此种注射用容器特别适用于一些在溶液中不稳定的药物。

2）安瓿的质量要求与检查：安瓿的玻璃质量对注射剂的稳定性有很大的影响。制备安瓿的玻璃应符合以下要求：①应无色透明，以便于检查澄明度、杂质以及变质等情况；②应具有低的膨胀系数和优良的耐热性能，以耐受洗涤和灭菌过程中所产生的热冲击而不致冷爆破裂；③应有足够的物理强度，以耐受热压灭菌所产生的压力差，并避免在生产、装运和贮藏过程中容器破损；④应具有高度的化学稳定性，不改变药液的pH，也不易被药液所侵蚀；⑤熔点较低，易于熔封；⑥不得有气泡、麻点及砂粒。

3）玻璃安瓿的材质：其材质主要有中性玻璃、含钡玻璃与含锆玻璃三种。①中性玻璃是低硼硅酸盐玻璃，化学稳定性较好，可作为近中性或弱酸性注射剂的容器，如各种输液、葡萄糖注射液、注射用水等；②含钡玻璃是在中性玻璃中添加适量氧化钡，耐碱性能好，可作为碱性较强的注射剂如磺胺嘧啶钠注射液（pH 10~10.5）的容器；③含锆玻璃系含少量氧化锆的中性玻璃，有更高的化学稳定性、耐酸性、耐碱性均好，不易受药液侵蚀，此种玻璃安瓿可用于盛装如乳酸钠、碘化钠、磺胺嘧啶钠、酒石酸锑钾等注射液。

为便于澄明度的检查，安瓿多为无色，但对光敏感的药物可采用能滤除紫外线的琥珀色玻璃安瓿。琥珀色安瓿含氧化铁，痕量的氧化铁有可能被浸取而进入产品中，如果产品中含有能被铁离子催化的成分，则不能使用琥珀色玻璃容器。

4）安瓿的洗涤：目前国内使用较多的安瓿洗涤方法主要有加压气水交替喷射洗涤法、超声波洗涤法、甩水洗涤法。①加压气水交替喷射洗涤法：利用洁净的蒸馏水和经过过滤的压缩空气，在加压情况下交替地由喷嘴喷入安瓿内进行清洗，洗涤质量高，适合于大容量安瓿和曲颈安瓿的洗涤，目前水针剂的生产常用此法洗涤。冲洗的顺序为气→水→气→水→气，一般反复4～8次，最后一次洗涤用水应采用通过微孔滤膜精滤的注射用水。②超声波洗涤法：该方法具有清洗洁净度高及清洗速率快等特点。将安瓿浸没在超声波清洗槽中，利用水与玻璃接触面的空化作用而洗除表面的污渍，不仅保证安瓿内部无尘、无菌，也可使外壁洁净，达到洁净指标。目前已有洗涤机采用加压喷射气水洗涤与超声波洗涤相结合的方法。③甩水洗涤法：将安瓿放在灌水机传送带上，送至灌水机被上部淋下的经过滤的去离子水或蒸馏水（必要时用稀酸溶液）灌满，再送入灭菌柜中加热蒸煮处理，经蒸煮后的安瓿可趁热用甩水机将安瓿内的水甩干，然后再置于灌水机上灌水，再用甩水机将水甩出，如此反复3次，以达到清洗的目的。一般适用于5 mL以下的安瓿。④免洗涤安瓿：安瓿在严格控制污染的车间生产，采用严密的包装，使用时只需洁净空气吹洗即可，这为注射剂的高速自动化生产创造了有利条件。还有一种密封安瓿临用时在净化空气下用火焰开口后直接灌封，这样可免去洗瓶、干燥、灭菌等工序。

5）安瓿的干燥与灭菌

① 安瓿的干燥：安瓿洗涤后，一般采用电烘箱120～140℃的温度干燥2 h，盛装无菌操作或低温灭菌产品的安瓿在180℃干热灭菌1.5 h。大生产时多采用隧道式烘箱，此设备主要由红外线发射装置与安瓿传送装置两部分组成，隧道内的温度为200℃左右，安瓿的干燥时间也缩短为20 min左右，有利于安瓿的烘干、灭菌的连续化。

② 安瓿的灭菌：近年来，通过在碳化硅电热板辐射源表面涂上远红外涂料，制成了远红外线隧道式自动干燥灭菌机，其温度可达250～350℃，具有效率高、质量好、干燥速率快和节约能源的特点。灭菌好的空安瓿存放时间不应超过24 h。

（3）卡式瓶：俗称笔式注射器，用硼硅玻璃套筒，为两端开口的管状筒形，其瓶口用胶塞和铝盖密封，底部用橡胶活塞密封，相当于没有推杆的注射器（图5-4）。可用于盛装注射液，也可装冻干粉末和无菌粉末，用卡式瓶包装的注射剂注射时需与可重复使用的卡式注射架、卡式半自动注射笔、卡式全自动注射笔等注射器械结合使用。采用卡式瓶包装的注射液在实施注射时，只需将卡式瓶与针头装入配套的注射器械中即可进行注射。整个注射过程不会产生玻璃屑，药液不需转移，也不会暴露于空气中，药液不与注射器接触。因此，与安瓿包装相比，注射更安全、便捷，减轻了医护人员的劳动强度，提高了工作效率。卡式瓶作为注射剂内包材，德国最早于2002年开始使用，我国于2004年引进，主要应用于基因工程、生物工程、胰岛素等领域。

（4）预填充注射器（prefilled syringe，PFS）：系采用一定的工艺将药液预先灌装于注射器中，以方便医护人员或患者随时可注射药物的一种"药械合一"的给药形式，同时具有贮存和注射药

图5-4 卡式瓶

物的功能，在20世纪80年代兴起的注射剂包装形式。

预填充注射器分为带注射针和不带注射针两类，带注射针的预填充注射器针头为嵌入式，由针管、针头、针头护帽、活塞和推杆组成。不带针的预填充注射器分为锥头式和螺旋头式，锥头式由针管、针头、针头护帽、活塞、推杆组成，螺旋头式由针管、螺旋头、螺旋头护帽、活塞和推杆组成。采用预填充式注射器为注射剂的包材容器，生产中需先通过灌装机将药液灌装于针管中（带护帽），再将活塞压入或旋入以密封药液，然后加装推杆，再进行包装；对于不带针容器，还需配置相应冲洗针。

与普通注射剂容器相比，可有效避免注射时药液配制、混合、抽取过程中的污染、操作方便、用药安全、剂量准确，疼痛感小，可由患者自行注射，特别适合长期治疗疾病的需要。如糖尿病患者使用的预填充胰岛素注射笔等。从生产企业角度，普通容器注射液由于注射转移容器，需过量灌装，而预填充注射器无须过量灌装，利用率高，节约成本，还可避免传统空注射器在抽取配制好的药液时可能产生的pH变化的问题，特别适合于稳定性受pH影响较大的药物，尤其适合稳定差的蛋白多肽类药物，如疫苗、治疗性蛋白、重组细胞因子类、促红细胞生成素等，为生物技术药物注射剂常选用的容器。

（5）塑料安瓿：是以塑料为主要材质的安瓿容器。按材质分类，塑料安瓿主要有聚丙烯（PP）和聚乙烯（PE）安瓿，两者的化学成分不同、熔点不同、可耐受的高温灭菌的温度不同。PP的透明度好，强度高，可耐受121℃下的高温灭菌，常用于可耐受终端灭菌的注射剂；PE一般不能耐受110℃以上条件的高温灭菌，常用于无菌工艺生产的注射剂。

玻璃安瓿虽然具有成本低廉、密封性好、生产工艺成熟等优势，但玻璃安瓿在生产、运输、储存、使用等方面均存在一定不足，如易碎、质重、生产工艺复杂；可能产生"玻璃脱片"或析出无机盐离子，如铝离子对人体产生的毒性大；临床应用中存在污染药品（玻璃碎屑/空气暴露）的风险等。

塑料安瓿由于与玻璃安瓿材质不同，具有以下玻璃安瓿所不具有的优点：①强度高，不易破碎；②质量轻；③不会产生碎屑；④易操作，安全性高；⑤生产方法简便，对药物稳定性的影响小；⑥形状多样，规格各异，装量范围广，适用产品的类型包括小容量注射剂、滴眼剂、滴耳剂、口服液等。但塑料容器也存在可能析出添加剂，如抗氧剂、金属离子等；对易氧化药物，因透气性而不适用。

塑料安瓿制备采用吹塑制瓶-灌装-密封（blow-fill-seal，BFS）三合一技术。BFS技术生产塑料容器注射剂的主要工艺步骤包括真空条件下加热塑料粒料，高温状态下将粒料加工成管状瓶坯，将瓶坯充气成型，灌装药液并封口，如图5-5所示。BFS技术使吹制、灌装、封口均在同一工位完成，设备安装在C级洁净环境中，且设备本身自带A级无菌空气过滤系统，外界空气在设备内部形成局部A级区域，生产全程自动化，配合无菌生产条件，可避免污染，提高无菌保证水平，塑料安瓿在欧美、日本等国家应用较多，我国正处于应用的起步阶段。

3. 注射剂的配制

（1）配液用具与处理：配制药液的容器应使用化学稳定的材料制成，如由玻璃、搪瓷、不锈钢、耐酸耐碱陶瓷及耐热的无毒聚氯乙烯、聚乙烯材料制成的容器。

大量生产时使用夹层配液锅，并装配轻便式搅拌器，夹层锅可以通蒸汽加热也可通冷水冷却。配液用具在用前要用洗涤剂或硫酸清洁液处理洗净，然后用新鲜注射用水荡洗（或灭菌）后备用。

（2）配液方法：配液方法有稀配法和浓配法两种方法。如果原料药质量好，可采用稀配法，即将原料药加入所需的溶剂中一次配成所需浓度的方法。一般情况下用浓配法，即全部原料药物加入部分溶剂中配成浓溶液，加热滤过，必要时也可冷藏后再滤过，然后稀释至所需浓度的方法，溶解度小的杂质在浓配时可以滤除除去。

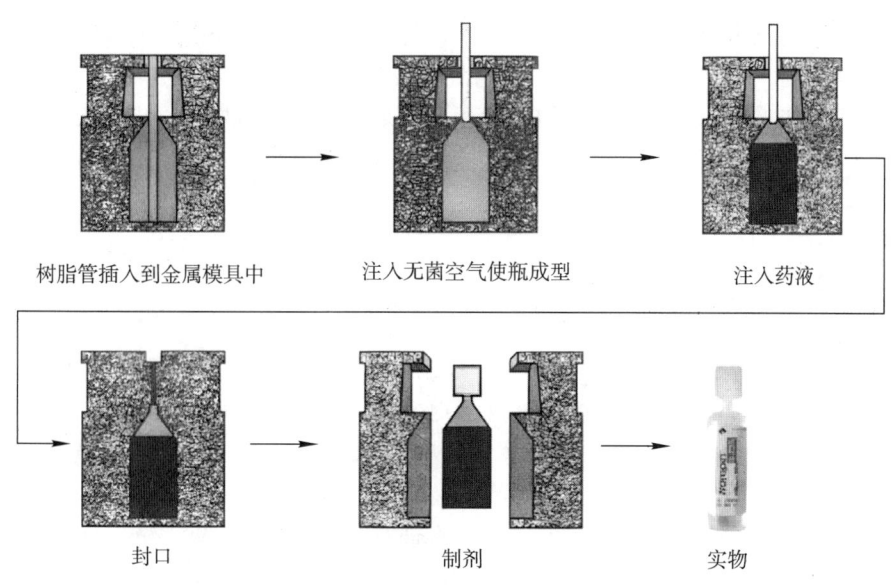

图 5-5 塑料安瓿注射剂产品的生产过程

4. 注射剂的灌装和封口

（1）注射液的过滤：配制好的注射液在灌装前需要过滤，以除去各种不溶性微粒，在注射液生产中，一般采用二级过滤，先将药液用常规的滤器，如砂滤棒、垂熔玻璃漏斗等进行预滤后，再使用微孔滤膜过滤。过滤器的材质、类型、过滤方式和装置以及过滤的原理等均会明显影响过滤的效果。

（2）注射液的灌封：灌封包括灌注药液和封口两步。灌注后立即封口，以免污染。药液灌注时要求剂量准确及药液不沾瓶。注入容器的量要比标示量稍多，以抵偿在给药时由于瓶壁黏附和注射器及针头的滞留而造成的损失，保证用药剂量。易流动液体可增加少些，黏稠性液宜增加多些，注射剂增加装量表可在《中国药典》（2025 年版）通则注射剂中查到。例如，当标示装量为 1 mL，易流动液体可增加 0.10 mL，黏稠性液可增加 0.15 mL。为使灌注体积准确，在每次灌注以前，必须用精确的小量筒校正注射器的吸取量，符合规定后再行灌注。

安瓿封口方法分拉封和顶封两种。由于拉封封口严密，不会像顶封那样易出现毛细孔，目前已规定必须用拉封。安瓿封口时要求不漏气、顶端圆整平滑，无尖头、焦头及小泡。粉末安瓿或具有广口的其他类型安瓿，都必须拉封。灌封操作分手工灌封和机械灌封。

工业生产多采用全自动灌封机，灌注药液由五个动作（移动齿档送安瓿；灌注针头下降；灌注药液入安瓿；灌注针头上升后安瓿离开，同时灌注器吸入药液；灌好药液的安瓿在封口工位进行熔封）顺序协调进行。目前我国已制成洗、灌、封联动机，使生产效率得到进一步提高。

某些易氧化药物的注射液，安瓿内要通入惰性气体以置换安瓿中的空气。常用的惰性气体有氮气和二氧化碳。

5. 注射剂的灭菌和检漏

（1）灭菌：应采取终端灭菌工艺，建议首选过度杀灭法（$F_0 \geq 12$），如产品不能耐受过度杀灭的条件，可考虑采用残存概率法（$8 \leq F_0 < 12$），但均应保证产品灭菌后的 PNSU 不大于 10^{-6}。如有充分的依据证明不能采用终端灭菌工艺，且为临床必须注射给药的品种，可考虑采用无菌生产工艺。注射剂生产过程中，除应选择恰当的灭菌工艺外，还应对灭菌前产品中污染的微生物严加监控，并采用各种措施降低微生物污染水平，确保终产品达到无菌的保证要求。此外，在选择灭菌方法时，应综合考虑灭菌效果和药液稳定性两个要素，根据具体品种的性质，选择不同的灭菌方法和时间。

在注射剂的生产过程中应尽可能缩短配制时间，防止微生物与热原的污染及原料药物变质。小容量注射剂从配制到灭菌，必须在规定时间内（一般为12 h）完成。

（2）检漏：安瓿如果有毛细孔或微小的裂缝存在，则微生物或污物可以进入安瓿，影响注射剂质量及使用安全性，因此，灭菌后的注射剂需进行检漏。一般对灭菌柜内抽真空充入有色水对安瓿进行检漏。

（七）应用举例

（1）溶液型注射剂

例 5-1：利巴韦林注射液（ribavirin injection）

【处方】利巴韦林 100 g，氯化钠 9 g，10% 柠檬酸适量，注射用水加至 1 000 mL。

【制法】将氯化钠加适量注射用水配制为 2%～10% 的浓溶液，搅拌溶解，加药用炭煮沸 10 min 后，罐内浓溶液冷却至 50～60℃，加入利巴韦林，搅拌溶解。用 10% 柠檬酸液调节 pH 至 4.0～6.0，经钛棒脱碳、微孔膜过滤后，灌装。115℃、30 min 灭菌。

【注解】利巴韦林为主药，处方中氯化钠为等渗调节剂，10% 柠檬酸液为 pH 调节剂，注射用水为溶剂。利巴韦林是广谱强效的抗病毒药物，目前广泛应用于病毒性疾病的防治。常用剂型有注射剂、片剂、口服液、气雾剂等。利巴韦林注射液临床上主要用于病毒性肺炎、支气管炎，一般用氯化钠注射液或 5% 葡萄糖注射液稀释成每毫升含 1 mg 的溶液后缓慢静脉滴注。

例 5-2：奥硝唑注射液（ornidazole injection）

【处方】奥硝唑 5 g，聚乙二醇 10 mL，乙醇 10 mL，注射用水加至 100 mL。

【制法】取处方量乙醇、聚乙二醇，加入注射用水适量，搅拌均匀，调 pH 至 1.9～2.2，加入奥硝唑搅拌溶解，加注射用水至全量，滤过，灌封，121℃、15 min 灭菌。

【注解】奥硝唑难溶于水，处方中加入聚乙二醇和乙醇作为混合溶剂增加溶解度；pH 在 1.9～2.2 可将有关物质量控制在较低的水平。奥硝唑为第三代硝基咪唑类衍生物，用于治疗由脆弱拟杆菌、狄氏拟杆菌、卵圆拟杆菌、多形似杆菌、普通拟杆菌、梭状芽孢杆菌、真杆菌、消化球菌和消化链球菌、幽门螺杆菌、黑色素拟杆菌、梭杆菌、CO_2 噬纤维菌、牙龈类杆菌等敏感厌氧菌所引起的多种感染性疾病。

（2）混悬型注射剂：混悬液是一种固体粒子分散于液体的分散体系，凡不溶于水也无适宜溶剂可溶解的药物，或采取增溶、助溶等方法仍不能制得治疗所需浓度的药物，在水中不稳定或需要制成某种缓释、控释或靶向制剂注射给药的药物均可制成混悬型注射剂。混悬型注射剂不得用于静脉或椎管注射。

1）混悬型注射剂的质量要求：混悬型注射剂除应符合注射剂的一般规定外，混悬型注射剂的颗粒粒径大小应适宜，一般应小于 15 μm，15～20 μm（有个别 20～50 μm）者不应超过 10%；若有可见沉淀，振摇时应容易分散均匀。

2）混悬型注射剂的制备方法：包括分散法和结晶法。分散法是采用球磨机、流能磨、喷雾干燥、冷冻干燥等方法制得符合注射混悬液要求的无菌原料，然后将其分散于含各种附加剂的灭菌溶剂中。结晶法是将药物溶液在一定条件下（温度、搅拌速率、溶剂加入速率）通过溶剂转换作用，使之析出微细结晶，然后去除有机溶剂、灭菌、过滤，再将所得结晶加溶剂至所需要量。如睾酮混悬液，先将睾酮溶解在丙酮中，然后经灭菌过滤，此睾酮溶液以无菌操作加入灭菌溶剂中，使睾酮结晶，混悬液用灭菌溶剂稀释，使结晶沉降，倾出上清液，如此重复若干次，直到丙酮全部除去，加灭菌注射用水至足量灌封。

3）注意事项：混悬型注射剂制备中，应选用合适的晶型。晶型不仅与稳定性有关，而且影响生物利用度。例如，醋酸可的松有 5 种晶型，晶型Ⅰ、Ⅲ在干燥状态下都是稳定的，但在水中特别在温热的混悬液中，能迅速转变为含结晶水的晶型Ⅴ，如果静止不动，则可结成饼块。在混悬液生产过程中，常常出现晶型的转变，因此要设法加以防止，其方法是选择适宜的助悬剂与表面活性剂。

例 5-3：注射用普鲁卡因青霉素（procaine benzylpenicillin for injection）

【处方】普鲁卡因青霉素 30 万 U，普鲁卡因钠（钾）盐 10 万 U，磷酸二氢钠 0.003 6 g，磷酸氢二钠 0.003 6 g，聚维酮 0.011 g。

【制法】按处方量将灭菌的普鲁卡因青霉素、普鲁卡因钠（钾）盐、磷酸二氢钠、磷酸氢二钠、聚维酮在无菌条件下混匀，分装。临用前加灭菌注射用水制成混悬液。

【注解】普鲁卡因青霉素为苄基青霉素的普鲁卡因盐，在水中微溶，遇酸碱或氧化剂等迅速失效，对热也不稳定。普鲁卡因钠（钾）盐水溶液不稳定，故加磷酸盐缓冲液控制 pH 在 5.0~7.5。

本品在质量检查时需做悬浮时间与抽针试验：取本品 1 瓶，按每 40 万 U 加水 1 mL 使成混悬液，摇匀，静止 2 min，不得有颗粒下沉或明显的分层。用装有 4½ 号针头的注射器抽取，应能顺利通过，不得阻塞。

本品的抗菌谱基本上与青霉素相似。本品肌内注射后，慢慢游离出青霉素，使血药浓度维持时间延长，显示长效作用，但血药浓度较青霉素低。本品用于敏感菌所致的轻度感染，也可用于治疗淋病、尿路感染、梅毒和喉炎等。也用于治疗链球菌引起的肺炎、脑膜炎以及风湿性或先天性心脏病、化脓性皮肤病。

（3）乳剂型注射剂：油溶性药物除了可选用注射用油制备成油溶液型注射剂外，还可以将其制备成 O/W 或 W/O/W 型的乳剂供注射用。乳剂型注射剂可增加油相的表面积，使其在体内的吸收加快；同时 O/W 型乳剂可与体液互溶，使油性药物静脉注射成为可能；乳剂型注射剂还可使药物具有一定器官靶向性。乳剂型注射剂不得用于椎管注射。

1）乳剂型注射剂的质量要求：乳剂型注射剂除应符合注射剂的一般规定外，不得有相分离现象；静脉用乳剂型注射剂中乳滴的粒度 90% 应在 1 μm 以下，不得大于 5 μm，应能耐受热压灭菌，在灭菌和储存期间应能保持各成分稳定不变，粒子大小不得超限。

2）乳剂型注射剂的制备方法：常用湿胶法制备，即先将乳化剂与水相制成胶浆，然后加入油相，通过各种乳化设备制备成乳状液。常用的乳化设备有胶体磨、高压均质机、高压微射流纳米分散设备等。

3）注意事项：稳定性是乳剂型注射剂的突出问题，包括物理稳定性和化学稳定性。物理稳定性包括分层、破裂、转相、絮凝等。此外，由于乳剂制备中多用磷脂为乳化剂，磷脂对光、热、氧均不稳定，影响乳剂的化学稳定性。可通过改变乳化剂的种类与浓度、油相的种类与比例，选择不同的助乳化剂以及制备方法等方法提高乳剂稳定性。

例 5-4：丙泊酚注射液（propofol injection）

【处方】丙泊酚 0.2 kg，注射用大豆油 2 kg，注射用卵磷脂 0.24 kg，注射用甘油 0.45 kg，氢氧化钠适量，注射用水加至 20 L。

【制法】①水相的制备。向配料罐中放入 85% 的注射用水，处方量的甘油，搅拌均匀，煮沸 15 min，边充氮边降温至 50~60℃，并于 50~60℃充氮保温备用。②油相的制备。向配料桶中加入处方量的大豆油，充氮加热至 50~60℃，加入处方量的卵磷脂、丙泊酚，在搅拌下溶解备用。③将油相在搅拌下转移至水相罐中制成初乳，并用 0.1 mol/L 氢氧化钠溶液调节 pH 至 7.5~9.5。④将制成的初乳用一级压力 1 000 Pa，二级压力 5 000 Pa 连续均质 5 次，120 Pa 低压匀化一次，检查乳粒。⑤取药液测定含量、pH，合格后用 1 μm 的滤器滤过，通氮气灌封于常规工艺洗净的 20 mL 安瓿中，115℃热压灭菌 30 min，检验即得。

【注解】本品是适用于诱导和维持全身麻醉的短效静脉麻醉药。甘油在处方中调节渗透压，卵磷脂作为乳化剂，大豆油作为油相，氢氧化钠为 pH 调节剂，注射用水为水相。

(八)包装与贮存

小容量注射剂包装对于保证注射剂在运输、贮存过程中的质量具有重要作用。安瓿的包装可采用纸盒内包装，生产中可采用开盒、印字、装盒、盖盒、贴签及包扎等联动包装设备，提高包装效率。

贮存条件与具体药物性质相关。大部分小剂量注射剂置于常温或阴凉处保存即可，但对温度敏感的药物通常采用低温贮存。

(九)质量要求与评价

小容量注射剂应符合《中国药典》（2025年版）通则注射剂项下的质量要求。除此之外还应符合各品种项下的具体要求，如含量、有关物质、pH等。

1. **pH测定** 一般允许范围为 4.0~9.0，具体品种参照其质量标准，但同一品种pH差异范围不宜超过 ±1.0。

2. **可见异物** 可见异物是指在灯检条件下目视可以观测到的不溶性物质，其粒径或长度通常大于 50 μm。具体方法见《中国药典》（2025年版）通则中可见异物检查法检查。其结果应符合规定。

3. **不溶性微粒** 静脉注射、鞘内注射、椎管内注射的溶液型注射液、注射用无菌粉末及注射用浓溶液应按照《中国药典》（2025年版）通则中不溶性微粒检查法进行检查。其结果均应符合规定。

4. **无菌** 注射剂在灭菌结束后，除在灭菌过程中对有关参数进行控制外，都必须抽出一定数量的样品进行无菌试验，以确保产品的灭菌质量。通过无菌操作制备的成品更应注意无菌检查的结果。具体检查方法见《中国药典》（2025年版）通则中无菌检查法检查。其结果应符合规定。

5. **细菌内毒素或热原** 热原检查采用家兔法，其原理系家兔对热原的反应与人体相同；细菌内毒素检查采用鲎试剂法，其原理系利用鲎试剂来检测或量化由革兰阴性菌产生的细菌内毒素，细菌内毒素检查包括两种方法，即凝胶法和光度测定法。

除另有规定外，静脉用注射剂按各品种项下的规定，按照《中国药典》（2025年版）通则中细菌内毒素检查法或热原检查法检查。其结果应符合规定。

6. **装量检查** 注射液和注射用浓溶液应进行装量检查。具体检查方法见《中国药典》（2025年版）通则中注射剂项下。50 mL以下的注射剂，要求每支装量不得少于标示量。

7. **其他检查** 注射剂装量检查应按照《中国药典》（2025年版）通则的规定进行。此外，视品种不同必要时注射剂应进行相应的安全性检查，如异常毒性、过敏反应、溶血与凝聚、降压物质检查等。

二、输液剂

(一)输液剂的定义

输液剂（infusion）指供静脉滴注用的大容量注射液（large volume injection）（除另有规定外，一般不小于 100 mL，生物制品一般不小于 50 mL），也称静脉输液（intravenous infusion）。输液剂是注射液的一种形式，通常包装于玻璃或塑料的输液瓶或袋中，不得加抑菌剂。

(二)输液剂的分类

（1）电解质输液（electrolyte infusion）：主要成分是水和电解质，主要用于补充体内水分、电解质，纠正体内酸碱平衡等，如氯化钠注射液、复方氯化钠注射液、乳酸钠注射液等。

（2）营养输液（nutrition infusion）：主要成分是人体需要的水和营养物质，主要用于补充营养。营养输液有糖类输液、氨基酸输液、脂肪乳输液等。

（3）胶体输液（colloid infusion）：主要成分是水和天然或合成的高分子物质，主要用于补充血容量，维持血压等。胶体输液有多糖类、明胶类、高分子聚合物等，如右旋糖酐、淀粉衍生物、明胶、聚维酮等。

(4)含药输液（drug-containing infusion）：含有治疗药物的输液，如盐酸米托蒽醌氯化钠注射液、利奈唑胺葡萄糖注射液。

（三）输液剂的特点

输液剂在临床上适用范围广，主要用于纠正体内水和电解质的紊乱，调节体液的酸碱平衡，补充必要的营养、热能和水分，维持血容量等；亦可用于输送治疗药物或者作为小剂量注射剂的载体。其使用剂量大，通过静脉滴注直接进入血液循环，起效快，是临床救治危重和急症患者的主要用药方式。输液剂和小针剂都属于注射剂，但质量要求、处方设计等方面也存在一些区别。两者的区别见表5-6。

表5-6　输液剂和小针剂的区别

类别	小针剂	输液剂
规格	<100 mL	≥100 mL（生物制品≥50 mL）
给药途径	以肌内注射为主，静脉、脊椎腔、皮下以及局部注射	静脉滴注
分散状态	水溶液、油溶液、水或油混悬液、乳状液	一般为水溶液或乳状液
附加剂	一次注射量超过15 mL的注射液，静脉给药与脑池内、硬膜外、椎管内用的注射液均不得加抑菌剂	不得加入抑菌剂
制备过程	从配制到灭菌，必须尽快完成，一般控制在12 h内	从配制到灭菌的生产周期应尽量缩短，以不超过4 h为宜
灭菌方法	应采取终端灭菌；必要时采用无菌生产工艺	首选过度杀灭法，其次为残存概率法
不溶性微粒	除另有规定外，每个供试品容器（份）中含10 μm以上的微粒不得超过3 000粒，含25 μm以上的微粒不得超过300粒	除另有规定外，1 mL中含10 μm以上的微粒不得超过12粒，含25 μm以上的微粒不得超过2粒

（四）输液剂的组成

输液剂的处方主要由主药、溶剂、附加剂组成，输液附加剂包括渗透压调节剂、pH调节剂、助溶剂、抗氧剂、乳化剂、助悬剂等。与注射剂相似，处方中所有组分，包括原料药都应采用注射用规格，符合药典或相应的国家药品质量标准。

（五）输液剂的制备

1. 输液剂的生产工艺流程　输液剂的制备工艺流程和注射剂一样，但对生产环境的要求更高。输液的包装有玻璃瓶、塑瓶和软袋等，制备工艺大致相同，只是在包装材料的处理方面有所区别。图5-6~图5-8为玻璃瓶装、聚丙烯塑瓶装、软袋装输液的生产工艺流程图。

2. 输液剂的生产环境要求　输液剂的生产大多采用最终灭菌工艺，根据《药品生产质量管理规范》（2010年修订）无菌药品最终灭菌产品的生产洁净度要求输液车间温度18~28℃，相对湿度50%~65%，洁净区与非洁净区之间、不同级别洁净区之间的压差应当不低于10 Pa。物料准备、产品配制和灌装或分装等操作必须在洁净区内分区域（室）进行。应当根据产品特性、工艺和设备等因素，确定产品生产用洁净区的级别。每一步生产操作的环境都应当达到适当的动态洁净度标准，尽可能降低产品或所处理的物料被微粒或微生物污染的风险。如最终灭菌的输液有高污染风险（容易长菌、灌装速度慢、灌装用容器为广口瓶、容器必须暴露数秒后方可密封等状况）的产品灌装（或灌封）需C级背景下的局部A级环境下进行。

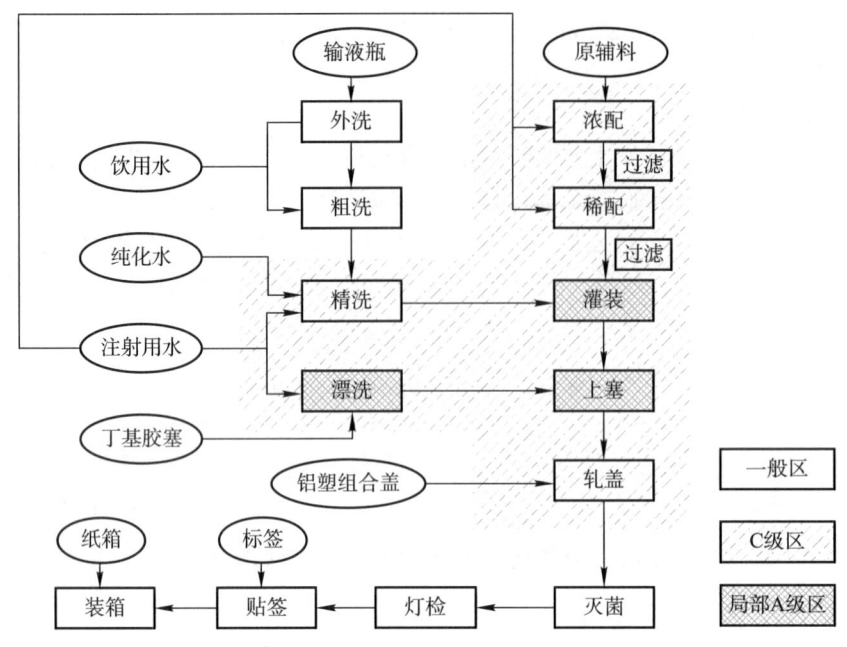

图 5-6 玻璃瓶装输液的生产工艺流程

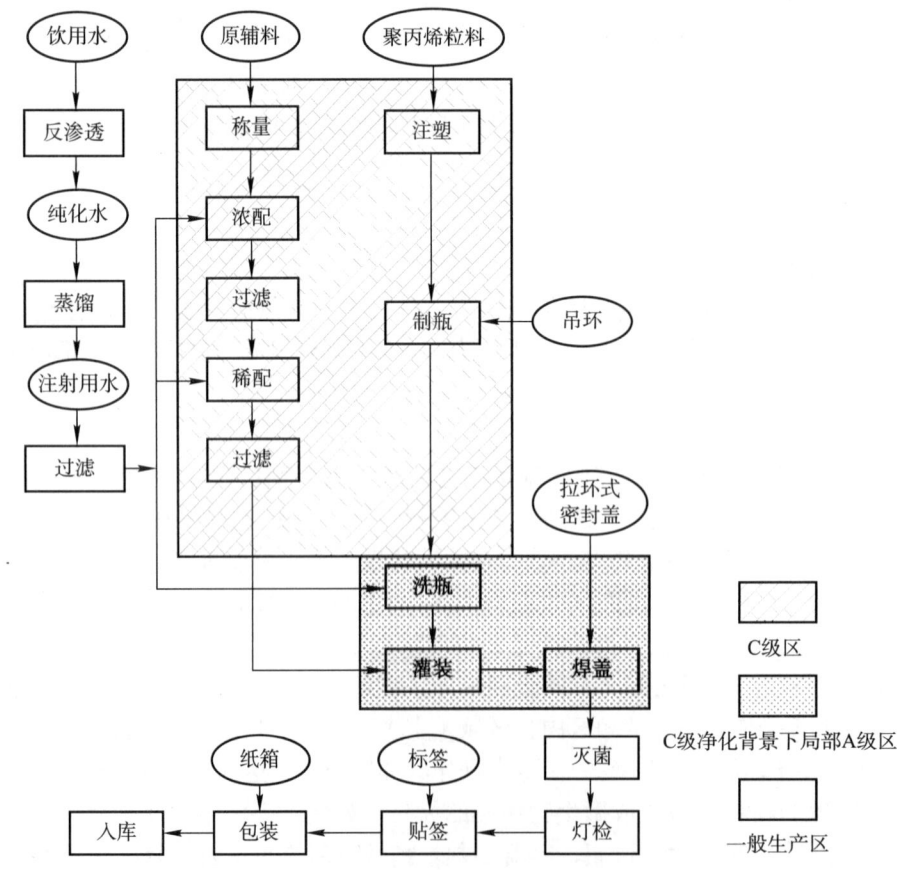

图 5-7 聚丙烯塑料瓶装输液的生产工艺流程

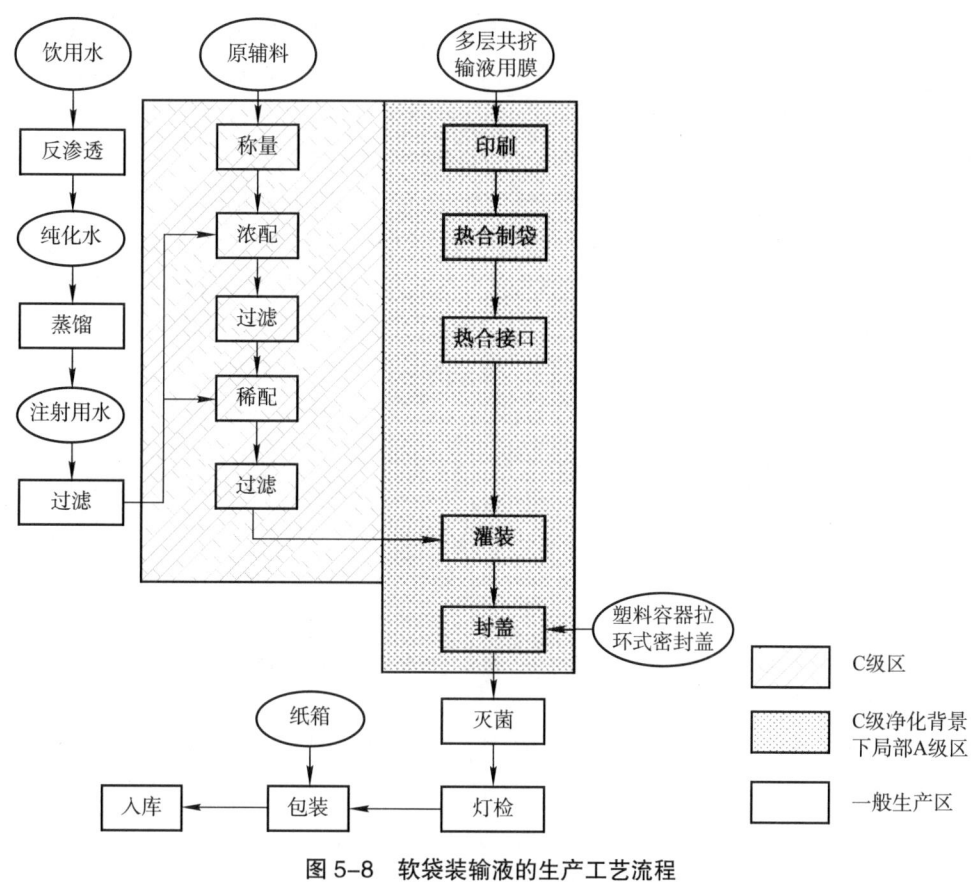

图 5-8 软袋装输液的生产工艺流程

3. 输液容器的处理 传统的输液瓶采用玻璃瓶。随着材料工业和制药装备的发展，塑料瓶装输液和软袋输液生产得到了快速发展，聚丙烯（PP）及聚乙烯（PE）塑料瓶、PVC 袋装输液、多层共挤塑料袋装输液相继投入使用。

（1）玻璃瓶：玻璃瓶是最传统的输液容器，具有透明、热稳定性好、耐热、耐压、瓶体不变形等优点，但存在口部密封性差、易碎、质重不利于运输等缺点。

玻璃瓶的清洗分为粗洗和精洗。粗洗：玻璃瓶通过外洗瓶机输送带，使其保持一定的运动速度，经外洗瓶机刷洗外壁后进入超声波洗瓶机。精洗：粗洗后的玻璃瓶进入洁净区立式洗瓶机精洗，精洗一般分为 5 次冲水，第 1~3 次使用循环注射用水，第 4~5 次使用注射用水，最后一次冲洗使用洁净压缩空气进行气洗。取精洗后的玻璃瓶注入滤后的注射用水，检查无可见异物视为合格。精洗合格后的玻璃瓶，通过输送带输入灌装室使用。

（2）塑料瓶：有无毒塑料 PE 瓶及 PP 瓶两种，具有耐水腐蚀、机械强度高、化学稳定性强、可以热压灭菌、重量轻、运输方便、不易破损等优点。同时，塑料瓶由于制瓶、灌封程序均在洁净区内完成，能够避免中间污染；由于塑料瓶是一次性包装用品，可避免交叉污染。其缺点是透明度差，不利于灯检；强烈振荡，可产生轻度乳光。

大生产的一般过程是将聚丙烯粒料装入注塑机，经塑化、注射入模、冷却、脱模制成聚丙烯输液瓶瓶坯。将聚丙烯输液瓶送入瓶工位，用经 0.22 μm 滤膜过滤的注射用水冲洗，经可见异物检查合格后待用。与玻璃瓶相比，塑料瓶所装输液在最后的灭菌过程中升温速度更慢一些。

（3）塑料袋：目前主要采用无毒的聚氯乙烯（PVC）袋及非 PVC 袋，具有柔软、透明、质轻、耐压、易加工、运输使用方便，设备占地面积小，工序简单，因包装材料不用刷洗，可节省了大量的水、电、劳动力等特点。非 PVC 塑料袋是由 PP、PE 等多层共挤膜组成，20 世纪 80 年代末，90 年代初得到迅速发展,并形成第三代大输液。非PVC制成的输液袋由于不含增塑剂(DEHP),透水性和透气性极低,稳定性好,药物相容性好,吸附性低,在自然界可以降解,不会对环境、人体造成极大的危害。同时,非PVC在空气压力下可通过自身的收缩,在不引进空气的情况下,完成药液的人体输入,形成完全封闭的输液系统,避免外界空气对药液的污染。

(4)橡胶塞:输液瓶所用橡胶塞对输液澄明度影响很大,其质量要求如下:①富于弹性及柔软性,针头刺入和拔出后应立即闭合,并能耐受多次穿刺并无碎屑脱落;②具耐溶性,不致增加药液中的杂质;③可耐受高温灭菌;④有高度化学稳定性,不与药物成分发生相互作用;⑤对药液中药物或附加剂的吸附作用应很低;⑥无毒性及溶血作用。以前使用的天然橡胶塞未能完全满足上述要求,我国于1995年作出了逐步淘汰普通天然橡胶塞包装药品的部署,并于2005年12月31日后全面禁止所有药品包装中使用天然橡胶塞。取而代之的是性能高、安全性好的丁基橡胶,丁基橡胶是异丁烯单体与少量异戊二烯共聚合而成。卤化丁基橡胶是丁基橡胶的改性产品,目的是卤化改性后提高丁基橡胶的活性,使之与其他不饱和橡胶产生相容性,提高自黏性和互黏性,以及硫化交联能力,同时保持丁基橡胶的原有特征。目前用于医药包装的卤化丁基橡胶主要为氯化和溴化丁基橡胶,相比于其他胶种,卤化丁基橡胶具有透气性和透湿性低、理化性能稳定、使用过程中可抽出物低、耐热、耐老化、自密封性能好等优点。

橡胶塞使用前通常需要用注射用水漂洗直至取洗涤水检查可见异物合格。漂洗后胶塞存放超过4 h需重新漂洗后方能使用。

4. 输液剂的配制 根据原料质量的不同,输液的配制可分别采用稀配法或浓配法,其操作方法和小容量注射剂相同。配液必须用新鲜注射用水(12 h以内)。

5. 输液剂的滤过 同注射剂一样先粗滤,然后精滤。一般采用多级阶梯过滤设计,即采用三级或四级孔径递减的方式,也称过滤系统。第一级一般用钛棒,孔径可选择30 μm、10 μm、5 μm或3 μm;第二级一般用聚醚砜或聚丙烯材质,孔径可选择0.60 μm、0.45 μm或0.22 μm;第三级一般用聚醚砜材质,孔径可选择0.22 μm。在选配过滤系统时必须针对具体的药品生产工艺要求选配过滤系统的组成器件,在此基础上,分别确定每级过滤器使用的材质和孔径大小。通常澄清过滤介质的材料多选用钛棒、聚丙烯,预过滤介质可选用聚丙烯和纤维素等,而终端过滤的材料选用范围较宽,聚醚砜、聚四氟乙烯等不同材质的滤芯均可作为终端过滤的过滤器材。

6. 输液剂的灌封 灌封是输液的关键操作,由灌注、盖橡胶塞、轧铝盖连续三步骤组成,目前输液的灌封实现了机械化联动化,自动灌注机、放塞机、翻塞机及落盖轧口机大大提高了工作效率及产品质量。灌封结束后应检查轧口,对于不紧或者松动的输液进行剔除。

7. 输液剂的灭菌 为减少微生物污染的机会,应尽量使整个生产过程连贯进行,并于灌装结束后立即灭菌。一般从配液到灭菌不超过4 h。输液应采取终端灭菌工艺,首选过度杀灭法($F_0 \geq 12$),如产品不能耐受过度杀灭的条件,可考虑采用残存概率法($8 \leq F_0 < 12$),但均应保证产品灭菌后的PNSU不大于10^{-6}。采用其他F_0值小于8的终端灭菌条件的工艺,原则上不予认可。灭菌条件通常根据温度-时间参数或者结合F_0值综合考虑。如产品不能耐受终端灭菌工艺条件,应尽量优化处方工艺,以改善制剂的耐热性。如确实无法耐受,则应考虑选择其他剂型,而非输液。

(六)应用举例

例5-5:5%(或10%)葡萄糖注射液(glucose injection)

【处方】注射用葡萄糖50 g(或100 g),1%盐酸适量,注射用水加至1 000 mL。

【制法】按处方量将葡萄糖投入煮沸的注射用水内,制成50%~60%的浓溶液,加盐酸适量,滤过。滤液加注射用水稀释至所需量,测定pH及含量合格后,滤过,灌装,封口,121℃、12 min热压灭菌。

【注解】5%葡萄糖注射液按无水葡萄糖计算,而10%葡萄糖注射液则按含水葡萄糖计算投料。

葡萄糖注射液有时会产生云雾状沉淀，主要是由于原料药不纯。葡萄糖由淀粉水解制备，因此可能带入淀粉中的杂质如蛋白质及水解不完全的糊精。解决办法是浓配、加酸、加热。加入适量盐酸可中和蛋白质上的电荷使其凝聚，同时使糊精继续水解成为葡萄糖；加热煮沸可加速蛋白凝固及糊精水解。其次可能颜色变黄和 pH 下降。有人认为葡萄糖在酸性溶液中，首先脱水形成 5-羟甲基呋喃甲醛，5-羟甲基呋喃甲醛再分解为乙酰丙酸和甲酸，同时形成一种有色物质。5-羟甲基呋喃甲醛本身无色，有色物质一般认为是 5-羟甲基呋喃甲醛的聚合物。由于酸性物质的生成，所以灭菌后 pH 下降。影响稳定性的因素，主要是灭菌温度和溶液的 pH。因此，为避免溶液变色，一方面要严格控制灭菌温度与时间，另一方面调节溶液的 pH 在 3.8~4.2 较为稳定。

本品临床应用时，5%、10% 葡萄糖注射液，具有补充体液、营养、强心、利尿、解毒作用，用于大量失水、血糖过低等症状。

例 5-6：复方电解质葡萄糖注射液（compound electrolytes and glucose injection）

【处方】注射用葡萄糖 270 g，乳酸钠 22.4 g，氯化钠 17.5 g，氯化钾 15 g，稀盐酸适量，注射用水加至 1 000 mL。

【制法】将葡萄糖投入浓配罐内，加注射用水配制成 40%~80% 的葡萄糖浓溶液，搅拌溶解，过滤后移至稀配罐中。向稀配罐内加注射用水至配制总体积 80%，将乳酸钠、氯化钾加入稀配罐内，搅拌溶解。加注射用水至配制总体积。取样检测氯化钾含量，符合规定后，向稀配罐内加入氯化钠，搅拌溶解。用稀盐酸调节 pH 至 5.5~6.5，取样检测总氯量、葡萄糖含量。滤过，灌装。115℃、30 min 灭菌。

【注解】处方中葡萄糖、乳酸钠、氯化钠、氯化钾均为主药，稀盐酸为 pH 调节剂，注射用水为溶剂。

本品属于体液与电解质补充药。在经口摄取不可能或不充分时应用，补充并维持体内水分和电解质。

例 5-7：右旋糖酐 40 葡萄糖注射液（dextran 40 glucose injection）

【处方】葡萄糖 270 g，右旋糖酐 40 22.4 g，稀盐酸适量，注射用水加至 1 000 mL。

【制法】将右旋糖酐 40 加适量注射用水于浓配罐中，药液浓度控制在 12%~20%，煮沸及搅拌溶解，完全溶解至澄清，过滤后移至稀配罐中。稀配罐中加注射用水至总体积的 80%，将葡萄糖投入稀配罐中搅拌溶解，溶解后加注射用水稀释至总体积，搅拌均匀，用稀盐酸调节 pH 至 4.5~5.0，取样测含量。药液合格后，经微孔膜过滤后，由泵送灌装室灌装。115℃保温 30 min 灭菌。

【注解】处方中右旋糖酐 40、葡萄糖均为主药，稀盐酸为 pH 调节剂，注射用水为溶剂。

本品用于失血、创伤、烧伤等各种原因引起的休克和中毒性休克。预防术后静脉血栓形成，用于肢体再植和血管外科手术等。预防术后血栓形成、血管栓塞性疾病。用于心绞痛、脑血栓形成、脑供血不足、血栓闭塞性脉管炎等。体外循环时，代替部分血液，预充人工心肺机，既节省血液又可改善血液循环。

例 5-8：盐酸左氧氟沙星氯化钠注射液（levofloxacin hydrochloride and sodium chloride injection）

【处方】盐酸左氧氟沙星 11.6 g，氯化钠 9.0 g，EDTA-$CaNa_2$ 0.5 g，氢氧化钠适量，注射用水加至 1 000 mL。

【制法】氯化钠加适量注射用水于浓配罐中，配制成 2%~10% 的浓溶液，搅拌溶解过滤。加注射用水至配制量的 80%，加入盐酸左氧氟沙星、EDTA-$CaNa_2$，搅拌溶解混合均匀，再加注射用水稀释至总体积，搅拌均匀，用 10% 氢氧化钠液调节 pH 至 4.5~4.8，测含量。过滤，灌装。121℃保温 8 min 灭菌。

【注解】处方中盐酸左氧氟沙星为主药，氯化钠为等渗调节剂，EDTA-$CaNa_2$ 为络合剂，氢氧化钠为 pH 调节剂，注射用水为溶剂。

本品适用于敏感细菌引起的中、重度感染，如呼吸系统感染、泌尿系统感染、生殖系统感染、皮肤软组织感染、肠道感染、败血症、粒细胞减少及免疫功能低下患者的各种感染等。

（七）包装与贮存

输液剂可采用玻璃瓶、塑料瓶、塑料软袋等容器进行盛装，通常将其置于纸盒中包装。贮存条件与具体药物性质相关。大部分输液剂置于常温或阴凉处保存即可，但对温度敏感的药物通常采用低温贮存。

（八）质量要求与评价

输液剂的质量要求与小容量注射液相同，但是输液剂对澄明度、热原、无菌的检查更为严格，输液剂中不得添加任何抑菌剂。

（1）pH：应在保证疗效和制品稳定的基础上，力求接近人体血液的 pH。

（2）渗透压摩尔浓度：除另有规定外，静脉输液应按照《中国药典》（2025年版）通则中渗透压摩尔浓度测定法检查，应符合规定。

（3）可见异物与不溶性微粒：由于肉眼只能检出 50 μm 以上的微粒，因此输液除应符合有关可见异物检查的规定外，药典还规定了注射液中不溶性微粒检查法。检查方法有显微计数法及光阻法，详见《中国药典》（2025年版）通则中不溶性微粒检查法。

（4）细菌内毒素和热原：除另有规定外，应按照《中国药典》（2025年版）通则中细菌内毒素检查法或热原检查法检查，应符合规定。

（5）无菌：应按照《中国药典》（2025年版）通则中无菌检查法检查。其结果应符合规定。

三、注射用无菌粉末

（一）定义

注射用无菌粉末（sterile powder for injection）指原料药物或与适宜辅料制成的供临用前用无菌溶液配制成注射液的无菌粉末或无菌块状物，可用适宜注射用溶剂配制后注射，也可用静脉输液配制后静脉滴注。

（二）分类

根据生产工艺的不同，注射用无菌粉末分为注射用无菌分装制品和注射用冷冻干燥制品。前者是经灭菌溶剂法、喷雾干燥法或冷冻干燥法制得的无菌药物粉末，按主药依规格确定的装量，在无菌条件下直接分装而得，常见于抗生素药品，如注射用青霉素钠、注射用氨苄西林钠、注射用头孢呋辛钠等；后者是将经无菌过滤的药液，按主药依规格确定的装量，灌装于安瓿或直管瓶中，冷冻干燥后封口或盖塞轧盖制得，常见于生物制品或不稳定的药物，如注射用辅酶 A、注射用重组人干扰素 α1b 和注射用重组人白介素 -2 等。还有将药液经无菌过滤后，置于不锈钢浅盘中，经冷冻干燥制得无菌粉末（无菌原料）后，再进行无菌分装的产品。

（三）特点

在水溶液中不稳定的药物，特别是对湿热敏感的某些抗生素（如青霉素 G、头孢霉素类等）和生物制品（胰蛋白、辅酶 A、血浆等），适于制成注射用无菌粉末供临床使用。因此该剂型可提高此类药物的稳定性。但该剂型需要在使用前用适宜溶剂溶解，复溶性能和无菌保障是其在使用过程中需要重点关注的问题。近年来也有将中药注射剂研制成粉针以提高其稳定性，如双黄连粉针、茵栀黄粉针等。

（四）组成

注射用无菌分装制品通常仅含无菌原料药，也可由无菌原料药和稳定剂组成。注射用冷冻干燥制品通常由原料药和冻干支架保护剂等附加剂组成。

(五) 制备

1. 注射用无菌分装制品 由于注射用无菌分装制品系无菌粉末分装制得，生产中无灭菌过程。因此，需严格控制生产环境、设备和直接接触药粉的包装材料和人员的无菌与洁净度，保证产品质量。无菌粉末在无菌条件下，定量分装于洗净并经高温灭菌、干燥、冷却的西林瓶或直管瓶内，然后盖上无菌干燥的胶塞、压上无菌干燥铝盖。工艺流程如图 5-9 所示。

（1）原料与包装材料的准备：无菌原料一般采用玻璃瓶或铝桶等密封保存。在传递进入无菌室分装前，应通过可靠的方法进行瓶外表面灭菌。

西林瓶或直管瓶经洗涤（纯化水洗涤→纯化水反冲→注射用水反冲→压缩空气反冲→洗涤后的西林瓶可见异物检查合格），进入隧道烘箱，于 300～350℃温度下至少灭菌与干燥 5 min（或其他可靠的灭菌干燥条件），A 级层流下冷却至 40℃及以下后进入无菌分装室备用。

胶塞经洗涤（真空吸料→纯化水粗洗→注射用水精洗→可见异物检查→排水→注射用水冲洗→洗涤后水可见异物检测或洁净胶塞可见异物检测），125℃、2.5 h（或其他可靠的灭菌干燥条件）进行灭菌干燥，检查胶塞水分应符合规定，进入无菌室备用，48 h 内使用。

铝盖经洗涤（纯化水强力喷淋粗洗→纯化水精洗→洗涤后水可见异物检查→排水→纯化水冲

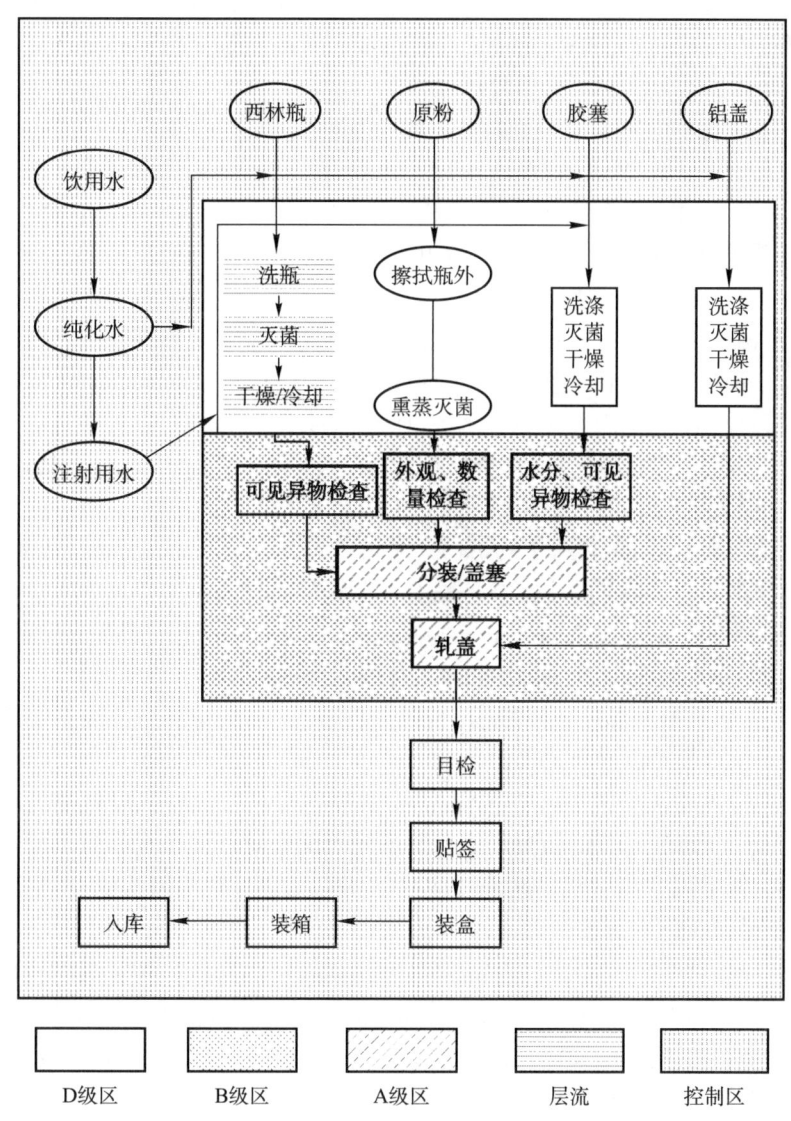

图 5-9 注射用无菌分装产品工艺流程图

洗），180℃ 1 h（或其他可靠的灭菌干燥条件）进行灭菌干燥后，进入无菌分装室备用，48 h 内使用。

（2）无菌分装：在洁净度符合要求的无菌分装室内，采用插管分装机、螺旋分装机或真空吸粉分装机，按各品种规格、原料的含量和水分，计算装量，将无菌原料分装于洗净并干燥灭菌后的西林瓶或直管瓶中，盖胶塞，轧铝盖。分装过程应注意进行装量检查，严格控制装量差异在规定的范围内。

（3）可见异物检查：分装产品轧上铝盖后进行目检。目前主要由人工对每瓶产品逐瓶仔细检查，检出裂瓶、坏盖、吸水、量多（少）、空瓶、无塞压盖、无盖、敞口、瓶身异型、瓶内有异物、黑点等不合格半成品，分类存放在废品区等待处理。将合格的半成品放入下一道工序。

（4）贴签、印字、包装

（5）检验：按国家药品标准，对产品进行全项检验，包括性状、鉴别、检查（溶液澄清度与颜色、水分或干燥失重、酸碱度、有关物质等）和含量测定以及无菌、细菌内毒素或热原、可见异物、不溶性微粒和装量差异等质量指标的检查。

2. 注射用冷冻干燥制品 冷冻干燥技术是把含有大量水分的物料预先进行降温，冻结成冰点以下的固体，在一定真空条件下使冰直接升华或加热升华，从而去除水分得到干燥产品的一种技术。注射用冷冻干燥制品可避免药品因高热而分解变质；所得产品质地疏松，加水后迅速溶解恢复药液原有的特性；含水量低，一般在1%～3%，且在真空状态下进行干燥，故产品不易氧化，有利于产品长期贮存；产品中的微粒物质比较少，因为污染机会相对少；产品剂量准确，外观优良。但在复溶时需选择合适的溶剂，某些产品在复溶时可能出现浑浊。

冷冻干燥的原理可用水的三相图（图5-10）加以说明。

图中 OA 是冰、水的平衡曲线，在此线上冰、水共存；OB 为水和水蒸气的平衡曲线，在此线上水、气共存；OC 为冰和水蒸气的平衡曲线，在此曲线上冰、气共存；O 点为冰、水、气的三相平衡点，温度为 0.009 8℃（图5-10 上 0.01℃），压力为 610.38 Pa（4.58 mmHg）。从图5-10中可以看出当压力低于 610.38 Pa 时，不管温度如何变化，水只能以固态和气态两相存在。固相（冰）受热时不经过液相直接变为气相，而气相遇冷时放热直接转变为冰。如冰在 -40℃时的饱和蒸汽压为 0.1 mmHg（13.33 Pa），若将 -40℃的冰压力降低到 0.01 mmHg（1.33 Pa），则固态的冰直接变为蒸汽。同理，将 -40℃的冰在 0.1 mmHg 时加热到 -20℃，甚至加热到 20℃时，固态的冰也直接变为蒸汽，则发生升华现象。根据平衡曲线 OC 可以看出，当压力低

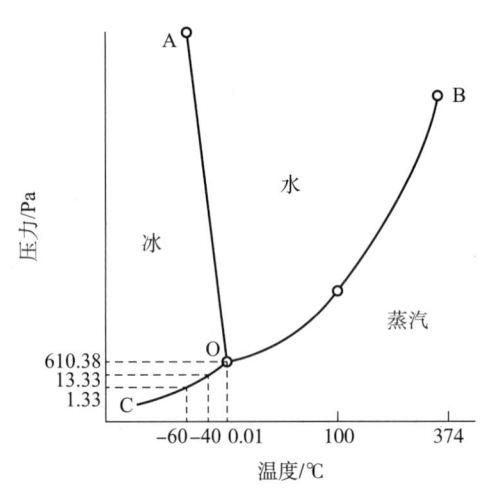

图 5-10 水的三相图

于 610.38 Pa 时，对于冰，升高温度或降低压力都可打破气、固两相平衡，使整个系统朝冰转化为气的方向进行。冷冻干燥就是根据这个原理进行的。冷冻干燥工艺流程如图5-11所示。

（1）预冻：溶液速冻时（降温 10～50℃/min），晶粒保持在显微镜下可见的大小；相反，慢冻时（1℃/min）形成的结晶肉眼可见。粗晶在升华后留下较大的空隙，可以提高冻干的效率；细晶在升华后留下的间隙较小，使下层升华受阻，速冻的成品粒子细腻，外观均匀，比表面积大，多孔结构好，溶解速度快，成品的引湿性相对较强。

药品在冻干机中预冻有两种方式：一种是制品与干燥箱同时降温，预冻温度应低于制品的低共熔点 10～20℃使其冻结，并保持 2～3 h，相当于慢冻；另一种是先将干燥箱搁板降温至 -40℃左右，再将产品溶液置于干燥箱中，使溶液速冻，并保持 2～3 h，该预冻方法介于速冻与慢冻之间，因而常被采用，可兼顾冻干效率与产品质量，形成细微冰晶，制得的产品疏松易溶，对于生物产品，极大地减少了蛋白质变性的可能性，对于酶类、活菌和活病毒的保存有利。

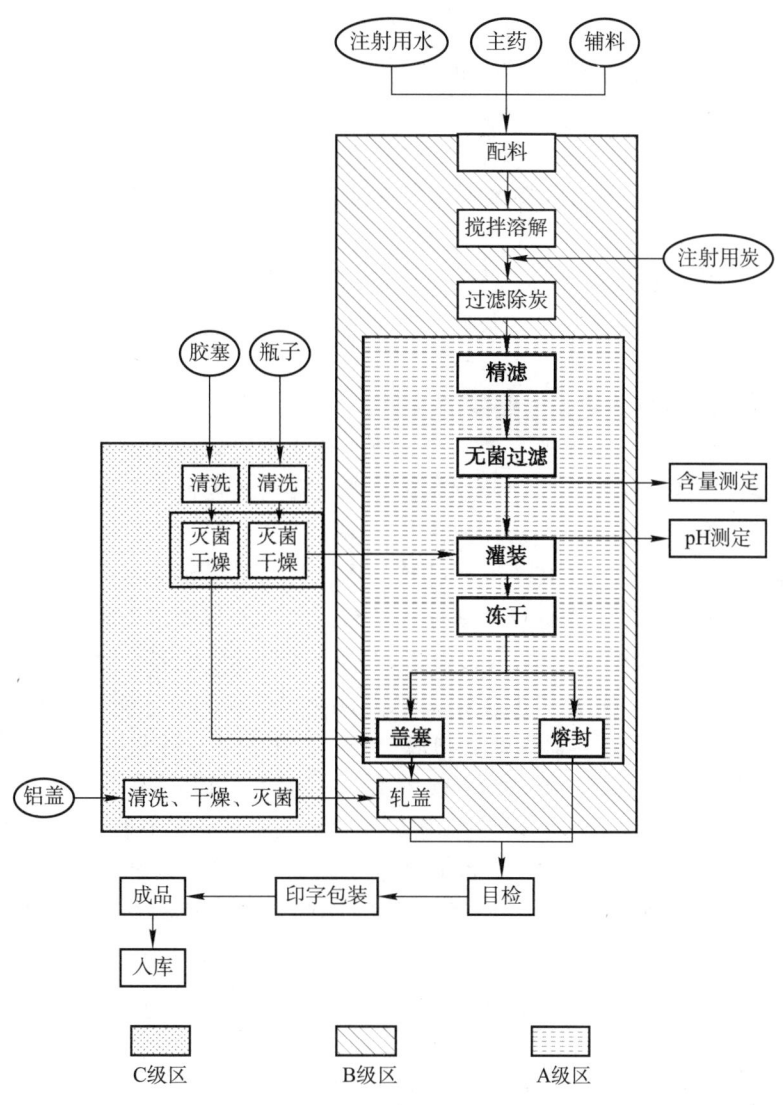

图 5-11 注射用冷冻干燥制品工艺流程图

（2）升华干燥：根据产品性质的不同，可采用一次升华法或反复预冻升华法进行干燥。

一次升华法将产品溶液在干燥箱内降温至 -40℃ 左右，保持 2~3 h。同时将冷凝器温度降至 -45℃ 以下，启动真空泵，当干燥箱内真空度达到 13.33 Pa（0.1 mmHg）以下时，关闭冷冻机，通过搁板下的加热系统缓缓加热，提供升华过程所需热量，使产品温度升高至约 -20℃，药液中的水分通过升华除去。该法适合低共熔点 -20~-10℃ 的产品，且溶液黏度较小，装量厚度在 10~15 mm。

反复预冻升华法，如果产品低共熔点低于 -25℃，可将温度降至 -45℃ 以下，然后升温至低共熔点附近，维持 30~40 min，再降温至 -40℃。如此反复，使产品结构改变，外壳由致密变为疏松，有利于水分升华。该法适合低共熔点较低，结构复杂，溶液黏度较大，难于冻干的产品，如蜂王浆等。

二次干燥升华干燥阶段完成后，为尽可能除去残余水分，需进行二次干燥。二次干燥温度根据产品性质确定，如 0℃、25℃ 等，制品在二次干燥温度保温干燥一段时间后，冻干过程结束。

（3）密封：冻干过程结束后，应立即密封。如用安瓿则熔封；如用西林瓶，则盖胶塞、轧铝盖。

（六）应用举例

例 5-9：注射用氨苄西林钠（规格：0.5 g）

装量计算：理论装量 = $\dfrac{规格}{原料含量 \times (1-水分)}$

装量控制：按《中国药典》（2025年版）通则中注射剂项下"注射用无菌粉末"装量差异规定进行控制。

直管瓶或西林瓶、胶塞和铝盖经洗净并干燥灭菌，检查中间体水分、可见异物等符合要求后，传递进入无菌分装室备用。在无菌条件下，控制无菌分装室相对湿度低于47%，按计算的理论装量，控制装量在规定的范围，分装于直管瓶或西林瓶中。

例 5-10：注射用阿莫西林钠克拉维酸钾

直管瓶或西林瓶、胶塞和铝盖经洗净并干燥灭菌，检查中间体水分、可见异物等符合要求后，传递进入无菌分装室备用。在无菌条件下，控制无菌分装室相对湿度低于30%，按计算的理论装量，控制装量在规定的范围，分装于直管瓶或西林瓶中。

注：阿莫西林钠克拉维酸钾的 CRH 低，因此，需控制无菌分装室相对湿度低于30%，以减少药粉吸潮，防止因吸潮引起的变质，并保证分装过程顺利，装量差异符合要求。

例 5-11：注射用盐酸吡硫醇（规格：0.2 g）

【处方】盐酸吡硫醇 208 g，甘露醇 100 g，注射用水加至 2 000 mL（制成 1 000 支）。

【制法】所用管制瓶、滤器、容器等器具均经洗涤、灭菌处理，备用。称取处方量盐酸吡硫醇原料加入至 4/5 的注射用水中，搅拌溶解；加入处方量的甘露醇，搅拌溶解，再加注射用水至全量；先粗滤再用 0.45 μm 微孔滤膜精滤，0.22 μm 微孔滤膜无菌过滤；进行溶液盐酸吡硫醇的含量和 pH、可见异物等中间体检验；中间体检验合格后，按计算装量，灌装于经清洗并干燥灭菌的管制瓶中；灌装后按冻干条件冻干（预冻：设定冷冻干燥机搁板温度 -50℃ 左右，开机制冷，使制品温度降至 -45℃ 以下，保持 3 h；抽真空至 20 Pa 左右，分几个阶段升温至 -10℃ 保持一定时间，升华除去大部分水分。最后搁板逐渐升温，控制在 35℃ 以下，保持一定时间，除去残余的水分）。冻干结束后，向冻干箱中通入干燥的无菌过滤氮气，盖胶塞，轧铝盖。

【注解】注射用盐酸吡硫醇主要用于治疗脑外伤、脑中毒、脑血管意外、脑炎和脑膜炎等后遗症的头晕胀痛、失眠、记忆力减退、注意力不集中、情绪变化的改善等。甘露醇作为填充剂，改善冻干剂的外观。

（七）包装与贮存

内包装材料通常由直管瓶或西林瓶、胶塞和铝盖组成。

（八）质量要求与评价

除符合各品种项下性状、鉴别、检查（溶液澄清度与颜色、水分或干燥失重、酸碱度、有关物质等）和含量测定等质量指标的相应规定，注射用无菌粉末还应按照《中国药典》（2025年版）通则注射剂项下"注射用无菌粉末"的相关要求，进行无菌、细菌内毒素或热原、可见异物、不溶性微粒和装量差异等质量指标的检查。

四、眼用液体制剂

（一）眼用液体制剂的定义

眼用液体制剂指直接用于眼部发挥治疗作用的无菌液体制剂。目前，眼用制剂中90%以上是溶液型滴眼剂和眼膏剂。主要用于局部治疗，如散瞳、缩瞳、降低眼压、抗感染等。

（二）眼用液体制剂的分类

1. 滴眼剂 指由原料药物与适宜辅料制成的供滴入眼内的无菌液体制剂。可分为溶液、混悬液或乳状液。滴眼剂虽然属于外用液体制剂，但由于眼睛的解剖生理特点及眼黏膜组织较为娇嫩，且一旦受到损伤后果严重，因而对滴眼剂的要求远高于普通外用液体制剂，尤其在pH、渗透压、无菌及有关刺激性和安全性方面的要求类似于注射剂。

2. 洗眼剂 指由原料药物制成的无菌澄明水溶液，供冲洗眼部异物或分泌液、中和外来化学物质的眼用液体制剂。

3. 眼内注射溶液 指由原料药物与适宜辅料制成的无菌液体，供眼周围组织（包括球结膜下、筋膜下及球后）或眼内注射（包括前房注射、前房冲洗、玻璃体内注射、玻璃体内灌注等）的无菌眼用液体制剂。

（三）眼用液体制剂的特点

1. 优点 与注射给药相比，眼部给药同样有效，且眼部给药方便、简单、经济，患者易于接受；经眼部吸收的药物可避免肝的首过效应；眼部组织与其他组织或器官相比，对于免疫反应不敏感，适用于蛋白质类、肽类药物，而这些药物往往口服吸收不理想。

2. 缺点 滴眼剂滴入眼部后，药液滞留于泪膜中的时间很短，大约只有5%的药物能够被吸收进入角膜。眼睛感觉很敏感，如果药物有刺激性，不仅会损伤眼组织，而且会引起流泪，使药物稀释；眼部用药流失量大，容量小，一般眼部仅有 7 μL 的容量，造成药物剂量损失；药物在眼部的停留时间较短，作用时间有限。

（四）眼用液体制剂的组成

眼用液体制剂通常由原料药物、pH 调节剂、等渗调节剂、抗氧剂、助悬剂与增黏剂、抑菌剂等稳定剂组成。

1. pH 调节剂 滴眼剂的 pH 对主药的溶解性、稳定性及眼黏膜的刺激性均有很大影响。正常人眼可耐受的 pH 为 5~9，滴眼液较适合的 pH 在 6~8。滴眼液在不影响主药稳定性的情况下，应用缓冲溶液调整适宜的 pH，以利于增加药效，减小刺激性。许多药物在适宜的 pH 范围，使离子型盐水解形成游离的盐基，尤其是生物碱的盐，在 pH≥7 时易形成游离的盐基，具脂溶性，易于透过角膜的上皮及内皮层。常用的缓冲溶液有硼酸盐缓冲液、磷酸盐缓冲液和醋酸钠缓冲液等。

2. 等渗调节剂 凡与血浆和泪液具有相同渗透压的溶液称为等渗溶液。等渗溶液的冰点为 –0.52℃；泪液渗透压约为 740 kPa，相当于 0.9% 的氯化钠溶液。眼睛能耐受的渗透压范围，一般相当于 0.6%~2% 氯化钠溶液的渗透压，实际工作中常配成相当于 0.8%~1.2% 氯化钠浓度的溶液，对眼无刺激性。一般认为，高渗的滴眼液可使外眼组织失去水分，使组织干燥而产生不适之感，但临床上也用高渗滴眼液（如 5% 氯化钠溶液）消除角膜水肿。低渗的滴眼液能使外眼组织细胞胀大而产生刺激感。因此，滴眼液应配成等渗溶液。眼用溶液最常用的等渗调节剂为氯化钠、硼酸、葡萄糖、硼砂、氯化钾、甘油等。这些等渗调节剂可以单独或合并使用，计算使用量时，应将处方中其他成分的渗透压计算在内。

3. 抗氧剂 有些滴眼剂在配制后、使用或储存期间，由于氧化作用逐渐变色、分解或析出沉淀，或使药效减弱、消失或毒性增强，这是由于易氧化药物的一些基团（如酚羟基、苯胺类等易氧化基团）在空气中的氧、金属离子、光线、温度作用下氧化变质。为了避免氧化，可加入适当的抗氧剂。常用抗氧剂如亚硫酸钠等。

4. 助悬剂与增黏剂 是一类具有黏性的亲水胶体物质。一方面它在水不溶性滴眼液中作为助悬剂以增加分散溶媒的黏度，减慢微粒的沉降速率，并可吸附在微粒表面成为阻止微粒聚集结块的屏障，从而制备混悬性滴眼液，如可的松滴眼液及咪康唑滴眼液。另一方面它又可作为增黏剂用于滴眼剂中，起到保湿作用，以及减低表面张力，增加药物在结膜囊内的滞留时间，延长药液与眼组织的接触时间，增强角膜透性，提高生物利用度，减轻药物对眼的刺激性。常用的助悬剂与增黏剂有甲基纤维素（MC）、羧甲纤维素钠（CMC-Na）、羟丙基甲基纤维素（HPMC）、聚乙烯醇（PVA）、聚维酮（PVP）等。

5. 抑菌剂 眼科常用的滴眼剂为多剂量包装（5 mL/支或8 mL/支），在使用和保存过程中有可能被泪液及空气中的微生物污染，严重影响治疗效果。因此，滴眼剂加入适量的抑菌剂，使其在使用过程中保持无菌是十分必要的。

医用抑菌剂种类繁多，适于滴眼剂应用者，需要具备下述条件：①抑菌谱广，作用迅速：能广泛地抑制及杀死细菌及真菌，特别是能迅速杀灭对眼组织损害严重的铜绿假单胞菌；②无毒，无刺激，无过敏：在常用浓度范围内，应对眼组织无毒，无刺激性，不损伤角膜上皮，不引起过敏反应；③性质稳定，可与主药配伍使用，对容器无反应。

总之，各种眼科常用抑菌剂能有效地抑制细菌和真菌，尤其是迅速杀灭对眼损害严重的铜绿假单胞菌，在保护眼用液体制剂不受污染、保证用药安全有效方面起着十分重要的作用。

（五）眼用液体制剂的制备

滴眼剂的制备工艺与注射剂基本相同，如图5-12所示。

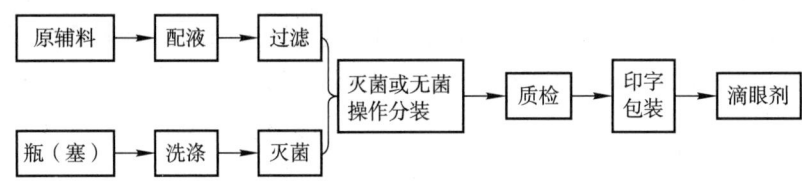

图5-12 滴眼剂制备工艺流程图

1. 配液、过滤 药物、附加剂用适量溶媒溶解，加溶媒至足量，灭菌后作半成品检查。眼用混悬液的配制：先将微粉化药物灭菌，另取表面活性剂（如吐温80）、助悬剂（如甲基纤维素、羧甲纤维素钠等）加适量灭菌蒸馏水配成黏稠液，再与主药用均质机搅匀，添加无菌蒸馏水至全量。

2. 无菌灌装 目前，生产上均采用减压灌装，将已洗净灭菌的滴眼瓶塞上大橡胶塞，小口向下，排列在一平底盘中，将盘放入真空箱内，由管道将药液从储液瓶放入盘中，稍多于实际灌装量后密闭箱门，抽气减压，瓶中空气从液面下的小口逸出，然后通入滤净的空气，恢复常压，药液即灌入滴眼瓶中，取出盘子，立即塞上小橡胶帽即可。

3. 质量检查 检查pH、可见异物、金属性异物和装量等质量指标，测定主药含量，检查无菌或微生物限度，均应符合要求。

4. 印字包装 同注射剂。

（六）应用举例

例5-12：加替沙星滴眼液（规格：15 mg/5 mL）

【处方】加替沙星3 g，0.1 mol/L盐酸10 mL，5%苯扎溴铵1 mL，氯化钠9 g，注射用水加至1 000 mL。

【制法】取加替沙星原料3 g，加入约750 mL注射用水和0.1 mol/L盐酸溶液10 mL，搅拌使溶解，加入5%（g/mL）苯扎溴铵水溶液1 mL和氯化钠9 g，搅拌使溶解，再加注射用水至近1 000 mL，用0.1 mol/L的氢氧化钠溶液调节pH至6.0左右，加水至1 000 mL，检测中间体含量，合格后用0.22 μm的微孔滤膜过滤除菌，分装，全检，包装。最终制得规格为15 mg/5 mL的0.3%（质量浓度）加替沙星滴眼液。

【注解】处方中加替沙星为主药，盐酸为pH调节剂，苯扎溴铵为防腐剂，氯化钠为等渗调节剂，注射用水为分散介质。

本品是第四代氟喹诺酮类药物，主要用于敏感菌株引起的细菌性结膜炎。

例 5-13：醋酸氢化可的松滴眼液（规格：25 mg/5 mL）

【处方】醋酸氢化可的松（微晶）0.5 g，硼酸 2 g，吐温 80 0.08 g，硝基苯汞 0.002 g，羧甲纤维素钠 0.4 g，甲基纤维素 0.1 g，注射用水加至 100 mL。

【制法】取羧甲基纤维素钠和甲基纤维素溶于约 30% 量的注射用水中，放置过夜，用布氏漏斗垫 200 目尼龙布滤过（1）。称取醋酸氢化可的松，置于特制玻璃容器中，添加适量硬质细小玻璃珠和水，密封，置旋转装置中研磨 3~6 h，用 200 目尼龙布滤过（2）。将（1）置水浴上加热，加入（2），搅匀，并于沸水浴上加热 30 min，取出放冷（A）。另取硝基苯汞溶于约 50% 量的蒸馏水中，加热至 40~50℃，再加入硼酸，搅拌使溶解，用 G3 垂熔玻璃漏斗滤过（B）。将（B）加入（A）中，再加入吐温 80，搅匀，加注射用水至总量，经 200 目尼龙布筛滤过，在搅拌下分装于小瓶内，封口，灭菌即得。

【注解】处方中醋酸氢化可的松为主药，吐温 80 为润湿剂，羧甲纤维素钠和甲基纤维素为助悬剂，硝基苯汞为防腐剂，硼酸为 pH 和等渗调节剂，注射用水为分散介质。

本品用于虹膜睫状体炎、角膜炎、虹膜炎、结膜炎等。

例 5-14：依地酸二钠洗眼剂

【处方】依地酸二钠 4 g，注射用水加至 1 000 mL。

【制法】取依地酸二钠溶于适量注射用水中，用氢氧化钠溶液（0.1 mol/L）或 0.1% 碳酸氢钠溶液调节 pH 至 7~8，加注射用水至 1 000 mL，搅匀，过滤，灌封，115℃灭菌 30 min，即得。

【注解】依地酸二钠的水溶液显酸性，pH 为 5.3，需加碱调节至规定 pH。本品在配制和储存过程中禁止与金属器皿接触。

本品能络合多种金属离子，用于治疗石灰烧伤，角膜钙质沉着和角膜变性等。

例 5-15：两性霉素 B 注射液

【处方】注射用两性霉素 B 0.02 g，葡萄糖 5 g，注射用水加至 100 mL。

【制法】取葡萄糖溶于适量的注射用水中，滤过，加水至全量，115℃、30 min 灭菌，备用。无菌操作，加两性霉素 B，摇匀，灌封即得。

【注解】处方中注射用两性霉素 B 为主药，葡萄糖为等渗调节剂，注射用水为溶剂。本品为淡黄色澄明溶液；pH 应为 6.0~7.0，规格为每支 0.1 mg/0.5 mL，应遮光、密闭、冷处保存。

本品用于治疗各种真菌性角膜溃疡。结膜下注射，每次 0.5 mL，每日 1 次或遵医嘱。本品结膜注射有刺激性。

（七）包装与贮存

目前用于眼用液体制剂的包装材料主要有玻璃、橡胶和塑料。中性玻璃瓶贮存药液稳定，配有滴管并封以铝盖的小瓶可使滴眼剂长时间保存，配以橡胶帽塞的滴眼瓶简便实用。玻璃瓶质量要求与输液瓶相同，遇光不稳定者，可选用棕色瓶。塑料瓶包装价廉，不碎，轻便，也常应用，应选用无毒塑料瓶。塑料会吸附主药和抑菌剂，塑料中的增塑剂或其他成分也会溶入药液，使药液不纯。通常将玻璃、橡胶、塑料放入纸盒中进行外包装。贮存条件因药物性质而异，通常常温或阴凉下即可，但对温度敏感的药物需要低温贮存。

（八）质量要求与评价

眼用液体制剂在无菌、可见异物、金属性异物、pH、渗透压摩尔浓度、黏度、稳定性等方面，应符合下列质量要求：

1. 无菌 除另有规定外，按照《中国药典》（2025 年版）通则中无菌检查法检查，应符合规定。

眼内注射溶液、供外科手术用和急救用的眼用制剂，均不得加抑菌剂或抗氧剂或不适当的附加剂，且应采用一次性使用包装。一般滴眼剂（即用于无眼外伤的滴眼剂）要求无致病菌（不得检出铜绿假单胞菌和金黄色葡萄球菌)。滴眼剂是一种多剂量剂型,患者在多次使用时,很易染菌,所以要加抑菌剂,于下次再用之前恢复无菌。因此一般滴眼剂的抑菌剂要求迅速起作用(即在 1~2 h 内达到无菌)。

2. 可见异物　玻璃等可见异物可能对眼造成刺激或损伤。除另有规定外,滴眼剂按照《中国药典》(2025 年版)通则中可见异物检查法中滴眼剂项下的方法检查,应符合规定;眼内注射溶液按照《中国药典》(2025 年版)通则中可见异物检查法中注射液项下的方法检查,应符合规定。

3. pH　pH 对滴眼剂有重要影响,由于 pH 不当而引起的刺激性,可增加泪液的分泌,导致药物迅速流失,甚至损伤角膜。正常眼睛可耐受的 pH 范围为 5.0~9.0,pH 6~8 时无不适感觉,小于 5.0 或大于 11.4 有明显的刺激性。滴眼剂的 pH 调节应兼顾药物的溶解度、稳定性、刺激性的要求,同时也应考虑 pH 对药物吸收及药效的影响。

4. 渗透压摩尔浓度　除另有规定外,应与泪液等渗。眼球能耐受的渗透压范围相当于 0.5%~1.2% 的氯化钠溶液,超过 2% 就会有明显不适。低渗溶液应该用合适的调节剂调成等渗,如氯化钠、硼酸、硝酸钾、葡萄糖等。

5. 黏度　滴眼剂的黏度适当增大可使药物在眼内停留时间延长,从而增强药物的作用,同时黏度增加后减少刺激作用,也能增加药效。适宜黏度为 4.0~5.0 mPa·s。

6. 稳定性　很多眼用药物(如毒扁豆碱、后马托品、乙基吗啡等)是不稳定的,如一些酯类化合物易水解而失活,往往与 pH 有关,有些药物溶液的稳定性差,则可制成眼用混悬剂使用。在设计滴眼剂的处方时,在保持药物有效性的前提下,应尽可能满足药物稳定所需的条件。

7. 其他　粒度、沉降体积比、装量和装量差异等质量指标均应符合规定。

五、其他无菌制剂

(一)体内植入制剂

自 1937 年 Parkes 和 Deansby 首次将雌激素结晶制成小丸植入动物皮下以来,植入给药系统(implantable drug delivery system,IDDS)的研究取得了长足的发展。IDDS 系一类经手术植入皮下或经针头导入皮下的控制释药制剂。植入剂为一种无菌固体制剂,由药物和赋形剂经熔融、热压、辐射等方法制成。具有定位给药、减少用药次数、给药剂量小,长效恒释作用及可采用立体定位技术等优点,它适用于半衰期短、代谢快,尤其是不能口服的药物。植入剂已从最初的避孕植入扩展到肿瘤、糖尿病、心血管疾病、眼部疾病、结核、骨髓炎等多种治疗领域。目前,研究中的 IDDS 主要有以下三大类。

1. 植入泵　植入泵是具有微型泵的植入剂,依靠泵内外的压力差,按照设计好的速率自动缓慢地释放药物。根据药物在泵中的释放动力学不同,可分为输注泵、渗透泵、蠕动泵等。早在 20 世纪 80 年代,胰岛素灌输式植入泵就被应用于糖尿病的治疗。

2. 高分子聚合物植入系统　高分子聚合物植入系统是目前研究最多的一类 IDDS,主要利用高分子骨架或高分子膜材控制药物释放。根据所选用的高分子聚合物又可以分为不可降解型和可降解型。

不可降解型高分子聚合物的 IDDS,早期应用于避孕药物左炔诺孕酮的植入剂,商品名为 Norplant。以硅橡胶为载体制备释药管和骨架包膜型,可埋植于妇女的上臂内侧,能有效维持避孕效果达 5 年之久,其结构复杂、需要手术取出。

不可降解型高分子聚合物聚甲基丙烯酸甲酯(PMMA)制备而成的 IDDS,具有可塑性强、机械强度好、很少引起宿主免疫反应等优点,广泛应用于骨科疾病治疗,称为骨水泥。将其制成微球后可携带多种药物。

可降解型高分子聚合物的 IDDS,植入体内后随着聚合物的降解持续释放药物,无须二次手术取出，易被患者接受。可降解型注射式 IDDS，一般应用可生物降解的材料或高分子聚合物制成一定的药物载体后注射入体内，无须手术植入和手术取出。常用的高分子聚合物有聚乳酸，聚羟基乙酸-乳酸共聚物，聚天冬氨酸等，常用的药物载体包括乳剂、脂质体、微球和纳米粒等。

3. 可降解型注射式原位 IDDS 注射式原位 IDDS 能较好地解决注射式 IDDS 药物载体带来的问题。一般说来，原位植入剂以溶液状态注射入体内后，由于溶液进入给药部位后其生理环境的 pH、离子强度、温度等条件改变了植入剂中高分子溶液的状态，并立即在用药部位——原位（in situ）发生相转变，形成半固体凝胶，并通过其降解过程长期稳定控制药物释放。常用的高分子材料有泊洛沙姆、邻苯二甲酸醋酸纤维素、丙烯酸树脂、海藻酸钠、透明质酸等。

理想的植入给药系统应该是在体内可蚀解，无过敏或致癌作用，无血药浓度的波动，易于植入或取出，最为关键的是植入物应可置于特定的靶部位并以既定的速率持续释药而产生疗效。但是，植入制剂作为一种长效制剂也存在一些缺点，如需手术植入给药，患者不能自主给药，且植入剂的存在可能引起疼痛及不适感，影响了患者的顺应性。因此，在未来应积极开发患者顺应性高的新型植入剂型，寻找生物相容性好、无毒、无不良反应的生物可降解载体，可能会有更广阔的前景。

（二）手术用制剂

1. 止血海绵 海绵剂（spongia）指亲水性胶体溶液，经冷冻或其他方法处理后制得的质轻、疏松、坚韧而又具有极强的吸湿性能的海绵状固体灭菌制剂，海绵剂的原料有糖类和蛋白质，如淀粉、明胶、纤维、蛋白等。海绵剂主要用于外伤止血，故属于灭菌制剂范畴。

2. 骨蜡 骨蜡（bone wax）为骨科止血剂，用于骨科手术及脑手术时的骨出血。在无菌状况下密封保存于玻璃瓶或铁盒中。使用时，用 75% 乙醇及生理盐水冲洗出血部位，加热软化本品，涂于骨上渗血处。

（王珂、邓黎）

更多数字资源详见　新形态教材网

| 学习目标 | 思维导图 | 思政元素 | 案例讨论 | 动画 |
| 微视频 | 拓展阅读 | 本章小结 | 自测题 | 教学课件 |

第六章 固体制剂及其技术

编者导学

章节导航
第一节 概述
第二节 固体制剂单元操作技术
第三节 固体制剂各论

与其他药物剂型相比,固体制剂具有性质稳定、种类丰富、用药方式灵活、研发成本低等诸多优势,因此常作为患者用药和新药开发的首选剂型。本章首先介绍固体制剂的基本概况,包括固体制剂的定义、特点、制备工艺和口服后的体内吸收过程;然后按照固体制剂的制备工艺流程,详述其制备的单元操作技术,包括原辅料的粉碎、筛分、混合,以及制粒、干燥和压片等。在此基础上,介绍各种类型的固体制剂,以及这些剂型的特点、制备所需的辅料、制备工艺和质量控制与评价方法等。

第一节 概 述

一、固体制剂的定义和特点

固体制剂(solid preparation)指外观形态为固体的一类制剂,是药物剂型按物理形态分类的一种。主要包括散剂、丸剂、颗粒剂、片剂、胶囊剂、膜剂和干粉吸入剂等。其中,散剂、颗粒剂、片剂、胶囊剂等普通固体制剂,具有以下共同特点:①与液体制剂相比,固体制剂以固态形式存在,药物分散程度小,因此物理、化学稳定性好;②药物制备的前处理过程需经历相同的单元操作,如粉碎、过筛、混合等,以确保药物与辅料混合均匀和药物剂量的准确性;③药物在体内先溶解后才能透过生物膜,被吸收进入血液循环中;④生产制备的机械化程度高、成本低,包装、运输、贮存方便;⑤携带方便,服用时不需要分剂量工具,因此方便患者服用,而且分剂量准确;⑥种类较多,可选择不同类型的固体制剂调节药物的释放速度,满足不同的临床需要,如片剂中的速效制剂(分散片)、长效制剂(缓释片)等。

目前,固体制剂以其独特的优势,成为新药开发和患者用药的首选剂型,常用于口服给药,起全身作用;也可以局部用药,起局部作用。本章主要介绍散剂、颗粒剂、胶囊剂、片剂、滴丸剂、微丸、膜剂和栓剂等固体制剂,内容包括这些剂型的特点、制备所需的辅料、制备工艺和质量控制与评价方法等。

二、固体剂型的制备工艺

固体剂型的主要制备工艺如图 6-1 所示。首先将药物进行粉碎和过筛，若将过筛后的药物粉体与辅料直接混匀后分装，即可制得散剂；若将混匀后的物料经过制粒机制备成颗粒，再进行干燥后分装，便制得颗粒剂；若将制得的颗粒或混匀的物料经过压片机压制，即制得片剂；若将混匀后的物料或制得的颗粒充填在空心胶囊内，即可得到胶囊剂。对于固体剂型的制备来说，粉碎、过筛和混合是大多数固体剂型共同的单元操作，也是保证物料含量均匀度的主要环节。

在固体剂型的制备过程中，粉体是各种固体剂型的起始物料。首先需要对原辅料进行粉碎、过筛和混合等处理，以改善粉体性质，使之满足工艺操作和制剂加工的要求，所以粉体的各方面性质如粒子大小、粒度分布、比表面积和流动性等，在固体剂型中占有较为重要的地位。粉体学以研究粉体的性质和应用为主要内容，因此，粉体学可以为固体剂型提供处方设计、制备工艺等方面的理论依据和试验方法，成为固体剂型的基础理论。

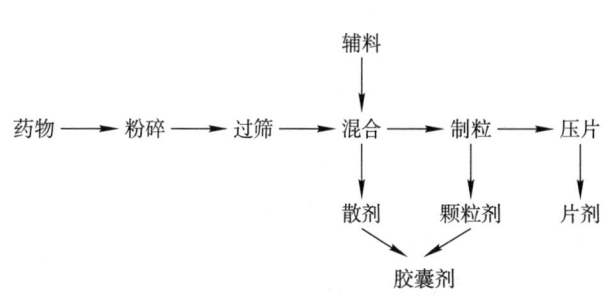

图 6-1　固体剂型的制备工艺流程

三、口服固体剂型的体内吸收过程

固体剂型的主要给药途径是口服，各种固体剂型有着共同的吸收过程，主要包括药物的溶出和吸收两个阶段。片剂、丸剂和胶囊剂等固体剂型口服进入人体后，首先是药物崩解成细颗粒状，然后药物分子从颗粒中溶出，并溶解于胃肠液中，通过胃肠黏膜吸收进入血液循环；对于颗粒剂和散剂，口服后没有崩解过程，迅速分散后具有较大的比表面积，因此，药物的溶出、吸收和起效较快。固体剂型的崩解、溶出和吸收过程如图 6-2 所示。

由图 6-2 可见，固体剂型中药物的溶出速率可影响药物的吸收速度、起效快慢、作用强度和疗效。尤其对于一些难溶性药物来说，药物的溶出过程将成为其吸收的限速过程。影响药物从固体剂型中溶出的因素可以用 Noyes-Whitney 溶出速率方程描述：假设固体药物的浓度为饱和浓度 C_s，溶液主体中的药物浓度为 C，药物从固体表面通过边界层（boundary layer）扩散进入溶液主体，此时药物的溶出速度（dC/dt）为：

$$\frac{dC}{dt} = KS(C_s - C) \tag{6-1}$$

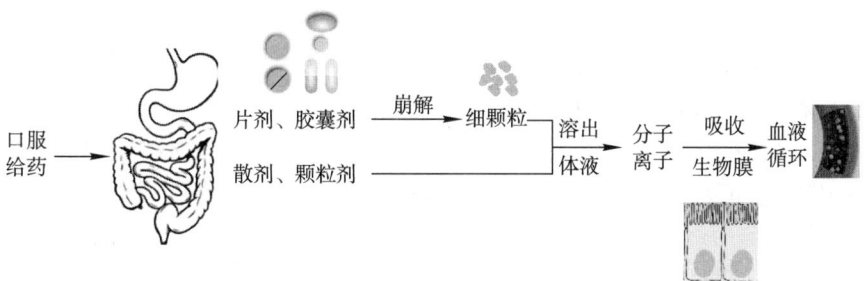

图 6-2　固体制剂在体内的崩解、溶出和吸收过程

$$K = \frac{D}{V\delta} \quad (6\text{-}2)$$

式中，K 为溶出速度常数，D 为药物的扩散系数，S 为溶出界面积，C_s 为固体表面形成的饱和溶液的浓度，即固体药物的溶解度，C 为时间 t 时药物在主体溶液中的浓度，δ 为扩散层的厚度；V 为溶出介质的体积。

$C_s - C$ 是扩散层与溶液中的药物浓度差。在受溶出速度限制的吸收过程中，由于溶解后的药物立即被吸收，即为漏槽状态（sink condition）。因此药物浓度 C 可以认为接近于零，即 $C_s > C$，所以又可改写为：

$$\frac{dC}{dt} = KSC_s \quad (6\text{-}3)$$

式（6-3）表明，药物的溶出速度与 K（药物的溶出速度常数）、S（即药物粒子的表面积）和 C_s（即药物的溶解度）成正比。其中，药物的溶出速度常数 K 又与药物的扩散系数 D 成正比，与扩散层厚度 δ 成反比。故可采取以下措施改善药物的溶出速度：增大药物的溶出面积 S，如通过微粉化技术减小药物粒径，以加快固体药物的溶出速度。药物粒子越小，与体液的接触面积越大，药物的溶解速度就会越快；增大药物溶出速度常数 K，如通过加快搅拌速度降低扩散层厚度 δ 或提高药物的扩散系数 D；提高药物的溶解度，可通过干热、熔融、粉碎、改变结晶条件、将药物混悬在水中等措施，以改变药物的晶型，使药物晶型由稳定型转变为亚稳定型，从而提高药物的溶解度和溶出速度。也可以通过制成固体分散体、包合物、加入增溶剂等方法提高药物的溶解度。

固体剂型的溶出速度不及液体剂型，同一药物制成不同种类的固体剂型时，药物的溶出速度也不同。散剂和颗粒剂因无须崩解，吸收速度比胶囊剂和片剂快。一般情况下，口服固体制剂溶出和吸收的快慢顺序依次是：散剂 > 颗粒剂 > 胶囊剂 > 片剂 > 丸剂。

第二节 固体制剂单元操作技术

一、粉碎

（一）粉碎目的与意义

粉碎（porphyrization）固体药物的粉碎指借助机械力或其他方法，将大块物料破碎或碾磨成一定程度的碎块、细粉或超细粉的过程。按排料粒径的大小，可将粉碎分为破碎和粉磨，一般将排料粒径大于 3 mm 的含量占总排料量 50% 以上者称为破碎；小于 3 mm 的含量占总排料量 50% 以上者称为粉磨。

粉碎目的主要是减小物料的粒径，增加比表面积。粒径减小的程度通常用粉碎度或粉碎比表示，通常把粉碎前粒度 D_1 与粉碎后粒度 D_2 之比称为粉碎度或粉碎比（n），如式（6-4）所示。

$$n = \frac{D_1}{D_2} \quad (6\text{-}4)$$

粉碎后颗粒的总表面积、颗粒的数量都和粉碎度有关。当颗粒形状一定时，粉碎度越大，则粉碎后颗粒就越小，颗粒的数量和表面积也就越大。如把边长为 1 mm 的 1 个立方体颗粒，粉碎为边长为 10 μm 的小正方体，则粉碎度 $n = 100$，粉碎后颗粒的数量为 100^3 个，粉碎后表面积由原来的 6 mm² 增加到 $10^2 \times 6 \times 100^3$（μm²）$= 6 \times 100$（mm²）。即粉碎后的数量是 $1 \times n^3$，粉碎后颗粒的总表面积为原来的 n 倍。

在制药工业中，粉碎操作对于制剂过程的意义在于：①将原料粉碎有利于固体药物的溶解和吸收，可以提高难溶性药物的溶出度和生物利用度；②物料的混合度与各成分的粒径有关，粉碎后物料粒径小，有助于片剂、胶囊剂制备时各成分的均匀混合；③粉碎有利于提高固体药物在混悬液的分散性和稳定性；④粉碎有助于加速从天然药物中提取有效成分；⑤粉碎适应多种给药途径，如提高软膏剂的细腻程度和流变性、提高粉雾剂的吸入效果等。

虽然粉碎可以提高药物制剂的质量，但必须注意粉碎过程可能给药物带来的不良影响，如热分解、爆炸、晶型转变、黏附与凝聚性增加、润湿性降低及因密度减小而导致的粉尘飞扬等。

（二）粉碎原理

粉碎过程主要是借助外加作用力破坏物质分子间的内聚力。被粉碎的物料受外力作用后，在局部产生很大的应力或形变，开始表现为弹性变形，当应力超过物质的屈服力时，物料发生塑性变形，当应力超过物料本身的分子间力即产生裂隙，并进一步发展为裂缝，最后破碎或开裂。被粉碎物料迅速恢复变形时，以热能形式释放能量，所以物料的粉碎操作经常伴随温度上升。

粉碎常用的外加力有冲击力（impact）、研磨力（rubbing）、剪切力（cutting）、压缩力（compression）、弯曲力（bending）等。因此被粉碎物料的性质和要求粉碎的程度不同时，所需施加的外力也不同。冲击力、研磨力和压缩力对脆性物料有效；纤维状物料用剪切力更有效；粗碎以冲击力和压缩力为主，细碎以剪切力、研磨力为主；若要求粉碎产物能产生自由流动时，用研磨法较好。实际上多数粉碎过程是上述几种力综合作用的结果。

（三）粉碎的能量消耗

物料被粉碎后表面积增大，因此粉碎实际上是机械能转变为表面能的过程，这种能量转换是否完全，直接影响到粉碎效率。粉碎过程消耗的能量，除了用于新增加的表面能外，还有很多无效能耗，包括粉碎产生的热能、机械振动、噪声以及粉末粒子的变形和移动、粒子与粒子之间的摩擦、粒子与器壁之间的摩擦等。因此，粉碎时能量消耗比较大，但能量利用率非常低，用于产生新表面能的能量还不到总消耗能量的1%，如何提高粉碎效率已成为研究粉碎过程的主攻方向之一。

虽然粉碎过程受物料的物性、形状、大小、设备、作用力和操作方式等多种复杂因素的影响，其能量消耗很难用精确的计算公式来表示，但也有一些科学家提出过不少经验理论和计算公式，现介绍如下。

（1）Rittinger法则（面积学说）：由德国学者雷廷格（P. Rittinger）于1867年提出，他主张"粉碎所需的能量与表面积的增加成正比"，该学说比较适用于脆性物料粉碎成较细粉末的阶段。

（2）Kick法则（体积学说）：1874年俄国的吉尔皮切夫、1885年F. Kick两位学者先后独立提出了体积学说，该学说主张"粉碎所需的能量与粒子体积的减少成正比"。因为粗碎时体积的变化较为显著，因此该学说适用于数毫米至数十毫米粒度的粗碎。

（3）Bond法则（裂缝学说）：由美国学者邦德（F. C. Bond）在1952年提出，主张"粉碎所需要的能量与颗粒中裂缝的长度成正比，或者与粒径的平方根成反比"。该学说介于面积学说和体积学说之间，适用于中等粗细的粉碎。

为了便于应用，还提出了功指数（work index）这一参数。功指数表示不同物料磨细到一定粒度时所需的外加能量，其定义为单位重量的物料从无限大的尺寸磨细到80%通过孔径为100 μm时所需要的功。功指数可在一定程度上表示物料粉碎的难易程度，功指数小的物料可碎性或可磨性较高。通过实验测定可求得功指数，进而可比较粉碎操作的效率。

以上理论说明，对于整个粉碎过程而言，不同的粉碎阶段有不同的能量消耗规律。粉碎开始阶段，由于体积的减少更为显著，因此遵循Kick法则；而粉碎的最终阶段，即细碎过程中表面积的增加更为突出，因此遵循Rittinger法则；中间阶段则遵循Bond法则。

（四）粉碎方法

粉碎方法可以根据粉碎时物料的状态、组成、环境条件、分散方法等不同，分为干法粉碎、湿法粉碎、单独粉碎、混合粉碎、低温粉碎等；也可以根据被粉碎物料的性质、产品的粒度要求以及粉碎设备的不同，大生产采用不同的粉碎方式，如闭塞粉碎与自由粉碎、开路粉碎与循环粉碎等。无论采用何种粉碎方法，粉碎时应遵循以下原则：①粉碎时应保证药物的组成和药理作用不变；②不宜过度粉碎，以减少药物损失和能源消耗；③为避免有效成分损失，粉碎中草药时应将药用部位全部粉碎，不随意丢弃难粉碎的叶脉或纤维；④粉碎有毒或刺激性强的药物时，应注意安全和劳动防护。

1. 闭塞粉碎与自由粉碎

（1）闭塞粉碎：是指已达到粉碎要求的粉末不能及时排出，而继续和粗粒一起重复粉碎。此时粉末成了粉碎过程的缓冲物或"软垫"，影响粉碎效果，能量消耗比较大，常用于小规模的间歇操作。

（2）自由粉碎：是指已达到粉碎粒度要求的粉末能及时排出，而不影响粗粒的继续粉碎。这种粉碎效率高，常用于连续操作。

2. 开路粉碎与循环粉碎

（1）开路粉碎：是指连续把物料供给粉碎机，同时不断地从粉碎机中取出已粉碎的细物料。开路粉碎时物料只通过设备一次，适合于粗碎或粒度要求不高的粉碎。

（2）循环粉碎：是物料通过设备至少两次，粉碎过的物料通过筛子或分级设备使粗颗粒重新返回到粉碎机反复粉碎。本法操作的动力消耗相对低，粒度分布窄，适合于粒度要求比较高的粉碎。

3. 干法粉碎与湿法粉碎

（1）干法粉碎：是将药物干燥到一定程度（一般是使水分小于5%）后粉碎的方法，在药品生产中多采用干法粉碎。

（2）湿法粉碎：是指在药物粉末中加入适量的水或其他液体再研磨粉碎的方法。由于液体对物料有一定渗透力和劈裂作用，这样的"加液研磨法"可以降低药物粉末之间的相互吸附与聚集，降低能量消耗，提高粉碎的效率。湿法操作可避免操作时粉尘飞扬，减轻某些有毒药物或刺激性药物对人体的危害。

4. 单独粉碎与混合粉碎

（1）单独粉碎：是指将一种药物单独进行粉碎的操作，此法可以按粉碎物料的性质选取合适的粉碎设备，避免了粉碎时因物料损耗而引起含量不准确的现象。大多数药物通常采用单独粉碎，这样有利于在不同的复方制剂中配伍应用；某些特殊性质的药物，如氧化性或还原性药物必须单独粉碎，以防引起爆炸；贵重药物和刺激性药物为了减少损耗以及安全起见，也应单独粉碎。

（2）混合粉碎：是指两种或两种以上物料同时粉碎的操作。混合粉碎适用的情况如下：①当处方中某些药物的性质及硬度相似时，采用混合粉碎可使粉碎与混合同时进行，节约成本；②当处方中含有黏性强的成分，如熟地黄、桂圆肉、天冬、麦冬等，或含油量大的成分，如杏仁、桃仁、苏子等，也应采取混合粉碎，以避免一些黏性物料或热塑性物料在单独粉碎时黏壁或出现物料间的聚结现象；③若混合粉碎的药物中含有共熔成分，如薄荷脑、樟脑等，可能发生液化或潮解，此时能否混合粉碎取决于制剂的具体要求。

5. 低温粉碎 低温粉碎是利用物料在低温时脆性增加、韧性与延伸性降低的性质，提高粉碎效果。低温粉碎适合于以下情况：①常温下不易破碎的物料，如蛇、鳖、树脂、树胶、干浸膏等；②热敏性物料，采用低温粉碎可以防止粉碎时物料变性；③低温粉碎有利于保存物料中的香气及挥发性有效成分，同时可获得更细的粉末。

低温粉碎通常有两种方法：①将物料投入到内部保持低温的粉碎机中进行粉碎；②将物料经干冰、液氮或液化天然气等冷媒处理后，使其温度降到玻璃化温度以下，随即送入常温或较低温度的机械中进行粉碎。

（五）粉碎设备

粉碎设备有很多种类型，应根据粉碎粒度要求和目的选择适宜的设备。

1. **研钵** 研钵（mortar）一般由陶瓷、玻璃、玛瑙、铁或铜等材质制成，但以陶瓷和玻璃研钵最为常用。主要用于小剂量药物的粉碎，如图 6-3 所示。

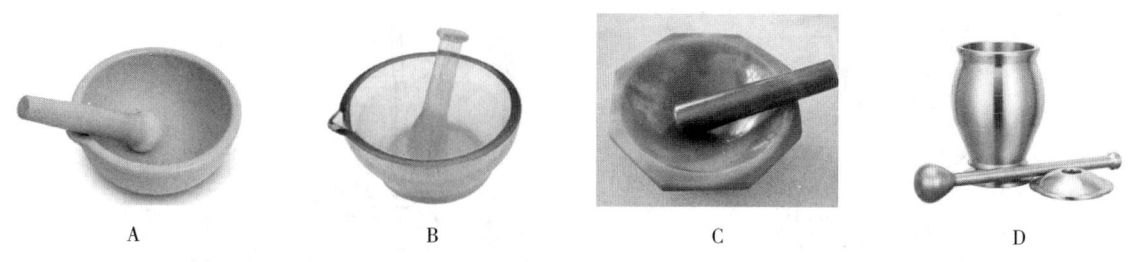

图 6-3 各种材质的研钵
A. 陶瓷；B. 玻璃；C. 玛瑙；D. 铜质

2. **球磨机** 球磨机（ball mill）如图 6-4 所示，由水平放置的圆筒（或叫球磨罐）和内装有一定数量的钢、瓷或玻璃圆球所组成。当圆筒转动时带动内装球上升，球上升到一定高度后，由于重力作用而下落，靠球的上下运动使物料受到强烈撞击力和研磨力而被粉碎。由于球磨机粉碎效率高、密闭性好、粉尘少，所以适应范围很广，适合于干法粉碎、湿法粉碎、剧毒药品、贵重药品、挥发性药品、吸湿性或刺激性强的药品粉碎，也可对易氧化药品在充入惰性气体条件下进行粉碎，以及在无菌条件下粉碎眼用、注射用药物；对于结晶性药物、硬而脆的药物，球磨机的粉碎效果尤佳，一般均能获得可过 200 目筛的极细粉。

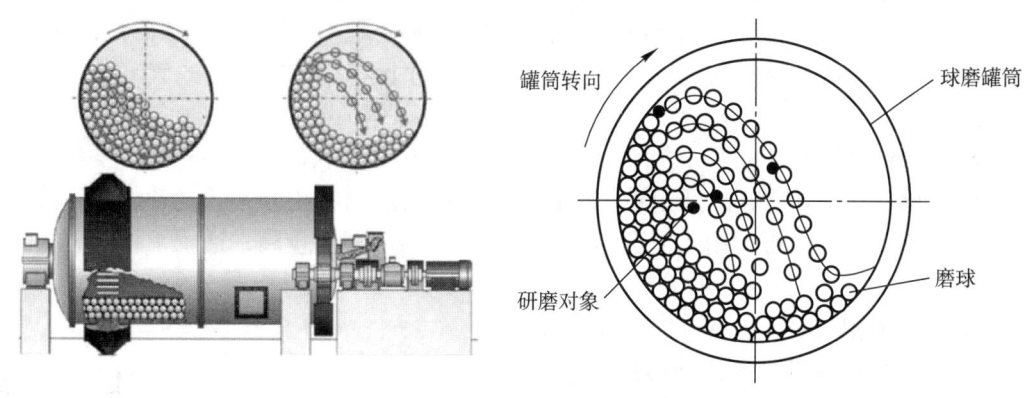

图 6-4 普通球磨机工作原理

3. **冲击式粉碎机** 冲击式粉碎机（impact crusher）对物料的作用力以冲击力为主，适用于脆性、韧性物料以及中碎、细碎、超细碎等，应用广泛，因此具有"万能粉碎机"之称。其典型结构有锤击式（图 6-5a）和冲击柱式（图 6-5b）。如图 6-5 所示。在高速旋转的转盘上固定有若干圈冲击柱，与转盘相对应的另一固定盖上也固定有若干圈冲击柱。使用时，先开动机器空转，转速稳定后从加料斗加入物料，并由固定板中心轴向进入粉碎室，由于两盘冲击柱的高速旋转，产生的离心作用使物料从中心部位甩向外壁而受到冲击柱的冲击，而且冲击力越来越大（因转盘外圈线速大于内圈线速），最后物料达到转盘外壁环状空间，细粒由底部的筛孔出料，粗粒在机内重复粉碎。粉碎程度与盘上固定的冲击柱的排列方式有关。

4. **气流式粉碎机** 气流式粉碎机（jet mill）亦称为流能磨（fluid energy mill），它的粉碎动力来源于高速气流，常用于物料的微粉碎，因而具有"微粉机"之称。气流式粉碎系利用高压流体通过喷嘴沿切线进入粉碎室，使药物颗粒之间或颗粒与室壁间相互强烈碰撞而产生粉碎作用。流体可以是空

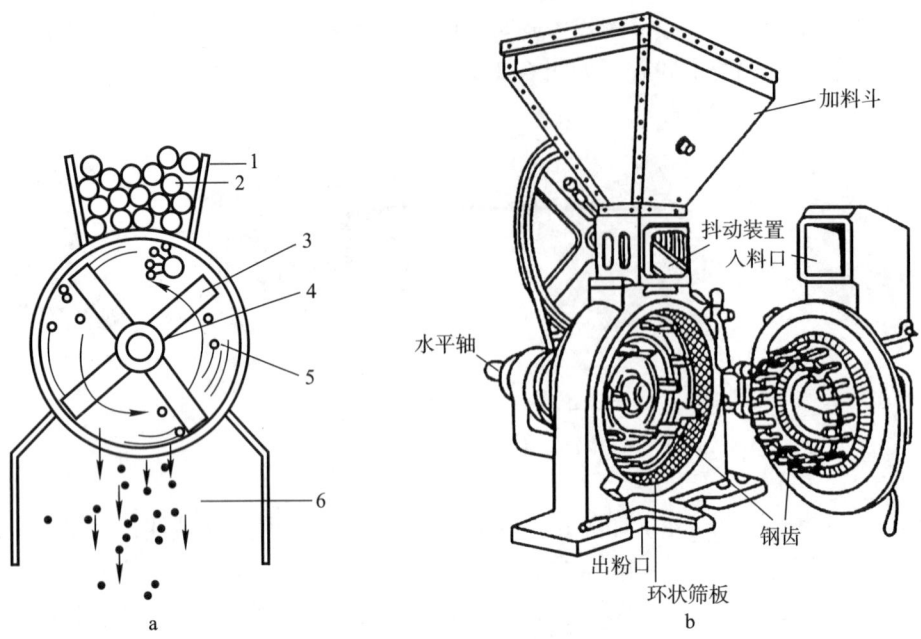

图 6-5 冲击式粉碎机的工作原理
a. 锤击式粉碎机（1-料斗；2-原料；3-锤头；4-旋转轴；5-未过筛颗粒；6-过筛颗粒）；
b. 冲击柱式粉碎机

气、蒸气或惰性气体，速度可达音速或超音速。根据气流粉碎机结构或工作方式不同，可将其分为：水平圆盘式（扁平式）、循环管式、单喷式（又称靶式）、对喷式、汇聚式气流粉碎机，其中单喷式、对喷式和汇聚式气流粉碎机又称流化床式气流粉碎机。水平圆盘式和循环管式气流粉碎机的结构如图 6-6 所示。

气流粉碎机的粉碎特点是：①可进行粒度为 3～20 μm 的超微粉碎；②由于高压空气从喷嘴喷出时产生焦耳—汤姆逊冷却效应，故适用于热敏性物料和低熔点物料粉碎；③设备简单，易于对机器及压缩空气进行无菌处理，可适用于无菌粉末的粉碎；④粉碎费用较高，适用于粉碎药物的粒度要求高。

5. 胶体磨 胶体磨（colloid mill），其基本原理是流体或半流体物料通过高速转动的圆盘（与外壳间就有极小的空隙，可以调节至 5 μm 左右），物料在空隙间受到极大的剪切和摩擦，同时在高频振动、高速涡旋等作用下，有效地分散、浮化、粉碎和均质，从而得到极小粒径的颗粒，胶体磨的工作原理如图 6-7 所示。胶体磨的操作有干法和湿法两种，一般应用湿法，湿法胶体磨不仅适用于细粉的磨碎，还可用于各种悬浮液的制备和混合，常用于制备混悬液和乳剂等。

6. 滚压粉碎机 滚压粉碎机常用于半固体分散系的粉碎，如软膏、栓剂等基质中物料的粉碎等。使物料通过两个相对旋转的压轮之间的缝隙，物料受压缩力与剪切力的作用而被粉碎。提高两个压轮的转速差可获得较高的剪切力。物料通过

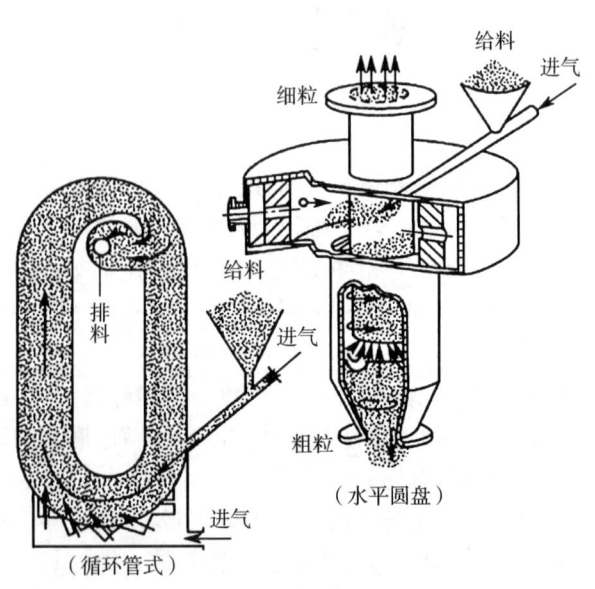

图 6-6 气流式粉碎机的工作原理

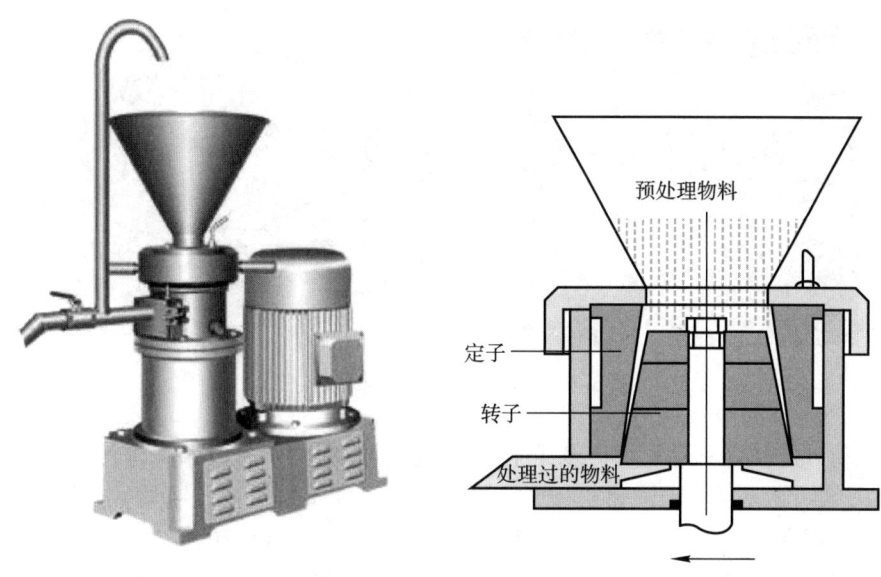

图 6-7　胶体磨的工作原理

压轮的速度与物料的塑性有关，物料为稀糊状时粉碎作用与胶体磨相同。

不同类型的粉碎机适用于不同的物料，可根据物料的性质和不同的粉碎产品要求，选择适宜类型的粉碎机，表 6-1 列出了常用粉碎机的性能。

表 6-1　常用粉碎机的性能

类型	粉碎作用力	粉碎后粒径 /μm	适用范围
球磨机	研磨力和冲击力	20～200	可研磨性物料
冲击式粉碎机	冲击力	4～325	大部分制药物料
气流式粉碎机	撞击力和研磨力	1～30	适当硬度和脆性物料
胶体磨	研磨力	20～200	软性纤维状物料
滚压粉碎机	压缩力和剪切力	20～200	软性粉体

二、筛分

（一）筛分

筛分（sieving）是将粉体通过一种网孔型的工具，使粗粉与细粉分离的操作过程，又称为过筛。筛分操作简单、经济而且分级精度较高，是医药工业中应用最为广泛的粒子分级操作方法。

筛分是为了获得粒径较均匀的粒子群，如可以筛除粗粉留细粉，或筛除细粉留粗粉，或筛除粗、细粉而取中粉等。筛分对药品质量以及制剂生产的顺利进行都有重要的意义。如颗粒剂、散剂等剂型都有《中国药典》（2025 年版）规定的粒度要求；在混合、制粒、压片等单元操作中，粉体的粒度对物料的粉碎度、混合度、流动性、充填性、片重差异、片剂的硬度、溶出度等质量都具有显著的影响。

（二）药筛的种类

筛分用的药筛按其制作方法分为冲眼筛和编织筛（图 6-8）。

1. 冲眼筛　冲眼筛又称模压筛，系在金属板上冲压出圆形的筛孔而制成的筛分设备。其筛孔坚

图 6-8 冲眼筛（A）和编织筛（B）

固，孔径不易变动，但孔径不是太细，多用于高速旋转粉碎机的筛板及药丸等粗颗粒的筛分。

2. 编织筛 编织筛是用具有一定机械强度的金属丝（如不锈钢丝、铜丝、铁丝等），或其他非金属丝（如细竹丝、尼龙丝、绢丝、马尾等）编织而成的药筛。编织筛的优点是单位面积上的筛孔多、筛分效率高，可用于细粉的筛选。用非金属制成的筛网如尼龙网具有一定弹性和耐用性，一般用于对金属离子敏感的药物的筛分。但编织筛的筛线易于位移，致使筛孔变形，使分离效率下降。

（三）药筛的规格

有关药筛的规格，我国有药典标准和工业标准。药典标准是根据国家标准的 R40/3 系列确定筛网的规格，共分为一至九号筛，药筛的孔径大小用筛号表示，筛号越大，筛孔越小。筛孔最大的是一号筛，最小的是九号筛。

在工业标准中，常用"目（mesh）"数表示筛号，即每 1 英寸（2.54 cm）长度上的筛孔数目。例如，每英寸有 100 个孔的筛号标记为 100 目筛，能通过 100 目筛的粉末称 100 目粉。药筛的筛号、"目"数和筛孔内径（平均值）之间的关系如表 6-2 所示。

表 6-2 《中国药典》标准筛规格

筛号	筛孔内径（平均值，μm）	目号
一号筛	2 000 ± 170	10 目
二号筛	850 ± 29	24 目
三号筛	355 ± 13	50 目
四号筛	250 ± 9.9	65 目
五号筛	180 ± 7.6	80 目
六号筛	150 ± 6.6	100 目
七号筛	125 ± 5.8	120 目
八号筛	90 ± 4.6	150 目
九号筛	75 ± 4.1	200 目

为了便于区别固体粉末的大小，《中国药典》（2025 年版）将固体粉末分为六个等级，如表 6-3 所示。

（四）筛分设备

按运动方式不同，筛分设备分为摇动筛、振动筛和气流筛等。

1. 摇动筛 由药筛和摇动装置两部分组成。操作时取所需号数的药筛，按筛号大小依次叠成套

表 6-3 《中国药典》粉末等级标准

粉末等级	分级标准
最粗粉	指能全部通过一号筛，但混有能通过三号筛不超过 20% 的粉末
粗粉	指能全部通过二号筛，但混有能通过四号筛不超过 40% 的粉末
中粉	指能全部通过四号筛，但混有能通过五号筛不超过 60% 的粉末
细粉	指能全部通过五号筛，并含能通过六号筛不少于 95% 的粉末
最细粉	指能全部通过六号筛，并含能通过七号筛不少于 95% 的粉末
极细粉	指能全部通过八号筛，并含能通过九号筛不少于 95% 的粉末

（故亦称套筛），把接收器放在最底部，接收器上放置最细筛，往上依次放置筛孔较大的筛，最粗筛放在最顶部，盖上盖子，固定在摇动台上，打开电动机进行摇动和振荡数分钟。物料少时也可用手摇动，物料多时可用马达带动，即可完成对物料的分级。摇动筛属于慢速筛分机，其处理量和筛分效率都较低，常用于粒度分布的测定，多用于小量生产，也适用于毒性、刺激性或质轻的物料筛分，避免细粉飞扬（图 6-9）。

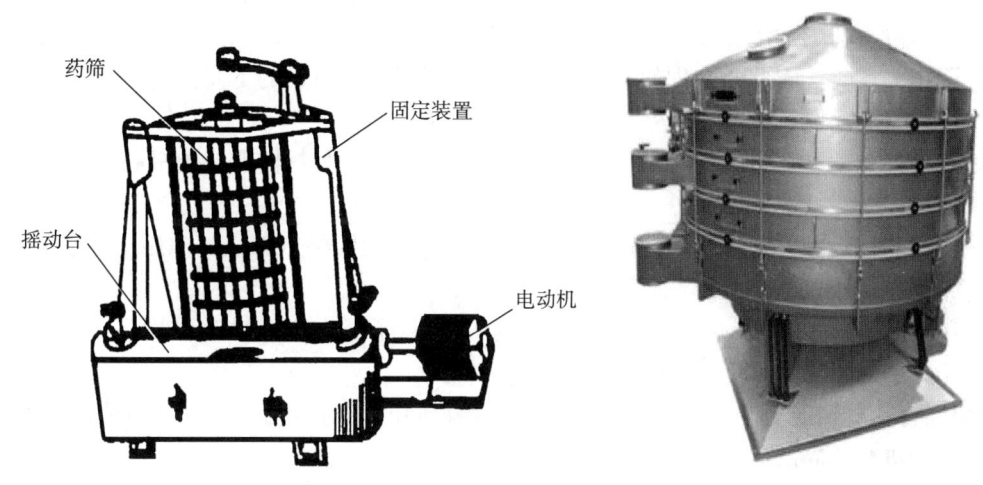

图 6-9 摇动筛结构示意图及实物图

2. 振动筛 系利用振动源（两端安装的不平衡重锤）使振动筛分机做不平衡运动，然后将振动传递给筛面，使物料在筛面上做外扩渐开线运动，从而达到筛分目的。如图 6-10 所示，在电机的上轴及下轴各装有不平衡重锤，上轴穿过筛网与其相连，筛框以弹簧支撑于底座上，上部重锤使筛网产生水平圆周运动，下部重锤使筛网发生垂直方向运动，故筛网的振荡方向有三维性。物料加在筛网中心部位，筛网上的粗料由上部的排出口排出，筛分的细料由下部的排出口排出。振荡筛具有分离效率高、单位筛面处理能力大、维修费用低、占地面积小、重量轻等优点，故应用广泛。

（五）筛分注意事项

筛分过程要遵循以下原则：①过筛时需要不断振动。因为粉末在静止状态下，受表面自由能等因素的影响，易结成粉块而不易通过筛孔，但振动速度应适中，太快或太慢均会降低筛分效率。②应根据所需药粉的粒度，选用适当筛号的药筛。③过筛的粉末应保持干燥。若粉末含水量过高，会导致药粉的黏性增强，易堵塞筛孔而影响过筛效率。④筛分时粉层的厚度应适中。加到药筛的粉体不宜过多，以便粉体在筛网上有足够的余地，可以在较大范围内移动，但也不宜太少，否则影响筛分效率。

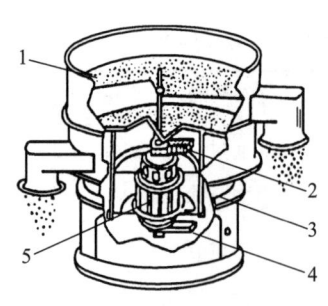

1. 筛网；2. 上部重锤；3. 弹簧；4. 下部重锤；5. 电动机

图 6-10 振动筛结构示意图及实物图

三、混合

（一）概述

混合（mixing）是将两种或两种以上的物料相互掺和而达到均匀状态的操作。混合的目的是使制剂中各组分分布均匀、含量均匀，以保证用药剂量的准确、安全和有效。

混合对药物制剂的意义很大，混合的结果直接影响制剂的外观质量和内在质量。如在片剂生产中，混合不均匀会导致有效成分含量不均匀，影响药效。特别是含量低的毒性药物、长期连续服用的药物、有效血药浓度和中毒浓度接近的药物，主药含量不均匀极大地影响药物的生物利用度、安全性和疗效，甚至带来危险。因此，合理的混合操作是保证制剂产品质量的重要措施。

（二）混合原理

混合设备内的粒子经随机的相对运动完成混合，目前普遍认为粉体混合的机制主要有扩散、对流和剪切三种运动方式。

1. 扩散混合 扩散是指单个颗粒进入粉团的过程。扩散混合（diffusive mixing）指由于粒子的无规则运动，相邻粒子间相互交换位置而进行的局部混合。

2. 对流混合 对流混合（convective mixing）系固体粒子群在机械转动作用下产生较大的位移，物料中的粉团从一处移动到另一处产生的总体混合。

3. 剪切混合 剪切混合（shear mixing）指由于颗粒间的相对运动，物料不断地被分割或粉末在滑移面上流动而进行的局部混合。

上述三种混合方式在实际操作过程中并不是独立进行，而是相互联系的。实际的混合过程是几种混合机制的共同作用，不同的粉体在不同的混合器和不同的旋转速度下，其混合运动形式不同，混合的效果也就不同。一般来说，在混合开始阶段以对流混合和剪切混合为主导作用，随后扩散的混合作用增加。

（三）混合方法

常用的混合方法主要有搅拌混合、研磨混合和过筛混合。

1. 搅拌混合 搅拌混合系将药物细粉置一定容器中，用适当的器具搅拌均匀的操作。此法简便，但不易混合均匀，多做初步混合之用。

2. 研磨混合 研磨混合系将各药粉置研磨器具中，在研磨粉粒的同时进行混合的方法。此法适用于少量结晶性药物的混合，不适于引湿性或爆炸性成分的混合。

3. 过筛混合 过筛混合系将各药粉先搅拌做初步混合，再通过适宜孔径的筛网使之混匀的操作。但由于药粉的粒径、密度不同，较细、较重的粉末先通过筛网，故在过筛后仍须适当搅拌才能混合均匀，常用于散剂的大批量生产。

实际工作中，小量散剂的配置常用搅拌混合和研磨混合；在大批量生产时，多采用搅拌混合和过筛混合。大量生产中，混合方式多采用搅拌或容器旋转的方式，以产生物料整体和局部的移动，从而达到均匀混合。

（四）混合设备

在大生产中，混合过程一般在混合筒中完成。混合筒的形状及运动轨迹直接影响到药粉的混合均匀度，混合筒的形状从最初的滚筒型发展到目前常用的 V 型、双锥型；运动轨迹从简单的单向旋转发展到空间立体旋转。根据对粉体的作用力方式不同，固体的混合设备主要有容器旋转型和容器固定型。

1. 容器旋转型混合机 此类设备是靠容器本身的旋转作用而带动物料上下运动而实现混合的。其形式多样，主要有水平圆筒型、V 型、双锥型等。

（1）水平圆筒型混合机：水平筒体在轴向旋转时带动物料向上运动，物料在重力作用下向下滑落，如此反复运动中进行混合。该混合机的混合度较低，但结构简单，成本较低。操作中最适宜转速为临界转速的 70%~90%；适宜的充填量或容积比（物料体积与混合机全容积的比值）为 30%~50%。

（2）V 型混合机：是由两个圆筒以 V 型交叉结合成一个尖角状，并安装在一个与两筒体堆成线垂直的圆轴上，如图 6-11 所示。使用时先将物料放入混合筒，而 V 型混合机在旋转混合时，圆筒围绕轴旋转带动物料向上运动，物料在重力作用下往下滑落进行混合。圆筒不停转动时，其中的物料一分一合，经多次分开、掺和，能在较短的时间内混合均匀。V 型混合机适用于密度相近的组分混合，混合效率高，速度快，应用广泛。操作中最适宜转速为临界转速的 30%~40%；适宜的充填量或容积比约为 30%。

（3）双锥型混合机：双锥型混合机系在短圆筒两端各与一个锥形圆筒结合而成，旋转轴与容器中心线垂直，如图 6-12 所示。混合机内物料的运动状态与混合效果类似于 V 型混合机。

图 6-11　V 型混合机外形图

图 6-12　双锥型混合机外形图

（4）三维混合机：如图 6-13 所示，该机由筒体和机身两部分组成。物料装于筒体内，筒体在主动轴的带动下做平行移动及摇滚等复合运动，促使物料沿着筒体做环向、径向和轴向的复合运动，从而使各种物料相互流动、掺杂、高度混合。该机的混合筒多方向运动，物料无离心力作用，无比重偏析及分层、积聚现象，各组分可有悬殊的重量比，混合率达 99.9% 以上。

2. 容器固定型混合机 此类设备是物料在容器内靠叶片、螺旋或气流的搅拌作用进行混合。

（1）搅拌槽型混合机：也称 S 型混合机，是由 U 型固定混合槽、水平轴、螺旋型搅拌桨等部分构成，混合槽上有盖并可以绕水平轴转动以便于卸料，如图 6-14 所示。混合时物料搅入混合槽，混合槽保持不动，物料在搅拌浆的作用下不停地向上下、左右、内外各个方向运动，从而达到均匀混合。此设备除适合于混合各种粉料外，还常用于片剂、丸剂的制软材。该机操作简便，易于维修，对一般产品均匀度要求不高的药物仍得到广泛的应用。但该机的混合效率低，混合时间长。

图 6-13　三维混合机

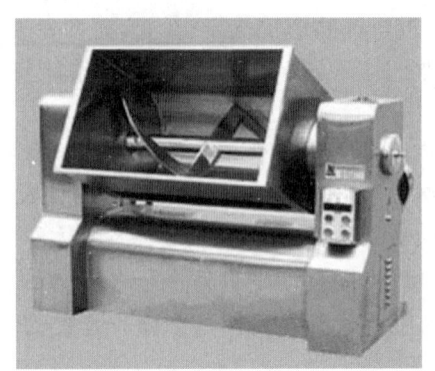

图 6-14　搅拌槽型混合机

（2）锥型垂直螺旋混合机：由锥型容器和内装的一至两个螺旋推进器所组成，如图 6-15 所示。螺旋推进器的轴线与容器锥体的母线平行，螺旋推进器在容器内既有公转又有自转。混合时物料在推进器的作用下自底部上升，又在公转的作用下在全容器内产生涡旋和上下循环运动。此机的特点是混合速度快，混合效率高。

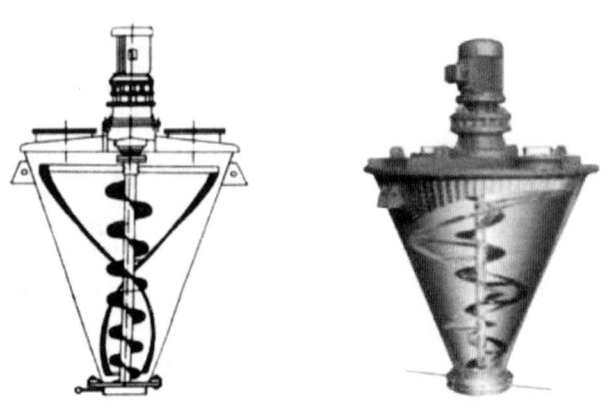

图 6-15　锥型垂直螺旋混合机

（五）混合的影响因素

固体物料混合时往往伴随离析现象，离析是与混合相反的过程，不仅妨碍良好的混合，而且也可使已混合好的物料重新分层。在实际操作中，影响混合速度和混合均匀度的因素主要有以下各项。

1. 各组分的混合比例　两种物理状态和粉末粗细相近的等量药物混合时，一般容易混匀，但是，若组分的混合比例相差悬殊，即比例量大时，则不易混合均匀，此时应该采用等量递加法（又称配研法）进行混合。

等量递加法是将量大的药物研细，以饱和乳钵的内壁，然后倒出，加入量小的药物研细，再加入等体积的量大的组分混匀，如此倍量递增混合至全部混匀，再过筛混合即得。此法特别适用于制备含毒性药物、贵重药物和小剂量药物的散剂，常制成倍散。

倍散指在小剂量的剧毒药中添加一定量的填充剂制成的稀释散。常用的填充剂有淀粉、乳糖、蔗糖、葡萄糖、糊精、沉降碳酸钙、磷酸钙、白陶土等惰性物质，其中乳糖较为适宜。倍散的稀释倍数是根据药物剂量而确定的，剂量在 0.01~0.1 g 可配成 10 倍散（即 9 份填充剂与 1 份药物混合）；剂量在 0.001~0.01 g 可配成 100 倍散；剂量在 0.001 g 以下应配成 1 000 倍散。有时为了便于观察是否混合均匀，常加入一些着色剂如胭脂红、亚甲蓝等，将不同倍数的倍散染成不同的颜色。

2. 各组分的粒度和密度 各组分的密度相差较大时，混合过程中存在自然分离的趋势，即密度小者浮于上面，密度大者沉入底部而不易混匀，为避免粉料的分离，一般先将质轻的组分放入混合容器，再加入质重组分混合，即"先轻后重"；各组分粒度相差较大时，先加粒径大的物料，后加粒径小的物料则容易混匀，即"先大后小"。

3. 含液体或易吸湿性的组分 散剂中若含有这类组分，应在混合前采取相应措施，方能混合均匀。如处方中有液体组分时，可用处方中其他组分吸收该液体，若液体组分量太多，宜用吸收剂吸收至不显润湿为止，常用吸收剂有磷酸钙、白陶土、蔗糖和葡萄糖等。若有易吸湿性组分，则应针对吸湿原因加以解决：如含结晶水（会因研磨放出结晶水引起湿润），则可用等摩尔无水物代替；若是吸湿性很强的药物（如胃蛋白酶等），则可在低于其临界相对湿度条件下，迅速混合，并密封防潮包装；若组分因混合引起吸湿，则不应混合，可分别包装。

4. 各组分的黏附性与带电性 对混合器械有黏附性的组分，不易混合均匀，而且会造成药物损失，一般先将量大或不易吸附的组分垫底，量少或易吸附的组分后加入；混合时摩擦起电的粉末不易混合均匀，常加入少量的表面活性剂或润湿剂以克服静电，如加入硬脂酸镁、十二烷基硫酸钠等。

5. 含可形成低共熔混合物的组分 将两种或两种以上的药物按一定比例混合时，在室温条件下，出现的润湿与液化现象，称为低共熔现象（简称共熔）。此现象的产生不利于组分的混合。药剂调配中常见的可发生共熔现象的药物有水合氯醛、萨罗（水杨酸苄酯）、樟脑、麝香草酚等。它们以一定比例混合研磨时极易润湿、液化，其程度与混合物的组成比和温度密切相关。例如，将 45% 樟脑（熔点 179℃）与 55% 萨罗（熔点 42℃）混合时，形成的低共熔混合物的熔点降低为 6℃，在室温时即液化。

四、制粒

制粒是将制得的软材通过适宜的筛（10~14 目），制成均匀的具有一定形状与大小的颗粒的操作。制粒的方法主要有湿法制粒和干法制粒，应用较多的是湿法制粒。制粒广泛应用于固体制剂的生产，如颗粒剂、胶囊剂、片剂等。

（一）制粒的目的

制粒的目的在于：①改善物料的流动性。②防止各成分的离析，保持多成分的均匀性。③防止粉尘飞扬及器壁上的黏附，可防止粉尘暴露导致的环境污染与原料的损失，有利于 GMP 的管理。④调整堆密度，改善溶解性能。⑤改善片剂生产中压力的均匀传递。⑥便于服用，携带方便，提高商品价值等。

（二）制粒方法

1. 湿法制粒 湿法制粒（wetting granulation）是将原辅料进行粉碎、过筛、混合后，加入润湿剂或液态黏合剂，通过黏合剂中的液体将药物或辅料粉末表面润湿，使粉粒间产生黏着力，然后在液体架桥与外加机械力的作用下制成一定形状和大小的颗粒，经干燥后最终以固体桥的形式固结。湿法制粒适用于对湿热稳定的药物，一般可分为挤压制粒、高速搅拌制粒、流化床制粒、喷雾制粒等。湿法制粒的工艺流程如图 6-16 所示。

（1）粉碎、过筛、混合：药物和辅料的粉碎、过筛和混合操作如前所述。

（2）制软材：将药物与辅料（如稀释剂、崩解剂等）充分混匀，加入适量的水或其他黏合剂制成

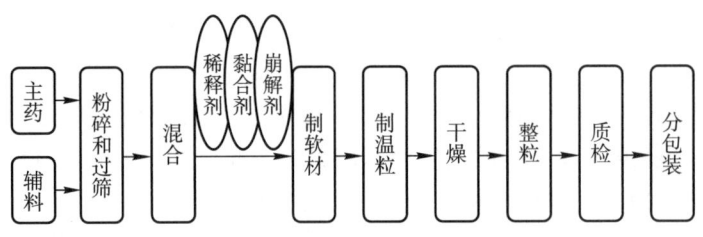

图 6-16 湿法制粒工艺流程

软材。制软材是一种大量固体粉末和少量液体进行混合的过程,也叫捏合。制软材时化学药物可直接与稀释剂及崩解剂混合均匀,加入黏合剂或润湿剂,即可制成软材;而中药材需经过浸出、浓缩,得到稠膏,测相对密度后加入辅料,方可制成软材。

制软材时黏合剂和润湿剂的用量以能制成适宜软材的最少量为原则,使制得的软材干湿适宜。一般按照经验"手握成团,轻压即散"为原则控制软材的质量。

(3) 湿颗粒的制备:在实验室中制备湿颗粒一般采用人工挤压软材,使之通过一定目数的筛网而制得,在工业化生产中一般使用挤压制粒机。以上两者皆是通过筛网的孔径调节颗粒的大小。除了挤压制粒外,还有高速搅拌制粒、流化床(沸腾)制粒、喷雾干燥制粒等。

1) 挤压制粒:首先把药物粉末用适当的黏合剂制成软材,然后用强制挤压的方式使软材通过具有一定大小筛孔的孔板或筛网,从而制得颗粒。

挤压制粒的方式较多,如螺旋挤压式、旋转挤压式、摇摆挤压式等,其操作原理基本相似,即软材在外力的作用下通过筛网或辊子。挤压制粒得到的颗粒形状以圆柱状、角状为主,经过继续加工可制成球状、不定形等,颗粒的大小取决于筛子的孔径或挤压轮上孔的大小。常用的摇摆式制粒机如图 6-17 所示。

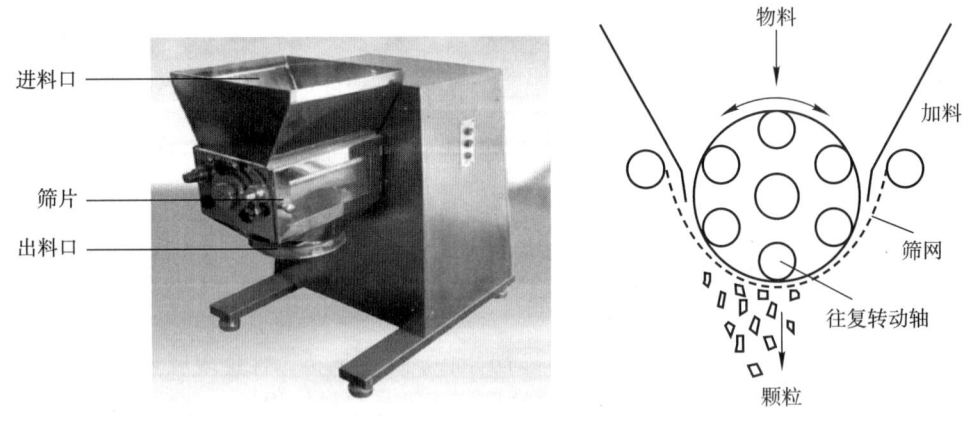

图 6-17 摇摆式制粒机

2) 高速搅拌制粒:是将药物粉末、辅料和黏合剂加入一个容器内,通过搅拌桨和制粒刀的高速旋转,使物料混匀、制软材、切割颗粒、滚圆而制成颗粒的方法。此法可使混合、捏合、制粒在同一封闭容器内完成,因此操作简单、省工序、制粒速度快、制得颗粒大小均匀,近似球形。目前,在制药工业中常将高速搅拌制粒与流化干燥设备结合在一起使用,可进一步提供密闭环境。常用的高速搅拌制粒机如图 6-18 所示。

3) 流化床制粒:又称沸腾干燥制粒,指将药物粉末和(或)辅料置于密闭的流化床内,通入自下而上的热空气,使物料保持悬浮沸腾状态,然后喷入液体黏合剂或中药浓缩液,而使粉末聚结成颗粒。此法由于在一台设备内完成混合、制粒、干燥,甚至包衣等操作,又称一步制粒法。此法简化工

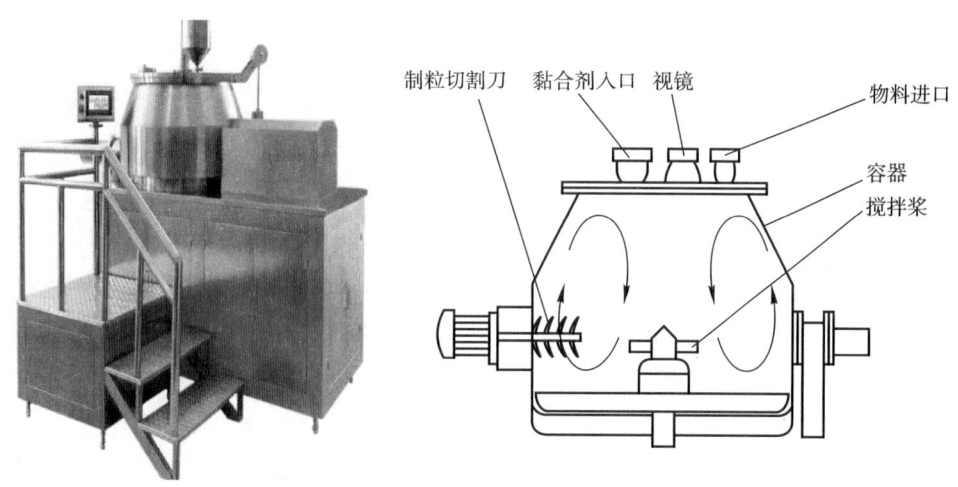

图 6-18 高速搅拌制粒机

艺，节省时间，制得的颗粒为多孔性柔软颗粒，密度小、强度小，且颗粒的粒度均匀，流动性、压缩成形性好。常用的流化床制粒机如图 6-19 所示。

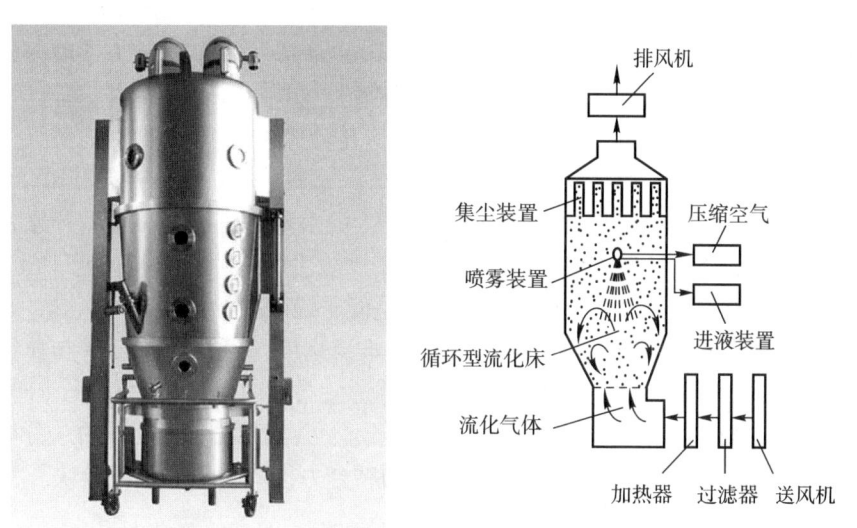

图 6-19 流化床制粒机

4）喷雾干燥制粒：系将药物溶液或混悬液用雾化器喷雾于干燥室内的热气流中，使水分迅速蒸发而直接制成球状干燥细颗粒。该法在数秒钟内即可完成原料液的浓缩、干燥、制粒的过程，原料液含水量可达 70%～80%。国外有不少供直接压片的辅料多用本法制成，如喷雾干燥乳糖、可压性淀粉等。

2. 干法制粒 干法制粒（dry granulation）指将药物和辅料混匀后、用干法制粒机压成大片或块状后，然后再将其粉碎成颗粒的方法。当药物对湿热敏感不能以湿法制粒时，干法制粒比较适宜。干法制粒压片法可分为滚压法和大片法两种。

（1）滚压法：系将药物和辅料混匀后，通过转速相同但转向相反的两个滚动圆筒之间的缝隙，将其压成硬度适宜的薄片，然后通过颗粒机破碎，制成一定大小的颗粒。用本法压块时，粉体中的空气易于排出，产量较高，但压制的颗粒有时不均匀。目前国内已有滚压、碾碎、整粒的整体设备。

（2）大片法：又称重压法，系将药物与辅料混匀后，用较大压力的压片机压成（直径一般在

20~25 cm）大片，然后破碎制成适宜大小的颗粒。本法能使处方中的少量有效成分获得均匀分布，但生产效率较低。

五、干燥

干燥（drying）是利用热能去除湿物料中的水分或其他溶剂的操作过程。在制剂生产中需要干燥的物料多数为湿法制粒所得的物料，也有固体原料药和中药浸膏等。干燥的温度应根据药物的性质而定，一般为40℃~60℃，对热稳定的药物可放宽到70℃~80℃，甚至可以提高到80℃~100℃。干燥程度根据药物的稳定性不同而有不同的要求，一般为3%左右，但阿司匹林片的干颗粒含水量应低于0.3%~0.6%；而四环素片的水分则要求控制在10%~14%。

（一）干燥的基本理论

1. 干燥原理 干燥时水分从物料内部移向表面，再由物料表面扩散到热空气中。当热空气与湿物料接触时，因为热空气温度高于物料表面温度，热能从空气传到物料表面，这个传热过程的推动力是温差；湿物料得到热量后，其中的水分不断汽化并向热空气中移动，这是一个传质过程，其动力为两者的水蒸气分压之差。这样热空气不断地把热能传递给湿物料，湿物料中的水分不断地汽化到空气中，直至物料中所含水分量达到该空气的平衡水分为止。因此，物料的干燥是传热和传质同时进行的过程。

干燥过程得以进行的必要条件是湿物料表面所产生的水蒸气分压要大于干燥介质中的水蒸气分压，压差越大，干燥越快。当二者的水蒸气分压处于平衡状态时，干燥即停止。

2. 物料中水分的性质 湿物料中水分的存在有以下几种形式。

（1）平衡水与自由水：根据物料中所含水分能否被干燥除去，可分为平衡水和自由水。①平衡水（equilibrium water）指在一定空气状态下，物料表面产生的水蒸气压等于该空气中水蒸气分压，此时物料中所含水分为平衡水分，是在该空气条件下不能干燥除去的水分。②自由水（free water）指物料中所含大于平衡水分的那一部分水分，也称游离水，是能干燥除去的水分。

（2）结合水与非结合水：根据物料中水分干燥的难易程度，可分为结合水与非结合水。①结合水（bound water）指以物理化学方式与物料结合的水分。它与物料的结合力较强，干燥速度慢。结合水包括动植物细胞壁内的水分、物料内毛细管中的水分、可溶性固体溶液中的水分等。②非结合水（nonbound water）指以机械方式结合的水分，与物料的结合力很弱，干燥速度较快。

（二）影响干燥的因素

干燥速率是在单位时间内、单位干燥面积上物料中所能汽化的水分量。用微分式表示为：

$$\mu = \frac{dw}{A\,dt} = \frac{-G_0\,dC}{D\,dt} \quad [kg/(m^2 \cdot h)] \tag{6-5}$$

式中，μ为干燥速率[kg/(m²·h)]；w为汽化水分量（kg）；A为干燥面积（m²）；G_0为湿物料中绝对干燥的量（kg）；C为湿物料含水量（kg水/kg绝对干料）。式中的负号表示物料含水量随着干燥时间的增加而减少。

物料的干燥速率可由干燥实验测定。图6-20是在恒定的干燥条件下，测定干燥速率μ与湿物料含水量C绘制的干燥速率曲线。①预热阶段：图6-20中A至B为预热阶段，此阶段空气中有部分热量消耗于物料加热；②恒速干燥阶段：图6-20中从B至C段（也包括A至B），物料含水量从C至C_0，干燥速率保持恒定，称为恒速干燥阶段；③降速干燥阶段：图6-20中CDE段，物料含水量低于C_0，直至达到平衡水分C^*，干燥速率随着物料含水量减少而降低，称为降速阶段。图6-20中C点为恒速与降速阶段分界点，称为临界点，与该点对应的物料含水量C_0称为临界含水量。

在恒速干燥阶段，物料中水分含量较多，物料表面的水分汽化并扩散到空气中，物料内部的水分及时补充到表面，保持充分湿润的表面状态，因此物料表面的汽化过程完全与纯水的汽化情况相同。此时的干燥速率主要受物料外部条件的影响，取决于水分在物料表面的汽化速率。在恒速干燥阶段，强化干燥的措施有：①提高空气温度或降低空气湿度（或水蒸气分压 P），以提高传热和传质的推动力；②改善物料与空气的接触情况，提高空气流速，使物料表面气膜变薄，减少传热和传质的阻力。

在降速干燥阶段，当水分含量低于 C_0 之后，物料内部水分向表面的移动已不能及时补充表面水分的汽化。随着干燥过程的进行，物料表面逐渐变干，温度上升，物料表面的水蒸气压低于恒速阶段时的水蒸气压，干燥速率主要由物料内部水分向表面的扩散速率决定，内部

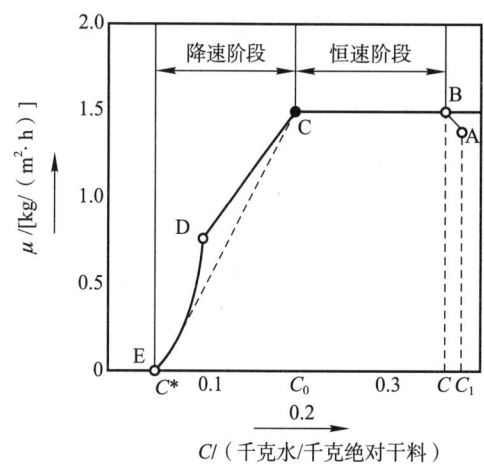

图 6-20 恒定干燥情况下的干燥速率曲线

水分的扩散速率主要取决于物料本身的结构、形状和大小等。在降速干燥阶段，强化干燥的措施有：①提高物料的温度；②改善物料的分散程度，以促进内部水分向表面扩散。而改变空气的状态和流速对干燥的影响不大。

（三）干燥方法与设备

干燥方法可按不同的情况进行分类：①按操作方式分为间歇式干燥、连续式干燥；②按操作压力分为常压干燥、减压干燥；③按热量传递方式可分为传导干燥、对流干燥、辐射干燥、介电加热干燥等；④按结构形式可分为箱式、隧道式、转筒式、气流式等。

1. 常压干燥 如图 6-21 所示，在干燥箱内设置多层支架，在支架上放置物料干燥盘，将湿颗粒平铺于干燥盘内（厚度一般不超过 10 cm），然后置于支架上。热空气以水平方向通过最下层湿颗粒的表面，然后流经加热器，得到再次加热，以保证干燥室内上、中、下各层干燥盘内的物料干燥均匀。热空气每流经湿颗粒后，都得到补充加热，最后由出口排出，也可部分地或全部地进入下一循环。

箱式干燥器干燥投资少，适用于小批量的生产，或用于干燥时间要求比较长的物料、易生碎屑或有爆炸危险的物料。该法的缺点是劳动强度大，热能利用率低，操作条件不良，物料干燥不均匀；尤其是干燥速度过快时，很容易造成外壳干而颗粒内部留水分过多的"虚假干燥"现象，有时会造成可溶性成分在颗粒之间发生"迁移"而影响制剂的含量均匀度。

 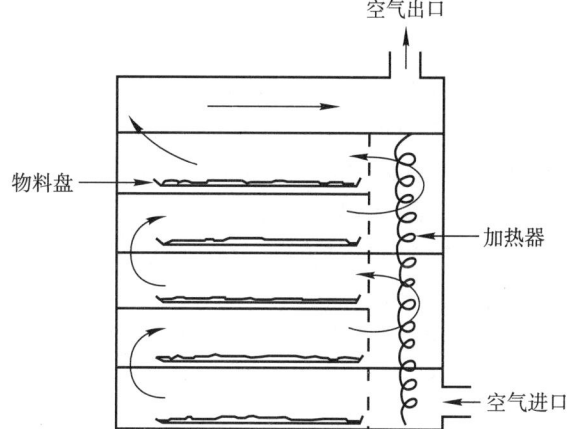

图 6-21 箱式干燥器及其示意图

2. 减压干燥 指在密闭的容器中通过抽真空而进行干燥的方法。该法由于在负压下操作，因此干燥温度低，干燥速度快，且能减少物料与空气的接触，避免物料被污染或氧化变质，减少热敏成分的破坏，干燥后的物料质松易于粉碎。但操作中物料易起泡溢出而损耗物料。减压干燥是目前生产中广泛使用的方法，适用于含湿量较高、热敏性、高温下容易氧化、排出的溶剂气体有使用价值等物料的干燥。

3. 流化床干燥 也称沸腾干燥，如图6-22所示，首先在流化床中加入湿的物料，然后从流化床下部通入一定流速的热空气，将湿颗粒吹起并悬浮于干燥器中，使其呈"沸腾"状态，进行传热传质交换而达到干燥的目的。

流化床干燥法的特点：①热空气从湿物料中通过，在动态下进行热交换，因此热效率较高，物料受热温度均匀，无须翻料，干燥速度快，对某些热敏感物料亦可采用；②物料在床层内的停留时间可任意调节，故对难干燥或要求干燥产品含水量低的物料都适用，常用于片剂、颗粒剂制备中湿粒的干燥和水丸的干燥等；③与箱式干燥相比，由于在干燥过程中颗粒上下翻腾，互相并不紧密接触，所以一般不会发生可溶性成分的"迁移"现象；④流化床干燥耗能较大，设备清扫麻烦，会产生细粉。

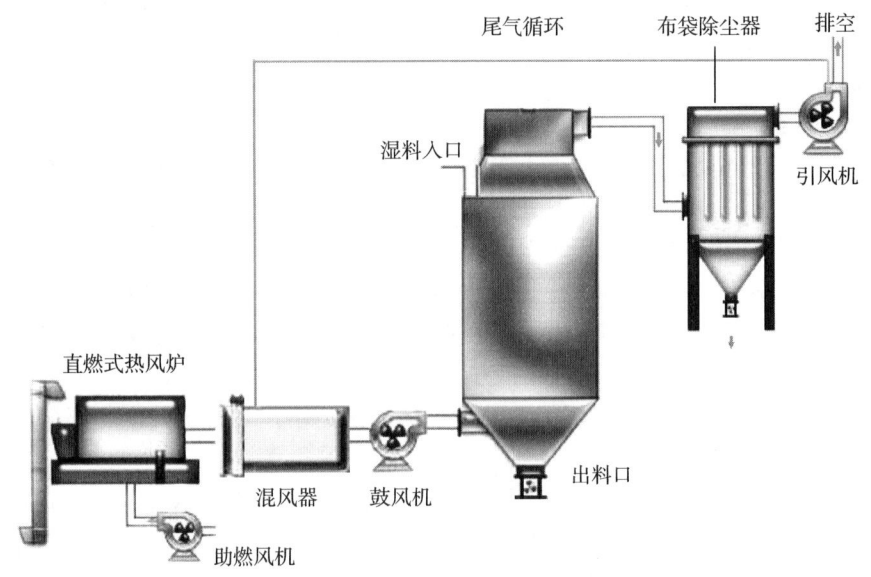

图6-22 流化床干燥机示意图

4. 喷雾干燥 喷雾干燥是流化技术在液态物料干燥中的应用。如图6-23所示，空气经加热器加热后，作为干燥介质送至干燥器顶部的空气分配器，热空气将均匀地螺旋进入干燥室。原料液体通过塔架顶部的高速离心雾化器，将待干燥液体喷洒成细雾状的液体珠，然后与热空气平行接触后发生热交换，大部分水分被气化，液滴在几秒至几十秒内获得干燥，并以粉末或颗粒状态沉降于干燥室底部，连续或间断地从卸料器排出。

喷雾干燥的蒸发面积大、干燥时间非常短（数秒~数10秒），温度一般为50℃左右，对热敏物料及无菌操作较适合。制品多为松脆的颗粒，有良好的溶解性和分散性。喷雾干燥器内送入的料液及热空气经过除菌高效滤过器滤过可获得无菌干品，如抗生素粉针的制备、奶粉的制备都可利用该干燥方法。但该法耗能较大，热效率不高，设备不易清扫；废气中回收微粒的分离装置要求较高，尤其在生产粒径小的产品时，废气中约夹杂20%的微粒，需选用高效的分离装置，因此费用较高。

5. 红外线干燥 红外线是介于可见光和微波之间的一种电磁波，其波长范围在0.72~1 000 μm，波长在0.72~5.6 μm的称近红外，5.6~1 000 μm的称远红外。红外线干燥属于热辐射干燥，指物料吸收红外辐射器产生的电磁波后，转化成分子热运动的动能，因而物料分子振动增强，温度迅速升

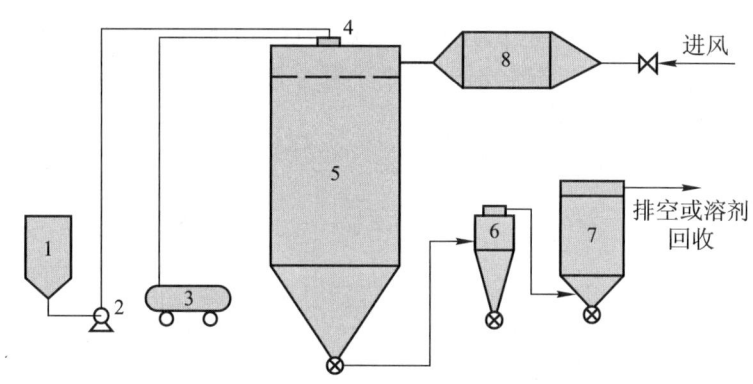

1. 液料槽 2. 液料泵 3. 压缩空气 4. 气流喷嘴 5. 干燥塔 6. 旋风分离器 7. 布袋除尘器 8. 加热器

图 6-23 气流喷雾流程图

高而完成干燥过程。红外线干燥时，由于物料表面和内部的物料分子同时吸收红外线，故本法具有受热均匀、干燥速度快、干燥质量好等优点。但红外线易被水蒸气等吸收而受到损失，因此电能消耗大。

6. 微波干燥　微波干燥属于介电加热干燥，指湿物料置于高频电场后，随着外电场高频率变换方向，水分子会迅速转动或快速摆动，引起分子间的摩擦而产生热量，使物料温度升高而完成干燥过程。该法能使物料内部表面同时加热，受热均匀，热效率高，干燥速度快，产品质量高。对含水物料的干燥特别有利；微波操作控制灵敏、操作方便。缺点是成本高，对有些物料的稳定性有影响。通常在为了防止干燥过程中物料表面温度过高或主药迁移时使用。工业上常使用的频率为 915 MHz 或 245 MHz。

7. 冷冻干燥　冷冻干燥指先将含大量水分的物料降温冻结成固体，然后在低温降压条件下，使固态的冰直接升华为水蒸气排出，物料本身留在冻结的骨架中，从而使所得干燥品不失原有的固体骨架结构，保持物料原有的形态。该法是在低温低压条件下，利用水的升华性能而去除水分，因此也称为升华干燥。

冷冻干燥所需的热能主要依靠固体的热传导，所以该干燥过程属于传导干燥。物料是在高真空和低压条件下干燥，因此干燥温度低，特别适用于热敏性药物，如血浆、血清等生物制品及中药粉针剂和止血海绵剂等，而且干燥后的物品多孔疏松，且易于溶解，含水量低，有利于药品长期贮存。

六、压片

（一）片剂的制备方法

片剂的制备方法有压制法和 3D 打印法。压制法是片剂的一种非常成熟的产业化制备方法，压制片的物理特性已普遍被接受，有圆形、椭圆形或者其他独特的形状。3D 打印制药技术作为一种新型的制剂技术，片剂是其主要应用的剂型。左乙拉西坦速溶片是第一个使用 3D 打印技术制备的商品化药品，通过 3D 打印设备，将活性和非活性成分一层一层地打印堆置，使片剂内部呈多孔状，具有较大的内表面积，能够在 10 s 左右快速分散。同时，该片剂有着高达 1 000 mg 剂量。但目前 3D 打印设备还不够完备，相关工程技术难题还有待突破，传统的辅料在理化性质上也制约着 3D 打印药物制剂的发展，因此 3D 打印药物制剂技术的大规模产业化应用尚需时日。

1. 压制法　压制法是一种将粉状或颗粒状物料压制而成片状固体制剂的工艺。制粒是改善物料的流动性、压缩成形性的有效方法之一，因而制粒压片法是传统而基本的片剂制备方法。近年来，优良辅料和先进压片机的出现，粉末直接压片法（不需制粒）得到了越来越多的关注。

根据制备工艺特点,片剂压制法可分为制粒压片法和直接压片法。制粒压片法又可分为湿法制粒压片法和干法制粒压片法,目前以湿制颗粒压片法更为普遍。压制法的各种工艺流程如图 6-24 所示。

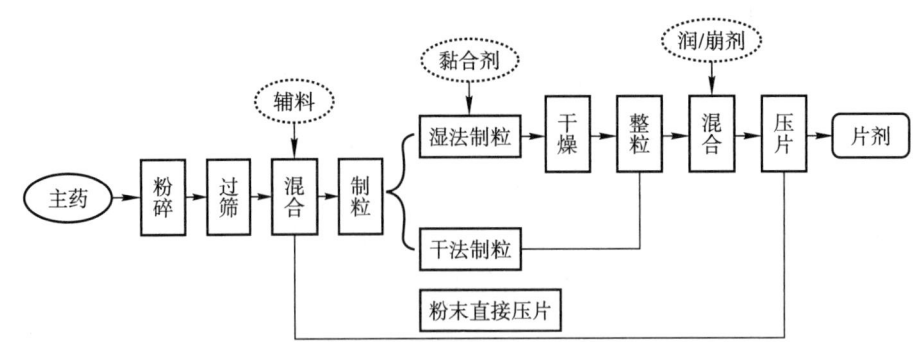

图 6-24　片剂的压制法工艺流程

（1）湿法制粒压片：是在原辅料中加入润湿剂或黏合剂,再制粒压片的方法。湿法制粒得到的颗粒经过表面润湿,表面性质好,外形美观,流动性、可压性好,是应用最为广泛的一种制粒压片方法。

湿法制粒有以下优点：①表面改性好（表面黏附黏合剂）,使颗粒具有良好的压缩成形性；②粒度均匀、流动性好；③耐磨性较强等。最大的缺点是不适宜于热敏性、湿敏性、极易溶性物料的制粒。

（2）干法制粒压片法：热敏性物料、遇水不稳定的药物及压缩易成形的药物可采用干法制粒,然后压成片剂。干法制粒是把药物粉末直接压缩成较大片剂或片状物后,再粉碎成所需大小颗粒的方法。干法制粒有重压法和滚压法。重压法是将团体粉末先在重型压片机上压成直径为 20～25 mm 的胚片,再破碎成所需大小的颗粒。滚压法系利用滚压机将药物粉末滚压成片状物,通过颗粒机破碎成一定大小的颗粒。

（3）粉末直接压片法（direct compressing method）：是不经过制粒过程直接把药物和所有辅料混合均匀后进行压片的方法。该法避开制粒过程,将药粉直接压成片剂,可省时节能、工艺简便、工序减少、适用于湿热条件下不稳定的药物。近二十年来,随着科学的发展,可用于粉末直接压片的优良药用辅料与高速旋转压片机的研制成功,促进了粉末直接压片的发展。目前粉末直接压片品种不断上升,有些国家高达 60% 以上的片剂生产采用粉末直接压片法。

可用于粉末直接压片的辅料有：各种型号的微晶纤维素、可压性淀粉、喷雾干燥乳糖、碳酸氢钙二水复合物、微粉硅胶等,常用的崩解剂有 L-HPC、PVPP、CCMC-Na 等,以及部分预混辅料等。

2. 3D 打印制备法　3D 打印技术（3D printing technology）制备方法是将药物原料和药物辅料,通过 3D 打印设备打印出需要的三维结构的剂型。通过结合不同类型和性质的辅料,调整打印过程的工艺参数和系统参数,制备出各种几何形状和功能的三维片剂。3D 打印片剂主要有以下三种打印技术：粉液打印技术（图 6-25A、B）、半固体挤压打印技术（图 6-25C）和熔融沉积成型技术（图 6-25D）。

（1）粉液打印技术：粉液打印系统是由打印头、铺粉器、操作台等组成。其工作原理如下：铺粉器先将粉末铺撒在操作台上,根据计算机辅助设计药物截面层轮廓信息,打印头在 X 方向和 Y 方向按照计算机设计的路线和速度滴加黏合剂和药物,形成药物的第一层截面轮廓,然后操作台在 Z 方向下降一定距离,再铺粉、滴加液体,如此反复,制备所需要的产品。通过调整粉层厚度、打印头移动速度、液滴直径、液滴流速、行间距、打印层数等参数,可以获得不同硬度、脆碎度和崩解时间的

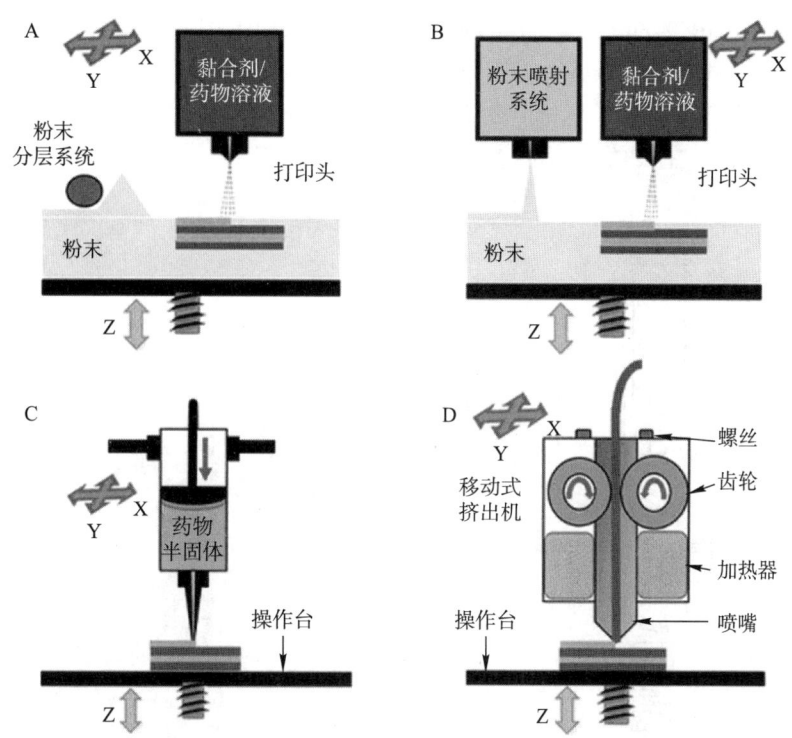

图 6-25 3D 打印片剂技术
A、B. 粉液打印技术，C. 半固体挤压打印技术，D. 熔融沉积成型技术

制剂。该技术精度高，产品空隙率大，但是只适用于粉末原料，而且产品机械性能较低。

（2）半固体挤压打印技术：将液态的黏合剂和药物混合物形成小液滴，然后通过打印喷头按照计算机设计的处方量和路径沉淀到基质上，最后经过干燥获得所需产品。半固体挤压打印技术的关键在于打印头精确控制液滴的喷射速度、位置和尺寸，保证制剂的形态和质量。由于制备条件温和快速，该技术不仅用于制备常规的药物制剂，还用于制备携带活体细胞的生物高分子材料。

（3）熔融沉积成型技术：将载药聚合物加热至临界状态，使其呈半流动状态，然后加热头根据计算机设计的模型参数从成型设备的尖端挤出沉积到平台上，材料瞬时凝固，形成所需的三维产品。该技术操作简单，产品机械性能较好，但是缺点是操作温度较高，不适用于热不稳定的药物。

（二）片剂的压片

压片的过程包括：饲料、压片、出片。压片机工作过程的控制要点包括药物片剂的片重、硬度以及片剂的形状。片剂重量的控制通过片重调节器来实现；片剂的硬度控制则通过压力调节器的调节作用实现；片剂形状的选择是通过选取不同的模具来实现。

1. 计算片重 片重包括药物和所有辅料的总量。计算方法包括以下两种：

（1）按主药含量计算片重：药物制成干颗粒时，由于经过了一系列的操作过程，原料药必将有所损失，所以应对颗粒中主药的实际含量进行测定，然后按照下面的公式（6-6）计算片重：

$$片重 = \frac{每片主药含量（标示量）}{颗粒中主药含量（实测值）} \tag{6-6}$$

（2）按干颗粒总质量计算片重：在药厂中，已考虑到原料的损耗，因而增加了投料量，则片重的计算可按公式（6-7）计算（成分复杂、没有含量测定方法的中草药片剂只能按此公式计算）：

$$片重 = \frac{干颗粒重 + 压片前加入辅料量}{预定压片数} \tag{6-7}$$

2. 压片机 压片机有单冲压片机和多冲旋转压片机两大类。

（1）单冲压片机（single punch tablet machine）：是一种常用的压片机产品类型，只有一副冲模，所以称为单冲压片机，具有使用方便、易于维修、体积小、重量轻等优点，可广泛适用于制药厂、化工厂、医院、科研单位、实验室试制和小批量生产。

1）单冲压片机结构：主要由转动轮、冲模冲头及其调节装置、饲粉器三个部分组成，如图6-26所示。

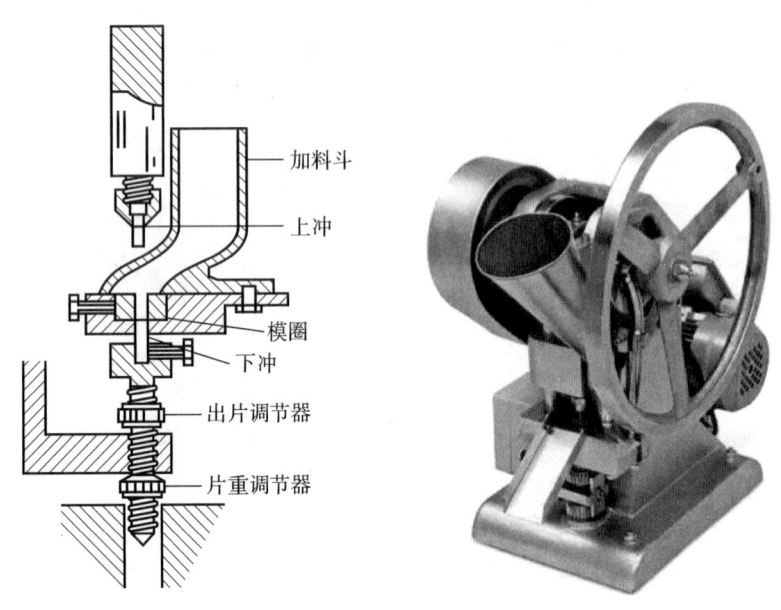

图 6-26　单冲压片机主要构造示意图

2）单冲压片机原理：单冲压片机的下冲的冲头由中模孔下端进入中模孔，封住中模孔底，利用加料器向中模孔中填充药物，上冲的冲头从中模孔上端进入中模孔，并下行一定距离，将药粉压制成片；随后上冲上升出孔，下冲上升将药片顶出中模孔，完成一次压片过程；下冲下降到原位，准备再一次填充。物料的充填深度，压片厚度均可调节。

3）单冲压片机的工作过程：①下冲的冲头部位（其工作位置朝上）由中模孔下端伸入中模孔中，封住中模孔底；②利用加料器向中模孔中填充药物；③上冲的冲头部位（其工作位置朝下）自中模孔上端落入中模孔，并下行一定行程，将药粉压制成片；④上冲提升出孔。下冲上升将药片顶出中模孔，完成一次压片过程；⑤下冲降到原位，准备下一次填充。如图6-27所示。

（2）多冲旋转压片机（rotating tabletting machine）：在生产中应用，有16冲、19冲、33冲、55冲等，生产效率较高，压力分布均匀（上、下冲同时加压），饲粉方式合理，机械噪声很小。

1）多冲旋转式压片机的构成：由三大部分构成，即：机座和机台（转盘）、压制机构、加料部分及其调节装置，如图6-28所示。①机座和机台（转盘）：机座位于压片机的下部，内部装有动力及传动机构。压片时，下冲上升，同时，上冲下降落入模孔内，从而实现上、下冲的同时加压，得到质量较好的片剂。②压制机构：包括圆环形的上冲轨道、下冲轨道和上压轮、下压轮以及推片调节器、压力调节器。另外，上压轮连有一杠杆，杠杆下端被一个弹簧压住，当上压轮受力过大时，此装置可使上、下压轮间的距离增大，从而保证机器和冲模的安全，这一装置称为压力缓冲装置，单冲压片机没有这一装置。③加料部分及其调节装置：饲粉器在多冲旋转式压片机上是固定不动的，当中盘转动时，饲粉器中的颗粒源源不断地流入中盘的各个模孔内，将它们填满，然后下冲向前运动，当到达片重调节器上方凸起的半月形滑道时，多余的颗粒由下冲推出到中盘的台面上并由刮板刮去，至此，颗粒的填充与片重的调节完成。显然，片重调节器决定了模孔内颗粒的实际体积，因而决定了片重。在

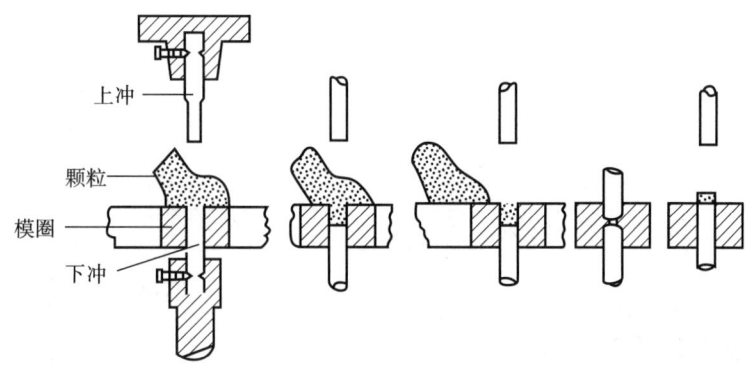

图 6-27 单冲压片机工作示意图

上述过程之后，下冲沿轨道下降 3~5 mm，以防压片时上冲将模孔内的颗粒"溅散"出来，从而进一步保证了片重的准确性。

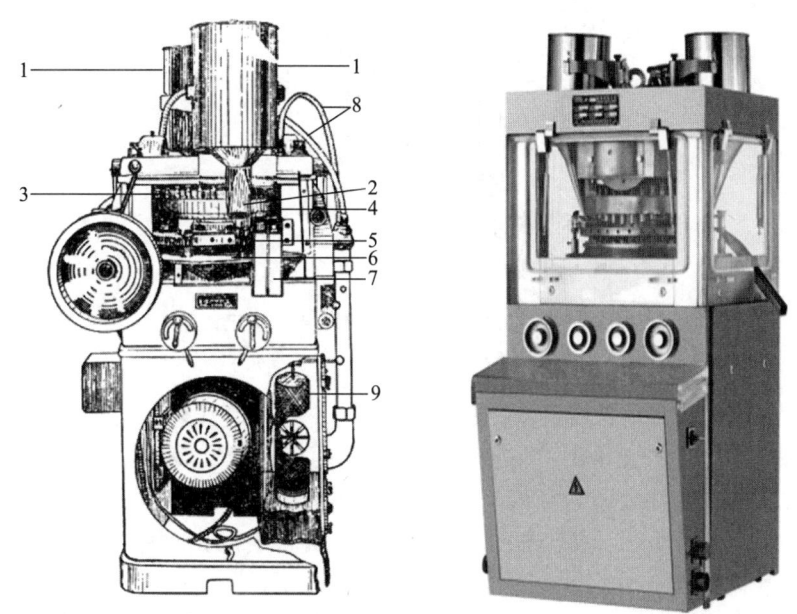

1- 加料斗　2- 饲料管　3- 上冲　4- 上冲转盘　5- 模型转盘
6- 下罩盖（下罩内有下冲转盘）　7- 出片处　8- 吸尘管　9- 集尘袋

图 6-28　多冲旋转压片机及其示意图

2）多冲旋转式压片机工作原理：动力由电机输出，通过无极调整轮输送到三角皮带轮，再通过传动轴附离合器中的摩擦轮带动蜗杆轴，经蜗杆传给转盘下方的蜗轮，从而带动转盘转动。冲杆一方面随转盘一起做圆周运动，另一方面沿固定的上下导轨做升降运动，经过加料装置、填充装置、压片装置等机构完成加料、填充、压片、出片等连续的工艺过程。

3）多冲旋转式压片机的压片过程：①加料：当下冲在加料斗下面时，药粉填入模孔中。②填充：当下冲运行至片重调节器的上面时略有上升，被刮粉器的最后一格刮平，再把多余的药粉推出。③压片：在下冲运行到下压轮上面的同时，上冲运行到上压轮的下面，两者距离最小，这时模孔内药粉受压成型。④出片：压成片后，上、下冲分别沿轨道上升，当下冲运行到出片调节器的上方时，则将片推出模孔，经刮片器推开，导入盛装器中，如此反复进行，如图 6-29 所示。

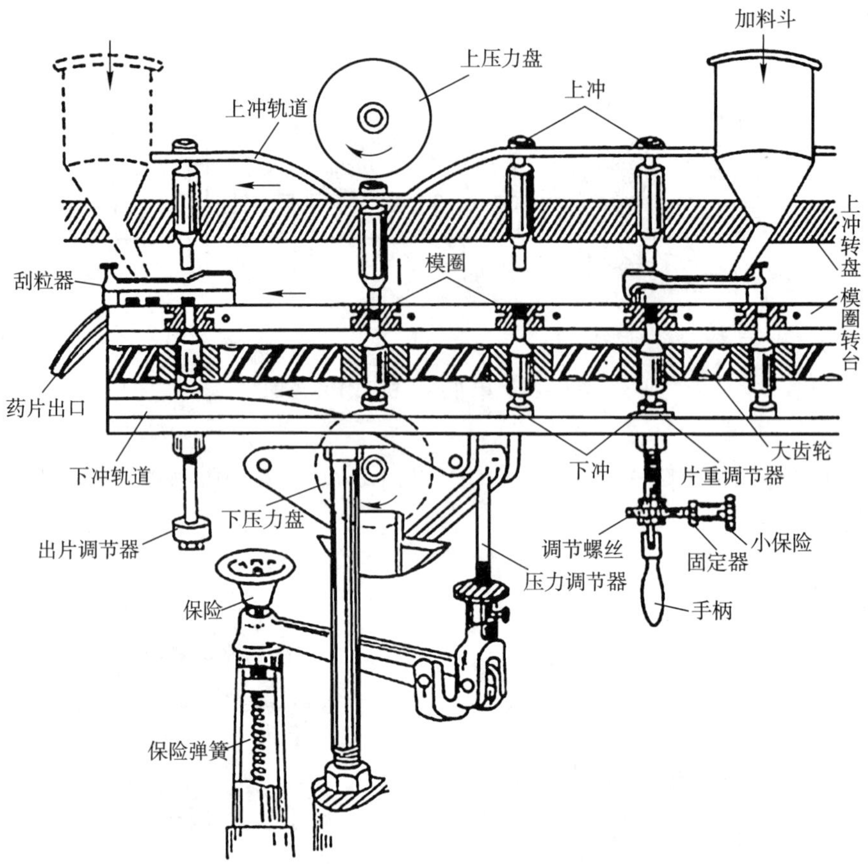

图 6-29 多冲旋转式压片机压片过程示意图

目前国内生产中使用较多的 33 冲压片机为双流程，它有两套压轮，每冲旋转一圈可压成两个药片，产量较高，每分钟可生产 1 000～1 600 片，又由于两套压轮交替加压，减少了机器的振动和噪声。双流程旋转式压片机的冲数皆为奇数。51 冲、55 冲压片机是效率更高的高速压片机，目前已在国内部分药厂应用，压片速度可以高达 50 000 片/分钟，并能自动剔除片重过大或过小的药片。

3. 片剂成形的影响因素

（1）药物的可压性：任何物质都兼有一定的塑性和弹性，若其塑性较大，则称其为可压性好，压缩时主要发生塑性变形，易于固结成型；若弹性较强，则可压性差，即压片时所产生的形变趋向于恢复到原来的形状，致使片剂的结合力减弱或瓦解，发生裂片和松片等现象。这种弹性复原现象可以用弹性复原率定量地加以测定，其计算公式（6-8）如下：

$$弹性复原率 = \frac{H_t - H_0}{H_0} \times 100\% \quad (6-8)$$

式中，H_t 为片剂推出模孔后的高度，可用卡尺方便地量出；H_0 为片剂被加压成形时的高度，可用位移传感器与应变仪联合应用而测得。

（2）药物的熔点及结晶形态：药物的熔点较低有利于"固体桥"的形成，但熔点过低，压片时容易黏冲；立方晶系的结晶对称性好、表面积大，压缩时易于成型；鳞片状或针状结晶容易形成层状排列，所以压缩后的药片容易分层裂片，不能直接压片；树枝状结晶易发生变形而且相互嵌接，可压性较好，易于成型，但缺点是流动性极差。

（3）黏合剂和润滑剂：一般而言，黏合剂的用量越大，片剂越易成型，但应注意避免硬度过大而造成崩解、溶出的困难；润滑剂在其常用的浓度范围以内，对片剂的成型影响不大，但由于润滑剂往往具有一定的疏水性，当其用量继续增大时，会过多地覆盖于颗粒的表面，使颗粒间的结合力减弱，造成片剂的硬度降低。

（4）水分：颗粒中含有适量的水分或结晶水，有利于片剂的成型。这是因为干燥的物料往往弹性较大，不利于成型，而适量的水分在压缩时被挤到颗粒的表面形成薄膜，起到一种润滑作用。另外，这些被挤压到颗粒表面的水分，可使颗粒表面的可溶性成分溶解，当压成的药片失水后，发生重结晶现象而在相邻颗粒间架起了"固体桥"，从而使片剂的硬度增大。当然，颗粒的含水量也不能太多，否则会造成黏冲现象。

（5）压力：一般情况下，压力愈大，颗粒间的距离愈近，结合力愈强，压成的片剂硬度也愈大，但当压力超过一定范围后，压力对片剂硬度的影响减小。加压时间延长有利于片剂成型，并使之硬度增大。单冲压片机属于撞击式压片，加压时间很短，所以极易出现裂片（顶裂）现象；旋转式压片机的加压时间较长，因而不易裂片；近年来发展的"多次压片机"，可使加压时间由 0.05 s 延长到 0.22 s，因而极少出现裂片。

七、包衣

包衣是现代制药最重要，也是最前沿的工艺之一。在固体制剂中，有很多药品通过包衣改变药物释放特性，如缓释、控释、肠溶、结肠定位、脉冲释放等，或者达到掩味、防潮、提高稳定性、改善外观等目的。

（一）概念

包衣（coating）指在特定的设备中按特定的工艺将糖料或其他能成膜的材料涂覆在药物固体制剂的外表面，使其干燥后成为紧密黏附在表面的一层或数层不同厚薄、不同弹性的多功能保护层的操作。多用于片剂包衣，有时也用于颗粒或微丸的包衣。

（二）包衣目的

对制剂进行包衣的主要目的如下。

（1）控制药物在胃肠道的释放部位：例如，在胃酸、胃酶中不稳定的药物（或对胃有强烈刺激性的药物），可以制成肠溶衣片，使其在小肠中释放出来，避免了胃酸、胃酶对药物的破坏。

（2）控制药物在胃肠道中的释放速度：半衰期较短的药物，制成片芯后，以适当的材料包衣，通过调整包衣膜的厚度和通透性，即可控制药物释放速度，达到缓释、控释、长效的目的。

（3）掩盖苦味或不良气味：例如，将小檗碱包成糖衣片后，即可掩盖其苦味，方便服用。

（4）防潮、避光、隔离空气以增加药物稳定性：例如，降糖药培利格列扎易受酸碱催化降解，采用包衣法制备成含药片剂后，其稳定性得到显著改善。

（5）防止药物的配伍变化：例如，可以将两种药物分别制粒、包衣后，再进行压片，从而避免两者的直接接触。

（6）改善片剂的外观和光洁度：例如，有些药物制成片剂后，外观不好（尤其是中草药的片剂），包衣后可使片剂的外观显著改善。

（三）包衣类型

按包衣材料和工艺的不同，包衣有糖包衣、薄膜包衣和压制包衣等类型。实际生产中，前两种最为常用。其中薄膜包衣又分为胃溶型、肠溶型和水不溶型三种。

无论包制何种衣膜，都要求片芯具有适当的硬度，以免在包衣过程中破碎或缺损；同时也要求片芯具有适宜的厚度与弧度，以免片剂互相黏连或衣层在边缘部断裂。

（四）包衣工艺

1. 糖衣包衣　糖包衣是指用蔗糖为主要包衣材料的传统包衣工艺。虽然具有操作时间长、所需辅料多等缺点，但由于用料便宜易得且操作设备简单，糖衣包衣工艺是目前国内外应用仍然较为广泛的一种包衣方法，尤其是中药片剂的包衣。工艺流程如图6-30所示。

图6-30 糖衣包衣法操作工艺流程图

在各个操作步骤中所采用的材料也有所不同：

（1）隔离层：隔离层是在片芯外起隔离作用的衣层，可防止包衣溶液中的水分透入片芯。常用材料有玉米朊乙醇溶液、邻苯二甲酸醋酸纤维素乙醇溶液以及明胶浆等。隔离层一般包3~5层，每层需要干燥约30 min。

（2）粉衣层：粉衣层主要是通过润湿黏合剂和撒粉将片芯边缘的棱角包圆的衣层。润湿黏合剂常用明胶、阿拉伯胶或蔗糖的水溶液，撒粉则常用滑石粉、蔗糖粉。一般要包15~18层，直至片剂的棱角消失。

（3）糖衣层：包粉衣层后片面比较粗糙、疏松，在粉衣层外包上一层蔗糖衣，使其表面光滑、细腻。糖衣层用料主要是适宜浓度的蔗糖水溶液。包完粉衣层的片芯，加入稍稀的糖浆，逐次减少用量，在40℃下缓缓吹风干燥，一般要包10~15层。

（4）有色糖衣层：为增加美观或遮光，或便于识别，可在糖衣层外再包有色糖衣。同包糖衣层的工序完全相同，应先加浅色糖浆，再逐层加深，以防出现色斑。为防止可溶性成分在干燥过程中迁移，目前多用色淀。一般需包制8~15层。

（5）打光：在糖衣最外层涂上一层极薄的蜡层，以增加光泽，兼有防潮作用。国内一般用川蜡；用前需要精制，即加热至80~100℃熔化后过100目筛，并掺入2%硅油混匀，冷却，粉碎，取过80目的细粉待用。

2. 薄膜包衣 薄膜包衣是指在片剂、颗粒或其他粒子等固体剂型上包裹高分子聚合物薄膜，膜的厚度通常为20~100 μm。与糖衣包衣工艺相比，薄膜包衣具有以下优势：包衣后片重增加小；包衣所用时间短；操作相对简便；包衣后对崩解及药物溶出影响小；片面上可以印字等。

具体操作过程如下：在包衣锅内装入适当形状的挡板，以利于片芯的转动与翻动；将片芯放入锅内，喷入一定量的薄膜衣材料溶液，使片芯表面均匀润湿。吹入缓和的热风（温度40℃左右），使溶剂蒸发。干燥过程不能过快，以免衣膜产生"皱皮"或"起泡"现象；也不能干燥过慢，否则会出现"黏连"或"剥落"现象。包衣与干燥过程要重复若干次，直至达到一定的厚度为止。在室温或略高的温度下自然放置6~8 h，使之固化完全。为完全除尽残余的有机溶剂，要在50℃条件下干燥12~24 h。

（1）薄膜衣的材料：通常由高分子包衣材料、增塑剂、释放调节剂、增光剂、固体物料、色料和溶剂等组成。

1）高分子包衣材料：按衣层的作用可将高分子成膜材料分为普通型、缓释型和肠溶型三大类。一是普通型：主要用于防潮和防止粉尘污染等。主要包括一些纤维素衍生物，如羟丙基甲基纤维素（HPMC）、羟丙基纤维素（HPC）等。HPMC较为常用，其易在胃液中溶解，对药物崩解和溶出影响小，成膜性好，形成的薄膜强度适宜。二是缓释型：主要用于调节药物的释放速度，这类材料常为在水中或在整个生理pH范围内不溶的高分子材料。常用材料包括丙烯酸树脂（Eudragit RS，Eudragit RL系列）、乙基纤维素（EC）、醋酸纤维素（CA）等。其中乙基纤维素应用较为广泛，且显示出良好的缓释效果。乙基纤维素与醋酸纤维素常与HPMC或PEG混合使用，以产生致孔作用，使药物溶液易于扩散。三是肠溶型：肠溶聚合物有耐酸性，只能在肠液中溶解，可实现药物的肠定位释放。常用的肠溶性材料有醋酸纤维素酞酸酯（CAP）、聚乙烯醇酞酸酯（PVAP）、羟丙基甲基纤维素酞酸酯（HPMCP）、丙烯酸树脂（Eudragit S100、Eudragit L100）及醋酸琥珀酸羟丙基纤维素酯等。邻苯二甲酸醋酸纤维素又名醋酸纤维素酞酸酯（CAP），是目前应用最广的肠溶性包衣材料。而 HPMCP 和 HPMCAS 均为近年来发展的新材料，稳定性较 CAP 好。

2）增塑剂（plasticizer）：是指能改变高分子薄膜物理机械性质，从而增加其可塑性的材料。增塑剂因与成膜材料具有一定的化学相似性，可依靠较强的亲和力插入聚合物分子链间，削弱链间的相互作用力，增加链的可动性，从而增加链的柔韧性。纤维素材质常用的增塑剂有甘油、丙二醇、PEG 等，一般带有羟基；脂肪族非极性聚合物的增塑剂有甘油单醋酸酯、甘油三醋酸酯、蓖麻油、液体石蜡等。

3）释放调节剂：也称致孔剂（pore-forming agent）。在水不溶性薄膜衣中加有水溶性物质后，遇水可溶解形成多孔膜，从而控制药物的释放速度。常见的水溶性致孔剂有蔗糖、氧化钠、表面活性剂和 PEG 等。选用的薄膜材料不同，使用的致孔剂也不同。如吐温、司盘、HPMC 可作为乙基纤维素薄膜衣的致孔剂；黄原胶可作为甲基丙烯酸酯薄膜衣的致孔剂。

4）固体物料：在包衣过程中有些聚合物的黏性过大，需适当加入固体粉末以防止颗粒或片剂的黏连，如滑石粉、硬脂酸镁、微粉硅胶等。

5）色素（pigment）：加入色素的主要目的有：①便于鉴别，满足包衣后产品美观要求；②也有遮光等特殊作用。但是加入色素后可能降低薄膜的拉伸强度，使薄膜弹性模量增加并会减弱薄膜的柔性。因此需慎重添加。

6）溶剂：溶剂的作用是将成膜材料均匀分布到片剂的表面，溶剂挥发，成膜材料在片剂表面成膜。溶剂应有良好的溶解性，形成的溶液有适宜的黏度，有适宜的蒸发速度等。常用的溶剂有乙醇、异丙醇、甲醇等，水溶性成膜材料可用水作溶剂。

（2）聚合物水分散体：是将水不溶性聚合物材料以 10 nm～1 μm 的粒子形式分散在水介质中形成的胶体分散系，亦称为水分散体乳胶液。水分散体除避免使用有机溶剂外，还具有含量高、黏度低的优点，对包衣的产业化具有重要的意义。

1）聚合物水分散体的成膜机制：水分散体包衣是将水分散体材料配制成一定浓度的包衣液后，再喷洒到片剂的表面。在初期，聚合物粒子黏附于片剂表面，首先形成一个不连续的膜。经热处理时，水分开始蒸发，这些粒子会紧密接触、变形、凝聚、融化，使缝隙消失（临界包衣水平）。最后形成聚合物粒子彼此相连的连续膜。上述过程需要经历四个阶段：①片剂表面形成的乳胶膜失水；②聚合物粒子由水膜分开，形成致密的粒子排列，粒子周围水膜的毛细管作用极大加速了这个过程；③粒子变形；④聚合物粒子扩散形成薄膜。

2）常见新型聚合物水分散体：为方便包衣过程，可通过调整包衣聚合物材料单体的种类，添加辅助成分和控制聚合反应的条件，制备成新型聚合物水分散体。常见新型聚合物水分散体有：① Kollicoat® SR 30D：分散体是由聚乙酸乙烯酯（27%）、聚乙烯吡咯烷酮（2.5%）和十二烷基硫酸钠（SDS，0.3%）乳化聚合而成。由于含有 SDS，分散体的黏度较低而稳定性较高。该分散体的最低成膜温度为 18℃，包衣时无须再加塑化剂，也不需要进行老化处理。② Eudragit® FS 30D：分散体是由丙烯酸甲酯、甲基丙烯酸甲酯和异丁烯酸以 7:3:1（W/W）比例聚合而成的阴离子水分散体，同时含有 SDS（0.3%）和吐温 80（1.2%）。该水分散体形成的衣膜可在碱性介质中溶解，适于结肠定位释药制剂的包衣。③硅酮弹性体水分散体：水分散体是由羟基端封闭的聚二甲基硅氧烷（PDMS）聚合胶粒组成，固含量为 53%（W/W）。该水分散体在使用时无需加增塑剂，但需加入 PEG 等致孔剂调节药物释放。硅酮弹性体水分散体可用于控释制剂的包衣，致孔剂和二氧化硅等的加入量可显著影响包衣后制剂的释药特性。

（五）包衣设备与方法

1. 膜包衣装置 膜包衣装置大体可分为三大类：锅包衣装置、转动包衣装置、流化床包衣装置。

锅包衣装置主要用于片剂的包衣；转动包衣装置也可用于小丸的制备与包衣；流化床包衣装置适于微丸的包衣。

（1）锅包衣装置：此包衣过程是在包衣锅内完成的，故也称为锅包衣法。它是一种最经典又最常用的包衣方法，包括普通包衣锅法（普通滚转包衣法）、埋管包衣锅法及高效包衣锅法。

1）倾斜包衣锅：普通包衣锅法常用倾斜包衣锅。倾斜包衣锅为传统的锅转动型包衣机（图6-31）。其主要构造包括：莲蓬形或荸荠形的包衣锅、动力部分和加热鼓风及吸粉装置等三大部分。将片剂置于锅内，片剂在包衣锅口附近形成旋涡状的运动，将包衣液均匀地涂在每个片剂的表面。最后经反复喷洒和干燥获得包衣片。在实际操作中，要在加入包衣材料后加以搅动，否则可能使包衣衣层的重量和厚薄不一致。在生产实践中也常常采用加挡板的方法来改善药片的运动状态，以达到最佳的包衣效果。例如，Pellegrin包衣锅采用了渐进式挡板（integral buffle），显著地改善了包衣锅内的翻动效果。

2）埋管包衣锅：由于倾斜包衣锅内空气流通较差，干燥慢，工业上采用的改良方法是在物料层内插进喷头和空气入口。改良后的装置又称为埋管包衣锅（图6-32）。改良后的包衣锅底部装有输送包衣溶液、压缩空气和热空气的埋管。包衣溶液在压缩空气的带动下，由下向上喷至锅内的片剂表面，并由下部上来的热空气干燥。改良后的包衣方法不仅能防止喷液的飞扬，而且加快了物料的干燥速度，提高了劳动生产率。

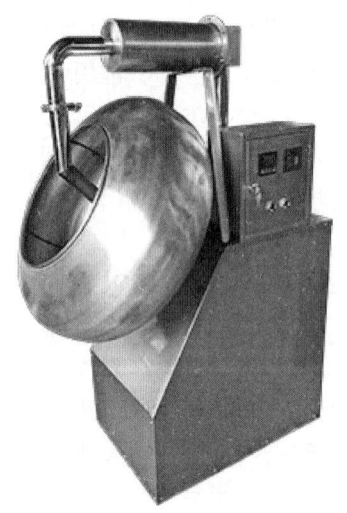

图6-31　倾斜包衣锅

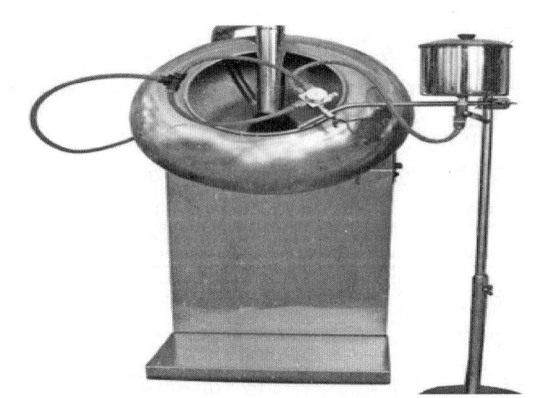

图6-32　埋管包衣锅

3）高效包衣锅：高效包衣锅是为进一步改善传统倾斜型包衣锅干燥能力差的缺点而开发出的新型包衣锅。按照包衣机锅型的不同，高效包衣机可分为网孔式、间隙网孔式和无孔式三类，可用于糖包衣和薄膜包衣。由于干燥速度快、包衣效果好，高效包衣锅已成为包衣装置的主流。

在高效包衣锅锅壁上装有带动片剂向上运动的挡板。包衣锅工作时，锅内的片剂将进行复杂的运动。在片剂运动过程中，安装在锅壁斜面上部的喷雾器将向片剂表面喷洒包衣液。而干燥空气则从转锅前面的空气入口进入，穿过片剂层从锅底的多孔板进入夹层而排出。

由于结构、原理与普通包衣锅不同，高效包衣锅具有以下特点：粒子运动不依赖空气流的运动，因此适合于片剂和较大的颗粒包衣；运行过程中可随意停止空气送入；粒子运动比较稳定，适合易磨损的脆弱粒子的包衣；装置可密闭，包衣卫生、安全、可靠；缺点是干燥能力相对较低，小粒子的包衣易黏连，应注意。

（2）转动包衣装置：转动包衣装置是在转动制粒机的基础上发展起来的，主要用于微丸的包衣。

包衣装置的容器盘旋转时，加到容器盘上的粒子层在旋转过程中将形成麻绳样旋涡状环流。喷雾装置安装于颗粒层斜面上部，将包衣液或黏合剂向粒子层表面定量喷雾，并由自动粉末撒布器撒布主药粉末或辅料。包衣液的喷雾和干燥交替反复进行，在粒子表面形成多层包衣，直至符合包衣要求。

转动包衣装置的特点：粒子运动主要依靠圆盘的机械运动，不需强的空气流，可减少粉末飞扬；由于粒子间剪切运动激烈（类麻花状），可减少粒子间的粘连，可用于微丸的包衣；在操作中可开启装置上盖直接观察粒子运动和包衣情况；粒子运动激烈，易磨损颗粒，不适合脆弱粒子的包衣；干燥能力相对较低，包衣时间较长。

（3）流化床包衣装置：常用的流化床包衣装置有三种形式：流化型、喷流型和流化转动型。

1）流化型包衣装置：流化型是流化床包衣装置的基本型，其构造以及操作与流化制粒设备基本相同。其特点是：粒子的运动主要依靠气流运动，因此干燥能力强，包衣时间短；装置为密闭容器，包衣卫生、安全、可靠。但是由于粒子运动较缓慢，大颗粒运动较难，小颗粒包衣易产生粘连。此外包衣液的喷雾装置设在流化层的上部，喷雾位置较高，包衣效果较差。

2）喷流型包衣装置：喷流型包衣装置的喷雾装置设在底部，并配有圆筒，可形成高强度的喷雾区。其特点是：喷雾区域的粒子浓度低，速度大，不易粘连，适合小粒子的包衣；可制成均匀、圆滑的包衣膜。缺点是容积效率低，大型机的放大制备有困难。

3）流化转动型包衣装置：流化转动型包衣装置的底部设有转动盘，包衣液由底部以切线方向喷入。其特点是：粒子运动激烈，不易粘连；干燥能力强，包衣时间短，适合比表面积大的小颗粒的包衣。缺点是设备结构复杂，价格高；粒子运动过于激烈，易磨损脆弱粒子。

2. 压制包衣设备 也称为干法包衣，是用包衣材料将片芯包裹后在压片机直接压制成型。该法适合于湿热敏感药物的包衣，也适于长效多层片的制备或配伍禁忌药物的包衣。一般采用两台压片机联合起来实施压制包衣，两台压片机以特制的传动器连接配套使用。为克服传统包衣机成本较高及片芯传递系统易造成无芯、双芯、移位等缺点，现在又进一步研制出一步干法压片机，从而简化了制备步骤，提高了包衣片的质量，节省了制备时间，具有良好的应用前景。使用本方法进行包衣的优点在于可以避免水分、高温对药物的不良影响，生产流程短、自动化程度高、劳动条件好，但对压片机械的精度要求较高，目前国内尚未广泛使用。近年来，干法包衣工艺发展较为迅猛，除了压制包衣外，静电干粉包衣、增塑剂干法包衣、增塑剂静电干粉包衣、热熔包衣等技术也被研究应用于药学领域。

（六）包衣质量要求与影响因素

1. 包衣质量要求 包衣片主要由片芯（素片）与包衣层组成，其质量要求如下。

（1）片芯：除符合一般片剂质量要求外，片芯应为片面呈弧形且棱角小的双凸片，以便包衣严密。此外还要求片芯的硬度较大、脆性较小，保证滚动时不破碎。包衣前应筛去碎片及片粉。

（2）包衣层：要求衣层均匀牢固，不与片芯药物发生作用；在有效期内应保持光亮美观，颜色一致；无裂片、脱壳现象；不影响药物的崩解、溶出和吸收。

2. 影响包衣的因素 包衣过程中要掌握锅温、喷量、粒子运动速度三者之间的关系，包衣操作常出现以下的问题。

（1）黏片：主要是由于喷量太快，破坏了溶剂蒸发平衡而使片剂相互黏连。可适当降低包衣液喷量，提高热风温度，加快锅的转速等。

（2）起皱：干燥不当或包衣液喷雾压力低会使喷出的液滴受热浓缩程度不均，从而造成衣膜出现波纹。应合理控制蒸发干燥速率，提高喷雾压力或更换衣料。

（3）起泡或架桥：架桥是指片上的刻字被衣膜掩盖，造成标志模糊。解决的办法是改进包衣液，放慢包衣喷速，降低干燥温度。

（4）出现色斑或喷霜：主要是由于配包衣液时搅拌不均匀、固体状物质细度不够、雾化效果差而引起的。可通过更改包衣液解决，配包衣液时应充分搅拌均匀，适当降低温度，缩短喷程，提高雾化效果。

（5）药片边缘磨损：若是由包衣液固含量选择不当、包衣机转速过快、喷量太小引起的。则应选择适当的包衣液固含量，适当调节转速及喷量的大小；若是因为片芯硬度太差所引起，则应改进片芯的配方及工艺。

（6）糖衣片黏锅：含糖量应恒定，一次用量不宜过多，锅温不宜过低。

八、工业化连续制造

（一）概述

药品连续制造（continuous manufacturing，CM）是指将原料连续地输入和转换，而加工后的输出材料连续地从系统中移出的过程。其中，"系统"是指由两个或更多单元操作组成的集成。连续制造是新时代制药工业智能制造重要发展方向之一，理论上既可以应用于原料或原液，也可以应用于制剂。

连续制造起始于 2019 年 2 月，美国 FDA 发布《连续制造的质量考量行业指南草案》，阐述小分子口服固体制剂的连续制造质量。2021 年 7 月，ICH 发布了《Q13：原料药和制剂的连续制造》指南征求意见稿，适用于化学实体和治疗性蛋白的原料药和制剂的连续制造。2021 年 10 月，我国国家药品监督管理局药品审评中心官网发布关于公开征求 ICH Q13 意见的通知，连续制造技术开始在中国落地实施。

（二）连续制造的生产工艺和设备

截至 2022 年 7 月，国际上共有 10 种采用连续制造生产模式的口服固体制剂被欧洲药品管理局（european medicines agency，EMA）等机构批准上市。其关键生产环节、生产设备和过程分析、技术监测点如图 6-33 所示。

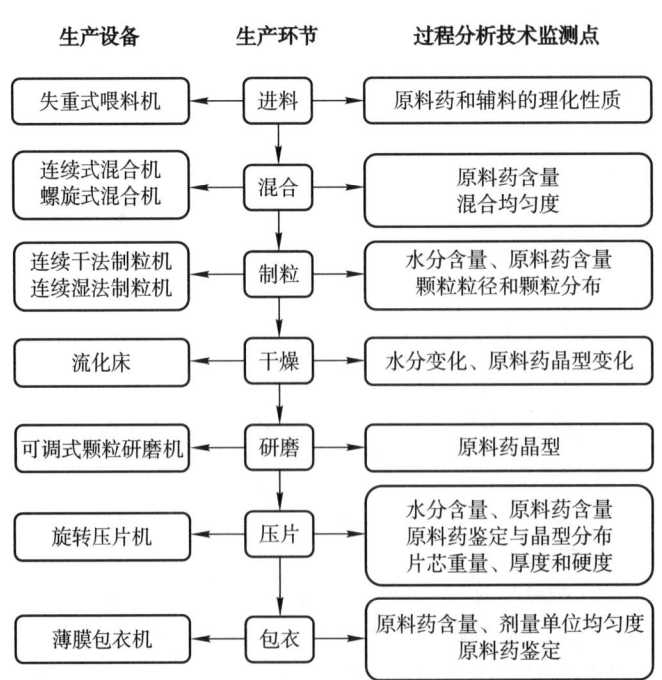

图 6-33 连续制造口服固体制剂关键生产环节、生产设备和过程分析、技术监测点

（三）连续制造技术的特点

与传统批量制造模式相比，连续制造将各个单元生产环节组合为连续生产线，这种生产模式具备以下优势：①生产效率高。连续制造的所有操作都在同一地点的同一设备上进行，中间体不需要在不同车间转运，因此生产步骤连续无间歇，消除了传统批量生产模式中步骤间的停顿，提高了生产效率。②连续制造通过实时过程监控，减少对成品检验的依赖和人为判断错误的机会，提高了药品质量。③降低了生产和维护成本，提高了设备的利用率和新工艺的研发过程。④缩短了供应链。端到端的连续制造生产模式可以显著加速供应链的运行，并降低存储和中间运输成本。⑤更适合小众或个性化产品，可以实现个性化制造，如将活性成分打印或喷到剂型上，降低缺货风险。⑥减少了对环境的影响，如减少了溶剂、能源和原材料的用量，从而减少了浪费，拥有更高的收益率。⑦物料搬运和接触少，更容易清洗等。

第三节 固体制剂各论

一、散剂

散剂作为最古老的传统剂型之一，临床应用已有千年的历史，古代《伤寒论》《黄帝内经》和《神农本草经》中均对其进行了大量的记载。目前，散剂在中药药品中的应用比化学药品中更为广泛，如七厘散、八味清心沉香散等。散剂除了可直接作为剂型用于患者使用，同时也是其他剂型（颗粒剂、胶囊剂、片剂、混悬剂等）制备过程中的中间体。因此，散剂的制备技术与要求具有普遍意义。

（一）散剂的定义

散剂（powder）指原料药物或与适宜的辅料经粉碎、筛分、均匀混合制成的干燥粉末状制剂，可供内服和外用。

（二）散剂的特点

散剂是固体剂型中分散程度最大的制剂，其特点有：①粉碎程度大，粒径小，比表面积较大，易分散、奏效快；②覆盖面大，对创伤可起保护和收敛作用，同时具有吸收分泌物促进凝血和愈合的作用；③制法简便，剂量易于控制，可随症增减，便于小儿服用；④贮存、运输、携带比较方便。但由于药物粉碎后比表面较大，因此其嗅味、刺激性、吸湿性及化学活性等也随之增加，使部分药物易发生变质，因此，一些刺激性、腐蚀性强、易吸潮变质、易风化、挥发性成分较多，以及不稳定的药物不宜配成散剂。

（三）散剂的分类

散剂的分类方法很多，一般按其用途、组成、性质及剂量分类。

（1）按医疗用途分类：可分为内服散剂、外用散剂和煮散剂。内服散剂包括口服用散剂及吸入散剂等，口服散剂可用水、白汤、茶、米汤或酒直接冲服，如川芎茶调散、七厘散、阿奇霉素散剂等。外用散剂又包括撒布散剂、吹入散剂、牙用散剂及杀虫散剂等。撒布散剂一般将药物研成极细末，撒于患处，或用酒、醋、蜜等调敷于患处，如创伤用的拔毒生肌散、金黄散、达克宁散剂等。吹入散剂是将药物研成粉末，吹入鼻、耳、喉等体内腔道中发挥疗效，如吹耳散、双料喉风散。牙用散剂（也称牙粉）一般用于清洁牙齿或治疗牙疾，如牙痛散。杀虫散剂用于杀灭跳蚤、虱子、臭虫等。煮散剂指将药物粉碎成粒径较大的颗粒，以布包上散剂后煎服。

（2）按药物组成分类：可分为单散剂与复方散剂。单散剂系由一种药物组成，如蔻仁散、川贝散等。复方散剂系由两种或两种以上药物组成，如婴儿健脾散、活血止痛散等。

（3）按药物性质分类：可分为含剧毒药散剂，如九分散、丸一散等；含液体药物散剂，如蛇胆川贝散、紫雪散等；含共熔组分散剂，如白避瘟散、痱子粉等。

(4)按剂量分类：可分为单剂量散剂与多剂量散剂，前者系将散剂分成单独剂量由患者按包服用，如多数的内服散剂；后者系以总剂量形式发出，由患者按医嘱自己分取剂量，如多数的外用散剂。一般剧毒药散剂必须分剂量。

（四）散剂的组成

散剂中常需加入稀释剂以填充散剂的重量或体积。常用的稀释剂有乳糖、糖粉、淀粉、糊精、蔗糖、葡萄糖、甘露醇，以及无机物碳酸钙、磷酸钙、硫酸钙、白陶土、氧化镁等惰性物质。此外，散剂制备过程中粉末相互摩擦易产生静电，而不利于辅料混匀，常需加入少量具有抗静电作用的辅料，如表面活性剂十二烷基硫酸钠或润滑剂如硬脂酸镁、滑石粉、微粉硅胶等。

（五）散剂的制备

1. 散剂的制备工艺流程 一般按如下流程（图6-34）进行。

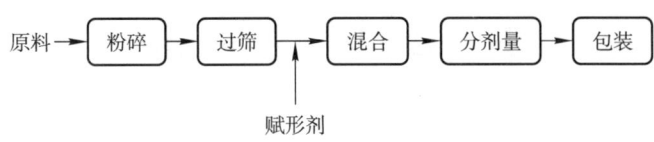

图6-34 散剂的制备工艺流程图

2. 散剂的单元操作 通常，固体物料在粉碎前，均应该进行相应的前处理。物料的前处理是指将物料加工成符合粉碎所要求的粒度和干燥程度等。此外，散剂制备方法中的粉碎、过筛、混合等单元操作也适合其他固体制剂的制备过程，在此仅就散剂要求的有关内容作一简要说明。

（1）粉碎与过筛：药物在制备成散剂之前一般均需进行适当粉碎，其目的是：增加药物有效面积、提高生物利用度；调节粉末流动性，改善不同药物粉末混合均匀性，降低药物刺激性等。

筛分是指借助筛网将粉碎后物料的粗粉和细粉进行分离的操作。其目的主要是：除去杂质，将粉碎后的物料按粒度大小进行分等，便于获得粒径均一的粉末，不同种物料一起过筛达到混合的目的。一般来说，散剂用途的不同，其要求粉碎所达到的粒径也有所不同，普通散剂能通过六号筛（100目，150 μm）的细粉含量不少于95%；难溶性药物、收敛剂、吸附剂、儿科或外用散剂能通过七号筛（120目，125 μm）的细粉含量不少于95%；眼用散剂应全部通过九号筛（200目，75 μm）等。对肺、鼻吸入型粉末，应根据人体生理特征、给药部位、药物特性（如密度）选择合适的粒度，过细粉末易随气流丢失，过粗粉末达不到病变部位，易产生刺激性，甚至阻塞给药通道（如肺支气管等）。

（2）混合：是指将两种及两种以上组分的物料相互交叉分散均匀的操作，是散剂制备的关键工艺。混合是制剂工艺中的基本工序之一，也是制备复方散剂（两种或两种以上药物）或稀释散剂（药物+赋形剂）的重要过程。混合具有保证药物含量均匀准确、制剂外观色泽一致的作用，尤其对于含有毒、剧毒或贵重药物的散剂来说，混合的意义更为重要。

（3）分剂量：是指将混匀的散剂按需要分成相等份数的过程或操作。常用的方法有以下几种。

1）目测法：亦称估分法，称取总量的散剂，以目测分成若干等分的方法。此法操作简便，但准确性差，适于药房临时调配少量普通药物散剂，不适用于毒性药或贵重细料药的散剂。

2）重量法：按规定剂量用手秤或天平逐包称量的方法。此法剂量准确，但操作麻烦、效率低、难以机械化。含毒性药及贵重细料药的散剂常用此法。

3）容量法：系目前应用最多的分剂量法，指用固定容量的容器进行分剂量的方法。常用的散剂分量器是以木质、牛角、金属或塑料制成的一种容量药匙。有的在匙内装有活动楔子，用以调节所需剂量。大量生产时用散剂自动分量机及散剂定量包装机。容量法适用于一般散剂分剂量，方便，效率高，且误差较小。容量法分剂量应注意粉末特性并保持铲粉条件一致，以减少误差。

（4）包装与储存环境：散剂包装与贮存重点在于防潮，由于散剂的比表面积较大，其吸湿性与风化性都比较显著,若由于包装与贮存不当而吸湿,则极易出现潮解、结块、变色、分解、霉变等一系列不稳定现象,严重影响散剂的质量以及用药的安全性。因此,散剂的吸湿特性及防止吸湿措施成为控制散剂质量的重要内容。在包装和贮存中应解决好防潮问题。

1)散剂的吸湿性:临界相对湿度(CRH)是水溶性药物的特征参数(表6-4),空气的相对湿度高于物料的临界相对湿度时极易吸潮。

表6-4 某些水溶性药物的临界相对湿度(37℃)

药物名称	CRH值/%	药物名称	CRH值/%
果糖	53.5	柠檬酸钠	84
溴化钠(二分子结晶水)	53.7	蔗糖	84.5
盐酸毛果芸香碱	59	米格来宁	86
重酒石酸胆碱	63	咖啡因	86.3
硫代硫酸钠	65	硫酸镁	86.6
尿素	69	安乃近	87
柠檬酸	70	苯甲酸钠	88
安钠咖	71	对氨基水杨酸钠	88
维生素C	71	维生素B_1	88
无水柠檬酸	74	氨茶碱	92
六甲溴铵	75	烟酸胺	92.8
氯化钠	75.1	氯化钾	82.3
盐酸苯海拉明	77	葡醛内酯	95
水杨酸钠	78	半乳糖	95.5
乌洛托品	78	抗坏血酸	96
葡萄糖	82	烟酸	99.5

CRH是评价药物吸湿性强弱的主要指标,其测定方法是:称取一定量样品,在一定温度下,分别置于一系列不同湿度容器中,待样品达到吸湿平衡后,取出样品称重,求出样品在不同湿度中的吸水量,以相对湿度对吸水量作吸湿平衡曲线,若相对湿度增加到一定值,样品吸湿重量骤增,此时相对湿度为样品的CRH,即药品开始显著吸湿的相对湿度。

测定CRH有如下意义:①CRH值可作为药物吸湿性指标,一般CRH愈大,愈不易吸湿;②为生产、贮藏的环境提供参考,应将生产及贮藏环境的相对湿度控制在药物的CRH值以下,以防止吸湿;③为选择防湿性辅料提供参考,一般应选择CRH值大的物料作辅料。

在药物制剂的处方中多数为两种或两种以上的药物或辅料的混合物。水溶性物质的混合物吸湿性更强,根据Elder假说,混合物的CRH约等于各组分CRH的乘积,即$CRH_{AB} \approx CRH_A \times CRH_B$,而与各组分的比例无关。式中,$CRH_{AB}$为A与B物质混合后的临界相对湿度;$CRH_A$和$CRH_B$分别表示A物质和B物质的临界相对湿度。根据上述公式可知,水溶性药物混合物的CRH值比其中任何一种药物的CRH值低,更易于吸湿。例如,葡萄糖和水杨酸钠的CRH值分别为82%和78%,按上述计算,两者混合物的CRH值为64.0%,此值提示:混合与保存必须在低于混合物CRH(64.0%)的环境下进行才能有效地防止吸潮。

非水溶性药物无特定的CRH值,仅是表面吸附水蒸气,混合时,混合物料吸湿量具有加和性。

2）散剂的包装材料、包装方法

① 包装材料：除另有规定外，散剂应采用不透性包装材料。常用的包装材料种类繁多，包括包药纸（包括光纸、玻璃纸、蜡纸等）、塑料袋、玻璃管等。不同的包装材料具有不同的透湿系数（P）（表6-5），P值越小，防湿性能越好。例如，包药纸中的有光纸适用于性质较稳定的普通药物，不适用于吸湿性的散剂；玻璃纸适用于含挥发性成分和油脂类的散剂，不适用于引湿性、易风化或易被二氧化碳等气体分解的散剂；蜡纸适用于包装易引湿、风化及二氧化碳作用下易变质的散剂，不适用于包装含冰片、樟脑、薄荷脑、麝香草酚等挥发性成分的散剂。塑料袋的透气性、透湿性较差，极大限制了其使用范围。玻璃管或玻璃瓶密闭性好，本身性质稳定，适用于包装各种散剂。

表6-5 一些包装材料的透湿系数 P

名称	P值	名称	P值
蜡纸A	3	滤纸	1230
蜡纸B	12	聚乙烯	2
蜡纸C	22	聚苯乙烯	6
亚麻仁油纸	160	聚乙烯丁醛	30
桐油纸	190	硝酸纤维素	35
玻璃纸	222	醋酸乙烯	50
硫酸纸	534	聚乙烯醇	270

② 包装方法：分剂量散剂可用各式包药纸包成五角包、四角包及长方包等，也可用纸袋或塑料袋包装。非分剂量的散剂可用塑料袋、纸盒、玻璃管或瓶包装。玻璃管或瓶装时可加盖软木塞用蜡封固，或加盖塑料内盖。用塑料袋包装，应热封严密。有时在大包装中亦可装入硅胶等干燥剂。复方散剂用盒或瓶装时，应将药物填满、压紧，否则在运输过程中往往由于组分密度不同而分层，以致破坏了散剂的均匀性。

3）散剂的贮存环境：为保证散剂不吸湿，散剂应密闭贮存，含挥发性或易吸湿性药物的散剂，应密封贮存。除防潮、防挥发外，温度、微生物及光照等对散剂的质量均有一定影响，应予以重视。

（六）应用举例

例6-1：多索茶碱散剂

【处方】多索茶碱2.0 g、蔗糖37.5 g、甜菊素0.4 g、薄荷脑0.1 g。

【制法】取多索茶碱，蔗糖，甜菊素和薄荷脑分别粉碎过120目筛备用，称取处方量的多索茶碱，蔗糖，甜菊素和薄荷脑充分混合均匀，测定中间体质量，合格后分装入铝箔袋中，即得。

【注解】多索茶碱为一新型甲基黄嘌呤衍生物，临床主要用于慢性支气管炎和支气管哮喘。其作用特点是抑制中枢及外周的磷酸二酯酶，使cAMP增加，发挥其抗支气管痉挛作用。多索茶碱味极苦，其中只有甜菊素和蔗糖搭配能起到很好的矫味效果，并能提高患者服药的顺应性。本品制成散剂用于儿科，克服了该品制成液体制剂必须加防腐剂才能长期保存的困难，避免了液体制剂因加入防腐剂带来的安全隐患，因此值得推广。本制剂制备处方简单，工艺稳定，有关物质和含量测定方法简便，结果准确。

例6-2：复方明矾散

【处方】白矾250 g、薄荷油30 g、液化苯酚60 g、硼酸加至1 000 g。

【制法】取硼酸、白矾粉碎，过筛，混合。加薄荷油、液化苯酚混合均匀，过筛，即得。

【注解】本品具有清洁、杀菌、消炎作用，临床上适用于念珠菌感染、细菌性阴道炎。

例 6-3：复方呋喃唑酮散

【处方】呋喃唑酮 50 g、甘草锌 30 g、维生素 C 2.5 g、强的松 0.1 g、盐酸丁卡因 0.5 g。

【制备】将呋喃唑酮、维生素 C、强的松分别置乳钵研成细粉过筛，加其余药，研磨过筛混匀，置密闭小瓶内保存。

【注解】此配方中的呋喃唑酮是硝基杂环类抗菌药物，对葡萄球菌、大肠杆菌、幽门弯曲菌、沙门氏杆菌等细菌有明显的抗菌作用；甘草锌能促进局部溃疡愈合；维生素 C 能促进胶原纤维及糖胺聚糖的合成，而且能抑制透明质酸和纤维蛋白酶，以保持细胞间质的完整，促进伤口愈合；盐酸丁卡因的局部麻醉作用，可减轻疼痛，尤其适用于小儿。此散剂副作用小，仅有 2 例患者使用后出现恶心、呕吐等胃肠道症状，停药后症状消失。

例 6-4：小儿惊风散

【处方】全蝎 130 g、炒僵蚕 224 g、雄黄 40 g、朱砂 60 g、甘草 60 g。

【制法】将雄黄、朱砂分别采用水飞法制成极细粉；其余全蝎等三味药粉碎成细粉，与上述粉末配研，过筛，混匀，即得。

【注解】本品为口服散剂，性状为橘黄色或棕黄色的粉末；气特异，味甜咸。用于小儿惊风，抽搐神昏。

例 6-5：复方珍珠散

【处方】煅石决明 750 g、龙骨（煅）150 g、煅白石脂 90 g、煅石膏 60 g、珍珠 7.5 g、人工麝香 7.5 g、冰片 30 g。

【制法】除人工麝香、冰片外，珍珠水飞或粉碎成极细粉；其余煅石决明等四味药粉碎成细粉；人工麝香、冰片分别研细，与上述粉末配研，过筛，混匀，即得。

【注解】本品为外用散剂，取药粉适量，敷患处。性状为白色至淡灰色的粉末，气微香。具有收湿敛疮，生肌长肉的作用。用于热毒蕴结所致的溃疡，症见疮面鲜活、脓腐将尽。

（七）散剂的质量检查

《中国药典》（2025 年版）中散剂的质量检查项目，主要有：

1. **粒度** 除另有规定外，化学药局部用散剂和用于烧伤或严重创伤的中药局部用散剂及儿科用散剂，按照下述方法检查，应符合规定。

检查法：除另有规定外，取供试品 10 g，精密称定，照通则中粒度和粒度分布测定法测定。化学药散剂通过七号筛（中药通过六号筛）的粉末重量，不得少于 95%。

2. **外观均匀度** 取供试品适量，置光滑纸上，平铺约 5 cm^2，将其表面压平，在明亮处观察，应色泽均匀，无花纹与色斑。

3. **水分** 中药散剂照通则中水分测定法测定，除另有规定外，不得超过 9.0%。

4. **干燥失重** 化学药和生物制品散剂，除另有规定外，取供试品，照通则中干燥失重测定法测定，在 105℃ 干燥至恒重，减失重量不得过 2.0%。

5. **装量差异** 单剂量包装的散剂，按照下述方法检查，应符合规定。

检查法：除另有规定外，取供试品 10 袋（瓶），分别精密称定每袋（瓶）内容物的重量，求出内容物的装量与平均装量。每袋（瓶）装量与平均装量相比较（凡有标示装量的散剂，每袋（瓶）装量应与标示装量相比较），按表 6-6 中的规定，超出装量差异限度的散剂不得多于 2 袋（瓶），并不得有 1 袋（瓶）超出装量差异限度的 1 倍。

6. **装量** 除另有规定外，多剂量包装的散剂，照通则中最低装量检查法检查，应符合规定。

7. **无菌** 除另有规定外，用于烧伤（除程度较轻的烧伤 I 度或浅 II 度外）、严重创伤或临床必须无菌的局部用散剂，照通则中无菌检查法检查，应符合规定。

8. **微生物限度** 除另有规定外，照通则中非无菌产品微生物限度检查：微生物计数法和控制菌

表 6-6　散剂装量差异限度要求

平均装量或标示装量	装量差异限度（中药、化学药）	装量差异限度（生物制药）
0.1 g 或 0.1 g 以下	±15%	±15%
0.1 g 以上至 0.5 g	±10%	±10%
0.5 g 以上至 1.5	±8%	±7.5%
1.5 以上至 6.0	±7%	±5%
6.0 以上	±5%	±3%

凡规定检查含量均匀度的化学药和生物制品散剂，一般不再进行装量差异的检查。

检查法及非无菌药品微生物限度标准检查，应符合规定。凡规定进行杂菌检查的生物制品散剂，可不进行微生物限度检查。

二、颗粒剂

颗粒剂是在溶液剂、汤剂、糖浆剂基础上发展起来的剂型，能有效解决前者携带不便、储存困难、稳定性差等缺陷。颗粒剂也可作为中间剂型，进一步制得常规以及缓释、控释胶囊剂和片剂。《中国药典》收载的颗粒剂以中药颗粒剂为主体，在 1977 年版《中国药典》中首次收载，起初以"冲剂"命名。随着粒度、硬度、水分等质量标准的逐步完善；提取、纯化、浓缩、成型工艺的快速提升；制粒新设备的引入；以及辅料应用、掩味技术研究等的不断深入，中药颗粒剂向着多剂型（包衣型、泡腾型、吞服型、无糖型等）高质量快速发展，呈现口服方便、计量准确、方便保管、易于吸收、安全性高的优势。

（一）颗粒剂的定义

颗粒剂（granule）指原料药物与适宜的辅料混合制成具有一定粒度的干燥颗粒状制剂。《中国药典》（2025 年版）规定的粒度范围是不能通过一号筛（200 μm）的粗粒和通过四号筛（250 μm）的细粒的总和不能超过 8.0%。日本药局方还收载细粒剂（fine granule），其粒度是 105～500 μm。

（二）颗粒剂的特点

颗粒剂与散剂相比具有以下特点：①飞散性、附着性、团聚性、吸湿性等均较小；②多种成分混合后用黏合剂制成颗粒，防止产生离析现象；③必要时对颗粒进行包衣，根据包衣材料的性质可使颗粒具有防潮性、缓释性或肠溶性等；④贮存、运输方便。

（三）颗粒剂的分类

颗粒剂既可直接吞服，又可冲入水中饮服。根据颗粒剂在水中的溶解情况，可分类为可溶性颗粒剂、混悬型颗粒剂及泡腾性颗粒剂。近年来，还增加了肠溶颗粒、缓释颗粒和控释颗粒。

1. 混悬颗粒　混悬颗粒（suspended granule）指难溶性原料药物与适宜辅料混合制成的颗粒剂。临用前加水或其他适宜的液体振摇即可分散成混悬液。除另有规定外，混悬颗粒剂应进行溶出度检查。由于对物理稳定性无特殊要求，一般不需加入助悬剂、絮凝剂及反絮凝剂等辅料。

2. 泡腾颗粒　泡腾颗粒（effervescent granule）指含有碳酸氢钠和有机酸，遇水可放出大量二氧化碳气体而呈泡腾状的颗粒剂。泡腾颗粒剂在服用前在水中发生酸碱反应，崩解迅速，有利于提高生物利用度，且非常适用于小孩、老人和吞咽困难的患者。有机酸一般用柠檬酸、酒石酸等。

3. 肠溶颗粒　肠溶颗粒（gastro-resistant granule）指采用肠溶材料包裹颗粒或其他适宜方法制成的颗粒剂。肠溶颗粒耐胃酸而在肠液中释放活性成分或控制药物在肠道内定位释放，可防止药物在胃内分解失效，或避免对胃的刺激。

4. 缓释颗粒 缓释颗粒（sustained-release granule）指在规定的释放介质中缓慢地非恒速释放药物的颗粒剂。缓释颗粒应符合缓释制剂的有关要求，并应进行释放度检查。

5. 控释颗粒 控释颗粒（controlled-release granule）指在规定的释放介质中缓慢地恒速释放药物的颗粒剂。控释颗粒应符合控释制剂的有关要求，并应进行释放度检查。

（四）颗粒剂的制备

颗粒剂主要由药物与适当的稀释剂（如淀粉、蔗糖、乳糖、糊精等）、崩解剂（如淀粉、纤维素衍生物等）以及黏合剂组成。由于淀粉和纤维素衍生物兼具黏合和崩解两种作用，所以常用作颗粒剂的辅料。

1. 制备工艺流程 颗粒剂的制备工艺流程如图 6-35 所示，包括粉碎、过筛、混合、制粒、干燥等。

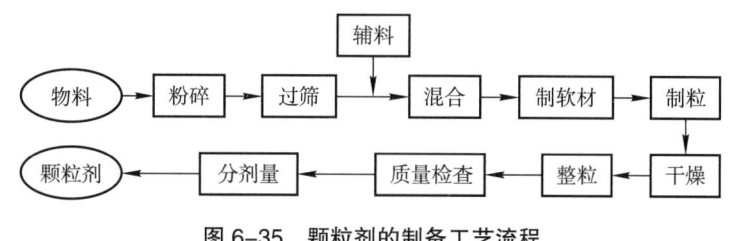

图 6-35 颗粒剂的制备工艺流程

干燥颗粒进一步经过整粒、质量检查和分剂量等即得到颗粒剂。

2. 整粒与分级 对干燥后的颗粒通过筛分法进行整理和分级，一方面使结块、粘连的颗粒散开，另一方面获得具有一定粒度的均匀颗粒。

3. 质量检查与分剂量 将制得的颗粒进行含量检查与粒度测定等，按剂量装入适宜袋中。颗粒剂的贮存与注意事项基本与散剂相同，主要是做好防潮工作，同时应注意均匀性，防止多组分颗粒的分层。

（五）应用举例

例 6-6：感冒颗粒剂

【处方】金银花 33.4 kg、大青叶 80 kg、桔梗 43 kg、连翘 33.4 kg、苏叶 16.7 kg、甘草 12.5 kg、板蓝根 80 kg、芦根 33.4 kg、防风 25 kg，制 10 000 袋。

【制备】①连翘、苏叶加 4 倍量水，提取挥发油备用；②其余 7 种药材与第①项残渣残液混合在一起，并凑足 6 倍量水，浸泡 30 min，加热煎煮 2 h；第 2 次加 4 倍量水，煎煮 1.5 h；第 3 次加 2 倍量水，煎煮 45 min；合并 3 次煎煮液，静置 12 h，上清液过 200 目筛，滤液待用；③滤液减压蒸发浓缩至稠膏状，停止加热，向稠膏中加入 2 倍量 75% 乙醇液，搅匀，静置过夜，上清液过滤，滤液待用；④滤液减压回收乙醇，并浓缩至稠膏状，加入 5 倍量的糖粉，混合均匀，加入 70% 乙醇少许，制成软材，过 14 目尼龙筛制粒，湿颗粒于 60℃ 干燥，干颗粒过 14 目筛整粒，再过四号筛（65 目）筛去细粉，在缓慢搅拌下，将第①项挥发油和乙醇混合液（约 200 mL）喷入干颗粒中，并密闭 30 min，然后分装、密封、包装即得。

【注解】本品为抗感冒药。用于治疗感冒、发热、咳嗽、咽喉炎、急性扁桃体炎等症。

例 6-7：复方丹参颗粒

【处方】丹参 1 350 g、三七 423 g、冰片 24 g，共制 1 000 g。

【制备】取以上三味，①丹参加乙醇加热回流 1.5 h，提取液滤过，滤液回收乙醇并浓缩至适量，备用；药渣加 50% 乙醇加热回流 1.5 h，提取液滤过，滤液回收乙醇并浓缩至适量，备用；药渣加水煎煮 2 h，煎液滤过，滤液滤过，滤液浓缩至适量，与上述各浓缩液合并，喷雾干燥制成干膏粉。

②三七粉碎成细粉，加入上述干膏粉和适量的糊精，混匀，制成颗粒，干燥。③冰片研细，用无水乙醇溶解，均匀地喷于颗粒上，包薄膜衣，制成 1 000 g，即得。

【注解】活血化瘀，理气止痛。用于气滞血瘀所致的胸痹，症见胸闷、心前区刺痛；冠心病，心绞痛见上述症候者。

例 6-8：小儿氨酚黄那敏颗粒

【处方】对乙酰氨基酚 125.0 g、人工牛黄 5.0 g、马来酸氯苯那敏 0.5 g、蔗糖 4 869.5 g、蒸馏水适量、柠檬酸适量、香精适量，共制 1 000 袋。

【制法】先将药物和辅料采用万能粉碎机分别进行粉碎，过 100 目筛。将对乙酰氨基酚和人工牛黄直接加入糖粉混匀后，再将马来酸氯苯那敏与柠檬酸溶于适量的蒸馏水中以溶液形式加入混合后的物料中。将混合好的物料放入槽型搅拌设备中，并在搅拌同时再加入 300 mL 蒸馏水作为黏合剂，搅拌 5 min 后制成软材。将制好的软材采用摇摆制粒机进行制粒，湿颗粒 60 ℃干燥 5 h 后，再使用摇摆制粒机进行整粒，最后将香精和其他辅料等与干颗粒采用 V 型混合设备进行总混 5 min 后，分装小袋，即得小儿氨酚黄那敏颗粒。

【注解】本品适用于缓解儿童普通感冒及流行性感冒引起的发热、头痛、四肢酸痛、打喷嚏、流鼻涕、鼻塞、咽痛等症状。在生产中，由于马来酸氯苯那敏的处方含量较小，仅有万分之一，不易混匀，其含量均匀度较差，给生产工艺带来一定的困难。

（六）颗粒剂的质量检查

颗粒剂的质量检查，除主要含量、外观外，《中国药典》（2025 年版）还规定了粒度、水分、干燥失重、溶化性以及装量差异等检查项目。

1. **粒度** 除另有规定外，按照粒度和粒度分布测定法测定，不能通过一号筛（2 000 μm）和能通过五号筛（180 μm）的总和不得过 15%。

2. **水分** 中药颗粒剂按照水分测定法测定，除另有规定外，水分不得超过 8.0%。

3. **干燥失重** 除另有规定外，化学药品和生物制品颗粒剂照干燥失重测定法测定，于 105 ℃干燥（含糖颗粒应在 80 ℃减压干燥）至恒重，减失重量不得超过 2.0%。

4. **溶化性** 除另有规定外，颗粒剂按照下述方法检查，溶化性应符合规定。

（1）可溶颗粒检查法：取供试品 10 g（中药单剂量包装取一袋），加热水 200 mL，搅拌 5 min，立即观察，可溶颗粒应全部溶化或轻微浑浊。

（2）泡腾性颗粒检查法：取供试品 3 袋，将内容物分别转移至盛有 200 mL 水的烧杯中，水温为 15~25 ℃，应迅速产生气体而呈泡腾状，5 min 内颗粒均应完全分散或溶解在水中。

颗粒剂按上述方法检查，均不得有异物，中药颗粒还不得有焦屑。

混悬颗粒以及已规定检查溶出度或释放度的颗粒剂，可不进行溶化性检查。

5. **装量差异** 单剂量包装的颗粒剂，其装量差异限度应符合下表的规定（表 6-7）。检查方法参考《中国药典》（2025 年版）有关规定。

表 6-7 颗粒剂装量差异限度要求

平均装量或标示装量 /g	装量差异限度 /%
1.0 及 1.0 以下	±10.0
1.0 以上至 1.5	±8.0
1.5 以上至 6.0	±7.0
6.0 以上	±5.0

凡规定检查含量均匀度的颗粒剂，一般不再进行装量差异检查。

6. 装量 多剂量包装的颗粒剂，照最低装量检查法检查，应符合规定。

7. 微生物限度 以动物、植物、矿物质来源的非单体成分制成的颗粒剂，生物制品颗粒剂，按照非无菌产品微生物限度检查应符合规定。规定检查杂菌的生物制品颗粒剂，可不进行微生物限度检查。

三、胶囊剂

硬胶囊剂原型最早始于公元前 1500 年的埃及。至 1846 年两节式硬胶囊制造技术在法国获得专利，出现药用空心胶囊，随即很多关于药用空心胶囊的发明专利在此基础上不断改进，以适应工业化生产需求。1872 年法国首先研发了胶囊制造充填机，并于 1874 年在底特律开始硬胶囊的工业化制造。1931 年，Parke-Davis 公司首次成功设计并制造了自动空心胶囊生产线。目前的空心胶囊生产线也是在 Parke-Davis 公司的设计基础上持续进行改进，不断提高产品质量和生产效率。空心胶囊是现代药品、保健品最常用的装填材料之一。此外，硬胶囊剂也是中药制剂研发中应用较广的一种剂型。20 世纪 70 年代后，中药单味或复方硬胶囊剂的品种逐渐增加，如毛冬青胶囊、复方满山红胶囊。

软胶囊于 1935 年问世，我国自 20 世纪 80 年代后随着旋转式软胶囊机的引入，软胶囊剂的生产能力、技术水平、产品质量、产品品种均得到发展与提高，且生产模式逐步向机械自动化方向发展。我国自主研发的月见草油胶丸、复方丹参软胶囊、环孢素软胶囊等都获得较高的认可。

自 20 世纪 80 年代起，肠溶胶囊剂、缓释、控释胶囊剂的研发备受重视。但胶囊剂的发展主要受限于设备的更新以及新型囊材的发展。其中，由于软胶囊与硬胶囊均使用药用明胶为主原料，而药物明胶的使用又被其较差的稳定性（受温度和湿度的影响大）、宗教信仰、动物源性的疾病（如牛海绵状脑病）等限制，因此非明胶型空心胶囊的研发生产成为热点。如植物空心胶囊（包括羟丙基淀粉空心胶囊、羟丙基甲基纤维素空心胶囊、普鲁兰多糖空心胶囊等）具备较强的惰性、不易受水分和温度影响、无防腐剂残留、低含量重金属等优势，其将逐步替代药用明胶进入胶囊生产线。

（一）胶囊剂的定义

胶囊剂（capsule）指原料药物或与适宜辅料混匀后充填于空心胶囊或密封于软质囊材中制成的固体制剂。

（二）胶囊剂的分类

根据胶囊剂的硬度与溶解和释放特性，胶囊剂可分为硬胶囊、软胶囊、缓释胶囊、控释胶囊和肠溶胶囊等，主要供口服用。此外尚有供其他给药途径应用的胶囊剂，如植入胶囊、干粉吸入胶囊、直肠和阴道胶囊等，但这些胶囊的使用不如口服用胶囊广泛。

（1）硬胶囊（hard capsule）（通称为胶囊）：指采用适宜的制剂技术，将原料药物或加适宜辅料制成的均匀粉末、颗粒、小片、小丸、半固体或液体等，充填于空心胶囊中制成的胶囊剂。

（2）软胶囊（soft capsule）（亦称胶丸）：指将一定量的液体原料药物直接包封，或将固体原料药物溶解或分散在适宜的辅料中制备成溶液、混悬液、乳状液或半固体，密封于软质囊材中的胶囊剂。

（3）肠溶胶囊（gastro-resistant capsule）：指将硬胶囊或软胶囊的囊壳以适宜的肠溶材料制备，或将肠溶材料包衣处理后的颗粒或小丸等填充进胶囊而制成的胶囊剂。肠溶胶囊不溶于胃液，但能在肠液中崩解而释放活性成分。

（4）控释胶囊（controlled release capsule）：指在规定的释放介质中缓慢地恒速或接近恒速释放药物的胶囊剂。控释胶囊应符合控释制剂的有关要求并进行释放度检查。

（5）缓释胶囊（sustained release capsule）：指在规定的释放介质中缓慢地非恒速释放药物的胶囊剂。缓释胶囊应符合缓释制剂的有关要求并应进行释放度检查。

(三）胶囊剂的特点

（1）能掩盖药物的不良嗅味、提高药物稳定性：因药物装在胶囊壳中与外界隔离，避开了水分、空气、光线的影响，对具不良嗅味、不稳定的药物有一定程度上的遮蔽、保护与稳定作用。

（2）药物在体内起效快、生物利用度高：胶囊剂中的药物是以粉末或颗粒状态直接填装于囊壳中，不受压力等因素的影响，所以在胃肠道中迅速分散、溶出和吸收，一般情况下其起效速度和生物利用度高于丸剂、片剂等剂型。

（3）可弥补其他固体剂型的不足：含油量高的药物或液态药物难以制成丸剂、片剂等，但可制成软胶囊剂，使液体药物固态化，液态药物以个数计量，方便服药、携带和分剂量。

（4）可延缓或定位释药：可将药物按需要制成缓释颗粒装入胶囊中，以达到缓释延效作用，康泰克胶囊即属此种类型；制成肠溶胶囊剂即可将药物定位释放于小肠；亦可制成直肠给药或阴道给药的胶囊剂，使其定位在这些腔道释药；对在结肠段吸收较好的蛋白类、多肽类药物，可制成结肠靶向胶囊剂。

（5）可在囊壳上印字，便于识别。

【注意事项】特殊群体如婴幼儿和老人等口服用这类药有一定的困难，此外有些药物本身不适合制备成胶囊剂。由于胶囊壳的主要囊材是水溶性明胶，所以填充的药物不能是水溶液或稀乙醇溶液，以防囊壁溶化；胶囊壳在体内溶化后，局部药量很大，因此易溶性的刺激性较强的药物不宜制成胶囊剂；若填充易风干的药物，可使囊壁软化；若填充易潮解的药物，可使囊壁脆裂，加入少量油与吸湿性药物混合，可延缓胶囊壳变脆；液体药物含有挥发性、小分子有机物能使囊材软化或溶解；O/W型乳剂与囊壁接触会使其软化。因此，具有这些性质的药物一般不宜制成胶囊剂。

（四）囊壳组成

胶囊剂由胶囊壳与填充物料组成。硬质胶囊壳或软质胶囊壳的材料都由明胶、甘油、水以及其他的药用材料组成，但各成分的比例不尽相同，制备方法也不同。

1. 硬胶囊

（1）囊材料：明胶是空胶囊的最常用的主要成囊材料，是由骨、皮水解而制得的，主要分为A、B两种型号。由酸水解制得的明胶称为A型明胶，等电点pH 7~9；由碱水解制得的明胶称为B型明胶，等电点pH 4.7~5.2。以骨骼为原料制得的骨明胶，质地坚硬，性脆且透明度差；以猪皮为原料制得的猪皮明胶，富有可塑性，透明度好。为兼顾囊壳的强度和塑性，采用骨、皮混合胶较为理想。明胶越纯，相对分子质量越大，含水解产物越少，其动力强度越高，所制成的空胶囊有较坚固的拉力与弹性。此外，明胶相对分子质量越大，黏度越大，其黏度一般需控制在4.3~4.7 mPa/s，若黏度过大，制备得到的空胶囊厚薄不均，表面不光滑；若黏度过低，干燥时间长且壳薄易破损。明胶质量稳定性低，易受外界环境的影响，目前有淀粉胶囊、甲基纤维素胶囊、羟丙基甲基纤维素等其他更为稳定的囊壳材料被开发，但未广泛使用。

为增加囊壳的韧性与可塑性，一般加入增塑剂，如甘油、山梨醇、羧甲基纤维素钠、羟丙基纤维素、油酸酰胺磺酸钠等；为减小流动性、增加胶冻力，可加入增稠剂琼脂等；对光敏感药物，可加遮光剂二氧化钛（2%~3%）、硫酸钡或碳酸钙等；为美观和便于识别，加食用色素等着色剂；为防止霉变，可加防腐剂尼泊金等。以上组分并不是任一种空胶囊都必须具备，而应根据具体情况加以选择。

（2）填充物料：若纯药物粉碎至适宜粒度就能满足硬胶囊剂的填充要求，即可直接填充，但多数药物由于流动性差等方面的原因，需加一定的稀释剂、润滑剂等辅料，才能满足填充或临床用药的要求。一般可加入蔗糖、乳糖、微晶纤维素、改性淀粉、二氧化硅、硬脂酸镁、滑石粉、羟丙基纤维素等改善物料的流动性或避免分层。也可将药物加入辅料制成颗粒或小丸后进行填充。

2. 软胶囊

（1）囊材料：软胶囊的囊壳由明胶、增塑剂、水三者所构成，其重量比例通常是：干明胶：干增塑剂：水 =1：（0.4~0.6）：1。增塑剂所占比例比硬胶囊剂高。若增塑剂用量过低或过高，则囊壁会过硬或过软。由于在软胶囊的制备中以及在放置过程中仅仅是水分的损失，因此，明胶与增塑剂的比例对软胶囊剂的制备及质量有着十分重要的影响。常用的增塑剂有甘油、山梨醇或二者的混合物。

（2）填充物料：由于软质囊材以明胶为主，因此对蛋白质性质无影响的药物和附加剂才能填充，而且填充物多为液体，如各种油类和液体药物、药物溶液、混悬液，少数为固体物。当填充物为粉末时，需将其制备成混悬液，常用的分散介质为植物油或者 PEG 400。其中 PEG 400 能与水混溶，尤其适用于中药软胶囊和速效软胶囊的制备。除了分散介质，混悬液中还应加入助悬剂，以保障药物的分散均匀性和剂量准确性。在油状介质中通常加入油蜡混合物（氢化植物油 1 份、蜂蜡 1 份、熔点为 33~38℃的短链植物油 4 份）作为助悬剂。在 PEG 400 等非油性的介质中，可用 1%~15% PEG 4000 等作为助悬剂。

（五）胶囊剂的制备

根据胶囊剂的囊壳的材料和特性不同，其制备工艺亦有不同。

1. 硬胶囊剂的制备　硬胶囊剂的生产工艺流程制备一般包括空胶囊的制备、内容物的制备、填充与套合胶囊帽等，如图 6-36 所示。

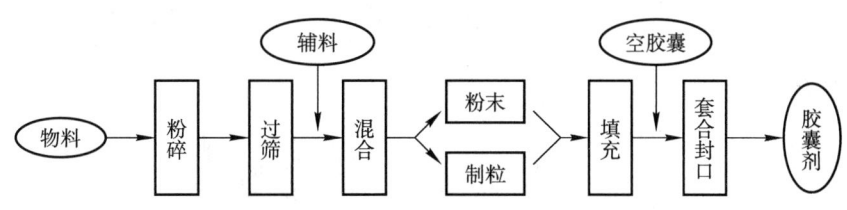

图 6-36　硬胶囊的制备工艺流程

（1）空胶囊的制备

1）空胶囊制备工艺：空胶囊系由囊体和囊帽组成，其主要制备流程如下：溶胶→蘸胶制坯→干燥→拔壳→切割→整理。一般由自动化生产线完成，生产环境洁净度应达 C 级，生产环境温度 10~25℃，相对湿度 35%~45%。为便于识别，空胶囊壳上还可用食用油墨印字。空胶囊可用 10% 环氧乙烷与 90% 卤烃的混合气体进行灭菌处理。

2）空胶囊的规格与质量：空胶囊的质量与规格均有明确规定，我国药用明胶空胶囊共有 8 种规格，常用的为 0~5 号，随着号数由小到大，容积由大到小（见表 6-8）。胶囊填充药物多用体积来控制其剂量，而药物的密度、结晶、粒度不同，所占的体积也不同，因此应按药物剂量所占的体积来选用适宜大小的空胶囊。

表 6-8　空胶囊的号数与容积

空胶囊号数	0	1	2	3	4	5
容积（mL）	0.75	0.55	0.40	0.30	0.25	0.15

空胶囊在使用前应做外观、干燥失重、脆碎度、崩解时限、炽灼残渣和微生物限度等项目的检查。空胶囊需套合后置密封容器，在阴凉、干燥、避光处保存。

（2）物料的填充与封口

1）内容物的制备：可根据下列制剂技术制备不同形式内容物充填于空心胶囊中。一是将药物加适宜辅料，如稀释剂、助流剂、崩解剂等制成均匀粉末、颗粒或小片，也可直接将药物粉末填充胶囊。二是将普通小丸、速释小丸、缓释、控释小丸或肠溶小丸单独或混合后填充，必要时加入适量空白小丸作填充剂。三是将药物制成包合物、固体分散体、微囊或微球等。

2）填充与套合胶囊帽：胶囊剂填充方式可分为手工填充和机械填充两种。其中手工填充物料时，应将药物粉末铺成一层并且轻轻压紧，使其厚度为囊体高度的 1/4~1/3。然后持囊体，开口向下插入粉末内，使粉末嵌入胶囊中。如此压装数次直至胶囊被填满，称重，若重量合适，将囊帽套合。填装过程所施压力应均匀，并随时校准。手工装填胶囊时应注意清洁卫生，操作前必须洗手并戴上手套，填充时也可使用胶囊分装器加快操作。手工填充生产效率低，只适合小剂量药品和贵重药物等的填充，不利于大规模生产。机械填充法可分为四种类型，如图 6-37 所示，a 型是自由流入物料；b 型是用柱塞上下往复压进物料；c 型是由螺旋钻压进物料；d 型是在填充管内，先将药物压成单位量药粉块，再填充于胶囊中。从填充原理看，b、c 型填充机对物料要求不高，只要物料不易分层即可；a 型填充机要求物料具有良好的流动性，常需制粒才能达到；d 型适于流动性差但混合均匀的物料，如针状结晶药物、易吸湿药物等。

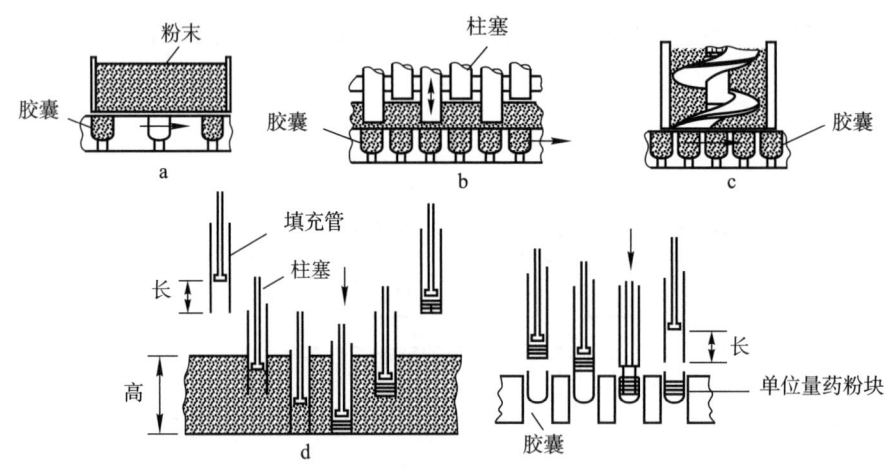

图 6-37　硬胶囊机械填充法类型

应根据药物的填充量选择空胶囊的规格，首先按药物的规定剂量所占容积来选择最小空胶囊，可根据经验试装后决定，但常用的方法是先测定待填充物料的堆密度，然后根据应装剂量计算该物料容积，以决定应选胶囊的号数。

将药物填充于囊体后，即可套合胶囊帽。目前多使用锁口式胶囊，密闭性良好，不必封口；使用非锁口式胶囊（平口套合）时需封口，封口材料常用不同浓度的明胶液，如明胶 20%、水 40%、乙醇 40% 的混悬液等，也可用聚维酮（PVP 40 000）2.5 份、聚乙烯聚丙二醇共聚物 0.1 份、乙醇 97.4 份的混合液。封口时在囊体和囊帽套合处封上明胶液，烘干即可。也可采用点封、黏封等方式。

（3）制备过程中容易出现的质量问题

1）装量差异超限：导致装量差异超限的原因主要有囊壳因素、药物因素、填充设备因素等。可以通过加入适宜辅料或者制颗粒等方法改善药物的流动性，使填充准确，同时对填充设备要及时维修保养，确保正常运转。

2）吸潮：胶囊剂的吸潮问题是较普遍的问题。可以通过改进制备工艺（如制粒、防潮包衣），利用玻璃瓶、双铝箔包装、铝塑包装等方法解决。

2. 软胶囊剂的制备

（1）软胶囊剂的制备方法：软胶囊剂的制备方法常用滴制法和压制法。生产时，胶囊成型与药物填充同时进行，如图 6-38 所示。

1）滴制法：用滴制法制成的软胶囊称为无缝软胶囊。滴制法由具双层滴头的滴丸机完成，其结

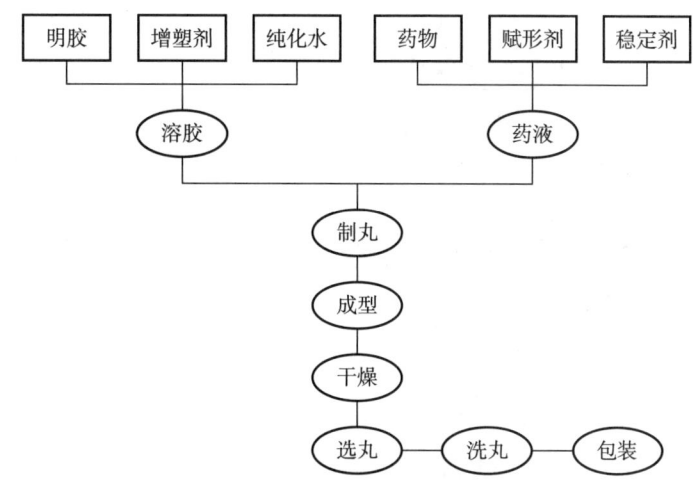

图 6-38 软胶囊的制备工艺流程

构主要由贮液槽、定量控制器、滴头、冷却器等主要部分组成（图 6-39）。以明胶为主的软质囊材（一般称为胶液）与药液，分别在双层滴头的外层与内层以不同速度流出，使定量的胶液将定量的药液包裹后，滴入与胶液不相混溶的冷却液中，由于表面张力作用使之形成球形，并逐渐冷却、凝固成软胶囊。滴制中，胶液、药液的温度、滴头的大小、滴制速度、冷却液的温度等因素均会影响软胶囊的质量，应通过实验考察筛选适宜的工艺条件。

2）压制法：用压制法制成的软胶囊称为有缝软胶囊。压制法是将明胶、甘油和水等溶解后的胶液制成厚薄均匀的胶片，再将药液置于两个胶片之间，用钢板模或旋转模压制软胶囊的一种方法。连续生产软胶囊时多采用旋转冲模轧丸机进行压制（图 6-40）。

（2）软胶囊制备过程中容易出现的质量问题

1）软胶囊中的物质迁移：迁移包括囊壳成分（如水分）向内容物的迁移，以及内容物向囊壳的迁移。该迁移过程常取决于囊壳内物质扩散通道的性质、内容物分散介质的性质以及药物本身的性质。需要针对各项因素分别进行改进。

2）崩解迟缓：以明胶为主要成分的软胶，囊壳在高温、高湿、紫外辐射等物理条件或遇到醛类、酮类等化学物质时，都有可能发生交联老化而产生崩解迟缓现象。减少交联具体的方法包括：在内容物中加入含少量醛基的鼓轮辅料；在制备胶囊壳时使用含有大量氨基的添加剂（如甘氨酸、赖氨酸）等。

3）胶囊与包装容器粘连现象：囊壳中含有较多的甘油，存放时间过长或存放温度过高或湿度过大，均可使囊壳变软或粘连，可用蜡处理胶囊表面，以防止粘连现象。

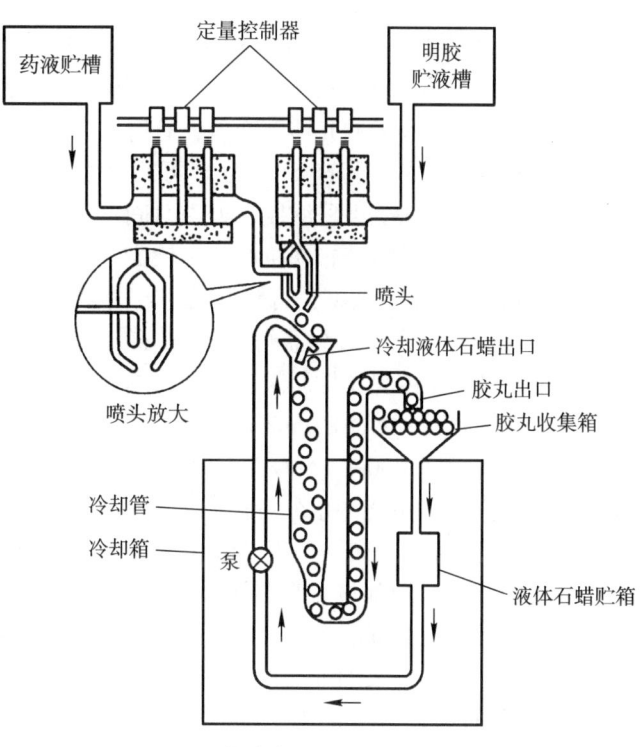

图 6-39 软胶囊滴制法生产过程示意图

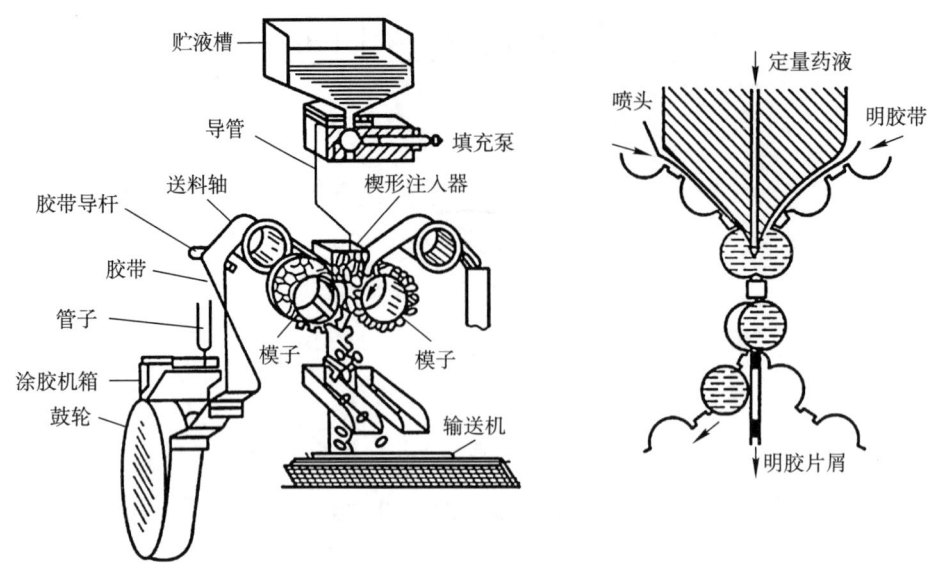

图 6-40 模压法制备软胶囊工作示意图

3. 新型囊剂的制备

（1）肠溶胶囊：肠溶胶囊一般用于对胃刺激性强的药物、遇胃液变质的药物、需要在肠道保持较久时间以延长治疗的药物，以及作用于肠道的药物。其制备方法可分为以下几种：

1）以肠溶材料制成空心胶囊：把溶解好的肠溶性高分子材料加到明胶液中，然后加工成肠溶性空胶囊，如醋酸纤维素酞酸酯（邻苯二甲酸醋酸纤维素，CAP）、虫胶等作为肠溶材料制备成所溶软胶丸，具有较好的肠溶性能。

2）用肠溶材料作外层包衣：先用明胶制成空胶囊，然后在明胶壳表面包裹肠溶材料，如以PVP为底衣层，用CAP、蜂蜡等作外包衣层，可使包衣后的胶囊具有稳定的肠溶性。常用肠溶包衣材料有CAP、羟丙甲纤维素酞酸酯（HPMCP）、聚乙烯醇酞酸酯（PVAP）、丙烯酸树脂Ⅰ、Ⅱ、Ⅲ号等。

本法与片剂的薄膜包衣基本相同，但因硬胶囊粗细不一，囊帽直径大于囊体，在工艺上不容易掌握，且包衣后胶囊表面的光洁度变差，有待进一步工艺改进。

3）甲醛浸流法：明胶经甲醛处理可发生缩醛反应，使其分子相互交联形成甲醛明胶只能在肠液中溶解。此种处理法受甲醛浓度、处理时间、贮存时间等因素影响较大，肠溶性极不稳定。因此，产品应经常做崩解时限检查，现阶段应用较少。

4）内容物为肠溶剂型：可将颗粒、小片或微丸等通过肠溶材料包衣等手段先制备成肠溶剂型，再将其填充到胶囊壳中最终获得具有肠溶效果的胶囊。该种方法制备的肠溶胶囊受胶囊壳的影响较小，还可通过调整内容物性质来控制药物的释放速度，应用较为广泛。

（2）骨架胶囊：本品制备是先将明胶、蛋白、琼脂、多糖类及其他高分子材料制成骨架载体用于吸附主药的水溶液（30%~50%），然后再将含药骨架与明胶制成的胶片一起压制成软胶囊而得到的。载体应在 30~49℃ 熔化，水分可控制在 5%~20%，胶囊与骨架间能自行平衡水分。

（3）泡腾胶囊：是指一种用明胶作囊材的阴道或直肠用泡腾胶囊，泡腾过程中，体积显著增加，能充分弥漫整个给药部位，克服了其他剂型释药慢、药物易流失等缺点，从而提高药物的生物利用度，具有替代阴道或肛门栓给药的潜质。不能快速溶解或刺激性很强的药物，不宜制成此类胶囊剂。在胶囊中应加入泡腾赋形剂如柠檬酸、富马酸、酒石酸等酸源；碳酸氢钠和碳酸钠的混合物（1:9）为二氧化碳源；水、醇、PEG、微粉硅胶及适宜的润滑剂等辅料。制备时可将主药与所筛选的赋形剂直接填充到合适空胶囊中，也可将其混合制粒后再填充。

（4）软心硬胶囊：其外观类似普通硬胶囊，但其内容物为含药凝胶，具有触变性或温变性。内容物在搅动条件下或一定温度下为液态，易于流动和灌装，而在静止状态或冷却后即凝成固态，便于贮存。该胶囊服用进入胃肠道后由于压力或体温的改变可变为液态，易于药物吸收。该制剂具有硬胶囊和软胶囊的一般优点，如可掩盖药物的不良臭味减少刺激性，生物利用度高等。在制备工艺方面，该胶囊可避免软胶囊制备时产生的油性废胶及难于清洗的问题，可降低生产成本。

（5）脉冲胶囊：也称柱塞型定时释药系统，主要由以下几部分组成：水不溶性胶囊壳体、药物贮库、定时塞、水溶性胶囊帽（图6-41）。胶囊壳体是由不溶性膜层构成的，药物贮藏在膜构成贮药器中；胶囊帽是水溶性的，其中可填充首剂药物；在胶囊体与帽之间是一种定时塞，可分为膨胀型、溶蚀型、酶可降解型等类型。以膨胀型定时塞为例，定时塞与胶囊的口径相吻合，是定时释药的关键部位。胶囊服用后胶囊帽首先溶解，使首剂药物首先溶解释放，间隔一段时间后，胶塞在胃肠液中膨胀直至排出胶囊（可根据材料、直径、厚度限定所需时间），这样贮药器中的药物也被释放出来。如需延长释药时间，可增大胶塞的体积或改变胶塞的填充位置。设计脉冲胶囊可定时传递固体或流体药物的剂型，适用于哮喘、心血管疾病、糖尿病等患者的给药。

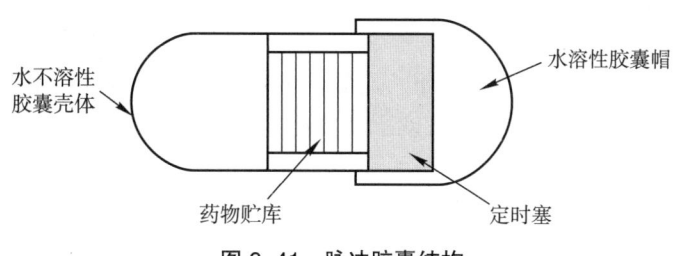

图6-41　脉冲胶囊结构

（6）液体胶囊：本品是将含药液体填充进入空胶囊中而制成的，具有提高稳定性、填充能力大、生物利用度可控、患者认可度高、消除生产粉尘等优点。硬胶囊灌装液体的技术始于1978年，最初，在硬胶囊内充填的是脂溶性液体。随着实践经验和技术的不断发展，许多液状或固状的活性物质都可以与脂溶性基质配方形成液体（亦包括悬浮液）灌装于硬胶囊内，液体胶囊的生产工艺包括基质材料的液化（一般为热熔或摇溶），加入活性剂、泵入胶囊体和成品固化。

液体胶囊的工艺具有如下要求：①胶囊壳：胶囊壳应较稳定，常用标准明胶胶囊壳，也可采用甲基纤维素制备的胶囊壳。②赋形剂：赋形剂应具备相应的性质，适应摇溶或热熔的需要。由于液体材料与囊壳的接触面积较大，潜在的反应性也较大，因此还需要考虑赋形剂与壳的相容性。常用的赋形剂包括聚乙二醇（PEG）、半合成甘油酯生物等。③药物稳定性：在制备过程中应该注意药物的稳定性。对药物配方进行热稳定性实验是至关重要的。可使用摇溶工艺、充氮气或缩短加温时间以改善药物稳定性。④密封：药品注入胶囊后仍保持液状者需要密封，以防止泄漏，经密封处理后的胶囊还可以防止氧气进入以提高药物稳定性。

（7）渗透泵胶囊：是将胶囊剂与渗透泵制剂相结合而产生的新型渗透泵控释制剂，它以零级释放动力学为释药特征，能在较长时间内维持恒速释药，并且释药行为一般不受胃肠道等生理因素的影响，制备工艺简单，操作简化，加工成本低，药物选择灵活，为一些不适合制成渗透泵片剂的药物制备成渗透泵制剂提供了新的方法，是比较理想的口服控释制剂，具有很好的应用前景和临床意义。但目前制备工艺尚未形成完整体系，难实现大批量工业化生产。

渗透泵胶囊包括普通渗透泵胶囊、微孔型渗透泵胶囊、不对称膜（AM）型渗透泵胶囊、胃滞留型渗透泵胶囊和择时型渗透泵胶囊等。普通渗透泵胶囊按制备工艺主要分为包衣型、灌注型和蘸胶型三种。渗透泵胶囊一般是由半透性囊壳和囊芯物组成，其中囊壳材料主要包括成膜材料（醋酸纤维素、乙基纤维素、丙酸纤维素、聚氯乙烯、聚碳酸酯等）、致孔剂（聚乙二醇、丙三醇、山梨醇、聚乙烯醇、尿素等）及增塑剂（邻苯二甲酸酯、甘油酯、柠檬酸酯、苯甲酸酯、酒石酸酯、聚乙二醇等），囊芯物主要包括活性药物、渗透活性物质（氯化钠、乳糖、葡萄糖、甘露醇等）、促渗聚合物（聚氧乙烯、聚乙烯基吡咯烷酮、羟丙基甲基纤维素、交联羧甲基纤维素钠等）和其他填充材料。

（六）应用举例

例6-9：复方呋塞米螺内酯胶囊

【处方】呋塞米20.0 g、螺内酯50.0 g、羧甲基淀粉钠30.0 g、微晶纤维素60.0 g、乳糖122.0 g、滑石粉15 g、硬脂酸镁3.0 g，共制1 000粒。

【制法】称取处方量的羧甲基淀粉钠作为崩解剂，微晶纤维素、乳糖作为填充剂，与呋塞米、螺内酯原料药用等量递加法将其混合均匀，缓慢将水加入混合物中制软材，用24目筛制粒，40℃烘干后过24目筛整粒。加入滑石粉、硬脂酸镁作为润滑剂混合均匀后装入0号胶囊壳中，即得。

【注解】呋塞米为强效利尿药，临床上用于心源性水肿、肾性水肿、肝硬化腹水等，长期或大剂量应用，可引起低钾血症、低钠血症和代谢性酸中毒，严重时因血容量降低，导致休克甚至死亡。螺内酯为人工合成的类固醇类药物，单独应用效力较弱，与呋塞米等合用，方可取得显著利尿作用，并可抵消相互引起的低钾血症。两种药物的联合应用可减少单独使用所引起的不良反应，增强利尿作用，改善患者的顺应性。药物晶型不同，导致晶格能不同，药物的熔点、溶解速度、溶解度等也不同，对药物溶出度有一定影响。本处方中呋塞米原料药有晶型，当把呋塞米原料药粉碎过100目筛后呋塞米可完全溶出。

例6-10：利巴韦林软胶囊

【处方】利巴韦林100 g、PVP（K90）10 g、PEG 400 7.2 L、丙二醇0.8 L，制成1 000粒软胶囊。

【制法】将利巴韦林原料药与PVP（K90）过20目筛，置于容器中，然后按照处方量向其中加入PEG 400与丙二醇，不断搅拌研磨至形成均匀混悬液，然后将混悬液置于软胶囊机上进行压囊，干燥，包装，即得。

【注解】利巴韦林是一种疗效显著的广谱抗病毒药，临床应用广泛，主要用于治疗病毒性疾病和肿瘤等病症，对呼吸道合胞病毒、流感病毒、甲型肝炎病毒等多种病毒的生长具有抑制作用。处方中的主药利巴韦林在PEG 400中的溶解度不好，使软胶囊内容物呈混悬状态，因此选用适宜量的助悬剂PVP（K90），使混悬液具有良好的物理稳定性。

例6-11：盐酸二甲双胍肠溶胶囊

【处方】微丸处方：盐酸二甲双胍250 g、微晶纤维素（空白丸核）30 g、滑石粉30 g、3%羟丙基甲基纤维素水溶液适量。

包衣处方：Eudragit L30D-55 300 g、柠檬酸三乙酯20 g、滑石粉50 g、水300 mL，共制成胶囊1 000粒。

【制法】①含药丸芯的制备：取微晶纤维素空白丸核（40~60）500 g，置离心包衣造粒机内，将盐酸二甲双胍（过120目）加入加料斗内，以3%羟丙甲纤维素水溶液为黏合剂，操作离心包衣造粒机，至药粉供完，抛光并取出烘干，即得含药丸芯；②含药丸芯的修饰：称取含药丸芯500 g，置包衣机内，另将50 g滑石粉加入加料斗内，以3%羟丙甲纤维素水溶液为黏合剂，开动离心包衣造粒机，至滑石粉供完为止，取出烘干，即得；③包衣工艺：称取以滑石粉修饰过的含药丸芯500 g，置包衣机内，另取包衣液适量，以包衣锅进行包衣，至包衣液喷完时停止，取出热处理24 h即可；④装胶囊：将上述含药包衣微丸测定含量后填充明胶硬胶囊壳即得。

【注解】①盐酸二甲双胍肠溶胶囊的制备主要是为了克服普通制剂口服后进入上消化道后溶解而产生的刺激性，并实现药品在小肠上部的良好吸收；②影响离心造粒法制备微丸的工艺因素主要有：主机转速、喷枪喷雾条件、喷浆速度、供粉速度和抛光时间等，应注意进行控制；③使用3%羟丙基甲基纤维素水溶液作黏合剂时,操作过程中粉末层积较为顺利,制得的含药微丸表面光滑,圆整度较好,同时机械强度亦较高。

例 6-12:硝酸舍他康唑泡腾胶囊

【处方】硝酸舍他康唑 50.8 g、薄荷脑 3.4 g、酒石酸 98.8 g、硼酸 47.0 g、碳酸氢钠 94.6 g、十二烷基硫酸钠 6.0 g,共制 1 000 粒。

【制法】取适量过 80 目筛的碳酸氢钠,于 55~60℃干燥 0.5 h;适量酒石酸过 80 目筛,于 100~105℃干燥 0.5 h。其他药品均研细,过 80 目筛(薄荷脑除外),按处方量,精密称取药品,混合均匀,填装 1 号胶囊,即得。

【注解】硝酸舍他康唑是一种新型广谱外用抗真菌药,适用于治疗阴道念珠菌病。处方中十二烷基硫酸钠作为润滑剂和起泡剂,为增加发泡量加入薄荷脑,酒石酸作为泡腾酸源,碳酸氢钠作为泡腾碱源,硼酸作为 pH 调节剂。此外,硼酸还有消炎作用,薄荷脑还能发挥局部止痛、止痒、清凉的作用,可减轻不适与疼痛,促进皮肤渗透。

例 6-13:含姜黄素自微乳结肠靶向脉冲胶囊

【处方】自微乳处方:油酸乙酯 30%、二乙二醇单乙基醚 17.5%、氢化蓖麻油 52.5%。片剂处方:甘露醇 16.2%、柠檬酸 16.2%、微晶纤维素 32.3%、CUR-SMEDDS 18.1%、羧甲基淀粉钠 16.2%、硬脂酸镁 1%。

【制法】①非渗透性囊体的制备:将乙酸乙酯、二氯甲烷和乙醇按 4:0.8:0.2 的比例混合,加入乙基纤维素(EC)制成 120 g/L 的 EC 溶液,注入固定在自制泡沫板上的无盖 0 号明胶胶囊中,在 4℃下冷藏 24 h 挥发溶剂,然后放入水中溶解明胶模型。②溶蚀塞片的制备:果胶和乳糖通过 180 μm 筛,研钵中混匀 10 min,加入 1% 滑石粉作为外润滑剂,防止片剂黏在冲头上,搅拌 5 min,用单冲压片机直接压片得直径 6 mm 的塞片,片重 100 mg,硬度 50 N。③含药片的制备:以油酸乙酯为油相、二乙二醇单乙基醚为助表面活性剂、氢化蓖麻油为表面活性剂制得空白自微乳递药系统(SMEDDS),120 mg 姜黄素(CUR)和 1 g 空白 SMEDDS 在室温下搅拌制备 CUR-SMEDDS。以甘露醇、柠檬酸和微晶纤维素为原料,通过 180 μm 的筛,在研钵中混合 15 min。将液体 CUR-SMEDDS 缓慢加入粉末混合物中,混匀 10 min。缓慢加水至混合物中以制备湿颗粒。将所得颗粒均匀地撒在盘上,在 50℃下干燥 1 h,加入硬脂酸镁后,混合 5 min。共混物通过 1.25 mm 筛,用 6.0 mm 浅凹冲头单冲压片机制得 200 mg 片剂。④脉冲胶囊的组装:将含药片装入非渗透胶囊体,然后将溶蚀塞置于胶囊口,肠溶囊帽套合,用 8%EC 溶液密封。

【注解】姜黄素是从姜黄中提取的一种天然多酚,具有治疗癌症、心脏病和老年痴呆症的作用,能干扰多种类型的结肠癌增殖。果胶能在结肠中选择性降解,因此基于果胶的递药系统可以将药物有效递送至结肠。药物释放的时间主要取决于塞片的溶蚀特性,保持溶蚀塞片与快速崩解片之间的距离非常重要,否则将影响滞后时间的重现性。

(七)胶囊剂的质量检查

根据《中国药典》(2025 年版)通则,除另有规定外,胶囊剂应进行以下相应检查。

1. 外观 胶囊剂应整洁,不得有黏结、变形、渗漏或囊壳破裂等现象,并应无异臭。

2. 水分 中药硬胶囊剂应进行水分检查。按照水分测定法,除另有规定外,不得超过 9.0%。硬胶囊内容物为液体或半固体者不检查水分。

3. 装量差异 除另有规定外,取供试品 20 粒(中药取 10 粒),分别精密称定重量,倾出内容物(不得损失囊壳),硬胶囊囊壳用小刷或其他适宜的用具拭净;软胶囊或内容物为半固体或液体的硬胶囊囊壳用乙醚等易挥发性溶剂洗净,置通风处使溶剂挥尽,再分别精密称定囊壳重量,求出每粒内容物的装量与平均装量。每粒装量与平均装量相比较(有标示装量的胶囊剂,每粒装量应与标示装量比较),超出装量差异限度的不得多于 2 粒,并不得有 1 粒超出限度 1 倍。平均装量小于 0.30 g,装量

差异限度为 ±10.0%；0.30 g 或 0.30 g 以上，装量差异限度为 ±7.5%（中药 ±10%）。

凡规定检查含量均匀度的胶囊剂，一般不再进行装量差异的检查。

4. **崩解时限**　除另有规定外，按照崩解时限检查法检查，均应符合规定。凡规定检查溶出度或释放度的胶囊剂，一般不再进行崩解时限的检查。

5. **微生物限度**　以动物、植物、矿物质来源的非单体成分制成的胶囊剂，生物制品胶囊剂，按照非无菌产品微生物限度检查，应符合规定。规定检查杂菌的生物制品胶囊剂，可不进行微生物限度检查。

6. **溶出度、释放度、含量均匀度**　根据原料药物和制剂的特性，除来源于动、植物多组分且难以建立测定方法的胶囊剂外，溶出度、释放度、含量均匀度等应符合要求。必要时，内容物包衣的胶囊剂应检查残留溶剂。

四、片剂

片剂最早形态为模印片，由英国人布洛克登（William Brockedon）于 1843 年创制。1876 年，雷明顿（Remington）等发明了压片机，由此出现了压制片（compressed tablet）。19 世纪末，随着新型压片机械的出现与不断改进，压制片的生产和应用得到了迅速发展。片剂发展至今已有一百多年的历史，其产量大、使用方便，且品种多样，在各国药典所收载的制剂中均占三分之一以上。

近年来，随着片剂生产技术与设备的发展，沸腾制粒、全粉末直接压片、半薄膜包衣、3D 打印技术、干粉旋转式压片机、符合 GMP 认证的 ZP 系列旋转式压片机、生产联动化、智能化等不断出现，优质黏合剂、崩解剂、多用途辅料、复合辅料、包衣辅料等不断被开发，推动片剂品种向速释、缓释、控释、择时、定位制剂等方向发展，成品质量不断提高。

（一）片剂的定义

片剂（tablet）指药物与适宜的辅料混匀压制而成的圆片状或异形片状的固体制剂。由原料药、填充剂、稀释剂、吸附剂、黏合剂、润滑剂、崩解剂、矫味剂、着色剂等组成。

（二）片剂的特点

1. **优点**

（1）能适应临床用药的多种要求：如速效（分散片）、长效（缓释控释片）、口腔疾病（口含片）、阴道疾病（阴道片）、肠道疾病（肠溶片）等。

（2）以片数为剂量单位，剂量准确，服用方便。

（3）体积小，携带、运输、贮存方便。

（4）生产的机械化、自动化程度高，成本较低。

（5）化学稳定性较好，受外界因素的影响较小。

2. **缺点**

（1）婴幼儿和昏迷患者服用困难。

（2）处方和工艺设计不妥容易出现溶出和吸收等方面的问题。

（3）含挥发性成分的片剂，不宜长期保存。

（三）片剂的质量要求

根据《中国药典》（2025 年版）片剂的质量要求如下：硬度适中；色泽均匀，外观光洁；符合重量差异的要求，含量准确；符合崩解度或溶出度的要求；小剂量的药物或作用比较剧烈的药物，应符合含量均匀度的要求；符合有关卫生学的要求。

（四）片剂的分类

1. **按给药部位、释药特点及用途分类**　以口服普通片为主，另有含片、舌下片、口腔贴片、咀嚼片、分散片、可溶片、泡腾片、阴道片、阴道泡腾片、缓释片、控释片与肠溶片等。

（1）口服片剂：指供口服的片剂，其中的药物主要是经胃肠道吸收而发挥作用，亦可在胃肠道局部发挥作用。主要包括：

1）普通压制片（compressed tablet）：指药物与辅料混合而压制成的片剂，又称之为普通片（conventional tablet）或素片，其片重一般为 0.1~0.5 g。一般应用水吞服，应用最为广泛。某些情况下，片重过大时可压制成异形片，以解决用药时的吞咽困难。

2）包衣片（coated tablet）：指在普通压制片外包上一层衣膜的片剂。根据包衣材料的不同可分为以下几种：一是糖衣片（sugar coated tablet）：主要包衣材料为蔗糖，对药物起保护作用或掩盖不良气味，如小檗碱糖衣片；二是薄膜衣片（film coated tablet）：包衣材料为高分子材料，如羟丙甲纤维素；三是肠溶衣片（enteric coated tablet）：包衣材料为肠溶性高分子材料，此种片剂在胃液中不溶，肠液中溶解，如阿司匹林肠溶片。

3）多层片（mutilayer tablet）：指由两层或多层组成的片剂，如胃仙-U 多层片、马来酸曲美布汀多层片。制成多层片的目的是避免各层药物的接触，减少配伍变化，或调节各层药物的释放速率，亦有改善外观的作用。

4）咀嚼片（chewable tablet）：指在口腔中咀嚼后咽下的片剂，如维生素 C 咀嚼片。咀嚼片一般应选择甘露醇、山梨醇、蔗糖等水溶性辅料作填充剂和黏合剂，常加入糖类及适宜的香料以改善口感。咀嚼片的硬度应适宜。

5）泡腾片（effervescent tablet）：指含有碳酸氢钠和有机酸的片剂，二者遇水反应产生二氧化碳气体，使片剂快速崩解，如维生素 C 泡腾片。泡腾片中的药物应是易溶性的，加水产生气泡后应能溶解。有机酸一般用柠檬酸、酒石酸、富马酸等。

6）分散片（dispersible tablet）：指遇水可迅速崩解，均匀分散的片剂，可直接吞服或加水分散后服用，如罗红霉素分散片。分散片中的药物应是难溶性的。分散片应进行溶出度和分散均匀性检查。

7）口腔速崩片（orally disintegrating tablet）：指在口腔中能迅速崩解或溶解的片剂，又称口腔速溶片（orally dissolving tablet），如盐酸多奈哌齐口崩片、昂丹司琼口崩片等。一般吞咽后发挥全身作用。

8）微囊片（microcapsule tablet）：指固体或液体药物利用微囊化工艺制成干燥的粉粒，经压制而成的片剂，如牡荆油微囊片等。

9）溶液片（solution tablet）：指临用前加适量水或缓冲液即可溶解，制成一定浓度的溶液的片剂，此种片剂既有口服者，又有供其他用途者，口服者可达速效目的，如阿司匹林溶液片；其他特殊用途者，如供漱口用的复方硼砂漱口片和呋喃西林漱口片，供消毒用的升汞片等。外用溶液片的组成成分必须均为可溶物。若口服有毒，应加鲜明的标记，注明不得入口，如季铵类杀菌用药物的片剂。

（2）口腔用片剂

1）口含片（troche）：指含在口腔内，药物缓缓溶解而产生持久局部或全身作用的片剂，又称含片，如复方草珊瑚含片。含片中的药物应是易溶性的，主要起局部消炎、杀菌、收敛、止痛或局部麻醉作用。含片的溶化性照《中国药典》（2025 年版）崩解时限检查法检查，除另有规定外，10 min 内不应全部崩解或溶化。

2）舌下片（sublingual tablet）：指置于舌下，能迅速溶化的片剂。药物通过舌下黏膜快速吸收而显现速效作用，避免肝脏的首过效应，主要用于急症的治疗。目前国内外舌下片的品种有盐酸阿扑吗啡舌下片、尼古丁舌下片、盐酸丁丙诺啡舌下片等。对油水分配系数大者以及 pH 小于 5 时口腔黏膜吸收较好的药物宜制成舌下片。舌下片照《中国药典》（2025 年版）崩解时限检查法检查，除另有规定外，应在 5 min 内全部溶化。

3）口腔贴片（buccal tablet）：指粘贴于口腔内，经黏膜吸收后起局部或全身作用的片剂，如甲硝唑口腔贴片。口腔贴片应进行溶出度或释放度检查。

（3）其他途径应用的片剂

1）阴道用片（vaginal tablet）：指置于阴道内应用的片剂，多用于阴道的局部疾患，如鱼腥草素阴道用片。常用的有阴道普通片和阴道泡腾片，其形状应易置于阴道内，可借助器具将阴道片送入阴道。在阴道内应易溶化、溶散或融化、崩解并释放药物，主要起局部消炎杀菌作用，也可给予性激素类药物。具有局部刺激性的药物，不得制成阴道片。阴道普通片照《中国药典》（2025年版）融变时限检查法检查，应符合规定。阴道泡腾片照《中国药典》（2025年版）发泡量检查法检查，应符合规定。

2）植入片（implant tablet）：指植入（埋入）体内慢慢溶解并吸收，产生持久疗效的片剂。药片需灭菌，埋植到皮下后缓慢溶解吸收，持续时间长，维持疗效几周、几个月直至几年。需长期且频繁使用的药物宜制备为此类制剂，如避孕植入片。一般采用缓释材料与药物制成相应缓释制剂，植入体内，从而达到长效目的。常用载体材料有聚乳酸羟基乙酸共聚物（poly lactic-co-glycolic acid），PLGA）等。

2. 其他分类　按释药速度的不同，片剂还可分为普通片、速释片剂和缓（控）释片剂。

（1）普通片（conventional tablet）：系将药物按普通方法制成的片剂，即为普通片，通常称片剂。它保持了原有药物的作用、时间、性质。如氨茶碱片要求每日服药3次。

（2）速释片（immediate-release tablet）：系将药物与适当的速释材料混合制成的片剂，服用后遇到体液可迅速崩解释放出药物而发挥作用，如硝酸甘油片含于舌下迅速作用而缓解心绞痛。

（3）缓释片（sustained release tablet）：指在水中或规定的释放介质中缓慢地非恒速释放药物的片剂，如盐酸吗啡缓释片等。与相应普通制剂相比具有服药次数少、作用时间长的优点。如茶碱缓释或控释片可每日给药2次或1次就达到普通片每日给药3次的同样效果。

（4）控释片（controlled release tablet）：指在水中或规定的释放介质中缓慢地恒速或接近恒速释放药物的片剂。与相应的缓释片相比，血药浓度更加平稳，如硝苯地平控释片等。

缓释片和控释片已经愈来愈受到医药界的高度重视，其主要技术关键是在实际工业化生产中，采用性能稳定、优良的药用辅料以及先进的制药设备。

（五）片剂的常用辅料

片剂是由发挥治疗作用的药物（即主药）和没有生理活性的某些物质构成的，在药剂学中，通常将这些成分总称为辅料（excipient或adjuvant）。根据它们所起作用的不同，常将辅料分成如下四大类：填充剂（filler）或稀释剂（diluent）、湿润剂与黏合剂（adhesive）、崩解剂（disintegrant）和润滑剂（lubricant）。

1. 稀释剂　稀释剂（diluent）又称填充剂（filler），指用于增加片剂的重量与体积、改善药物压缩成型性、增加含量均匀度的辅料。片剂的直径一般不小于6 mm，片重多在100 mg以上，因此当药物剂量太小不能满足压片要求时，需使用稀释剂或填充剂。稀释剂的作用不仅是增加片剂的重量（或体积），更重要的是改善药物的压缩成型性，提高含量均匀度。理想的稀释剂应具有化学和生理学惰性，且不影响药物有效成分的生物利用度。另外，最好是价廉且易压制成型。常用的稀释剂有。

（1）淀粉（starch）：本品是葡萄糖的高聚体，相对分子质量为50 000~160 000，为白色细微的粉末，由直链淀粉和支链淀粉组成，无臭无味，在空气中很稳定，与大多数药物不起作用，含水量一般为12%~15%。不溶于水和乙醇，但在水中加热至62~72℃可糊化成胶体溶液，但在非水介质中或干燥淀粉在高温时也不会膨胀、糊化。淀粉遇水膨胀，遇酸或碱在潮湿或加热情况下，可逐渐水解而失去膨胀作用。其水解产物为还原糖，用还原法测定主药含量时对测定结果有干扰作用。最常用为玉米淀粉，白色细微粉末，无臭、无味、不溶于冷水和乙醇，能与大多数药物配伍，外观色泽好，价格便宜，是固体制剂最常用的辅料。但其具有黏附性，流动性和可压性差，生产中常与适量糖粉或糊精等合用。

（2）蔗糖（sucrose）：本品是由葡萄糖和果糖通过半缩醛羟基缩合而形成的非还原性二糖，白色粉末无色结晶或白色结晶性松散粉末，无臭、味甜。在温度110~145℃时，或在酸性条件下可产生糖转化（葡萄糖和果糖），在室温和中等条件下稳定。本品黏合力强，可增加片剂的硬度，并使片剂外观光洁，但吸湿性强，一般不单独应用，常与淀粉、糊精配合使用。

（3）糊精（dextrin）：本品为淀粉水解中间产物的总称，为白色或类白色的无定形粉末，不溶于醇，微溶于冷水，易溶于热水成黏胶状溶液，并呈弱酸性。糊精用量过多会使颗粒过硬而造成片剂的麻点、水印等，并能影响崩解速度。糊精有特殊不适味，故对无芳香药物的含片宜少用。很少单独应用，常与淀粉、蔗糖配合使用。

（4）乳糖（lactose）：本品是由D-半乳糖和D-葡萄糖通过β（1-4）糖苷键连接而成，为白色结晶或粉末，无吸湿性，可压性好，性质稳定，是一种优良的片剂填充剂，但价格较贵，在国内应用不多。由喷雾干燥法制得的乳糖流动性、可压性良好，可供粉末直接压片用。目前已经上市的乳糖型号DCL-11、DCL-21、M-200、Flowlac-100、Tablettose 70、80、100等，其中DCL-21成形性较好，Flowlac-100压缩性较好，Tablettose 70、80、100的黏合性较好。

（5）预胶化淀粉（pregelatinized starch）：本品属于改性淀粉，系将淀粉用化学法或机械法将淀粉颗粒部分或全部破裂而得，亦称可压性淀粉。目前上市的是部分胶化淀粉（PPS），为白色干燥粉末，不溶于有机溶剂，无臭无味，性质稳定，为多功能辅料，可用作填充剂，具有良好的流动性、可压性、自身润滑性和干黏合性，并有较好的崩解作用，可用于粉末直接压片。国内产品与国外Colorcon公司的Starch RX 1500相当。

（6）微晶纤维素（microcrystalline cellulose，MCC）：本品系由纤维素经部分酸水解制得的聚合度较小的结晶性纤维素，为白色或类白色细微结晶性粉末，无臭无味，对药物有较大的容纳量，具有良好的流动性和可压性，有较强的结合力，亦有"干黏合剂"之称，可用于粉末直接压片。另外，片剂中含有20%以上的微晶纤维素时崩解较好。

（7）无机盐类：主要是一些无机钙盐，如硫酸钙、磷酸氢钙、药用碳酸钙等。其中二水硫酸钙最为常用，其性质稳定，无臭、无味，微溶于水，可与多种药物配伍。可作为中草药浸出物、油类及膏剂的良好吸收剂，但不能用于弱有机碱的强酸盐类。

（8）糖醇类：甘露醇（mannitol）和山梨醇（sorbitol）互为同分异构体。本品为白色、无臭、具有甜味的结晶性粉末或颗粒。作为片剂填充剂，甘露醇干燥快，化学稳定性好，可用于大部分片剂。因溶解时吸热，有甜味对口腔有舒服感，故广泛用于咀嚼片的制造，其颗粒型可用作直接压片的赋形剂。近年来开发的赤藓糖（erythrose），其甜度为蔗糖的80%，溶解速度快，在口腔内pH不下降（有利于保护牙齿），是制备口腔速溶片的最佳辅料，但价格比较昂贵。

2. 湿润剂与黏合剂 湿润剂（liquid binder）和黏合剂（binder）是在制粒过程中添加的辅料。

（1）湿润剂：某些药物粉末本身没有黏性，通过加入适当的液体诱发物料黏性，此时加入的液体叫作湿润剂。常用的湿润剂有蒸馏水和乙醇。

1）蒸馏水（distilled water）：价格低廉，来源丰富，是首选的湿润剂，但不适于对水敏感的药物。由于易产生润湿不均匀的现象，可用低浓度的淀粉浆或乙醇代替。

2）乙醇（ethanol）：可用于遇水易分解的药物或遇水黏性太大的药物。乙醇浓度越大，黏性越低，因此醇的浓度要视原辅料的性质而定，常用浓度为30%~70%。

（2）黏合剂：某些药物粉末本身不具黏性或黏性较小，需加入具有黏性的物质才能将其黏合起来，此时加入的黏性物质叫作黏合剂。常用黏合剂如下：

1）淀粉浆（starch slurry）：片剂中最常用的黏合剂，常用8%~15%的浓度，并以10%淀粉浆最为常用；若物料可压性较差，可再适当提高淀粉浆的浓度到20%。淀粉浆的制法主要有煮浆和冲浆两种方法：煮浆法：将淀粉混合于全量水中，边加热边搅拌，直至糊化；冲浆法：将淀粉混悬于少量水中，然后按浓度要求冲入一定量的沸水，不断搅拌糊化而制得。

2）纤维素衍生物

① 甲基纤维素（methyl cellulose，MC）：本品为纤维素的甲基醚化物，含甲氧基26.0%~33.0%，具有良好的水溶性，可作为黏合剂使用。

② 乙基纤维素（ethyl cellulose，EC）：本品为纤维素的乙基醚化物，含乙氧基44.0%~51.0%。乙基纤维素不溶于水，在乙醇等有机溶剂中的溶解度较大，并根据其浓度不同产生不同强度的黏性，可用其乙醇溶液作为对水敏感药物的结合剂，但应注意本品的黏性较强且在胃肠液中不溶解，会对片剂的崩解及药物的释放产生阻滞作用。目前，常利用乙基纤维素的这一特性，将其用于缓（控）释制剂中（骨架型或膜控释型）。

③ 羟丙基纤维素（hydoxypropyl cellulose，HPC）：本品为2-羟丙基醚纤维素，商品名为hyprolose，分为低取代（L-HPC）和高取代（H-HPC）两种，相对分子质量4万~91万，相对分子质量增大，其黏度也依次增大。L-HPC为白色或类白色粉末，无臭、无味，在冷水中溶解成透明溶液，加热至50℃形成凝胶状，是优良的黏合剂，也可作为片剂崩解剂以及粉末直接压片的干黏合剂使用。H-HPC主要用于制备凝胶骨架的缓释片剂。

④ 羟丙甲基纤维素（hydroxypropyl methyl cellulose，HPMC）：本品为部分O-甲基化，部分O-(2-羟丙基化)纤维素。本品为白色或类白色纤维状或颗粒状粉末，无臭、无味，可溶于水及部分极性有机溶剂。HPMC根据相对分子质量和黏度不同分为多种型号，美国Dow公司的型号有K4MP、Kl5MP、K100MP等，日本信越公司的型号有SH60、SH65、SH90等。本品不仅用作制粒的黏合剂，而且在凝胶骨架片缓释制剂中得到广泛的应用。

⑤ 羧甲基纤维素钠（carboxymethyl cellulose sodium，CMC-Na）：本品是纤维素的羧甲基醚化物，不溶于乙醇、三氯甲烷等有机溶媒，在水中先溶胀再溶解。用作黏合剂的浓度一般为1%~2%，其黏性较强，常用于可压性较差的药物，但应注意是否造成片剂硬度过大或崩解超限。

3）聚乙烯吡咯烷酮（polyvinyl pyrrolidone，PVP）：即聚维酮，为1-乙烯基-2-吡咯烷酮均聚物，性质稳定，可溶于水和乙醇，低浓度溶液（10%以下）黏度仅略高于水，可用作润湿剂，高浓度形成黏稠胶状液体，为良好黏合剂。PVP因相对分子质量不同而分为不同规格，如K30、K60、K90等，其中常用的是K30（相对分子质量3.8万）的乙醇溶液（3%~15%），适用于对水和热敏感的药物，常用于泡腾片及咀嚼片的制粒中。

4）明胶（gelatin）：系动物胶原蛋白的水解产物。根据制备时水解的方法不同分为酸法明胶（A型）和碱法明胶（B型），A型明胶等电点为7~9，B型明胶等电点为4.7~5，可根据药物对酸碱度的要求选用A型或B型。本品浸在水中时会膨胀变软，能吸收其自身质量5~10倍的水。在热水中溶解，在冷水中形成胶冻或凝胶，故制粒时明胶溶液应保持较高温度。适用于在水中不需崩解或延长作用时间的口含片等。

5）聚乙二醇（PEG）：本品为环氧乙烷和水缩聚而成的混合物。根据相对分子质量不同有多种规格，常用的黏合剂型号为PEG 4000、PEG 6000。制得的颗粒压缩成形性好，片剂不变硬，适用于水溶性与水不溶性药物的制粒。

6）其他黏合剂：50%~70%的蔗糖溶液、海藻酸钠溶液等。

3. 崩解剂 崩解剂（disintegrant）是使片剂在胃肠液中迅速裂碎成细小颗粒的物质，除了缓、控释片以及某些特殊用途的片剂（如口含片）外，一般片剂中都应加入崩解剂。特别是难溶性药物，其溶出是药物在体内吸收的限速阶段，其片剂的快速崩解更具有实际意义。

优化崩解剂在处方中的含量是十分必要的，必须考虑一些矛盾的因素，并加以调和。例如，应尽量降低崩解剂的粒径以增大表面积，增加水吸收率。但崩解剂为吸湿材料，会吸收大气中的水分，这可能会对水不稳定性药物产生不利影响。在片剂中使用过量的崩解剂，如果包装的保护不足，在储存时就会从大气中吸收到足以使片剂崩解的水分。而且大量加入崩解剂会使片剂的硬度降低，处方的流动性下降。包括淀粉在内的许多崩解剂，它们的可压性是不够理想的。崩解剂的效果也会受到疏水性润滑剂的影响，因此需要注意优化处方的工艺过程。

（1）崩解剂的作用机制

1）毛细管作用：这类崩解剂能保持片剂的孔隙结构，形成易于润湿的毛细管道，并有一定的吸水性。当片剂置于水中时，水能迅速地随毛细管进入片剂内部，使整个片剂润湿而促使崩解。如淀粉和纤维素衍生物类。

2）膨胀作用：崩解剂吸水后体积膨胀，使片剂的结合力被瓦解，从而发生崩解。如羧甲基淀粉钠，在冷水中能膨胀，体积可增加300倍，膨胀作用十分显著，片剂可迅速崩解。膨胀率是表示崩解剂的体积膨胀能力大小的重要指标，膨胀率越大，崩解效果越好。

3）复原形变作用：指崩解剂粒子的形态在片剂压制过程中被扭转。在潮湿的环境中，变形粒子有恢复压制前形态的趋势，故引起片剂破裂。

在高压制片时，崩解作用与片剂成型有关，因为崩解剂粒子在片剂压制时扭转储存的能量。研究测定了 Emdex®、硬脂酸镁和含5%崩解剂制备的片剂的崩解时限，结果发现无论使用哪种崩解剂（包括羧甲基淀粉钠、微晶纤维素、乙醇酸淀粉钠和淀粉），崩解时限均会随着压力的增大而增大。

4）排斥作用理论：粒子间排斥理论用来解释如淀粉等不明显发生膨胀的崩解剂是如何使片剂崩解的。该理论认为，水通过亲水性孔道渗入片剂内，然后在连续的淀粉网状通道中流向他处，产生明显的液压。由于淀粉粒的亲和性，水可在淀粉粒子间铺展从而破坏氢键等片剂中粒子间的黏合力，最终使片剂崩解。

5）产热作用：物料在水中产生溶解热时，使片剂内部残存的空气膨胀，促使片剂崩解。

（2）常用崩解剂

1）干淀粉（drying starch）：一种最为经典的崩解剂，其含水量在8%以下，吸水性较强且有一定的膨胀性，较适用于水不溶性或微溶性药物的片剂，但对易溶性药物的崩解作用较差，这是因为易溶性药物遇水溶解产生浓度差，使片剂外面的水不易通过溶液层面透入到片剂的内部，阻碍了片剂内部淀粉的吸水膨胀。

2）预胶化淀粉（pregelatinized starch）：本品中部分支链淀粉具有较强的亲水性，可快速吸水膨胀，部分尚未改变的淀粉可变形复原，因此可用于全粉末压片和湿法制粒压片，崩解、溶出效果均比较好。

3）羧甲基淀粉钠（carboxymethyl starch sodium，CMS-Na）：本品是变性淀粉的一种，属醚类淀粉，一种水溶性阴离子高分子型化合物，为白色无定形粉末，吸水性极强，吸水膨胀作用非常显著，体积可膨胀为原来的300倍，是一种性质优良的崩解剂。适用于湿法制粒和粉末直接压片，常用量为片剂重量的1%~6%。

4）低取代羟丙基纤维素（low-sustituted hydroxypropyl cellulose，L-HPC）：本品为低取代羟丙基纤维素醚，是一种多用途的非离子型纤维素衍生物，为白色或类白色结晶性粉末，在水中不易溶解，但有很好的吸水性，这种性质大大增加了它的膨胀度。另外，其颗粒表面具有毛糙结构，可增强药粉和颗粒间的镶嵌作用，使黏性强度增加，可提高片剂的硬度和光洁度。L-HPC具有崩解与黏结双重作用，用量一般为25%，对崩解差的丸、片剂可加速其崩解，并可增加崩解后粉粒的细度；对不易成型的药物，可促进其成型，提高药片的硬度。

5）交联羧甲基纤维素钠（croscarmellose sodium，CCMC-Na）：本品是一种内部交联的羧甲基纤维素钠，不溶于水，在水中能吸收数倍量的水膨胀而不溶化，膨胀体积为原体积的4~8倍，具有较好的崩解性和可压性，与羧甲基纤维素钠合用崩解效果更好，但与干淀粉合用崩解作用会降低。常用量为片剂重量的 0.5%。

6）交联聚乙烯吡咯烷酮（cross-linked polyvinyl pyrrolidone，PVPP）：即交联聚维酮，为白色、流动性良好的粉末，在水、有机溶剂及强酸、强碱溶液中均不溶解，但在水中迅速表现出毛细血管活性和优异的水化能力，最大吸水量 60%，能迅速溶胀体积增加至 115 倍并且不会出现高黏度的凝胶层，因而其崩解性能十分优越，已为英、美等国药典所收载。

7）其他：海藻酸钠（sodium alginate）或海藻酸的其他盐；黏土类，如皂土（bentonite）、胶体硅酸镁铝；阳离子交换树脂等。糖凝胶与 Xanthan SM® 是具有强力崩解作用的两种新型崩解剂。糖凝胶是一类线性四糖的阴离子多糖。在布洛芬片中加入 4% 的糖凝胶，它的崩解时限为 4 min，比加入干淀粉、Avicel pH102®、Explotab®、AcDiSo® 和 Kollidon CL®（4～7 min）等崩解剂所产生的崩解作用强。Xanthan SM® 是黄胶原的衍生物，具有更高的亲水性和更低的凝胶性。

（3）崩解剂的加入方法：崩解剂的加入方法不同，崩解效果不同。外加法将崩解剂加在颗粒外，因而片剂崩解较快，崩解形成的粒子较大；内加法将崩解剂加在颗粒内，因而片剂崩解较慢，崩解形成的粒子较小；内外加法将 25%～50% 的崩解剂加在颗粒外，50%～75% 的崩解剂加在颗粒内，因而片剂崩解较快，崩解形成的粒子较小。在相同用量的崩解剂时，崩解速度是外加法 > 内外加法 > 内加法；溶出速度是内外加法 > 内加法 > 外加法。

4. 润滑剂 按其作用不同，润滑剂可分成三类：一是助流剂（glidant）：增加颗粒流动性，改善颗粒填充状态的物质；二是抗黏剂（antiadherent）：防止原辅料黏着于冲头表面的物质；三是狭义的润滑剂（lubricant）：降低颗粒之间以及颗粒或药片与冲模孔壁之间摩擦力的物质。一种理想的润滑剂应同时具有助流、抗黏和润滑作用，但目前应用的润滑剂中尚没有这种理想状态。一般将具有上述任何一种作用的辅料都称为润滑剂。

润滑剂的作用机制至今尚不很清楚，一般认为润滑剂的作用是改善颗粒的表面特性，包括以下几方面的作用：一是改善粒子表面的静电分布；二是改善粒子表面的粗糙度，减小摩擦力；三是改善气体的选择性吸附，减弱粒子间的范德瓦耳斯力等。常用的润滑剂有。

（1）硬脂酸镁（magnesium stearate）：本品为疏水性润滑剂，有良好的附着性，与颗粒混合后分布均匀而不易分离。少量即有较好润滑作用，为广泛应用的润滑剂。用量一般为 0.3%～1%，用量过大片剂不易崩解或产生裂片。

（2）微粉硅胶（silica gel）：即胶态二氧化硅（colloidal silicon dioxide），为轻质的白色粉末，比表面积大，有良好的流动性。用作助流剂，可用于粉末直接压片，常用量为 0.1%～0.3%。

（3）滑石粉（talc）：本品主要成分为含水硅酸镁，白色结晶粉末，有较好的滑动性，抗黏性明显，且能增加颗粒的润滑性和流动性。用后可减少压片物料附于冲头表面的倾向。本品不溶于水，但有亲水性，对片剂的崩解作用影响不大。常用量一般为 0.1%～3%，最多不要超过 5%，过量时反而流动性差。滑石粉对胃肠道有一定刺激性、用量不宜太大。由于滑石粉在颗粒中往往分布不均，片剂的色泽和含量容易出现较大差异，故现已较少单独使用，但它有亲水的优点，国内经常将滑石粉与硬脂酸镁配合应用，滑石粉能减轻硬脂酸镁疏水性的不良影响，但也能削弱硬脂酸镁的润滑作用。

（4）氢化植物油（hydrogenated vegetable oil）：本品系由氢化植物油经过精制、漂白、脱色及除臭后，以喷雾干燥制得的粉末。国外商品名为 Sterotex、Lubritab、Hydrocote 等。将本品溶于热轻质液体石蜡或己烷中，然后喷于颗粒上，以利于分布均匀，己烷可在减压条件下除去。本品润滑性能好，为良好的润滑剂。凡不宜用碱性润滑剂的品种，都可用本品取代。

（5）聚乙二醇（PEG）：PEG 4000 及 PEG 6000 的相对分子质量分别为 3 000～3 700、6 000～7 500，熔点分别为 53～56℃、60～63℃。本品为水溶性，溶解后可得到澄清溶液，与其他润滑剂相比粉粒较小，50 μm 以下的颗粒压片时可达到良好的润滑效果。当可溶性片剂中不溶性残渣发生溶解困难时，为提高其水溶性往往也使用此类高分子聚合物。

（6）十二烷基硫酸钠（sodium dodecylsulfate）：本品为水溶性阴离子型表面活性剂，具有良好润滑作用。能增强片剂的机械强度并能促进片剂的崩解和药物的溶出。

5. 其他辅料

（1）着色剂：药品着色剂是一类在片剂制备时加入，使之着色，赋予片剂特定颜色的药用辅料，在片剂（片心或包衣层）中应用的着色剂要求可食用、对人体无害、物理化学稳定性好、温度耐受性适宜、耐酸碱 pH 2～9、耐旋光性、有抗氧化还原作用、能与其他着色剂配合使用、溶解性好、色泽强度达标、无致癌性。色素必须是药用级，最大用量不超过 0.05%，要注意色素与药物的反应及干燥中颜色的迁移，如氧化铁黄、氧化铁红、食用黄色素，食用绿色素等。

（2）芳香剂和甜味剂：主要用于口含片和咀嚼片。常用的芳香剂为芳香油；甜味剂一般不需另加，可在选择稀释剂时一并考虑。

（3）预混辅料：预混辅料是将多种单一辅料按一定比例，以一定的生产工艺预先均匀混合在一起，成为一种具有特定功能且表现均一的新辅料。预混辅料粒度分布均匀，比普通辅料有更好的流动性、黏合性和压缩成形性，可用于粉末直接压片。预混辅料最早出现在 20 世纪 80 年代，第一个是微晶纤维素和碳酸钙的预混辅料，1990 年出现了纤维素和乳糖的预混辅料 Cellactose。

目前市场上已有几十种预混辅料，可分为两大类：第一类是用于包衣的预混剂；第二类是适于固体制剂生产的预混辅料，如 Cellactose、StarLac、SMCC 等，表 6-9 为部分已上市的产品，表 6-10 为部分已获得国内注册的产品。

表 6-9 已上市的几种预混辅料

产品名称	优点
乳糖 PVP K30	吸附性好，流动性好，片剂硬度与压片速度无关
乳糖纤维	可压性好，口感好，成本低
碳酸钙山梨	粒度分布窄
微晶纤维素乳	载药量高，可用于流动性差的药物
阿斯巴甜	优秀的甜味剂，蔗糖的替代品，适于口含及糖尿病患者服用药物，是蔗糖甜度的 200～250 倍
EUDRAGITAL100	肠溶包衣，包衣能抵抗湿热环境，可制作锭剂
苏丽丝 SURELEASE	一种使用乙基纤维素作为控释材料，含成膜剂、增塑剂和稳定剂的水性分散体，为简单易用的全水包衣系统，药物释放不受 pH 影响，可以应用于颗粒和小丸包衣，丸包衣，也可作为有效的湿法制粒的黏合剂，把制成的颗粒进一步压制成缓释片

表 6-10 部分已获得国内注册的预混辅料

商品名	混合辅料成分	优点	生产商
Ludipress	乳糖 +3.2%PVP K30+ 交联 PVP	吸水性好，流动性好	BASF，Ludwigshafen，Germany
DiPac	蔗糖 +3% 糊精	直接压片	Do mino Sugar
Prosolv	微晶纤维素 + 二氧化硅	流动性更好，降低了湿法制粒的敏感性，片剂的硬度更好，降低了脆碎度	Penwest Pharmaceuticals Company
Avicel CE-15	微晶纤维素 + 瓜尔胶	减少了砂砾状物质，减少塞牙现象，提高了整体的味觉感受	FMC Corporation

续表

商品名	混合辅料成分	优点	生产商
Microcelac	微晶纤维素＋乳糖	能使流动性很差的活性药物制得高剂量但体积小的片子	Meggie
Pharmatose DCIAO	95% β-乳糖＋5%乳糖醇	很好的可压性，对润滑剂敏感度低	DMV Veghel
StarLac	85% α-乳糖＋15%玉米淀粉	流动性好	Roquette
Cellactose	75% α-乳糖＋25%粉末纤维素	优异的可压缩性使可压性差的主药能被压制成片，流动性好，口感好	Meggie
ForMaxx	碳酸钙＋山梨醇	控制了粒径分布	Merck

6. 辅料的选用原则 辅料选择的主要依据是药物性质和用药目的，选择时必须注意以下几点：

（1）注意各类辅料的相互影响：辅料虽然按照它在片剂中的不同作用而分为四类，但实质上它们是相互联系、相互影响的整体，如黏合剂选用不当会影响崩解剂的作用，又如糖粉作为稀释剂，也有黏合作用，故在选用黏合剂时就不要选择黏性太强的，可考虑减少黏合剂的用量，甚至改用润湿剂。又如淀粉为稀释剂也有崩解作用，处方中就不需另加崩解剂等。

（2）辅料本身应具备的条件：①化学性质稳定不与主药发生化学作用，不影响药效；②对人体无害，不影响主药的含量测定；③生产操作简单易行。

（六）片剂的制备和包衣

此部分内容详见本章第二节。

（七）片剂的包装

片剂的包装与贮存应当做到密封防潮以及使用方便等。

（1）多剂量包装：几十片甚至几百片包装在一个容器中为多剂量包装，容器多为玻璃瓶和塑料瓶，也有用软性薄膜、纸塑复合膜、金属箔复合膜等制成的药袋。

1）玻璃瓶：应用最多的包装容器，其密封性好，不透水汽和空气，化学惰性，不易变质，价格低廉，有色玻璃瓶有一定的避光作用。缺点是质量较大、易于破损等。

2）塑料瓶：其优点是质地轻，不易破碎，容易制成各种形状，外观精美等。缺点是密封隔离性能不如玻璃制品，在过高的温度及湿度下可能会发生变形等。

（2）单剂量包装：主要分为泡罩式（亦称水泡眼）包装和窄条式包装两种形式，均将片剂单个包装，使每个药片均处于密封状态，提高了对产品的保护作用，也可杜绝交叉污染。另外，亦使患者使用更为方便，外观装潢亦显得贵重、美观。

泡罩式包装的底层材料（背衬材料）为无毒铝箔与聚氯乙烯（polyvinyl chloride，PVC）的复合薄膜，形成水泡眼的材料为硬质PVC；硬质PVC经红外加热器加热后在成型滚筒上形成水泡眼，片剂进入水泡眼后，即可热封成泡罩式的包装。

窄条式包装是由两层膜片（铝塑复合膜、双纸塑料复合膜）经黏合或热压而形成的带状包装，与泡罩式包装比较，成本较低、工序简便。

（八）应用举例

根据片剂实例，可以更清楚地了解片剂的制备过程，并可通过处方分析更深刻地认识各种辅料在片剂中的作用，从而提升处方设计与片剂制备的能力。

1. 含液体药物的片剂

例 6-14：维生素 E 片（生育酚片）

【处方】维生素 E 醋酸酯 5 g，淀粉 38.5 g，95%乙醇 4 g，糊精 10 g，碳酸钙 30 g，淀粉浆

（15%）35 g，磷酸氢钙 41 g，硬脂酸镁 1 g，制成 1 000 片（每片含维生素 E 5 mg）。

【制法】将维生素 E 醋酸酯溶于 95% 乙醇中，然后加入辅料，混合均匀，制粒，压片即得。

【注解】处方中维生素 E 醋酸酯为主药，因其为黏稠状液体，故先将其溶解在乙醇中，再与干性辅料混合，制粒，压片。该处方中淀粉和糊精作为填充剂，部分淀粉兼有内加崩解剂的作用；干淀粉为外加崩解剂；淀粉浆为黏合剂；硬脂酸镁为润滑剂。

2. 小剂量药物的片剂

例 6-15：维生素 B_2 片

【处方】维生素 B_2 5 g，淀粉 26 g，糊精 42 g，硬脂酸镁 0.7 g，50% 乙醇适量（qs），制成 1 000 片（每片含维生素 B_2 5 mg）。

【制法】淀粉与糊精混合均匀，维生素 B_2 按等量递加法加入上述辅料中，加入 50% 乙醇制软材，挤压过筛制颗粒，干燥，压片即得。

【注解】处方中维生素 B_2 为主药，淀粉一部分作为填充剂一部分作为崩解剂，糊精一部分作为填充剂一部分作为黏合剂，50% 乙醇为润湿剂，硬脂酸镁为润滑剂。因为是小剂量片剂，其混合的均匀程度直接关系药物的含量均匀度。采用等量递加法将药物与辅料混合是小剂量片剂常用的混合方法，通过该方法能使药物与辅料均匀混合，从而保证每片中药物含量较为均匀，保证用药安全性和有效性。

3. 中药片剂

例 6-16：牛黄解毒片

【处方】牛黄 5 g，雄黄 5 g，石膏 200 g，大黄 200 g，黄芩 150 g，桔梗 100 g，冰片 25 g，甘草 50 g。

【制法】雄黄水飞或粉碎成极细粉；大黄粉碎成细粉；牛黄、冰片研细，其余黄芩等四味加水煎煮两次，每次 2 h 合并煎液，滤过，滤液浓缩成稠膏加入大黄、雄黄细粉，制成颗粒，干燥，再加入牛黄、冰片细粉，混匀，压成 1 000 片（大片）或 1 500 片（小片），或包衣，即得。

【注解】处方中黄芩、石膏、桔梗、甘草采用共同水煎，药液浓缩成膏，其有效成分黄芩苷、桔梗皂苷、甘草皂苷皆能被提取。石膏药理研究证明其水煎液具有解热作用、四味药合煎既保证其清热解毒的功效，又缩小了体积；大黄以原药材粉于制粒前加入，可保留其泻下成分—结合状态的醌，以保证其泻热通便的作用；冰片、牛黄为贵重药，用量少，冰片具有挥发性，故以细粉加于干颗粒中，混匀压片，这样可以保证此二味药在片剂中的含量，有利于发挥疗效。

4. 分散片

例 6-17：阿奇霉素分散片

【处方】阿奇霉素 250 g，羧甲基淀粉钠 50 g，乳糖 100 g，微晶纤维素 100 g，甜蜜素 5 g，2% HPMC 水溶液 qs，滑石粉 25 g，硬脂酸镁 2.5 g，制成 1 000 片。

【制法】取处方量阿奇霉素和羧甲基淀粉钠（通常为一半）混匀过筛，加入甜蜜素、乳糖和微晶纤维素，混匀过筛，以 2% HPMC 水溶液为黏合剂制软材，制粒，干燥，整粒，加剩余羧甲基淀粉钠、滑石粉和硬脂酸镁，混匀，压片，即得。

【注解】处方中羧甲基淀粉钠为崩解剂，内外加法；乳糖和微晶纤维素为填充剂；甜蜜素为矫味剂；2% HPMC 水溶液为黏合剂；滑石粉和硬脂酸镁为润滑剂。该分散片遇水迅速崩解，均匀分散为混悬状，适合大剂量难溶性药物的剂型设计。

5. 特殊用途的片剂

例 6-18：维生素 C 泡腾片

【处方】维生素 C 500 g，酒石酸 250 g，碳酸氢钠 60 g，蔗糖 1 000 g，乳糖 100 g，色素适量，PVP 醇溶液适量，水溶性润滑剂适量，制成 1 000 片。

【制法】取维生素C、酒石酸分别过100目筛,混匀,加入PVP醇溶液和适量色素液制成软材,过14目筛制湿粒,于50℃左右干燥,备用。另取碳酸氢钠、糖粉水液(含少量色素)和单糖浆适量制软材,过12目筛制湿粒,于50℃左右干燥,然后与上述干粒混合,整粒,加适量香精醇溶液,烘片刻,加适量水溶性润滑剂过100目筛,混匀,压片。

【注解】用碳酸氢钠为二氧化碳源制备泡腾片有很多优点,如泡腾片在水中迅速溶解,能产生较多的二氧化碳,且泡腾溶液的pH较低。但碳酸氢钠与钠的比值高(1:1),一个代表性的泡腾片约含有20 mmol的钠,若一天服用多次,会给某些不宜多食钠的患者带来不良后果。因此,泡腾片处方设计中应考虑少用碳酸氢钠,并用碳酸氢钾、碳酸钙等不含钠或含钠低的二氧化碳源代替。

6. 特殊制法的片剂:以全粉末片为例

例6-19:罗通定片

【处方】罗通定30 g,滑石粉10 g,微晶纤维素25 g,微粉硅胶1 g,淀粉23 g,硬脂酸镁1 g,制成1 000片。

【制法】取处方量罗通定和辅料粉末,混匀过筛,全粉末直接压片,即得。

【注解】处方中微晶纤维素为填充剂和干黏合剂;淀粉为填充剂和崩解剂;滑石粉和硬脂酸镁为润滑剂;微粉硅胶作为助流剂。

(九)片剂的质量检查

1. 外观性状 片剂的外观性状应完整光洁,色泽均匀,无杂斑,无异物,并在规定的有效期内保持不变。

2. 片重差异 片重差异应符合药典对片重差异限度的要求,具体检查方法参考《中国药典》(2025年版)片剂的片重差异检查法。

糖衣片、薄膜衣片(包括肠衣片)应在包衣前检查片芯的重量差异,符合规定后方可包衣;包衣后不再检查片重差异。另外,凡已规定检查含量均匀度的片剂,不必进行片重差异检查。

3. 硬度 硬度(hardness)指片剂的径向破碎力,常用孟山都硬度计(图6-42A)或硬度测定仪来测定(图6-42B)。在生产中常用的经验方法是:将片剂置中指与食指之间,以拇指轻压,根据片剂的抗压能力,判断其硬度。药典中尚未规定片剂硬度检查的具体方法,但一般认为普通片剂的硬度在50 N以上为好。

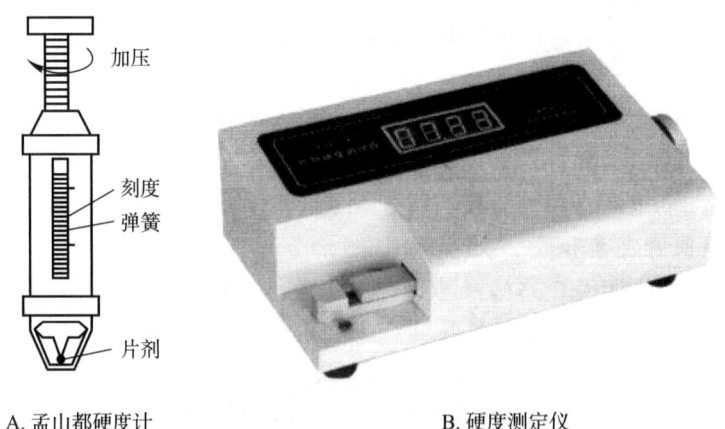

图6-42 片剂硬度测定仪

4. 脆碎度 脆碎度(breakage)反映片剂的抗磨损和抗振动能力,常用Roche脆度测定仪测定(图6-43)。脆碎度小于1%为合格片剂,具体测定方法参考《中国药典》(2025年版)片剂脆碎度检查法。

5. **崩解度** 除药典规定进行"溶出度或释放度"检查的片剂以及某些特殊的片剂（如口含片、咀嚼片等）以外，一般的口服片剂需做崩解度检查。《中国药典》（2025年版）规定普通片的崩解时限是15 min；分散片、可溶片为3 min；舌下片、泡腾片为5 min；薄膜衣片为30 min；糖衣片为60 min；含片不应在10 min内全部崩解或溶化；肠溶衣片则要求在盐酸溶液中2 h内不得有裂缝、崩解或软化现象，在磷酸盐缓冲液（pH 6.8）1 h内全部溶解并通过筛网；结肠定位肠溶衣片在盐酸溶液及磷酸盐缓冲液（pH 6.8）中不释放或不崩解，在pH 7.5~8.0磷酸盐缓冲液中1 h内完全释放或崩解。

图 6-43 脆碎度测定仪

崩解度检查采用"吊篮法"。操作中采用升降式崩解仪（见图6-44），主要结构为一能升降的金属支架与下端镶有筛网的吊篮，并附有挡板。升降的金属支架上下移动距离为（55±2）mm，使6根底部镶有筛网（网孔直径2 mm）的玻璃管，上下往复通过（37±1）℃的水，往返频率为30~32次/min，每个玻璃管中的每个药片应在药典规定的时间内全部通过筛网。

检查法：将吊篮通过上段的不锈钢轴悬挂于金属支架上，浸入1 000 mL烧杯中，并调节吊篮位置使其下降时筛网距烧杯底部25 mm，烧杯内盛有温度（37±1）℃的水，调节水位高度使吊篮上升时筛网在水面下15 mm。

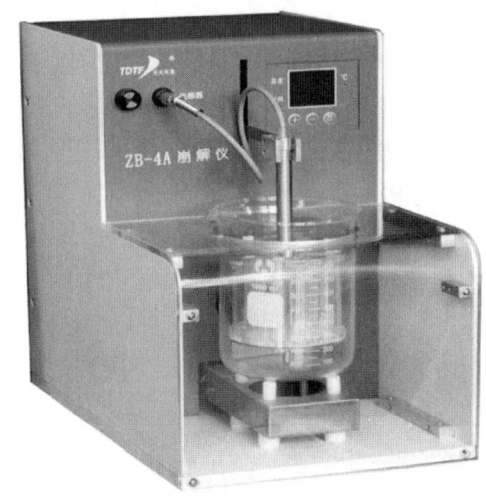

图 6-44 片剂崩解仪

6. **溶出度或释放度** 根据《中国药典》（2025年版）的有关规定，溶出度与释放度测定法有第一法（转篮法）、第二法（桨法）、第三法（小杯法）、第四法（桨碟法）、第五法（转筒法）、第六法（流池法）、第七法（往复筒法）等。可根据剂型特点选用合适的测定方法，如第一法可用于缓释制剂或控释制剂；第二法可用于肠溶制剂。

溶出度指药物从片剂或胶囊剂等固体制剂在规定溶剂中溶出的速度和程度。凡检查溶出度的制剂，不再进行崩解时限的检查。

释放度指口服药物从缓释制剂、控释制剂或肠溶制剂在规定溶剂中释放的速度和程度。

溶出度仪系用于溶出度、释放度测定的一种由微机控制的机电一体化试验设备，主要由电动机、恒温装置、篮体、搅拌桨、溶出杯及杯盖等组成（见图6-45）。

缓释、控释制剂释放度的检查，除另有规定外至少取3个时间点：①开始0.5~2 h的取样时间点，用于考察药物是否有突释；②中间取样时间点（释放约50%），用于确定释药特性；③最后取样时间点，用于考察释药是否完全。此3点用来表征片剂在体外的释放度。具体要求参考《中国药典》（2025年版）溶出度和释放度测定法。

7. **含量均匀度** 含量均匀度是指小剂量药物在每个片剂中的含量是否偏离标示量以及偏离的程度，每片标

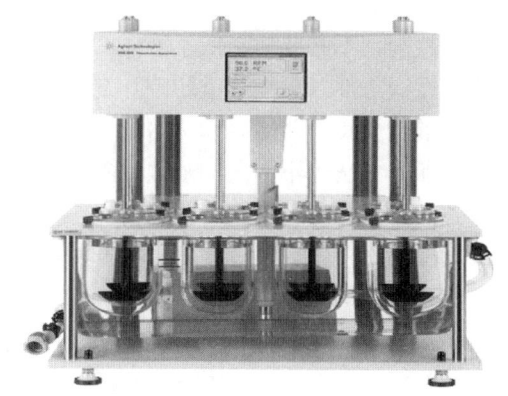

图 6-45 溶出度仪

示量不大于 10 mg 或每片主药含量不大于 5% 时，均应检查含量均匀度。均匀度的检查方法详见《中国药典》（2025 年版）含量均匀度检查法。

（十）片剂生产中存在的问题及分析

1. **裂片** 片剂发生裂开的现象叫作裂片，如果裂开的位置发生在药片的顶部（或底部），习惯上称为顶裂，在片中间发生，称为腰裂。压力分布的不均匀以及由此而带来的弹性复原率的不同，是造成裂片的主要原因。

（1）产生裂片的处方因素有：①物料中细粉太多，压缩时空气不能及时排出而结合力弱；②物料塑性差，结合力弱；③黏合剂黏性较弱或用量不足。

（2）产生裂片的工艺因素有：①单冲压片机比旋转压片机易出现裂片（压力分布不均匀）；②快速压片比慢速压片更易裂片（塑性变形不充分）；③凸面片剂比平面片剂更易裂片（应力集中）；④一次压缩比二次压缩易出现裂片（塑性变形不充分）；⑤颗粒过干、片剂过厚以及加压过快也可造成裂片。

（3）裂片的防止措施：①选用弹性小、塑性好的辅料；②选用适宜的制粒方法；③选用适宜的压片机和操作参数。

2. **松片** 片剂所谓松片，一是片剂成型后不结实，稍加外力片剂便松散了；二是基本上不成型。主要原因有黏性力差、压缩力不足等。

3. **黏冲** 片剂的表面被冲头黏去一薄层或一小部分，造成片面粗糙不平或有凹痕的现象，一般即为黏冲；若片剂的边缘粗糙或有缺痕，则可相应地称为黏壁。

造成黏冲或黏壁的主要原因有：颗粒不够干燥或物料易于吸湿、润滑剂选用不当或用量不足以及冲头表面锈蚀或刻字粗糙不光滑等，应根据实际情况，确定原因并加以解决。

4. **片重差异超限** 片重差异超限即片剂的质量超出药典规定的片重差异允许范围，产生原因及解决办法：①颗粒流动性不好，流入模孔的颗粒量时多时少，引起片重差异过大，应重新制粒或加入较好的助流剂如微粉硅胶等，改善颗粒流动性。②颗粒内的细粉太多或颗粒的大小相差悬殊，致使流入模孔内的物料时重时轻，应除去过多的细粉或重新制粒。③加料斗内的颗粒时多时少，造成加料的质量波动，这也会引起片重差异超限，所以应保持加料斗内始终有 1/3 量以上的颗粒。④冲头与模孔吻合性不好，如下冲外周与模孔壁之间漏下较多药粉，致使下冲发生"涩冲"现象，必然造成物料填充不足，对此应更换冲头、模圈。

5. **崩解迟缓** 片剂超过了药典规定的崩解时限，即称崩解迟缓或崩解超限。水分渗入到片剂内部是片剂崩解的首要条件，而水分渗入的快慢与片剂内部的空隙状态和物料的润湿性有关。影响崩解的主要原因是：①原辅料的可压性，可压性强的原辅料被压缩时易发生塑性变形，片剂崩解较慢。②颗粒的硬度，硬度较小，易因受压而破碎，片剂的崩解较慢。③压片力，压片力适中，否则片剂过硬，难以崩解。④表面活性剂，加入表面活性剂可改善湿润性，但对于易被水湿润的药物如果加入表面活性剂，不必要地降低了液体的表面张力，不利于水分透入，不易崩解。⑤润滑剂，片剂中常用的疏水性润滑剂，可能严重影响片剂的湿润性，造成崩解迟缓。在实际应用中，应对润滑剂的品种、用量、混合强度、混合时间严格控制。⑥黏合剂，黏合力越大，崩解时间越长。⑦崩解剂，品种、用量、加入方法等不同，崩解效果不同。⑧可溶性成分溶解，堵住毛细孔，影响水分渗入。⑨片剂的贮存条件，贮存后，崩解时间延长。

6. **溶出超限** 片剂在规定的时间内未能溶解出规定药量时，药物溶出度不合格。影响药物溶出度的主要原因是：①片剂不崩解；②颗粒过硬；③药物的溶解度差等。

7. **含量不均匀** 影响因素有：①所有造成片重差异超限的因素都可造成片剂中药物含量不均；②药物混合不均匀；③可溶性成分在颗粒之间的迁移也是造成小剂量药物含量均匀度不合格的重要原因。

五、滴丸剂

滴丸剂（dripping pill）系指固体或液体药物与适宜的基质加热熔融后溶解、乳化或混悬于基质中，滴入不相混溶的冷凝液中，收缩冷凝而制成的制剂，主要供口服使用。其发展史可追溯到 1933 年丹麦药厂率先使用滴制法制备的维生素 A、D 丸，相继报道了维生素 AD、ADB_1、ADB_1C，以及苯巴比妥、酒石酸锑钾等滴丸。此后由于制备工艺、制造理论尚不成熟，不能解决生产上的问题，无法保证产品质量，因此这个剂型销声匿迹了。20 世纪 60 年代末，我国药学工作者受到灰黄霉素制成滴丸的启示，做了大量的研究工作后，使滴丸剂的理论、应用范围和生产设备等有了很大的进展，并具备了工业化生产的条件。1971 年我国上市了芸香油滴丸，并在《中国药典》（1977 年版）首次收载了滴丸剂，使《中国药典》成为国际上第一个收载滴丸剂的药典。近年来，合成、半合成基质及固体分散技术的应用使滴丸剂有了迅速的发展，如复方丹参滴丸、度米芬滴丸等。

（一）滴丸剂的特点

滴丸剂具有以下特点：①设备简单、操作方便、利于劳动保护，工艺周期短、生产率高；②工艺条件易于控制，质量稳定，剂量准确，受热时间短，易氧化及具挥发性的药物溶于基质后，可增加其稳定性，如复方麝香草脑滴丸中丁香油为易挥发药物，制成滴丸后丁香油很好地包埋于高分子固体载体中，增强了药物的稳定性；③基质容纳液态药物的量大，故可使液态药物固化，如芸香油滴丸含油可达 83.5%；④用固体分散技术制备的滴丸具有溶出快、吸收迅速、生物利用度高的特点，如灰黄霉素滴丸有效剂量是细粉（粒径 254 μm 以下）的 1/4、微粉（粒径 5 μm 以下）的 1/2；⑤发展了耳、眼科用药的新剂型，五官科制剂多为液态或半固态剂型，作用时间不持久，做成滴丸剂可起到延效作用，如氯霉素眼丸可持续释放药物 10 天。

（二）滴丸剂的分类

1. 速效高效滴丸　利用固体分散体的技术进行制备。当基质溶解时，体内药物以微细结晶、无定形微粒或分子形式释出，所以溶解快、吸收快、作用快、生物利用度高，如速效心痛滴丸。

2. 缓释、控释滴丸　缓释是使滴丸中的药物在较长时间内缓慢溶出，而达长效；控释是使药物在滴丸中以恒定速度溶出，其作用可达数日以上，如氯霉素控释眼丸。

3. 溶液滴丸　滴丸可用水溶性基质来配置，在水中可崩解为澄明溶液，如氯己定滴丸可用于饮水消毒。

4. 栓剂滴丸　滴丸同水溶性栓剂一样可用聚乙二醇等水溶性基质，用于腔道时由体液溶解产生作用。滴丸可同样用于直肠，也可由直肠吸收而直接作用于全身，具有生物利用度高、作用快的特点。

5. 硬胶囊滴丸　硬胶囊中可装入不同溶出度的滴丸，以组成所需溶出度的缓释小丸胶囊，如联苯双酯的硬胶囊滴丸。

6. 包衣滴丸　同片剂、丸剂一样需包糖衣、薄膜衣等，如联苯双酯滴丸。

7. 脂质体滴丸　脂质体为混悬液体，用聚乙二醇可制成固体剂型，是将脂质体在不断搅拌下加入熔融的 PEG 4000 中形成混悬液，倾倒于模型中冷凝成型，如苦参碱脂质体滴丸。

8. 肠溶衣滴丸　用在胃中不溶解的基质，如酒石酸锑钾滴丸是用明胶溶液作基质成丸后，用甲醛处理，使明胶的氨基在胃液中不溶解，在肠中溶解。

9. 干压包衣滴丸　以滴丸为中心，压上其他药物组成的衣层，融合了两种剂型的优点，如镇咳祛痰的喷托维林氯化钾干压包衣片。前者为滴丸，后者为衣层。

（三）滴丸剂的组成

1. 基质　滴丸中主药以外的附加剂称为基质。

（1）滴丸基质应具备的条件：①与主药不发生任何化学反应，不影响主药的疗效与检测；②熔点较低，加一定量的热水（60℃以上）能熔化成液体，遇骤冷又能凝结成固体，在室温下保持固体状态，且与主药混合后仍能保持上述性质。

（2）基质的分类：主要有水溶性基质和非水溶性基质两大类。①水溶性基质，常用的有 PEG 类（如 PEG 6000、PEG 4000 等）、聚氧乙烯单硬脂酸酯、硬脂酸钠、泊洛沙姆、甘油明胶等。②非水溶性基质，常用的有硬脂酸、单硬脂酸甘油酯、氢化植物油、虫蜡等。

2. 冷凝液 用于冷凝滴出的液滴，使之冷凝成固体丸剂的液体称为冷凝液。

（1）滴丸的冷凝液必须符合的基本要求：①冷凝剂必须安全无害，不溶解主药和基质，也不与主药和基质发生化学反应；②适宜的相对密度，冷凝液密度与液滴密度相近，不能相等，使滴丸在冷凝剂中缓慢下沉或上浮，充分凝固，丸型圆整；③适当的黏度，使冷凝剂与液滴间的黏附力小于液滴的内聚力而能收缩凝固成丸。

（2）冷凝液的分类：应根据基质的性质选择冷凝液，冷凝液可分为以下两类。①水溶性基质的冷凝介质，常用的有液体石蜡、二甲硅油、植物油等；②非水溶性基质的冷凝介质，可以选用水、一定浓度的乙醇等。

（四）滴丸剂的制备方法

1. 工艺流程 滴制法是指将药物均匀分散在熔融的基质中，再滴入不相混溶的冷凝介质里，冷凝固化成丸的方法。如图 6-46 所示，具体工艺流程如下：将药物溶解或混悬在熔融的基质中，保持恒定的温度（80～100℃），经过滴头，匀速滴入冷凝介质中，在表面张力作用下，液滴成球状，冷却收缩成丸，在重力作用下下沉或上浮，取出，除去冷凝介质，干燥，即得滴丸。

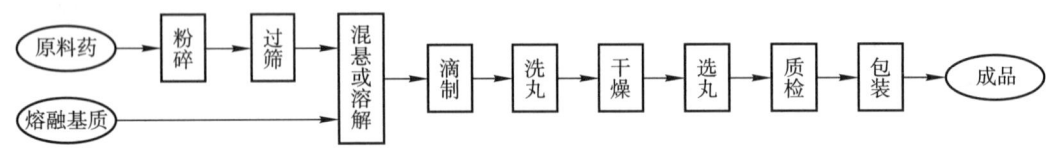

图 6-46 滴丸剂制备工艺流程

2. 设备 根据滴丸与冷凝介质相对密度差异，选用不同的滴制设备，如图 6-47 所示。

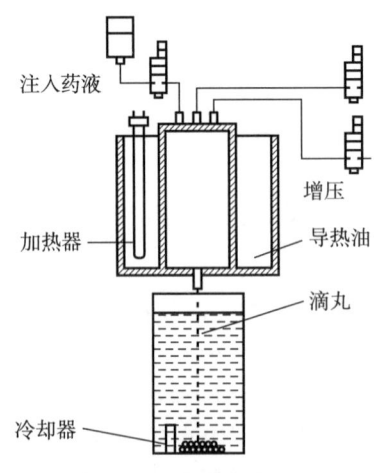

图 6-47 滴丸设备示意图

3. 注意事项 在制备过程中保证滴丸圆整成型，丸重差异合格的关键是：选择适宜基质，确定合适的滴管内外口径，控制适当的滴距与滴速，滴制过程中保持药液恒温，滴制液静液压恒定，及时冷凝等。

（五）应用举例

例6-20：灰黄霉素滴丸

【处方】灰黄霉素1份、PEG 6000 9份。

【制法】取PEG 6000在油浴上加热至约135℃，加入灰黄霉素细粉，不断搅拌使全部熔融，趁热过滤，置贮液瓶中，135℃下保温，用管口内、外径分别为9.0 mm、9.8 mm的滴管滴制，滴速80滴/min，滴入含43%煤油的液体石蜡（外层为冰水浴）冷却液中，冷凝成丸，以液体石蜡洗丸，至无煤油味，用毛边纸吸去黏附的液体石蜡，即得。

【注解】①灰黄霉素极微溶于水，对热稳定；mp为218~224℃；PEG 6000的mp为60℃左右，以1:9比例混合，在135℃时可以成为两者的固态溶液。因此，在135℃下保温、滴制、骤冷，可形成简单的低共熔混合物，使95%灰黄霉素均为粒径2 μm以下的微晶分散，因而有较高的生物利用度，其剂量仅为微粉的1/2。②灰黄霉素系口服抗真菌药，对头癣等疗效明显，但不良反应较多，制成滴丸，可以提高其生物利用度，降低剂量，从而减弱其不良反应、提高疗效。

例6-21：联苯双酯滴丸

【处方】联苯双酯15 g、PEG 6000 120 g、吐温80 5 g、液体石蜡适量，共制成10 000粒。

【制法】取处方量的PEG 6000和吐温80加热至85℃熔融；将联苯双酯过120目筛，加入上述基质中，搅拌溶解至澄清，得到药液；将药液置滴丸装置中，调节活塞使滴速为80滴/min，滴头直径为1.3 mm，液体石蜡温度控制在20~30℃；将药液匀速滴入液体石蜡中，滴完后，冷却，收集滴丸；用纸吸去滴丸表面的冷凝液，干燥即得。

【注解】该处方中加入吐温80和PEG 6000的目的是与难溶性药物联苯双酯形成固体分散体，从而增加药物溶出度，提高生物利用度；液体石蜡为冷凝液。

例6-22：三十烷醇滴丸

【处方】三十烷醇1份、PEG 4000 2份、PEG 6000 8份、玉米油适量。

【制法】取处方量的PEG 4000和PEG 6000加热至85℃熔融，将处方量的三十烷醇粉末加入上述基质中，搅拌溶解，得到药液；将药液置滴丸装置中，调节活塞滴速为30滴/min，滴距3 cm，玉米油冷凝温度为10~15℃；将药液匀速滴入玉米油冷凝液中，滴完后，冷却，收集滴丸；用纸吸去滴丸上附着的植物油，干燥即得。

例6-23：番茄提取物滴丸

【处方】番茄提取物30 g、PEG 6000 245 g、聚氧乙烯蓖麻油10 g、吐温80 15 g、二甲基聚硅氧烷适量。

【制备】取处方量的PEG 6000 85℃水浴熔融，将处方量的番茄提取物、聚氧乙烯蓖麻油和吐温80加入上述基质中，搅拌溶解，得到药液；将药液转置滴丸装置中，持续搅拌，维持药液温度在85℃；将药液恒速滴入二甲基聚硅氧烷中，冷凝温度为10℃，冷却，收集滴丸；用纸吸取滴丸表面冷凝液，干燥即得。

（六）滴丸剂的质量检查

（1）滴丸剂在生产与贮藏期间均应符合下列有关规定。

1）除另有规定外，供制滴丸用的药粉应为细粉或最细粉。

2）滴丸冷凝介质必须安全无害，且与原料药物不发生作用。

3）滴丸表面应无冷凝介质黏附。

4）根据原料药物的性质与使用、贮藏的要求，供口服的滴丸可包糖衣或薄膜衣。

5）除另有规定外，滴丸外观应圆整，大小、色泽应均匀，无粘连现象。

6）除另有规定外，滴丸剂应密封贮存，防止受潮、发霉、虫蛀、变质。

（2）除另有规定外，滴丸剂应进行重量差异与溶散时限检查。

1）重量差异检查：除另有规定外，滴丸剂照下述方法检查，应符合规定。具体检查方法参考《中国药典》（2025年版）"通则"的规定：取供试品20丸，精密称定总重量，求得平均丸重后，再分别精密称定每丸的重量。每丸重量与标示丸重相比较（无标示丸重的，与平均丸重比较），按表6-11中的规定，超出重量差异限度的不得多于2丸，并不得有1丸超出限度1倍。

表6-11 滴丸剂的重量差异限度

标示丸重或平均丸重	重量差异限度
0.03 g 及 0.03 g 以下	±15%
0.03 g 以上至 0.1 g	±12%
0.1 g 以上至 0.3 g	±10%
0.3 g 以上	±7.5%

包糖衣滴丸应在包衣前检查丸芯的重量差异，符合规定后方可包衣，包糖衣后不再检查重量差异，包薄膜衣滴丸应在包薄膜衣后检查重量差异并符合规定。

2）溶散时限检查：除另有规定外，取供试品6丸，选择适当孔径筛网的吊篮（滴丸剂直径在2.5 mm以下的用孔径约0.42 mm的筛网；在2.5~3.5 mm之间的用孔径约1.0 mm的筛网；在3.5 mm以上的用孔径约2.0 mm的筛网），照崩解时限检查法（通则0921）片剂项下的方法进行检查。滴丸剂不加挡板检查，应在30 min内全部溶散，包衣滴丸应在1 h内全部溶散。上述检查，应在规定时间内全部通过筛网。如有细小颗粒状物未通过筛网，但已软化且无硬心者可按符合规定论。

六、微丸剂

微丸剂在我国有悠久的应用历史，传统中药如"六神丸""保济丸""人丹"等都是中药微丸制剂的典型代表。1949年，Smith Kline和French等认识了微丸在缓释、控释制剂方面的潜力，将微丸装入胶囊或压制成片而制成适合临床的缓释、控释制剂，使得微丸制剂得到了较大发展。

微丸最早的制备方法是手工泛丸，但该操作不但繁琐，而且成品质量，如含量、崩解、微生物均不能有效控制。随着微丸在制剂中优势得到认可，微丸在制剂中应用的加大，其制备技术也在迅速发展，各种制丸方法不断产生，生产工艺从最早的手工制作，发展到半机械化，目前已进入智能化、全自动化的制备阶段。

（一）微丸的定义

微丸（小丸，pellet）是指直径约为1 mm，一般不超过2.5 mm的球形或类球形口服剂型。采用不同辅料及工艺，可将药物制成速释、缓释或控释的微丸。

目前研究的重点是缓释微丸制剂，其最终剂型有两种，一种是直接灌装于胶囊壳中制成胶囊剂，如布洛芬缓释胶囊（芬必得）、伪麻黄碱/氯苯那敏胶囊（康泰克）；另一种是与适宜辅料混合后压制成片剂，如奥美拉唑肠溶微丸片、琥珀酸美托洛尔缓释片、埃索美拉唑镁缓释片。目前，基于微丸的制剂产品以胶囊剂居多，微丸压制片剂因工艺难度较大，产品较少。

（二）微丸的特点

微丸是一种剂量分散型剂型，一个剂量往往由分散的多个单元组成，通常一个剂量由几十乃至一百多个微丸组成，这种剂型被称为多单元微丸系统（multiple unit pellet system，MUPS），与单剂量由一个单元组成的剂型，如片剂相比，具有如下特点。

（1）局部刺激性小：微丸剂服用后可广泛分布在胃肠道内，由于剂量倾出分散化，使药物生物利用度提高的同时避免了药物局部浓度过大，降低了药物的刺激性。

（2）生物利用度高：微丸在胃肠道内的转运不受食物输送节律的影响，直径小于 2 mm 的微丸，即使当幽门括约肌闭合时，仍能通过幽门，因此微丸在胃肠道的吸收一般不受胃排空的影响。

（3）释药稳定：当微丸粒径一定时，具有较固定的表面积，且球体具有较好的抗压效果，在胃肠道蠕动挤压中不易破碎，释药面积较颗粒、片剂恒定；同时缓释或控释微丸的释药行为是组成一个剂量的各个微丸释药行为的总和，个别微丸在制备上的失误或缺陷不致对整体制剂的释药行为产生严重影响，因此在释药规律的重现性、一致性方面优于缓释片剂。

（4）易制成缓释、控释制剂：几种不同释药速率的微丸按需要比例制成胶囊，可方便调节药物的理想释药速度。服后既可使血药浓度迅速达到治疗效果，又能维持较长作用时间，血药浓度曲线平稳，可避免一般缓释、控释制剂体内吸收的时滞问题；由不同微丸组成的复方胶囊，可增加药物的稳定性，提高疗效，降低不良反应，而且生产时便于控制质量。

（5）含药量大：微丸在制备过程中，由于外力作用，使其内部较为坚实，在填装胶囊时比粉末或颗粒有较大的装量；此外，微丸载药范围很宽，单个胶囊的最大剂量可达 600 mg。

（6）在工艺学上也存在一些优点：例如，外形美观，有较好的流动性、不易碎、无须加入助流剂，比粉末、颗粒填装胶囊的重量差异小，可避免复方制剂在制备过程中的相互作用。

（三）微丸的分类

微丸按释放速度分，主要有速释微丸和缓释或控释微丸。

1. 速释微丸 本类微丸是药物与一般辅料（如微晶纤维素、淀粉和蔗糖等）制成的具有较快释药速度的微丸，一般情况下，30 min 溶出度不得少于 70%，微丸处方中常加入一定量的崩解剂或表面活性剂，以保证微丸的快速崩解和药物溶出。

2. 缓释或控释微丸 因处方组成、结构及释药机制的不同，本类微丸一般分为以下三种。

（1）膜控型微丸：膜控型微丸常通过包衣方式达到控制药物释放的目的（图 6-48），其包衣物料主要由成膜材料、增塑剂以及溶剂组成，必要时须添加致孔剂、着色剂、抗黏剂、消泡剂、避光剂等物料。

根据释药机制不同，膜控型微丸又可分为以下三种。

1）普通膜控型微丸：以水不溶性聚合物，如聚丙烯酸树脂、乙基纤维素等为包衣材料制成的微丸，内服后水分渗入衣膜，药物溶解成饱和溶液，通过扩散和渗透释药。以亲水性聚合物，如羟丙基甲基纤维素（HPMC）、低取代羟丙基纤维素（L-HPC）等为包衣材料制成的微丸，口服后因亲水聚合物吸水溶胀形成凝胶屏障而控制药物的释放。

2）通道型膜控微丸：微丸的水不溶性薄膜衣层中加入致孔剂，口服后致孔剂遇水溶解或脱落，在微丸的衣膜上形成许多微孔，从而控制药物的释放。

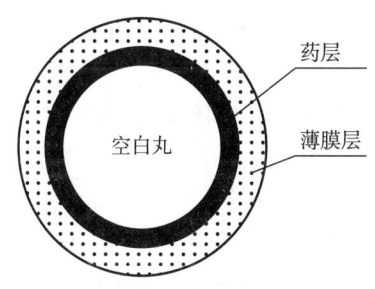

图 6-48 膜控型微丸

3）脉冲型膜控微丸：在微丸丸芯外包几层性质不同的包衣材料可以达到脉冲式控制药物释放的目的。

（2）骨架型微丸：是由药物、骨架材料和致孔剂组成（图 6-49）。骨架材料可分为亲水凝胶、水不溶性高分子聚合物以及蜡质脂肪类。致孔剂是增加微丸内部的孔隙率以调节药物的释放速率，多为一些水溶性的物质，如羟丙甲纤维素（HPMC）、聚乙二醇等。此类微丸一般采用挤出滚圆法和热熔挤压法制备。

（3）膜控、骨架复合型微丸：是指用骨架和膜控法相结合制成

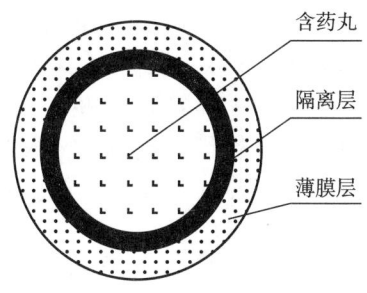

图 6-49 骨架型微丸

的微丸，再进一步选择适宜的包衣材料制成复合控制药物释放的微丸。

（四）微丸的组成

丸芯处方包含填充剂，如蔗糖（糖粉）、糊精、淀粉及微晶纤维素等；黏合剂，如 PVP、HPMC 的醇水溶液等；包衣材料，如羟丙基甲基纤维素（HPMC）、羟丙基纤维素（HPC）、乙基纤维素（EC）、Eudragit RL 或 RS 和醋酸纤维素等；增塑剂，如蓖麻油、邻苯二甲酸二乙酯、柠檬酸三乙酯、丙二醇和 PEG 等；致孔剂，如 HPMC、HPC、PEG、SLS 和 MC 等水溶性辅料。

（五）微丸的制备方法

微丸的制备方法主要有包衣锅滚制法、挤出滚圆法、离心造粒法（流化床制粒法）、热熔挤出法、喷雾冻凝法和喷雾干燥法等。

1. 包衣锅滚制法　采用包衣锅进行。主要方法有以下几种。

（1）空白丸芯成丸法：采用无棱角的空白丸芯，如 30～40 目的蔗糖细粒或糖粉与淀粉用合适黏合剂滚制而成的细粒为种子，置包衣锅内，喷入适量黏合剂溶液，使丸芯表面湿润并撒入药物粉末或药物与辅料的混合粉末，也可将药物溶解或混悬在溶液中喷包在芯核上成丸。

（2）滚动泛丸法：将药物和辅料粉末置包衣锅内，喷洒水或稀醇等，使滚动成球。

（3）湿颗粒滚动成丸法：将药物和辅料细粉与合适黏合剂混合，制成小粒，置包衣锅中滚转，依次喷入黏合剂，撒入药粉或药粉与辅料的混合粉，吹干，如上反复操作。

包衣锅滚制法设备简单，价格低廉，但容易发生批件差异大的情况，且粉尘多、收率低，制得的微丸硬度差。

2. 挤出滚圆法　目前，挤出滚圆法是应用最广泛的微丸制备技术之一。挤出滚圆法常用的填充剂有微晶纤维素、乳糖和二水合磷酸氢钙等。该法不适用于对湿热敏感的药物。由挤出滚圆法制得的微丸大小均匀，形状圆整，能够改善生物利用度，减少药物突释。制备过程分四步完成。

（1）湿料制备（造粒）：将药物与辅料如微晶纤维素、乳糖等混合均匀，加入水或 PVP、HPC、HPMC 等的溶液作为黏合剂，将粉料制成具有一定可塑性的湿润均匀的物料，或将湿料经造粒机制成湿颗粒。

（2）挤出：将第一步制成的塑性湿料或湿粒置挤出机内，经螺旋推进或辊滚等挤压方式将湿料通过具一定直径的孔或筛，压挤成圆柱形条状挤出物。

（3）滚圆成丸：将上述挤出物推卸在滚圆机的自转摩擦板上，挤出物则被分散成长短相当于其直径的更小的圆柱体，由于摩擦力的作用，这些塑性圆柱形物料在板上不停地滚动，逐渐滚成圆球形。

（4）微丸干燥：置烘箱内干燥或采用流化床干燥。

3. 离心造粒法　在一密闭的系统内完成混合、起母、成丸、干燥和包衣全过程，又可直接投入空白母核进行粉末上药和包衣。该法原辅料损失小，自动化程度高。

制丸时可将部分药物与辅料的混合细粉投入离心机流化床内并鼓风，粉料在离心力及摩擦力的作用下，形成涡旋回转运动的粒子流，使粒子得以翻滚和搅拌均匀，通过喷枪喷射入适量的雾化浆液，粉料凝结成粒可获得圆整度很高的小丸。小丸经干燥后，喷入雾化的包衣液，即得膜控小丸。

4. 热熔挤出法　热熔挤出主要包括热熔软化、成型和固化三个步骤。其具体操作如下：首先将所需物料加入逐段控温的机筒中，物料在螺杆的推进下不断前移，在一定的区段熔融或软化后，物料在剪切元件和混合元件的作用下均匀混合，最后以一定的压力、速度和形状从机头口模挤出。在这一过程中，多组分物料粒径不断减小，同时彼此发生空间位置的对称交换和渗透，最终达到分子水平的混合，由入口处的多相状态转变为出口处的单相状态。将挤出物料置于滚圆机，在加热状态进行滚圆，即得微丸。

该法操作步骤简单，工艺便捷，节省空间，总成本低；所制得的微丸硬度高、稳定性好、不易受 pH 和环境水分等因素的影响。

5. 其他成丸方法　喷雾冻凝法，此法是将药物与熔化的脂肪类或蜡类混合从顶部喷进一冷却塔中，由于熔融液滴受冷硬化而形成小丸。喷雾干燥法，此法是将药物溶液或混悬液喷雾干燥，由于液相的蒸发而形成小丸。

（六）应用举例

例6-24：微晶纤维素空白微丸

【处方】微晶纤维素400 g，水470 mL。

【制法】将微晶纤维素投入BJZ-360 M型离心包衣制粒机中，控制喷浆泵转速25 r/min，主机转速330 r/min，以水为黏合剂，用量为470 mL，即得空白微丸。

【注解】本品采用离心造粒法制丸。影响成丸质量的因素主要有黏合剂用量、主机转速、喷浆泵转速和滚圆时间等。

例6-25：三七总皂苷肠溶微丸

【处方】三七总皂苷（PNS）9 g，羟丙基甲基纤维素（HPMC）0.45 g，低取代羟丙基纤维素（L-HPC）0.45 g，空白丸芯，60%乙醇适量。

【制法】按处方量分别取PNS、HPMC、L-HPC，分别过100目筛混匀，溶于60%乙醇，用磁力搅拌器搅拌至澄清溶液，置于恒流泵中，并开启桨叶不断搅拌。将微晶纤维素（MCC）空白丸芯置包衣机中滚动预热，喷浆液上药，至长大成丸。完成上药后再滚转30 min，取出，40℃干燥6 h，筛选18～24目之间的微丸，即得含药微丸。上药结束后采用雅克宜®肠溶包衣材料对微丸进行包衣，包衣增重15%，包衣锅温度40℃，供液流速6 mL/min，包衣锅转速20 r/min。

【注解】本品采用空白丸芯成丸法制备微丸。影响空白丸芯成丸法制备微丸的因素有供液流速，包衣锅转速，温度等。

例6-26：法莫替丁微丸

【处方】法莫替丁650 g，微晶纤维素350 g，水适量。

【制法】将药粉与微晶纤维素过筛混匀，加水1:1制成软材，经挤压机筛板（孔径0.9 mm，挤压转速300 r/min）挤成细条状，置ZDR-6B型滚圆机内，调节转速（1 000 r/min）及滚圆时间（4 min），使颗粒完全滚圆，取出微丸于50℃干燥3～4 h，筛取18～24目的微丸，即得。

【注解】本品采用挤压滚圆法制丸。影响挤压滚圆法制备微丸的主要因素有挤出转速、滚圆转速、滚圆时间等。此外，制得的微丸质量与黏合剂的水分的比例有很大关系。水分过多或过少都不利于滚制成丸。

例6-27：盐酸苯丙醇胺（PPA）微丸

【处方】空白丸芯800 g，PPA 420 g，微晶纤维素170 g，微粉硅胶10 g，2% HPMC溶液适量。

【制法】采用NQS25型气流粉碎机将药物微粉化，并与微晶纤维素和微粉硅胶混合均匀，取空白丸芯置切线喷雾装置的物料槽内，调节底盘转速和流化风量，使丸芯呈螺旋式流化运动状态。喷入黏合剂至丸芯表面湿润，即开启供粉槽加入物料粉末，调节黏合剂喷液速度和供粉速率，保持上药操作顺利进行，避免微丸过湿或过干现象。上药结束后采用HPMC（6 mPa·s）水溶液对微丸进行隔离层包衣，包衣液浓度6%，以PEG 4000为增塑剂，包衣增重2%。

【注解】本品采用流化床法制丸。影响流化床造粒制备微丸的主要因素有粉料的流化状态、润湿剂或黏合剂的雾化状态以及腔体内温度等，尤其要注意协调供粉速率和黏合剂喷液速率，避免微丸过湿而黏结，或供粉过快而导致物料槽内药粉过多，造成上药率和微丸脆碎度不理想。工艺研究时应注意考察底盘的转速、流化风量与温度、黏合剂喷雾的速度与用量等主要工艺参数。

例6-28：硫酸锌微丸

【处方】硫酸锌900 g，滑石粉400 g，乳糖400 g。

【制法】以上粉末置快速搅拌制粒机中，混合均匀后，连续地喷入黏合剂丙烯酸树脂Ⅱ（5 g加乙醇至 100 mL）制粒，形成微丸，选取 16～24 目的硫酸锌微丸。

【注解】本品采用快速搅拌制丸，将混合、制粒、滚圆成丸等操作一体化完成。

（七）微丸的质量检查

1. 水分 取供试品照《中国药典》（2025 年版）水分测定法项下测定。除另有规定外，微丸按其所属丸剂类型的规定测定。

2. 重量差异 按丸服用的丸剂照第一法检查，按重量服用的丸剂照第二法检查。检查方法参见《中国药典》（2025 年版）丸剂项下有关规定测定。

3. 装量差异 按一次（或一日）服用剂量分装的丸剂应按《中国药典》（2025 年版）丸剂项下有关规定测定。

4. 溶散时限 除另有规定外，取丸剂 6 丸，按《中国药典》（2025 年版）丸剂项下有关规定进行。要求小蜜丸、水蜜丸和水丸应在 1 h 内全部溶散；浓缩丸和糊丸应在 2 h 内全部溶散，微丸的溶散时限按所属丸剂类型的规定测定。

5. 卫生学检查 按国家卫生健康委员会《药品卫生检查方法》检查，应符合规定。

七、膜剂

膜剂是在 20 世纪 60 年代开始研究并应用的一种新型制剂；20 世纪 70 年代国内对膜剂的研究应用已有较大发展，并投入生产。近年来美国 FDA 批准的膜剂主要应用于口腔黏膜、颊黏膜和舌下黏膜。

（一）膜剂的定义

膜剂（film）指原料药物与适宜的成膜材料经加工制成的膜状固体制剂。膜剂的给药途径较多，可以口服、口含以及舌下给药，也可用于妇科疾病的阴道给药、口腔和鼻腔黏膜用药、皮肤外伤或溃疡的敷料以及眼科疾病等，如壬苯醇醚膜，克霉唑口腔药膜，克霉唑药膜和哈西奈德涂膜等。

口腔膜剂（oral film）系一种供口腔黏膜给药的固体膜状制剂，其具有使用方便、口腔内溶解、释药迅速、分剂量准确，适用人群广；药物以口腔黏膜吸收入血，具有能有效避免首过效应等优势，尤其适用于吞咽困难的患者和首过效应较严重的药物。2010 年，美国 FDA 批准第一例舌溶膜剂处方药 Zuplenz® 昂丹司琼舌溶膜。目前，口腔膜剂在全身用药方面正被快速推广，比如适用于治疗哮喘、止吐、胃肠道功能紊乱，以及助眠等。但口腔膜剂一般较柔软、强度低，为了便于运输、贮存和使用，需加强包装强度和厚度，还需有效隔绝空气和水蒸气，加强密封性，以保障药物稳定性。作为新型的固体制剂，口腔膜剂的发展和应用已对制备技术、工艺、辅料、设备都提出了很高的要求；并且其研发方向已经从单一的以提高药物溶出速度、方便给药为目标，发展为促进难吸收的药物（尤其是生物大分子活性成分等）的透膜吸收、显著提高其生物利用度。

（二）膜剂的特点

同传统固体制剂相比，膜剂具有以下优点：工艺简单，生产中没有粉末飞扬；成膜材料用量少，体积小，质量轻，便于携带；含药量均匀，稳定性好，起效快；可隔离复方制剂中的配伍禁忌药物；给药方便，患者顺应性高；可解决老人及儿童用药困难的问题。但膜剂也存在一定的局限性，例如，载药量小，仅适合剂量小的药物；质地轻薄，易吸潮；对包装材料的要求较高；有苦味药物的口腔膜剂需进行掩味或矫味处理等。

（三）膜剂的分类

膜剂的分类方法有很多种。根据其结构可分为单层膜、多层膜（复合膜）和夹心膜等。单层膜是药物分散在成膜材料中形成的膜剂，临床应用较多，厚度通常不超过 1 mm，可根据需要调节膜的大小。多层膜又称复合膜，由多层含药膜组成，可设计成缓释或者控释膜。夹心膜是在两层不溶性的高分子材料膜中间夹着药膜，药物可以零级速度释放。根据膜材不同可分为速释（崩）膜剂和缓释膜剂；根据给药途径不同又可分为口腔速溶膜（oral dissolving film，ODF）、颊黏膜黏附膜（mucoadhesive buccal film，MBF）、舌下膜、外用敷料膜等；根据使用方法不同，可以分为喷膜剂、涂膜剂和贴膜剂等。常用膜剂的厚度为 0.05～0.2 mm，形状大小有 1.5 cm×2.0 cm 或 2.2 cm×3.3 cm 等。可根据用药部位特点和含药量设计膜剂的形状、大小和厚度。

（四）膜剂的组成

1. 膜剂的一般组成 一般包括主药（0%～70%）、成膜材料（30%～100%）、增塑剂（0%～20%）、表面活性剂（1%～2%）、赋形剂（0%～20%）、崩解剂、脱模剂、溶剂等。表面活性剂能够增加难溶药物的溶解度，使药物更容易分散，常用的表面活性剂有聚山梨酯80、十二烷基硫酸钠等。对于一些具有苦味的药物还需要加入矫味剂、甜味剂或采用离子交换树脂技术，掩盖药物的苦味，改善药物口感，增加患者顺应性。有时还需要加入一些色素和香料，以使膜剂更加美观。

2. 成膜材料 成膜材料是膜剂组分中除主药以外最为重要的成分，其性能、质量对膜剂的质量及药效产生重要影响。

（1）理想的成膜材料应满足的条件：①生理惰性，无毒、无刺激；②性能稳定，不降低主药药效，不干扰含量测定，无不适臭味；③成膜、脱膜性能好，成膜后有足够的强度和柔韧性；④用于口服、腔道、眼用膜剂的成膜材料应能逐渐降解、吸收或排泄；⑤外用膜剂应能迅速、完全释放药物；来源丰富、价格便宜。

（2）成膜材料的分类：常用的成膜材料根据其来源，主要分为天然高分子材料和合成高分子材料。

1）天然高分子材料：有明胶、虫胶、阿拉伯胶、琼脂、淀粉、糊精、玉米朊、壳聚糖、海藻酸钠、白及胶等。此类成膜材料多为水溶性，可降解，具有良好的生物相容性，但是有些材料单独使用成膜性较差，需要与其他膜材联合使用。

2）合成高分子材料：是膜剂的常用材料。主要为纤维素类高分子材料，如羟丙基纤维素、羟丙甲纤维素、乙基纤维素；聚乙烯醇；乙烯-醋酸乙烯共聚物；聚乙烯醇缩醛；甲基丙烯酸酯-甲基丙烯酸共聚物；聚维酮等。以上膜材又分为水溶性和水不溶性。

聚乙烯醇（polyvinyl alcohol，PVA）：是一种水溶性高分子化合物，由于其成膜性、柔软性和吸湿性均良好，所以是膜剂中应用最广泛的成膜材料。PVA 由聚醋酸乙烯酯经醇解而成，为白色或黄白色粉末状结晶颗粒，聚醋酸乙烯醇解百分率称为醇解度，药用聚乙烯醇的醇解度为 85%～89%，相对分子质量 30 000～200 000，平均聚合度为 500～5 000。国内采用的 PVA 有 05-88 和 17-88 等规格，其中聚合度分别为 500 和 1700，醇解度均为 88%，上下浮动 2%。PVA 05-88 聚合度小，故水溶性大，柔韧性差；PVA 17-88 聚合度大，故水溶性小，柔韧性好。两者以适当比例（如 1∶3）混合使用则能制得很好的膜剂。经验证明成膜材料 PVA 在成膜性能、膜的抗拉强度、柔韧性、吸湿性和水溶性等方面较好。PVA 对眼黏膜和皮肤无毒、无刺激，是一种安全的外用辅料。口服后在消化道中很少吸收，80% 的 PVA 在 48 h 内随大便排出。PVA 在载体内不分解亦无生理活性。实际生产设计中，常常加入一些天然高分子材料，以增加膜材的适用性。

乙烯-醋酸乙烯共聚物（ethylene vinyl acetate copolymer，EVA）：是乙烯和醋酸乙烯的共聚物，水不溶性透明、无色粉末或颗粒。EVA 的性能与其相对分子质量及醋酸乙烯含量有很大关系。随相对分子质量增加，共聚物的玻璃化温度和机械强度均增加。在相对分子质量相同时，则醋酸乙烯比例越大，材料溶解性、柔韧性和透明度越大。EVA 无毒，无臭，无刺激性，对人体组织有良好的相容性，不溶于水，能溶于二氯甲烷、三氯甲烷等有机溶剂。本品成膜性能良好，膜柔软，强度大，常用于制备控释膜剂。

聚乙烯吡咯烷酮（polyvinyl pyrrolidone，PVP）：是一种非晶态线性聚合物，易溶于极性溶剂。低浓度的 PVP 水溶液黏度低，略高于水，随着浓度的增大和相对分子质量的升高，溶液黏度显著增大。

其成膜性好，无毒，无刺激，可与PVA合用。

（五）膜剂的制备方法

1. 匀浆制膜法 本法也可叫作流延法、溶剂浇铸法等，即将成膜材料溶解在适宜的溶剂中，同时加入主药，充分溶解搅拌均匀，制备成浆液，经过超声等脱泡处理之后，过滤涂布干燥成膜，再根据主药含量计算单剂量膜的面积，剪切成单剂量的膜剂。对于不溶或者难溶于水的药物可先将其制备成微晶或粉碎成细粉，用搅拌或研磨等方法均匀分散于浆液中，脱去气泡。小量制备可将浆液涂布于玻璃板上，大量生产时则可用涂膜机（图6-50）涂膜。此法适用于可溶性膜材和不易水解的药物。浆液制备过程中会产生很多气泡，可采用超声、静置、加热或者真空搅拌等方法除去气泡，但要保证浆液的稳定性，防止因操作不当造成的分层和沉淀。目前国内上市的膜剂基本是用此法制备。

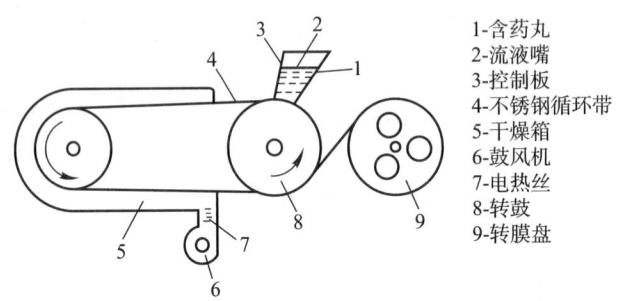

图6-50 流延机涂膜示意图

1-含药丸　2-流液嘴　3-控制板　4-不锈钢循环带　5-干燥箱　6-鼓风机　7-电热丝　8-转鼓　9-转膜盘

2. 热塑制膜法 本法也称热熔挤出法，即将药物和成膜材料混合均匀，采用加热装置将膜材熔融，通过挤压机挤出置于一定规格的模具中，冷却成膜；或者先将膜材加热熔融，再加入药物，混合均匀后挤出制膜。此方法适合热稳定性较高、易水解的药物以及水不溶性膜材，使用的辅料较少，成本低，易于大规模生产。

3. 复合制膜法 以不溶性的热塑性成膜材料（如EVA）为外膜，分别制成具有凹穴的底外膜带和上外膜带，另用水溶性的成膜材料（如PVA或海藻酸钠）用匀浆制膜法制成含药的内膜带，剪切后置于底外膜带的凹穴中。也可用易挥发性溶剂制成含药匀浆，以间隙定量注入的方法注入底外膜带的凹穴中。经吹风干燥后，盖上外膜带，热封即成。这种方法一般用机械设备制作。此法一般用于缓释膜的制备，如眼用毛果芸香碱膜剂（缓释1周）在国外即用此法制成。与单用匀浆制膜法制得的毛果芸香碱眼用膜剂相比具有更好的控释作用。复合膜的简便制备方法是先将PVA制成空白覆盖膜后，将覆盖膜与药膜用50%乙醇粘贴，加压，（60±2）℃烘干即可。

4. 其他方法 国外还报道了3D打印技术和静电纺丝技术等制备膜剂。其中3D打印技术主要包括喷墨打印和柔性打印；静电纺丝技术是在高压静电场的作用下，将聚合物溶液喷射至接收装置形成纳米纤维膜。Janßen EM等使用柔性打印将他达拉非混悬液沉积至HPMC空白膜上，将难溶性药物制备成了口腔速溶膜。Vuddanda等使用静电纺丝技术，以PVA为成膜材料制备了盐酸昂丹司琼纳米纤维膜。以上技术具有载药量准确、稳定性好、美观等优势，国外已经在研究，但是在国内还没有相关报道，有待进一步开发。

（六）应用举例

例6-29：伏格列波糖口溶膜剂

【处方】伏格列波糖1%，聚氧乙烯N_{10}（PEO N_{10}）92%，甘油5%，钛白粉2%。

【制备】将处方量伏格列波糖、聚氧乙烯N_{10}、甘油和钛白粉等成分充分研磨、混匀后，加入热熔压膜机中，80℃热熔挤压成膜，冷却。再切割成一定尺寸，密封包装即得。

例 6-30：他达拉非口腔膜剂

【处方】他达拉非 0.45%，羟丙甲纤维素 E_5 2.5%，聚乙二醇 400 1.2%，甘油 1.2%，甘露醇 0.3%，薄荷油 0.045%，加纯化水至 100 g。

【制法】将少量处方内纯化水加热至 80℃，缓慢加入处方量羟丙甲纤维素 E_5、聚乙二醇 400、甘油、甘露醇，搅拌均匀。向上述基质中加入处方量他达拉非，搅拌 20 min，加入薄荷油，铺膜，40℃减压干燥，切膜。

（七）膜剂的质量检查

按照《中国药典》（2025 年版）"制剂通则"项下规定：①膜剂外观应完整光洁、厚度一致、色泽均匀、无明显气泡；②多剂量的膜剂，分格压痕应均匀清晰，并能按压痕撕开；③膜剂所用的包装材料应无毒性、能够防止污染、方便使用，并不能与原料药物或成膜材料发生理化作用；④除另有规定外，膜剂应密封贮存，防止受潮、发霉和变质。除此之外，重量差异及微生物限度也应该严格符合《中国药典》（2025 年版）要求，其中凡进行含量均匀度检查的膜剂，一般不再进行重量差异检查。

八、栓剂

栓剂为古老剂型之一，在埃及《伊伯氏纸草本》中就有记载。我国使用栓剂也有悠久的历史，汉代已有类似栓剂的早期记载。近年来栓剂生产的品种和数量显著增加，美国 FDA 已经批准上市的栓剂品种有 1 600 余种，《中国药典》（2025 年版）亦收录了近 20 种栓剂。

（一）栓剂的定义

栓剂（suppositories）指将药物和适宜的基质制成的具有一定形状供腔道给药的固体状制剂。栓剂在常温下是固体，塞入腔道后在体温环境下逐渐融化或溶解于分泌的体液中，释放药物发挥局部或全身作用。目前，常用的栓剂有直肠栓和阴道栓。直肠栓有鱼雷形、圆锥形和圆柱形等，成人使用的栓剂一般约 2 g，长度为 3~4 cm，儿童用栓剂约为 1 g，不同的年龄段应使用相应长度的栓剂，随年龄减小而减短。阴道栓形状主要有球形、卵形或鸭嘴形等，每颗栓重 2~5 g，直径 1.5~2.5 cm。尿道栓一般为棒状。

（二）栓剂的特点

栓剂作为一种传统剂型，能够被长久使用，其优势是：①药物经过腔道给药，可以不受或少受胃肠道 pH 或酶的破坏；②避免药物对胃黏膜的刺激性；③由中下直肠静脉吸收可避免肝首过效应；④适宜于不能或不愿口服给药的患者；⑤可在腔道起润滑、抗菌、杀虫、收敛、止痛、止痒等局部作用；⑥适宜于不宜口服的药物；⑦便于某些特定部位疾病的治疗。

（三）栓剂的分类

1. 按照使用部位分类　栓剂因使用腔道的不同，大致可分为肛门栓、阴道栓、尿道栓、喉道栓、耳用栓和鼻用栓等。

2. 按照作用分类　根据栓剂发挥作用的不同，可以分为全身作用栓剂和局部作用栓剂。

（1）全身作用栓剂：是经过腔道给药后，药物被吸收进入血液循环发挥全身作用。全身作用的栓剂一般要求迅速释放药物，特别是解热镇痛类药物宜迅速释放、吸收。为加速药物的释放和吸收，全身作用栓剂一般应选择与药物溶解性相反的基质，即若药物为脂溶性，就应该选择水溶性基质；若药物为水溶性，则应选择脂溶性基质。药物与基质的性质相反可以减少药物与基质的亲和力，使药物更容易从基质中溶出，加速吸收。为了提高药物在基质中的均匀性，可用适当的溶剂将药物溶解或者将药物粉碎成细粉后再与基质混合。

以直肠栓剂为例，直肠黏膜上皮细胞主要通过三种途径吸收药物，分别为：①通过直肠上静脉进入肝，进行代谢后再由肝进入血液循环；②通过直肠下静脉和肛门静脉，经髂内静脉绕过肝进入下腔大静脉,再进入血液循环;③经直肠淋巴系统吸收,该途径可能是大分子药物吸收的主要途径。为避免肝的首过效应,使药物主要经第二条途径吸收,应注意用药部位,栓剂塞入部位应距肛门口 2 cm 为宜,这样可使给药总量的50%~75%药物不经过肝。同时为防止塞入的栓剂逐渐自动进入深部,可以设计延长在直肠下部停留时间的双层栓剂。双层栓的前端由高溶解性的基质组成,后端则由能迅速吸收水分膨润形成凝胶塞的基质组成,这样即可抑制栓剂向上移动,达到避免肝首过效应的目的。

在设计全身作用栓剂时,应该全面了解药物的性质。相比于完全解离的药物,有一定溶解度和脂溶性的非离子型药物更易吸收;pK_a值在4以上的酸性药物和pK_a值低于8.5的碱性药物更易吸收;用缓冲剂改变直肠部位的pH,可以增加非解离药物的浓度从而提高其生物利用度。除此之外,药物的溶解度、粒度、吸收促进剂、用药部位等都会对药物的吸收有一定的影响。

(2)局部作用栓剂:一般是在腔道内发挥作用,不需要被吸收,治疗某些特定部位的疾病,如痔疮、溃疡性结肠炎等。为了使药物缓慢释放,通常需要熔化速率较慢的基质,保证药物在用药部位持续发挥药效。局部作用通常在半小时内开始,要持续约4 h。但液化时间不宜过长,否则使患者感到不适,而且可能不会将药物全部释出,甚至大部分排出体外。

3. 按照结构分类 按照栓剂的结构不同,可以分为以下几种。

(1)普通栓剂(suppository):即将药物与适宜的基质混合均匀制备成的简单栓剂。此种栓剂的制备方法简单,操作容易,作用比较单一,适用范围较广。

(2)中空栓剂(hollow type suppository):其外壳为空白或含药基质,中空可以填充液体、混悬液、固体等分散体,可以通过调节开口部位达到控制释药的目的。若中空部分填充的是液体,那么当外部基质熔化破裂后,药物可迅速释放出来,被机体吸收,发挥速效作用;若中空部分填充的是固体分散体或者环糊精包合物,则可以有效增加药物的溶出速率和溶解度,配合外壳基质,控制药物释放。Kim JY 等用吐温80和油酸乙酯制备了吲哚美辛微乳,填入明胶中空栓外壳中,制备了吲哚美辛中空栓。相比于普通栓剂,中空栓剂释药可控,生物利用度高。

(3)凝胶栓剂(gel suppository):采用具有亲水性、生物黏附性和生物相容性的高分子材料作为基质制备的栓剂。凝胶材料在体液的作用下,吸水膨胀,质地柔软且弹性较好,避免了异物感。凝胶对生物黏附膜具有特殊的黏附性,能够延长药物的滞留时间,增加药物吸收,并且使药物释放缓慢,达到缓释的目的。

(4)微囊栓剂(microcapsule suppository):将药物预先制备成微囊,然后与适宜的基质混合均匀制备而成。这类栓剂具有微囊和栓剂的双重性质,既能提高栓剂对难溶性药物的载药量,又能发挥栓剂固体化的作用。这类栓剂的释放行为取决于微囊的囊材和制备方法。能够显著提高药物的生物利用度,减少用药次数,提高药物的稳定性。

(5)缓释栓剂(sustained release suppository):将药物包合于可塑性不溶性高分子材料中制成的栓剂。高分子材料起到阻滞药物释放的作用,药物必须先要从不溶性基质中扩散出来,才能被吸收,达到缓慢释放的目的。

(6)双层栓剂(tow-layer suppository):分为上下两层和内外两层。其中上下两层栓分为两种,一种是下部为水溶性基质使用时可迅速释药,上半部用脂溶性基质能起到缓释作用,可较长时间使血药浓度保持平稳;另一种是上部为空白基质,下部是含药层,空白基质层可以阻止药物向上扩散,减少药物因上静脉吸收产生的首过效应。内外两层栓是将两种不同的药物装在内外两层,通过药量的不同或者释放速度的不同达到特定的治疗目的。

(7)渗透泵栓剂(osmotic pump suppository):其原理和渗透泵片的原理相同,都是通过最外层的不溶性微孔膜慢慢释放药物,达到控释、延长疗效的作用。

(8)海绵栓剂(vagina suppository):一般作为阴道用栓剂(vagina suppository)。常用基质为明胶,

明胶在体内可以被酶解吸收，使用方便。该种栓剂可以持久分散于腔道黏膜表面，避免药物因基质融化而流失，延长药效作用时间。

（四）栓剂的组成

1. 药物 药物是处方的核心成分，首先应该了解药物的理化性质，然后根据其药理作用和用药目的，选择合适的栓剂类型。若普通栓剂不能满足药物的药效要求，则可以考虑复杂的类型，以达到速释、缓释或者控释等目的。

栓剂中的药物可以溶于基质中，也可以混悬于基质中。供制栓剂用的固体药物，除另有规定外，应预先用适宜方法制成细粉，并全部通过六号筛。根据适用腔道和使用目的的不同，制成各种适宜的形状。

2. 基质 基质是影响栓剂性能、疗效等的重要因素。优良的栓剂基质应具备以下特点：①室温时具有适宜的硬度，当塞入腔道时不变形，不破碎。在体温下易软化、融化或溶解，能与体液混合溶于体液。②与主药混合后，不与主药发生相互作用，亦不影响主药的作用和含量测定。③对黏膜和腔道组织无刺激性、毒性和过敏性。④具有润湿或乳化能力，水值较高，能混入较多的水。⑤性质稳定，在贮存过程中理化性质不发生改变，也不易霉变。⑥基质的熔点与凝固点的间距不宜过大，油脂性基质的酸价在 0.2 以下，皂化值应在 200～245，碘价低于 7。⑦可应用于冷压法及热熔法制备栓剂，且易于脱模。

基质的选择应和栓剂的用途相对应，如全身作用型栓剂要求迅速释放药物，应选择与药物溶解性相反的基质；局部作用型栓剂需要药物缓慢释放，延长作用时间，则应该选择溶解性与药物相近或者在体温下熔化缓慢的基质。不同类型的栓剂和不同性质的药物选用的基质不同，常用的栓剂基质有油脂性基质和水溶性基质。

（1）油脂性基质

1）可可豆脂（cocoa butter）：本品是梧桐科植物可可树种仁中得到的一种固体脂肪。主要是含硬脂酸、棕榈酸、油酸、亚油酸和月桂酸的甘油酯，其中可可碱含量可高达 2%。熔点为 29～34℃，在人体温下可快速熔化，无刺激性。外观为白色或淡黄色、脆性蜡状固体，有 α、β、β′、γ 四种晶型，其中以 β 型最稳定。其与药物的水溶液不能直接混合，可以加入适量乳化剂制备成乳剂基质。

2）半合成或全合成脂肪酸甘油酯：本品是由脂肪酸和甘油酯化而成的一类基质。这类基质化学性质稳定，成形性能良好，具有保湿性和适宜的熔点，不易酸败，是目前取代天然油脂较理想的栓剂基质。生产中使用量为 80%～90%。国内已投产的有半合成椰子油酯、半合成山苍子油酯、半合成棕榈油酯、半合成脂肪酸酯和混合脂肪酸甘油酯、硬脂酸丙二醇酯等。

3）其他油脂性基质：氢化植物油类基质是一种人工油脂，是普通植物油在一定的温度和压力下加入氢催化而成的白色固体脂肪，如氢化花生油、氢化棉籽油、氢化椰子油等。经过氢化处理的植物油硬度增加，可以保持很好的固体形状，也表现出很好的可塑性、融合性，性质稳定，无毒无刺激。但是此类基质的释药性能较差，比较适合缓释或者局部作用栓剂的制备。若要增加释药速度，可加入适宜的表面活性剂。

（2）水溶性基质

1）甘油明胶（gelatin glycerin）：系用明胶、甘油、水按一定比例加热融化，蒸去大部分水，放冷凝固制得。本品具有很好的弹性，不易折断，在体温下能软化并缓慢溶于分泌液中，释药缓慢，可延长药物疗效。其溶解速度与明胶、甘油及水三者比例有关，甘油与水的含量越高则越容易溶解，且甘油能防止栓剂干燥变硬。通常比例为水：明胶：甘油 = 10：20：70。水分含量一般不超过 10%，水分过多，成品变软，同时也应防止该基质栓剂的失水和霉变，应加防腐剂或抑菌剂。

本品多用于阴道栓剂基质，明胶是胶原的水解产物，凡与蛋白质能产生配伍变化的药物，如鞣酸、重金属盐等均不能用甘油明胶作基质。

2) 聚乙二醇（PEG）：为乙二醇的高分子聚合物总称，根据相对分子质量分为多种型号，一般相对分子质量在 300～6 000 的均可药用。其为水溶性，熔点较低，为难溶性药物的常用载体。可根据需要将两种或两种以上不同相对分子质量的聚乙二醇合用得到理想稠度和性质的基质。可在体温条件下缓慢溶于体液释放药物。PEG 基质不需要冷藏，贮存方便。但吸湿性较强，易变形，对黏膜有一定刺激性，加入约 20% 的水，则可减轻刺激性，也可在纳入腔道前先用水湿润或在栓剂表面涂一层蜡醇或硬脂醇薄膜。

本品不宜与银盐、鞣酸、奎宁、水杨酸、乙酰水杨酸、苯佐卡因、氯碘喹啉、磺胺类等药物配伍。

3) 聚氧乙烯（40）单硬脂酸酯类（polyoxyl 40 stearate）：系聚乙二醇的单硬脂酸酯和二硬脂酸酯的混合物，呈白色或微黄色的蜡状固体。既是水溶性，又具有部分脂溶性质，但不可溶于液体石蜡。商品名 Myri 52，商品代号为 S-40，S-40 可以与 PEG 混合使用，可制得崩解、释放性能较好的稳定的栓剂。是目前应用较多的一类水溶性基质。

4) 泊洛沙姆（poloxamer-188）：本品为乙烯氧化物和丙烯氧化物的嵌段聚合物（聚醚）。易溶于水，能与许多药物形成空隙固溶体，多用于制备液体栓剂。本品型号有多种，随聚合度增大，物态从液体、半固体至蜡状固体。随着聚氧乙烯含量的增加，水中溶解度也增加。较常用的型号为 188 型和 407 型，其中 poloxamer-188 商品名为 pluronic F68，熔点为 52℃。本品能促进药物的吸收并起到缓释与延效的作用。

5) 聚山梨酯 61（polysorbate-61，Tween-61）：系聚氧乙烯脱水山梨醇单硬脂酸酯，为淡琥珀色可塑性固体，有润滑性。可与水溶液形成稳定的水包油乳剂基质，可与多种药物配伍，无毒、无刺激，可在水中自乳化，不易变质。

6) 壳聚糖衍生物：壳聚糖是一种天然聚合物，不溶于水，经过改性后可得到水溶性壳聚糖。其本身具有止血、抗菌、消炎的作用，无毒性和刺激性，有良好的生物相容性和柔韧性。

3. 附加剂 有些栓剂的基质不能满足使用和贮存的要求，往往需要添加一些合适的附加剂，改善基质的性能，得到更加完善的栓剂。

（1）增稠剂：当选择的基质因稠度或者制备过程中的因素而不能满足栓剂要求时，可根据需要选择合适的增稠剂，酌情添加。常用的增稠剂有氢化蓖麻油、单硬脂酸甘油酯、硬脂酸铝等。

（2）硬度调节剂：加入硬度调节剂可显著增加栓剂的硬度，防止在贮存过程中因吸水或温度因素而变软。常用的硬度调节剂有白蜡、鲸蜡醇、硬脂酸、巴西棕榈蜡等，但效果有限。

（3）吸收促进剂：对于一些需要快速起效的全身作用型栓剂来说，需要药物快速被腔道黏膜吸收，进入血液循环。可在基质中加入非离子表面活性剂、脂肪酸、脂肪醇、环糊精衍生物、月桂氮䓬酮类或者发泡剂等促进药物吸收。

（4）吸收阻滞剂：和全身作用型栓剂相反，对于需要在腔道局部起作用的栓剂来说，药物应该缓慢释放吸收，以延长在作用部位的作用时间，维持疗效。在基质中加入可抑制药物吸收的材料，起到缓释作用，如硬脂酸、蜂蜡、卵磷脂、海藻酸、羟丙甲纤维素、卡波姆等。

（5）抗氧剂：对于易氧化的药物，抗氧剂是制备过程中的重要附加剂，常用抗氧剂，如叔丁基羟基茴香醚（BHA）、叔丁基对甲酚（BHT）、没食子酸酯类等。

（6）防腐剂：以水溶性材料为基质的栓剂在贮存过程中容易发霉变质，加入少量的防腐剂或抑菌剂可有效延长此类栓剂的保存时间。防腐剂不宜使用过多，在加入之前应验证其溶解度、有效剂量、配伍禁忌以及直肠对它的耐受性。

（五）栓剂的制备

1. 制备工艺 栓剂常用的制备方法有冷压法和热熔法。一般用油脂性基质制备栓剂两种方法均可，但是水溶性基质制备栓剂多采用热熔法。

（1）冷压法（cold compression method）：多采用制栓机制备栓剂。首先将药物置于适宜的容器中，加入部分基质研磨混合均匀，再加入剩余的基质混合均匀后，置于制栓机的圆筒内，通过机器模具压制成栓，适用于大量制备。对于实验室的少量制备也可以将混合均匀的基质与药物手捏成所需形状，或者按压至备好的模具中，手工制备。用模具和机器制备的栓剂外形光滑美观。

（2）热熔法（fusion method）：是应用最为广泛的栓剂制备方法。将计算好的基质置于水浴加热熔化，温度不宜过高，一般在基质熔融到 2/3 时就可停止加热，适当搅拌至全熔。然后将药物加入，搅拌混合均匀，使药物均匀分散于基质中。然后将其倾入冷却并涂有润滑剂（脱模剂）的模型中至稍微溢出模口为度。放冷，待完全凝固后，削去溢出部分，开模取出。熔融混合物注入模具的过程中应该一次性完成，防止发生液层凝固。

小剂量制备可用不同规格和形状的模具完成，大量生产则有相应的自动化生产机器。常用的小剂量制备模具见图 6-51。

鸭嘴形

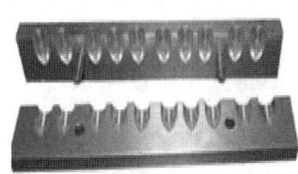
子弹形

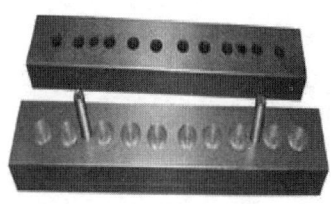
鱼雷形

图 6-51 常用栓剂制备模具

栓孔内涂的润滑剂通常有两类：①脂肪性基质的栓剂，常用软肥皂、甘油各一份与 95% 乙醇五份混合所得；②水溶性或亲水性基质的栓剂，则用油性物质为润滑剂，如液体石蜡或植物油等。有的基质不黏模，如可可豆脂或聚乙二醇类，可不用润滑剂。

2. 栓剂的置换价　通常情况下栓剂模型的容量一般是固定的，但它会因基质或药物的密度不同而导致重量不同。对于不溶于基质的药物，加入模具中更会占据原有基质的体积，导致基质用量减少。所以为确定不同药物所需的基质量，就产生了置换价（displacement value，DV）这个概念。置换价是药物的重量与同体积基质重量的比值。根据其定义，建立了如下置换价的计算公式：

$$DV = \frac{W}{G-(M-W)} \quad (6-9)$$

式中，G 为纯基质平均栓重；M 为含药栓的平均重量；W 为每个栓剂的平均含药重量；$G-(M-W)$ 为纯基质栓与含药栓中基质的重量差，即可得到和药物同容积的基质的重量。

根据上式可以方便地计算出制备这种含药栓需要基质的重量 x：

$$x = \left(G - \frac{y}{DV}\right) \cdot n \quad (6-10)$$

式中，y 为处方中药物的剂量；n 为拟制备栓剂的枚数。

（六）应用举例

例 6-31：复方退热栓

【处方】浸膏粉（含异欧前胡素 30.85 mg）25 g，混合脂肪酸甘油酯 36 型 40 g，混合脂肪酸甘油酯 38 型 40 g，羊毛脂 5.3 g，聚山梨酯-80 1.7 g，共制 10 枚。

【制法】取处方量混合脂肪酸甘油酯 36 型、混合脂肪酸甘油酯 38 型于 50℃ 水浴熔化，羊毛脂单独同方法熔化；将处方量浸膏粉加少许水超声溶解，加入聚山梨酯 80；将熔化的羊毛脂倒入混合脂肪酸甘油酯中，搅拌均匀，趁热灌模，冷却，凝固，刮平，脱模即可。

例 6-32：小儿用布洛芬中空栓

【处方】布洛芬 500 mg，PEG 400 25 g，PEG 1000 75 g，共制 10 枚。

【制法】称取处方量 PEG 400、PEG 1000 于 70～80℃水浴熔化，倒入涂有润滑剂的模具中；稍冷却，插入直径 3 mm 的圆柱形塑料工件，距栓尾 1.8 和 2.3 cm，冷却拔出得中空栓外壳。取处方量布洛芬粉末于中空外壳内，熔融态的基质融封尾部，冷却，凝固，刮平，脱模即可。

（七）栓剂的质量检查

栓剂中的原料药物与基质应混合均匀，其外形应完整光滑，放入腔道后应无刺激性，应能融化、软化或溶化，并与分泌液混合，逐渐释放出药物，产生局部或全身作用；并应有适宜的硬度，以免在包装或贮存时变形。根据《中国药典》(2025 年版) 规定，栓剂除了需要具备以上条件外，对重量差异、融变时限、微生物限度也进行了规定。在实际生产中，还应注意其他项目的检查，以保证产品的质量。

1. 重量差异　取栓剂 10 粒，精密称定总重量，求得平均粒重后，再分别精密称定每粒的重量。每粒重量与平均粒重相比较 (有标示粒重的中药栓剂，每粒重量应与标示粒重比较)，按表中的规定，超出重量差异限度的不得多于 1 粒，并不得超出限度 1 倍。栓剂重量差异限度如下表 6-12。

表 6-12　栓剂重量差异限度表

平均重量/g	重量差异限度/%
1.0 以下至 1.0	±10
1.0 以上至 3.0	±7.5
3.0 以上	±5

2. 融变时限　取栓剂 3 粒，在室温放置 1 h 后，按《中国药典》(2025 年版) 规定方法进行测定。结果判定除另有规定外，脂肪性基质的栓剂 3 粒均应在 30 min 内全部融化、软化或触压时无硬心；水溶性基质的栓剂 3 粒均应在 60 min 内全部溶解。如有 1 粒不符合规定，应另取 3 粒复试，均应符合规定。

3. 药物的溶出度　目前没有标准的检测方法考察栓剂的药物溶出速度和吸收，可采用药典记载的转篮法，或者将待测栓剂放入透析管或微孔滤膜中，浸入溶出设备中，于 37℃每隔一定时间取样测定，每次取样后需补充同体积的溶出介质，根据测定数据计算药物累计释放百分率。

4. 稳定性　将栓剂置于室温 (25±2℃) 或 6℃下贮存，定期于 0 个月、3 个月、6 个月、1 年、1.5 年、2 年检查外观变化和融变时限、主药的含量及有关物质。

(姚金凤、祁小乐)

第七章 半固体制剂及其技术

编者导学

章节导航
第一节　概述
第二节　半固体制剂单元操作技术
第三节　半固体制剂各论

半固体制剂是局部用药的常见剂型，其优点是可有效作用于目标患处，起效迅速，使用方便等。通常半固体制剂具有复杂的物质组成，一般包括原料药、水相、油相、乳化剂、透皮吸收促进剂等，每个组成的用量都可能会影响制剂的状态和药物的释放。

本章主要从软膏剂、乳膏剂、凝胶剂和眼膏剂的定义、分类、特点、制备工艺、质量评价、处方分析这几个方面进行阐述，并介绍了半固体制剂单元操作技术，讨论了处方工艺对制剂成型性的影响、基质对药物释放的影响及制剂的临床用途。

第一节　概　　述

一、半固体制剂的定义和分类

半固体制剂（semisolid preparation）指由药物、基质和附加剂组成的半固体状制剂的总称。半固体制剂处于固体制剂和液体制剂之间的状态，具有典型的流变学性质，既有固体的变形性，又有液体的流动性。由于半固体制剂具有显著的黏附性，多用于外用制剂的局部给药，如皮肤、角膜、鼻黏膜、阴道和直肠等部位。

半固体制剂的种类很多，依据基质的性质或用途不同分为软膏剂、乳膏剂、凝胶剂、眼膏剂和糊剂。其中糊剂指大量的原料药物固体粉末（一般25%以上）均匀地分散在适宜的基质中所组成的半固体外用制剂。可分为含水凝胶性糊剂和脂肪糊剂，主要起收敛与局部保护作用。本章中主要讨论软膏剂、乳膏剂、凝胶剂和眼膏剂。

二、半固体制剂的特点

半固体制剂具有一些共同的特点：①使用基质：高分子材料和油脂类基质为其主要基质；②制备

机制：利用基质熔点不高的特性，在热熔情况下，根据高熔点和低熔点的基质混合制备，继而降温后形成半固体状态，或利用调节高分子材料的 pH 改变基质黏稠度来制备；③药物的释放：通过在基质中的扩散作用或基质的溶解作用释药；④作用部位：局部给药，以局部治疗作用为主，但也可用于全身治疗。如软膏剂主要用于局部疾病的治疗，抗感染、消毒、止痒、止痛和麻醉等，这些作用要求药物作用于表皮或渗入皮下组织，一般并不期望产生全身性作用。本章重点介绍外用局部治疗的半固体制剂，起全身治疗作用的外用制剂将在第十二章新型制剂各论中的透皮制剂一节中详细介绍。

三、半固体制剂的组成基质

基质（base）是半固体制剂成型和发挥药效的重要组成部分，是药物的载体和赋形剂，对药物的理化性质、药物释放以及药物在皮肤内的扩散等都有重要影响。理想的基质应该满足以下条件：①无刺激性、无过敏性、无生理活性；②润滑性好，稠度适宜，易于涂布；③性质稳定，不与主药和附加剂发生配伍变化；④具有一定的吸水性，能吸收伤口分泌物；⑤易洗除，不污染衣服；⑥具有良好的释药性能。目前并没有一种基质能同时满足上述要求，在实际应用中，应根据治疗目的和药物性质，混合使用各种基质或采用添加附加剂的手段，以保证制剂的质量和临床的需要。

半固体制剂的基质主要分为油脂性基质、乳剂型基质及亲水或水溶性基质。基质的选择一般综合疾病治疗的要求和药物的性质两方面来决定。①根据疾病治疗的要求选择：油脂性基质适用于干燥皮肤的治疗，如干燥性湿疹和皮肤干燥等疾病；水性基质适用于要快速起效的疾病，如痤疮和痱子等；乳剂型基质适用于较为普遍的疾病治疗，如湿疹、烧伤和创伤等。②根据药物的性质选择：药物在基质中的溶解度、稳定性，药物的刺激性及药物对基质特性的影响，处方中成分是否存在配伍禁忌等。

四、半固体制剂的质量要求

半固体制剂直接作用于人体皮肤或各腔道黏膜部位，作为外用制剂的主要剂型，有以下质量要求：①均匀、细腻，对皮肤和黏膜无刺激性，不影响人体汗腺、皮脂腺的正常分泌及毛孔正常功能等；②基质和主药具有良好的相容性，有适宜的黏稠度；③性质稳定，无酸败变质等现象，不应发生失水变硬、液化、油水分离等现象；④对所含药物具有良好的释放性，能保证药物疗效的发挥；⑤用于创面的半固体制剂应无菌。

第二节　半固体制剂单元操作技术

半固体制剂制备工艺流程主要包括制管、配料、灌装、包装和质量控制等工序。

一、制管

对半固体制剂软管（盒）严格要求：材料与基质不能发生理化作用，挤压后不能有回吸现象，管内壁要求干净清洁，管壁要求不透气，管外壁能容易涂上色彩鲜艳的图案和商标，而且不易脱落。常用软膏盒有内壁涂膜铝管、塑料管和复合材料管。

内壁涂膜铝管是用高纯度铝制成，管内壁选用 SO-1 环氧酚醛型药用管内壁涂料，采用二次喷涂工艺，经干燥、固化，形成防腐膜，避免软膏成分与金属发生化学反应，避免药品变质，且涂层本身具有防腐蚀、抗氧化作用，有效阻隔酸、碱、水气和溶剂，减少内装膏剂被污染而变质、腐坏的概率，具有较好强度、易挤压、不回吸等优点。

塑料管主要优点是性质稳定，不与药物和基质发生相互作用，且价格低廉，防水不易变形等。但塑料管壁有透气性，管内软膏的水分和芳香族物质不能长期留存，外壁印刷困难，易脱落，管壁挤压后有回吸作用，影响软膏剂的质量，故应采用优质塑料管。

复合材料管是由经改进过的新型材料制成。管壁由七层材料组成：最里层聚乙烯塑料、胶水、很薄的铝箔、胶水、印好图案的纸、胶水、透明的塑料。复合材料管具有耐腐蚀，强度较好，透气性很低，又可印上色彩鲜艳而不易脱落的商标图案，回吸性也小的优点，但复合材料管成本价格尚较高，多用于产品附加值高的产品。

二、配料

半固体制剂一般处方组成有活性成分、基质材料、保湿剂、抑菌剂、抗氧剂等。根据药物性质和使用要求，确定配方组成和用量。

1. **准备物料**　按照配方要求，准备原辅料及相关设备，配料设备有配料罐、胶体磨、制膏机等，其中常用的设备有单辊研磨机、三辊研磨机、ZRJ 型真空均质制膏机、真空均质乳化设备等。

2. **药物加入的一般方法**　半固体制剂制备的基本要求是必须使药物在基质中分布均匀，细腻，以保证药物剂量与药效，这与加入药物方法以及制备方法的选择正确与否关系密切。

（1）可溶性药物：药物溶于油脂性基质或水溶性基质时，可制备成溶液型软膏。油溶性药物可直接溶解在液体油或熔化的油脂性基质中，然后与其余的油脂性基质混合均匀；水溶性药物可直接溶解于水溶性基质中，或把药物溶解在少量水、甘油等溶剂中溶解后，以羊毛脂吸收后再与其余的油脂性基质混匀。

（2）不溶性药物：药物不溶于基质中的任何组分时，需研细后过 100~120 目筛后使用。药物细粉先与少量基质或液体成分，如液体石蜡、植物油、甘油等研成糊状，再与其余基质混匀；或将药物细粉在不断搅拌下加到熔化的基质中，继续搅拌至冷凝。

（3）半固体黏稠性药物：如鱼石脂、煤焦油。此类药物可直接与基质混合，如含有极性成分的药物，不易与油脂性基质混匀，可先用等量羊毛脂或蓖麻油与之混匀，再与凡士林基质混匀。也可加少量聚山梨酯 80 促进其与基质的混合。

（4）热敏感或挥发性共熔组分：处方中有挥发性共熔成分存在时，如樟脑、薄荷脑、麝香草酚等，需研磨至共熔后，再与冷却至 40℃以下的基质混匀。对热敏感的药物应在基质温度降至 40℃左右时添加。

（5）中药浸出物：中药浸出物为液体时，如煎膏剂、流浸膏等，需先浓缩至稠浸膏再加入基质中混匀。固体浸膏可与少量水或稀醇研成糊状，再与基质混匀。

3. **制备方法**　不同类型的半固体制剂，根据其基质以及所采用的材料性质的不同，可以采用不同的制备方法，主要包括研磨法、熔融法、乳化法和混合溶解法等，如当制备小量油脂性软膏时，可直接采用研磨法；而制备大量油脂性软膏剂时，常采用熔融法；制备乳膏剂时，可采用乳化法；制备水凝胶剂时，可采用混合溶解法。

三、灌装

根据自动化程度、灌装方式、灌装容器的不同，半固体制剂灌装机可有多种分类：按自动化程度，半固体灌装可分为手工灌装机、半自动灌装机和自动灌装机；按膏体定量装置可分为活塞式和旋转泵式容积定量；按膏体开关装置可分为旋塞式和阀门式；按软管操作工位可分为直线式和回转式；按软管材质可分为金属管灌装机、塑料管灌装机和通用灌装机；按灌装头数可分为单头、双头或多头灌装机。

四、包装

半固体制剂常用包装容器主要有软管与瓶（罐）两种形式（图7-1）。软管的充填过程是按软管的容积，采用活塞泵抽吸一定剂量的软膏，再将其注入各倒置的软膏管中。软膏剂自动充填机，除了高速、自动化之外，其机械运动与手动充填机械基本相同。生产中使用的软膏充填封合机，通常是由半自动的送管装置、上管装置、拧盖装置、充填装置、打印装置、加热料斗、料斗内搅拌装置或计数装置等一系列部件组成。金属软膏管一般采用折尾的方式封闭，而塑料软管的封闭则采用热封合工艺。

图7-1 半固体制剂的常用包装形式

五、质量控制

在进行制剂研发的过程中，药物的关键质量属性（Critical Quality Attributes，CQAs）是控制产品质量的首要因素之一。针对半固体制剂，其关键质量属性应包含的指标有外观、混悬药物的晶型、粒度分布、液滴粒径、流变特性、pH、黏度、含量均匀度、微生物限度、有关物质、抑菌剂含量及抗氧剂含量、无菌［用于烧伤（除轻度Ⅰ°或Ⅱ°外）或严重创伤的无菌制剂］以及体外释放试验和体外透皮试验等。

半固体制剂的质量检查除了需要进行的药物含量、性状、刺激性、稳定性、无菌或细菌限量检查等以外，还要评价药物从基质中的释放，以及皮肤对其的吸收等。

第三节 半固体制剂各论

一、软膏剂

（一）定义

软膏剂（ointment）指原料药物与油脂性或水溶性基质混合制成的均匀的半固体外用制剂。软膏剂有较好的附着性、涂展性，具有保护创面、润滑皮肤和局部治疗的作用，在皮肤科、骨伤科、眼科、耳鼻喉科、化妆品等方面得到广泛应用。传统的软膏剂是以豚脂、羊脂、麻油、蜂蜡、凡士林和羊毛脂等为基质的半固体制剂，随着高分子合成材料的不断涌现，大部分油脂性基质已经被新型的乳剂型基质和水溶性基质取代。同时，新型高效的皮肤渗透技术促进了软膏剂的进一步发展，如以脂质体（liposome）为载体的局部外用制剂，可促进药物进入角质层、增加药物在皮肤局部的累积并使药物持续释放，提高了软膏剂的疗效和应用水平。

软膏剂的一般要求是：①外观应均匀、细腻，涂于皮肤或黏膜上应无粗糙感，尤其是混悬型软膏剂中的不溶性药物应预先粉碎成细粉，确保粒度符合要求；②性质稳定，具有适当的黏稠度，易于涂布，黏稠度随季节变化小，贮存过程中应无酸败、异臭、变色、变硬等现象；③安全性好，无刺激性，不引起皮肤过敏及其他不良反应；④用于大面积烧伤的软膏剂，应绝对无菌。眼用软膏的配制需在无菌条件下进行。

（二）软膏剂的分类

根据原料药物在软膏剂基质中的分散状态不同，分为溶液型软膏剂和混悬型软膏剂。溶液型软膏剂为原料药物溶解（或共熔）于基质或基质组分中制成的软膏剂；混悬型软膏剂为原料药物细粉均匀分散于基质中制成的软膏剂。软膏剂主要起局部治疗作用，大体上可分成两大类：①作用在皮肤表面的软膏剂，起到润滑和保湿作用，如防裂软膏等；②透过皮肤表面，在角质层内部发挥作用的软膏剂，如激素类软膏等。

（三）软膏剂的特点

软膏剂具有热敏性和触变性的特点。热敏性使软膏剂遇热熔化而流动，触变性则指对软膏施加外力时其黏度降低，易于涂布，而静止时黏度升高，不利于流动，有利于提高软膏剂的稳定性。这些性质可以使软膏剂能长时间紧贴、黏附或铺展在用药部位，具有润滑皮肤、保护创面和局部治疗作用。

（四）软膏剂的组成

软膏剂由主药、基质和附加剂组成，其中基质是形成软膏的主要组成部分，除此以外为了防止药物及基质的变质，处方中还可加入抗氧剂、防腐剂、保湿剂、吸收促进剂等，特别是含有水、不饱和烃类、脂肪类基质，加入这些稳定剂可以保证其制剂的稳定性和药效，具有重要意义。常用的软膏基质分为油脂性和水溶性基质两大类。

1. 油脂性基质 主要包括烃类、类脂类、油脂类、二甲硅油等疏水性物质。此类基质的共同特点是：①润滑、无刺激性，涂于皮肤能形成封闭性油膜，促进皮肤水合作用，对表皮增厚、角化、皲裂有软化保护作用；②油腻且疏水性大，不易用水洗涤，也不易与水性液体混合，释药性能差，不适用于有多量渗出液的皮肤损伤以及脂溢性皮炎、痤疮；③常用于水不稳定药物的软膏基质，但一般不单独应用，常加入表面活性剂制成乳膏剂。油脂性基质的吸水性较差，其吸水能力常用水值来表示。水值是指25℃时100 g基质中能容纳的水量（以g表示）。测定方法是在一定量的基质中逐次加入少量水，研磨至不再吸收更多量的水，且无水滴渗出即为终点。油脂性基质中烃类基质以凡士林最为常用，固体石蜡与液体石蜡常用以调节稠度，类脂类基质中以羊毛脂与蜂蜡应用较多，植物油常与熔点较高的蜡类混合使用制成适当稠度的基质。

（1）烃类：指石油蒸馏后得到的多种烃类的混合物，其中大部分为饱和烃。

① 凡士林（vaseline）：系从石油中得到的多种烃的半固体混合物，分为黄、白两种，后者系前者经脱色处理而得，熔程为38～60℃。凡士林性质稳定，无刺激性，不易酸败，能与多种药物配伍，特别适合用于遇水不稳定的药物，如抗生素类。凡士林与皮肤接触有滑腻感，具有拉丝性，可单独做软膏基质。凡士林吸水性能较差，单独使用仅能吸收其质量约5%的水，因此常加入适量羊毛脂、胆固醇或高级醇类提高其吸水性能，还可加入适量非离子型表面活性剂制成乳膏基质以增加其吸水性。值得注意的是，凡士林不宜采用含邻苯二甲酸酯类塑化剂的塑料类或橡胶类作为内包装材料，有可能导致此类塑化剂的迁移。

② 石蜡（paraffin）与液体石蜡（liquid paraffin）：石蜡系从石油或页岩油中得到的各种固形烃的混合物，为无色或白色半透明的块状物，常显结晶状的构造，熔程为50～65℃；液体石蜡系从石油中制得的多种液状饱和烃的混合物，为无色或澄清的油状液体。二者均能与多数脂肪油或矿物油混合，主要用于调节软膏剂基质稠度。液体石蜡常与药物粉末共研，有利于药物与基质混匀。

（2）类脂类：类脂为高级脂肪酸与高级脂肪醇酯化而成，具有类似脂肪的物理性质，较脂肪稳定的化学性质，有一定的表面活性作用和吸水性，多与其他油脂类基质合用，常用于乳膏剂的基质中增加稳定性。

① 羊毛脂（lanolin）：系采用羊毛加工精制而得，为淡黄色至棕黄色的蜡状物，有黏性而滑腻，臭微弱而特异，熔程为36～42℃，主要成分是胆固醇类的棕榈酸酯及游离的胆固醇类。羊毛脂具有良好的吸水性，可吸收其自身重量2倍的水而形成W/O型乳膏剂基质。含30%水分的羊毛脂又称含

水羊毛脂，黏稠度适宜，便于取用。羊毛脂黏性太大，很少单独使用，常与凡士林合用，以改善凡士林的吸水性与药物的渗透性，同时凡士林还可改善羊毛脂的黏稠性。

② 蜂蜡（beeswax）与鲸蜡（spermacetiwax）：蜂蜡为黄色或白色块状物，主要成分为棕榈酸蜂蜡醇酯，熔程为 62~67℃；鲸蜡为白色蜡状物，主要成分为棕榈酸鲸蜡醇酯，熔程为 42~50℃。两者均含有少量游离高级脂肪醇而具有一定的表面活性作用，属于较弱的 W/O 型乳化剂，在 O/W 型乳膏基质中起调节稠度与增加稳定性的作用。

（3）油脂类：指源于动、植物的饱和或不饱和高级脂肪酸甘油酯及其混合物。来源于动物的脂肪油如豚脂、含油猪肉经熔炼、精炼而制得，但因稳定性差已很少应用。

① 植物油（vegetable oil）：常用的为植物油类，如花生油、蓖麻油、大豆油、橄榄油和棉籽油等。植物油中含有不饱和脂肪酸甘油酯，长期贮存过程中易氧化、酸败，需加入抗氧剂和防腐剂。一般植物油常与熔点较高的蜡类混合使用，用来调节蜡类基质的稠度和润滑性，如中药湿润烧伤膏的主要基质成分为麻油与蜂蜡。

② 氢化植物油（hydrogenated vegetable oil）：系植物油催化加氢而成的饱和或近饱和的脂肪酸甘油酯，稳定性较植物油高，不易酸败，可作为软膏剂基质。

（4）二甲硅油（dimethicone）：又称硅油，系二甲基硅氧烷的线性聚合物，含聚合二甲基硅氧烷为 97.0%~103.0%，因聚合度不同而黏度不同。二甲硅油为无色澄清的油状液体，无臭无味，化学性质稳定。本品疏水性强，表面张力很小，润滑性好，易于涂布，对皮肤无刺激性。常用于软膏剂或乳膏剂基质中作润滑剂，或与其他油脂性基质合用制成防护性软膏，避免刺激性物质，如酸、碱等对皮肤的腐蚀。二甲硅油对药物的释放和渗透性较羊毛脂和凡士林好，但由于其对眼睛有刺激性，不能作为眼膏基质。

2. 水溶性基质 水溶性基质是由天然或合成的水溶性高分子材料溶解于水中而制成的半固体软膏基质。此类基质的特点是：①易溶于水，无油腻性，易涂展和洗除，对皮肤、黏膜无刺激性；②药物在此类基质中的释放较快，穿透性较好；③能与水溶液和组织渗出液混合，多用于湿润或糜烂的创面，也常用于腔道黏膜或用作防油保护性软膏的基质；④润滑性较差，水分容易蒸发导致基质变硬，易于霉变，须加保湿剂及防腐剂。

目前常见的水溶性基质主要是 PEG。原用于软膏剂水溶性基质的甘油明胶、纤维素类衍生物等，由于具有凝胶的性质而纳入了凝胶剂的范畴。聚乙二醇为环氧乙烷与水缩聚而成的混合物，PEG 后的数字表示高分子材料的平均相对分子质量，药剂中常用的平均相对分子质量为 300~6 000，PEG 随着相对分子质量的增大，黏度也增大，由液体逐渐过渡到蜡状固体。PEG 700 以下是液体，PEG 1000 和 PEG 1500 是半固体，PEG 2 000~6 000 是固体。不同相对分子质量的 PEG 按照适当比例混合可得到稠度适宜的半固体的软膏基质。此类基质易溶于水，化学性质稳定，不易霉变，容易洗除；但因其吸水性强，对皮肤有刺激感，长期使用可引起皮肤脱水干燥。PEG 不适合用作遇水不稳定药物的基质，且会降低一些抑菌剂（如山梨糖醇、季铵盐类、羟苯酯类等）的抑菌活性，与某些酚类药物（如水杨酸、苯酚、鞣酸等）络合而导致基质过度软化。

3. 软膏剂的附加剂 软膏剂中除了药物和基质外，还可以根据需要加入附加剂，如抗氧剂、抑菌剂、保湿剂、透皮吸收促进剂等。

（1）抗氧剂（antioxidant）：系指能延缓或抑制氧化反应的发生，保证物料在贮存和加工时不变质，使用寿命增长的一类物质。软膏剂中的某些成分易在贮存中被氧化而导致软膏变质，因此常需加入抗氧剂。常用的抗氧剂分为两大类：①水溶性抗氧剂，如适用于偏酸性环境的亚硫酸氢钠、焦亚硫酸钠、维生素 C；适用于偏碱性环境的硫代硫酸钠和亚硫酸钠；另外半胱氨酸、甲硫氨酸等也可用作水溶性抗氧剂。②油溶性抗氧剂，如维生素 E、叔丁基对羟基茴香醚（BHA）和二丁甲苯酚（BHT）等，适用于易发生酸败的油脂性基质和易被氧化的脂溶性药物。抗氧剂在软膏剂和乳膏剂的使用过程中，应考虑其在油/水两相中的分配比例，如 BHA 和 BHT 结合使用，或将水溶性抗氧剂和油溶性抗氧剂结合使用，以提高抗氧效果。

此外，金属离子螯合剂作为辅助抗氧剂能与制剂过程中存在的微量金属离子发生络合，抑制金属离子对氧化反应的催化作用，如依地酸（EDTA）、柠檬酸、酒石酸、二巯基乙基甘氨酸等。

（2）抑菌剂（bacteriostat）：系指能抑制微生物生长的物质。软膏剂或乳膏剂中的水分易受细菌或霉菌等微生物的污染，因此需添加抑菌剂。常用的抑菌剂有：醇类（三氯叔丁醇）、酸类（苯甲酸、山梨酸、芳香酸等）、酚类（苯酚、苯甲酚等）、酯类（羟苯甲酯、羟苯乙酯等）、汞化物（醋酸苯汞、硼酸苯汞等）、季铵盐类（苯扎氯铵、苯扎溴铵等）。

（3）保湿剂（humectant）：系指能在半固体制剂的基质中防止水分蒸发散失而保持其适宜的柔软性的物质。按作用机理，保湿剂可分为吸湿型保湿剂和封闭型保湿剂。吸湿型保湿剂的化学结构中通常含有易与水形成氢键的吸水基团，具有良好的吸水能力，通过吸收环境的水分进行补水保湿。水溶性软膏剂、含水量较高的乳膏剂和凝胶剂等半固体制剂中常需此类保湿剂以防止其失水变性，如甘油、丙二醇、山梨醇、麦芽糖醇、透明质酸等，一般用量为 5%~20%。封闭型保湿剂是一类不溶于水的物质，通过封闭作用阻挡水分散失而达到保湿效果。常用的封闭型保湿剂有石蜡、硅油、羊毛脂和蜂蜡等油脂性基质。

（五）软膏剂的制备

软膏剂的制备方法有研磨法和熔融法，应根据药物与基质的性质、制备量以及设备条件选择具体方法。

1. 基质的处理　对于油脂性基质，使用前需加热熔融，并趁热过滤，除去杂质。如需灭菌处理则加热至 150℃ 干热灭菌 1 h 以上，并除去水分。忌用直火加热，多用蒸汽夹层锅加热。对于水溶性基质，则需溶胀、溶解制成溶液或凝胶后备用。

2. 药物的处理　为了提高药物在基质中的分散度和均匀度，保证软膏剂膏体细腻均匀，降低对用药部位的机械性刺激，在制备过程中需要依据药物的不同性质来进行处理。

3. 制备方法

（1）研磨法：指常温下半固体或液体状态的油脂性基质和药物粉末直接研磨混合制备软膏剂的方法。该法主要适用于不耐热或不溶于基质的药物。制备时将药物研细过筛后，与等量基质研匀成糊状，再按等量递加法将其余基质加至全量，研匀即得。实验室小量制备时可在乳钵中进行，也可采用软膏板与软膏刀研匀，大量生产时采用机械研磨法，如单辊研磨机、三辊研磨机、真空均质制膏机等。

（2）熔融法：该法一般用于油脂性软膏剂的大量生产，特别适于处方中基质熔点较高，常温下不能均匀混合的软膏剂的制备。制备时先将熔点较高的基质加热熔融，再加入其余较低熔点成分和液体成分，熔合成均匀基质，最后将药物溶解或混悬于基质中，不断搅拌均匀冷却即得。也可通过胶体磨或软膏研磨机进行进一步研磨，制得均匀细腻、无颗粒感的软膏。采用熔融法制备软膏时应注意：①冷却速度不宜过快，以避免基质中高熔点组分的析出；②冷却过程中需不断搅拌，以防止不溶性药物下沉，造成分散不均匀，待冷凝成膏状后应停止搅拌，以避免带入过多气泡；③热敏感和挥发性组分应在低于其分解或挥发的温度时加入。

（六）软膏剂的包装与贮存

1. 包装　一般采用软膏管包装，常用的有金属管（如锡管、铝管、复合管等）和塑料管。药膏包装材质各有其特点和优缺点，需要根据药品的性质、用途、成本等多方面考虑来选择何种药膏包装材质，以确保药膏在储藏、运输和使用过程中能够保持稳定和有效。软膏剂用于烧伤治疗时，如为非无菌制剂的，应在标签上标明"非无菌制剂"；产品说明书中应注明"本品为非无菌制剂"，同时在适应证下应明确"用于程度较轻的烧伤（Ⅰ°或浅Ⅱ°）"；注意事项下规定"应遵医嘱使用"。

2. 贮存 软膏剂应避光密封贮存，温度不宜过高或过低，避免基质分层或药物降解而影响均匀性和疗效。

（七）质量要求与评价

《中国药典》（2025年版）在制剂通则项下规定，软膏剂应做粒度、装量、无菌和微生物限度等项目检查。另外，软膏剂的质量检查还可包括主药含量、物理性质、刺激性、稳定性以及软膏中药物释放度测定。

1. 粒度 除另有规定外，混悬型软膏剂、含饮片细粉的软膏剂应检查粒度。取软膏剂适量，置于载玻片上涂成薄层，薄层面积相当于盖玻片面积，共涂3片，照《中国药典》（2025年版）通则中粒度和粒度分布测定法测定，均不得检出大于180 μm的粒子。

2. 装量 照《中国药典》（2025年版）通则中最低装量检查法检查，应符合以下规定（表7-1）。

表7-1 软膏剂装量要求

标示装量	平均装量	每个容器装量
20 g（mL）以下	不少于标示装量	不少于标示装量的93%
20~50 g（mL）	不少于标示装量	不少于标示装量的95%
50 g（mL）以上	不少于标示装量	不少于标示装量的97%

3. 无菌 用于烧伤［除程度较轻的烧伤（Ⅰ°或浅Ⅱ°）外］、严重创伤或临床必须无菌的软膏剂，按照无菌检查法（四部通则）检查，应符合规定。

4. 微生物限度 除另有规定外，按照非无菌产品微生物限度检查：微生物计数法（四部通则）和控制菌检查法（四部通则）及非无菌药品微生物限度标准（四部通则）检查，应符合规定。

5. 主药含量测定 采用适宜的溶剂将药物从软膏基质中溶解提取，再进行含量测定。测定方法必须考虑和排除基质对提取药物含量测定的干扰和影响。

6. 物理性质的评价

（1）熔程：一般软膏剂的熔点以接近凡士林的熔点（45~60℃）为宜。可采用熔点测定法（四部通则）测定。

（2）黏度与稠度：锥入度测定法（四部通则）适用于软膏剂等半固体制剂的软硬度和黏稠度等性质测定。锥入度指利用自由落体运动，在25℃条件下，将一定质量的锥体由锥入度仪向下释放，测定锥体释放后5 s内刺入被测样品的深度。1个锥入度的单位等于0.1 mm，如锥入深度30 mm即锥入度为300。一般黏稠度大的样品锥入度小，黏稠度小的样品锥入度大。凡士林的锥入度为130~230单位。

7. 刺激性 软膏剂的刺激性实验可在家兔皮肤或人体上进行。当软膏剂涂于皮肤或黏膜时，不得引起疼痛、红肿或产生斑疹等不良反应。测定方法是将软膏涂在剃毛后的家兔背部皮肤上或眼黏膜上，24 h后观察有无发红、发疹、起泡、充血、流泪或其他过敏现象；人体实验是将软膏涂在手臂、大腿内侧的皮肤上，24 h后观察皮肤的状态。

8. 稳定性 软膏剂稳定性重点考察项目有性状、均匀性、含量、粒度、有关物质检查。稳定性检查可采用加速实验法，将软膏装入包装容器中，置于（30±2）℃，相对湿度65%±5%的条件下贮存6个月，定时检查上述项目变化情况。

9. 药物的释放度 药物释放度检查法包括表玻片法、渗析池法、圆盘法等。体外试验法包括离体皮肤法、半透膜扩散法、凝胶扩散法和微生物扩散法等，离体皮肤法与实际情况较为接近。离体皮肤法是将剥离的动物皮肤固定在扩散池中，将软膏涂于皮肤的角质层面，于不同时间测定皮肤另一侧的接收液中药物浓度，计算药物对皮肤的渗透速率，以此筛选软膏剂基质处方。体内试验法是将软膏涂于人或动物的皮肤上，经过一定时间测定体液与组织器官中的药物浓度或生理反应，来计算药物透过皮肤的速度或吸收量等。

（八）应用举例

1. 油脂性基质软膏剂

例 7-1：冻疮软膏

【处方】樟脑 30 g，薄荷脑 20 g，硼酸 50 g，凡士林 880 g，羊毛脂 20 g，液体石蜡 10 mL。

【制法】将樟脑、薄荷脑置于干燥乳钵中混合研磨至共溶液化，加入硼酸细粉（过 100 目筛）和液体石蜡，研成细腻糊状；另将凡士林和羊毛脂加热熔化混匀，待温度降至 50℃时，以等量递加法分次加入上述药物糊状物中，边加边研和，至冷凝即得。

【注解】①本品用于冻疮的治疗；②该处方中樟脑和薄荷脑共研形成低共溶混合物，液化后溶于液体石蜡，有助于分散均匀，使软膏更细腻，稠度适宜；③本品采用油脂性基质，羊毛脂与凡士林合用，以改善凡士林的吸水性，增加药物在皮肤内的渗透；④待基质温度降至 50℃再加入，可防止樟脑、薄荷脑遇热挥发。

2. 水溶性基质软膏剂

例 7-2：复方酮康唑软膏

【处方】酮康唑 20 g，依诺沙星 3 g，聚乙二醇 4000 300 g，聚乙二醇 400 605 g，无水亚硫酸钠 2 g，丙二醇 50 g，纯化水 20 g。

【制法】将酮康唑、依诺沙星与丙二醇共研调成糊状，备用；将无水亚硫酸钠溶于纯化水中，备用。将 PEG 4000 和 PEG 400 在水浴上加热至 85℃使熔化，待温度降至 40℃以下时，加入上述药物糊状物和亚硫酸钠溶液，搅匀即得。

【注解】本品用于治疗浅表及深部真菌、细菌引起的各种皮肤感染和各种皮炎。处方中丙二醇为保湿剂。

二、乳膏剂

（一）定义

乳膏剂（cream）指原料药物溶解或分散于乳状液型基质中形成的均匀半固体制剂。乳膏剂在临床上应用广泛，某些乳膏剂还能通过皮肤吸收进入体循环，用于全身疾病的治疗，如吲哚美辛乳膏和硝酸异山梨酯乳膏。乳膏剂在生产和贮藏期间除符合软膏剂的有关质量规定外，还不得有油水分离现象；应避光密封，置于 25℃以下贮存，不得冷冻。

（二）乳膏剂的分类和特点

乳膏剂由于基质不同，可分为水包油型（O/W）乳膏剂和油包水型（W/O）乳膏剂。乳膏剂基质有利于药物与皮肤的接触，不阻止皮肤表面分泌物的分泌和水分蒸发，对皮肤的正常功能影响较小，易于清洗。由于基质含水，遇水不稳定的药物不适合制备成乳膏剂。通常乳膏剂基质适用于亚急性、慢性、无渗出液的皮肤破损和皮肤瘙痒症，忌用于糜烂、溃疡、水疱和化脓性创面。O/W 型乳膏剂的特点是：①基质无油腻感，易于洗除，俗称"雪花膏"；②基质外相是水，水分易蒸发，导致软膏变硬，需加入保湿剂（如丙二醇、甘油和山梨醇等）；③由于基质含水量多，在贮存过程中可能霉变，常需加入抑菌剂；④O/W 型乳膏剂不适合分泌物较多的皮肤病（如湿疹），因其吸收的分泌物可重新进入皮肤（反向吸收）而使炎症恶化。W/O 型乳膏剂的特点是：①W/O 型乳膏剂分散相为水，连续相为油，水分从皮肤表面缓慢蒸发时有和缓的冷却作用，俗称"冷霜"；②基质较不含水的油脂性基质容易涂布，能吸收部分水分或分泌液，油腻性较小，具有良好的润滑性和一定的封闭性。

(三)乳膏剂的组成

乳膏剂基质形成的类型及其原理与乳剂相似,主要组分为油相、水相和乳化剂。与乳剂不同的是,乳膏剂基质的油相中含有固体或半固体成分,需加热熔化后与水相在乳化剂作用下混合乳化,搅拌冷却至室温冷凝形成半固体基质。乳膏剂中除药物和基质外,还可根据需要加入附加剂,包括保湿剂、抗氧剂、抑菌剂、透皮吸收促进剂,具体见软膏剂本节的相关内容。乳膏剂基质中常用的油相多数为固体,如硬脂酸、石蜡、蜂蜡、羊毛脂、高级脂肪醇等,为调节稠度可加入液体石蜡、凡士林、硅油或植物油等。乳膏剂基质的类型主要取决于乳化剂的类型和作用以及油相、水相的比例。常用的乳化剂有以下几类(见表7-2)。

表7-2 常用乳化剂的类型及品种

类型	名称	常用品种
O/W型乳化剂	一价皂	钠皂、钾皂、有机胺皂
	脂肪醇硫酸(酯)钠类	十二烷基硫酸钠
	聚山梨酯类	聚山梨酯80
	聚氧乙烯醚衍生物	平平加O、乳化剂OP
W/O型乳化剂	多价皂类	硬脂酸钙、硬脂酸镁、硬脂酸铝
	高级脂肪醇	鲸蜡醇、硬脂醇
	脂肪酸甘油酯类	单硬脂酸甘油酯
	脂肪酸山梨坦类	油酸山梨坦

1. O/W型乳化剂

(1)一价皂:系一价金属(如钠、钾、铵)的氢氧化物、硼酸盐或三乙醇胺等有机碱与脂肪酸(如硬脂酸、油酸)反应生成的新生皂,其HLB值为15~18,是O/W型乳化剂,通常与水相、油相混合形成O/W型乳膏基质。一价皂中脂肪酸的碳原子数在12~18,且随着碳原子数增大,乳化能力随之增大,但当碳原子数增至18以上,乳化能力反而降低,因此含18个碳原子的硬脂酸为最常用的脂肪酸,其用量为基质总量的10%~25%。在新生皂的生成过程中,一部分硬脂酸与碱发生皂化反应,未皂化的硬脂酸作为乳膏基质的油相被乳化分散,凝固后增加基质的稠度。新生皂反应中碱性物质的选择对乳膏基质的质地有较大影响。通常以新生钠皂为乳化剂制成的基质较硬;以新生钾皂为乳化剂制成的基质较软,故有"软肥皂"之称;以新生有机胺皂为乳化剂的基质质地细腻、光亮美观。此类基质避免与酸、碱类药物配伍,特别忌与含钙、镁、锌等离子类药物的配伍,以免形成不溶性皂而破坏其乳化作用;一价皂为阴离子型乳化剂,忌与阳离子型乳化剂及阳离子型药物(如硫酸新霉素、硫酸庆大霉素、盐酸丁卡因、醋酸氯己定等)配伍。

例7-3:以有机胺皂为乳化剂的乳膏基质

【处方】硬脂酸12 g,单硬脂酸甘油酯3 g,凡士林10 g,羊毛脂5 g,液体石蜡6 g,三乙醇胺0.4 g,甘油5 g,羟苯乙酯0.1 g,纯化水加至100 g。

【制法】将硬脂酸、单硬脂酸甘油酯、凡士林、羊毛脂、液体石蜡在水浴上加热(75~80℃)熔化。另取三乙醇胺、甘油、羟苯乙酯与纯化水混匀,加热至与油相同的温度,缓缓将水相加入油相中,边加边搅直至乳化完全,继续搅拌至冷凝到室温。

【注解】①该处方中的乳化剂是三乙醇胺与部分硬脂酸形成的有机铵皂,HLB值为12,制成的O/W型乳膏基质稳定且细腻、并带有光泽,广泛用作乳膏的乳化剂。②未皂化的硬脂酸作为油相被乳化成乳滴,冷凝后可增加基质的稠度。③单硬脂酸甘油酯属于较弱的W/O型乳化剂,作为O/W

型乳膏基质的辅助乳化剂，可增强基质的稳定性。④凡士林和液体石蜡用于调节基质的稠度，羊毛脂可提高油相的吸水性和药物渗透性。⑤0.1%羟苯乙酯为抑菌剂。

（2）十二烷基硫酸钠：是O/W型阴离子型表面活性剂，HLB值为40，常与W/O型乳化剂合用以调整到适当的HLB值，达到乳化油相所需范围。本品用作乳化剂时，最适宜pH为6~7，可与酸碱性药物、钙镁离子配伍。本品与新生皂类乳化剂类似，不宜与阳离子型表面活性剂和阳离子药物合用。

例7-4：以十二烷基硫酸钠为乳化剂的乳膏基质

【处方】硬脂醇22 g，白凡士林25 g，十二烷基硫酸钠25 g，丙二醇12 g，羟苯甲酯0.025 g，羟苯乙酯0.015 g，纯化水加至100 g。

【制法】将十八醇和白凡士林在水浴上加热（75~80℃）熔化保温；另取十二烷基硫酸钠、丙二醇、羟苯甲酯和羟苯乙酯溶于纯化水中，加热至与油相同的温度，缓缓将水相加入油相中，边加边搅直至冷凝到室温。

【注解】①该处方中的乳化剂是十二烷基硫酸钠；②十八醇作为油相，可调节基质的稠度，起到辅助乳化剂和稳定的作用；③白凡士林作为油相，在皮肤上形成油膜防止水分蒸发，促进角质层水合而产生润滑作用，丙二醇为保湿剂。

（3）聚山梨酯类：本品属于非离子型表面活性剂，其HLB值为10.5~16.7，为O/W型乳化剂，可单独制成乳膏剂基质，也可与其他乳化剂合用以调节HLB值，制备更加稳定的基质，常用品种有聚山梨酯80。本品对黏膜和皮肤的刺激性比离子型乳化剂小，可与酸性药物、电解质配伍，对热稳定，但与碱类、重金属盐、酚类及鞣酸均有配伍反应，还能与某些抑菌剂（如羟苯酯类、季铵盐类、苯甲酸等）络合而导致抑菌剂部分失活，但可通过适当增加抑菌剂的用量予以克服。

例7-5：以聚山梨酯80为主要乳化剂的乳膏基质

【处方】硬脂酸12 g，白凡士林12 g，单硬脂酸甘油酯8.5 g，油酸山梨坦1.6 g，聚山梨酯80 3 g，甘油7.5 g，山梨酸0.2 g，纯化水加至100 g。

【制法】将硬脂酸、白凡士林、单硬脂酸甘油酯和油酸山梨坦（油相成分）在水浴上加热至80℃熔化保温；另取聚山梨酯80、甘油和山梨酸溶于纯化水中（水相成分），加热至与油相同的温度，不断搅拌下将水相加入油相中，搅拌直至冷凝到室温。

【注解】①该处方中的主要乳化剂是聚山梨酯80，油酸山梨坦作为W/O型乳化剂，用于调节基质的HLB值，稳定基质；②单硬脂酸甘油酯作为油相，为弱的W/O型乳化剂，可增加基质的稳定性和细腻感；③硬脂酸、白凡士林为油相，可调节稠度；④甘油为保湿剂，山梨酸为抑菌剂。

（4）聚氧乙烯醚衍生物类：常用的有平平加O和乳化剂OP，均为非离子型表面活性剂，HLB值分别为15.9和14.5，属O/W型乳化剂，一般用量为油相量的5%~10%。两者单独使用均不能制成稳定的乳膏剂基质，常与其他乳化剂或辅助乳化剂配合使用。

1）平平加O（peregal O）：系脂肪醇聚氧乙烯醚类，性质稳定，耐酸、碱和电解质的能力强，对皮肤无刺激性，本品能与羟基、羧基化合物形成络合物而破坏基质，不宜与酚类、水杨酸、苯甲酸等药物配伍。

2）乳化剂OP：系烷基酚聚氧乙烯醚类，性质稳定，耐酸、碱、还原剂及氧化剂，对皮肤无刺激性。当水溶液中有大量的金属离子（如铁、锌、铜离子等）时，会使其表面活性作用降低，同时本品不宜与酚羟基类化合物（如苯酚、水杨酸、间苯二酚等）配伍使用。

例7-6：以平平加O为主要乳化剂的乳膏基质

【处方】鲸蜡醇10 g，白凡士林10 g，液体石蜡10 g，平平加O 2.5 g，羟苯乙酯0.1 g，甘油5 g，纯化水加至100 g。

【制法】分别取鲸蜡醇、白凡士林、液体石蜡（油相成分）加热至75℃使熔化，另取平平加O、甘油、羟苯乙酯溶于水中（水相成分），加热至相同温度，将油相加入水相中，搅拌至冷凝即得。

【注解】处方中平平加 O 为 O/W 型乳化剂，鲸蜡醇作为油相，同时也是较弱的 W/O 型乳化剂，两者混合使用，可提高乳膏基质的稳定性和稠度。

2. W/O 型乳化剂

（1）多价皂类：系二、三价金属（如钙、镁、铝、锌）的氧化物与脂肪酸反应生成的皂类，其亲油性强于亲水性，为 W/O 型乳膏基质，HLB 值小于 6。新生多价皂较易形成，且油相的比例大，黏滞度较水相高，因此形成的 W/O 型乳膏剂基质较一价皂为乳化剂形成的 O/W 型乳膏基质更稳定。

例 7-7：以多价皂为主要乳化剂的乳膏基质

【处方】硬脂酸 1.25 g；单硬脂酸甘油酯 1.7 g，蜂蜡 0.5 g，地蜡 7.5 g，液体石蜡 41.0 mL，白凡士林 6.7 g，双硬脂酸铝 1 g，氢氧化钙 0.1 g，羟苯乙酯 0.1 g，纯化水加至 100 g。

【制法】将硬脂酸、蜂蜡、地蜡和单硬脂酸甘油酯在水浴上加热熔化，加入白凡士林、液体石蜡和双硬脂酸铝，加热至 85℃（油相成分）；另将氢氧化钙、羟苯乙酯溶于纯化水中，加热至 85℃（水相成分），缓缓加入油相中，边加边搅拌，直至冷凝，即得。

【注解】①处方中部分硬脂酸与氢氧化钙生成的新生钙皂和双硬脂酸铝均为 W/O 型乳化剂，共同构成该乳膏基质的乳化剂；②单硬脂酸甘油酯起到了辅助乳化和稳定基质的作用，液体石蜡和白凡士林作为油相，用于调节基质稠度，羟苯乙酯为抑菌剂。

（2）鲸蜡醇及十八醇：鲸蜡醇（鲸蜡醇，cetyl alcohol），熔点 46~52℃，十八醇（硬脂醇，stearyl alcohol），熔点 57~60℃。二者均不溶于水，但有一定的吸水能力，可增加油脂性基质的吸水性，常作为油相用于 O/W 型乳膏基质中，同时起辅助乳化作用，可增加乳膏剂的稳定性和稠度。

（3）单硬脂酸甘油酯（glyceryl monostearate）：本品为白色蜡状固体，熔点不低于 55℃，不溶于水，HLB 值为 3.8，是较弱的 W/O 型乳化剂，用量约为 15%。本品与较强的 O/W 型乳化剂合用时，起到了辅助乳化剂的作用，可增加乳膏剂的稳定性和稠度，用单硬脂酸甘油酯替代硬脂酸而制成的基质更加细腻光洁。

（4）脂肪酸山梨坦类：本品属非离子型表面活性剂，HLB 4.3~8.6，为 W/O 型乳化剂，常用品种是油酸山梨坦。本品可单独用作 O/W 型乳膏剂的乳化剂，也常与其他 O/W 型乳化剂，如聚山梨酯类合用以调至适宜的 HLB 值，增加乳膏剂基质的稳定性。与聚山梨酯类乳化剂相似，本品对皮肤、黏膜的刺激性小，一般用作酸性药物基质，与碱类、重金属盐、酚类等均有配伍反应。

例 7-8：以油酸山梨坦为主要乳化剂的乳膏基质

【处方】单硬脂酸甘油酯 12 g，白凡士林 5 g，蜂蜡 5 g，石蜡 5 g，液体石蜡 25 g，油酸山梨坦 2 g，聚山梨酯 80 1 g，羟苯乙酯 0.1 g，纯化水加至 100 g。

【制法】将单硬脂酸甘油酯、蜂蜡、石蜡、白凡士林、液体石蜡和油酸山梨坦（油相成分），加热至 80℃；另将聚山梨酯 80、羟苯乙酯溶于纯化水中，加热至 80℃（水相成分），将水相缓缓加入油相中，边加边搅拌，直至冷凝，即得。

【注解】①处方中油酸山梨坦是主要乳化剂，聚山梨酯 80 用以调节适宜的 HLB 值，起到稳定基质的作用；②单硬脂酸甘油酯为较弱的 W/O 型乳化剂，起到了辅助乳化和稳定基质的作用。蜂蜡中含有蜂蜡醇也能起较弱的乳化作用。

（四）乳膏剂的制备

1. 基质的选择　乳膏剂基质中的关键组成部分为乳化剂，应根据油相乳化所需 HLB 值来选择适宜的乳化剂（表 7-3），若没有所需 HLB 值的乳化剂，可将几种乳化剂混合使用。

2. 乳化法　乳膏剂的常用制备方法为乳化法（图 7-2）。将处方中的油溶性成分一起加热至 80℃左右成油溶液（油相），另将水溶性成分溶于水中，加热至 80℃左右成水溶液（水相）。两相混合时为了防止油相中的固体成分过早析出或凝结，一般使水相温度略高于油相温度。将两相混合，不断搅

表 7-3 各种油相乳化所需 HLB 值

油相基质	W/O 型	O/W 型	油相基质	W/O 型	O/W 型
液体石蜡（轻质）	4	10	硬脂酸、油酸	7~11	17
液体石蜡（重质）	4	10.5	硅油		10.5
凡士林	4	10.5	蓖麻油、牛油		7~9
氢化石蜡		12~14	羊毛脂（无水）	8	12
鲸蜡醇		15	鲸蜡		13
硬脂醇		16	蜂蜡	5	10~16
月桂酸、亚油酸		16	巴西棕榈蜡		12

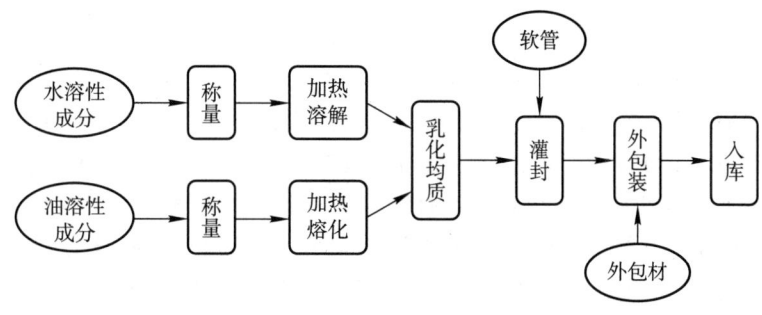

图 7-2 乳膏剂的制备工艺流程

拌，直至乳化完成并冷凝。药物则溶于相应的水相或油相中。

乳化法中水、油两相的混合有三种方法：①两相同时混合，适用于大批量的机械操作；②将分散相加到连续相中，适用于含小体积分散相的乳剂系统；③将连续相加到分散相中，适用于多数乳剂系统。如制备 O/W 型乳膏基质时，水相加到油相内，先形成 W/O 型乳液，继续加入水相，乳液黏度继续增加，发生乳剂的转相而形成 O/W 型乳液，所得乳膏细腻、均匀、稳定，适合于多数乳剂系统。乳化法中油相和水相的添加方式、添加速度、搅拌条件、乳化温度与时间、乳化器的结构等均可影响乳膏的质量。大量生产时，两相混合时可能由于搅拌不匀导致形成的基质不够油腻，或油相不易均匀冷却，因此在温度降至 30℃ 时再通过胶体磨或软膏研磨机等使膏体更加细腻。现代工业生产时，也可采用真空乳化匀质机，利用抽真空的方式，使所生产的制品在搅拌过程中不再混入气泡，从而保证可制造出富有光泽、细腻及延展性良好的产品。

3. 药物和基质的处理　乳膏中油相的预处理方法同软膏剂。若药物溶于水相或油相，可在乳化前加入；若药物在水相和油相均不溶解，则在基质成型后，将药物适当分散均匀后再加入乳膏基质。目前，药物制剂新技术也引入到了乳膏剂的制备中，如将药物先制备成环糊精包合物、微乳或脂质体后，再加入乳膏基质中，极大提高了药物的分散度和渗透性。

（五）应用举例

例 7-9：复方磺胺嘧啶银乳膏

【处方】磺胺嘧啶银 20 g，鲸蜡醇 90 g，白凡士林 140 g，液体石蜡 60 g，月桂氮䓬酮 10 mL，甘油 50 g，十二烷基硫酸钠 10 g，羟苯乙酯 1.5 g，纯化水加至 1 000 g。

【制法】取磺胺嘧啶银粉置于乳钵中，按 1:0.5 的比例逐渐加入纯化水，充分研磨，再逐渐加入纯化水，纯化水用量视乳膏基质的黏稠度而定，制成混悬液备用。取鲸蜡醇、白凡士林，置水浴上加热熔化，加入液体石蜡搅匀（油相）；另取羟苯乙酯溶于适量热纯化水中，加入十二烷基硫酸钠搅拌溶解（水相），并加甘油搅匀（水相），两相均控制在75℃左右。在不断搅拌下，将油相缓缓加入上述水相中，乳化完全后，加入月桂氮䓬酮，将制备好的磺胺嘧啶银混悬液，分次加入熔化的乳膏基质中，边加边搅，搅拌至冷凝。

【注解】①本品用于控制烧伤创面细菌感染，尤其是对绿脓杆菌和大肠杆菌的感染能起到良好的控制作用。该软膏基质的乳化剂是十二烷基硫酸钠，属O/W型乳膏剂。②磺胺嘧啶银为亲水性药物，在水中不溶，将其粉末以1:0.5的比例加水研磨，能产生最大的分散度，生成较细的微粒，由于该微粒的水化作用很强，水分子在微粒表面形成水化膜，阻止微粒合并。再将药物混悬液均匀混合于O/W型乳膏基质中，提高了乳膏中药物分散度，降低乳膏黏稠度，从而提高了制剂质量，便于临床应用。③处方中鲸蜡醇、白凡士林和液体石蜡均为油相，可以调节用量，以得到适宜黏稠度的乳膏基质，月桂氮䓬酮为透皮吸收促进剂，能增强磺胺嘧啶银的抗菌效力，羟苯乙酯为抑菌剂。

例7-10：维A酸乳膏

【处方】维A酸0.05 g，单硬脂酸甘油酯7 g，鲸蜡醇10 g，甘油5 g，白凡士林5 g，石蜡80 g，液体石蜡5 g，聚山梨酯80 2 g，十二烷基硫酸钠1 g，山梨酸0.2 g，纯化水至100 g。

【制法】取单硬脂酸甘油酯、鲸蜡醇、液体石蜡及白凡士林加热熔化为油相。另将甘油和纯化水加热后，加入十二烷基硫酸钠、聚山梨酯80及山梨酸溶解为水相。然后将水相缓缓加入油相，边加边搅拌，直至冷凝，即得乳膏基质。将处方量的维A酸加入上述基质中，搅拌均匀即得。

【注解】①维A酸具有抗角化、抗炎、抗皮脂的作用，本品用于治疗痤疮；②该处方中主要乳化剂为十二烷基硫酸钠、聚山梨酯80，为O/W型乳膏剂；③单硬脂酸甘油酯、鲸蜡醇起辅助乳化和增稠作用，同时能增加基质的稳定性，可使制得的乳膏光亮细腻；甘油为保湿剂，山梨酸为抑菌剂。④维A酸不稳定，见光易分解，故制备时应尽量避免强光照射。

例7-11：维胺酯包合物软膏

【处方】维胺酯包合物 按维胺酯计0.25 g，单硬脂酸甘油酯7 g，硬脂酸3 g，甘油6 g，液体石蜡8 g，三乙醇胺1 g，泊洛沙姆1 g，纯化水至100 g。

【制法】称取一定量维胺酯溶于乙醚中，滴入β-环糊精中（维胺酯：β-环糊精=1:5），研磨40 min，挥去乙醚，糊状物干燥后洗涤，称重，研磨过六号筛备用。称取处方量的硬脂酸、单硬脂酸甘油酯、液体石蜡（油相）于蒸发皿中，置水浴上加热至70~80℃熔化为油相，保温备用；另取蒸馏水、甘油、泊洛沙姆及三乙醇胺（水相）在水浴上加热至与油相同温度。然后将水相在搅拌下慢慢滴加于油相中，搅拌至冷却。将维胺酯包合物按等量稀释法混入上述乳膏基质中，混匀即得。

【注解】①本品用于治疗痤疮，鱼鳞病以及外源性皮肤老化等；②由于维胺酯易受光、氧化剂、湿度等影响，为提高其稳定性，将其制成包合物再进一步制成软膏；③该乳膏基质主要乳化剂为部分硬脂酸与三乙醇胺反应生成的有机胺皂和泊洛沙姆，为O/W型乳膏剂；④单硬脂酸甘油酯起辅助乳化和增稠作用，甘油为保湿剂。

三、凝胶剂

（一）定义与分类

凝胶剂（gels）指原料药物与能形成凝胶的辅料制成的具凝胶特性的稠厚液体或半固体制剂。凝胶剂按分散相可分为单相分散系统和双相分散系统。乳状液型凝胶剂和混悬型凝胶剂均属于双相分散系统。乳状液型凝胶剂又称为乳胶剂。混悬型凝胶剂是由分散的药物小粒子以网状结构存在于液体中，如小分子无机原料药物（如氢氧化铝）凝胶剂。混悬型凝胶剂有触变性，静止时形成半固体而搅拌或振摇时成为液体。混悬型凝胶剂中胶粒应分散均匀，不应下沉、结块。凝胶剂应均匀、细腻，在常温时保持胶状，不干涸或液化。

单相分散系统凝胶基质有水性与油性之分。水性凝胶基质一般由水、甘油或丙二醇与纤维素衍生物、卡波姆、海藻酸盐、西黄蓍胶、明胶、淀粉等构成；油性凝胶基质由液体石蜡与聚乙烯或脂肪油与胶体硅或铝皂、锌皂等构成。由高分子基质如西黄蓍胶制成的凝胶剂也可称为胶浆剂。除另有规定外，凝胶剂限局部用于皮肤及体腔，如鼻腔、阴道和直肠等。目前临床上应用较多的是水性凝胶，如皮肤科用凝胶剂、外科用凝胶剂、牙科用凝胶剂和医用超声耦合剂等。目前开发的新型药物凝胶剂得到了广泛应用，主要包括智能型水凝胶剂（温度敏感型、pH 敏感型、光敏感型等）、脂质体凝胶剂、包合物凝胶剂等。

（二）水性凝胶剂的特点

水性凝胶剂基质大多在水中溶胀成水性凝胶而不溶解，其特点为：①具有脱水收缩性、溶胀性、触变性、黏合性；②随外界温度变化状态发生改变，温度升高呈液体，冷至一定温度又会可逆地形成凝胶；③高分子基质以物理交联形成网格结构，网格中充满不能自由流动的溶剂，表现出弹性或黏弹性的半固体性质；④易涂展和洗除、无油腻感，能吸收组织渗出液，不妨碍皮肤正常功能，黏度较小而利于药物释放；⑤润滑性差，易失水和霉变，常需添加保湿剂和防腐剂。

（三）水性凝胶剂的组成

水性凝胶剂主要由药物与基质组成，此外根据需要可加入保湿剂、抑菌剂、抗氧剂、乳化剂、增稠剂和透皮促进剂等。根据胶凝条件和部位的不同，凝胶剂基质可分为普通凝胶基质和原位凝胶基质。普通凝胶基质在制剂成型时的浓度、pH 或离子强度等作用下胶凝形成半固体凝胶基质，而原位凝胶剂基质则以溶液状态（溶胶）给药后，能够在用药部位的温度、pH 或离子强度下发生胶凝形成半固体凝胶基质。

1. 凝胶剂基质 常用的水性凝胶基质可分为天然高分子、半合成高分子和合成高分子三类。①天然高分子材料：淀粉、西黄蓍胶、果胶、海藻酸盐、阿拉伯胶、琼脂和明胶等；②半合成高分子材料：主要是纤维素类衍生物，如羧甲基纤维素、甲基纤维素等；③合成高分子材料：卡波姆、聚丙烯酸钠、聚乙烯醇等。

（1）卡波姆（carbomer）：本品系非苯溶剂为聚合溶剂的丙烯酸键合烯丙基蔗糖或季戊四醇烯丙醚的高分子聚合物，羧基含量为 56.0%~68.0%，呈白色疏松粉末，有特征性微臭，极具引湿性。卡波姆按黏度不同分为 A 型（4~11 Pa·s），B 型（25~45 Pa·s）和 C 型（40~60 Pa·s），对应的产品型号依次为卡波姆 941、卡波姆 934 和卡波姆 940。本品与聚丙烯酸有非常类似的理化性质，可以在水中迅速溶胀，但不溶解。由于卡波姆分子中存在大量的羧酸基团，其 1% 水分散液的 pH 约为 3.11，黏性较低。当用碱中和时，大分子逐渐溶解，黏度也逐渐上升，在低浓度时形成澄明溶液，在浓度较大时形成半透明状的凝胶。当 pH 6~11 时，黏度和稠度最大。凝胶的黏度和稠度变化与中和所用的碱及卡波姆的浓度有关。通常情况下，中和 1 g 卡波姆约消耗 1.35 g 三乙醇胺或 400 mg 氢氧化钠。卡波姆凝胶基质润滑性和涂展性好，且无油腻性，特别适用于脂溢性皮肤病的治疗。制备卡波姆凝胶时应注意以下配伍禁忌：盐类电解质可使卡波姆凝胶的黏性下降；碱土金属离子以及阳离子聚合物等均可与之结合形成不溶性盐；强酸可使卡波姆失去黏性。

（2）纤维素类衍生物：该类为纤维素类衍生化形成的在水中可溶胀或溶解的胶性物，调节适宜的稠度可形成水性凝胶基质。常用的品种是羧甲基纤维素钠（CMC-Na）和甲基纤维素（MC），二者常用浓度为 2%~6%。CMC-Na 在冷、热水中均能溶解，1% 的水溶液 pH 为 6~8，高浓度时即呈凝胶。当 pH 低于 5 或高于 10 时，其黏度显著下降；115℃ 热压灭菌 30 min，黏度也下降。MC 缓慢溶于冷水，不溶于热水，当湿润、放置冷却后可溶解；在 pH 为 2~12 内稳定，但加热和冷却会导致不可逆的黏度下降。此类凝胶基质涂布于皮肤，黏性较强，易失水干燥产生有不适感，常需加入约 10%~15% 甘油作保湿剂；同时加入抑菌剂防止贮存长菌。CMC-Na 凝胶中不宜加硝（醋）酸苯汞或其他重金属盐作抑菌剂，也不宜与阳离子型药物配伍。MC凝胶中不能使用羟苯酯类抑菌剂，因二者易形成复合物。

（3）甘油明胶：由明胶、甘油及水加热制成。一般明胶用量为1%~3%，甘油为10%~30%。本品易涂布，涂后能形成一层保护膜，因本身有弹性，故使用时较舒适。

2. 原位凝胶剂基质 温度敏感型是最常用的原位凝胶基质，由一定比例的疏水和亲水链段组成，其胶凝特性受疏水和亲水链段的组成、长度及溶剂的影响。常用的温度敏感型原位凝胶基质有聚氧乙烯-聚氧丙烯嵌段共聚物（泊洛沙姆）、聚乙二醇-聚乳酸（PEG-PLGA）、壳聚糖等。泊洛沙姆407是最常用的温敏型凝胶基质材料。单一的泊洛沙姆407胶凝温度均低于30℃，可与泊洛沙姆188等合用以获得理想的胶凝温度，与卡波姆合用以提高胶凝强度和生物黏附性。

（四）水性凝胶剂的制备

制备凝胶剂的方法多采用溶胀胶凝法：将水性凝胶材料加水溶胀形成凝胶基质，再加入药物。水溶性药物可先溶于部分水或甘油中，水不溶性药物粉末可先用少量水或甘油研细、分散后，再加入基质中搅拌均匀即得。

（五）包装、贮存与质量要求

凝胶剂的包装材料同软膏剂和乳膏剂，应避光、密闭贮存，并应防冻。凝胶剂质量评价项目主要包括外观性状、装量、pH、微生物限度等，混悬型凝胶剂需进行粒度检查（四部通则）。此外还包括黏度、稠度、刺激性、稳定性、药物释放度、无菌、含量测定等。检测方法均与软膏剂或乳膏剂相似，在此不再赘述。

（六）应用举例

例7-12：复方酮康唑凝胶剂

【处方】酮康唑5.0 g，尿素10.0 g，月桂氮䓬酮2.0 g。三乙醇胺适量，卡波姆940 3.0 g，甘油30 mL，纯化水至100 g。

【制法】取卡波姆940加甘油充分搅拌成糊状，加入溶解好的尿素水溶液搅拌，使其成为胶浆液，用三乙醇胺调节pH，加入月桂氮䓬酮搅匀。另取酮康唑加适量乙醇，水浴加热（温度不超过70℃）使其溶解。在不断搅拌下加入上述胶浆液中，最后加水至全量，搅匀即得。

【注解】①本品用于治疗局部和全身真菌感染；②该处方中采用酮康唑为主药，辅以尿素溶解角质层以利于酮康唑的渗透，同时以月桂氮䓬酮作透皮促进剂，高分子材料卡波姆940为凝胶基质，用三乙醇胺调节稠度，甘油作为保湿剂同时具有防腐作用。

例7-13：紫杉醇原位凝胶

【处方】紫杉醇脂质体适量，泊洛沙姆407 2.8 g，泊洛沙姆188 0.16 g。

【制法】采用薄膜分散法（详见第十一章新型制剂技术）制备紫杉醇脂质体20 mL，倒入预先加入泊洛沙姆407和泊洛沙姆188的烧杯中，待混合物自然溶胀后置4℃冰箱储存过夜，以除去气泡，直到形成透明的溶液，即得。

【注解】①本品是紫杉醇脂质体原位凝胶，通过瘤内局部给药，凝胶在肿瘤部位呈高黏滞性，能长时间地和用药部位紧密接触，在肿瘤周围缓慢释药，长时间维持局部高浓度，提高药物的生物利用度。②处方中凝胶基质是泊洛沙姆407和泊洛沙姆188，通过不同相对分子质量的高分子材料的混合，达到理想的温敏凝胶。

四、眼膏剂

（一）定义

眼用半固体制剂指直接用于眼部发挥治疗作用的半固体无菌制剂，主要包括眼膏剂、眼用乳膏剂、眼用凝胶剂等。眼膏剂（eye ointment）指由原料药物与适宜基质均匀混合，制成溶液型或混悬型膏状的无菌眼用半固体制剂。眼用乳膏剂指由原料药物与适宜基质均匀混合，制成乳膏状的无菌眼用半固体制剂。

眼膏剂、眼用乳膏剂、眼用凝胶剂应均匀、细腻、无刺激性，并易涂布于眼部，便于原料药物分散和吸收。眼用半固体制剂可根据需要加入适宜的抑菌剂、抗氧剂、保湿剂等附加剂，但用于眼部手术或创伤的眼用制剂应灭菌或按无菌操作配制，且不得添加抑菌剂或抗氧剂。除另有规定外，每个容器的装量应不超过 5 g。

（二）眼膏剂的特点

眼膏剂的特点包括以下几方面：①与滴眼剂相比，眼膏剂在眼内保留时间长，疗效持久，夜晚使用能减少滴眼次数；②眼膏剂中的润滑剂能减轻眼睑对眼球的摩擦，有助于角膜损伤的愈合，常用于眼科术后用药，适用于不宜使用滴眼液的小儿；③油脂性基质可保证药效更持久，特别适用于剂量小且不稳定的抗生素类药物。眼膏剂的缺点是有油腻感使视物模糊。

（三）眼膏剂的基质及制备

眼膏剂的基质一般由凡士林 8 份、液体石蜡 1 份、羊毛脂 1 份混合而成，眼膏剂的基质必须纯净。其中羊毛脂具有较强的吸水性和黏附性，且有一定的表面活性作用，使眼膏与泪液易于混合并附着于眼黏膜上，利于药物渗透。液体石蜡可依据季节温度，适当调整用量以制备适宜的基质稠度。

眼膏基质或眼用乳膏基质的油相应加热熔化后用绢布等适宜滤材保温过滤，并在 150 ℃干热灭菌 1~2 h；也可将各组分经分别灭菌后再混合。眼用半固体制剂的制备方法同常规半固体制剂。若主药溶于水且性质稳定，可用适量的注射用水溶解，加灭菌眼膏基质 1∶1 研和至水吸尽，再以等量稀释法加入其余基质，研匀。若主药不溶于水则应在无菌条件下预先制成极细粉，即药粉全部通过八号筛，且 95% 的粒子通过九号筛，再与基质研和均匀，无菌分装，质量检查合格后包装。

（四）眼膏剂的包装、贮存与质量要求

眼膏剂的包装容器应无菌、不易破裂，除另有规定外，眼膏剂应遮光密封贮存。眼膏剂质量评价项目主要包括外观性状、粒度、金属性异物、装量差异、微生物限度和无菌等。

（五）应用举例

例 7-14：头孢哌酮眼膏剂的制备

【处方】头孢哌酮钠 10 g，羊毛脂 100 g，液体石蜡 100 g，黄凡士林 790 g。

【制法】取羊毛脂、黄凡士林置容器中加热熔化后，趁热用灭菌双层纱布置漏斗中过滤，与液体石蜡一起经 105 ℃干热灭菌 1 h，放冷。将头孢哌酮钠置乳钵中，分次将灭菌过的液体石蜡加入，并充分研磨至极细腻的糊状，再分次递加灭菌的羊毛脂和黄凡士林混合物，研磨均匀，分装，即得。

【注解】本品用于治疗眼部感染。头孢哌酮内含 β-内酰胺环，遇水易水解，因此可制备成眼膏剂，极大增加了药物的稳定性。

（李　磊）

第八章 雾化制剂及其技术

编者导学

章节导航
第一节 概述
第二节 雾化制剂单元操作技术
第三节 雾化制剂各论

在药剂学领域，雾化制剂技术是一项重要的技术，广泛应用于医疗、制药和生物科技领域。雾化制剂技术的作用系将原料药物溶解或分散于适宜介质中，以气溶胶或蒸气形式递送至肺部发挥局部或全身作用。随着科学技术的不断进步，特别是在材料科学、工程学和医学领域的进展，使雾化制剂技术得以不断完善和拓展，为药物治疗提供了更为有效和便捷的途径。无论是治疗呼吸道疾病、内科疾病还是皮肤病变，雾化制剂技术都展现出了独特的优势和应用潜力。

本章节就雾化制剂及其技术、药物输送、生产制备等方面的相关内容进行阐述。首先介绍常见雾化制剂的分类及给药途径，并分析它们的特点、影响因素及适用范围。其次，介绍雾化制剂单元操作技术，包括传统的研磨、喷雾干燥、超临界流体和结晶等常见技术的原理，介绍它们的优缺点及应用。最后，探讨各雾化制剂的详细内容，包括定义、分类、特点、组成、制备、临床应用、包装与储存以及剂量要求与评价情况。

第一节 概 述

雾化制剂中的吸入雾化制剂作为一种将药物直接送达呼吸系统的制剂，为呼吸道疾病患者提供了更好的治疗选择。随着药物研究的发展，通过优化雾化制剂的设计，可以提高药物的传递效率和吸收速度，增加治疗效果。同时，雾化制剂使用方便且易于掌握，可减少患者在治疗过程中的不便，从而提高治疗的便捷性和依从性。

雾化制剂在呼吸道疾病治疗中具有重要地位和必要性，其发展可以进一步提高治疗效果和患者的生活质量。

一、雾化制剂

（一）雾化制剂的概念、特点、影响因素、适用范围

1. 概念及特点 雾化制剂是将液体或固体药物转化为微小颗粒，通过呼吸系统吸入或直接喷至患者皮肤或黏膜的给药系统。常见制剂包括气雾剂、喷雾剂、粉雾剂等。与其他剂型相比，雾化制剂具有以下特点：

（1）高度可控性：雾化制剂可以精确控制药物的剂量，使其能够准确地投放到目标区域。

（2）快速吸收性：由于雾化制剂的分子较小，易于被吸收，因此可以快速进入血液循环或作用部位。

（3）避免胃肠道破坏及首过效应：与口服剂型相比，雾化制剂无须经过胃酸分解或肠道吸收，避免了一些不必要的代谢过程。

（4）高便携性：雾化制剂通常封装于特制装置，易于携带和使用。

（5）局限性：雾化制剂只适用于一些特定类型的药物，不能适用于所有药物。

（6）口腔刺激性：由于雾化制剂常常是通过呼吸道或口腔使用，可能会导致口腔刺激或不适感。

（7）使用技巧要求高：部分雾化制剂使用时需要一定的技巧和操作经验，否则可能无法达到预期的效果。

2. 雾化制剂药效的影响因素

（1）药物溶解度：温度、pH、晶型、粒子大小等均可以影响药物溶解度。

（2）喷雾器或吸入器具的设计：喷雾器或吸入器具的设计会影响药物的雾化效率、粒径大小等，进而影响药物的沉积部位和吸收效果。

（3）患者的吸入技术：吸入技术对雾化制剂的药效也有一定的影响，患者需要按照医生或厂家的指导正确操作。

3. 适用范围

（1）呼吸道疾病：如哮喘、慢性阻塞性肺疾病等，雾化制剂可以通过特制装置直接送达肺部，提高药物的局部作用。

（2）需快速吸收的药物：雾化制剂中的药物分子较小，易于被吸收，因此适用于那些需要快速进入血液循环的药物，如急救药物。

（3）局部治疗：雾化剂型可以直接作用于局部区域，如口腔溃疡喷剂、鼻腔喷剂等。

（二）气雾剂、粉雾剂、喷雾剂

1. 概念 气雾剂（aerosol）、粉雾剂（powder aerosol）、喷雾剂（spray）是含有一种或一种以上的药物，添加适宜的附加剂，密闭于特殊的给药装置中，借助外力将药物由容器中喷出的制剂。药物以雾化形式通过皮肤、口腔、鼻腔、阴道、呼吸道等多种途径给药，可以发挥局部或全身治疗作用。

（1）气雾剂：本剂型指原料药物或原料药物和附加剂与适宜的抛射剂共同封装于具有特制阀门系统的耐压容器中，使用时借助抛射剂的压力将内容物呈雾状物喷至腔道黏膜或皮肤的制剂，适用于呼吸道给药和局部皮肤给药。

（2）粉雾剂：本剂型指固体微粉化原料药物单独或与合适的载体混合后，以胶囊、泡囊或多剂量储库形式，采用特制的干粉吸入装置，由患者吸入雾化药物至肺部，发挥全身或局部作用的一种给药系统，适用于口腔、呼吸道给药。

（3）喷雾剂：本剂型指原料药物或与适宜辅料填充于特制的装置中，使用时借助手动泵的压力、高压气体、超声振动或其他方法将内容物呈雾状物释出，直接喷至腔道黏膜或皮肤等的制剂。

2. 三者的区别 这三种制剂都可以通过喷射的形式给药，并且能够提高药物的吸收和生物利用

度，但是具有以下不同。

(1) 喷射方式不同：喷雾剂和粉雾剂通过喷嘴喷射，气雾剂是雾状喷射，粉雾剂是粉末喷射，喷雾剂通过喷嘴以液滴或颗粒形式喷出。

(2) 适用范围不同：气雾剂适用于呼吸道给药和局部治疗，粉雾剂适用于吸入给药和局部治疗，喷雾剂适用于口腔、鼻腔和皮肤等局部治疗。

(3) 作用机制不同：气雾剂和喷雾剂具有相似的作用机制，通过雾化将药物分散在气雾中，使其容易被吸入或喷洒。而粉雾剂则是将药物以粉末形式喷出。

(4) 载药量不同：气雾剂和喷雾剂可以提供较小的药物颗粒，有利于吸收，而粉雾剂可以提供更大的药物载量。

(5) 药物的分散形式不同：气雾剂和喷雾剂中的药物均能以溶液、乳状液或混悬液的形式存在；而粉雾剂则以药物粉末的形式分散。

二、吸入制剂和非吸入制剂

（一）概念

(1) 吸入制剂：是指原料药物溶解或分散于适宜介质中，以气溶胶或蒸气形式递送至肺部发挥局部或全身作用的液体或固体制剂。常见的吸入制剂包括吸入气雾剂、吸入喷雾剂、吸入粉雾剂、吸入液体制剂和可转变成蒸气的制剂。吸入制剂具有以下特点：①具有局部作用，可以直接治疗呼吸系统疾病；②可以减少全身性副作用，因为药物直接作用于肺部，避免了通过血液循环对整个身体产生影响；③具有更快的起效时间，因为药物直接进入肺部，快速被吸收和分布。

(2) 非吸入制剂：是指通过其他途径给药的制剂，如口服制剂、注射制剂、局部皮肤制剂等。非吸入制剂的给药途径多样，药物可以通过消化道吸收进入血液循环，或者在局部应用时直接作用于皮肤、黏膜等部位。非吸入制剂适用于不同种类的疾病治疗，如消化系统疾病、心血管疾病、感染性疾病等，发展时间更长。

（二）两者的区别

(1) 给药途径不同：吸入制剂通过呼吸道给药，更直接地作用于呼吸道或肺组织；非吸入制剂通过其他途径给药。

(2) 药物传递方式与速度不同：吸入制剂将药物直接送达肺部，药效更快，作用于局部；非吸入制剂药物可通过消化道吸收到达全身循环，药效较慢，作用范围较广。

(3) 应用的疾病不同：吸入制剂主要适用于呼吸系统疾病，如哮喘、慢性阻塞性肺疾病等，例如，使用气雾剂或喷雾剂给予支气管扩张剂或类固醇药物；非吸入制剂则适用于其他类型的疾病，如心血管疾病、肝病、肾病等，可以通过口服给药、注射等方式使用，适用于各种不同类型的疾病治疗。

三、呼吸道给药

（一）呼吸道的生理结构

呼吸道包括鼻、咽、喉、气管和支气管等。通常称鼻、咽、喉为上呼吸道，气管和各级支气管为下呼吸道。肺部吸收面积巨大，肺泡囊壁由单层上皮细胞构成，药物到达肺泡囊即可迅速吸收显效。

（二）影响药物肺部吸收的因素

1. 呼吸的气流 沉积率与呼吸量成正比而与呼吸频率成反比。通常缓慢而长时间的吸气可获得较大的肺泡沉积率。

2. 粒径的大小 粒径过粗，则吸收少且慢；粒径过细，则肺沉积率低，一般认为粒径在

0.5~5.0 μm 时，吸收效果最佳。直径 >5.0 μm 的微粒会因粒子间惯性碰击而沉积在上呼吸道；直径 1.0~5.0 μm 的微粒主要以重力沉积形式到达呼吸道深部，沉积在气管、支气管和肺泡表面；直径 0.5~1.0 μm 的粒子沉积于细支气管及肺泡壁；而直径 <0.5 μm 的粒子，通常有 80% 会因布朗运动随气流被呼出体外，基本无法在呼吸道沉积。经研究发现，直径在 1.0~3.0 μm 的粒子在总粒子中占的比例越大，其在肺泡和细支气管内沉降率就越高，疗效也就越好。

3. 药物的性质　相对分子质量会影响药物的到达部位，吸湿性会影响药物的团聚。除此之外，药物被较好地吸收还需要适宜的溶解度和脂溶性。

（三）呼吸道给药的特点

1. 优点

（1）避免首过效应：由于呼吸道给药绕过了肝的首过效应，药物可以在较高浓度下进入循环系统，改善了治疗效果。

（2）使用方便：呼吸道给药可以通过吸入装置（如雾化器、吸入器等）进行，使用起来较为方便。

（3）直接作用于肺部：呼吸道给药可以将药物直接送达肺部，使药物能更快地到达治疗部位，并产生作用，降低了药物的给药剂量，减少了全身给药所带来的不良反应。

（4）与口服给药方式相比，肺部给药吸收速度快、生物代谢酶分布集中、化学降解和酶降解反应较低，可减少蛋白质、多肽等大分子类药物的降解，使药物透过肺泡表面被快速吸收入血的同时保持其生物活性。

（5）相比于注射给药这种损伤性给药方式，呼吸道给药极大地提高了患者顺应性，可适用于需进行长期治疗的患者。由于肺部能迅速吸收药物进入体循环，因而肺部吸入给药制剂可实现淋巴靶向、局部靶向或全身吸收等多重作用。

2. 缺点

（1）口腔、鼻腔和喉部刺激：许多呼吸道药物在给药时会导致口腔、鼻腔和喉部的刺激，引起咳嗽、灼烧感等不适症状。

（2）吸入技术要求高：对于呼吸道给药，需要掌握正确的吸入技术，否则药物可能无法到达肺部，甚至被误吸入胃部。

（3）药物浪费：呼吸道给药可能会导致部分药物被排出而无法吸收，造成药物浪费。

（4）受限于呼吸道状况：呼吸道给药的吸收受限于呼吸道情况，如炎症、阻塞等会影响药物吸收及其用药效果。

（5）不适合幼年或老年人群：呼吸道给药对于幼年或老年人群来说可能不适用，因为他们可能无法正确地使用吸入器或吸入药物。

第二节　雾化制剂单元操作技术

药物的微粉化是雾化制剂生产过程中最常见的单元操作，亦是影响制剂性质的重要技术之一。微粉化技术具有降低药物毒性、延长药效、改变给药途径、提高药物稳定性、改善药物在制剂中的分散性和均匀性、提高生物利用度等优点。常用的微粉化工艺有研磨法、喷雾干燥法、超临界流体技术以及结晶法。

一、研磨法

（一）原理

研磨法（grinding method）属于机械粉碎法，是目前吸入制剂生产的主流制备方法，均以微粒形式存在，是最常见的微粉化方法，包括球磨、胶体磨、流能磨、振动磨等。研磨法制备微粒经过分批结晶、过滤、干燥再微粉化的步骤进行生产，并且可以通过减小压力、摩擦、碰撞和剪切力等方式减小微粒的粒径。

（二）特点

（1）优点：操作简单，成本低，易于工业化生产，机械化程度高、粒径小，极大地改善了溶出度。

（2）缺点：耗能大，药物粒径分布、粒子形态和表面性能不易控制，粉体流动性差，微粉化过程容易使微粒表面产生静电荷和不定型区域而具有较高的表面能，导致微粒间产生晶体增长、黏附、聚合等不稳定现象，同时由于在研磨过程中会放热，从而导致热不稳定的药物（如蛋白质和多肽等）容易发生变性或降解。

（三）应用举例

例8-1：研磨法在扎那米韦鼻用粉雾剂中的应用

扎那米韦鼻用粉雾剂的制备：取扎那米韦原料研磨，并用270目筛网筛分，吸入乳糖是德国美剂乐的市售筛分乳糖，其粒径适用于鼻吸入制剂的使用，取3种不同粒径的扎那米韦粉体分别与吸入乳糖按质量比为1:4置于实验室料斗混合机，充分混合。将扎那米韦粉末与乳糖混合后，通过扫描电镜观察其结构，结果见图8-1。

图8-1 乳糖和研磨过筛原料粉末混合后的扫描电镜图

本处方设计选择的吸入乳糖粒径符合鼻腔给药的要求，因此扎那米韦可以吸附在乳糖颗粒的表面实现鼻腔滞留，研磨过筛工艺适用于扎那米韦原料粉碎的制备工艺，但是其具体粒径大小还需要通过进一步的模拟鼻腔滞留实验确定，乳糖是本产品开发较好的选择之一，可供后期实验参考。

二、喷雾干燥法

喷雾干燥法是工业上常用的干燥技术之一，随着技术、设备的不断发展与完善，喷雾干燥法的应用范围也越来越广泛。喷雾干燥法因为可以通过调整工艺和配方实现对气动颗粒粒度和流动特性的精确操控，所以它非常适用肺部给药的可吸入干粉制备。

（一）原理

喷雾干燥法（spray drying）是将药物溶液喷进干燥室内进行干燥的方法（见图8-2），干燥过程主要分为三个阶段：①使用雾化器将液体物料雾化，形成许多细小的雾样微小液滴；②雾滴与干燥的热空气直接接触，使溶剂迅速蒸发，去除大量水分，形成干燥颗粒；③干燥颗粒的分离与收集。

雾化器是喷雾干燥过程的重要装备，工业上常用的喷雾器有3种类型：压力式喷雾器、气流式喷雾器、离心式喷雾器。其中压力式喷雾器应用较多。

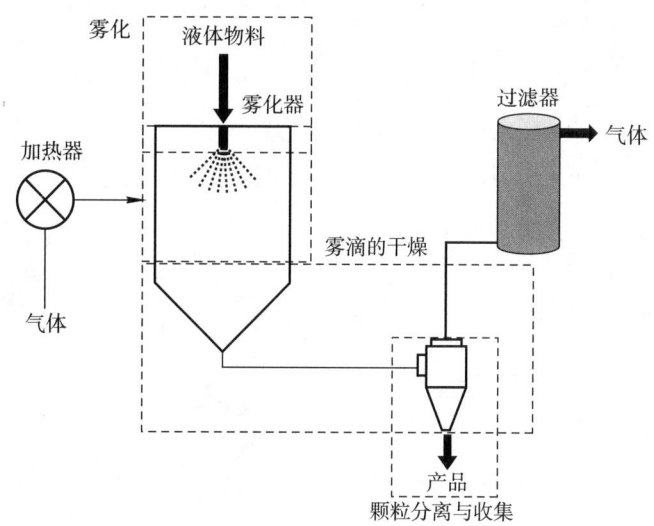

图 8-2 喷雾干燥法的原理

（二）特点

（1）优点：干燥效率高、干燥所需时间短（特别适合对温度敏感的赋形剂和药物）、有效成分损失少（适合热不稳定药物）、粉末均一性好、易实现自动化、环境污染小、处方以及工艺参数的调整可以有效控制干燥所得产品中单个颗粒的特性。与其他干燥方法相比，喷雾干燥法（特别是采用纳米级别的喷雾干燥仪）制备可吸入颗粒的优势在于其可将待干燥的液态物料直接干燥成粉末，从而简化传统工艺的繁琐操作。

（2）缺点：喷雾干燥法一般适用于对热不稳定的粉末，如：多肽和蛋白质类药物的吸入粉雾剂。但是，喷雾干燥法可能仅产生无定型粒子或其他非目的晶型，而且此过程产生的水分或其他有机溶剂需要在处方筛选时严加控制。

（三）应用举例

喷雾干燥法常用于热不稳定性药物（多肽、蛋白质类等）吸入粉雾剂的开发。

例 8-2：喷雾冷冻干燥法制备供吸入的超轻干扰素粉末。

喷雾冷冻装置：主要由3部分组成，喷雾用枪头、装有液氮的圆底烧瓶以及磁力搅拌器。喷液经喷枪雾化成液滴，到达装有液氮的圆底烧瓶后迅速冷冻固化，随后立即倒入已提前预冷至-50℃的金属盘中，放入冷冻干燥仪中进行干燥。由于液氮的温度很低（-196℃），喷液雾化时极易冻成冰而堵塞喷枪出口，所以喷枪用60℃循环热水保温；加之烧瓶内外温差较大，容易使液氮迅速挥发损失，因此在烧瓶外罩上一个烧杯以便用相对静止的空气隔热。

制备方法：以柠檬酸-磷酸氢二钠缓冲体系（pH 7.04）为溶剂，以乳糖为赋形剂，加入少量赖氨酸作为干扰素的活性保护剂，然后加入适量干扰素制成 1.6×10^7 U·mL^{-1} 的溶液进行喷雾冷冻，冷冻干燥条件如下：-45℃维持4 h后，在1.5 h内逐渐升温至-25℃并维持38 h，再在5 h内慢慢升温至-10℃并维持5 h，再缓慢升温至20℃并维持7 h。

从图8-3喷雾冷冻干燥粉末扫描电镜图可知，通过喷雾冷冻干燥技术可以得到超轻的、多孔性结构的颗粒，这种粒子在粉雾剂的应用上具有其独特的优点；同时，对化学药物的肺靶向（如治疗肺癌的抗肿瘤药）也具有参考意义。

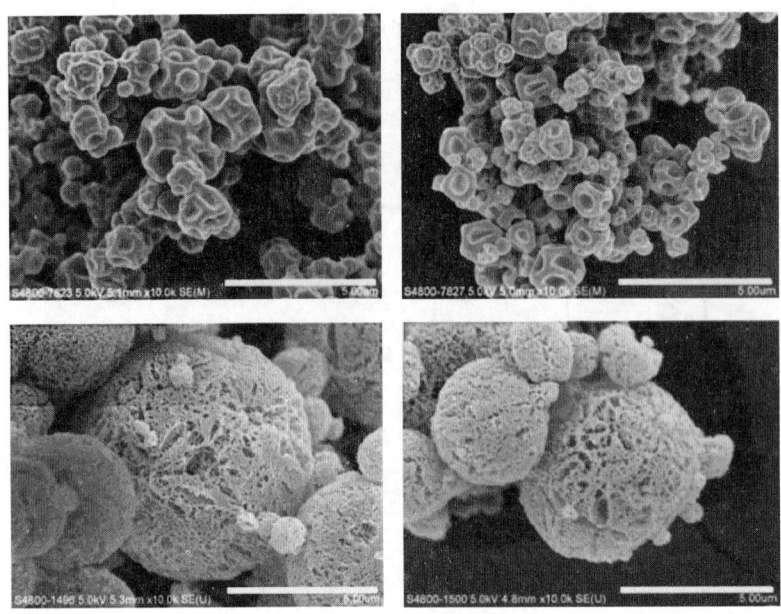

图 8-3 喷雾冷冻干燥粉末扫描电镜图（刻度尺均为 5 μm）

三、超临界流体技术

（一）原理

超临界流体（supercritical fluid，SCF）技术是指物质处于超过本身临界温度和临界压力的状态，兼具气体和液体双重性质，既易于扩散运动，又对溶质有较大的溶解度。在临界点附近，流体的物理化学性质对温度或压力的细微变化十分敏感。利用超临界流体技术制备药物微粒是将药物与超临界流体共同溶解形成溶液后，通过喷嘴喷出，进行快速减压膨胀，由于超临界条件的破坏，药物微粒析出并沉积。通过控制压力、温度、流速及喷嘴设计，可以控制粒子的大小和形成过程。超临界流体技术在微粒给药系统的应用中已被证明是一种可行的方法，如制备微米粒、纳米粒、脂质体、包合物等。

（二）特点

超临界流体技术常用的超临界流体为二氧化碳，具有安全、无毒、无污染、不易燃、无腐蚀性、临界压力和温度适中、生产条件易控、价格低廉等优点。超临界流体技术在颗粒制备方面有如下优点：①使用的 SCF 二氧化碳安全、无毒、无污染，化学性质不活泼，不易与溶质发生化学反应。②生产条件易控，改变生产条件和控制药物分子粒径范围，可使制备的药物颗粒均匀、易控、结晶度高。③生产过程温和，适用于热敏性、怕撞击、易改变的生物活性药物（如蛋白质和多肽类药物的微粉化）。

二氧化碳作为溶剂与其他超临界流体相比有如下优点：①安全、无毒、无污染；②化学性质不活泼，不易与溶质发生化学反应；③不易燃易爆，高压下安全性好；④容易获得较高纯度的二氧化碳。SCF 技术制备的药物颗粒具有均匀、易控、结晶度高等多种优点，研究正日渐深入，应用前景十分广阔。

（三）应用举例

制备超微粉体的方法主要有超临界流体快速膨胀法（RESS 法）和超临界流体抗溶剂法（SAS 法），RESS 法要求原料能溶于超临界 CO_2，而 SAS 法则要求原料不溶于 CO_2。

例 8-3：原料药布地奈德的微粉化及粉雾剂制备

制备原理：由于布地奈德不溶于超临界 CO_2，本工艺采用 SAS 法。此外，布地奈德溶于二氯甲烷，并且二氯甲烷能和超临界 CO_2 互溶，故二氯甲烷为溶剂，CO_2 为抗溶剂，不会使布地奈德发生改性，所以采用二氯甲烷作为有机溶剂。

微粉化制备：称取原料药布地奈德适量，加入适量二氯甲烷，超声溶解 3 min，配制成 1% 的溶液，采用 SCF 药物微粉制备法进行微粉化。

粒径测定：取少量制得的微粉于离心管中，加入 0.1% 的吐温 80，超声分散 3 min，在磁力搅拌条件下，用滴管将适量该混悬液滴入 FAM 测粒仪的样品池中，测定粒径和分布。

由图 8-4 结果可见。药物微粒粒径都在 0.5～5.0 μm，说明采用 SCF 技术微粉化的药物粒子细小且粒径分布均匀，非常符合粉雾剂的粒径要求。

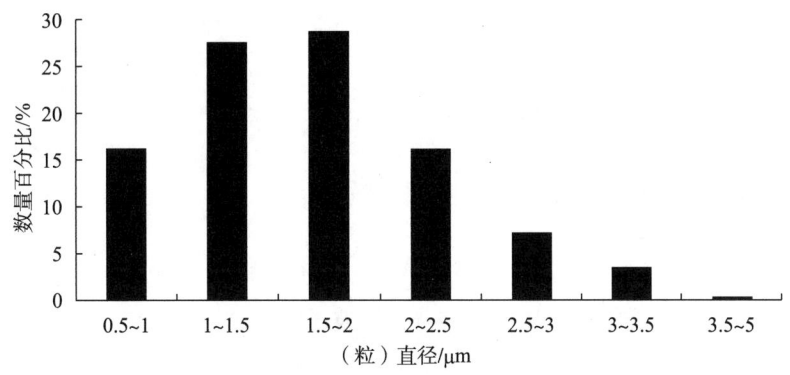

图 8-4　SCF 技术制得的布地奈德粒径分布

粉雾剂的制备：称取适量乳糖作为载体，加入 50%（W/W）乙醇制粒，置于旋振筛中，振荡时间为 50 min，烘干即得。以每粒胶囊含主药 0.2 mg，含载体 25 mg 的处方量，采用等量倍增稀释法混合，经中间分析和含量测定后，装填入 3 号胶囊，借助胶囊型螺旋桨式干粉吸入器使用。

采用 SCF 技术微粉化的药物粒子细小且粒径分布均匀，0.5～5.0 μm，高于一般理想粒径 0.5～7.0 μm。这样的超细微粉更易到达作用部位，透过血脑屏障至组织间隙，迅速准确地发挥药效。

四、结晶法

（一）原理

结晶法原理是利用混合物中各组分在某种溶剂中的溶解度不同，或在同一溶剂中不同温度时的溶解度不同，而使它们分离的技术。通过改变溶剂或温度等条件，利用溶解度差异和温度变化等，使得药物从混合溶液中结晶析出。通常只有同类分子或离子才能有规律地排列成晶体，所以结晶过程有较好的选择性。通过结晶，溶液中的大部分杂质会存留在母液中，再经过过滤、洗涤等操作得到较高纯度的晶体。

（二）特点

（1）优点：结晶法成本低、设备简单、操作方便，在生物合成品的精制中应用十分广泛，通过控制结晶条件，可以得到一定粒度的粒子，而且超声波的"空化效应"有助于得到均匀的药物晶体。

（2）缺点：影响因素较多，如两种溶液的体积比、操作温度、溶液浓度、加料速度等。

（三）应用举例

超声波的物理和化学效应主要由声空化（即液体中气泡的形成、生长和内爆坍塌）引起，此"空化效应"可用于药物粉末制备中。

例 8-4：超声波的空化效应对香兰素多晶型的成核影响

超声法制备香兰素多晶型物的实验装置如图 8-5 所示。

操作方法：称量香兰素 2.94 g，将其在 32.5℃溶解于 200 mL 双蒸馏水中制备饱和溶液，将溶液保存在连接有研磨套筒和带叶片的聚四氟乙烯搅拌器轴的圆底烧瓶中。将溶液以 150 rpm 的速率搅拌 30 min，并保持在恒温浴中。使用过滤片过滤溶液，并将滤液倒入两个容量为 250 mL 的干净烧杯中，使得每个烧杯具有 100 mL 溶液。一个烧杯上覆盖着多孔聚乙烯片，溶液在 32.5℃下缓慢蒸发，随后，将另一溶液转移到超声室中。

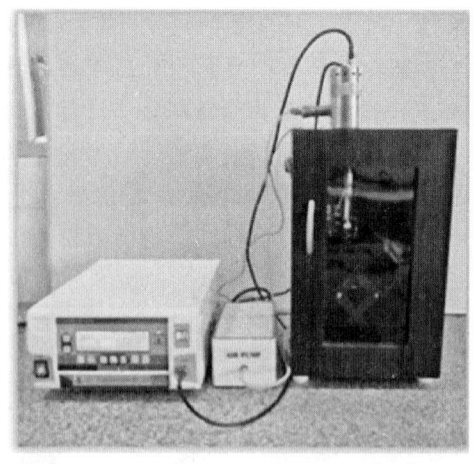

图 8-5　超声法制备香兰素多晶型物的实验装置

通过改变功率、脉冲频率和发射时间对溶液进行发射。在该实验中使用的超声波的频率是 20 kHz。在超声波照射过程中，使用连接到仪器上的温度探针测量溶液的温度。入射后，使用微量移液管取出 25 μL 超声处理溶液，并将其放置在成核池内进行原位光学观察，连续监测暴露于超声的溶液的成核（见图 8-6）。

在没有超声波的情况下，纯香兰素水溶液只能产生热力学稳定的单斜香兰素单晶，其成核时间延长。超声波对香兰素多晶型的成核具有显著影响，超声波可以通过空化效应产生成核热点，以较短的时间间隔促进香兰素的成核。较低水平的超声变量能够以控制油相分离的速率产生高质量的香兰素单晶。

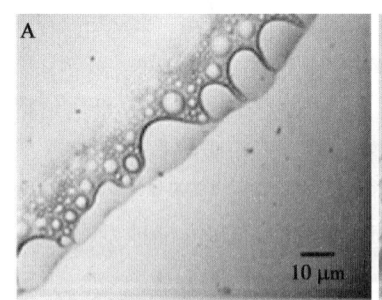 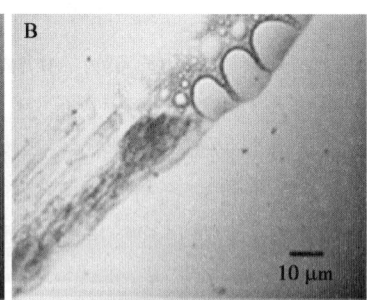 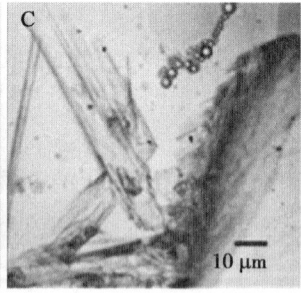

图 8-6　连续监测暴露于超声的香兰素溶液的成核情况
A. 液 - 液相分离（LLPS）；B. 香兰素与 LLPS 的成核；C. 在没有超声的情况下成核晶体的透明度损失的显微镜图像

第三节　雾化制剂各论

一、气雾剂

（一）定义

气雾剂（aerosol）指原料药或原料药和附加剂与适宜的抛射剂共同封装于具有特制阀门系统的耐压容器中，使用时借助抛射剂的压力将内容物呈雾状物喷出，用于肺部吸入或直接喷至腔道黏膜、皮肤的制剂。气雾剂一般由药物、抛射剂、耐压容器、阀门系统和喷射装置组成。

气雾剂最初主要是应用于杀虫，于 1947 年上市；20 世纪 50 年代用于皮肤病、创伤、烧伤、局部感染等；1955 年开始用于呼吸道给药；近年来，气雾剂得到更好的发展，比较瞩目的是用于多肽与蛋白质类给药。

（二）分类

气雾剂一般根据分散系统、给药途径、处方组成、给药定量与否进行分类。

1. **按分散系统分类** 溶液型、混悬型和乳剂型。
(1)溶液型气雾剂:药物(固体或液体)溶解在抛射剂中,形成溶液,喷射时抛射剂挥发,药物以液体或固体微粒形式释放到作用部位。
(2)混悬型气雾剂:药物(固体)以微粒状态分散在抛射剂中,形成混悬液,喷出后,抛射剂挥发,药物的固体微粒以烟雾状喷出。
(3)乳剂型气雾剂:液体药物或药物溶液与抛射剂形成 O/W 型或 W/O 型乳剂。O/W 型乳剂以泡沫状态喷出,因此又称为泡沫气雾剂,W/O 型乳剂,喷出时形成液流。

2. **按给药途径分类** 吸入气雾剂、非吸入气雾剂及外用气雾剂。
(1)吸入气雾剂:指含药溶液、混悬液或乳液,与合适的抛射剂或液化混合抛射剂共同封装于具有定量阀门系统和一定压力的耐压容器中,使用时借助抛射剂的压力,将内容物呈雾状物喷出,经口吸入沉积于肺部的制剂,通常也被称为压力定量吸入剂。揿压阀门可定量释放活性物质,药物分散成微粒或雾滴,经呼吸道吸入发挥局部或全身治疗作用。
(2)非吸入气雾剂:指使用时直接喷到腔道黏膜(口腔、鼻腔、阴道等)的气雾剂。鼻黏膜用气雾剂主要适用于鼻部疾病的局部用药和多肽类药物的系统给药;阴道黏膜用气雾剂,常用 O/W 型泡沫气雾剂,主要用于治疗微生物、寄生虫等引起的阴道炎,也可用于节制生育。
(3)外用气雾剂:借助抛射剂的压力将内容物呈雾状喷出,用于皮肤和空间消毒的制剂。

3. **按处方组成分类** 二相气雾剂和三相气雾剂。
(1)二相气雾剂:一般指溶液型气雾剂,由气-液两相组成。气相是由抛射剂所产生的蒸气,液相为药物与抛射剂所形成的均相溶液。
(2)三相气雾剂:一般指混悬型和乳剂型气雾剂,由气-液-固或气-液-液三相组成。在气-液-固中,气相是抛射剂所产生的蒸气,液相主要是抛射剂,固相是不溶性药物;在气-液-液中,两种不溶性液体形成两相,即 O/W 型或 W/O 型。

4. **按给药定量与否分类** 气雾剂分为定量气雾剂与非定量气雾剂。
定量气雾剂可通过使用定量阀门准确控制药物剂量,而非定量气雾剂阀门则使用连续阀门。其中定量气雾剂主要用于肺部、口腔和鼻腔,而非定量气雾剂主要是用于局部治疗的皮肤、阴道和直肠。

(三)特点
(1)气雾剂的优点:①简洁、便携、耐用、方便、多剂量;②具有速效和定位作用;③能增加药物的稳定性;④药物可避免胃肠道的破坏和肝首过效应;⑤与给药部位无直接的机械摩擦,可减少对创面的刺激;⑥可以用定量阀门准确控制剂量。
(2)气雾剂的缺点:①由于气雾剂需要特制的耐压容器、阀门系统和特殊的生产设备,因此生产成本高;②易发生炸瓶;③抛射剂有高度挥发性,多次使用于受伤皮肤上可引起不适与刺激;④氟氯烷烃类抛射剂在动物或人体内达一定浓度可造成心律失常。

(四)组成
气雾剂一般由原料药物、附加剂、抛射剂、耐压容器、特制阀门系统组成。

1. **原料药与附加剂**
(1)原料药:液体、半固体及固体药物均可以开发成气雾剂。目前应用较多的是呼吸系统药物、心血管药物、解痉药、烧伤用药、多肽类等药物。
(2)附加剂:气雾剂往往需要添加能与抛射剂混溶的潜溶剂、增加药物稳定性的抗氧剂以及乳化所需的表面活性剂,必要时还需添加矫味剂、防腐剂等附加剂。如二相气雾剂,可加乙醇、丙二醇等作为潜溶剂;混悬型的三相气雾剂可加固体润滑剂等;乳剂型的三相气雾剂加乳化剂等。

2. **抛射剂** 抛射剂(propellant)是直接提供气雾剂喷射动力的物质,同时可兼作药物的溶剂或稀释剂。由于抛射剂的蒸气压高,液化气体在常压下沸点低于大气压。因此,一旦阀门系统开放,压力突然降低，抛射剂急剧汽化，可将容器内的药液分散成极细的微粒，通过阀门系统喷射出来，达到作用或吸收部位。抛射剂的喷射能力大小直接受其种类和用量影响，同时也要根据气雾剂用药的要求加以合理的选择。理想的抛射剂应该具备以下条件：①具有适宜的沸点，在常温下的蒸气压力高于大气压；②无毒、无致敏反应和刺激性；③惰性，不与药物发生反应；④不易燃、不易爆；⑤无色、无臭、无味；⑥价廉易得等。

（1）抛射剂的分类：抛射剂一般可分为以下三类：氟氯烷烃类抛射剂、碳氢化合物类抛射剂和压缩气体类抛射剂。

1）氟氯烷烃类抛射剂（chlorofluorocarbon，CFC）：也称氟利昂（freon），是常用抛射剂，具有沸点低、性质稳定、不易燃烧、液化后密度大、无味、基于无臭、毒性小、不溶于水，可作为脂溶性药物的溶剂等特点。但由于氟氯烷烃对大气臭氧层的破坏，联合国已经要求停用。国家食品药品监督管理局规定，从2007年7月1日起，药品生产企业在生产外用气雾剂时将停止使用氟氯烷烃类物质作为药用辅料；从2010年1月1日起，生产式气雾剂停止使用氟氯烷烃类物质作为药用辅料。《保护臭氧层维也纳公约》规定，氟氯烷烃类物质应被淘汰。氢氟烷烃是目前最适合的氟利昂替代品，它不含氯，不破坏大气臭氧层，对全球气候变暖的影响明显低于氟氯烷烃，并且在人体内残留少，毒性小。

2）碳氢化合物类抛射剂：主要品种有丙烷、正丁烷和异丁烷等。此类抛射剂虽然稳定，毒性不大，密度低，沸点较低，但易燃、易爆，不宜单独应用，常与氟氯烷烃类抛射剂合用，主要用于非吸入的气雾剂。

3）压缩气体类抛射剂：主要有二氧化碳、氮气、一氧化氮等。其化学性质稳定，不与药物发生反应，不燃烧。但液化后的沸点均较上述两类低得多，常温时蒸气压过高，对容器耐压性能的要求高（需小钢球包装）。若在常温下充入非液化压缩气体，则压力容易迅速降低，达不到持久喷射效果。

（2）抛射剂的用量：气雾剂的喷射能力取决于抛射剂的用量以及自身蒸气压。一般情况，抛射剂的用量越大，蒸气压越高，喷射能量越强，液滴越细。一般采用混合抛射剂，通过调整抛射剂用量来调整喷射能力。溶液型气雾剂，抛射剂用量一般为20%~70%（g/g）；混悬型气雾剂，抛射剂用量一般为30%~45%（g/g）；乳剂型气雾剂，抛射剂用量一般为8%~10%（g/g）。

（3）抛射剂的填充方法：抛射剂的填充方法主要有冷灌法和压灌法。其中，压灌法又分为一步压灌法和二步压灌法。

1）冷灌法：在室温或低温下先将药物和除抛射剂以外的辅料配制成浓配液，再在−55℃以下，常压下加入抛射剂，搅拌均匀后，在持续循环的情况下定量灌装入罐中，安装阀门后轧盖即得。操作必须迅速完成，以减少抛射剂的损失。冷灌法速度快，对阀门无影响，成品压力较稳定。但需制冷设备和低温操作，抛射剂损失较多。工业化程度达到一定规模后，冷灌法的成本可低于压灌法。乳剂型或含水分的气雾剂不适用此方法。

2）压灌法：分为一步压灌法和二步压灌法。后者采用的设备较为简单，对药液的要求亦较高，在抛射剂为氟氯烃（CFC）时较为常用。当CFC替换为氢氟烷烃后，工业上以一步法较为常用。一步法系先将阀门安装在罐上，轧紧，再将药液和抛射剂在常温高压下配制成溶液或混悬液，通过阀门压入密闭容器中。采用该法灌装药液前需驱除容器中空气，避免药物在贮存期的氧化降解。压灌法的设备简单，不需要低温操作，抛射剂损耗较少，目前我国多用此法生产。但生产速度较慢，且使用过程中压力变化幅度较大。目前，我国气雾剂的生产主要采用高速旋转压装抛射剂的工艺，产品质量稳定，生产效率大为提高。

3. 耐压容器 耐压容器用来盛放原料药、附加剂以及抛射剂。气雾剂的耐压容器不应与原料药、抛射剂和附加剂发生作用，且应耐压、轻便、价廉。常见的耐压容器有玻璃容器、金属容器和塑料容器。玻璃容器性质稳定，但耐压和耐撞击性差。金属容器耐压性强，但会影响药物的稳定性。塑料容器质地轻、牢固耐压，具有良好的抗撞击性和抗腐蚀性，但塑料本身通透性高，其添加剂可能会影响药物的稳定性。耐压容器通常为金属罐，如铝合金罐和不锈钢罐，其中铝合金罐根据表面处理情况分为无涂层、有涂层、阳极氧化处理、等离子处理等不同类型。

4. 特制阀门系统 阀门系统是密封和提供药物与抛射剂喷射的通道。阀门系统一般由封帽、阀杆（轴芯）、橡胶封圈、弹簧、定量杯（室）、浸入管、推动钮组成。另外，阀门系统应对内容物具有惰性，并保持适当强度，所有部件需要精密加工。

（五）制备

气雾剂根据主药在制剂中的物理状态可分为溶液型和混悬型（含乳剂型）两种，由原料药、抛射剂、潜溶剂和表面活性剂组成；如果处方或装置许可，处方中可不含有表面活性剂或潜溶剂。溶液型气雾剂要求主药溶解度达到用药剂量要求，该类气雾剂处方具有良好的物理稳定性，但化学稳定性可能会降低，喷雾微粒大小主要取决于处方蒸气压和驱动器的喷孔大小；当主药溶解度达不到用药剂量要求时，常选择制备成混悬型气雾剂，其处方化学稳定性优于溶液型气雾剂，但处方物理稳定性较低，因奥斯特瓦尔德熟化（ostwald ripening）引起的药物小微晶溶解、而大微晶生长，体系中微粒易聚集。微粒大小取决于主药固体颗粒大小及其在处方中的浓度。

1. 吸入气雾剂制备过程 气雾剂的制备过程可分为：容器阀门系统的处理与装配、药物的配制、分装和充填抛射剂三部分，最后经质量检查合格后成为气雾剂产品。气雾剂的生产环境、用具和整个操作过程，应避免微生物的污染，各用具、容器必须清洁和消毒。溶液型气雾剂应制成澄清溶液，抛射剂与潜溶剂应不影响药物的溶解度与稳定性；混悬型气雾剂应将药物微粉化，并严格控制水分的带入，微粒粒度一般在微米的数量级。另外，为了防止药物颗粒长大，一般选用抛射剂中溶解度最小的药物衍生物，且衍生物不影响药效的发挥。乳剂型气雾剂中的抛射剂不能与水混溶，但可以与处方中的油性介质混溶，成为乳剂的内相或外相。

（1）容器与阀门系统的处理和装配

1）玻璃瓶的搪塞：将玻璃瓶洗净、烘干，并预热到（125±5）℃，浸入预先配好的塑料黏液中，使瓶颈以下均匀粘上一层塑料液（可由高分子材料、增塑剂、润滑剂和色素等组成），倒置后于（116±10）℃干燥 15 min 备用。

2）阀门系统的处理：将阀门系统中的塑料和尼龙制品洗净后用 95% 的乙醇浸泡、备用。不锈钢弹簧先在 1%～3% 的碱液中煮沸 10～30 min 用水洗至无油腻，然后再用 95% 的乙醇浸泡、备用。橡胶制品用 75% 的乙醇浸泡 24 h，干燥、装配。

（2）药物的配制：按处方组成及所要求的气雾剂类型进行配制。溶液型气雾剂应制成澄清药液；混悬型气雾剂应将药物微粉化并保持干燥状态；乳剂型气雾剂应制成稳定的乳剂。另外，制备溶液型气雾剂时，还需考虑抛射剂与潜溶剂对药物溶解度及其稳定性的影响、喷出液滴的大小与表面张力对作用部位的影响、抗氧剂和防腐剂等附加剂对用药部位的刺激、吸入剂中各附加剂是否能在肺部代谢和滞留等；制备混悬型气雾剂时，选择的表面活性剂应无毒、可生物降解、对用药部位应无刺激性、加入的附加剂应不影响药物的溶解度和稳定性等。将上述配制好的合格药物分散系统，定量分装在已准备好的容器内，安装阀门，轧紧封帽。

（3）抛射剂的填充：抛射剂的填充方法亦为压灌法和冷灌法。

2. 气雾剂制备的关键点及注意事项

（1）主药的性质：配制气雾剂，尤其是混悬型气雾剂时应注意主药的溶解度、微晶颗粒大小及形状、密度、多晶型等药物的固态物性。

（2）药物的微粉化：制备混悬型气雾剂时，必须事先对药物进行微粉化处理，要求药物的粒径在 7 μm 以下，并提供 d_{10}、d_{50}、d_{90} 的粒度分布数据，同时注意微粉化工艺对药物的影响，如主药高温降解、多晶型转化、粉末特性等。

（3）物理稳定性和蒸气压：处方筛选中混悬型计量吸入器（MDI）需着重研究药物的聚集；通过复配抛射剂，或加入短链醇（如乙醇）等潜溶剂的方法以获得适宜蒸气压；结合质量和临床研究结果，分析剂量损失的原因。

（4）表面活性剂：表面活性剂有助于混悬和润滑阀门，保证剂量的准确。但在葛兰素史克公司（GSK）上市的沙丁胺醇气雾剂中，采用了GSK的特有专利技术，制剂中不含有表面活性剂和潜溶剂，但使用了特殊的阀门，并对压力罐内壁进行了特殊的涂层以避免药物的吸附。

（5）水分和环境湿度的控制：氢氟烷烃（HFA）抛射剂具有亲水性，易将水分带入成品中。而处方中的水分含量较高可能对气雾剂性能（如化学稳定性、物理稳定性、可吸入性）有潜在影响。产品中水分的来源主要有：①原料和辅料中带入；②生产环境引入；③容器和生产用具带入。所以在处方筛选过程中，应严格控制原料药和辅料的水分，也要避免生产环境以及生产用具、容器中水分的带入，以最大限度地避免水分带来的影响。

此外，在配制过程中要注意主药及附加剂成分的添加顺序、主药含量的稳定性、停产间歇时间的优化、车间的温度和湿度等。

（六）应用举例

气雾剂可用于局部或全身治疗作用。局部治疗作用诸如：治疗咽喉炎的咽速康气雾剂、治疗阴道炎的复方甲硝唑气雾剂、局麻止痛利多卡因气雾剂等；全身治疗作用诸如：糖皮质激素布地奈德气雾剂、抗心绞痛的硝酸甘油气雾剂、解热镇痛的吲哚美辛气雾剂等。

例 8-5：麝香祛痛气雾剂

【处方】人工麝香 0.33 g，红花 1 g，樟脑 30 g，独活 1 g，冰片 20 g，龙血竭 0.33 g，薄荷脑 10 g，地黄 20 g，三七 0.33 g。

【制备】以上九味，取人工麝香、三七、红花，分别用 50% 乙醇 10 mL 分三次浸渍，每次 7 天，合并浸渍液，滤过，滤液备用；地黄用 50% 乙醇 100 mL 分三次浸渍，每次 7 天，合并浸渍液，滤过，滤液备用；龙血竭、独活分别用乙醇 10 mL 分三次浸渍，每次 7 天，合并浸渍液，滤过，滤液备用；冰片、樟脑加乙醇 100 mL，搅拌使溶解，再加入 50% 乙醇 700 mL，混匀；加入上述各浸渍液，混匀；将薄荷脑用适量 50% 乙醇溶解，加入上述药液中，加 50% 乙醇至总量为 1 000 mL，混匀，静置，滤过，灌装，封口，充入抛射剂适量，即得。

【注解】处方中麝香为君药，活血止痛。辅以血竭、红花、三七，温通活血，祛瘀止痛。佐以冰片，清热消肿止痛；地黄甘润，养血滋阴；两药兼制君臣，以防温燥助火伤阴；独活、樟脑外用，辛温行散，善除在表之风湿，止痹痛。使用薄荷脑疏散祛邪，导邪外出。诸药相合，共奏活血化瘀、消肿止痛之功。本品活血祛瘀，舒筋活络，消肿止痛。用于治疗各种跌打损伤，瘀血肿痛，风湿瘀阻，关节疼痛。

例 8-6：宽胸气雾剂

【处方】檀香油 70 mL，荜茇油 15 mL，高良姜油 32 mL，细辛油 23 mL，冰片 22.5 g。

【制备】除冰片外，将其余四味药，混匀，置 40℃ 水浴上，加入冰片，微热使溶解，以无水乙醇调整总量至 625 mL，混匀，过滤，灌封，压入抛射剂，即得。

【注解】含有的细辛油等物具有祛风散寒止痛的作用。本品辛温通阳，理气止痛。用于阴寒阻滞、气机郁痹所致的胸痹，症见胸闷、心痛、形寒肢冷；冠心病心绞痛见上述证候者。

例 8-7：盐酸异丙肾上腺素气雾剂（溶液型）

【处方】盐酸异丙肾上腺素 2.5 g，维生素 C 1.0 g，乙醇 295.0 g，HFA-134a 适量。

【制备】将盐酸异丙肾上腺素与维生素 C 溶于乙醇中，分装于耐压容器中，安装阀门系统后压入抛射剂 HFA134a，密封即得。

【注解】盐酸异丙肾上腺素中，乙醇作为潜溶剂，维生素 C 作为抗氧剂，HFA-134a 为抛射剂。

本品主要用于治疗哮喘及慢性气管炎，为溶液型气雾剂。

例 8-8：硫酸沙丁胺醇气雾剂（混悬型）

【处方】硫酸沙丁胺醇 25 mg，卵磷脂 16 mg，PEG 300 200 mg，乙酸乙酯 150 mL，乙醇适量，去离子水适量，2,3-氢全氟丙烷适量，HFA-134a 12.5 mL。

【制法】将 16 mg 卵磷脂溶解于 0.8 mL 去离子水中，再取 25 mg 硫酸沙丁胺醇和 200 mg PEG 300 溶解于上述卵磷脂水溶液中，并加入一定量的乙酸乙酯，超声使之形成初乳，再将该初乳转入 150 mL 乙酸乙酯中，由于水在乙酸乙酯中有一定的溶解性，水从乳滴中扩散到大量的乙酸乙酯中，形成药物的小颗粒，离心收集药物粒子。再用适量 2,3-氢全氟丙烷分两次将残留的卵磷脂洗去，室温下干燥得到药物颗粒。分剂量灌装，封接剂量阀门系统，在每 25 mg 药物粒子中分别压入 12.5 mL HFA-134a，该组分在 180 W 功率、室温下超声处理 10 min，即得。

【注解】在制备混悬型气雾剂时，需要注意以下事项：①水分应在 0.03% 以下，通常控制在 0.005% 以下，以免遇水药物聚结；②药物粒径应小于 5 μm，不得超过 10 μm；③尽量使抛射剂和混合固体的密度相等；④添加适当助悬剂；⑤在不影响生理活性的前提下，选用抛射剂中溶解度最小的药物衍生物，以免在储存过程中药物微晶变粗；⑥PEG 是美国 FDA 批准的可用于喷雾的辅料，PEG 300 可包裹药物颗粒，提高药物颗粒分散性和在抛射剂中的稳定性。本处方中 PEG 300 的应用避免了表面活性剂的使用，降低了该制剂的毒性。

本品为混悬型气雾剂，主要用于治疗及预防支气管哮喘，伴有可逆性气道阻塞，慢性支气管炎的维持，缓解急性支气管炎痉挛和预防运动诱发哮喘。

例 8-9：咖啡因气雾剂（乳剂型）

【处方】咖啡因-水合物 46.9 mg，$F_8H_{11}DMP$ 1.5 g，PFOB 95 mL，NaCl（0.9%）5 mL，HFA-227 150 mL。

【制法】取 1.5 g $F_8H_{11}DMP$ 在缓慢搅拌下溶解于 95 mL PFOB（全氟辛基溴）中得油相，将 46.9 mg 咖啡因-水合物溶于 5 mL 0.9% NaCl 溶液中，将该溶液加到油相后，依次用低压和高压进行均匀化加工处理，温度保持在 40℃，得 W/O 型乳剂。分剂量灌装，封接剂量阀门系统，每 100 mL 药物乳剂分别压入 150 mL HFA-227，即得咖啡因乳剂型气雾剂。

【注解】①PFOB：全氟辛基溴作为该气雾剂的外油相；②由于 HFA-227 抛射剂的水溶性不好，故若要使形成的乳剂均匀稳定，必须制备成 W/O 型乳剂，外层的 PFOB 油相可与 HFA-227 抛射剂互溶；③$F_8H_{11}DMP$ 是氟化的表面活性剂，为乳剂型气雾剂的稳定剂、乳化剂。

本品主要用于中枢性呼吸及循环功能不全，可使患者保持清醒。

（七）包装与储存

气雾剂的容器包括金属容器、玻璃容器和塑料容器，容器应能耐受气雾剂所需的压力，各组成部件均不得与原料药物或附加剂发生理化作用，其尺寸精度与溶胀性必须符合要求。另外，气雾剂在生产与贮藏期间应符合下列有关规定。

（1）根据需要可加入溶剂、助溶剂、抗氧剂、抑菌剂、表面活性剂等附加剂，除另有规定外，在制剂确定处方时，该处方的抑菌效力应符合抑菌效力检查法［《中国药典》（2025 年版）通则 1121］的规定。气雾剂中所有附加剂均应对皮肤或黏膜无刺激性。

（2）二相气雾剂应按处方制得澄清的溶液后，按规定量分装。三相气雾剂应将微粉化（或乳化）原料药物和附加剂充分混合制得混悬液或乳状液，如有必要，抽样检查，符合要求后分装。在制备过程中，必要时应严格控制水分，防止水分混入。吸入气雾剂的有关规定见吸入制剂。

（3）气雾剂常用的抛射剂为适宜的低沸点液体。根据气雾剂所需压力，可将两种或几种抛射剂以适宜比例混合使用。

（4）定量气雾剂释出的主药含量应准确、均一，喷出的雾滴（粒）应均匀。

（5）制成的气雾剂应进行泄漏检查，确保使用安全。

（6）气雾剂应置凉暗处贮存，并避免曝晒、受热、敲打、撞击。

（7）定量气雾剂应标明：①每罐总揿次；②每揿主药含量或递送剂量。

（8）气雾剂用于烧伤治疗如为非无菌制剂的，应在标签上标明"非无菌制剂"；产品说明书中应注明"本品为非无菌制剂"，同时在适应证下应明确"用于程度较轻的烧伤（Ⅰ°或浅Ⅱ°）"；注意事项下规定"应遵医嘱使用"。

（八）质量要求与评价

首先，对气雾剂的内在质量进行检测评定以确定其是否符合规定要求，然后，对气雾剂的包装容器和喷射情况，在半成品时进行检查，具体方法参照《中国药典》（2025年版）。除另有规定外，气雾剂还应进行以下相应检查：剂量均一性、每揿喷量、微细粒子分布、最低装量、泄漏率、每揿主药含量、每瓶总揿次等。

1. 每瓶总揿次　定量气雾剂照药典吸入制剂相关项下方法检查，每瓶总揿次应符合规定。

2. 递送剂量均一性　除另有规定外，定量气雾剂照吸入制剂相关项下方法检查，递送剂量均一性应符合规定。

3. 每揿主药含量　定量气雾剂按照下述方法检查，每揿主药含量应符合规定。检查法：取供试品1罐，充分振摇，除去帽盖，按产品说明书规定，弃去若干揿次，用溶剂洗净套口，充分干燥后，倒置于已加入一定量吸收液的适宜烧杯中，将套口浸入吸收液液面下（至少25 mm），喷射10次或20次（注意每次喷射间隔5 s并缓缓振摇），取出供试品，用吸收液洗净套口内外，合并吸收液，转移至适宜量瓶中并稀释至刻度后，按各品种含量测定项下的方法测定，所得结果除以取样喷射次数，即为平均每揿主药含量。每揿主药含量应为每揿主药含量标示量的80%~120%。凡规定测定递送剂量均一性的气雾剂，一般不再进行每揿主药含量的测定。

4. 喷射速率　非定量气雾剂按照下述方法检查，喷射速率应符合规定。检查法：取供试品4罐，除去帽盖，分别喷射数秒后，擦净，精密称定，将其浸入恒温水浴（25±1）℃中30 min，取出，擦干，除另有规定外，连续喷射5 s，擦净，分别精密称重，然后放入恒温水浴（25±1）℃中，按上述方法重复操作3次，计算每罐的平均喷射速率（g/s），均应符合各品种项下的规定。

5. 喷出总量　非定量气雾剂按照下述方法检查，喷出总量应符合规定。检查法：取供试品4罐，除去帽盖，精密称定，在通风橱内，分别连续喷射于已加入适量吸收液的容器中，直至喷尽为止，擦净，分别精密称定，每罐喷出量均不得少于标示装量的85%。

6. 每揿喷量　定量气雾剂按照下述方法检查，应符合规定。检查法：取供试品1罐，振摇5 s，按产品说明书规定，弃去若干揿次，擦净，精密称定，揿压阀门喷射1次，擦净，再精密称定。前后两次重量之差为1个喷量。按上法连续测定3个喷量；揿压阀门连续喷射，每次间隔5 s，弃去，至$n/2$次；再按上法连续测定4个喷量；继续揿压阀门连续喷射，弃去，再按上法测定最后3个喷量。计算每罐10个喷量的平均值。再重复测定3罐。除另有规定外，均应为标示喷量的80%~120%。凡进行每揿递送剂量均一性检查的气雾剂，不再进行每揿喷量检查。

7. 粒度　除另有规定外，混悬型气雾剂应做粒度检查。检查法：取供试品1罐，充分振摇，除去帽盖，试喷数次，擦干，取清洁干燥的载玻片一块，置距喷嘴垂直方向5 cm处喷射1次，用约2 mL四氯化碳或其他适宜溶剂小心冲洗载玻片上的喷射物，吸干多余的四氯化碳，待干燥，盖上盖玻片，移至具有测微尺的400倍或以上倍数显微镜下检视，上下左右移动，检查25个视野，计数，应符合各品种项下规定。

8. 装量　非定量气雾剂照最低装量检查法检查，应符合规定。

9. 无菌　除另有规定外，用于烧伤[除程度较轻的烧伤（Ⅰ°或浅Ⅱ°）外]、严重创伤或临床必须无菌的气雾剂，照无菌检查法检查，应符合规定。

10. 微生物限度 除另有规定外，按照非无菌产品微生物限度检查：微生物计数法［《中国药典》（2025年版）通则1105］和控制菌检查法［《中国药典》（2025年版）通则1106］及非无菌药品微生物限度标准［《中国药典》（2025年版）通则1107］检查，应符合规定。

二、粉雾剂

（一）定义

粉雾剂指一种或一种以上的药物粉末与载体经特殊的给药装置给药后，药物以干粉形式进入给药部位，发挥全身或局部作用的一种给药系统。该剂型由患者借助适宜的装置主动吸入，不含抛射剂。与气雾剂相比，粉雾剂成本低，且不受定量阀门的限制，因而日益受到人们的重视。

（二）分类

粉雾剂按用途可以分为吸入型粉雾剂（dry powder inhalation，DPI）、非吸入型粉雾剂和外用粉雾剂。吸入型粉雾剂主要用于治疗哮喘和慢性气管炎，而非吸入型粉雾剂主要用于治疗咽炎和喉炎等。

吸入粉雾剂指固体微粉化原料药物单独或与合适载体混合后，以胶囊、泡囊或多剂量贮库形式，采用特制的干粉吸入装置，由患者吸入雾化药物至肺部的制剂。非吸入粉雾剂指药物或与载体以胶囊或泡囊形式，采用特制的干粉给药装置，将雾化药物喷至腔道黏膜的制剂。外用粉雾剂指药物或与适宜的附加剂灌装于特制的干粉给药器具中，使用时借助外力将药物喷至皮肤或黏膜的制剂。其中吸入粉雾剂是最受关注的一类，因其有望替代气雾剂，为呼吸系统给药开辟新的途径。本节重点介绍吸入型粉雾剂。

（三）特点

吸入型粉雾剂的药物通过呼吸道黏膜下丰富的毛细血管吸收，与气雾剂及喷雾剂相比具有以下优点：患者主动吸入药粉，易于使用；无抛射剂，可避免对大气环境的污染；药物可通过胶囊或泡囊形式给药，剂量准确；不含防腐剂及乙醇等溶剂，对病变黏膜没有刺激性；药物呈干粉状，稳定性好，干扰因素少，给药剂量大，尤其适用于多肽和蛋白类药物给药；不存在气雾剂给药时阀门揿压与吸入动作必须同步的问题。

（四）组成

吸入粉雾剂由干粉吸入装置与供吸入用的干粉组成。干粉吸入装置的分类有以下两种。
（1）按剂量分类：单剂量、多重单元剂量、贮库型多剂量。
（2）按药物的储存方式分类：胶囊型、囊泡型、贮库型。

（五）制备

吸入粉雾剂的主要制备过程是药物粉末与辅料混合并制备成细粉末，然后将粉末装填至粉雾剂雾化器中。最后，安装雾化器并密封。

药物经微粉化后，具有较高的表面自由能，粉粒容易发生聚集，粉末的电性和吸湿性也影响其分散性。因此，为了得到流动性和分散性较好的粉末，使吸入制剂的剂量更加准确，常将药物附着在乳糖、木糖醇等载体上。载体物质的加入可以提高机械填充时剂量的准确度，当药物剂量较小时，载体还可以充当稀释剂。有时也可加入少量的润滑剂（如硬脂酸镁和胶体二氧化硅等）增加粉末的流动性，有利于粉末的"雾化"。

（六）应用举例

自1971年英国的Bell研制的第一个干粉吸入装置（spinhaler）问世以来，粉末吸入装置已由第一代的胶囊型，发展至第三代的贮库型，粉雾剂的上市品种也已由当初的色甘酸钠粉雾剂发展到多个治疗领域，临床常用的吸入粉雾剂有重组人粒细胞集落刺激因子粉雾剂、噻托溴铵吸入粉雾剂、布地奈德吸入粉雾剂等。

例 8-10：醋酸奥曲肽鼻用粉雾剂

【处方】醋酸奥曲肽 1.39 mg，微晶纤维素 18.61 mg。

【制备】将醋酸奥曲肽与 1/4 量的微晶纤维素混匀，将混合物过筛，然后加入剩余的微晶纤维素，并将物料完全混匀。最终，将粉末粒径控制在 20~25 μm，将粉末填装到胶囊中。

【注释】使用时取 1 粒胶囊放入吸入器刺孔槽内，用手指揿压侧按钮，胶囊被细针刺孔，然后将口吸器放入口腔深部，用力吸气，胶囊随着气流产生快速旋转，胶囊中的药粉即喷出，并随气流进入呼吸道。

本品用于预防胰腺术后并发症；缓解与胃肠内分泌肿瘤有关的症状和体征；肝硬化所致食管－胃静脉曲张出血的紧急治疗，与特殊治疗合用。

（七）包装与贮存

除另有规定外，粉雾剂应避光密封贮存，保存于干燥、清洁处。

（八）质量要求与评价

除另有规定外，吸入粉雾剂应按照《中国药典》（2025 年版）进行如下检查。

1. 每吸主药含量（贮库型） 由于每吸主药含量是处方因素的综合体现，也是容器和剂量系统质量的体现，因而该项是粉雾剂重要的过程控制和终点控制项目之一。通过对批间和批内每吸主药含量的测定，可以有效地控制产品的质量，保证临床给药的一致性，确保临床疗效。每吸主药含量的测定方法可以参考《中国药典》（2025 年版）或其他文献方法。

2. 递送剂量均一性 吸入粉雾剂按照《中国药典》（2025 年版）吸入制剂相关项下的方法检查，应符合规定。胶囊或囊泡型粉雾剂测定 10 个剂量。贮库型粉雾剂分别测定 10 个递送剂量。

3. 微细粒子剂量 按照《中国药典》（2025 年版）通则中吸入制剂微细粒子空气动力学特性测定法检查，按照各品种项下规定的装置与方法，依法测定，计算微细粒子剂量，应符合规定。除另有规定外，微细药物粒子百分比应不少于每吸主药含量标示量的 10%。

4. 多剂量吸入粉雾剂总揿次 在设定的气流下将吸入剂揿空，记录揿次，不得低于标示的总揿次（该检查可与递送剂量均一性测定相结合）。

5. 微生物限度 除另有规定外，按照非无菌产品微生物限度检查：微生物计数法［《中国药典》（2025 年版）通则 1105］和控制菌检查法［《中国药典》（2025 年版）通则 1106］及非无菌药品微生物限度标准［《中国药典》（2025 年版）通则 1107］检查，应符合规定。

6. 排空率 对于单剂量给药的胶囊型和泡囊型粉雾剂，为了保证每一剂量给药的准确性，应进行排空率检查，相应检查方法可参考《中国药典》（2025 年版）的有关内容。

7. 水分 水分对粉雾剂的粒径分布、雾化程度、含量均匀度、结晶度、稳定性及微生物污染等方面均有显著影响，因此应对粉雾剂的水分进行严格控制，相应检查方法可参考《中国药典》（2025 年版）的有关内容。

8. 其他 关于粉末的粒度及粒度分布等参见气雾剂有关内容。

三、喷雾剂

（一）定义

喷雾剂（spray）指原料药物或与适宜辅料填充于特制的装置中，使用时借助手动泵的压力、高压气体、超声振动或其他方法将内容物呈雾状物释出，用于肺部吸入或直接喷至腔道黏膜及皮肤等的制剂。

（二）分类

（1）按内容物组分：溶液型喷雾剂、混悬型喷雾剂、乳状液型喷雾剂。

（2）按用药途径：吸入喷雾剂、鼻用喷雾剂及用于皮肤、黏膜的非吸入喷雾剂。

（3）按给药定量与否：定量型喷雾剂、非定量型喷雾剂。

（三）特点

（1）不含抛射剂，减少了副作用和刺激性，增加了药物的稳定性，适用于敏感部位给药，如口腔、皮肤及腔道黏膜的用药。

（2）生产设备较气雾剂简单，生产成本低，生产安全性强。

（3）喷射的雾滴比较粗，一般以局部应用为主，但可以满足临床需要。

（4）避免经肝的首过效应，提高药效。

（5）起效迅速，延长药物作用时间的同时还可以达到给药剂量准确、毒副作用小的效果。

（四）组成

喷雾剂一般由给药装置、药物、溶剂、助溶剂、表面活性剂、防腐剂等组成。喷雾剂的给药装置通常包括两部分：一部分是起喷射药物作用的喷雾装置，另一部分为承装药物溶液的容器。

常用的喷雾剂是利用机械泵进行喷雾给药的。手动泵主要由泵杆、支持体、密封垫、固定杯、弹簧、活塞、泵体、弹簧帽、活动垫或舌状垫及浸入管等基本元件组成。该装置具有以下优点：①使用方便；②无须预压，仅需很小的触动力即可达到喷雾所需压力；③适用范围广。手动泵产生的压力取决于手揿压力或与之平衡的泵体内弹簧的压力，远远小于气雾剂中抛射剂所产生的压力。在一定压力下，雾滴的大小与液体所受压力、喷雾孔径、液体黏度等有关。

喷雾剂常用的容器有塑料瓶和玻璃瓶两种，前者一般由不透明的白色塑料制成，质轻、强度较高、便于携带；后者一般由不透明的棕色玻璃制成，强度较差些。对于不稳定的药物溶液，还可以封装在一种特制的安瓿中，在使用前打开安瓿，装上一种安瓿泵，即可进行喷雾给药。装置中各组成部件均应采用无毒、无刺激性、性质稳定、与药物不起作用的材料制造。

喷雾剂无须抛射剂作为动力，无大气污染，生产处方与工艺简单，产品成本较低，可作为非吸入用气雾剂的替代形式，具有很好的应用前景。

（五）制备

1. 压缩气体选择 CO_2、N_2 是制备喷雾剂常用的压缩气体，为了保证内容物能全部用完，要给压缩气体施加较高的压力。容器的牢固性要求也较高，必须能抵抗 1 029.75 kPa 表压的压力。喷雾剂大都采用 CO_2、N_2 等压缩气体作为内服的喷射药液的动力。其中 N_2 的溶解度小，化学性质稳定且无异臭。CO_2 的溶解度虽高，但是会改变药液的酸碱度，因此其应用受到限制。压缩气体在使用前应经过净化处理，方法可参照注射剂中填充气体的净化工序。

2. 药液的配制 喷雾剂的内容物根据药物性质及临床需要，可配成溶液、乳状液、混悬液等不同类型。配制时可添加适宜附加剂，如增溶剂、助溶剂、助悬剂、乳化剂、抗氧剂、防腐剂及 pH 调节剂等，有些皮肤给药的喷雾剂可加入氮酮等适宜的透皮促进剂。所加附加剂均应符合药用规格，对呼吸道、皮肤、黏膜等无刺激性、无毒性。

（1）溶液型喷雾剂：这类喷雾剂通常在可溶性主药中加入水、醇或生理上可用的酸使主药溶解，经过滤后向滤液中加入辅料，得到喷雾剂的浓缩液，经脱色、过滤、灭菌后等待灌封。

（2）乳状液型喷雾剂：这类喷雾剂由两种或两种以上互不相溶的主药作为水相或油相，加入乳化剂、pH 调节剂、渗透压调节剂等按照一定的配比方法制成药液。

（3）混悬液型喷雾剂：这种喷雾剂将难溶性固体药物的主药分散于水或醇中，在均质机高速搅拌下使药物微粒化，加入辅料后等待灌封。

3. 药液的灌封 药液配好后，经过质量检查，灌封于灭菌的洁净干燥容器中，装上雾化装置和帽盖。工业生产中，喷雾剂的灌封可在全自动喷雾剂灌装生产线上进行，适用于容积为15~120 mL铝罐、塑料罐、玻璃瓶的灌装。

药液应在要求的洁净度环境下配制并及时灌封于灭菌的洁净干燥容器中。烧伤、创伤用喷雾剂应采用无菌操作或灭菌。

（六）应用举例

喷雾剂主要用于局部治疗，如口腔溃疡、咽喉炎等。常见的喷雾剂包括咽喉部喷雾剂、口腔溃疡喷雾剂等。

例8-11：鲑降钙素鼻喷雾剂

【处方】鲑降钙素0.275 mg，氯化钠1.5 mg，柠檬酸钠20 mg，苯扎氯铵0.2 mg，PVP-K30 20 mg，柠檬酸20 mg，吐温80 60 mg，注射用水2 mL。

【制备】精密称取鲑降钙素与所有辅料，分别溶于适量的注射用水，将各溶液混匀加注射用水至所需配量，测pH 3.7~4.1。用0.22 μm滤膜过滤器过滤，灌装，充氮气，加泵阀。

【注解】鲑降钙素鼻用喷雾剂规格为2 mL（0.25 mg），多肽类药物易吸附在容器表面，因此在制备时需多投入标示量10%的鲑降钙素。温度和光照对本品稳定性影响较大，使用前应避光，2~8℃保存。

本品用于骨质疏松症及伴有骨质溶解和骨质减少的骨痛。为防止骨质进行性丢失，应根据个体的需要适量地摄入钙和维生素D。

例8-12：莫米松糠酸酯喷雾剂

【处方】莫米松糠酸酯3 g，吐温80适量，水（含防腐剂和增稠剂）适量。

【制备】将莫米松糠酸酯用适当方法制成细粉，加入适量的表面活性剂，混合均匀后，加入含防腐剂和增稠剂的水溶液中，分散均匀，分装。

【注解】处方中加入吐温80和增稠剂都有利于混悬剂的稳定，但每次用药前仍应充分摇匀。本制剂可在2~25℃下保存，有效期为2年。本品为混悬型喷雾剂，用于鼻腔给药。

（七）包装与贮存

除另有规定外，喷雾剂应避光密封贮存，保存于干燥、清洁处。

（八）质量要求与评价

1. 质量要求

（1）溶液型喷雾剂的药液要澄明；乳液型喷雾剂分散相在分散介质中应分散均匀；混悬型喷雾剂应将药物细粉和附加剂充分混匀，制成稳定的混悬剂。

（2）配制喷雾剂时，可按药物的性质添加适宜的附加剂，如溶剂、助溶剂、抗氧剂、防腐剂等，但应关注其对安全性的影响。

（3）烧伤、创伤用喷雾剂应采用无菌操作或灭菌。

（4）喷雾剂应置于阴凉处贮存，防止吸潮等。

2. 评价 除另有规定外，喷雾剂应按照《中国药典》（2025年版）进行如下检查。

（1）每瓶总喷次：多剂量定量喷雾剂照下述方法检查，应符合规定。检查法：取供试品4瓶，除去帽盖，充分振摇，按照使用说明书操作，释放内容物至收集容器内，按压喷雾泵（注意每次喷射间隔5 s并缓缓振摇），直至喷尽为止，分别计算喷射次数，每瓶总喷次均不得少于其标示总喷次。

（2）每喷喷量：除另有规定外，定量喷雾剂按照下述方法检查，应符合规定。检查法：取供试品1瓶，按产品说明书规定，弃去若干喷次，擦净，精密称定，喷射1次，擦净，再精密称定。前后两次重量之差为1个喷量。分别测定标示喷次前（初始3个喷量）、中（$n/2$喷起4个喷量，n为标示总喷次）、后（最后3个喷量），共10个喷量。计算上述10个喷量的平均值。再重复测试3瓶。除另有规定外，均应为标示喷量的80%~120%。凡规定测定每喷主药含量或递送剂量均一性的喷雾剂，不再进行每喷喷量的测定。

（3）每喷主药含量：除另有规定外，定量喷雾剂按照下述方法检查，每喷主药含量应符合规定。检查法：取供试品1瓶，按产品说明书规定，弃去若干喷次，用溶剂洗净喷口，充分干燥后，喷射10次或20次（注意喷射每次间隔5 s并缓缓振摇），收集于一定量的吸收溶剂中，转移至适宜量瓶中并稀释至刻度，摇匀，测定。所得结果除以10或20，即为平均每喷主药含量，每喷主药含量应为标示含量的80%~120%。凡规定测定递送剂量均一性的喷雾剂，一般不再进行每喷主药含量的测定。

（4）递送剂量均一性：除另有规定外，定量吸入喷雾剂、混悬型和乳液型定量鼻用喷雾剂应检查递送剂量均一性，按照吸入制剂或鼻用制剂相关项下方法检查，应符合规定。

（5）装量差异：除另有规定外，单剂量喷雾剂按照下述方法检查，应符合规定。检查法：除另有规定外，取供试品20个，按照各品种项下规定的方法，求出每个内容物的装量与平均装量。每个的装量与平均装量相比较，超出装量差异限度的不得多于2个，并不得有1个超出限度1倍。单剂量喷雾剂装量检查差异限度见表8-1。

表8-1 单剂量喷雾剂装量检查差异限度

平均装量	装量差异限度
0.30 g 以下	±10%
0.30 g 及以上	±7.5%

凡规定检查递送剂量均一性的单剂量喷雾剂，一般不再进行装量差异的检查。

（6）装量：非定量喷雾剂照最低装量检查法检查，应符合规定。

（7）无菌：除另有规定外，用于烧伤［除程度较轻的烧伤（Ⅰ°或浅Ⅱ°）外］、严重创伤或临床必须无菌的喷雾剂，按照无菌检查法检查，应符合规定。

（8）微生物限度：除另有规定外，按照非无菌产品微生物限度检查：微生物计数法、控制菌检查法及非无菌药品微生物限度标准检查，应符合规定。

（侯 琳）

更多数字资源详见　新形态教材网

学习目标　思维导图　思政元素　案例讨论　动画
微视频　拓展阅读　本章小结　自测题　教学课件

第九章 中药制剂及其技术

编者导学

章节导航
第一节 概述
第二节 中药制剂单元操作技术
第三节 常用中药制剂

中药剂型历史悠久，种类繁多，是祖国医学遗产中的重要组成部分。随着科技的进步和发展，制备设备和制药工艺不断更新，许多新制剂、新剂型在传统制剂的基础上脱颖而出，中药新剂型的研究也在逐步深入。在中药制剂的制备中，药材或饮片的粉碎、浸提，中药提取液的分离与纯化，浸出液的浓缩与干燥是常见的单元操作，与中药制剂的质量密切相关。

本章主要介绍中药制剂的概念、特点，中药剂型的选择原则与未来研究方向，中药制剂单元操作的原理、方法和设备等，以及常用中药制剂的概念、制备和质量控制等。

第一节 概 述

一、中药制剂的概念

中药（traditional Chinese medicine）指在中医药理论指导下用于预防、治疗疾病及保健的药物，包括动物药、植物药和矿物药。

中药制剂（pharmaceutical preparation of traditional Chinese medicine）指依据《中国药典》《中华人民共和国卫生部药品标准》《中国医院制剂规范》等规定，按照相应的处方，将中药加工、提取、精制后制成具有一定规格标准，可以直接用于预防、诊断和治疗疾病的药品。

天然药物（natural medicine）指经过现代医药理论体系证明的自然界中存在的具有药理活性的天然物质。

天然药物制剂（pharmaceutical preparation of natural medicine）指将具有药理活性的天然产物加工成具有一定规格，可直接用于临床的药品。

中药饮片（herbal slice）指在中医药理论指导下，中药材经过炮制后可直接用于中医临床或制剂生产使用的药品。

中成药（chinese traditional patent medicine）指在中医药理论指导下，以中药为原料，按照经国家药品监督管理部门批准的处方和制法大量生产，具有特有名称并标明功能主治、用法用量和规格的药品。

二、中药制剂的特点

1. **优点：** ①药效缓和、持久，毒副作用较小；②成分多样，性质各异，疗效为各成分综合作用的结果；③在治疗慢性疾病、疑难杂症、妇科疾病、骨科疾病及滋补强壮等方面优势明显。
2. **缺点：** ①药效物质基础不完全明确，给剂型选择、制备工艺确定、稳定性考察和质量标准制订都增加了难度；②现有质量标准相对较低，仅测定一种或几种有效成分的含量，不能客观、全面地反映制剂内在质量；③中药制剂通常剂量较大，导致辅料的选择和现代制剂工艺的应用受限，生产技术及剂型相对滞后；④因产地、采收季节、炮制加工、储存条件等差异，药材和饮片较难确保质量的统一和稳定，因而影响制剂投料、质量控制及临床疗效。

三、中药剂型的选择原则与未来研究方向

（一）中药剂型的选择原则

剂型不同，药物在体内的释放、吸收均有差异，从而影响药物疗效的发挥。因此剂型的选择是中药制剂研究与生产的主要内容之一，通常按下述基本原则选择剂型。

1. **根据防治疾病需要选择** 如急症患者宜选用注射剂、气雾剂、舌下片、滴丸等速效剂型，慢性病患者应选用丸剂、片剂、缓释、控释制剂等，皮肤疾病患者可用软膏剂、洗剂、搽剂等剂型，某些腔道病变可选用栓剂、灌肠剂等。合理的剂型可以增加疗效，减少毒副作用。
2. **根据药物本身性质选择** 中药有效成分的理化性质和药动学特性在很大程度上影响着剂型的选择。
3. **根据"五方便"的要求选择** 选择的剂型应便于服用、携带、生产、运输和贮藏。

（二）中药剂型未来研究方向

中药剂型历史悠久，种类繁多，是祖国医学遗产中的重要组成部分。随着中医药现代化进程的不断深入，中药制剂研究迅猛发展，许多新制剂、新剂型在传统制剂的基础上脱颖而出。但总体而言，中药制剂在剂型选择、制剂技术、质量控制等方面仍存在不少问题，远远不能适应现代医药事业发展的迫切需要，因此应重视和加强中药剂型改革的研究。

中药剂型的改进与创新应遵循中医药理论体系，以提高中成药的质量、疗效和安全性为前提，坚持传承传统中药制剂和开展中药新剂型研究并重，采用多形式、多途径发展中药制剂。

第二节 中药制剂单元操作技术

制备中药制剂的原料药物指用于制剂制备的活性物质，包括饮片、植物油脂、提取物、有效成分或有效部位。在中药制剂的制备中，药材或饮片的粉碎、浸提，中药提取液的分离与纯化，浸出液的浓缩与干燥是常见的单元操作，与中药制剂的质量密切相关。

一、粉碎

根据药材种类、提取工艺和制剂的需要，药材或饮片应进行适当粉碎。常用的粉碎方法有单独粉碎、混合粉碎、湿法粉碎和低温粉碎等。

1. **单独粉碎** 常用于贵重细料药，如牛黄、珍珠等；含大量树胶、树脂药，如乳香、没药；含毒剧成分药，如轻粉；具有氧化性与还原性药物，如硫黄、火硝。

2. **混合粉碎** 适用于处方中药味性质相似的群药粉碎，也可在一般药料中掺入一定比例的黏性、油性药料进行粉碎。串料是指将处方中黏性大的药料如麦冬、熟地等留下，先将其他药料混合粉碎成粗粉，然后用此混合药粉陆续掺入黏性药料，再行粉碎的方法。由于黏性物质在粉碎过程中及时被先粉碎出的药粉分散并吸附，因此有利于粉碎与过筛。串油指将处方中油性大的药料留下，先将其他药料混合粉碎成细粉，然后用此药粉陆续掺入油性药料，再行粉碎的方法。蒸罐是将处方中适于蒸制的动物性、树脂及含大量糖分的药物置于夹层罐中，加入黄酒或其他药汁，加热蒸制，待液体辅料蒸尽后取出，另将方中含有挥发性成分或不宜蒸制的药物粉碎成粉末，再与蒸过的药物掺匀、干燥、粉碎成细粉的方法，如乌鸡白凤丸的制法。

3. **湿法粉碎** 常用于冰片、朱砂、珍珠等药物。如研樟脑、冰片、薄荷脑等药时，常加入少量乙醇，研麝香时，则加入极少量水，研磨时要轻研冰片，重研麝香。此外，中药水飞法也属于湿法粉碎。水飞法是将药物与水共置研钵或球磨机中研磨，使细粉漂浮于水面或混悬于水中，然后将此混悬液倾出，余下粗料再加水反复操作，至全部药物研磨完毕。水飞法适用于不溶于水的矿物药，如朱砂、雄黄、炉甘石，以及贝壳类中药如珍珠。

4. **低温粉碎** 适用于在常温下粉碎困难的、软化点低的物料，如树脂、树胶、干浸膏等。

中药制剂的粉碎设备与固体制剂的粉碎设备类似，详见本书第六章第二节的相关内容。

二、浸提

中药所含成分复杂，按作用可分为有效成分、辅助成分、无效成分和组织物质。有效成分指从植物、动物、矿物等物质中提取得到的具有生物活性，发挥主要药效的物质，一般指化学上的单体化合物，可以用分子式和结构式表示，并具有一定的理化性质。如果从植物、动物、矿物等物质中提取的一类或数类有效成分的混合物，其含量占总提取物的50%以上，则被称为有效部位。辅助成分指本身无特殊疗效，但能增强或缓和有效成分作用的物质，或指有利于有效成分的浸出或增加制剂稳定性的成分。无效成分指无生物活性，不起药效的物质。无效成分有时会影响制剂的稳定性、质量、外观等。组织物质指构成药材细胞结构的不溶性物质。

浸提（extraction）指利用适当的溶剂和方法，从中药中将有效成分或有效部位转移至提取溶剂的过程，又称浸出或提取。浸提应尽可能多地浸出有效成分或有效部位，最大限度地减少无效成分甚至有害物质的浸出。

（一）浸提过程

矿物药和树脂类中药无细胞结构，其成分可直接溶解或分散悬浮于溶剂中。动植物药材经粉碎后，破碎的细胞所含成分可被溶出、胶溶或洗脱下来；若细胞结构完好，需经过一个浸提过程将细胞内的成分浸出。中药的浸提过程一般可分为浸润与渗透、解吸与溶解、扩散等几个相互联系的阶段。

1. **浸润与渗透阶段** 溶剂与药材接触后，首先附着于其表面使之润湿，并进一步借助液体静压力和毛细管的作用，渗透进入组织细胞内。溶剂对药材的润湿和渗透作用是药物浸出的首要条件。溶剂能否使药材表面润湿，与溶剂和药材性质有关，如果药材与溶剂之间的附着力大于溶剂分子之间的内聚力，则药材易被润湿。如植物性药材由于含有较多带极性基团的物质（如蛋白质、果胶、糖类、纤维素等），易被水或乙醇等极性溶剂润湿。溶剂进入药材内部的速度，除与药材所含各种成分的性质有关外，还受药材的质地、粒度和浸提压力等因素的影响。一般来讲，药材质地疏松、粒度小或加压提取时，溶剂渗透速度快。此外，在浸提溶剂中加入表面活性剂，由于其具有降低表面张力的作用，有助于浸润和渗透。

2. 解吸与溶解阶段　由于药材中有些成分之间或所含成分与细胞壁之间存在一定的亲和力，药材成分相互或被细胞组织吸附，故当溶剂渗透入药材时，必须首先要克服这种亲和力，即解除吸附，这个过程就是解吸阶段。解吸后的成分遵循"相似相溶"规律溶解于溶剂中，完成溶解过程。解吸与溶解是紧密相连的两个阶段。浸提的溶剂中加入适量的表面活性剂、酸、碱或采取加热提取均有助于有效成分的解吸与溶解。

3. 扩散阶段　当浸提溶剂溶解细胞内大量可溶性成分后，细胞内溶液浓度显著增高，在细胞内外形成浓度差和渗透压差，促使细胞外侧纯溶剂或稀溶液向细胞内渗透，细胞内高浓度溶液中的成分不断地向周围低浓度方向扩散，至细胞内外浓度相等、渗透压平衡时，扩散终止。因此，浓度差是渗透或扩散的推动力。物质的扩散速度可用Fick's第一扩散公式来描述：

$$\frac{dM}{dt} = -DF\frac{dc}{dx} \qquad (9-1)$$

式中，$\frac{dM}{dt}$为扩散速度；F为扩散面积，即浸出药材的表面积，与粒度、表面状态有关；$\frac{dc}{dx}$为物质在x扩散方向上的浓度梯度；D为扩散系数，负号表示扩散方向和浓度梯度方向相反，或表示扩散是沿浓度下降的方向进行。

扩散系数D值可用下式表示：

$$D = \frac{RT}{N} \times \frac{1}{6\pi r \eta} \qquad (9-2)$$

式中，R为摩尔气体常数，T为热力学温度，N为阿伏伽德罗常数，r为扩散物的分子半径，η为黏度。

由公式（9-1）和（9-2）可知，扩散速度（$\frac{dM}{dt}$）与扩散面积（F）、浓度梯度（$\frac{dc}{dx}$）、温度（T）成正比，与扩散物质分子半径（r）、液体黏度（η）成反比，其中最重要的是保持最大的浓度梯度。

（二）影响浸提的主要因素

1. 浸提溶剂　溶剂的性质对有效成分提取率有较大影响，应根据有效成分性质选择适宜的提取溶剂。浸提溶剂中水价廉易得，浸出范围广，缺点是选择性差，容易浸出大量无效成分，给制剂带来不良影响，如霉变、水解、不易储存等。乙醇和水以不同比例混合作溶剂有利于不同有效成分的浸出，所提取成分的性质与乙醇浓度有关，因而具有一定的选择性。

此外，还应考虑溶剂的用量和pH。加大溶剂量，可延长药物成分扩散达到平衡的时间，有利于药物成分的充分扩散，但溶剂量过大会给后续工艺操作带来不便，如蒸发、浓缩，乙醇等有机溶剂的回收等。浸提溶剂的pH与浸提效果也有密切关系，如调节适当的pH，将有助于药材中某些弱酸、弱碱性有效成分在溶剂中的解吸与溶解。

为了提高溶剂的浸提效果或制品的稳定性，有时也可应用浸提辅助剂，包括酸、碱和表面活性剂等。

2. 药材性质　主要与药材中所含成分的情况和药材的粉碎粒度有关。

小分子成分由于分子半径小，运动速度快，具有较大的扩散系数，与大分子成分相比更容易浸出，多存在于最初部分的浸出液中。此外，药材中药物成分的浸提速度与其溶解特性有关，符合"相似相溶"规律。

药材经粉碎后粒度变小，可增大扩散面积，从而加快浸出速度。但过度粉碎会使大量细胞破坏，浸出杂质增多，同时过细粉末吸附作用增强，使扩散速度减小。此外，过细粉末还会给浸提操作带来困难，如用渗漉法浸提时空隙太小，溶剂流动阻力大，易造成堵塞等。因此在浸提过程中要控制适宜的粉碎度。

3. 浸提温度 适宜的浸提温度可提高浸提效果，同时可以杀死中药材中的微生物。但温度过高则使药材中热敏性成分或挥发性成分散失或破坏，并浸提出大量无效成分，影响制剂质量和稳定性。

4. 浸提时间 浸提时间以药材成分扩散达到平衡为宜。若浸提时间过短，药材成分浸出不完全。但长时间的浸提会导致大量无效或杂质类成分的浸出，且某些有效成分被分解破坏。另外，以水为浸提溶剂时，还会产生霉变等。

5. 浓度差 药材组织细胞内浓溶液与细胞外稀溶液间的浓度差是浸提过程中渗透和扩散阶段的推动力，浓度差越大，浸出速率越快。可通过更换新溶剂、加强搅拌、采用渗漉法、循环式或罐组式动态提取法等增大浓度差，提高浸提效果。

6. 浸提压力 提高浸提压力能够促进质地坚硬药材的浸润、渗透，以及部分细胞壁破裂，从而有利于成分的浸出。但当药材组织中已充满溶剂之后，加大压力对扩散速度没有影响。

7. 提取方法 不同的提取方法提取效率不同。近年来推广的一些提取新技术可提高浸提效果，缩短浸提时间，如超声波提取法、电磁场或电磁振动下浸提、逆流浸提、脉冲浸提等。

（三）浸提方法及设备

中药提取方法的选择应根据处方中药材的理化性质、溶剂性质、剂型要求和生产实际等综合考虑。常用的提取方法包括煎煮法、浸渍法、渗漉法、回流法、水蒸气蒸馏法、超临界流体提取法等。

1. 煎煮法 本法是用水作溶剂，将中药饮片加热煮沸一定时间，浸提中药中有效成分的一种方法。

（1）工艺流程：煎煮法的工艺流程见图9-1。

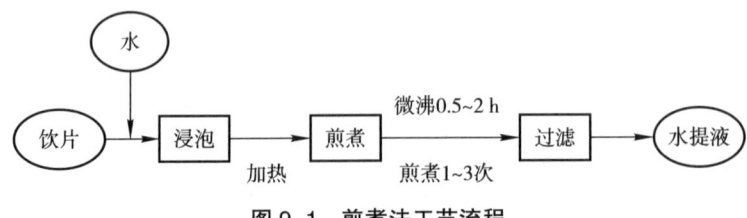

图9-1 煎煮法工艺流程

（2）应用特点：①使用广泛，适用于水溶性成分及对湿、热较稳定的药物成分的提取；②水的用量视药材的性质决定，一般每次用量为药材量的6~8倍；③先冷水浸泡一定时间，然后大火加热，沸腾后改为文火，每次煎煮0.5~2 h，煎煮1~3次，通过加热能杀酶保苷，杀死微生物；④煎煮法提取成分复杂，杂质较多，需进一步精制，且水煎液易霉变、腐败，应及时处理。

（3）常用设备：多功能提取罐是中药生产中普遍应用的浸提设备，一般能够进行常压常温、加压高温或减压低温提取，具有高效、省时、便利、安全的特点，无论水提、醇提、提油、蒸制、回收药渣中溶剂等均适用，有利于流水线生产，见图9-2。

2. 浸渍法 本法是在一定的温度下，用适量的溶剂将中药饮片浸泡一定的时间，以浸提中药成分的一种方法。按浸提的温度和浸渍次数可分为冷浸渍法、热浸渍法、重浸渍法。

（1）工艺流程：冷浸渍法及热浸渍法的工艺流程见图9-3。

（2）应用特点：①浸渍法适用于黏性、无组织结构、新鲜及易膨胀药材，冷浸法尤其适于对热不稳定药材，不适于贵重药材、毒性药材及制备高浓度的制剂；②浸渍的溶剂通常为不同浓度的乙醇，操作时间长，浸渍过程应密闭，防止溶剂挥发；③用量一般较大，且呈静止状态，溶剂的利用率较低，药材成分常常浸出不完全；④可通过加强搅拌或采用重浸渍法，提高浸出效果。

（3）常用设备：主要为浸渍器和压榨器，浸渍器可用不锈钢罐、搪瓷罐及陶瓷罐等，也可使用多

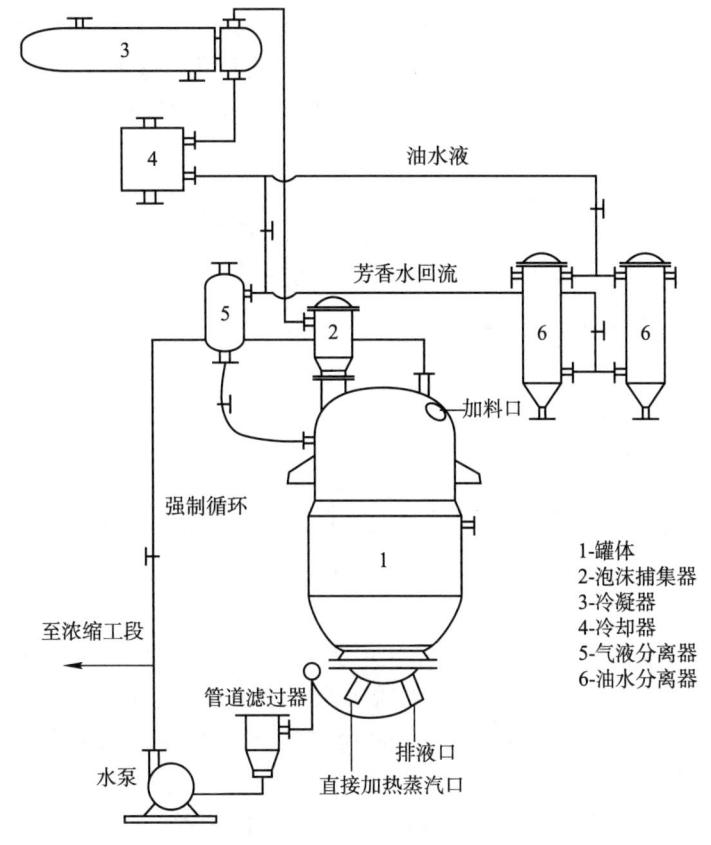

图 9-2 多功能提取罐

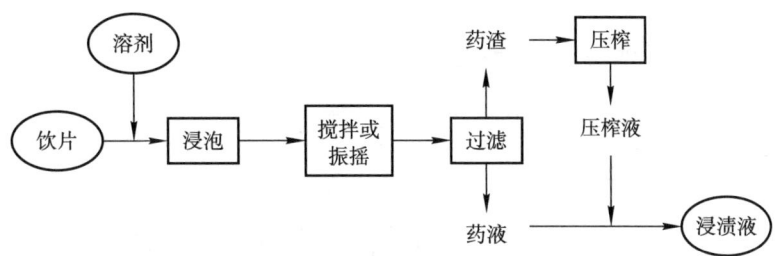

图 9-3 冷浸法及热浸法工艺流程

功能中药提取罐，压榨器用于挤压药渣中残留的浸出液。

3. 渗漉法 本法是将中药粗粉置渗漉容器内，溶剂连续地从渗漉容器上部加入，渗漉液不断地从其下部流出，从而浸出有效成分的一种方法，包括单渗漉法、重渗漉法、加压渗漉法等。

（1）工艺流程：单渗漉法工艺流程见图 9-4。

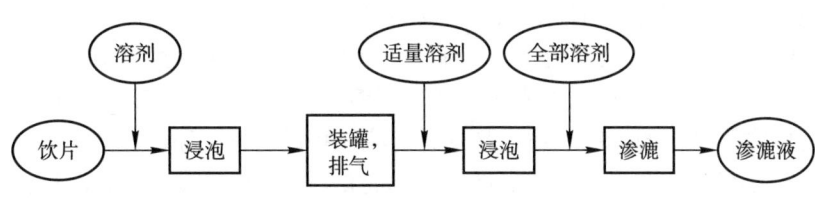

图 9-4 单渗漉法工艺流程

（2）应用特点：①适用于贵重药材、毒性药材和有效成分含量较低的药材，以及制备高浓度制剂，但对新鲜的及易膨胀的药材、无组织结构的药材则不宜选用；②属于动态浸提，溶剂利用率高，有效成分浸出较完全；③可不经滤过处理直接收集渗漉液；④渗漉过程所需时间较长，不宜用水作溶剂，通常选用不同浓度的乙醇，需防止溶剂的挥发损失。

（3）常用设备：渗漉法的常用设备为渗漉筒。

4. 回流法 本法是用乙醇等挥发性有机溶剂浸提中药成分，加热时挥发性溶剂馏出后，经冷凝又流回浸出器中浸提药材，如此循环直至有效成分提取完全的方法。包括回流热浸法和回流冷浸法。

（1）工艺流程：回流提取法工艺流程见图9-5。

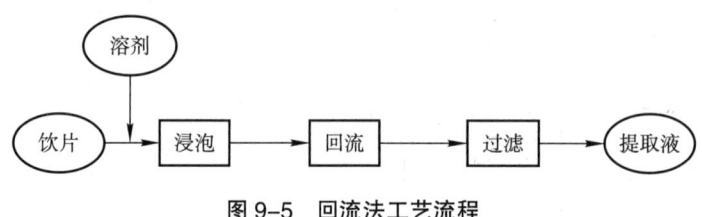

图9-5 回流法工艺流程

（2）应用特点：①回流热浸法溶剂只能循环使用，不能更新，为提高浸提效率，通常需更换新溶剂2~3次，溶剂用量较多；②回流冷浸法溶剂既可循环使用，又能不断更新，故溶剂用量较回流热浸法和渗漉法的溶剂用量少，且浸提较完全；③回流法由于连续加热，浸提液受热时间较长，故不适用于受热易被破坏的成分的浸提。

（3）常用设备：目前常使用多功能提取罐和循环回流冷浸装置。

5. 水蒸气蒸馏法 本法是将含有挥发性成分的药材与水或水蒸气共蒸馏，使挥发性成分随水蒸气一并馏出，经冷凝后分离挥发性成分的一种浸出方法，包括共水蒸馏法（水中蒸馏）、通水蒸气蒸馏法及水上蒸馏法。

（1）工艺流程：水蒸气蒸馏法工艺流程见图9-6。

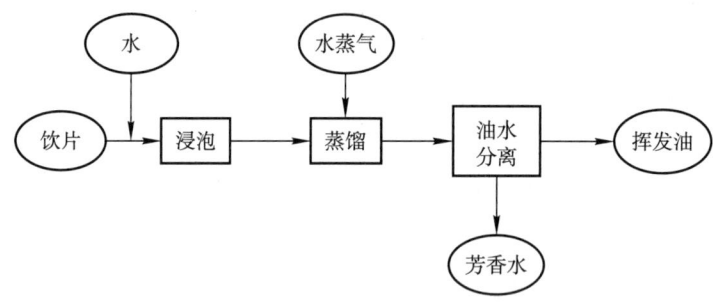

图9-6 水蒸气蒸馏法工艺流程

（2）应用特点：适用于能随水蒸气蒸馏而不被破坏，与水不发生反应、难溶或不溶于水的挥发性成分的提取和分离，如中药挥发油的提取。

（3）常用设备：包括多功能中药提取罐、挥发油提取罐。

6. 超临界流体提取法 本法是利用超临界流体（SCF）的强溶解特性，对中药成分进行提取分离的一种方法。SCF是指处于临界温度和临界压力的非凝缩性高密度流体，其性质介于气体和液体之间，既具有与气体接近的黏度及高的扩散系数，又具有与液体相近的密度和良好的溶解能力。在临界点附近，压力和温度的微小变化都会引起流体密度的很大变化，SCF的密度不同，溶解能力也不同，可有选择地溶解目标成分，而不溶解其他成分，从而达到分离纯化所需成分的目的。SCF中二氧化碳因临界条件易于实现（临界温度31.1℃，临界压力7.38 MPa），无毒、无腐蚀性、价廉、可循环使用，应用最广。

超临界流体提取法适用于热敏性、易氧化、脂溶性大、相对分子质量较小的药物萃取，对极性较大、相对分子质量较大的物质提取，可以通过加入夹带剂，或升高压力等措施加以改善；提取速度快，萃取产物无溶剂残留；一次性投资大，属高压技术。

7. 超声波提取法 本法是利用超声波产生的强烈振动、空化、热效应等特殊作用，加速中药中所含成分的释放、扩散和溶解，显著提高提取效率的一种提取方法。超声波提取时间短，提取效率高；无须加热，避免了因加热时间过长对中药中有效成分造成的破坏，不改变所提取成分的化学结构；节约能源，减少提取溶剂的使用量；设备简单、操作方便。

8. 微波提取法 本法是对中药与适当溶剂的混合物进行辐照处理，利用微波强烈的热效应提取中药成分的一种方法。微波提取具有提取时间短、溶剂用量小、提取效率高、工艺简单、操作方便，适用范围广，生产成本低等优点；但此法电能消耗大，在中药产业化中的应用还处于起步阶段。

三、分离与纯化

（一）分离

将固体-液体非均相体系用适当方法分开的过程称为固-液分离（solid-liquid separation）。对中药浸提液常用的分离方法一般有三类：沉降分离法、离心分离法和滤过分离法。

1. 沉降分离法 本法是利用固体物与液体介质密度相差悬殊，固体物靠自身重量自然下沉，用虹吸法吸取上层澄清液，使固体与液体分离的一种方法。沉降分离法分离不够完全，经常还需进一步滤过或离心分离，但可去除大量杂质，利于进一步分离操作。适用于料液中固体微粒多而质重的水提液或水提醇沉（醇提水沉）液的粗分离，对固体物含量少、粒子细而轻的浸出液不适用。

2. 离心分离法 本法是利用混合液中不同成分间的密度差异，借助离心机高速旋转产生的离心力使浸出液中的固体与液体，或两种密度不同且不相混溶的液体混合物分开的方法。用沉降分离法和一般的滤过分离难以进行或不易分开时，可考虑进行离心分离。在制剂生产中遇到含水量较高、含不溶性微粒的粒径很小或黏度很大的滤浆时也可考虑选用离心分离法进行分离。

3. 滤过分离法 本法是将固-液混悬液通过多孔介质，使固体粒子被介质截留，液体经介质孔道流出，从而实现固液分离的方法。过滤的机制与方法详见本书第四章第二节的相关内容。

（二）纯化

纯化（purification）系采用适当的方法和设备除去中药提取液中杂质的操作。常用的纯化方法有水提醇沉法、醇提水沉法、大孔树脂吸附法、超滤法、盐析法、酸碱法、澄清剂法、透析法等，其中以水提醇沉法应用最为广泛。

1. 水提醇沉法 本法是先以水为溶剂提取中药成分，将此浸出液浓缩到每毫升相当于原药材1~2 g后，再用不同浓度的乙醇沉淀去除提取液中杂质的方法。广泛用于中药水提液的纯化，以降低制剂的服用量，或增加制剂的稳定性和澄清度，也可用于制备具有生理活性的多糖和糖蛋白。

该法是依据药材成分在水和不同浓度的乙醇中的溶解性差异（有效成分既溶于水又溶于乙醇，而杂质溶于水不溶于一定浓度的乙醇）而实现纯化。一般料液中含乙醇量达到50%~60%时，可去除淀粉等杂质，当含醇量达75%以上时，除鞣质、水溶性色素等少数无效成分外，其余大部分杂质均可沉淀而去除。

2. 醇提水沉法 本法是先以适宜浓度的乙醇提取中药成分，再用水除去提取液中杂质的方法。其原理及操作与水提醇沉法基本相同。适用于药效物质为醇溶性或在醇水中均有较好溶解性的药材提取，可避免药材中大量淀粉、蛋白质、黏液质等高分子杂质的浸出，水处理又可除去醇提液中的树脂、油脂、色素等杂质。应特别注意，如果醇溶性药效成分在水中难溶或不溶，则不可采用水沉处理，如厚朴中的厚朴酚、五味子中的五味子甲素易溶于乙醇而难溶于水，若采用醇提水沉法，沉淀物中厚朴酚、五味子甲素的含量很高，有效成分损失较大。

3. 酸碱法 本法是利用中药成分的溶解度与酸碱度有关的性质，在溶液中加入适量酸或碱，调节 pH 至一定范围，使这些成分溶解或析出，以达到分离的一种方法。适用于多数生物碱、有机酸、苷类、蒽醌等化合物的分离。也可用调节浸出液的酸碱度来达到去除杂质的目的，如在浓缩液中加新配制的石灰乳至呈碱性，可使大量的鞣质、蛋白质、黏液质等成分沉淀除去。

4. 大孔树脂吸附法 本法是利用大孔树脂的多孔结构和选择性吸附功能，将浸出液中有效成分或有效部位吸附截留于树脂，再用适宜溶剂进行洗脱回收，除去杂质的一种方法。具有高度富集药效成分、减少杂质、降低产品吸潮性、有效去除重金属、安全性好等优点。

5. 盐析法 本法是在浸出液中加入大量的无机盐，使某种成分溶解度降低，沉淀析出，而与其他成分分离的一种方法。适用于蛋白质的分离纯化，也常用于提高药材蒸馏液中挥发油的含量及蒸馏液中微量挥发油的分离。

6. 澄清剂法 本法是利用澄清剂具有可降解某些高分子杂质，降低药液黏度，或能吸附、包合固体微粒等特性来加速药液中悬浮粒子的沉降，经滤过除去沉淀物而获得澄清药液的一种方法。它能较好地保留药液中的有效成分（包括多糖等高分子有效成分），操作简单，澄清剂用量小，能耗低，主要用于除去药液中粒度较大及有沉淀趋势的悬浮颗粒。

7. 透析法 本法是利用小分子物质在溶液中可通过半透膜，而大分子物质不能通过的性质来现实分离的一种方法。可用于除去浸出液中的鞣质、蛋白质、树脂等高分子杂质，也常用于某些具有生物活性的植物多糖的纯化。

四、浓缩与干燥

（一）浓缩

浓缩（concentration）指采用适当的方法，使溶液中部分溶剂汽化或被分离移除，以提高药液浓度的过程。中药提取液经浓缩减少体积，以便于制剂的制备。蒸发是浓缩药液的重要手段，还可用反渗透法、超滤法等。

1. 影响浓缩效率的因素 蒸发浓缩是在沸腾状态下进行的，浓缩过程包括传质过程和传热过程。沸腾蒸发的效率常以蒸发器的生产强度表示，即单位时间、单位传热面积上所蒸发的溶剂或水量，可用式（9-3）表示：

$$U = \frac{W}{A} = \frac{K \cdot \Delta t_m}{r'} \tag{9-3}$$

式中，U 为蒸发器的生产强度，kg/（m²·h）；W 为蒸发量，kg/h；A 为蒸发器的传热面积，m²；K 为蒸发器传热总系数，kJ/（m²·h·℃）；Δt_m 为加热蒸汽的饱和温度与溶液沸点之差，℃；r' 为蒸汽二次的汽化潜能，kJ/kg。

由式（9-3）可以看出，生产强度与传热温度差及传热系数成正比，与蒸汽二次的汽化潜能成反比。

2. 浓缩方法与设备 应根据中药提取液的性质与蒸发浓缩的要求，选择适宜的浓缩方法与设备。

（1）常压蒸发：指料液在一个大气压下进行蒸发的方法，又称常压浓缩。常压浓缩蒸发温度高、时间长，药物成分易破坏，适用于非热敏性药物的浓缩。以水为溶剂的提取液多采用敞口倾倒式夹层蒸发锅；若是以乙醇等有机溶剂为提取液，则采用常压蒸馏装置。

（2）减压蒸发：指通过降低蒸发器内部的压力形成一定的真空度，使料液沸点降低而进行蒸发的方法，又称减压浓缩。减压蒸发可以防止或减少热敏性物质的分解；增大传热温度差，蒸发效率高；并能不断排除溶剂蒸汽，利于蒸发顺利进行；可直接利用低压蒸汽或废气作加热源。适用于含热敏性成分药液的蒸发浓缩和乙醇等有机溶剂的回收。缺点是药液沸点降低，会引起黏度增加，传热系数降低，蒸发浓缩所需要的能量增大。常用的设备有真空浓缩罐（图9-7）等。

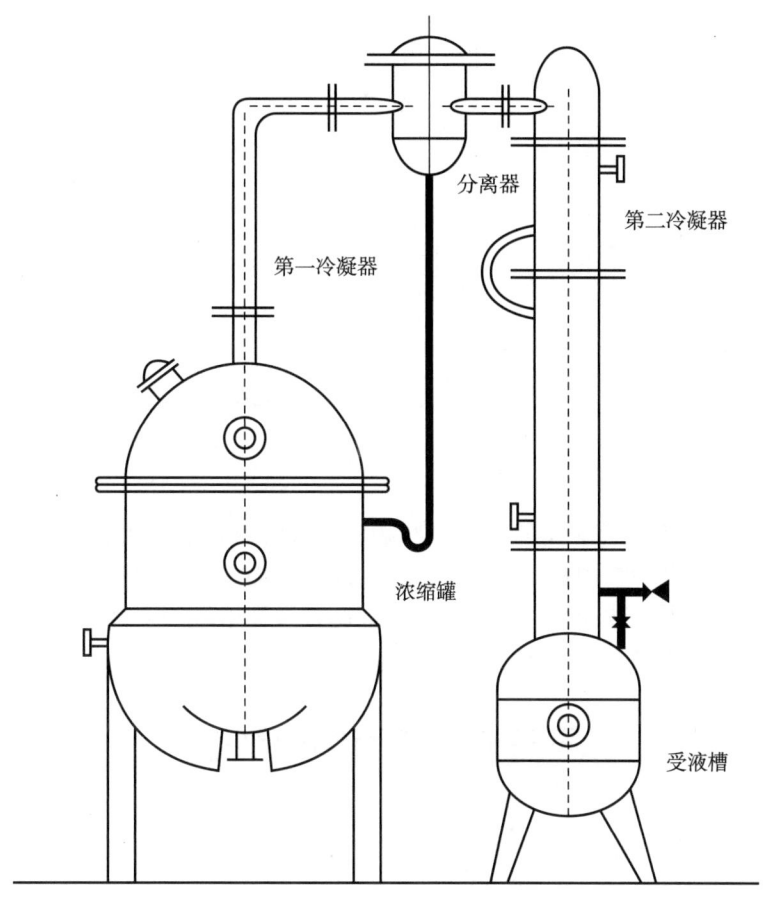

图9-7 真空浓缩罐结构示意图

（3）薄膜蒸发：指使料液在蒸发时形成薄膜、增加汽化表面而进行蒸发的方法，又称薄膜浓缩。薄膜蒸发的进行方式有两种：①使液膜快速流过加热面进行蒸发；②使药液剧烈地沸腾产生大量泡沫，以泡沫的内外表面为蒸发面进行蒸发。后者目前使用较多。薄膜蒸发速度快，受热时间短，药物成分不易被破坏；不受料液静压和过热影响；可在常压或减压下连续操作；溶剂可回收重复利用。

薄膜浓缩常用的设备有升膜式蒸发器、降膜式蒸发器、刮板式薄膜蒸发器和离心式薄膜蒸发器等。

（4）多效蒸发：指将第一效蒸发器汽化所产生的二次蒸汽引入第二效蒸发器作为加热蒸汽，以此类推，依次接入多个串联，则称为多效浓缩。由于二次蒸汽的反复利用，多效浓缩器是节能型浓缩器，中药生产中应用较多的是二效或三效浓缩。

多效蒸发设备为两个或多个减压蒸发器串联形成的浓缩设备，如图9-8为减压三效蒸发器结构示意图。

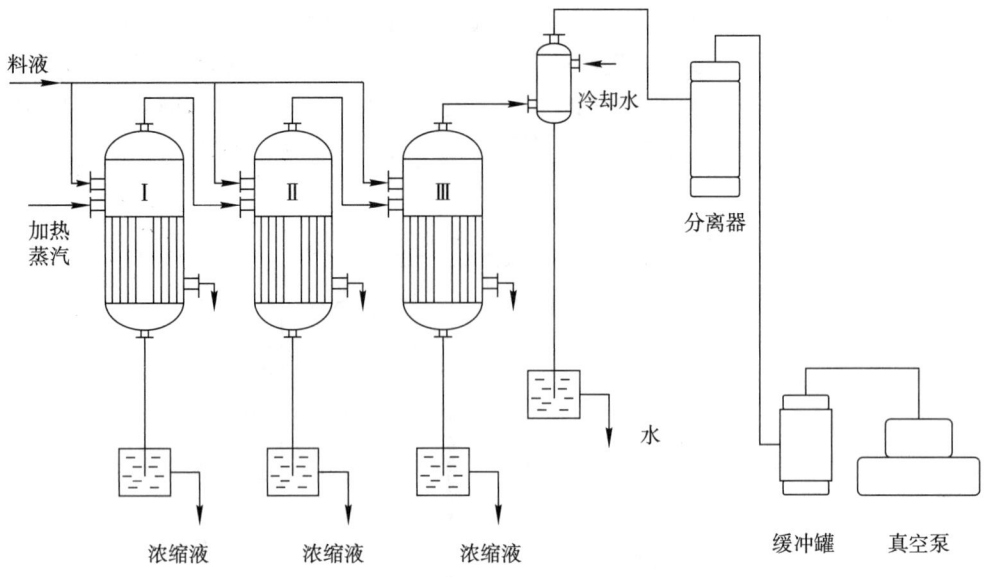

图 9-8 减压三效蒸发装置结构

(二) 干燥

干燥 (drying) 指利用热能除去湿物料或膏状物中所含的水分或其他溶剂，获得相对干燥物品的操作。干燥的目的在于提高药物的稳定性，便于制剂进一步加工、运输和贮存。在中药制剂生产中，新鲜药材除水，原辅料除湿，颗粒剂、片剂、丸剂等制备过程中均需干燥。干燥的原理、影响因素、干燥方法和设备详见本书第六章第二节的相关内容。

第三节 常用中药制剂

一、汤剂

(一) 概述

汤剂 (decoction) 指将药材饮片或粗粒加水煎煮或沸水浸泡后，去渣取汁而得到的液体制剂，亦称汤液、煎剂。其中以药材粗颗粒加水煎煮，去渣取汁而制得的液体制剂，习称"煮散"，而以沸水浸泡药物不定时饮用者，俗称为"饮"。汤剂主要供内服，也有供洗浴、熏蒸、含漱等外用者，分别称为浴剂、熏蒸剂及含漱剂等。

汤剂是我国应用最早、最多的一种剂型，目前中医临床仍然广泛使用。汤剂之所以数千年沿用至今，是因为该剂型组方灵活，适应中医辨证施治，可随症加减；同时制法简便，以水为溶剂，价廉易得，奏效又较为迅速。但也存在着味苦量大，难溶性和脂溶性成分以水煎煮不易提取完全，需临时制备、携带不便和久置发霉变质等缺点。

(二) 制备

汤剂一般采用煎煮法制备，即将水加入药材饮片或粗颗粒中，浸泡一定时间，加热煮沸，并保持一定时间的微沸状态，滤渣取汁，药渣重复操作1~2次，合并各次煎液，即得。煎药器具传统多用陶器，也可选用搪瓷煎器、不锈钢或铝锅。医院煎药目前多已采用电热或蒸汽加热自动煎药机。

汤剂制备时，方中某些不宜或不能同时入煎的药料，应酌情特殊处理，如先煎、后下、包煎、另煎、烊化等。

1. 先煎 有些药物通过先煎，可延长药物的煎煮时间，以便降低这些药物的毒性，比如生川乌、生草乌、制附子等。另外，矿物、动物骨甲、介壳类的中药均质地坚硬，有效成分不容易在短时间内煎出，应打碎先煎 30 min 左右，再与其他药物同煎。

2. **后下** 有些药物煎久了易失去功效，应待其他药物煎好之前的 5~10 min 再放进去煎煮。如气味芳香的药物薄荷、木通、藿香、砂仁、钩藤、豆蔻、杏仁等，内含挥发油，煎煮过久，则因有效成分挥发而失效。又如大黄后下，可使其泻下作用更强。

3. **包煎** 指把饮片装在纱布袋中，扎紧袋口后，再与群药共同煎煮的操作。多用于那些黏性强、粉末状及药材表面带有绒毛的药物，以防止药液浑浊或沉于锅底，加热时引起焦化或者糊化，如黏性强的车前子，带有绒毛的旋覆花，粉末状的蒲黄、灶心土、蛤粉等。

4. **另煎** 需要另煎的多是贵重的药物，如人参、羚羊角片等，这些药通常是先单独煎好，等待余下药也煎好之后，再兑入先煎好的药汁一起服用。

5. **冲服** 一些药因贵重、数量少而且挥发性强，无需水煎，只需粉碎或取汁兑进药液冲服即可，如珍珠粉、羚羊角、三七粉、鲜竹沥等。

6. **烊化** 指对某些胶质或黏性较大的药物隔物加温融化的操作，适用于胶类或黏性大而易溶的药物，以免与他药同煎而黏附他药或粘锅煮焦，此类药物可置于煎好去渣的药液中微煮，同时不断搅拌，待烊化后服用，也可以加适量酒、水，隔水加热至融化，再加入其他药液冲服，如阿胶、饴糖等。

（三）应用举例

例 9-1：芍药甘草汤

【处方】白芍 12 g，炙甘草 12 g。

【制备】以上两味，加水 600 mL，煎取 300 mL，去药渣，分 2 次温服。

【注解】本品益阴养血，缓急止痛，用于阴血不足，筋脉失养所致挛急疼痛诸证，症见腿脚挛急，腹中疼痛。

二、合剂

（一）概述

合剂（mixture）指饮片用水或其他溶剂，采用适宜方法提取制成的口服液体制剂。单剂量灌装者也称口服液。合剂是在汤剂的基础上发展起来的，保留了汤剂吸收快、作用迅速的特点。与汤剂相比，合剂经浓缩工艺，服用量减少，且加入矫味剂，口感好，便于服用、携带和贮藏，适合工业化生产；成品中多加入适宜的防腐剂，并经过灭菌处理，密封包装，质量稳定。但合剂组方固定，不能随症加减。

（二）制备

饮片应按各品种项下规定的方法提取、纯化、浓缩制成口服液体制剂，根据需要可加入适宜的附加剂。制备口服液时，可根据需要采用膜分离技术、大孔树脂吸附分离技术，以及其他技术对饮片浸提液进行分离精制，以减少服用剂量，提高澄清度。

（三）应用举例

例 9-2：小建中合剂

【处方】桂枝 111 g，白芍 222 g，炙甘草 74 g，生姜 111 g，大枣 111 g。

【制备】以上五味，桂枝蒸馏提取挥发油，蒸馏后的水溶液另器收集；药渣与炙甘草、大枣加水煎煮二次，每次 2 h，合并煎液，滤过，滤液与蒸馏后的水溶液合并，浓缩至约 560 mL；白芍、生姜用 50% 乙醇作溶剂，浸渍 24 h 后进行渗漉，收集渗漉液，回收乙醇后与上述药液合并，静置，滤过，另加麦芽糖 370 g，再浓缩至近 1 000 mL，加入苯甲酸钠 3 g 与桂枝挥发油，加水至 1 000 mL，搅匀，即得。

【注解】①本品为棕黄色液体，气微香，味甜，微辛。②温中补虚，缓急止痛；用于脾胃虚寒，脘腹疼痛，喜温喜按，嘈杂吞酸，食少；胃及十二指肠溃疡见上述证候者。③本品相对密度不低于1.10。④采用水蒸气蒸馏法可浸提桂枝中的挥发性有效成分，白芍、生姜用50%乙醇作溶剂，浸渍24 h后进行渗漉提取。

三、流浸膏剂与浸膏剂

（一）概述

流浸膏剂（liquid extract）、浸膏剂（extract）指饮片用适宜的溶剂提取，蒸去部分或全部溶剂，调整至规定浓度而成的制剂。除另有规定外，流浸膏剂每1 mL相当于饮片1 g；浸膏剂分为稠膏和干膏两种，每1 g相当于饮片2~5 g。流浸膏剂、浸膏剂很少作为成品服用，常用于制备其他制剂。

（二）制备

流浸膏用渗漉法制备，也可用浸膏剂稀释制成，常用不同浓度的乙醇为溶剂，少数以水为溶剂，应酌加20%~25%的乙醇作防腐剂；浸膏剂用煎煮法、回流法或渗漉法制备，全部提取液应低温浓缩至稠膏状，加稀释剂或继续浓缩至规定的量。

（三）应用举例

例9-3：甘草浸膏

本品为甘草经加工制成的浸膏。

【制备】取甘草，润透，切片，加水煎煮三次，每次2 h，合并煎液，放置过夜使沉淀，取上清液浓缩至稠膏状，取出适量，测定甘草酸含量，调节使符合规定，即得；或干燥，使成细粉，即得。

【注解】本品为棕褐色的固体，有微弱的特殊臭气和持久的特殊甜味；为缓和药，常与化痰止咳药配伍应用，能减轻对咽部黏膜的刺激，并有缓解胃肠平滑肌痉挛和去氧皮质酮样作用，用于支气管炎、咽喉炎、支气管哮喘、慢性肾上腺皮质功能减退症。

例9-4：甘草流浸膏

本品为甘草浸膏经加工制成的流浸膏。

【制备】取甘草浸膏300~400 g，加水适量，不断搅拌，并加热使溶解，滤过，在滤液中缓缓加入85%乙醇，随加随搅拌，直至溶液中含乙醇量达65%左右，静置过夜，小心取出上清液，遗留沉淀再加65%的乙醇，充分搅拌，静置过夜，取出上清液，遗留沉淀再用65%乙醇提取一次，合并三次提取液，滤过，回收乙醇，测定甘草酸含量后，加水与乙醇适量，使甘草酸和乙醇量均符合规定，加浓氨试液适量调节pH，静置使澄清，取出上清液，滤过，即得。

【注解】①本品为棕色或红褐色的液体，味甜、略苦、涩；②本品pH为7.5~8.5；乙醇含量为20%~25%（作为防腐剂）；③本品系采用甘草浸膏为原料进行生产，由于甘草浸膏中甘草酸含量幅度较大（20%~30%），因此制备甘草流浸膏时所用甘草浸膏的用量不能固定，大致在300~400 g，应制得的甘草流浸膏的体积，只能根据所得的甘草酸的含量进行折算；④制备工艺中加乙醇使含乙醇量达65%，是为了除去浸膏中的淀粉、蛋白质等杂质，以防止成品在放置过程中析出沉淀；⑤本品连续服用较大剂量时，可出现水肿、高血压等副作用，停药后症状可逐渐消失。

四、酒剂

（一）概述

酒剂（medicinal wine）指饮片用蒸馏酒提取制成的澄清液体制剂，多供内服，也可外用。可加适量糖或蜂蜜矫味或着色。由于酒辛甘大热，易于发散，可促使药物吸收，提高药物疗效，而且能行血通络散寒，故常用于风寒湿痹等证。临床上以祛风活血、止痛散瘀效果尤佳。

（二）制备

酒剂可用浸渍、渗漉、热回流等方法制备，配制后的酒剂须静置澄清，滤过后分装于洁净的容器中。在贮存期间允许有少量摇之即散的沉淀。酒剂应检查乙醇含量和甲醇含量。

（三）应用举例

例 9-5：舒筋活络酒

【处方】木瓜 45 g，桑寄生 75 g，玉竹 240 g，续断 30 g，川牛膝 90 g，当归 45 g，川芎 60 g，红花 45 g，独活 30 g，羌活 30 g，防风 60 g，白术 90 g，蚕沙 60 g，红曲 180 g，甘草 30 g。

【制备】以上十五味，除红曲外，其余木瓜等十四味粉碎成粗粉，然后加入红曲；另取红糖 555 g，溶解于白酒 11 100 g 中，用红糖酒作溶剂，浸渍 48 h 后，以每分钟 1～3 mL 的速度缓缓渗漉，收集渗漉液，静置，滤过，即得。

【注解】①本品为棕红色的澄清液体，含乙醇量为 50%～57%，气香，味微甜，略苦，功能祛风除湿，活血通络，养阴生津，用于风湿阻络、血脉瘀阻兼有阴虚所致的痹病，症见关节疼痛、屈伸不利、四肢麻木；②将处方中药物粉碎成粗粉是便于有效成分浸出；③加红糖可矫味；④红曲为天然色素，不仅起着色作用，而且味甘性温，入肝、脾大肠经，具活血化瘀，健脾消食之功。

五、酊剂

（一）概述

酊剂（tincture）指将原料药物用规定浓度的乙醇提取或溶解而制成的澄清液体制剂，也可用流浸膏稀释制成，供口服或外用。除另有规定外，每 100 mL 相当于原饮片 20 g；含有毒剧药品的中药酊剂，每 100 mL 应相当于原饮片 10 g；其有效成分明确者，应根据其半成品的含量加以调整，使符合各酊剂项下的规定。

（二）制备

酊剂可用溶解法、稀释法、浸渍法或渗漉法制备。

（三）举例

例 9-6：远志酊

本品为远志流浸膏经加工制成的酊剂。

【制备】取远志流浸膏 200 mL，加 60% 乙醇使成 1 000 mL，混合后，静置，滤过，即得。

【注解】本品为棕色的液体，乙醇量应为 50%～58%；祛痰药，用于咳痰不爽。

六、煎膏剂（膏滋）

（一）概述

煎膏剂（concentrated decoction）指饮片用水煎煮，取煎煮液浓缩，加炼蜜或糖（或转化糖）制成的半流体制剂，也称膏滋。煎膏剂药效以滋补为主，兼有缓慢的治疗作用（如调经、止咳等）。具有药物浓度高、体积小、味甜可口、便于服用、易于贮存的优点，不适于热敏性药物及含挥发性成分的中药。

（二）制备

饮片按各品种项下规定的方法煎煮，滤过，滤液浓缩至规定的相对密度，得清膏，清膏按规定量加入炼蜜或糖（或转化糖）收膏；若需加饮片细粉，待冷却后加入，搅拌混匀。除另有规定外，加炼蜜或糖的量，一般不超过清膏量的 3 倍。

（三）应用举例

例9-7：养阴清肺膏

【处方】地黄100 g，麦冬60 g，玄参80 g，川贝母40 g，白芍40 g，牡丹皮40 g，薄荷25 g，甘草20 g。

【制备】以上八味，川贝母用70%乙醇作溶剂，浸渍18 h后，以每分钟1~3 mL的速度缓缓渗漉，待可溶性成分完全滤出，收集渗漉液，回收乙醇；牡丹皮与薄荷分别用水蒸气蒸馏，收集蒸馏液，分取挥发性成分另器保存；药渣与其余地黄等五味加水煎煮2次，每次2 h，合并煎液，静置，滤过，滤液与川贝母提取液合并，浓缩至适量，加炼蜜500 g，混匀，滤过，滤液浓缩至规定的相对密度，放冷，加入牡丹皮与薄荷的挥发性成分，混匀，即得。

【注解】①本品为棕褐色稠厚的半流体，气香、味甜，有清凉感，相对密度≥1.37，功能养阴润燥，清肺利咽，用于阴虚肺燥、咽喉干痛、干咳少痰或痰中带血等症；②川贝母中含有的主要成分为生物碱类，因此工艺中采用70%乙醇渗漉法浸提；③牡丹皮有效成分为丹皮酚，薄荷中含有挥发油，二者均具有挥发性，可以通过水蒸气蒸馏法提取，故工艺中采用双提法。

七、中药丸剂

（一）概述

中药丸剂（traditional Chinese medicine pill）指中药制剂原料药物与适宜的辅料制成的球形或类球形固体制剂。包括蜜丸、水丸、水蜜丸、浓缩丸、糊丸、蜡丸、滴丸和微丸等。中药丸剂是我国应用最广泛的传统剂型之一。

中药丸剂具有以下特点：①不同类型的丸剂，释药与作用速度不同，可根据需要选用，传统的中药丸剂溶散缓慢，药效缓和且持久，适用于慢性病治疗或病后调和气血；新型水溶性基质滴丸奏效迅速，可用于急救。②可缓和药物的毒副作用。③可减缓挥发性成分的挥发或掩盖药物的不良臭味。④传统丸剂服用量大，小儿吞服困难，易污染微生物而霉变。

（二）制备

1. 泛制法 本法是在转动的适宜设备中，交替加入药粉与赋形剂，使药粉润湿、翻滚、黏结成粒、逐渐增大并压实的一种制丸方法。用于水丸、水蜜丸、糊丸、浓缩丸、微丸等的制备。

2. 塑制法 本法是饮片细粉加适宜黏合剂，混合均匀，制成软硬适宜、可塑性较大的丸块，再依次制丸条、分粒、搓圆而成的一种制丸方法。用于蜜丸、浓缩丸、糊丸和蜡丸等的制备。

3. 滴制法 本法是将中药提取物或有效成分与基质加热熔融混匀，滴入与之不相混溶的液体冷凝介质中，冷凝成丸的一种制丸方法。用于滴丸剂的制备。

4. 其他制法 如包衣锅滚动制丸法、挤出滚圆法、离心造丸法、流化制丸法、液体介质中制丸法等微丸制备技术。

（三）中药传统丸剂

1. 水丸 指饮片细粉以水（或根据制法用黄酒、醋、稀药汁、糖液、含5%以下炼蜜的水溶液等）为黏合剂制成的丸剂。

水丸具有以下特点：①泛制法制备时，可根据药物性质、气味等分层泛入，掩盖不良气味，防止芳香成分挥发；②体积小，表面致密光滑，便于吞服，不易吸潮，有利于保管贮存；③因赋形剂为水溶性，服后较易溶散、吸收、显效较快。

2. 蜜丸 指饮片细粉以炼蜜为黏合剂制成的丸剂，其中每丸重量在0.5 g（含0.5 g）以上的称为大蜜丸，每丸重量在0.5 g以下的称为小蜜丸。

蜜丸具有以下特点：①蜂蜜具有滋补、镇咳、缓下、润燥、解毒、矫味等作用，因此蜜丸在临床上多用于镇咳祛痰药，补中益气药等；②蜂蜜黏性强，有较强可塑性，制成的蜜丸表面光滑；③含有大量还原糖，能防止药物氧化变质；④用蜜量较大，易吸潮、霉变；⑤溶散慢，作用持久。

3. 水蜜丸 指饮片细粉以炼蜜和水为黏合剂制成的丸剂。具有丸粒小、光滑圆整、易于吞服的特点，与蜜丸相比，水蜜丸节省蜂蜜，易于保存。

4. 浓缩丸 指饮片或部分饮片提取浓缩后，与适宜的辅料或其余饮片细粉，以水、炼蜜或炼蜜和水为黏合剂制成的丸剂。根据所用黏合剂的不同，分为浓缩水丸、浓缩蜜丸和浓缩水蜜丸等。浓缩丸具有体积小、服用量小、方便携带与运输，节省赋形剂的特点；既符合中医用药特点又适于机械化生产。

5. 糊丸 指饮片细粉以米粉、米糊或面糊等为黏合剂制成的丸剂。糊丸干燥后丸粒坚硬，在胃内崩解迟缓，药物缓慢释放，可延长药效，常用于含毒性或刺激性较强的药物。

6. 蜡丸 指饮片细粉以蜂蜡为黏合剂制成的丸剂。蜡丸在体内不溶散，缓慢释放药物，可延长药效，也可减轻含毒性或刺激性强的药物的毒性和刺激性。

（四）中药微丸剂

中药微丸剂指中药制剂原料药物加适宜的黏合剂或其他辅料制成直径小于2.5 mm的球形或类球形的一类制剂。我国古代就有中药微丸制剂，如"六神丸""喉炎丸"等。

中药微丸的特点：①小丸外形圆整，流动性好，易于分剂量和填充；②可包衣，降低药物的吸湿性，提高稳定性，掩盖不良气味；③在消化道中转运不受食物输送节律的影响，吸收重现性好；④比表面积大，药物溶出快，生物利用度高；⑤可制成速释、缓释或控释小丸，将不同释药速度的小丸组合可以获得理想的释药速度。

例9-8：葛根芩连微丸

【处方】葛根1 000 g，黄芩375 g，黄连375 g，炙甘草250 g。

【制备】以上四味，取黄芩、黄连，分别用50%的乙醇作溶剂，浸渍24 h后渗漉，收集渗漉液，回收乙醇，并适当浓缩；葛根加水先煎30 min，再加入黄芩、黄连药渣及炙甘草。继续煎煮2次，每次1.5 h，合并煎煮液，滤过，滤液浓缩至适量，加入上述浓缩液，继续浓缩至稠膏，减压低温干燥，粉碎成细粉，乙醇为润湿剂，泛微丸，得300 g，过筛，于60℃以下干燥，即得。

【注解】①黄芩、黄连主要有效成分为生物碱类，选用50%乙醇渗漉浸提；方中四味药均含水溶性药效成分，故采用水煎煮提取；为保证主药葛根中的有效成分提取充分，葛根先下，可避免炙甘草、黄芩、黄连煎煮时间过长，无效成分溶出过多。②泛丸时物料均为中药提取物，黏性大，采用乙醇泛丸为宜。

（五）中药滴丸剂

中药滴丸指中药制剂原料药物与适宜基质加热熔融混匀后滴入冷凝剂中制得的球形或类球形制剂。目前已上市的中药滴丸有：复方丹参滴丸、苏冰滴丸、速效救心丸、柴胡滴丸等。可参见本书第六章第三节的相关内容。

例9-9：复方丹参滴丸

【处方】丹参90 g，三七17.6 g，冰片1 g。

【制备】以上三味，冰片研细；丹参、三七加水煎煮，煎液滤过，滤液浓缩，加入乙醇，静置使沉淀，取上清液，回收乙醇，浓缩成稠膏，备用。取聚乙二醇适量，加热使熔融，加入上述稠膏和冰片细粉，混匀，滴入冷却的液体石蜡中，制成滴丸，或包薄膜衣，即得。

【注解】①丹参、三七采用水提法，可将丹参中水溶性的酚酸类成分和三七中的皂苷提取出来，但出膏量较大，故用乙醇沉淀，以除去蛋白质、淀粉和多糖等杂质，减少服用量；②成品采用包薄膜衣，可防止冰片的升华和保证外观的美观，冰片的升华作用会导致滴丸形成花斑，应注意贮存温度；③将丹参、三七提取物及冰片分散到聚乙二醇中制成滴丸，药物的分散度和溶出速度提高，临床可产生速效作用。

八、中药片剂

（一）概述

中药片剂（traditional Chinese medicine tablet）指中药制剂原料药物与适宜的辅料制成的圆形或异形的片状固体制剂。

中药片剂按原料特性可分成四种类型。①全浸膏片：指将处方中全部药材用适宜的溶剂和方法提取制得浸膏，以全量浸膏制成的片剂，如通塞脉片、穿心莲片等。②半浸膏片：指将处方中部分药材细粉与其余药料制得的稠浸膏混合制成的片剂，如牛黄解毒片、银翘解毒片等，此类型在中药片剂中应用最多。③全粉片：指将处方中全部药材粉碎成细粉，加适宜的辅料制成的片剂，如参茸片、安胃片等。④提纯片：指将处方中全部药材经过提取，得到单体或有效部位，以此提纯物细粉为原料，加适宜的辅料制成的片剂，如北豆根片、正清风痛宁片等。

（二）制备

中药片剂的制法可分为制粒压片法和直接压片法两大类，制粒压片法又可分为湿法制粒压片法和干法制粒压片法，直接压片法可分为粉末直接压片法和半干式颗粒（空白颗粒）压片法。目前中药片剂的制备工艺以湿法制粒压片法应用最多。中药片剂生产中易出现松片、裂片、黏冲、崩解超限、花斑和吸潮等问题，应根据情况采取相应措施。

1. 松片 药材含纤维、动物角质类或矿物类药量多，易引起松片，可加入干燥黏合剂，或选用黏性较强的黏合剂或适当增加其用量重新制粒；药材含挥发油、脂肪油等成分较多引起的松片，若油为有效成分，可选用适宜的吸收剂吸收，也可制成包合物或微囊予以解决，若为无效成分，可用压榨法或脱脂法去除。

2. 裂片 中药原料含油类或纤维素成分较多时易引起裂片，可分别加入吸收剂或糖粉克服。

3. 黏冲 中药浸膏片含吸湿性成分较多，易产生黏冲，可通过控制环境温度、湿度，用乙醇为润湿剂制粒，或选用抗湿性好的辅料予以解决。

4. 崩解超限 贮存温度较高或引湿后，含胶、糖或浸膏的药片崩解时间会延长，应控制贮存条件。

5. 花斑 中药浸膏制成的颗粒过硬，浸膏与辅料（含润滑剂）颜色差异显著，挥发油吸收不充分，易造成花斑。可通过用浸膏粉制粒，润滑剂过细筛后，再与颗粒混匀，或将挥发油制成包合物或微囊后使用予以解决。

6. 吸潮 中药片剂，尤其是浸膏片，易吸潮，以致黏结、霉变，可通过在干浸膏中加入适宜的辅料或部分中药细粉，用水提醇沉法除去部分水溶性杂质，片剂包衣，改进包装或包装中放干燥剂等加以解决。

（三）应用举例

> **例 9-10：牛黄解毒片**
>
> 【处方】人工牛黄 5 g，雄黄 50 g，石膏 200 g，大黄 200 g，黄芩 150 g，桔梗 100 g，冰片 25 g，甘草 50 g。
>
> 【制备】以上八味，雄黄水飞成极细粉；大黄粉碎成细粉；人工牛黄、冰片研细；其余黄芩等四味加水煎煮 2 次，每次 2 h，滤过，合并滤液，滤液浓缩成稠膏或干燥成干浸膏，加入大黄、雄黄粉末，制粒，干燥，再加入人工牛黄、冰片粉末，混匀，压制成 1 000 片（大片）或 1 500 片（小片），或包糖衣或薄膜衣，即得。
>
> 【注解】①方中黄芩、石膏、桔梗、甘草采用共同水煎，药液浓缩成膏，其有效成分黄芩苷、桔

梗皂苷、甘草皂苷皆能被提出，石膏药理研究证明其水煎液具有解热作用。四味药合煎既保证其清热解毒的功效，又缩小了体积。②大黄以原药材粉于制粒前加入，可保留其泻下成分结合态的蒽醌，保证其泄热通便的作用。③冰片、牛黄为贵重药，用量少，冰片具有挥发性，故以细粉（文献报道也可用β-环糊精包合冰片后压片）加于干颗粒中，混匀压片，以保证此二味药在片剂中的含量，有利于发挥疗效。

九、中药注射剂

（一）概述

中药注射剂（traditional Chinese medicine injection）指中药制剂原料药物与适宜的辅料制成的供注入体内的无菌制剂，可分为注射液、注射用无菌粉末与注射用浓溶液等。中药注射剂最早出现在20世纪30年代，第一个品种是柴胡注射液。中药注射剂因药材品种、来源、炮制加工等不同，所含成分的多样性和提取制备方法的不同，以及质量控制技术的不规范性等原因，较难保证质量的统一和稳定，进而影响疗效。此外，中药各成分在体内浓度过低或体内过程复杂，无法对药物在体内的代谢、排泄、相互作用等进行全面了解，带来临床应用的安全隐患。

（二）制备

除另有规定外，制备中药注射剂的饮片等原料药物应严格按各品种项下规定的方法提取、纯化、制成半成品、成品，并应进行相应的质量控制，再按一般注射剂的制备工艺与方法进行操作，即得。

（三）中药注射剂的质量控制

中药注射剂的质量控制，除了应进行一般注射剂的质量检查外，还要根据制剂本身的特点，制订有关控制质量的检查项目和检查方法。

1993年卫生部制定发布的《中药注射剂研制指导原则（试行）》，1999年国家食品药品监督管理局制定的《中药注射剂研究的技术要求》，2000年国家食品药品监督管理局颁布的《中药注射剂指纹图谱研究的技术要求（暂行）》及《中国药典》（2025年版）通则，都对中药注射剂的质量控制提出了具体要求。中药注射剂指纹图谱的建立有利于对中药注射剂的质量管理，确保中药注射剂的质量稳定、可控。

（四）中药注射剂的质量问题及解决办法

1. 可见异物与不溶性微粒 中药注射剂在灭菌后或在贮藏过程中产生浑浊或沉淀，出现可见异物或不溶性颗粒。可采取在提取过程中尽可能去除杂质，调节药液的pH，在注射剂灌封前对药液进行热处理冷藏，合理选用注射剂的附加剂，应用超滤技术等措施加以解决。

2. 刺激性 中药注射剂的刺激性是限制其广泛使用的重要原因之一。可通过消除有效成分本身的刺激性，去除杂质，调整pH，调整药液渗透压予以解决。

3. 疗效 中药的质量、组方配伍、用药剂量，特别是提取与纯化方法，都将影响中药注射剂的疗效。可通过控制原料质量，调整剂量优化工艺，提高有效成分的溶解度等措施予以解决。

（五）应用举例

例9-11：参麦注射液

【处方】红参100 g，麦冬200 g，注射用水加至1 000 mL。

【制备】以上两味，用80%乙醇600 mL，置水浴上回流提取两次，每次2 h，滤过药渣用80%乙醇200 mL分次洗涤，合并上述滤液和洗涤液，冷藏，静置12 h，滤过，于滤液中按体积加入1%活性炭，搅拌1 h，滤过，滤液减压回收乙醇至无醇味，添加注射用水至约1 000 mL，于100℃灭菌30 min，加10%氢氧化钠溶液调节pH至7.5，冷藏48 h以上，滤过，滤液加聚山梨酯80适量，并调pH至7.5，加注射用水至1 000 mL，滤过，灌封，100℃流通蒸汽灭菌即得。

【注解】①本品以醇提水沉法制备,若采用大孔树脂吸附处理,可有效提高提取物中人参皂苷的含量;②制备过程中,应采用针用规格活性炭进行吸附杂质和脱色,为保证吸附完全,也可用水浴适当加热;③药液中含有聚山梨酯80,灭菌后应注意及时振摇,防止产生起昙现象而影响注射剂澄明度。

十、其他中药剂型

1. **胶剂** 指将动物皮、骨、甲或角用水煎取胶质,浓缩成稠胶状,经干燥后制成的固体块状内服制剂。按原料来源不同,胶剂可分以动物皮为原料制成的皮胶,以动物骨化的角为原料制成的角胶,以动物的骨骼为原料制成的骨胶,以动物的甲壳为原料制成的甲胶等。

2. **露剂** 指含挥发性成分的饮片用水蒸气蒸馏法制成的芳香水剂。

3. **茶剂** 指饮片或提取物(液)与茶叶或其他辅料混合制成的内服制剂。茶剂可分为块状茶剂、袋装茶剂和煎煮茶剂。

4. **锭剂** 指饮片细粉与适宜的黏合剂(或利用饮片细粉本身的黏性)制成的不同形状的固体制剂。锭剂的形状有长方形、纺锤形、圆柱形、圆锥形等。应用时以液体研磨或粉碎后与液体混匀供外用或内服,也有整粒吞服者。

5. **膏药** 指饮片、食用植物油与红丹(铅丹)或官粉(铅粉)炼制成膏料,摊涂于裱褙材料上制成的供皮肤贴敷的外用制剂。前者称为黑膏药,后者称为白膏药。

(毕肖林)

更多数字资源详见 新形态教材网

学习目标　思维导图　思政元素　案例讨论　动画
微视频　拓展阅读　本章小结　自测题　教学课件

第 十 章

生物技术药物制剂及其技术

编者导学

章节导航

第一节　概述
第二节　多肽、蛋白质类药物给药系统
第三节　核酸类药物给药系统
第四节　疫苗制剂
第五节　细胞治疗和组织工程

生物技术药物制剂是药剂学领域的重要组成部分，随着生物技术的迅猛发展，越来越多具有高效、特异性的生物技术药物涌现，为疾病治疗提供了全新的手段。本章将探讨生物技术药物的特点、稳定化手段、制剂设计与组成、质量控制等内容，通过学习本章，将全面理解生物技术药物制剂的核心概念与技术，为今后的药物研发与应用提供有力支持。

第一节　概　　述

生物制药技术是21世纪核心的高新技术之一，近年来发展迅猛、研究内涵不断扩大，在蛋白质工程技术、生物信息技术、基因编辑技术、转基因技术、生物芯片技术等领域都取得了重要突破。以基因工程、抗体工程和细胞工程产品为主要代表的生物技术药物，显示出化学药物无法替代的优势。第一个通过基因工程得到的生物技术重组药物是人胰岛素（insulin），于1982年在美国被批准上市；此后，科学家们成功地开发出用于治疗肿瘤的干扰素、用于预防和治疗肝炎的基因工程乙肝疫苗、用于治疗肾性贫血的重组人红细胞生成素等200余种生物技术药物，并应用于临床。我国研发的注射用重组人p53腺病毒、注射用重组葡激酶、重组人新型肿瘤坏死因子等具有自主知识产权。生物技术药物制剂已广泛用于治疗癌症、艾滋病、冠心病、多发性硬化症、贫血、发育不良、糖尿病、心力衰竭和一些罕见的遗传疾病，发挥着越来越重要的作用。很多过去被认为是不治之症的难治性疾病正在被生物技术药物攻克。

一、生物技术药物的定义

生物技术（biotechnology）又称生物工程（bioengineering），是指人们以现代生命科学为基础，结合先进的工程技术手段和其他学科的科学原理，按照预先的设计改造生物体或加工生物原料，为人类生产出所需产品或达到某种目的的技术。现代生物技术包括基因工程、细胞工程、发酵工程和酶工程、蛋白质工程、生物电子工程、生物材料、生物反应器、生物信息技术与生物芯片、大规模蛋白纯化制备技术等，而核心是基因工程技术。医药生物技术包括两方面内容：①利用生物体作为生物反应容器，按照预先的设计改造生物体、加工生物原料、生产生物技术产品，如基因工程药物、单克隆抗体、疫苗和寡聚核苷酸及诊断试剂等。②利用生物技术改进或创造出新的诊断、治疗、预防疾病的方法，如基因治疗和生物治疗等。

生物技术药物（biotechnological drugs）是指采用DNA重组技术或其他生物技术生产的用于预防、治疗和诊断疾病的药物，主要是重组蛋白或核酸类药物，如细胞因子、纤溶酶原激活剂、重组血浆因子、生长因子、融合蛋白、受体、疫苗、单克隆抗体、反义核酸、小干扰RNA等。

生物技术药物制剂指以生物技术药物作为原料按药品标准所制备的制剂，即利用基因工程、发酵工程、细胞工程、酶工程生产出的针对蛋白质、抗体、核酸、多糖等药物并采用新的制剂技术制成的制剂。

二、生物技术药物的特点

生物技术药物的化学本质一般为通过现代生物技术制备的多肽、蛋白质、核酸及它们的衍生物，与小分子化学药物相比，其在理化性质、药理学作用、生产制备等方面都有其特殊性。

（一）理化性质特性

1. 相对分子质量大　生物技术药物一般为多肽、蛋白质、核酸或它们的衍生物，相对分子质量（M_r）从几千到几十万不等（见图10-1）。如人胰岛素的M_r为5.7×10^3，人促红细胞生成素（EPO）的M_r为3.4×10^4左右，L-天冬酰胺酶的M_r为1.4×10^7。

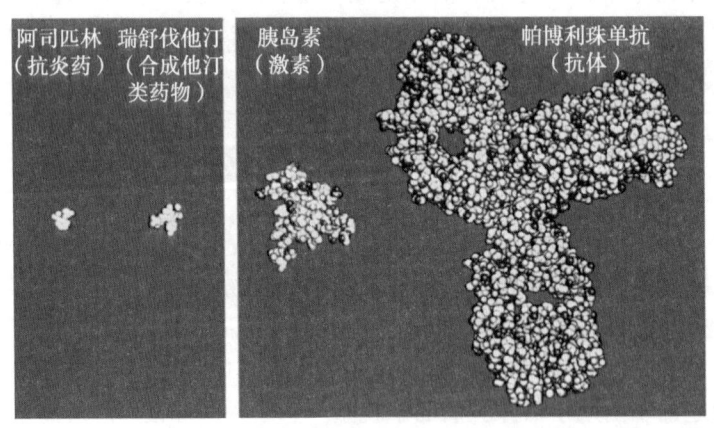

图10-1　化学药物分子（左）与生物技术药物分子（右）大小的比较

2. 结构复杂　多肽、蛋白质和核酸均为生物大分子，除一级结构外还有二级、三级结构，某些由两个以上的亚基组成的蛋白质还有四级结构。另外，糖基化修饰的糖蛋白类其结构就更为复杂，糖链的多少、长短及连接位置均影响糖蛋白类药物的活性。这些因素均决定了生物技术药物结构的复杂性。

3. 稳定性差　多肽、蛋白质和核酸（特别是RNA）的稳定性差，极易受温度、化学试剂、pH、酶、机械应力与超声波、空气氧化、表面吸附、光照等因素影响而变性失活或发生降解。

（二）药理学作用特性

1. 活性与作用机制明确　开发成为生物技术药物的多肽、蛋白质、核酸，通常是在医学、生物学、生物化学、遗传学等基础学科对正常与异常的生命现象研究过程中，已发现的具有生物活性的物质或经过优化改造的物质。因此，这些物质的活性和对生理功能的调节机制相对较清楚。例如，在清楚地了解胰岛素在糖代谢中的作用后，开发了具有降解血糖作用的胰岛素制剂。

2. **作用针对性强** 多肽、蛋白质和核酸在生物体内均参与特定的生理生化过程，有特定的作用靶分子（受体）、靶细胞或靶器官。例如，多肽与蛋白质类药物通过特异性与它们的受体相结合来发挥作用；单克隆抗体能与其相应的抗原特异性结合，能够从复杂系统中识别出单个成分；疫苗则刺激机体产生特异性抗体来发挥预防和治疗疾病的作用。

3. **安全性较高** 生物技术药物本身是体内天然存在物质或它们的衍生物，通常具有较好的生物相容性，并且药理作用针对性强，可减少副作用。此外，这类药物在体内被分解代谢后，其代谢产物会被机体利用，因此生物技术药物在正常情况下毒性较小、安全性高。

4. **体内半衰期短** 多肽、蛋白质、核酸类药物在体内易降解，还会遭到免疫系统的清除，因此生物技术药物一般体内半衰期较短。例如，胸腺肽 α1（28 个氨基酸）在体内的半衰期为 100 min、超氧化物歧化酶（SOD）的消除半衰期为 6~10 min。小肽的半衰期更短，如肿瘤靶向肽 RGD（9 个氨基酸）在血清中的半衰期只有 8 min。

5. **种属特异性** 许多生物技术药物的药理活性存在种属和组织特异性，如某些人源基因编码的多肽或蛋白质类药物，与动物的同源性多肽或蛋白质有很大差别，因此对一些动物无药理活性。例如，人类生长激素（GH）由 191 个氨基酸组成，与其他脊椎动物的 GH 相比，均有 1/3 氨基酸序列的差异，猪、牛、羊等的 GH 对灵长类动物并不呈现明显的促生长效应。

6. **可产生免疫原性** 许多非同源来源的生物技术药物对机体存在免疫原性，所以重复注射这类药品，机体会产生抗体。有些同源性的蛋白质在机体中也会产生抗体，可能是重组蛋白质在结构及构型上与内在的天然蛋白质有所不同。

（三）生产制备特性

1. **制备难度高** 生物技术药物常由发酵工程菌或培养细胞制备，发酵液或培养液中所含的目的产物浓度低，常常低于 100 mg/L，因此需要对原料进行高度浓缩而使成本增加。此外，生物技术药物分子通常不稳定，遇热、有机溶剂、极端 pH 等会引起分解和失活。因此在制备和分离纯化过程需要温和的操作条件，以满足维持生物活性的要求。

2. **产品易受有害物质污染** 生物技术药物的分子及其所存在的环境物质均为营养物质，极易受到微生物的污染而产生热原等有害物质，产品中还易残存具有免疫原性的物质。这些有害物质必须在制备过程中完全去除。

3. **分离纯化困难** 生物技术药物多为多肽、蛋白质类物质，极易受到原料液中一些杂质（如酶）的作用而发生降解，因此需采用快速分离纯化方法，除去影响产物稳定性的杂质。然而，原料液中常存在与目标分子在结构、构成成分等理化性质上极其相似的分子及异构体，形成用常规方法难以分离的混合物，因此需要使用不同原理的层析单元操作才能达到药用纯度。

由于生物技术药物往往与化学药物在理化性质、生物学性质和工艺学性质等方面有很大区别，在临床上常规的剂型多为注射用溶液剂和注射用灭菌粉末，给药途径单一且必须频繁给药。这不仅给患者造成诸多不便，也不能满足日益增长的生物技术药物的临床应用需求。因此，生物技术药物给药新技术、新剂型和高质量的制剂开发也成了药剂学科的研究热点。

三、生物技术药物的分类

（一）按用途分类

1. **治疗药物** 治疗药物是用于疾病治疗的生物技术药物制品，包括用于肿瘤治疗或辅助治疗的药物，如天冬酰胺酶、肿瘤坏死因子、细胞集落刺激因子等；用于内分泌疾病治疗的药物，如胰岛素、生长素、甲状腺素等；用于心血管系统疾病治疗的药物，如血管舒缓素、弹性蛋白酶等；用于血液和造血系统疾病治疗的药物，如尿激酶、水蛭素、凝血酶、促红细胞生成素等；抗病毒药物如干扰素等。

2. 预防药物 预防药物是用于预防传染性疾病的生物技术药物制品，主要是疫苗类，如乙肝疫苗、伤寒疫苗、麻疹减毒活疫苗等。

3. 诊断药物 诊断药物是用于疾病诊断的生物技术药物制品，包括免疫诊断试剂，如乙肝表面抗原血凝制剂、乙脑抗原和链球菌溶血素、流感病毒诊断血清等；酶诊断试剂，如乙型肝炎病毒表面抗原诊断试剂盒、艾滋病毒诊断试剂盒等；单克隆抗体诊断试剂，如结核菌素纯化蛋白衍生物、卡介苗纯蛋白衍生物等；器官功能诊断药物，如磷酸组胺、促甲状腺素释放激素等；放射性核素诊断药物，如碘[131I]人血清白蛋白等；诊断用DNA芯片，如用于遗传病和癌症诊断的基因芯片等。

（二）按作用类型分类

1. 细胞因子类药物 细胞因子是机体的免疫细胞和非免疫细胞合成和分泌小分子的多肽类物质，它们调节多种细胞生理功能，如白细胞介素、干扰素、集落刺激因子、肿瘤坏死因子、生长因子等。

2. 激素类药物 激素类药物是由内分泌腺或内分泌细胞分泌的高效生物活性物质，在体内作为信使或信号分子传递信息，对机体生理过程起调节作用。如人胰岛素、人生长激素等。

3. 酶类药物 酶类药物主要包括各种治疗用酶，如胰酶、胃蛋白酶、胰蛋白酶、天冬酰胺酶、尿激酶、凝血酶等。

4. 疫苗 疫苗是以病原微生物或其组成成分、代谢产物为起始材料，采用生物技术制备的用于预防、治疗人类相应疾病的生物制品，如脊髓灰质炎疫苗、甲肝疫苗、流感疫苗等。人用疫苗制剂按其组成成分和生产工艺可分减活疫苗、灭活疫苗、亚单位疫苗、基因工程重组蛋白疫苗、结合疫苗、联合疫苗、核酸疫苗等。

5. 单克隆抗体药物 抗体药物主要用于治疗某些抗原导致的疾病，可降低或去除抗原的毒性作用，如利妥昔单抗、曲妥珠单抗、阿伦珠单抗等。

6. 反义核酸药物 反义核酸（antisense nucleic acid）是一段与靶基因的某段序列互补的核苷酸序列，其通过碱基配对与靶序列核酸结合，利用空间位阻效应或诱导RNase H活性，在复制、转录、剪接、mRNA转运及翻译等水平上抑制或封闭靶基因的表达。作为治疗药物而言，反义核酸需具备足够的稳定性、对目的基因的选择性以及对细胞的靶向性和通透性，如福米韦生等。

7. RNA干扰（RNAi）药物 小干扰RNA（small interfering RNA，siRNA）是一段长度为20到25个核苷酸的双链RNA，通过与靶mRNA的互补区发生碱基配对作用来阻遏其生物学功能，这种调控作用称为RNA干扰（RNA interference，RNAi）。

近年来，一系列不同结构和功能的siRNA被合成出来，用于肿瘤、病毒性疾病、血液病及神经退行性疾病等的治疗研究。2020年以来，有三个siRNA药物在美国先后批准上市，分别用于治疗原发性高草酸尿症Ⅰ型、高胆固醇血症和遗传性转甲状腺素介导淀粉样变性的多发性神经病。

8. 基因治疗药物 基因治疗药物通常指基因替代疗法，是将外源正常基因通过生物学、物理或化学方法导入靶细胞，以纠正或补偿因基因缺陷和异常引起的疾病。基因替代疗法可通过将矫正基因（构建为质粒DNA）运输到细胞中表达，这种方法是最早用于临床的一种基因治疗方法，如重组人p53腺病毒注射液、治疗脂蛋白酯酶缺乏遗传病的基因治疗药物GLYBERA等。

（三）按化学结构分类

1. 多肽类药物 一般指相对分子质量低于10 kDa、少于100个氨基酸通过肽键连接而成的化合物。目前全球上市的多肽类药物有80多个，涵盖适应证广泛，如胸腺肽α1、胸腺五肽、奥曲肽、降钙素、催产素等。多肽类药物具有活性显著、特异性强、毒性较弱、在体内不易产生蓄积等优点。与蛋白质相比，多肽类药物的相对分子质量小、结构和生产制备相对简单。

2. 蛋白质类药物 与多肽类药物相比，蛋白质类药物相对分子质量大、结构复杂，需要应用基因工程和蛋白质工程技术制备获得。蛋白质类药物目前应用非常广泛，如绒促性素、人血白蛋白、神经生长因子、肿瘤坏死因子等。

3. 核酸类药物 核酸类药物包括脱氧核糖核酸（DNA）和核糖核酸（RNA），有 mRNA、反义 DNA、反义 RNA、肽核酸、核酶和脱氧核酶等，如三磷酸腺苷（ATP）、辅酶 A、脱氧核酸、三氟胸腺等。

4. 多糖类药物 多糖类药物（carbohydrate-based drug）是具有生物活性的动物、植物、微生物和海洋生物来源的糖类化合物及其衍生物，如甘露聚糖肽、肝素、伤寒 Vi 多糖疫苗等。

四、生物技术药物的质量要求

由于生物技术药物均为生物大分子药物，具有特殊的化学组成和理化性质，其生产菌或细胞、生产工艺均会影响终产品的质量，产品中相关物质的来源和种类与化学药物和中药不同，因此，此类药物的质量标准制定和质量控制项目与化学药物和中药不同，具有复杂性和多样性。生物技术药物的来源复杂，质量控制指标很难统一，总的原则是质量标准需要充分反映每个产品的特性，能够控制好其质量。生物技术药物制剂除了要满足最终剂型的常规质量检查以外，还有一些特殊的质量检查内容。与化学药物包含性状、鉴别、检查、含量测定等在内的质量标准不同，生物技术药物的质量标准还包括基本要求、制造、检定等内容。

（一）制造项下的特殊规定

对于利用哺乳动物细胞和工程菌产生的生物技术药物，生产过程中使用的菌毒种和动物细胞基质应符合"生物制品生产检定用菌毒种管理及质量控制"和"生物制品生产检定用动物细胞基质制备及质量控制"的相关要求，使用的原材料和辅料应符合"生物制品生产用原材料及辅料质量控制"的相关要求。

《中国药典》（2025 年版）三部中对于人用基因治疗制品的质量控制要求，人用基因治疗制品的制造主要包括生产用起始原材料和辅料的控制，载体的制备，目标成分的提取、纯化和制剂等过程。要求应采用经过验证的生产工艺进行生产，并对生产工艺全过程进行控制。

（二）检定项下的特殊规定

在本项下规定了对原液、半成品和成品的检定内容与方法，应根据制品关键质量属性、对制品和工艺的深入了解和风险评估的原则，制定相应质量控制策略，制品检定采用的检测方法应经验证或确认并符合要求。标准品、参考品或对照品的建立和制备可参照"生物制品国家标准物质制备和标定"的相关要求。原液检定项包括生物学活性、蛋白质含量、比活性、纯度（两种方法）、相对分子质量、外源性 DNA 残留量、鼠 IgG 残留量（采用单克隆抗体亲和纯化时）、宿主菌蛋白质残留量、残余抗生素活性、细菌内毒素检查、等电点、紫外光谱、肽图、N 端氨基酸序列（至少每年测定 1 次）；半成品检定项目包括细菌内毒素检查、无菌检查；成品检定项目除一般相应剂型的检定项外，还需检测生物学活性、残余抗生素活性、异常毒性等。

五、生物技术药物制剂的现状

在过去十几年里，生物技术药物的数量不断增多，在市场销售的占比也不断上升，某些药物已经成为世界畅销的药物，2023 年全球销售统计数据显示全球销售量居前 10 名的药物中有 8 个是生物技术药物。自 2020 年 1 月至 2023 年 6 月，美国 FDA 的药品评价和研究中心（CDER）共批准了 163 种新分子药物，其中蛋白类药物有 48 个，核酸类药物有 5 个，此外，CDER 批准的血液、疫苗、过敏原、组织及细胞和基因疗法共有 49 个。其中部分药物也在我国被国家药品监督管理局（NMPA）

批准上市。

> **拓展阅读** 2020 年以来美国 FDA 和中国 NMPA 批准上市的部分代表性生物技术药

目前，在生物技术药物的研发中，抗肿瘤药物仍然是研究热点。2021 年 5 月，美国 FDA 加速批准 Rybrevant 上市，用于 EGFR 基因外显子 20 插入突变阳性的转移性非小细胞肺癌的治疗，是该领域的首个靶向药。2022 年初批准的融合蛋白类药物 Kimmtrak，是美国 FDA 批准的第一个治疗非手术性或转移性葡萄膜黑素瘤的药物，也是第一个获得批准的 T 淋巴细胞受体疗法。Genmab 开发的 CD3/CD20 双抗类药物 Epkinly，于 2023 年 5 月批准上市，为美国 FDA 批准的首款用于治疗成人复发或难治性弥漫性大 B 细胞淋巴瘤患者的双特异性抗体。

礼来（Eli Lilly）公司研发的 Mounjaro 产品于 2022 年 5 月通过美国 FDA 批准上市，活性成分 Tizepatide 是一种肽类药物，通过激动胰高血糖素样肽 1（GLP1）和葡萄糖依赖性促胰岛素性多肽（GIP）受体控制 2 型糖尿病患者的血糖水平，该药物被认为是迄今为止治疗 2 型糖尿病最有效的药物。同年 MacroGenics 生物制药公司上市的单抗类药物 Teplizumab，是首款能延缓 1 型糖尿病发作的新药，具有良好的市场前景。

2020 年新冠疫情在全球蔓延，美国 FDA 生物制品评估与研究中心（CBER）于 2021 年紧急批准辉瑞（Pfizer）和德国生物技术公司（BioNTech）联合开发的 mRNA 疫苗 Comirnaty 上市，该项目从启动到上市仅耗时 1 年半，远低于疫苗的平均研发时间 10.7 年，成为 2021 年的明星产品。全球 siRNA 疗法领先的医药公司 Alnylam 于 2022 年 6 月宣布产品 Amvuttra 得到美国 FDA 批准上市，这是全球第 5 款获批上市的 siRNA 药物，用于治疗遗传性转甲状腺素介导淀粉样变性的多发性神经病，作为一种遗传性的罕见病，目前几乎没有治疗方案，siRNA 疗法能改善多发性神经病的症状，使患者病情逆转或停止。

我国生物技术药物制剂近年来也发展迅速，实现了多个"第一"。荣昌生物自研维迪西妥单抗注射液于 2021 年 6 月上市，用于晚期或转移性胃癌患者的治疗，这是国内获批的第三个抗体——药物复合物（ADC），同时也是首款国内药企自主研发的 ADC 产品，具有重要意义。同月，复星凯特的自体 CAR-T 细胞疗法产品阿基仑赛注射液上市，这是我国首个获批上市的 CAR-T 细胞疗法，用于治疗弥漫性大 B 细胞淋巴瘤、原发性纵隔大 B 细胞淋巴瘤和高级别 B 细胞淋巴瘤。2021 年 11 月，NMPA 批准四川思路康瑞药业申报的恩沃利单抗注射液上市，成为我国首个获批的国产 PD-L1 抑制剂，同时也是全球首个皮下注射 PD-L1 抑制剂。2022 年 6 月，国产 PD-1/CTLA-4 双抗卡度尼利单抗注射液上市，这是国内首款上市的双抗药物，同时也是全球首款获批的 PD-1/CTLA-4 双抗。

第二节　多肽、蛋白质类药物给药系统

如何运用制剂手段，研究开发生物技术药物制剂，特别是新的生物技术药物给药系统是药剂学工作者的一个重要任务。提高蛋白多肽类药物的稳定性，延长作用时间，减少给药次数，开发生物技术药物的非注射给药系统，是目前药剂学的一个难点。

一、多肽、蛋白质类药物的结构及性质

（一）多肽、蛋白质类药物的结构

多肽和蛋白质的基本单位是氨基酸。氨基酸按一定的排列顺序通过肽键（酰胺键）连接形成肽链，肽键是由一个氨基酸残基的 α-羧基和另一个氨基酸残基的 α-氨基缩合而成。肽链所含氨基酸少于 10 个称作寡肽，超过 10 个的称为多肽。氨基酸数量在 50 个以上的多肽是蛋白质。

蛋白质有一级、二级、三级、四级结构（图 10-2）。蛋白质的一级结构（primary structure）就是

蛋白质多肽链中氨基酸的排列顺序，也是蛋白质最基本的结构。它是由基因遗传密码的排列顺序所决定的。蛋白质分子的多肽链并非呈线形伸展，而是折叠和盘曲构成特有的比较稳定的空间结构。蛋白质的生物学活性和理化性质主要取决于空间结构的完整性。蛋白质的空间结构就是指蛋白质的二级、三级和四级结构。蛋白质的二级结构（secondary structure）是指多肽链中主链原子的局部空间排布即构象，一般有 α 螺旋和 β 折叠等结构形式。蛋白质的多肽链在各种二级结构的基础上再进一步盘曲或折叠形成具有一定规律的三维空间结构，称为蛋白质的三级结构（tertiary structure）。蛋白质三级结构的稳定主要靠次级键，包括氢键、疏水键、盐键及范德瓦耳斯力等。次级键都是非共价键，易受环境中 pH、温度、离子强度等的影响，有变动的可能性。具有两条或两条以上独立三级结构的多肽链组成的蛋白质，其多肽链间通过次级键相互组合而形成的空间结构称为蛋白质的四级结构（quaternary structure）。其中，每个具有独立三级结构的多肽链单位称为亚基（subunit）。四级结构指亚基的立体排布、相互作用及接触部位的布局。某些蛋白质分子可进一步聚合成聚合体（polymer）。聚合体中的重复单位称为单体（monomer），聚合体可按其中所含单体的数量不同而分为二聚体、三聚体……寡聚体（oligomer）和多聚体（polymer）。

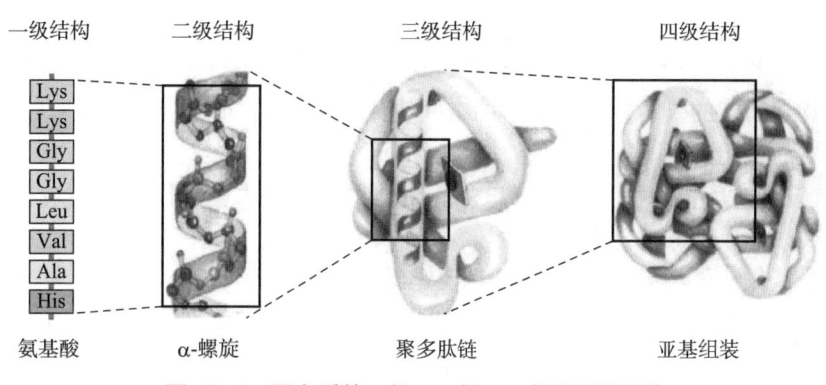

图 10-2　蛋白质的一级、二级、三级和四级结构

（二）多肽、蛋白质类药物的性质

1. 多肽、蛋白质类药物的理化性质

（1）相对分子质量大小：多肽药物一般指相对分子质量低于 10 000、少于 100 个氨基酸通过肽键连接而成的化合物。蛋白质药物的相对分子质量一般在 10 000 ~ 1 000 000 或更大。

（2）旋光性：由于蛋白质和多肽类药物均由氨基酸组成，除甘氨酸外，其余氨基酸的 α- 碳原子都是不对称的，因而都具有旋光性，多肽和蛋白质也因此具有旋光性。

（3）两性电离及等电点：多肽和蛋白质同氨基酸一样，是两性电解质，既能和酸作用，也能和碱作用。在 pH 0 ~ 14，肽键中的酰胺氢不能解离，因此多肽和蛋白质的酸碱性质主要取决于肽链中的游离末端氨基和羧基，以及侧链上的可解离基团。在一定的 pH 条件下，这些基团能解离为带电基团，从而使多肽和蛋白质带电。每种氨基酸都有特定的等电点，不同多肽或蛋白质分子由于所含的氨基酸组成不同，因而有各自的等电点。在不同的 pH 溶液中，同一个肽的解离情况也不同，所带净电荷也不同。

（4）多肽和蛋白质的紫外吸收与颜色反应：含苯环的氨基酸在近紫外区有光吸收，因此含有这些氨基酸的蛋白质也具有紫外吸收能力，一般最大吸收波长为 280 nm。

多肽和蛋白质药物的化学反应与氨基酸一样，游离的 α- 氨基和 α- 羧基侧链基团可以发生与氨基酸中相应基团类似的反应。多肽和蛋白质能与茚三酮发生反应，生成呈色物质，这一反应可以应用于多肽和蛋白质药物的定性和定量测定；N 端的氨基能够与 Sanger 试剂和 Edman 试剂发生反应；含有酪氨酸的多肽和蛋白质药物能将 Folin-酚试剂中的磷钼酸及磷钨酸还原成蓝色化合物；双缩脲反应是肽和蛋白质所特有的，而氨基酸不发生双缩脲反应。

（5）蛋白质的胶体性质：由于蛋白质相对分子质量大，所以它在水溶液中所形成的颗粒直径在 1~100 nm，具有胶体溶液的特征，如布朗运动、丁达尔现象、电泳现象、不能通过半透膜，以及具有吸附能力等。

2. 多肽、蛋白质类药物的生物学性质　与小分子药物一样，多肽和蛋白质类药物的活性与其结构的完整性密切相关，但不同的是，小分子药物的活性几乎完全取决于其化学稳定性，而多肽、蛋白质类药物的生物活性不仅取决于分子的一级结构，更取决于其三维构象，尤其是蛋白质类药物。

多肽、蛋白质的一级结构发生改变，即分子中某些氨基酸序列改变都可能造成蛋白质功能发生变化。例如，镰形细胞贫血病（sickle-cell anemia）患者的血红蛋白（HbS）分子的一级结构与正常人的血红蛋白（HbA）相比，在 574 个氨基酸残基中只有两个氨基酸残基的差异，HbA 和 HbS 的 α 链是完全相同的，所不同的只是 β 链上从 N 端开始的第 6 位氨基酸残基，在正常的 HbA 分子中是谷氨酸，而患者的 HbS 分子中为缬氨酸所代替。仅仅两个氨基酸的差异使 HbS 分子表面的负电荷减少，这种变化使患者的血红蛋白容易聚集并形成杆状多聚体，从而导致红细胞变形，诱发患者贫血症状。

蛋白质的三维结构决定其生物学功能，而氨基酸的种类和序列提供了肽链三维折叠所需要的信息。执行特定生物学功能的蛋白质都有一定的空间构象，某些蛋白质执行功能时，蛋白质的空间构象也会发生一些微妙的变化。

3. 多肽、蛋白质类药物的稳定性　蛋白多肽类药物的化学不稳定性主要表现在新化学键的形成和原化学键的断裂，形成新的化学实体从而导致其一级结构改变，这些变化过程包括蛋白质或多肽的水解、脱酰胺基、氧化、外消旋、β-消除、二硫键断裂与交换等。

物理不稳定性是指多肽和蛋白质的一级结构不变，高级结构（二级及二级以上结构）发生改变的过程。物理不稳定性包括去折叠、聚集、沉淀和表面吸附或界面吸附等。影响蛋白质稳定性因素有很多，包括温度、pH、蛋白质浓度、离子环境、表面、机械作用力等。这些因素在蛋白质类药物的制剂研究中都需要重点关注。

拓展阅读　影响蛋白质稳定性因素

二、多肽、蛋白质类药物注射给药系统

多肽、蛋白质类药物注射给药方式是其他给药方式很难替代的，因为该类药物稳定性差，在胃肠道中的酶、酸、碱等条件下易被水解，半衰期短且吸收度较差，临床上常需要重复给药，为保证生物利用度，目前注射给药（parenteral administration）是多肽和蛋白质类药物临床给药的最主要途径，其中，静脉注射、皮下注射和肌内注射应用最为广泛。

（一）普通注射剂

多肽、蛋白质类的普通注射剂包括溶液型注射剂、混悬型注射剂和注射用无菌粉末，对这些制剂的要求与一般注射剂基本相同。这类药物注射剂处方设计面临的主要问题是如何保证药物的稳定性。增加多肽、蛋白质类药物注射剂稳定性的方法主要有以下三类。

1. 对多肽或蛋白质分子进行改造　对多肽或蛋白质分子进行改造，一方面可以增加药物的稳定性，另一方面可以增加多肽、蛋白质类药物注射剂的半衰期。增加稳定性可以采用的方法包括替换容易发生降解的氨基酸，或者用聚乙二醇（PEG）、糖类等对蛋白质进行化学修饰。

例如，多肽、蛋白质类药物，经 PEG 修饰后，其溶解度增加、体内稳定性提高、免疫原性降低、肾清除率降低，从而有效地延长了药物的半衰期。采用这一策略已上市的药物有腺苷脱

氨酶（Adagen®），天冬酰胺酶（Oncospar®），人粒细胞集落刺激因子（Neulasta®），人生长激素（Somavert®），干扰素-α等。

此外，还可以通过构建融合蛋白的方式增加蛋白质类药物的体内半衰期。融合蛋白可以构建具有双功能的目的蛋白，这种融合蛋白是将两个或多个基因的编码区首尾相连，由同一调控序列控制构成的基因表达产物。常选用半衰期较长，相对分子质量较大的分子作为蛋白质类药物的载体构建融合蛋白，其中人血清白蛋白和免疫球蛋白的 Fc 片段应用得最为广泛。我国自主研发的益赛普和强克（注射用重组人Ⅱ型肿瘤坏死因子受体-抗体融合蛋白）已经上市。

2. 注射剂处方中添加稳定剂　在对多肽、蛋白质类药物溶液型注射剂进行处方设计时，可添加药物的稳定剂，包括缓冲剂、无机盐类、表面活性剂、糖类与多元醇类、人血清白蛋白（HSA）和氨基酸等。

（1）缓冲剂：pH 对蛋白多肽药物溶液型注射剂的稳定性和溶解度均有重要的影响。一般而言，大多数蛋白多肽药物在 pH 4~10 是比较稳定的，在等电点对应的 pH 下是最稳定的，但溶解也最少。使用的缓冲液系统通常由蛋白质稳定性、给药途径和下游加工决定，最常用的缓冲系统是组氨酸，其次是磷酸盐（pH 5.7~8.0）、柠檬酸盐（pH 3.0~6.2）、三羟甲基氨基甲烷（Tris，pH 7.1~9.0）、甘氨酸（pH 7.5~8.9）和琥珀酸盐（pH 3.2~5.2 或 pK_a 为 5.5~6.52）。组氨酸缓冲系统由于其适宜的 pK_a（6.0）而优于其他缓冲系统，皮下注射时与柠檬酸盐相比引起的疼痛更少，且在冷冻干燥条件下不会升华。

（2）无机盐类：无机盐类对蛋白质的稳定性和溶解度有比较复杂的影响。有些无机离子能够提高蛋白质高级结构的稳定性，但同时使蛋白质的溶解度下降（盐析），而另一些离子却相反，可降低蛋白质高级结构的稳定性，同时使蛋白质的溶解度增加（盐溶）。另外一个要考虑的重要因素是盐的浓度，在低浓度下可能以盐溶为主，而高浓度下则可能发生盐析。

（3）表面活性剂：含长链脂肪酸的表面活性剂或离子型的表面活性剂常会引起蛋白质的解离或变性，但少量非离子型表面活性剂能够降低表面张力，避免蛋白质在下游加工和配制过程中聚集。在商业化的蛋白质药物制剂中使用的表面活性剂包括聚山梨酯 80、聚山梨酯 20、泊洛沙姆 188 和十二烷基硫酸钠等。

（4）糖类与多元醇类：糖类与多元醇等可增加蛋白质药物在水中的稳定性，还可在冷冻和干燥操作期间成为保护剂。常用的糖类包括蔗糖和海藻糖，常用的多元醇有甘油、甘露醇、山梨醇、PEG 和肌醇等。

（5）人血清蛋白：人血清白蛋白（HSA）可以稳定蛋白多肽药物，可用于人体，在市售的生物技术药物中用量为 0.1%~0.2%。血清蛋白易被吸附，可减少蛋白质药物的损失，也可以作为冻干保护剂，如在白介素-2、干扰素和组织纤溶酶原激活素等制剂中均有添加。

（6）氨基酸类：一些氨基酸可以增加蛋白质药物在给定 pH 下的溶解度，并可提高其稳定性，其中甘氨酸比较常用。如氨基酸可稳定尿激酶、门冬酰胺酶和干扰素等蛋白质药物。

3. 制成冻干制剂　某些蛋白多肽类药物的溶液在加有适当稳定剂并低温保存时，可放置数月或两年以上，此时其溶液型注射剂将是首选剂型，因为溶液型注射剂使用方便、制备工艺更简单。然而也有些多肽、蛋白质类药物在溶液中活性只能保持几个小时或几天，此时，需要除去制剂中的水分，将其制成冻干注射制剂。冷冻干燥主要包括两个步骤，即蛋白质溶液的冷冻和在真空状态下对冷冻固体的干燥。冷冻干燥过程中有一些可能使蛋白质发生不同程度地变性的因素，所以需要在处方中加入冻干保护剂等辅料。

在制备多肽、蛋白质类药物的冷冻干燥制剂时，一般要考虑加入填充剂、缓冲剂、冻干保护剂和稳定剂等。由于单剂量的多肽、蛋白质类药物剂量一般都很小，因此为了冻干成型需要加入填充剂。常用的填充剂包括糖类与多元醇，如甘露醇、山梨醇、蔗糖、乳糖、海藻糖和右旋糖酐等，其中以甘露醇最为常用。糖类和多元醇等还可作为冻干保护剂,在冷冻干燥过程中随着分子周围的水分子被除去,蛋白质容易发生变性,而糖类和多元醇等多羟基化合物可代替水分子,可使蛋白质分子与之产生氢键,这对蛋白质药物的稳定是十分有利的。一些稳定剂(如盐类和氨基酸类)也可直接用作填充剂。抑菌剂和等张调节剂等可加至溶解冻干制剂的稀释液中,在临用时配制,以减少这些辅料与药物的接触时间,增加药物和制剂的稳定性。

(二)缓、控释型注射给药系统

为了改善多肽和蛋白质类药物半衰期短、注射给药频繁的问题,除了对多肽和蛋白质进行分子改造外,还可通过制剂学手段改善多肽和蛋白质类药物的吸收使其长效化。

1. 注射用缓释微球 微球(microsphere)是指药物溶解或者分散在高分子材料基质中形成的微小球状实体,常见粒径在 1~250 μm,一般通过皮下或肌内注射给药,并随着载体的缓慢溶蚀而持续释放药物。微球是目前多肽、蛋白质类药物注射用缓释控释制剂最常用的载体。

拓展阅读 注射用微球在多肽、蛋白类药物给药中的应用

2. 其他微粒给药系统 微粒给药系统(microparticle drug delivery system,MDDS)指药物或与适宜载体(一般为生物可降解材料),经过一定的分散包埋技术制得具有一定粒径(微米级或纳米级)的微粒药物制剂,其在多肽、蛋白质类药物应用方面具有显著优势。注射用微粒给药系统一般具有缓释、控释或靶向作用,除了上述微球以外,目前有大量针对多肽、蛋白质类药物的其他微粒给药系统的研究。如 Anderson DG 等设计的葡萄糖响应性纳米粒可以智能地释放负载胰岛素的超细颗粒,并有效地降低血糖,一次注射纳米粒后胰岛素可以根据葡萄糖浓度的变化进行自我调节,从而实现有效的持续释放。

3. 植入给药 植入给药系统(implanted drug delivery system)指由药物与赋形剂经熔融制备的一种供腔道或皮下植入用的控释给药系统,多肽和蛋白质类药物植入剂常应用于抗癌、心血管疾病、糖尿病、眼部疾病的治疗。

拓展阅读 多肽、蛋白类药物的植入给药系统研究进展

4. 原位贮库给药 原位贮库给药(In situ storage and dosing system)是在合适的生物可降解聚合物作用下在用药部位形成基质或储库系统持续释放药物的系统,特别适用于局部植入并释药。

拓展阅读 多肽、蛋白类药物的原位贮库给药研究进展

5. 无针注射给药 无针喷射注射(needle-free jet injection,NFJI),又称无针注射(needle-free injection,NFI),是指使用不带针头的注射器,利用动力源产生瞬时高压,使注射器内的药物通过喷嘴形成高速、高压的喷射流,从而使药物通过皮肤外层到达皮下、皮内等组织层释放药效的一种新兴的注射方法。欧美国家的医用无针注射器侧重于与药品绑定,一般作为高价值的生物药品或疫苗的配套注射器具,多为一次性使用产品,单次使用成本较高。国内医用无针注射主要应用于胰岛素、生长激素等需要长期自我注射的慢性疾病给药领域,主要为可重复使用产品,成本可控,临床的接受度不断提高。目前,无针注射主要应用于胰岛素、疫苗、麻醉和皮肤治疗等领域。

拓展阅读 无针注射给药系统研究进展

三、多肽、蛋白质类药物非注射给药系统

随着多肽、蛋白质类药物的黏膜给药、经皮给药、口服给药研究的不断深入,生物技术药物的非注射给药,也将成为与注射给药同样重要的给药途径。

(一)口服给药

口服给药途径因使用方便,最易被患者接受,然而,大多数蛋白质若不经化学或制剂修饰直接口服给药,其生物利用度往往只有 0.1%~2% 或更低,多数的口服酶制剂只是在胃肠道发挥局部作用。

口服胰岛素制剂，虽然经历了近百年的研究，有多个产品进入临床试验阶段，但都以失败告终，现在仍无上市产品。2019年，美国FDA批准了口服索马鲁肽制剂，用于成人2型糖尿病的治疗，也是第一个获批上市的口服胰高血糖素样肽-1受体激动剂。一些治疗其他疾病的多肽、蛋白质类药物也实现了口服给药，如口服胸腺肽、脑蛋白水解物等。另外，有些蛋白质药物如蚓激酶，虽然吸收很少，但在大剂量给药情况下仍能发挥一定的药理效应，故也有口服的制剂产品。多肽、蛋白质类药物制剂口服给药的研究重点是如何提高其口服生物利用度，而影响生物利用度的因素有药物因素、胃肠道生理因素和制剂因素。

1. 药物因素 氨基酸或二、三肽通常可通过肠黏膜上的水性孔道而吸收，而肽类和蛋白质则不能，只能通过主动转运方式吸收。然而，多肽和蛋白质相对分子质量大，脂溶性差，难以通过生物膜屏障，并且存在化学和物理不稳定问题。

2. 胃肠道生理因素 在胃肠道中，胃部为极端pH条件，可能影响多肽、蛋白质类药物的活性；胃肠道中也存在着大量肽水解酶和蛋白水解酶，可将多肽、蛋白质类药物水解为氨基酸或二、三肽等；药物吸收后易被肝消除，存在首过效应。

3. 制剂因素 为了克服药物因素和胃肠道生理因素，改善多肽、蛋白质药物的口服生物利用度，目前针对这类药物制剂的研究重点放在如何提高多肽的生物膜透过性和抵抗蛋白酶降解这两个方面。具体的方法包括使用微粒给药系统、加入蛋白酶抑制剂、添加吸收促进剂等。

（1）使用微粒给药系统：以纳米粒、脂质体、微球等微粒作为口服多肽、蛋白质类药物的递送载体，可提高这些药物的口服稳定性和生物利用度。一方面上述载体可保护药物不受胃肠道中酶及pH的影响；另一方面人体和动物小肠中存在着一些微粒能通过派尔集合淋巴结（Peyer结），微粒由于粒径较小，相对表面积大，与生物膜的黏附性强，进入肠道后可大量聚集于Peyer结，携带药物以完整形式透过生物黏膜，同时粒径小也有利于肠上皮细胞的转运吸收，从而提高药物的生物利用度；此外，一些载体材料（如多糖类）具有生物黏附特性，可增加多肽、蛋白质类药物与黏膜的接触机会，将药物输送至酶活性较低的大肠部位等。

（2）加入蛋白酶抑制剂：蛋白酶抑制剂既可以保证蛋白多肽原有结构，又可以使蛋白免遭酶破坏。使用酶抑制剂最著名的例子是口服胰岛素ORMD-0801，其由大豆胰蛋白酶抑制剂和清除钙的螯合剂组成，研究结果显示该制剂可使血糖读数 > 200 mg/dL 的频率显著降低24.4%，曲线下葡萄糖面积显著下降16.6%，并且在傍晚时段有更大的下降。然而，也有报道称，过量使用酶抑制剂可能会限制某些治疗效果或引发不良的药理活性。

（3）添加吸收促进剂：吸收促进剂能可逆地、特异性或非特异性地显著增强胃肠道吸收，进而提高血药浓度和生物利用度。这些物质可以不同程度地与上皮细胞膜脂或蛋白质相互作用，开放或破坏紧密连接的完整性，降低黏液黏度，或增加膜流动性。优良的吸收促进剂应取决于以下条件是否合适：作用的时间、渗透增强的程度和无毒性。多肽、蛋白质类药物制剂常用的吸收促进剂有表面活性剂、脂肪酸、螯合剂、甘油酯、胆汁盐、水杨酸盐、壳聚糖和胆固醇等。它们通常会增加多肽、蛋白质类药物的溶解度和生物黏附性，从而使更多的药物保留在吸收部位，从而提高药物的口服生物利用度。N-［8-（2-羟基苯甲酰基）氨基］辛酸钠（SNAC）是一种很有前途的吸收促进剂，可以增强带极性电荷的药物分子通过肠上皮的被动渗透。鉴于极性药物渗透亲脂性肠上皮膜的趋势非常低，包括降钙素、胰岛素和肝素在内的几种PPD与SNAC结合，可以促进肠道药物渗透，前述的已上市的索马鲁肽口服制剂就使用了这项技术，显示出对胃酶的保护作用，并增强了疏水性，以促进肽药物渗透到肠道。

（二）经皮给药

经皮给药具有避免胃肠环境对药效的干扰和肝首过效应，延长半衰期较短药物的治疗效果，长期维持稳定的给药速率等特点。然而皮肤的角质层和活性表皮层构成了经皮吸收的主要障碍，并且多肽、蛋白质类药物相对分子质量大、亲水性强、稳定性差，致使在所有非侵入性给药方式中，经皮给药的生物利用度往往最低。通过一些特殊的物理或化学的方法和手段，能显著地增加多肽、蛋白质类药物的经皮吸收。除了在制剂处方中加入吸收促进剂外，还可利用物理的方法促进多肽、蛋白质类药物的经皮渗透，包括微针贴片（microneedle patch，MNP）、离子导入、电致孔技术、超声渗透、经皮脂质体载体等。

1. 微针给药系统 也称微针贴片，通常由 100～1 500 μm 高度的微阵列构成，阵列的形状为圆锥体、棱锥体或其他不规则形状，微针阵列可穿透角质层屏障，在表皮形成微孔道，药物通过微孔道渗透进入皮肤内，从而实现经皮给药。2012 年上市的一种胰岛素贴片（商品名 V-go），其内含微型胰岛素输注泵将胰岛素输送至体内。近年来也有诸多研究构建了由生物相容性材料为支撑结构的微针系统用于多肽、蛋白质的经皮递送，研究结果显示这些微针给药系统能够高效地递送包封的生物活性分子，在蛋白质药物的透皮递送方面具有巨大潜力。

2. 离子导入法 是利用连续性的直流电流，以同电性相斥的原理，将离子或带电的化学药物驱送至体内的治疗方法，又称为离子电泳法。该技术主要给药途径是皮肤附属器，如汗腺、皮脂腺等途径。离子导入给药效率与药物相对分子质量的大小成反比，该技术可能不适用于相对分子质量较大的药物，对于相对分子质量较大的一些多肽或蛋白质单独使用离子导入技术很难实现有效的经皮渗透量，因此主要与其他方法联合应用，如将微针阵列（MA）与离子电渗疗法相结合，通过一种离子电渗驱动的多孔 MA 贴片（IDPMAP）用于胰岛素的主动递送。

3. 电致孔技术 电致孔技术（electroporation）是指利用瞬时高脉冲电压在细胞膜等脂质双分子层形成暂时可逆的亲水通道，从而增加细胞或组织膜的渗透性，以利于透皮给药的一种方法。该技术在分子生物学和生物技术中已有较多的应用，如用于细胞膜内 DNA、酶和抗体等大分子的导入、制备单克隆抗体或进行细胞的融合等。

4. 超声促渗透 是利用超声波促进药物经皮肤或者黏膜吸收的技术。该技术于 20 世纪 60 年代开始广泛应用于运动医学，其超声波的热效应、机械效应、空化效应和辐射压力效应是超声促渗的主要机制。近年来，有报道观察了甘精胰岛素超声导入与皮下注射两种给药方式疗效的差异，结果表明两种给药方式胰岛素生物利用度相似，胰岛素的超声输送具有良好的降血糖作用，该系统给胰岛素类多肽蛋白药物的递送途径开辟了新道路。超声促渗透虽然是一个有前途的无创给药方法，但不能否认超声导入多肽类药物的不足之处在于，超声可能会对皮肤组织造成一定损伤，导致皮肤破裂或损坏。

5. 经皮脂质体载体 多肽、蛋白质类药物具有极强的亲水性，不容易透过皮肤角质层进入毛细血管并传递到相应组织细胞处，也可以利用脂质体改变其亲水性来提高透皮给药效率。近年来脂质体作为药物的透皮给药载体得到了迅速发展，相信在不久的将来，更加稳定高效的透皮给药脂质体的出现，将极大促进蛋白多肽类药物的透皮给药的应用。

（三）黏膜给药

1. 鼻腔给药制剂 多肽、蛋白质类药物的鼻腔给药（nasal delivery）的主要剂型有滴鼻剂、气雾剂，粉雾剂等。目前已经有上市的药物制剂有那法瑞林（nafarelin）、布舍瑞林（buserelin）、去氨加压素（desmopressin）、降钙素（calcitonin）、缩宫素（oxytocin）、胰高血糖素（glucagon）等。虽然有的产品生物利用度并不高（如那法瑞林和缩宫素的生物利用度分别为 3% 和 1%），但因其有效剂量很小，因此也得到广泛的临床应用。

多肽、蛋白质类药物的鼻腔给药具有一些有利条件。鼻腔中大量的微绒毛大大增加了吸收面积、鼻腔黏膜的穿透性相对较高、黏膜中小动脉、小静脉和毛细淋巴管分布丰富，这些因素都有利于药物的鼻腔吸收；药物在鼻黏膜的吸收可以直接进入体循环，故能避开肝的首过效应；鼻腔中酶的活性相对较低，对多肽、蛋白质类药物降解作用低于胃肠道。因此一些多肽、蛋白质类药物（如降钙素）的鼻腔给药可作为注射给药的替换治疗。

多肽、蛋白质类药物鼻腔给药系统当前存在的主要问题是一些相对分子质量大的药物透过性差，生物利用度较低，超过 27 个氨基酸的多肽鼻腔给药的生物利用度一般小于 1%；有些药物鼻腔吸收不规则，会产生局部刺激性、阻碍纤毛运动及长期给药所引起的毒性。提高多肽、蛋白质类药物鼻腔给药生物利用度的方法包括应用吸收促进剂和酶抑制剂，或者制成微球、纳米粒、脂质体、凝胶剂等以延长作用时间或增加吸收。常用的鼻腔吸收促进剂有胆盐类（如胆酸钠、甘氨胆酸钠、脱氧胆酸钠、牛磺脱氧胆酸钠等）、表面活性剂类（如聚氧乙烯月桂醇醚、皂角苷等）、螯合剂类（如乙二胺四乙酸盐、水杨酸盐等）、脂肪酸类（如油酸、辛酸、月桂酸等）、磷脂类及衍生物（如溶血卵磷脂、溶血磷脂酰胆碱、二癸酰磷脂酰胆碱等）、甘草亭酸衍生物、夫西地酸衍生物、酰基肉碱类（如辛酰基肉碱、月桂酰基肉碱、棕榈酰肉碱等）和环糊精类（如 α-环糊精、β-环糊精、γ-环糊精、环糊精衍生物等）。

2. 肺部给药制剂 肺部给药具有快速、及时、有效及生物利用度高的特点。给药剂型为喷雾、定量吸入气雾剂和干粉吸入剂。目前已经有制剂上市的药物有用于全身治疗的胰岛素等，用于局部治疗的有干扰素等。

与其他黏膜给药途径相比，多肽、蛋白质类药物经肺部给药对药物的吸收具有的优势包括：①肺部具有巨大的可供吸收的表面积和十分丰富的毛细血管；②肺泡上皮细胞层很薄且到毛细血管的转运距离极短，易于药物分子透过和吸收；③肺部的酶活性较胃肠道低，且可直接进入血液循环，可避开肝首过效应。相对于其他非注射途径给药，肺部给药可有效提升多肽和蛋白质类药物的生物利用度。2006 年，美国 FDA 批准了第一个胰岛素干粉吸入制剂（商品名 Exubera），但是其生物利用度仅相当于皮下注射人胰岛素的 10%，且存在一定的安全隐患，在 2007 年终止销售。2014 年第二个胰岛素干粉吸入制剂（商品名 Afrezza）上市，其能更好地模拟健康人体胰岛素分泌，改善餐后血糖控制，并且还可以显著降低产生低血糖和体重增加的风险。Afrezza 给药后 12~15 min 血药浓度就可达峰，生物利用度相当于皮下注射门冬胰岛素的 30%。为了提高这类药物的生物利用度，一般采用加入吸收促进剂或酶抑制剂，对药物进行修饰或制成脂质体等。

常用的吸收促进剂有胆酸盐类、非离子型表面活性剂和脂肪酸盐等。常用的酶抑制剂有甲磺酸萘莫司他（nafamostat mesilate，NM）、大豆胰蛋白酶抑制剂（soybean trypsin inhibitor，STI）、杆菌肽、胰凝乳蛋白酶抑制剂（antichymotrypsin）、内皮素转化酶抑制剂（enzyme inhibitor）等，它们能降低各种酶的蛋白质水解能力，从而增加对酶敏感、易降解的大分子药物的吸收。然而，很多药物可在上呼吸道沉积，导致很难将药物全部输送到吸收部位。同时肺部也是一个比较脆弱的器官，长期给药的可行性需经过充分验证，因此多肽、蛋白质类药物肺部给药系统应尽量少用或不用吸收促进剂，主要通过吸入装置的改进来增加药物到达肺深部组织的比率而增加吸收。多肽、蛋白质类药物的肺部给药主要有溶液和粉末的形式，也有制成微球、纳米粒和脂质体等微粒给药系统。

3. 口腔给药制剂 口腔黏膜与其他部位黏膜相比给药更为方便、快捷且可随时终止用药。但其黏膜通透性相对较差，需要加吸收促进剂，增强通透性，提高生物利用度。目前口腔给药可以分为三类：舌下给药、颊黏膜给药、局部给药。其中局部给药是作用于黏膜、牙组织、牙周袋起局部治疗作用，如口腔溃疡、牙周疾病等的治疗。口腔给药的剂型可以分为片剂、喷雾剂、粉剂、贴剂等，如干扰素口含片、胰岛素舌下含片等。

4. 直肠给药制剂 直肠黏膜给药（rectal deliver）指通过肛门将药物送入肠管，通过直肠黏膜的迅速吸收进入体循环，发挥药效以治疗全身或局部疾病的给药方法。直肠生理环境相较于胃和小肠，pH 较温和且酶活性很低，可以更好地保护药物不被破坏；直肠给药也可以避免肝首过效应；相较于口服给药，不易受胃排空及食物的影响。但通常情况下，多肽、蛋白质类药物的直肠给药采用直肠栓剂，在栓剂处方中通常要添加吸收促进剂。常用的吸收促进剂包括水杨酸类、胆酸盐类、烯胺类、氨基酸钠盐等。例如，胰岛素在直肠的吸收小于 1%，但加入烯胺类物质苯基苯胺乙酰乙酸乙酯后，吸收增加至 27.5%；用甲氧基水杨酸或水杨酸也可明显增加其吸收。

5. 眼部黏膜给药制剂　眼黏膜给药系统（ocular mucosal drug delivery system）指直接用于眼部发挥局部治疗作用或经眼部吸收进入体循环，发挥全身治疗作用的药物制剂，常用剂型为滴眼剂。多肽、蛋白质类药物通过眼黏膜途径给药，具有与其他黏膜给药共同的优势，包括能避免肝首过效应、给药简单易行、蛋白酶活性低、免疫反应小等。然而，由于眼部特殊的生理原因，如眼部容量小、泪液的稀释等，易造成药物的生物利用度低，常发挥局部作用，如干扰素制成的滴眼剂用于治疗单疱角膜炎、疱疹性角膜炎。为达到全身作用的目的，通常处方中也需要添加吸收促进剂。有研究对 50 余种眼膜吸收促进剂进行了筛选，发现 BL-9 和 Brij-78 对肽类药物的吸收有明显的促进作用，且不产生局部过敏反应及局部刺激作用。

第三节　核酸类药物给药系统

一、核酸类药物的概念、分类及性质

（一）概念

核酸类药物是指具有特定碱基序列，通过特异性靶向结合 mRNA 调控蛋白质表达的一类寡核苷酸或多核苷酸药物。近几十年来，核酸类药物的研究开发取得了巨大进展，成为继小分子药物、蛋白质类药物、抗体类药物、多肽类药物之后又一具有重大临床应用价值的药物。自 1998 年美国 FDA 批准第一个核酸类药物福米韦生（fomivirsen）以来，已累计有近 20 个核酸类药物上市，在多种疾病的治疗中发挥良好的疗效。

（二）分类

根据目前已有核酸类药物的结构、靶点和作用机制的不同，可将其分为七类，包括反义寡核苷酸、干扰小 RNA、微小 RNA、核酸适体、诱饵核酸、核酶和脱氧核酶、CpG 寡核苷酸。

1. 反义寡核苷酸　反义寡核苷酸（antisense oligonucleotide，ASO）是指能与特定 mRNA、pre-mRNA 或 miRNA 精确互补，进行特异性降解、抑制剪接、阻断翻译的一种单链 DNA 或 RNA 类似物，通常由 15~25 个核苷酸组成。

2. 干扰小 RNA　干扰小 RNA（small interfering RNA，siRNA）是主要参与 RNA 干扰过程的重要中间效应分子，可特异性调节靶基因的表达，在生理和病理过程中发挥着重要作用，是一种由 20~25 个核苷酸组成的双链 RNA 类似物。

3. 微小 RNA　微小 RNA（microRNA，miRNA）是真核生物中一类内源性、具有转录后调控作用的非编码单链小分子 RNA，其大小为 19~24 个核苷酸。

4. 核酸适配体　核酸适配体（aptamer）是能够与蛋白质或其他小分子物质发生特异性结合的短单链 DNA 或 RNA 分子，其大小为 26~45 个核苷酸。

5. 诱饵核酸　诱饵核酸（decoy）是一种人工合成的双链 DNA 分子，约 20 个核苷酸。它能够模仿靶基因的启动子区域中特定转录因子的共有 DNA 结合位点，竞争结合该转录因子，从而调控靶基因的表达。

6. 核酶和脱氧核酶　核酶（ribozyme）是一类天然存在的具有酶催化活性的 RNA 分子，可特异性地催化切割靶 RNA（如病毒 RNA 或靶 mRNA）以阻断 RNA 功能，发挥诊断和治疗疾病的作用。脱氧核酶（DNAzyme）是一类人工合成的具有催化活性的单链 DNA 分子，可通过招募辅助因子（如金属离子 Mg^{2+} 或有机分子）折叠成致密的结构以激活其在特定位点切割单链 RNA 的功能。

7. CpG 寡核苷酸　CpG 寡核苷酸（cytosine-phosphodiester-guanine oligonucleotide，CpG ODN）是人工合成的含未甲基化的胞嘧啶-鸟嘌呤二核苷酸（CpG）的寡脱氧核苷酸（ODN）。原核生物 DNA

中包含许多 CpG 序列，而哺乳动物 DNA 中则很少，且通常是甲基化状态。CpG ODN 可模拟细菌 DNA 对人体产生免疫刺激效应。

（三）结构与性质

核酸类药物都是通过 3′,5′-磷酸二酯键连接起来的多核苷酸或寡核苷酸，完全水解后得到含氮碱基、戊糖和磷酸。从药物分子物理化学性质的角度分析，核酸类药物的结构极为相似（图 10-3）。其分子质量通常大于 5 000 kD，属于生物大分子药物范畴。核酸类药物不同于常规的小分子药物，其功能主要依赖于自身的结构和理化性质，在给药系统研究前需了解其理化性质和稳定性。

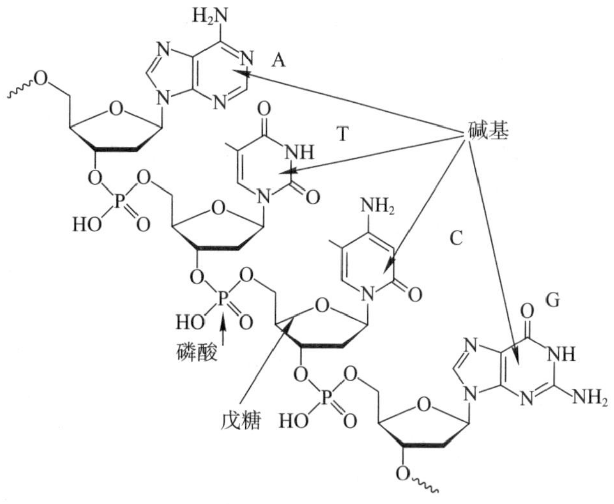

图 10-3 核酸类药物的基本结构

1. 理化性质 核酸由含氮碱基、戊糖、磷酸组成，分子中含有糖苷键、共轭双键、磷酸二酯键、氢键等，还有羟基、磷酸基、碱基等活性基团，这些组分与结构决定了核酸的理化性质。

（1）溶解性：核酸属于极性化合物，微溶于水，不溶于乙醇、乙醚、三氯甲烷等有机溶剂。盐溶液对核酸的溶解度也有较大的影响。

（2）两性电解质与酸碱性：核苷酸中既有酸性的磷酸基团，又有碱性的碱基基团，因此核酸是两性电解质。由于磷酸基的酸性较强，核酸一般显酸性。

（3）黏度：核酸的黏度与其相对分子质量及结构有关。500 个碱基对的 DNA 双链平均分子质量约为 35 kD，且 DNA 分子极为细长，因此在极稀的溶液中也有较大的黏度。RNA 分子比 DNA 短，黏度相对较低。

（4）紫外吸收：核酸分子中的碱基均含有共轭双键，对于 260 nm 的紫外光有最大吸收。根据核酸的紫外吸收特性，可以对其进行定量分析。

（5）变性：核酸的变性是指维系其结构的次级键发生断裂，转变为无规则线性结构的现象。引起核酸变性的因素有加热、酸、碱、有机溶剂、尿素及甲胺等。变性后的核酸理化性质发生改变，如黏度降低、沉降速率加快、紫外吸收增加等。由于 RNA 只有局部的双螺旋区，所以 RNA 的变性没有 DNA 的变性明显。

2. 稳定性 核酸的稳定性主要是其空间结构的稳定性，维持核酸空间结构作用的主要有氢键、碱基堆积以及与水分子和金属离子间的相互作用。影响这些作用力的因素包括温度、pH、离子强度、变性剂等，这些因素均会破坏双螺旋结构导致核酸结构的不稳定。

（1）温度：温度过高容易引起核酸的变性。随着温度的升高，含有腺嘌呤和胸腺嘧啶较多的区域会先断开，当温度超过 80℃时，鸟嘌呤和胞嘧啶的碱基对也会发生断裂，两条链便会完全分开。

（2）pH：糖苷键和磷酸二酯键易被酸水解，其中糖苷键更易于水解，尤其是嘌呤碱的糖苷键。因此，当 pH 低于 5.0 时 DNA 易脱嘌呤，pH 更低时将使碱基广泛质子化。RNA 的磷酸二酯键容易被碱水解，当 pH 过高时，碱基将广泛去质子化，失去形成氢键的能力，空间结构很容易受到破坏。因此，核酸应在适宜的 pH 条件下保存，一般 pH 应处于 7~8。

（3）离子强度：核酸的溶解温度与溶液的离子强度有关。一般情况下，溶解温度随盐浓度的增加而升高。

（4）变性剂：变性剂可以与核苷酸形成氢键或者通过碱基对间的堆积作用而使核酸变得不稳定。常用的变性剂有甲醇、乙醇、尿素及甲酰胺等有机试剂。

（5）核酸酶：核酸容易受到核酸酶的降解。大多数 DNA 酶发生作用时需要 Mg^{2+}、Ca^{2+} 等二价金属离子的存在。因此，可通过在溶液中加入 EDTA、EGTA、柠檬酸盐等金属离子螯合剂来抑制 DNA 酶的活性。RNA 酶分布广泛，各种实验器皿及试剂很容易被 RNA 酶污染。此外，RNA 酶具有耐热性，在 80℃的高温下处理 15 min 仍不能使其完全灭活，且其作用时不需要二价金属离子的参与，很难通过添加螯合剂来抑制其活性。因此，目前多采用 RNA 酶抑制剂来抑制其活性，如焦碳酸二乙酯、异硫氰酸胍、氧钒核糖核苷复合物，以及从大鼠肝或人胚盘中提取的蛋白质抑制剂等。

3. 生物药剂学特性 为了正确评价生物技术药物在体内的安全性和疗效，设计合理的处方剂型，生物药剂学研究已成为给药系统设计工作不可缺少的一部分。核酸类药物的相对分子质量大，还带有大量负电荷，与传统的小分子药物在体内吸收、分布、代谢的机制完全不同。其生物药剂学特性与蛋白多肽类药物也有一定区别，到目前为止研究报道不多。下面简单介绍关于反义寡核苷酸和 siRNA 的生物药剂学研究工作。

（1）反义寡核苷酸：未经修饰的寡核苷酸易被体内核酸酶降解，半衰期仅有几分钟。通过化学修饰可提高反义寡核苷酸的稳定性，进而提高其生物利用度。硫代寡核苷酸是第一代化学修饰的反义寡核苷酸，同时也是目前研究最为深入、应用最为广泛的修饰反义寡核苷酸。研究表明，硫代寡核苷酸经静脉或腹腔内注射后，在小鼠血浆、胃肠道、心脏中降解很少，在大部分组织内可稳定存在 48 h。混合骨架寡核苷酸是以硫代寡核苷酸为基础，在糖环上用其他基团修饰，不仅降低了硫代修饰对体内细胞的毒副作用，而且增强了对目标序列的特异性结合和药效，延长了作用时间。研究发现，混合寡核苷酸经大鼠口服给药后 6 h 在胃肠道中能稳定存在，在门静脉血浆、全身血液、大部分组织以及尿液中均能检测到放射性元素标记的混合寡核苷酸，与硫代寡核苷酸相比，其体内稳定性、各组织分布、代谢等均有所提高。

（2）siRNA：主要经肾清除，在大鼠试验中静脉给药后 1 min 就能在肝和肾中检测到标记的 siRNA，5 min 时就达到峰值，并被快速排泄。关于组织分布，siRNA 优先在肝和肾累积，在心、脾、肺中含量较低，几乎不分布于脑中。因此，目前对 siRNA 的研究主要集中在如何构建有效的给药系统，提高 siRNA 的稳定性并到达靶向部位，以更好地发挥其作为药物的治疗作用。

二、核酸类药物的递送载体

（一）核酸类药物的递送方法

由于几乎所有核酸药物的作用靶点都在细胞内（细胞质或细胞核中），药物的递送必须跨越细胞膜和核膜的壁垒，而裸露的核酸直接进入体内很容易被降解。除了一些有限的局部给药外，核酸药物的体内应用必须借助递送载体。因此，开发安全高效的体内递送系统对于核酸类药物的发展具有重要意义。核酸类药物递送载体的研究与小分子药物递送载体的研究有很多相似之处，都需要密切关注载体的构建和表征、稳定性、载体的体内递送特性等关键环节。

目前针对核酸药物的递送方式主要有以下几种：①物理递送方法。如基因枪法、电穿孔法、显微注射法、流体动力学注射法等。使用物理方法使核酸穿透细胞膜，药物无须从内涵体中逃逸出来，也不需要考虑载体的降解等问题。物理方法的副作用最小，但是可能会引起细胞死亡或严重的机械损伤，适用范围较小，一般局限于体表组织使用。②病毒载体方法。包括反转录病毒、腺病毒和腺相关病毒等。该方法细胞转染活性较高，但其体内应用受到病毒天然感染趋向性的影响和人体免疫系统的干扰，造成静脉注射后转染的靶组织特异性不高，且存在一定的安全隐患，如免疫应激反应、基因随机整合的致癌性和潜在的内源性病毒重组等问题。③非病毒载体方法。采用高分子聚合物、脂质分子等一系列药用辅料制备成颗粒状的载体系统，装载核酸分子，并将其输送到体内病灶或药物作用靶点部位。该方法具有成本低、制备简单、安全性高等优点，且与药剂学研究工作最为契合，是我们重点关注的领域。

（二）核酸类药物的递送载体设计

1. 非病毒载体的构建和表征 由于核酸分子带有大量的负电荷，能够与带正电的载体材料相互复合形成电荷相互作用复合物。其中阳离子脂质体与核酸形成的复合物称为脂质复合物（lipoplex）；阳离子聚合物与核酸形成的复合物称为聚阳离子复合物（polyplex）。

脂质体是核酸类药物递送系统构建常用的载体。脂质体与核酸药物的复合过程易于实现，有利于生产。核酸药物可被脂质体保护，不被灭活或被核酶降解，且脂质体在将核酸药物导入细胞后，自身降解无毒，无免疫原性。阳离子聚合物可与核酸药物在水溶液中形成聚阳离子复合物。同时，可在阳离子聚合物链上引入具有特殊功能的基团（如半乳糖、转铁蛋白等），从而改善聚阳离子复合物对药物的递送能力。

电荷相互作用形成复合物的过程，与载体的电荷电离状态、密度、载体的空间结构，以及核酸与阳离子聚合物之间的电荷比密切相关，同时也受到电荷相互作用条件的影响，如浓度、混合速度、溶液的离子强度等。如何对这一复合过程进行控制以及对所形成的复合物进行表征，是核酸类药物递送系统研究的关键。由于目前研究中所使用的大部分阳离子聚合物和阳离子脂质体自身的相对分子质量分布较广，批次之间的质量均一性不足，导致复合物的各种物理化学性质不稳定，通常只能对统计意义上的平均粒径、表面电位以及电子显微镜下的形貌等特性进行简单测定，但对于每个载体的分子组成、物理化学性质及其生物活性则很难确定。因此，急需发展新的分离分析技术、明确质量标准，才能有效地保证核酸类药物载体的"安全、有效、可控"。

2. 非病毒载体的体内递送过程 除了少数局部给药的应用外，大部分核酸类药物采用静脉注射给药，所以必须重视载体在递送过程中的稳定性。研究表明，很多非病毒载体系统在体内环境中不稳定。通常为了确保得到较高的核酸药物装载效率，大部分载体带有过量正电荷，而血浆中的蛋白大多带有一定的表面负电荷，因此很容易吸附在载体表面形成聚集，被肝、脾组织，甚至被肺毛细血管截留，或者激活补体系统而被免疫细胞清除。为了克服非病毒载体系统不稳定的缺点，最常见的解决方案是采用PEG修饰载体分子的表面，但过多的PEG修饰一方面会影响核酸药物在载体中的载药量，另一方面也会影响载体与靶细胞的相互作用以及药物在细胞内的释放。还有研究采用PEG与赖氨酸、天冬氨酸等形成嵌段聚合物，其可在溶液中自发形成稳定单分散的聚电解质复合物纳米球，内层为疏水核，外层为PEG亲水链段。该聚电解质复合物纳米球作为核酸类药物载体，其稳定性得以提升，也更易在细胞中溶解，同时可大大降低对细胞的毒性，提高核酸类药物在细胞中的转染率。

为了将核酸药物导入到特定的靶细胞中，在研究中常常需要在载体表面连接靶向分子。虽然在细胞实验中，很多靶向分子可以明确地通过特异性结合和受体介导的内吞作用使转染效率得到较大提高，但在体内复杂的环境中，靶向作用不仅取决于靶向分子与靶细胞之间的相互作用，其他条件如载体复合物粒子的大小、表面电荷以及稳定性等，也会影响载体在体内的循环和分布，影响最终到达靶组织的载体数量。此外，细胞外基质中的糖胺聚糖结构也可以与表面带有正电的载体相互作用，从而破坏载体的结构。

3. 细胞转染和核酸类药物的释放

由于几乎所有核酸类药物的作用靶点都在细胞内（细胞质或细胞核中），药物载体的作用应该包括将药物送入细胞，并从内吞小体中释放出来。为此，科学家们设计了一系列的载体结构并对其性能进行了研究。对于阳离子脂质载体，其作用机制可能是阳离子脂质分子与内吞体中的阴离子脂质分子相互作用，影响了内吞体的膜结构，从而将核酸分子释放到细胞质中；而对于阳离子聚合物，最高效的作用机制则是依靠聚阳离子的"质子海绵"作用，最终导致内吞体破裂，使载体进入细胞质。对于作用靶点在细胞核中的核酸药物，还需要进一步增强跨越核膜进入细胞核的效率。目前已经有一系列的聚阳离子和阳离子脂质载体在细胞实验中达到了较好的转染效率，但在体内应用中还不尽如人意。

拓展阅读 核酸类药物递送系统研究进展

第四节 疫苗制剂

一、疫苗的分类

疫苗是为预防、控制疾病的发生、流行而用于人体免疫接种的预防性生物制品。它可以刺激人体免疫系统产生免疫保护反应，并诱导机体产生免疫记忆，使免疫系统在第二次遇到该病原体时将其识别并破坏。在我国古代就有天花疫苗的雏形。1796年，英国医生琴纳（Edward Jenner）首次将牛痘接种给人用于预防天花。自20世纪后半叶以来，规模化疫苗产业迅速发展。疫苗的问世大大降低了人类感染性疾病的死亡率和致残率，对全球人类的健康产生了深远影响。

按照作用特点，可将现有的人用疫苗分为以下几类。

（一）减毒活疫苗

采用减毒或无毒的活病毒制成。传统制备方法是依靠病原体的反复体外传代或冷减毒的方法，通过筛选，使其逐步失去或降低毒性，但仍具有免疫原性。

（二）灭活疫苗

通过人工大量培育，用加热或者化学试剂等理化方法将病原体灭活后研制的疫苗。此类疫苗安全性好，但不能在体内复制，为了维持抗体的水平，往往需要多次注射。

（三）类毒素疫苗

将病原体的外毒素经理化方法处理制备而成，去除了外毒素的毒性但保留了免疫原性。

（四）亚单位疫苗

将病原体中与激发保护性免疫无关的成分去除，保留有效免疫原成分制成的疫苗。此类疫苗免疫原性较低，需与佐剂合用才能产生较好的免疫效果。

（五）mRNA疫苗

将能编码病原体有效免疫原成分的基因插入安全的载体中制备而成，注射后会在人体内增殖，表达病原体的免疫原成分，从而诱发免疫反应。此类疫苗可同时携带多种抗原基因，制成多价疫苗。

疫苗常常需要配合佐剂使用。佐剂，即非特异性免疫增强剂，通过与抗原结合，可以增强疫苗接种后的免疫效应或改变免疫应答的类型。佐剂可募集过多的抗原并缓慢释放抗原使其持续刺激机体，从而提高抗体水平。佐剂还可创造一个促炎症反应环境，增强树突细胞对抗原的摄取和提呈，提高免疫应答和有效免疫记忆。此外，佐剂可通过包裹抗原的方式提高抗原的体积和相对分子质量，从而增强免疫应答。例如，脂质体可通过缓慢连续地释放抗原来发挥载体的作用。脂质体磷脂的酰基链越长、饱和度越高，其增强的免疫效应越好。

二、疫苗的递送

疫苗的免疫效果取决于抗原与佐剂的选择、接种途径及递送系统等诸多方面。疫苗最常用的给药途径是肌内或皮下注射，因此疫苗通常被制成液体注射剂。为了防止抗原降解并确保其效能，可采用加入防腐剂、冷链运输、制备成冻干制剂等方式。近年来，疫苗的非侵入性给药方式如经鼻给药、肺部给药、经皮给药、口服给药和舌下或口腔给药也得到了广泛研究。

疫苗递送系统（vaccine delivery system，VDS）是指一类能够将抗原物质携带至机体的免疫系统，并在其中较长时间储存和发挥其抗原作用的物质。疫苗递送系统的合理设计，可以加强甚至改变抗原物质所诱发的免疫应答过程,从而优化疫苗接种效果,简化免疫接种程序,具有非常重要的现实意义。在递送系统使用方面的重要考虑因素是有效地利用载体的装载能力和相应特性来改善或增强传统疫苗制剂的效果。疫苗递送系统可分为生物载体与化学载体两类。生物载体疫苗也被称为活载体疫苗,是应用基因工程技术以非致病性微生物(如病毒和细菌)作为载体来表达外源抗原。用于疫苗递送的化学载体主要包括脂质体、纳米颗粒聚合物、微针等。相较于生物载体,疫苗的化学载体具有安全性高、成本低、易规模化等显著优点,但也存在转染效率低、靶向性差等问题。

纳米颗粒和微针是疫苗递送系统研究较多的两个领域。纳米颗粒自身或者对其表面进行靶向配体修饰后,可以增强疫苗的靶向性,也可以辅助细胞增加摄取,以提高渗透性和内吞效果,有些纳米颗粒自身也可触发免疫反应。利用不同的载体制备纳米颗粒疫苗可以有针对性地实现绕开生理屏障、靶向递送、溶酶体逃逸、免疫激活等。下面简要介绍几种疫苗递送系统及其特点。

(一)脂质纳米颗粒疫苗

脂质纳米颗粒主要包括胶束、乳剂、固体脂质纳米粒(solid lipid nanoparticle,SLN)、纳米结构脂质载体(nanostructured lipid carrier,NLC)、脂质体等。脂质纳米颗粒主要由脂质或类脂质分子组成,可通过吸附、包载等方式携带抗原,具有结构稳定、生物相容性好、可携带抗原佐剂实现体内长循环、增强细胞对抗原的识别摄取及增强组织靶向等优点。该类递送系统也存在一定的局限性,如抗原或mRNA等物质容易降解、纳米颗粒易被肾清除、纳米粒难以靶向特定组织、纳米粒难以实现核内逃逸以及佐剂造成的炎症或毒性等问题。为增强纳米粒的稳定性和血液滞留时间,可采用PEG对脂质纳米颗粒进行修饰,以通过减少颗粒聚集来增强脂质纳米颗粒的稳定性,并通过增加脂质纳米颗粒的亲水性来降低单核巨噬细胞系统对脂质纳米颗粒的清除,延长血液循环时间。此外,PEG修饰可增加亲水性从而使纳米粒更容易穿透黏膜屏障,有利于喷雾剂型疫苗的发展。

由于大部分脂质纳米颗粒进入细胞后主要聚集于核内体,因此,增强脂质纳米颗粒的核内体逃逸至关重要。筛选合适的阳离子脂质,改变可电离脂质的比例、pK_a或脂质尾部的性质等可以促进逃逸发生。

(二)聚合物纳米颗粒疫苗

聚合物纳米颗粒具有生物可降解性、良好的生物相容性、安全性和缓释性等优点,部分聚合物还可作为佐剂,提高疫苗的免疫激活效率。常用于聚合物纳米颗粒疫苗载体的聚合物包括天然聚合物和合成聚合物。天然聚合物包括壳聚糖、海藻酸盐、透明质酸、葡聚糖等。这些生物来源的聚合物分子大部分存在于细菌、酵母等微生物中,可被人体抗原提呈细胞识别并激活免疫反应。

合成聚合物主要包括聚乙醇酸(PGA)、聚乙丙交酯(PLGA)、聚己内酯(PCL)、树枝状大分子、聚乳酸(PLA)等。合成聚合物通常具有较多的可供表面修饰的位点,可以根据不同的需求进行相应的设计,有望成为一种重要的纳米疫苗载体。

(三)无机纳米颗粒疫苗

无机材料生物降解性低,结构稳定。作为纳米疫苗载体,无机纳米材料需要进行修饰,改变理化特性,以提高其生物相容性。一些无机材料如金、硅纳米粒子,由于其固有的佐剂样功能而被用于增强抗原免疫原性。无机纳米颗粒主要通过静电吸附等方式携带抗原,易导致抗原不稳定,疫苗难以长期保存。因此,迫切需要发展能够稳定携带抗原的新策略以推动无机纳米颗粒疫苗的进一步临床应用。

(四)生物膜仿生纳米疫苗

仿生纳米材料功能多样,可以高效递送抗原至目标部位,同时具有高生物相容性、长时间体内循环、独特的抗原特性、良好的柔韧性等优点。目前,大量研究利用仿生纳米材料制备疫苗。如红细胞具有归巢到脾脏并与抗原提呈细胞相互作用的能力,有研究设计了红细胞涂层的纳米载药系统,可有效地将抗原递送到脾脏树突状细胞。聚多巴胺在结合不同分子结构方面具有易操作性和普适性,可装载多种抗原，作为通用平台开发针对多种疾病的疫苗。生物膜仿生纳米疫苗有望成为新一代纳米疫苗的主力军，但是制备工艺普遍复杂、大规模生产困难、产品成分复杂、生产成本高等问题限制了其进一步临床应用。

（五）微针疫苗

微针是能够穿透皮肤表皮层或上真皮层的一种微米尺寸的针，在美容、诊断、给药等领域已有诸多研究和应用。微针疫苗是微针研究进展最快的领域，已有流感、狂犬病、卡介苗、西尼罗病毒和人乳头瘤病毒等微针疫苗的研究。由于空心微针可以通过控制针长、针内径和外加储药装置达到一定的给药流速和给药剂量，目前已上市和处于临床研究阶段的微针疫苗多为针长为 600～1 500 μm 的空心微针。相较于传统的疫苗接种形式，使用微针进行疫苗接种可以很好地缓解患者对针头的抗拒心理，使得接种过程更加顺利。微针用于疫苗接种虽然有着良好的应用前景，但需对用于接种微针的稳定性和安全性进行深入研究。

第五节　细胞治疗和组织工程

随着现代生物技术的发展，细胞治疗和组织工程也成为疾病治疗的重要手段，并已在临床中得到一定的应用。细胞治疗又称为细胞移植，是指将正常或生物工程改造过的人体细胞移植或输入患者体内，对组织、器官进行修复或者发挥更强的免疫杀伤功能，从而治疗患者疾病的方法。按照细胞来源，可分为自体细胞治疗和异体细胞治疗。

组织器官损伤后的传统修复手段面临着供体器官有限或植入的人工材料功能不全面等问题。20 世纪 70 年代，研究者尝试使用细胞与胶原蛋白、糖胺聚糖等创造皮肤替代物，由此诞生了生命科学和材料科学相结合的新兴学科，即组织工程。它是应用生命科学与工程学的原理和技术，在正确认识哺乳动物的正常及病理两种状态下的组织结构与功能关系的基础上，研究、开发用于修复、维护、促进人体各种组织或器官损伤后的功能和形态的生物替代物的学科。

和大多数药物一样，将细胞或组织导入体内常常需要载体系统的配合。材料选择、处方优化以及工艺设计等环节，均会对产品的质量和治疗效果产生影响。为了调控细胞的生长，细胞和组织工程产品中常需要加入细胞生长因子，并且要求生长因子在体内以一定的浓度和时间持续释放，以保证细胞和组织在体内的活性。

组织工程的主要特点在于制备合适的支架以支持细胞在三维空间的黏附、迁移、生长，并诱导、调控其功能分化从而形成所需要的组织，因而三维支架的设计和制备是组织工程的基础。支架除了提供拟修复组织的外形，也为细胞的迁移、增殖、分化提供适当的微环境。此外，多孔支架应当能够有效地进行养分的输送和代谢废物的排除，可在生物环境中降解且降解速率与组织修复生长速率相匹配。

组织工程支架材料应当满足三大特点：①生物降解性。材料不仅能够在生物体环境中降解为可被吸收的产物，而且要求降解速率与细胞生长和组织器官的形成速率相匹配。②生物相容性。由于组织工程材料最终要植入体内，不仅要求无毒，还要与细胞发生有益的相互作用，因此，要具备良好、全面的生物相容性，其对生物相容性的要求远高于通常意义上的医用材料。③可制备加工性。组织工程材料常常需具备复杂的外形，以适应组织器官的形状。其内部还应具有三维孔隙，以保障细胞的进入以及足够的新陈代谢。此外，还应具备一定的力学强度以实现支撑作用，并且可被消毒、易于保存。

按照材料的理化特性，可将组织工程材料分为金属材料、无机非金属材料、高分子材料以及复合材料。金属材料的特性决定了其不可降解，但其力学强度较高，在硬组织修复等对力学支撑强度要求较高的领域应用较多。无机非金属材料一般也用于修复硬组织，如珊瑚可作为组织工程多孔支架材料用于骨修复。在各种材料中，高分子材料以其多样性、可调节性以及良好的可加工性与生物相容性得到了广泛的研究。

天然高分子材料通常具有高度组织化的结构，与生物体组织具有良好的生物相容性，可以引导细胞的迁移、黏附、增殖及分化，但同时也有可能刺激免疫反应。常用的天然高分子组织工程材料包括胶原、明胶等蛋白质，以及壳聚糖、海藻酸盐等多糖。胶原是一种纤维蛋白，是结缔组织的重要组成部分，也是动物体内含量最丰富的蛋白质。胶原中含有特定的氨基酸序列，有利于细胞黏附、增殖、分化，在组织再生尤其是软组织修复中应用广泛。明胶是胶原的变性产物，是能溶于水的多肽。与胶原相比，明胶的生物活性相对不足，同时其免疫原性更低。壳聚糖是自然界广泛存在的几丁质脱乙酰化的产物，由葡萄糖和乙酰胺单元组成，具有良好的生物相容性、生物可降解性和生物活性，是组织工程的理想材料之一。海藻酸盐是从藻类中提取的多糖，来源比较丰富，海藻酸盐可以和钙盐交联形成凝胶，具有很好的生物相容性，但同时也存在力学强度差、体内成分不稳定等问题。透明质酸，又称玻尿酸，是一种阴离子多糖，不具有抗原性，生物相容性良好，且容易进行化学改性。

合成材料的批次稳定性通常优于天然材料。目前已有多种合成高分子材料在组织工程中得到研究和应用，如聚乳酸、聚乙醇酸、聚己内酯、聚乙二醇等。

拓展阅读 组织工程支架材料的植入方式

（史新元、陈华黎）

更多数字资源详见　新形态教材网

- 学习目标　　思维导图　　思政元素　　案例讨论　　动画
- 微视频　　　拓展阅读　　本章小结　　自测题　　　教学课件

第十一章 新型制剂技术

编者导学

章节导航

第一节 固体分散技术	第七节 自乳化释药技术
第二节 包合技术	第八节 纳米混悬剂技术
第三节 微囊化技术	第九节 药物微粉化技术
第四节 微球制备技术	第十节 磷脂复合物技术
第五节 脂质体制备技术	第十一节 药物共晶技术
第六节 纳米粒制备技术	第十二节 增材制造技术

以临床需求为导向的药物研发对制剂提出了更高的要求,加速了制剂新技术和新剂型的发展。例如,固体分散体技术、包合技术、药物微粉化技术及药物纳米晶技术可大幅改善难溶性药物的溶出速率和生物利用度,提高难溶性药物的成药性。微粒递送系统(如脂质体、微球、微囊、纳米粒、纳米囊等)可实现药物的定时、定位递送,通过改变药物体内吸收、分布、代谢或排泄等过程,使药物选择性地浓集定位于靶组织、靶器官、靶细胞或细胞内结构,从而降低药物的副作用,提高用药安全性和有效性。此外,微粒递送系统还能通过调控药物的释放速率,实现半衰期短的药物的长效释放,减少用药频次,提高患者的顺应性。新兴的增材制造技术可用于实现治疗窗窄、疗效个体差异大的药物的个体化用药和个体化治疗。制剂新技术与新型制剂在药物递送领域发挥着越来越重要的作用。

本章围绕固体分散技术,包合物及包合技术、微粒分散系(包括微囊与微球、脂质体与纳米粒、自乳化制剂与纳米混悬剂、药物微粉化与药物共晶、磷脂复合物等)制备技术,增材制造技术,详细介绍上述药物制剂的新技术与新剂型的基本概念、分类及特点,及常用的载体材料、制备方法与工艺、质量评价、释药机制与特征等相关内容。

第一节 固体分散技术

一、概述

溶解度是药物的固有理化性质,对药物的生物利用度有着重要影响。药物的溶出速度直接影响药物的吸收,难溶性药物在水中溶解度小,难被机体吸收,因而生物利用度较差。增加难溶性药物的溶解度,改善其溶出,促进药物在体内的吸收,提高疗效,成为当代药物制剂开发的重点。

固体分散体（solid dispersion，SD）是指将药物以分子、胶态、无定形或微晶态分散于适宜载体中形成的一种高度分散系统。固体分散体可采用亲水性载体材料增加难溶性药物的溶解度和溶出速率，提高生物利用度；亦可采用不溶性或肠溶性载体材料使水溶性药物实现缓释或肠溶释药的特性。将药物制成固体分散体所用的制剂技术称为固体分散技术。固体分散技术具有工艺简单、重现性好等优点。固体分散体作为中间体，可以根据需要制成胶囊剂、片剂、微丸剂、滴丸剂、软膏剂、栓剂以及注射剂等多种剂型。若将液态药物与适宜载体辅料制成固体分散体，有利于液态药物的固体化。

固体分散体的主要特点是利用性质不同的载体使药物高度分散，以达到不同的目的。固体分散体在贮存过程中可能会逐渐老化，即固体分散体的硬度变大、析出晶体或晶体粗化，从而降低药物的生物利用度，该现象称为老化。故储存过程应避免高温、高湿。

二、固体分散体的速释和缓释机制

（一）固体分散体的速释机制

1. 药物的高度分散状态

固体分散体中药物以分子、胶态、无定形或微晶态包埋于载体材料中，不同分散状态间的相对溶出速率快慢一般认为是：微晶态＜无定形态＜分子态。当药物以分子状态分散于基质中，可最大限度减小药物的粒径。根据Noyes-Whitney方程，药物的溶出速率正比于药物的表面积。在溶出过程中，随着载体的溶解，药物以分子形式与溶出介质接触，可提高比表面积和溶出速率，并最终提高生物利用度。当难溶性药物由结晶态转变为无定型态可提高药物的溶出速率，主要是由于在溶解过程中，无需能量破坏药物的晶格结构。在固体分散体中，药物以过饱和状态存在，较快的溶出速率增加了药物的吸收速率，降低了药物的剂量。

2. 提高药物可润湿性

固体分散体中药物溶解度的提高与提高药物的可润湿性有重要关系。研究表明，一方面具有表面活性的载体如胆酸盐可显著提高药物的可润湿性；另一方面部分高分子药物载体即使无任何表面活性仍可提高药物的可润湿性。

3. 药物具有较高程度的孔隙率

在固体分散体中药物具有较高程度的孔隙率。孔隙率主要取决于载体的性质，如固体分散体含有线性高分子材料，与网状高分子材料相比，这种材料可以产生较大和较多空隙的粒子，从而提高药物的溶出速率。

（二）固体分散体的缓释机制

采用难溶性载体材料制备的固体分散体，药物分散在载体材料形成的网状骨架结构中，释药机制为骨架扩散或溶出扩散，从而延缓了药物的溶出速率。

三、固体分散体载体的选择

载体的选择主要考虑三方面因素，即安全性、动力学和热力学方面。传统观点认为，任何用于药物配方的赋形剂在化学和药理上都应该是惰性的，这也同样适用于固体分散体制备中对载体的选择。首先从安全性方面考虑，所选载体在人体内必须是安全的。从动力学角度看，该载体应该能够抑制药物在胃肠道环境中转晶或沉淀。从稳定性的角度来看，热力学因素对于无定形固体分散体的物理稳定性是比较重要的。聚合物必须具有较高的玻璃化转变温度（T_g），以便制备的固体分散体在室温下具有良好的稳定性。固体分散体常用的水溶性载体有聚乙烯吡咯烷酮、共聚维酮、聚乙二醇、泊洛沙姆188、羟丙基甲基纤维素、糖醇类等；常用的难溶性载体材料有乙基纤维素（EC），聚丙烯酸树脂类

（Eudragit E 型、Eudragit RL 型和 Eudragit RS 型）等；常用的肠溶性载体材料有纤维素类（醋酸纤维素钛酸酯 CAP、羧甲乙纤维素 CMEC 和羟丙甲纤维素钛酸酯 HPMCP）和聚丙烯酸树脂类（Eudragit L 型和 Eudragit S 型）等。

四、固体分散体的制备方法

制备固体分散体的方法很多，包括熔融法、溶剂法（沉淀法）、溶剂-熔融法、研磨法、喷雾或冷冻干燥法。目前，共研磨技术、热熔挤出技术、超临界流体技术等也应用于固体分散体制备。

（一）熔融法

熔融法（melting method）系将药物与载体材料混匀，加热至熔融。在剧烈搅拌下迅速冷却成固体，或将熔融物倾倒在不锈钢板上形成薄层，用冷空气或冰水使其骤冷成固体。再将此固体在一定温度下放置变脆，放置的温度及时间视不同的品种而定。为缩短药物的加热时间，也可将载体材料先加热熔融后，再加入已粉碎的药物。该方法的关键是需要由高温迅速冷却，使多个胶态晶核迅速形成而得到高度分散的药物。

（二）溶剂法（沉淀法）

溶剂法（solvent method）亦称沉淀法（precipitation method），系将药物与载体材料共同溶解于有机溶剂中，蒸去有机溶剂后，将药物与载体材料同时析出，干燥后可得到药物与载体材料混合而成的共沉淀物。常用的有机溶剂有三氯甲烷、无水乙醇、95% 乙醇、丙酮等。该方法适用于对热不稳定或挥发性的药物，其优势在于避免高热。可选用能溶于水或熔点高、对热不稳定的载体材料，但使用有机溶剂的用量较大，成本高，且有机溶剂难以完全除尽。残留的有机溶剂除了对动物产生危害外，还易引起药物重结晶而降低药物的分散度。

（三）溶剂-熔融法

溶剂-熔融法（solvent-melt method）系将药物先溶于适当溶剂中，然后将溶液直接加入已熔融的载体材料中均匀混合，再按熔融法冷却处理。该方法可适用于液态药物。凡使用熔融法的载体材料均可采用。制备过程中，一般不除去溶剂，该方法受热时间短，产品稳定，质量好，但应注意选用毒性小，易与载体材料混合的溶剂。

（四）研磨法

研磨法（grinding method）系将药物与较大比例的载体材料混合后，强力而持久地研磨一段时间，不需加溶剂而借助机械力降低药物的粒度，或使药物与载体材料以氢键相结合，形成固体分散体。

（五）喷雾或冷冻干燥法

喷雾或冷冻干燥法（spray or freeze drying method）系将药物与载体共溶于溶剂中，喷雾干燥或冷冻干燥而制成固体分散体的方法。喷雾干燥法干燥温度低，对热敏感的药物非常适用。冷冻干燥法适用于易分解或氧化及对热敏感的药物。此法污染少，产品含水量低，这类方法制备的固体分散体稳定性好。

五、固体分散体的类型

固体分散体按制备方法和药物的分散状态可分为低共熔混合物、固体溶液和共沉淀物。

（一）低共熔混合物

由药物与载体以适当的比例在较低的温度下熔融，得到完全混溶的液体，然后搅匀、速冷固化而成。在该体系中，药物一般以微晶形式均匀分散在固体载体中。

（二）固体溶液

药物以分子状态在载体材料中均匀分散，如果将药物分子看成溶质，载体看成溶剂，则此类分散体具有类似于真溶液的分散性质，称为固体溶液。

（三）共沉淀物

共沉淀物也称共蒸发物，是由药物与载体材料两者以恰当比例形成的非结晶性无定形物。目前，共沉淀物是应用最多的固体分散体类型，可以极大地增加药物的溶出速率。

六、固体分散体的质量评价

充分研究药物在载体中的状态、药物与载体间的相互作用、固体分散体的结构及稳定性等问题对固体分散体的后续评价非常重要。可应用一种或多种表征方法确定不同类型固体分散体的粒径、表面形态、均一性、可混合性及稳定性等。

（一）溶出度试验

应用固体分散技术能明显促进药物的溶出和释放，基础研究中一般依据体外溶出度试验来评价。溶出度试验自1967年由美国率先推出后，现已成为制剂质量控制的重要衡量指标，也是预测是否形成固体分散体系最直观的表征方法之一。

《中国药典》（2025年版）收载了7种溶出度测定方法为篮法、浆法、小杯法、浆碟法、转筒法、流池法和往复筒法。对于不同药物、不同处方的固体分散体，应根据具体情况选择方法。

（二）热分析法

热分析法是指在程序控温下测量物质的物理化学性质与温度关系的一类技术，具有仪器操作简便、准确度高、灵敏快速、不需预处理及试样微量化等优点。常用的热分析法有差示扫描量热（DSC）法和热重分析（TGA）法等。

1. 差示扫描量热法 差示扫描量热法（differential scanning calorimetry，DSC）是在程序控制温度下测量传输给待测物质和参比物质的能量差与温度（或时间）关系的一种技术，使用温度范围宽（-175~725℃），具有分辨能力高和灵敏度高等特点。通过比较 DSC 曲线上的熔融峰或其他热转变峰信息，可观察药物与赋形剂有无化学反应、共熔、晶型转变等现象发生，从而为赋形剂的筛选提供有价值的参数，并判断结晶度和混合型。

2. 热重分析法 热重分析法（thermogravimetric analysis，TGA）是在规定程序控制变化的温度范围内，测量被分析样品的重量相关量（如质量、固体残留量或残留率等）随温度或时间的变化关系。通过分析热重曲线，可以知道样品的热稳定性、热分解情况及其杂质组成、热分解产物等与质量相关的信息。热重量分析法的主要特点是普适性高、样品消耗少、灵敏、能准确地测量物质的质量变化及变化的速率。

（三）光谱技术

1. 粉末X射线衍射法 粉末X射线衍射法（powder X-raydiffraction，PXRD）可研究药物与辅料间的相互作用。通过比较PXRD图谱各衍射线的衍射角、相对强度和面间距可鉴别不同样品。固体混合物中的每种晶型都产生相互独立的PXRD图谱，因此混合物的PXRD图谱就是各粉末衍射图谱的累加。如药物与赋形剂相互作用形成了一种新的晶型，反映在图谱中就是出现新峰；如药物与赋形剂相互作用产生了无定形，则在图谱中出现钝峰。

2. 傅里叶变换红外光谱法 傅里叶变换红外光谱仪（Fourier transform infrared spectrometer，FTIR）是基于迈克尔逊干涉对红外光进行傅里叶变换原理而开发的仪器，具有噪声低、光通量高、测量速度快、波数精度高和频率测量范围宽等优点。通过比较不同样品谱图上特征吸收峰的位置与强度，FTIR技术可用于固体分散体的定性表征，推测药物与载体间的相互作用及结晶化程度。

3. 固体核磁共振法 固体核磁共振法（solid-state nuclear magnetic resonance，SSNMR）是以固态样品为研究对象的分析技术。核磁共振现象源于核自旋和磁场的相互作用，自旋核之间的偶极-偶极相互作用和标量耦合相互作用能分别提供原子核间距或化学键二面角等分子几何信息，从而可在分子和原子水平上研究宏观物质。SSNMR 可分析不同样品谱图特征峰的峰形、化学位移以及纵向弛豫时间（t_1），是测定样品在固体状态下结构信息的重要分析手段，适用于某些低溶解度或溶解状态下理化性质不稳定的固体样品。

（四）其他常用表征方法

除了上述提到的溶出度试验、热分析法、各类光谱技术等常用的固体分散体表征方法外，光学显微镜技术、电子显微镜技术等形貌观察手段也常用于固体分散体表征。

七、应用举例

例 11-1：芦丁固体分散体

【处方】芦丁 30 g，胶态二氧化硅 90 g。

【制法】将 30 g 芦丁溶于 6 L 热无水乙醇溶剂中溶解，搅拌下缓慢加入 90 g 胶态二氧化硅，超声分散 10 min，继续搅拌 24 h 后，旋转蒸发至溶剂挥干，60℃干燥后研细，过 80 目筛，制得高生物利用度芦丁固体分散体。

【注解】芦丁，又称为芸香苷、维生素 P，分子式为 $C_{27}H_{30}O_{16}$，是一种天然的黄酮苷，属于广泛存在于植物中的黄酮醇苷，两个苷为葡萄糖苷和鼠李糖苷。具有抗炎、抗氧化、抗过敏、抗病毒等功效。胶态二氧化硅为固体分散体载体材料。

例 11-2：尼群地平固体分散体

【处方】尼群地平 10 g，PVP-K30 30 g。

【制法】尼群地平 10 g 和 PVP-K30 30 g，加适量无水乙醇溶解，混匀，60℃水浴上挥去溶剂。黏稠物置 60℃的电热恒温真空干燥箱中干燥 24 h，粉碎过 80 目筛，即得尼群地平的固体分散体。

【注解】采用溶剂法制备尼群地平固体分散体；尼群地平为主药，用于抗高血压；PVP-K30 为水溶性载体材料，用以提高主药的溶解度。

第二节 包合技术

一、概述

包合技术是指在一定条件下，在一种分子的空间结构中全部或部分包入另一种分子，从而形成一类独特形式的络合物。这种络合物被称为包合物（inclusion compound），亦有包藏物、加合物、包含物之称。包合物分子是由主分子（host molecule）和客分子（guest molecule）两大部分组成，具有包合作用的外层分子称为主分子，被包合到主分子空间中的小分子物质，称为客分子。

包合物的发展由来已久。1886 年，Mylius 首先观察到苯二酚对挥发性气体的包合。进入 20 世纪，人们陆续发现大分子包合小分子形成多种包合物：1916 年，Wieland 发现了络胆酸是去氧胆酸和脂肪酸形成的包合物；1940 年，Bengen 分离得到尿素-辛醇包合物；1948 年，科学家发现环糊精（cyclodextrin，CD）包合物。

目前，包合技术在日常生产生活和基础研究中有着广泛的应用，如海水净化、传感、碳封存、有毒物质去除和燃料电池系统储存等。比如碳封存，也称为碳储存（carbon storage），是捕获化石燃料发电和工业过程中形成的二氧化碳的过程，应用包合技术将这些碳封存起来，使其不会排放到大气中。

二、包合技术的原理

主分子和客分子进行包合作用时，相互之间不发生化学反应，不存在离子键、共价键等化学键的作用，包合作用主要是一种平衡可逆的物理过程，而非化学过程。

包合物形成条件，主要取决于主分子和客分子的立体结构和两者的相互作用。包合物的稳定性，依赖于两种分子间的范德瓦耳斯力的强弱，如分散力、偶极子间引力、氢键、电荷迁移力等，有时单一作用力起作用，多数为几种作用力的协同作用。

主分子的疏水空腔通常被水分子所占据，当疏水性有机分子（客分子）靠近主分子的空腔边缘时，由于疏水相互作用，空腔中的水分子就被排斥出来。这一过程对水分子而言是熵增加的过程，因此在热力学上是自发的，而且释放的水分子部分地补偿了由于主分子与客分子结合而引起的熵损失。

三、包合技术的特点

（一）提高药物稳定性

包合物主、客分子以范德瓦耳斯力及氢键缔合后，药物嵌入其疏水性的空穴内，由于药物的反应活性部位被包藏在环糊精之中，相对减少了与外界环境（光、热、湿度等）的接触机会，从而使药物保持稳定。

（二）增加药物的溶解度与溶出度

增加药物溶解度有利于药物制剂的制备，提高制剂的生物利用度，减少服药剂量，改善药物在体内的吸收。

（三）保留挥发性成分

由于中药的活性成分很多是挥发油，所以目前中药制剂研究较多的是挥发油 β-CD 包合物。挥发油的化学成分主要是萜类以及它们的含氧衍生物，其不仅易挥发，而且在光、氧的作用下极易氧化变质，降低疗效，甚至产生毒副作用。制成包合物后，在一定程度上可切断药物分子与周围环境的接触，避免受光、氧以及水解条件的影响，从而提高药物的稳定性，并能减少挥发，延长药效和保存期。

（四）掩盖药物的不良气味和降低刺激性

药物中有的具有不良臭味、苦味、涩味，有的具有较强的刺激性，影响其制剂的应用，特别是影响儿童和老人的应用。药物包合后可掩盖不良臭味，降低刺激性。

（五）调节释药速度

中药挥发油等与环糊精包合后，包合物内的药物释放是可控制的。如挥发油可用作吸入剂，用时倒入沸水中使之挥发，但在开始时往往挥发太快，吸入药量多，而随后挥发速度又迅速降低。但若将其与环糊精制成包合物，倒入沸水中，挥发性药物就可以比较均匀地释放出来。

（六）提高药物的生物利用度

包合物的形成，导致药物的溶解度、膜的通透性、蛋白结合性发生改变，从而提高药物的生物利用度。

（七）使液态药物粉末化

环糊精包合中药挥发油，不仅能防止挥发油因挥发而降低疗效，而且能使其成为粉末状固体，便于加工成其他剂型。

四、包合物的类型

包合物根据几何形状可分为笼状、管状、层状；根据稳定程度可分为稳定包合物（无论客分子是否存在，主分子均为一稳定化合物）、亚稳包合物（客分子浓度在临界限度上可不断变化，但若小于此浓度，主分子即处于亚稳态，并发生结晶变化）、可调节包合物（当客分子含量波动时，主分子结构本身可连续调节）；根据构成可分为多分子包合物、单分子包合物和大分子包合物。

五、常用的包合材料

目前最常用的包合材料为环糊精，环糊精能与多种客分子形成包合物，如有机分子、生物大分子、配合物、聚合物等，当客分子大小适合空穴尺寸，只要极性小于水，就可能进入环糊精空穴形成包合物。环糊精所形成的包合物通常为单分子包合物，大多数环糊精与药物以摩尔比 1∶1 包合。环糊精用量偏少时药物包合不完全；环糊精用量偏多时包合物含药量低。

环糊精是淀粉用嗜碱性芽孢杆菌经培养得到的环糊精葡萄糖转位酶作用后形成的由 6~12 个葡萄糖分子连结而成的环状低聚糖化合物，为水溶性的白色结晶粉末。其结构为中空圆筒形，空穴开口处为亲水性，内部为疏水性。根据其分子内腔直径不同可分为 α、β、γ 三种，其中 β 型更适合于包合药物，α 型腔内径稍小，γ 型可用于包合很多药物，但价格昂贵。环糊精的主要结构参数见表 11-1。

表 11-1　环糊精的主要结构参数

参数	α-CD	β-CD	γ-CD
葡萄糖单元数	6	7	8
相对分子质量	972	1 135	1 297
室温下水中溶解度（g/100 mL）	14.50	1.85	23.20
空腔直径（Å）	4.70~5.30	6.00~6.50	7.50~8.30
高（Å）	7.9±0.1	7.9±0.1	7.9±0.1
外圆周直径（Å）	14.6±0.4	15.4±0.4	17.5±0.4
空腔大致体积（Å^3）	174	262	427
水中结晶形状	六角板状	单斜晶平行四边形	方形棱柱体
结晶水（m/m，%）	10.2	13.2~14.5	8.13~17.7

β-环糊精的结构如图 11-1 所示，其孔隙径为 0.6~1 nm，与药物适当处理后，可将药物包含于其环状结构中形成超微囊状包合物，供口服或注射，在体内以酶水解释放出药物，因其超微结构，呈分子状，故分散效果较好，易于吸收，且因其剂型类似微型胶囊，释药缓慢，副反应低。

但是 β-环糊精所能起到的增溶作用也是有限的。因此，基于溶解度、易包合性和用药安全性方面的考虑，后续实际应用时对 β-环糊精进行了一系列的结构修饰与改造。

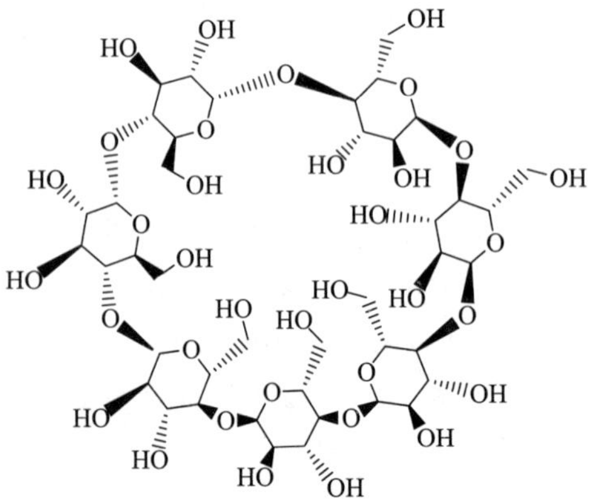

图 11-1　β-环糊精的结构

六、包合作用的影响因素

(一) 主客分子的结构和性质

1. 主客分子的大小 主分子应具有足够大的空穴和合适的形状,使客分子能被包合于其中。包合时有机药物应符合下列条件之一:药物分子的原子数 >5;稠环数 <5;药物相对分子质量 100~400;水中溶解度 <10 g/L;熔点 <250℃。无机药物大多不宜用环糊精包合。

2. 主客分子的极性 常用的主分子材料环糊精空穴内为碳-氢键和醚键构成的疏水区,非极性脂溶性药物易进入而被包合,形成的包合物溶解度较小;极性药物可嵌在空穴口的亲水区;自身可缔合的药物,往往先发生解缔合,再嵌入环糊精空穴内。

(二) 主客分子的比例

单分子包合物在水中溶解时,整个包合物被水分子包围使溶剂化较完全,形成稳定的单分子包合物。大多数环糊精与药物可以达到摩尔比1:1包合,若环糊精用量少,药物包合不完全;若环糊精用量偏多,包合物的含药量低。

(三) 包合方法

超声法节省时间、收率较高;研磨法包合效率可能会较低;共沉淀法有一部分药物留在液体中,包合率略低于其他方法。

(四) 其他因素

包合温度、搅拌速率及时间、干燥过程中的工艺参数等均可影响包合作用。

七、包合物的制备方法

制备包合物需要查明客分子药物的理化性质如结构及大小、相对分子质量(M_r)、溶解性、稳定性等,根据药物性质,明确客分子药物包合目的,分析包合物形成的可能性。

(一) 饱和水溶液法

饱和水溶液法(saturated aqueous solution)亦称重结晶或共沉淀法,系将环糊精制成饱和水溶液,然后将水溶性药物直接加入环糊精饱和溶液中。如果被包合物难溶于水,可先将其溶解于少量有机溶剂中(如丙酮、异丙醇等),再加入环糊精饱和水溶液中,充分搅拌或不断振荡一定的时间,使客分子药物被包合。但在水中溶解度大的客分子中有一部分包合物仍溶解在溶液中不析出,可加入一种有机溶剂,使析出沉淀。将析出的固体包合物滤过,再用适当的溶剂洗净、干燥,即得稳定包合物,然后滤过、洗涤、干燥即得。

(二) 研磨法(捏合法)

研磨法(grinding method)亦称捏合法,系将环糊精与2~5倍量水研匀,然后再加入客分子药物(如果客分子药物为水难溶性成分,应先将其溶于少量的有机溶剂中),充分研磨一定时间至糊状物,干燥后用适当及适量的有机溶剂洗净,再干燥即得干包合物。在用研磨法制备包合物时,研磨的方法可采用普通研磨法,即在乳钵中进行研磨;另一种是机械研磨方法,即采用胶体研磨机碾磨至糊状。此法的优点在于所需要的水量少,操作较为简单。

(三) 超声波法

超声波法(ultrasonic method)系将环糊精配制成饱和水溶液,加入客分子药物溶解后,立即用超声波破碎仪或超声波清洗机,选择合适强度,超声一定时间以代替饱和水溶液法中的搅拌力,使客分子被包合,然后滤过、洗涤,干燥即得。

（四）冷冻干燥法

冷冻干燥法（freeze-drying method）指用前述某一种方法制备包合物后，如制得包合物溶于水，结果不易析出结晶沉淀，以至于无法得到包合物。可采用冷冻干燥法使结晶或沉淀析出，所得包合物外形疏松，溶解性能好，一般常用于制成粉针剂。

以上方法并无特异性，各有优缺点。得到的产品包封率、溶解度也不相同。具体工艺流程按实际需求选择。

八、包合物的质量评价

目前常用的包合物质量评价方法与固体分散体的类似，包括形貌观察、溶出度试验、热分析法以及应用各类光谱技术等。除了对包合物的形成进行质量评价以外，更重要的是对包合物的结构进行表征。然而，单一方法往往并不能提供包合物完整的结构信息，因此在实际应用中常联合使用多种方法。比如红外光谱法虽然可以研究药物与β-环糊精相互作用的方式，但其仅对极性官能团敏感。而拉曼光谱法则能提供红外光谱不敏感的非极性官能团信息。

九、应用举例

例 11-3：盐酸伊伐布雷定包合物

【处方】无定形盐酸伊伐布雷定 5.5 g，羟丙基-β-环糊精 3.85 g，氯化钾 1.1 g。

【制法】在 10℃温度下将羟丙基-β-环糊精配制成饱和溶液，加入用乙醇溶解的盐酸伊伐布雷定，加入羟丙基-β-环糊精饱和溶液中，10℃下搅拌 1 h，加入氯化钾，20℃下搅拌 1 h，冷却，浓缩，洗涤，干燥，即得盐酸伊伐布雷定包合物。

【注解】无定形盐酸伊伐布雷定为主药，羟丙基-β-环糊精为包合材料，氯化钾通过同离子效应促进包合物析出。

第三节 微囊化技术

制剂生产中经常遇到难溶性活性成分影响溶出与体内吸收、药物分散后再聚集导致溶出下降、稳定性差、易降解、不良口味使服用者顺应性差、不同成分间发生物料相容性问题，导致有关物质超标等问题，采用常规制剂方法不能根本解决相关问题，采用微囊化技术有望获得理想的效果。

一、概述

微囊化（microencapsulation）技术是一种利用天然或合成的高分子成膜材料把液体或固体药物包嵌形成直径 1~5 000 μm 微小胶囊的技术。用于医药领域的微囊是将药物与高分子成膜材料包嵌成微囊后，药物在体内通过扩散、渗透等形式在设定的位置，以适当的速度和持续一定时间释放出来，以达到更大限度的药效发挥。

微囊制备过程统称微型包囊术，简称微囊化，系用高分子材料（囊材）作为囊膜壁壳，将固态药物或液态药物（囊芯物）包裹形成的药库型微囊；若药物溶解或分散在高分子材料中形成骨架型微型球状实体，即微球，微球和微囊的粒径属微米级。

药物在微囊中的分散状态主要有：①以分子状态分散在微囊中；②以结晶状态镶嵌分散在微囊中；③镶嵌或者吸附在微囊表层。药物在微囊中的分散状态直接影响到载药微囊的体外释放和生物利用度。

(一) 微囊化技术的特点

活性成分制成微胶囊对药物制剂有着重要意义，药物微囊化能掩盖药物的不良气味及口味、提高药物的稳定性、防止药物在胃内失活或减少对胃的刺激、使液态药物固态化，便于应用与贮存、减少复方药物的配伍变化、可制备缓释或控释制剂、使药物浓集于靶区，提高疗效，降低毒副作用、实现活细胞或生物活性物质包裹，从而调节药物在体内的吸收、分布、起效时间等特性。活性成分微囊化后，其物理化学和生物药剂学性质如稳定性、挥发性、溶解性、分散性等均会发生相应的改变。

1. **溶解度增大** 增大药物的溶解度有利于药物制剂的制备。

2. **稳定性提高** 活性成分微囊化后活性基团受到保护，减少药物因氧化、遇热、光照或其他化学环境而产生的分解或降解，药物稳定性提高。

3. **可防止成分挥发** 液体药物微囊化后能实现药物的固体化，固体化的药物可防止有效成分挥发，更有利于制剂的制备和应用。

4. **可提高服药顺应性** 药物作为囊芯被包裹或分散在成球材料中，从而阻断或减少药物与味蕾的接触机会，掩盖药物的异味，如以丙烯酸树脂Ⅱ号为囊材，采用相分离凝聚法制备的克拉霉素微球，较成功地掩盖了药物苦味，易被儿童接受，以明胶为囊材，采用单凝聚技术制备的小檗碱微囊，解决了由于苦味造成儿童服药不便的难题。

5. **可制成特殊制剂** 药物经不同囊材微囊化后，可制成肠溶制剂、缓释制剂、控释制剂及靶向制剂。

(二) 微囊的组成

微囊一般由囊芯物 (core material) 和附加剂组成。微囊的囊芯物可以是单一的固体、液体或气体，也可以是固–液、液–液、固–固或气–液混合体等。除主药外，处方中还包括为提高微囊化质量而加入的附加剂，如稳定剂、稀释剂、控制释放速度的阻滞剂、促进剂以及改善囊膜可塑性的增塑剂等。

通常将主药与附加剂混匀后微囊化；亦可先将主药单独微囊化，再加入附加剂；若有多种主药，可将其混匀再微囊化，亦可分别微囊化后再混合，这取决于设计要求以及药物、囊材、附加剂的性质及工艺条件等。

二、常用的微囊化囊材

用于包裹所需的材料称为囊材 (capsule wall material)。一般要求囊材性质稳定、有适宜的释放速度、无毒、无刺激性、能与药物配伍、不影响药物的药理作用及含量测定、有一定的强度及可塑性，能完全包封囊芯物，具有符合要求的黏度、穿透性、亲水性、溶解度、降解性等。通常一种囊材很难同时具备上述性能，因此在微胶囊技术中常采用几种囊材复合使用。常用的微囊化囊材一般归纳为天然高分子囊材、半合成高分子囊材、合成高分子囊材。

(一) 天然高分子囊材

天然高分子材料是常用的囊材，无毒、成膜性好，如淀粉、明胶、阿拉伯胶、海藻酸盐、壳聚糖等。

(二) 半合成高分子囊材

半合成高分子囊材多系纤维素衍生物，如羧甲基纤维素盐、醋酸纤维素酞酸酯、乙基纤维素、甲基纤维素、羧甲基纤维素等。

(三) 合成高分子囊材

合成高分子囊材分为生物不降解和生物可降解两类。生物不降解且不受pH影响的囊材有聚酰胺、硅橡胶等。在一定pH条件下可溶解的囊材有聚丙烯酸树脂、聚乙烯醇等。近年来，生物可降解的材料得到了广泛应用，如聚碳酯、聚氨基酸、聚乳酸、丙交酯乙交酯共聚物、聚乳酸-聚乙二醇嵌段共聚物等，其成膜性好、化学稳定性高，可用于注射。

聚酯类是目前应用最为广泛的生物降解高分子，基本上都是羟基酸或其内酯的聚合物。常用的羟基酸有乳酸（lactic acid）和羟基乙酸（glycolic acid）。聚酯特性常用热分析法测定，主要参数是玻璃化温度 T_g 和晶体熔点 T_c（当聚合物有一定程度结晶性时）。

三、微囊的制备方法

微囊的制备方法很多，根据药物和囊材的性质和微囊的粒径、释放性以及靶向性要求，可归纳为物理化学法，物理机械法以及化学法。制备时可按囊芯物、囊材的性质、设备和微囊的大小等选用适宜的制备方法。常用的方法有物理化学法中的凝聚法。凝聚法又分为单凝聚法和复凝聚法。后者常用明胶、阿拉伯胶为囊材。近年来，悬浮聚合乳化法、复乳法、气体饱和溶液法、水胶囊法等方法也应用到微囊制备中。

（一）物理化学法

物理化学法又称相分离法，在液相中进行，囊芯物与囊材在一定条件下形成新相析出，故又称相分离法，其微囊化步骤大体可以分为囊芯物的分散、囊材的加入、囊材的沉积和囊材的固化四步，见图11-2。

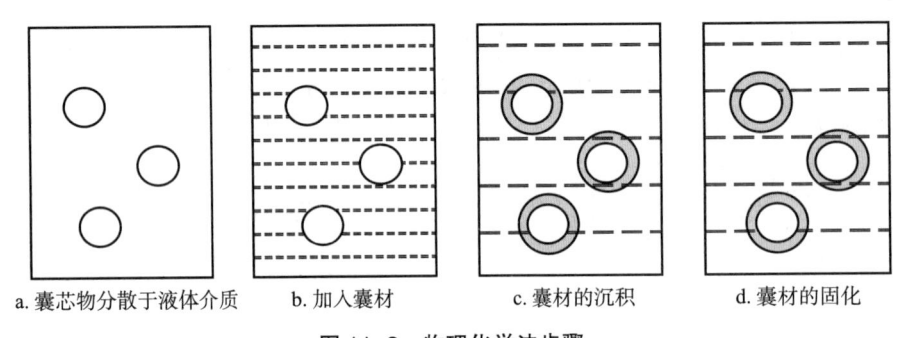

图 11-2 物理化学法步骤

a. 囊芯物分散于液体介质　　b. 加入囊材　　c. 囊材的沉积　　d. 囊材的固化

1. 单凝聚法　单凝聚法（simple coacervation）系将一种凝聚剂（强亲水性电解质或非电解质，如硫酸钠、硫酸铵、乙醇、丙醇等）加入某种水溶性囊材溶液中（含已乳化或混悬芯料），由于大量的水分与凝聚剂结合，使体系中囊材的溶解度降低而凝聚出来，最后形成微囊；或将药物分散在含有纤维素衍生物的以及与水混溶的有机溶剂中，后加无机盐类的浓溶液，使囊材凝聚成囊膜而形成微囊。

高分子物质的凝聚是可逆的，在某些条件下（如高分子物质的浓度、温度及电解质的浓度等）出现凝聚，但一旦这些条件改变或消失时，已凝聚成的囊膜也会很快消失，即解聚现象。这种可逆性在制备过程中可以使凝聚过程多次反复，直至包制的囊形达到满意为止。

最后利用高分子物质的某些理化性质使凝聚的囊膜硬化，以免形成的微囊变形、囊结或黏连等。

2. 复凝聚法　复凝聚法（complex coacervation）系利用两种聚合物在不同pH时电荷的变化（生成相反的电荷）引起相分离-凝聚，由于电荷相互吸引形成复合物，溶解度降低聚集成囊，称作复凝聚法。复凝聚法是经典的微囊化法，它操作简便，容易掌握，适合于难溶性药物的微囊化。

如用阿拉伯胶（带负电荷）和明胶（pH在等电点以上带负电荷，在等电点以下带正电荷）作囊材，药物先与阿拉伯胶混合，制成混悬液或乳剂，负电荷胶体为连续相，药物（芯材）为分散相，在

40~60℃温度下与等量明胶混合（此时明胶带负电荷或基本上带负电荷），然后用稀酸调节 pH 4.5 以下使明胶全部带正电荷与带负电荷的阿拉伯胶凝聚，使药物被包裹。单凝聚法与复凝聚法，两者的不同点和相同点见表 11-2。

表 11-2 单凝聚法与复凝聚法的比较

	项目	单凝聚法	复凝聚法
不同点	囊材数	一种	两种
	凝聚剂	电解质（Na_2SO_4 等）	pH 调节剂（醋酸等）
	凝聚原理	盐析破坏水化膜	电荷中和
	稀释剂	Na_2SO_4 溶液	水
	成囊关键	凝聚剂种类和 pH	pH、浓度
相同点	方法归类	相分离 - 凝聚法	
	适应药物	固态或液态难溶性药物可被囊材相润湿	
	微囊化步骤	囊芯物分散、囊材加入、囊材沉积、囊材固化四步	
	囊形良好的必要条件	控制温度或加稀释液，使凝聚相保持一定流动性	

3. 溶剂 - 非溶剂法 溶剂 - 非溶剂法（solvemt-nonsolvent method）系在已溶解的囊材溶液中加入另一种不能溶解的溶剂（非溶剂），使囊材溶解度降低，从溶液中分离出来产生相分离，从而将药物包裹制得微囊的方法。被包裹的药物可以是固态或液态，但必须均不溶解于溶剂和非溶剂中。常用囊材的溶剂和非溶剂见表 11-3。

表 11-3 常用囊材的溶剂和非溶剂

囊材	溶剂	非溶剂
乙基纤维素	四氯化碳/苯	石油醚
醋酸纤维素丁酯	丁酮	异丙醚
邻苯二甲酸醋酸纤维素	丙酮/乙醇	三氯甲烷
苄基纤维素	三氯乙烯	丙醇
聚乙酸乙烯酯	三氯甲烷	乙醇
苯乙烯马来酸共聚物	乙醇	乙酸乙酯

（二）物理机械法

物理机械法是将固态或液态药物在气相中进行微囊化的方法，需要一定的设备条件，有喷雾干燥法、喷雾冷凝法、空气悬浮法、多孔离心法、锅包衣法等。

（三）化学法

化学法是指利用溶液中的单体或高分子通过聚合反应或缩合反应生成囊膜而制成微囊的方法。本法的特点是在液相中进行，不加凝聚剂，常先制成 W/O 型乳状液，再利用化学反应交联或用射线辐照使材料交联固化，主要分为界面缩聚法和辐射化学法。

四、微囊中药物的释放

（一）释放机制
（1）扩散：微囊进入体内后，体液渗入囊壁，逐渐溶解其中的药物，药物通过扩散从囊壁中释出。

（2）囊壁溶解：囊壁溶解属于物理化学过程，但不包括酶的作用。其速率主要取决于囊材的性质、体液的体积、组成、pH 及温度等。

（3）囊壁的消化与降解：囊壁在体内可受胃蛋白酶或其他酶的消化与降解，使药物释放出来。

（二）影响释放的因素
（1）粒径和囊壁厚度：在载体材料相同的情况下，微囊的粒径越小、囊壁越薄，释药速度越快。

（2）药物的性质：在载体材料相同时，在体液中溶解度大的药物释放较快。

（3）载体材料的理化性质：孔隙率小的载体材料，释药速度较慢。

（4）释放介质的影响：在不同 pH 和不同离子强度的释放介质中，释药速度不同。

（5）附加剂的影响：加入疏水性材料如硬脂酸、蜂蜡等，可使药物缓释。

五、微囊的质量评价

微囊的外形、结构及性能众多，因此用来描述其性质的特征参数众多，如微囊粒径、粒径分布、宏观及微观外貌、物质组成、囊壁的厚度、芯材含量、各种稳定性和芯材释放速度等。对微囊的质量评价，应符合《中国药典》（2025 年版）四部中《微粒制剂指导原则》。

（一）微囊的表面形态
聚合物微囊的表面形态和表面平整度对微囊产品的储存稳定性和机械强度等有直接影响。一般而言，表面光滑、囊壁较完整的微囊对芯材的保护效果要优于那些表面有凹凸甚至有裂纹的微囊。同时，表面形态良好的微囊，其机械强度也优于表面形态较差的微囊。

因微囊粒径较小（微米级），肉眼难以观察其微观形态，在实验研究中，一般借助光学显微镜（OM）或者扫描电子显微镜（SEM）来观察，前者仅限于二维形态，而后者则可观察到三维立体形貌。可借助光学显微镜观察微囊的整个形成过程，或者借助扫描电子显微镜观察微囊形成后的表面形态，但首先需要对微囊样品进行导电预处理。因为囊芯被包裹，所以无法观察其内部结构，只限于微囊的表面形态的观测。

（二）微囊的粒径及粒径分布
聚合物微囊的粒径大小及分布对微囊产品的性质如密度、壁厚等有很大影响。一般对于相同的壁材和芯材，所制备的微囊粒径越小，其堆积密度越大，而囊壁厚度会变薄。微囊的粒径及其分布可以通过带有刻度的显微镜图片统计得到。更常用的是激光衍射粒度分布仪，通过测量散射光的能量分布直接测得微囊的平均粒径及粒径分布。

（三）载药量与包封率
微囊中药物含量通常称为载药量，一般采用溶剂提取法测定。包封率是指聚合物微囊产品中芯材的含量与制备微囊时初始加入的芯材含量之比。作为微囊产品质量的一个最为常见而又非常重要的指标，微囊的包封率反映的是微囊制备的生产效率。通常认为包封率愈大愈好，包封率大说明芯材浪费较少，反应程度较大，此时成本较低。

测定微囊包封率首先要知道微囊中的芯材含量，根据芯材和壁材的物理化学性质的不同，其测定方法主要有索氏抽提法、气相色谱法和热重分析法。

（四）突释效应

在微囊释放的最初阶段，吸附在微球表面的药物会通过扩散作用而快速释放，称为突释效应（burst effect）。突释效应可能导致人体内药物浓度在短时间内迅速升高，并使得药物有效期缩短，是限制微球广泛应用的关键问题，因此在质量控制过程中必须重点关注突释率这一指标。《中国药典》（2025年版）规定，微囊在开始0.5 h内的释放量不得超过40%。目前主要通过体外释放度实验考察微囊的突释效应。

六、应用举例

例11-4：孟鲁司特钠微囊

【处方】孟鲁司特钠100 g，烟酰胺20 g，右旋糖酐160 g，黄原胶480 g。

【制法】用气流粉碎机将孟鲁司特钠微粉化至粒径为1~10 μm；将微粉化的孟鲁司特钠、烟酰胺、黄原胶、右旋糖酐混合，溶于500 mL水中，使其完全溶解；在28℃下向上步所得溶液中加入85%的乙醇溶液200 mL，不断搅拌形成乳滴。继续加入80 mL 85%的乙醇溶液；过滤，水洗，40℃烘干，即得孟鲁司特钠微囊。

【注解】孟鲁司特钠为主药，烟酰胺为助溶剂，右旋糖酐和黄原胶为成囊材料。

第四节　微球制备技术

一、概述

微球（microsphere）是指药物分散或被吸附在载体骨架结构中形成的球状微粒。微球的粒径通常在1~250 μm。可以供口服、注射、滴鼻或皮下埋植使用。

制备微球的主要目的是缓释长效，微球还具有提高药物的稳定性，防止药物在胃肠道内失活，将液态药物固态化，掩盖药物不良气味，降低刺激性，便于贮存与运输，提高患者依从性等优点。但其存在载药量有限、难以大规模生产和质量标准较为复杂等缺陷。微球制剂由于具有稳定、靶向、缓释、控释等特性，且制备工艺成熟，操作方法简单，近年来受到较多关注，有关微球技术应用于医药行业的报道也越来越多。

二、常用的微球制备材料

微球由主药、载体材料及附加剂组成。载体材料的选择决定微球的特性。

载体材料一般有如下要求：性质稳定；无毒、无刺激性；与药物配伍且不影响药物性质；具有适合的释放药物速率；具有一定强度和可塑性；具有溶解性、生物相容性、可降解性等特性。常用的载体材料可以根据来源分为天然、半合成和合成高分子材料。

（一）天然高分子材料

天然高分子材料是指没有经过人工合成，天然存在于自然界生物体内的大分子有机化合物。常用天然高分子材料根据化学结构可以分为多糖、聚酰胺、类聚异戊二烯、聚酯、聚酚五大类。天然高分子材料来源广泛，具有良好的生物相容性和生物可降解性，容易改性获得不同的新材料。

1. 明胶　明胶（gelatin）是动物的表皮或结缔组织中的胶原部分变性或降解的产物，聚合度不同的明胶具有不同相对分子质量，平均相对分子质量在15 000~25 000 Da。明胶根据其水解方式的不同，分为酸水解产物A型明胶和碱水解产物B型明胶，具体根据药物对酸碱性要求选择

A 型或 B 型。

2. 壳聚糖 壳聚糖（chitosan）是自然界中广泛存在的几丁质经过脱乙酰作用所得到的一种天然阳离子多糖，可溶于酸或酸性水溶液，安全性高、生物相容性好，具有优良生物降解性且价格低廉，还可以通过调节壳聚糖的相对分子质量与脱乙酰程度来控制药物的释放。

3. 海藻酸盐 海藻酸盐（alginate）是一种天然阴离子多糖。无臭、无味、无毒，生物相容性好，易溶于水，不溶于有机溶剂。海藻酸和海藻酸钠可以与氯化钙在水中反应生成不溶于水的海藻酸钙，从而固化成球。

4. 阿拉伯胶 阿拉伯胶（acacia gum）是一种天然植物胶，由多糖和蛋白质组成。其水溶液呈酸性，荷负电。其中含有过氧化物酶，易与氨基比林、苯酚及生物碱等反应变色，使用时注意药物配伍。

5. 淀粉 淀粉（starch）一般由淀粉或其改性产物经过交联反应形成，无毒、可降解、生物相容性好、成本低廉。

6. 蛋白质 蛋白质（protein）可以通过加热或化学方式交联固化，比如白蛋白、玉米蛋白、鸡蛋白等。

（二）半合成高分子材料

半合成高分子材料一般多为纤维素衍生物，这类材料溶液黏度大、毒性小。

1. 羧甲纤维素钠 羧甲纤维素钠（sodium carboxyl methyl cellulose，CMC-Na）为阴离子型高分子电解质，无毒，在水中黏度大，热稳定性好。

2. 邻苯二甲酸醋酸纤维素 邻苯二甲酸醋酸纤维素（cellulose acetate phthalate，CAP）可溶于 pH>6 的水溶液，分子中游离羧基的相对含量决定其溶解性和水溶液的 pH。

3. 其他 常用的材料还有乙基纤维素（EC）、甲基纤维素（MC）、羟丙基甲基纤维素（HPMC）等。

（三）合成高分子材料

合成高分子材料分为生物不降解和生物可降解两类。

1. 聚乳酸 聚乳酸（polylactic acid，PLA）是以玉米为主要原料，经发酵制得乳酸，再通过乳酸缩合得到的直链脂肪族聚酯，PLA 具有良好的生物相容性、可生物降解性。PLA 的相对分子质量越高，在体内分解越慢，PLA 不溶解于水与乙醇，可溶于二氯甲烷、丙酮等有机溶剂。PLA 是第一批通过美国 FDA 认证，被收录为药用辅料的可生物降解材料。

2. 聚乳酸-羟基乙酸共聚物 聚乳酸-羟基乙酸共聚物[poly（lactic-co-glycolic acid），PLGA]是由一定比例的乳酸和羟基乙酸聚合而成的高分子材料，不能溶解于水，但能溶解于三氯甲烷、丙酮等有机溶剂中。也已经被美国 FDA 收录为药用辅料，具有良好的生物相容性和生物降解性。

3. 其他 可生物降解材料还有聚氨基酸、聚羟基丁酸酯等；不可降解的材料有聚酰胺、聚乙烯醇、丙烯酸树脂、硅橡胶等。

三、微球的制备方法

微球制备采用的载体材料与方法与微囊相似，可以参考微囊的制备方式。如果药物能够溶解或分散在载体材料溶液中，就可以用于制备微球。微球制备方法主要根据所用载体材料的性质、药物分子的性质、所需微球的粒度、释药性能与临床给药的途径来进行选择。

微球的制备方法主要分为乳化分散法、凝聚法、聚合法、物理机械法四种。

（一）乳化分散法

乳化分散法（emulsification disperse method）指药物与载体材料溶液混合后，将其分散在不相混溶的介质中形成类似水包油（O/W）或油包水（W/O）型乳剂，然后使乳剂内向固化，分离制备微球的方法。乳化分散法是现有制备微球的方法中较简易和常用的方法。

1. 加热固化法 加热固化法（heat solidification method）指利用蛋白质受热凝固的性质，在 100~180℃的条件下加热搅拌，使乳剂内向固化，最后经分离、洗涤制备微球的方法。本法适用于对热稳定、水溶性的药物，常用的载体材料为白蛋白。

2. 交联剂固化法 交联剂固化法（crosslinking solidification method）又称乳化交联法，指采用化学交联剂使乳剂内向固化、分离从而制备微球的方法。本法适用于对热不稳定，不适合使用加热固化法制备微球的药物，要求载体材料和药物具有较好水溶性且分散后相对稳定，不与交联剂反应。常用的载体材料为白蛋白、明胶等，常用的交联剂为甲醛、戊二醛、丁二酮。

3. 溶剂蒸发法 溶剂蒸发法（solvent evaporation method）指将水不溶性的载体材料和药物溶解在油相溶剂中，再分散于水相溶剂中形成 O/W 型乳液，蒸发内相中的有机溶剂，从而制成微球的方法。本法适用于疏水性药物与载体材料微球的制备，是制备疏水性药物微球最常用的方法。要求使用的油相溶剂具有低水溶性、低沸点、高蒸气压、低介电常数的特点，最常用的溶剂为二氯甲烷。制备过程中要特别注意溶剂残留的问题。

（二）凝聚法

凝聚法（coacervation method）指在药物与载体材料的混合液中，通过外界物理化学因素的影响使载体材料的溶解度发生改变，凝聚载体材料包裹药物而析出，从而制备得到药物微球。此法与药物微囊制备的凝聚法相似。

1. 溶剂-非溶剂法 溶剂-非溶剂法（solvent-nonsolvent method）指将载体材料溶液加至一种对该聚合物不溶的液体（非溶剂）中引起相分离的同时将药物包裹制得微球的方法。本法可以兼适用于固体与液体、亲水与疏水药物微球的制备，可以有效提高难以通过溶剂蒸发法制备的亲水性药物微球的包封率，但要求药物不溶于非溶剂，也不与非溶剂反应。

2. 溶剂移除法 溶剂移除法（solvent removal method）指载体材料聚合物与药物溶解在油相有机溶剂中，逐渐加入相分离诱导剂，凝聚产生药物微球，然后洗去有机溶剂分离得到微球的制备方法。本法全程在有机溶剂中进行，适用于在水中不稳定的载体材料，如聚酸酐。

（三）聚合法

聚合法（polymerization method）指以载体材料单体通过聚合反应，在聚合过程中将药物包裹而形成微球的制备方法。

1. 乳化/增溶聚合法 乳化/增溶聚合法（emulsion/solubilization polymerization method）指将载体材料单体用乳化或增溶的方法高度分散，然后在引发剂的作用下使单体聚合，同时将药物包裹制成微球的方法。该法要求载体材料具有良好的乳化性、增溶性、易聚合性。

2. 盐析固化法 盐析固化法（salting-out coagulation method）又称交联聚合法，指在含有药物与载体材料单体的溶液中加入适量的盐类沉淀剂使溶液浑浊而不产生沉淀，然后加入交联剂固化，得到稳定微球的制备方法。

3. 辐射聚合法 辐射聚合法（radiation polymerization method）指通过 γ 射线或紫外线照射具有聚合能力的载体材料单体溶液诱发聚合反应，从而制备微球的方法。

（四）物理机械法

物理机械法（physical method）指借助机械设备将药物和载体材料的混合液同时分散成雾滴并迅速去除形成微球的方法。

1. 喷雾干燥法 喷雾干燥法（spray drying method）是采用雾化器将原料液分散为雾滴，并用热气体（空气、氮气或过热水蒸气）干燥雾滴而获得产品的一种干燥方法。原料液可以是溶液、乳液、混悬液，也可以是熔融液或膏糊液。若药物和载体材料聚合物都以溶液而非乳液状态存在，或者药物以粉末状态混悬在聚合物溶液中，则喷雾干燥后的产物则为微球。本法制备的微球粒径大多小于

10 μm，系统温度都低于100℃，系统受热时间短，适用于热敏药物的微球化，同时产生的有机溶剂残留量较溶剂蒸发法更低。

2. 超声喷雾-低温固化法 超声喷雾-低温固化法（ultrasonic spray-low temperature curing method）指将载体材料聚合物溶液通过超声喷雾器分散成细小的液滴，分散在低温的有机溶剂中，随着溶剂不断萃取出聚合物中的溶剂，从而固化得到微球的制备方法。本法适用于制备活性敏感的蛋白质类药物微球，避免了常规喷雾法制备时间长、暴露于两相界面时间长、机械应力作用使药物生物活性下降的问题。

3. 微流控技术 微流控技术（microfluidics）是指在微米级的通道内控制液滴的技术，其形成液滴的机理是利用互不相容的分散相在剪切力及表面张力的作用下形成微液滴。本法优点：①尺寸和形态可控，粒径均一；②放大过程中具有高度的重现性，可以大批量生产，同时保持固定的产品特性；③乳化、聚合和分析的过程容易结合；④系统是封闭的，因此可以消除空气、氧气对药物的降解，同时容易进行无菌生产；⑤可用于连续化生产。本法缺点：①清洗比较困难；②生产效率还有待提高，以满足工业化生产；③预测液滴直径的模型较少。

四、微球的影响因素

（一）影响微球粒径的因素

微球的粒径及分布是反映其质量的重要指标，可直接影响药物的释放、生物利用度、载药量、有机溶剂残留甚至无菌控制等。

1. 药物浓度 随着药物浓度增加、微球载药量的增加，微球的粒径也会增加。

2. 附加剂的影响 表面活性剂通过降低分散相与分散介质间的界面张力改变制备过程中乳滴的大小，从而影响微球粒径的大小。同时，不同的分散介质也会影响微球粒径的大小。

3. 制备方法 微球的粒径对制备方法的依赖性较大，不同的制备方法可能得到粒径不同的微球，同种制备方法中不同的处理过程，也可能得到不同粒径的微球。

4. 搅拌速度 一般来说，搅拌速度越快，微球粒径越小。然而搅拌速度过快，也会使微球碰撞合，从而导致微球粒径反而增大。超声处理比搅拌法制备的微球粒子更小。

5. 乳化时间 一般来说，乳化时间越长，微球粒子越小，粒度分布越均匀。

6. 其他 除了以上因素，固化时间、温度、交联剂与催化剂的种类和用量等均有可能影响制备的微球粒径大小。

（二）影响微球药物释放的因素

微球的释放速率也是重要的质量指标，不同的释放速率对应了不同微球制剂的应用场景。

1. 载体材料 载体材料是否溶蚀及溶蚀的速率影响药物释放。载体材料溶蚀越快，释药速度也越快。载体材料的生物降解速率不同，也会影响微球形成空隙的数量和大小，从而表现出不同的释药速率。在常见的载体材料制成的微球中，释药速率从快到慢的顺序是：明胶＞乙基纤维素＞苯乙烯-马来酸酐共聚物＞聚酰胺。

2. 药物的性质 在材料相同的情况下，药物的溶解度越大，通常释放速率更大。

3. 粒径大小 通常情况下，微球粒径越小，释药速率越大。

4. 释放介质 在不同pH、不同离子强度的释放介质中，微球药物的释药速率会有所不同。

5. 制备工艺条件 在微球的制备过程中，使用不同的溶剂、药物与载体材料的比例、附加剂均可能影响微球药物的释药速率。

五、微球的质量评价

对微球的质量评价,应符合《中国药典》(2025 年版)中《微粒制剂指导原则》的相关规定。

1. 有害有机溶剂限度 有机溶剂残留量不得超过《中国药典》(2025 年版)规定的限量。凡未规定限度者,可参考 ICH 指导原则的要求。

2. 形态、粒径及其分布的检查 可采用光学显微镜、扫描或透射电镜显微镜等观察形态,且提供照片。微球应为圆整球形或类球形的实体。微球也应通过光学显微镜、电感应法、光感应法等提供粒径的平均值及其分布的数据或图形。

3. 载药量与包封率 应提供载药量和包封率的数据。

4. 突释效应或渗漏率检查 进行突释效应和渗漏率的检查。

5. 其他 除上述要求外,微球还应符合药典中氧化程度、靶向性评价、稳定性的相关规定。微粒制剂还应符合相关制剂项下的规定。

六、微球制备技术在制剂中的应用

微球适合用于含有挥发性成分、刺激性成分、不稳定成分的药物制剂,可用于理化性质不稳定的生物大分子药物,如蛋白质、激素,甚至活细胞。目前已有多种微球制剂应用于临床。目前,国外已上市的主要微球制剂见表 11-4。

表 11-4 国外已上市的主要微球制剂

疾病	适应证	上市产品	公司
抗肿瘤	肢端肥大;子宫内膜异位症;神经内分泌肿瘤	醋酸奥曲肽微球	诺华
	前列腺癌、乳腺癌	醋酸亮丙瑞林微球	武田、拜耳
	转移性前列腺癌	曲普瑞林微球	达菲林、达比佳
	前列腺癌、乳腺癌	布舍瑞林	默克、阿斯利康
	前列腺癌	阿巴瑞克(已退市)	葛兰素史克
	胃癌	帕瑞肽	诺华
精神疾病	精神分裂	利培酮微球	强生
镇痛	骨关节炎相关膝盖疼痛	醋酸曲安奈德微球	Flexion Therapeutics
	牙周炎	米诺环素缓释微球	OraPharma
内分泌疾病	避孕	醋酸甲羟孕酮	辉瑞
	侏儒病	生长激素(已退市)	基因泰克
糖尿病	2 型糖尿病	艾塞那肽微球	礼来、阿斯利康
戒毒	毒瘾戒断	纳曲酮微球	阿克姆斯

第五节 脂质体制备技术

一、概述

1965年，英国科学家班厄姆（Alec Bangham）等人发现，当磷脂分散在水中时，可形成多层囊泡，并且其中的每层都为脂质双分子层，各层之间被水相隔开，后来这种由脂质双分子层组成、内部为水相的闭合囊泡，被称为脂质体（liposome）。由于脂质体膜的结构类似生物膜，因此又被称为人工生物膜。

目前认为，脂质体是由两亲性磷脂和胆固醇分子形成的具有双分子层结构的封闭囊泡，具有亲水性和亲脂性。脂质体的粒径大小范围为几十纳米到几十微米，它的双分子层厚度约 4 nm。

脂质体的基本组成成分是磷脂和胆固醇。磷脂为两亲性物质，其结构中含有磷酸基团和含氮的碱基（均亲水）及两个较长的烃链疏水链。用磷脂和胆固醇作膜材制备脂质体时，磷脂与胆固醇分子相互间隔，定向排列组成双分子层。

脂质体可以作为药物载体使用，可以包封水溶性药物和脂溶性药物。由于具有与生物膜极好的相容性，脂质体作为药物的载体具有极大优势，在血液、呼吸、肿瘤等各种系统性疾病治疗中已经得到了广泛的认可和应用。近几年来，越来越多的脂质体制剂，如紫杉醇脂质体注射液、多柔比星脂质体注射液、两性霉素 B 脂质体注射液等陆续被开发上市，进入临床使用。

二、脂质体的分类

（一）按结构类型分类

1. 单室脂质体 单室脂质体是指仅由一层双分子脂质膜形成的囊泡。其又可进一步分为小单室脂质体（small unilamellar vesicle，SUV）和大单室脂质体（large unilamellar vesicle，LUV），SUV 的直径为 0.02~0.08 μm，也称为纳米脂质体，LUV 的直径为 0.1~1 μm。

2. 多室脂质体 多室脂质体（multilamellar vesicle，mLV）是指由多层类脂质双分子层构成的囊泡。多室脂质体中，脂溶性药物被分散在双分子层中，双分子层被含水溶性药物的水膜分隔开。

（二）按脂质体的性能分类

1. 传统脂质体 由普通脂质构成的脂质体。磷脂在水中形成含有一层或多层磷脂膜的一个闭合囊泡，构成了双分子层膜结构的脂质体胶体粒子，称为传统脂质体。

2. 特殊性能脂质体

（1）长循环脂质体：脂质体表面经过 PEG 化修饰后，脂质体的柔性和亲水性增加，可减少其在体内被单核-吞噬细胞系统识别和吞噬，延长脂质体在体内的停留时间，从而延长所装载药物在血液中的滞留时间，提高有效浓度，增强疗效。

（2）热敏感脂质体：由相转变温度（T_c）稍高于体温的脂质材料组成的脂质体，其所包封药物的释放具有温度敏感性。

（3）pH 敏感脂质体：由对 pH 敏感的脂质材料组成的脂质体，在一定的 pH 范围内，脂质膜通透性会发生改变，甚至会出现脂质体解体，从而实现药物的释放。

（4）磁性脂质体：将纳米磁性粒子用传统型脂质体包裹，即为磁性脂质体，常用材料有纳米级别的 Fe_2O_3、Fe_3O_4 等，它既可以增强脂质体的靶向性，也可增强包埋物的可控释放性能，具有良好的靶向性。

（5）免疫脂质体：将抗体或抗体片段通过化学键连接到脂质体表面来修饰脂质体，通过抗原与抗体的特异性结合从而达到靶向治疗目的。

（三）按脂质体的荷电性分类

脂质体进入体内血液循环，通过被动靶向作用聚集于不同的器官。表面电荷是影响脂质体在体内被动靶向的重要理化因素之一，磷脂头部基团带有不同的电荷，带正电荷的脂质形成的脂质体为正电荷脂质体（或称为阳离子脂质体），带负电荷脂质形成的脂质体为负电荷脂质体（或称为阴离子脂质体），不带电荷的脂质形成的脂质体为中性脂质体。

（四）按给药途径分类

可将脂质体分为静脉注射、口服、肺部吸入、眼用、外用、经皮吸收、局部注射及鼻腔给药脂质体等。

三、常用的脂质体制备材料

甘油磷脂（glycerophospholipid，GP）、鞘磷脂（sphingomyelin，SM）和胆固醇（cholesterol，Chol）是脂质体中的常见成分。甘油磷脂中甘油连接一对疏水性脂肪酸链和一个亲水极性头基。疏水部分由饱和或不饱和脂肪酸的两条烃链组成，它们酯化了甘油的相同数量的羟基。每个脂质分子中脂肪酸残基的性质，即链中双键的数量，决定磷脂双分子层基本性质，如弹性和相行为。鞘磷脂结构与甘油磷脂相似，但其分子中不含甘油，是含鞘氨醇或二氢鞘氨醇的磷脂，是一分子脂肪酸以酰胺键与鞘氨醇的氨基相连。胆固醇是一种环戊烷多氢菲的衍生物，由甾体部分和一条长的侧链组成，使脂膜维持一定的柔韧性。

脂质因其磷脂头部基团带有不同的电荷，可分为正电荷脂质、负电荷脂质和中性脂质。

（一）负电荷脂质

负电荷脂质又被称为酸性磷脂，包括磷脂酸（phosphatidic acid，PA）、磷脂酰甘油（phosphatidylglycerol，PG）、磷脂酰肌醇（phosphatidylinositol，PI）、磷脂酰丝氨酸（phosphatidylserine，PS）等。由负电荷磷脂组成的脂质双分子层能与阳离子发生强烈的结合从而使双分子层排列紧密，进而升高了相变温度。在适当环境温度下，加入阳离子能引起相变。由负电荷磷脂和中性脂质组成的膜，加入阳离子能引起相分离。

（二）正电荷脂质

正电荷脂质是一种本身带有正电荷的脂质，均为人工合成脂质，可作为荷负电物质的传递载体，适用于蛋白质，多肽和寡核苷酸类物质的装载。常见的正电荷脂质包括硬脂酰胺；脂肪胺衍生物，如 1,2- 二油酰基 -3- 三甲胺基 - 丙烷（DOTAP），双十八烷基二甲基溴化铵（DDAB），十八烯氧基 -N,N,N 三甲基丙胺（DOTMA）。

（三）中性脂质

包括磷脂酰胆碱（PC）、磷脂酰乙醇胺（PE）和鞘磷脂（SM）等。天然 PC 可以从蛋黄、大豆和脊髓提取，其中植物性 PC 的脂肪链具有高度不饱和性，动物性 PC 的脂肪链具有高度饱和性。合成的磷脂酰胆碱包括二棕榈酰磷脂酰胆碱（DPPC）、二硬脂酰磷脂酰胆碱（DSPC）、二肉豆蔻酰磷脂酰胆碱（DMPC）等。磷脂乙醇胺头部基团小，非饱和的 PE 容易形成非双层结构型——六角相。鞘磷脂中酰胺键和羟基基团之间形成氢键相互作用，具有比 PC 更高秩序的胶相。

（四）胆固醇

胆固醇是天然膜的重要成分，在调节膜流动性方面起着关键作用。它是一种中性脂质，属于两性分子，其亲油性大于亲脂性。胆固醇本身不形成脂质双层结构，镶嵌在膜内，羟基团朝向亲水面，脂肪族的链朝向并平行于磷脂双层中心的烃链。胆固醇主要与磷脂相结合，可以降低水溶性分子在血液、血浆等生物体液中的渗透性，改善了双层膜的流动性和稳定性。

四、脂质体的制备方法

制备出合适的脂质体首先是使用性能良好的脂质材料,其次是根据用途考虑采用合适的方法。一般而言,大多数制备脂质体的方法都包括四个基本步骤:①磷脂、胆固醇等载体材料与待包载的脂溶性药物共溶于合适的有机溶剂,并通过过滤除去少量不溶性物质,再在一定的条件下去除有机溶剂,使脂质和药物形成共溶的脂质-药物混合物。②使脂质分散在含有待包载水溶性药物的水溶性溶液中形成脂质体。③纯化脂质体。④脂质体质量评价。

具体来说,制备脂质体的方法主要可分为两类:被动载药法和主动载药法。被动载药法是指脂质体的形成和药物的装载同步完成。被动载药法相对简单、易操作,只需要将药物和载体材料同时处理即可。主动载药法是指先制备不含药物的空白脂质体,再借助特定药物装载动力(如 pH 梯度、硫酸铵梯度等)来实现药物的跨膜装载。主动载药法一般比被动载药法制备的脂质体包封率高,但主动载药法对药物性质有特殊要求,并不适合所有药物。

常见的几种脂质体制备方法主要有薄膜分散法、逆向蒸发法、溶剂注入法等。

(一)被动载药法

1. 薄膜分散法 薄膜分散法(thin film dispersion method)是制备脂质体的传统方法之一,又称 Bangham 法,用来纪念首次发现脂质体的英国科学家 Bangham。该法是最经典的脂质体制备方法。该方法是将脂质和有机溶剂混合,通过旋转蒸发或其他方法去除有机溶剂,在形成的脂质薄膜中加入亲水性介质如磷酸盐缓冲液,脂质则自发水合聚集形成非均质化的较大粒径的脂质体,且通常为多层结构,通过结合超声和膜挤压法可以减小脂质体粒径,得到粒径较为均一的脂质体。薄膜分散法制备脂质体流程见图 11-3 所示。

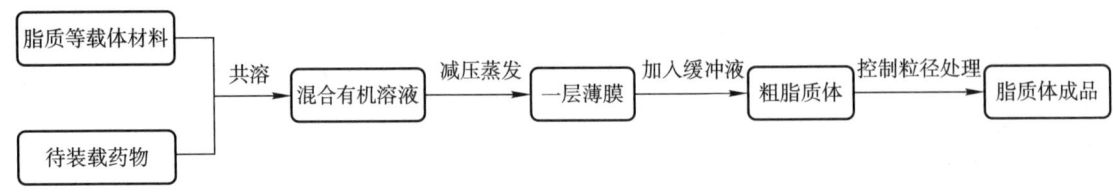

图 11-3 薄膜分散法制备脂质体流程

该方法较为成熟,设备简单,且制得的脂质体包裹脂溶性物质的能力优越,几乎可以全部封装。但缺点是粒径较大且脂膜内水相容积很小,无法大量包封水溶性药物。此外该方法需要通过全程无菌来保证产品无菌度。

2. 逆向蒸发法 逆向蒸发法(revers-phase evaporation method)系将磷脂等载体材料溶于三氯甲烷、乙醚等有机溶剂,加入待包载药物的水溶液(水溶液:有机溶剂 = 1:3~1:6)进行短时超声乳化至形成稳定的 W/O 型乳剂,进行减压蒸发除去有机溶剂,即可形成脂质体。逆向蒸发法制备脂质体流程见图 11-4。

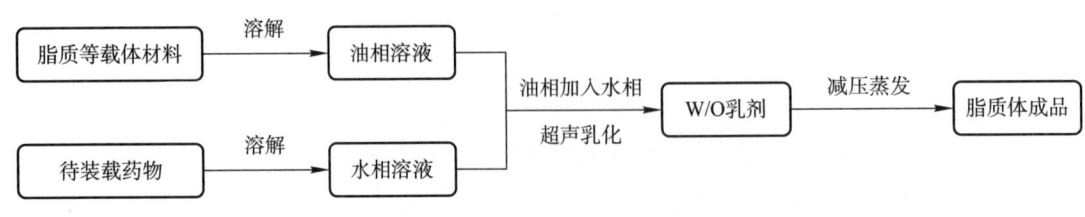

图 11-4 逆向蒸发法制备脂质体流程

该方法适用于包封水溶性药物、大分子生物活性物质，如各种抗生素、胰岛素、免疫球蛋白、碱性磷脂酶、核酸等。但药物与有机溶剂接触，会破坏水溶性大分子的活性，导致脂质体粒径变大，缩短在血液中的循环时间。

3. 溶剂注入法 溶剂注入法（solvent injection method）是目前使用最多的制备方法之一，该方法是将脂溶性药物和载体材料共同溶解于有机溶剂中，如乙醇、乙醚、甲醇、二氯甲烷等，溶解完毕后将有机溶液快速注入水性介质中，脂质溶剂在水溶液中迅速扩散，在界面湍流作用下形成小而均匀的脂质体，再使用超滤等技术进一步去除其中的有机溶剂，即可获得所需的脂质体。根据不同的制备条件，可以制备 80～300 nm 粒径的脂质体。脂质体悬浮液可通过浓缩法得到所需的浓度。制备方法的各种参数会影响脂质体的性质，如流速、溶剂和水溶液温度、脂质浓度以及搅拌速率等。同时，考虑到乙醇安全性较高，一般更倾向于使用乙醇作为溶剂。溶剂注入法制备脂质体流程见图 11-5。

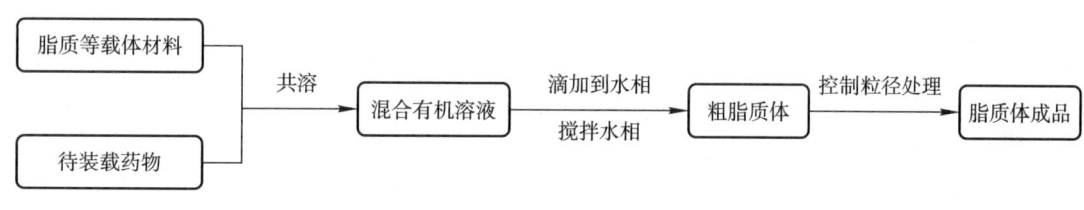

图 11-5 溶剂注入法制备脂质体流程

该方法简单便捷，无须全程无菌生产，节约成本，缺点是制备的脂质体浓度较低，且对于水溶性物质的包封率较低。

4. 冷冻干燥法 冷冻干燥法（freeze drying method）是将类脂质分散于缓冲盐溶液中，经超声波处理与冷冻干燥，再将干燥物分散到含药物的水性介质中，制备成脂质体。冷冻干燥的方法可用于制备无菌和无热原的亚微米小尺寸脂质体。

5. 其他 除上述几种常用的制备方法外，还有复乳法、前体药物法等。目前，还有一些新开发的制备方法，如超临界流体逆相蒸发法、薄膜分散-动态高压微射流法、动态高压微射流-乙醇注入法等。这些制备的新方法不仅包封率高、稳定性好，而且操作也相对较简单，适合规模化的生产。

（二）主动载药法

主动载药法的基本原理是一些双亲性的弱酸、弱碱药物能够以电中性的形式跨越脂质双分子层，进入脂质体内水相后在缓冲溶液作用下电离，不能再跨越脂质双分子层扩散到外水相中。其技术的关键在于通过透析、柱层析等手段使空白脂质体膜内外形成电位梯度、pH 梯度或其他适宜梯度，促使外水相中的药物自发透膜向脂质体内水相聚集。

1. pH 梯度法 pH 梯度法是通过调节脂质体内外水相的酸碱性，从而建立一定的跨膜 pH 梯度差，利用弱酸或弱碱性药物在不同 pH 环境中解离状态的差异，使药物在外水相中以分子型低极性状态存在，当建立了 pH 梯度的脂质体在接近或超过相变温度时，磷脂双分子层由排列有序的"胶晶态"向无序的"液晶态"过渡中，磷脂脂肪链中的"全反式构象"碳-碳单键转换为"邻位交叉式构象"，使脂肪链转动半径大幅增加，导致脂质体膜流动性与通透性增大，有利于分子型药物渗透穿过磷脂双分子层，以高极性的离子型药物稳定包封于脂质体的内水相中。

2. 硫酸铵梯度法 利用化学平衡移动原理设计的硫酸铵梯度法也是一种主动包封法。硫酸铵分子中的游离氨跨过脂质体膜至外水相，留下一个质子和 SO_4^{2-} 在内水相从而产生 pH 梯度，水溶性药物与内水相质子结合成为离子，以离子形式稳定存在于脂质体内水相，防止药物泄漏。随着硫酸铵浓度的增加，内外水相 pH 梯度增加，药物往内水相聚集的倾向性增加，包封率提高，稳定性增强，还可通过载体材料和表面包被材料改善药物释放性能，达到缓释的目的。与普通的 pH 梯度法相比，硫酸铵梯度法制备的脂质体不易随外界 pH 的改变而泄漏，被包裹入脂质体内水相的药物一般为弱碱性，可与硫酸根形成具有更低溶解性的盐，在脂质体内部聚集，使其比普通 pH 梯度法更加稳定，包封率更高。

在传统工艺的基础上进行探索，传统工艺不足之处将会慢慢得到完善。未来对于脂质体的制备方法将会更加先进，更加环保，可包载药物的选择范围也会变得更加广泛。

五、脂质体制备的影响因素

脂质体的制备过程中，影响因素有很多。总的来说，药物自身的性质对能否制备出合适的脂质体影响最大；其次是所选脂质的种类、纯度、性质也会对脂质体成品产生很大影响。此外，不同的处方、不同的技术路线、不同的工艺参数，在脂质体的制备和使用过程中也很重要。

（一）药物自身的性质

药物的极性对所形成的脂质体影响很大。非极性药物的脂溶性越大，载药率越高；极性药物在水中溶解度越大，在脂质体水层中的载药率就越高；既不亲水也不亲脂的药物，一般不容易做成合适的脂质体，即使制备成脂质体，载药率一般也偏低。此外，药物的相对空间结构越大，在脂质体中的载药率可能会越低。

（二）脂质材料的性质

使用不同的脂质会影响脂质体的载药率，也会影响脂质体的表面电荷属性、脂质体的稳定性等。

（三）处方组成

脂质药物比、脂质胆固醇比等因素对脂质体的包封率和载药率也有重要影响。如增加脂质药物比，可以增加药物的包封率和载药率；而增加胆固醇的相对含量，可以提高水溶性药物的载药率。

（四）类脂质膜水化条件

合适的类脂质膜水化条件更容易得到合格的脂质体，如寻找合适的水化温度与时间、缓冲液合适的种类、浓度和 pH 等，使其充分水化，否则产品粒度不均匀，水化质量较差，脂质体成品不稳定或粒径不均一，较难成功。

（五）工艺参数

制备过程的一些工艺参数也会显著影响脂质体成品质量，如溶剂注入法中的滴加速度、搅拌速度、水相温度等，对脂质体的包封率和稳定性都有显著影响。

六、脂质体的灭菌

常见的脂质体灭菌方法一般有过滤除菌、加热灭菌、γ-射线照射（钴-60 15~20 kGy）、全程无菌操作。

（一）过滤除菌

过滤法是常见的脂质体除菌方法。对于粒径较小的脂质体，使用微孔滤膜过滤，可以有效除去大部分细菌。甚至可以使用 0.22 μm 滤膜过滤粗脂质体，这样既可以起到调控粒径的作用，又可以起到除菌的作用。但粒径较大的脂质体不适合使用过滤法除菌，因为过滤法除了会损耗一部分脂质体外，还有可能会破坏脂质体结构的完整性，导致脂质体破裂，泄漏药物。

（二）加热灭菌

加热可以使细菌和病毒失活，但也需小心高温可能对脂质体造成不可逆的破坏。一般仅对饱和磷脂等制备的较稳定的脂质体使用加热灭菌工艺。

(三) γ-射线照射灭菌

γ射线照射可以起到一定的灭菌效果，但也有可能会破坏脂质体膜结构。

(四) 全程无菌操作

由于上述灭菌方法都有一定的局限性，实验室制备脂质体时，更倾向于使用无菌操作。将制备脂质体原料的前溶液分别过滤消毒或热压灭菌，所有使用的容器、制备仪器、操作台提前经过灭菌处理，然后在无菌环境下制备脂质体。此方法性价比低，且很容易受到外来因素影响，仅适用于实验室制备少量的无菌脂质体，并不适合大规模制备生产。

七、脂质体的质量评价

脂质体是一种相对成熟的药物载体系统，相关研究也取得了越来越多的进展，关于其质量的控制与评价研究是不容忽视的，因为只有安全有效的给药系统才具有好的发展前景。脂质体的质量评价包括形态、粒径与分布、表面电性、包封率和载药率的测定、稳定性与渗漏率、有机溶剂残留、药物释放和磷脂水解与氧化。

(一) 形态、粒径、分布

脂质体作为药物递送系统的性能与其在微观和纳米水平上的结构密切相关。脂质体的粒径大小及分布均匀程度，直接影响脂质体在机体组织内的分布与代谢。脂质体粒径 >200 nm 时，其在血液循环时间短，易被巨噬细胞作为外来异物吞噬。相关测定方法有：光学显微镜法、扫描或透射电子显微镜法、电感应法（库尔特计数器）、光感应法（粒度测定仪）或激光衍射法等。粒径分布常用多分散系数（polydispersity index）表示。

(二) 表面电性

脂质体的表面电性对脂质体包封率、稳定性、体内分布及靶向作用有显著影响。测定方法有显微电泳法、动态激光散射法和荧光法。

(三) 包封率和载药率的测定

包封率（encapsulation efficiency, EE）是指包载在脂质体内的药物量与体系总药物量的百分比，一般采用重量包封率。包封率是脂质体制备过程的重要考察指标，影响脂质体包封率的因素有药物的性质与浓度、脂质体的结构类型、脂质体的制备方法与类脂膜的组成与电性。《中国药典》（2025年版）规定脂质体的包封率一般不得低于80%。载药率（loading efficiency, LE）是指脂质体内所含药物的重量百分率，在脂质体制备中具有重要意义。

在测定载药率和包封率时，可以采用凝胶柱色谱法、离心法或透析法将游离药物与载药脂质进行分离，再分别由式（11-1）和式（11-2）计算载药率和包封率。

$$载药率 = \frac{脂质体中包封的药量}{载药脂质体总重量} \times 100\% \tag{11-1}$$

$$包封率 = \frac{脂质体中包封的药量}{脂质体中包封与未包封的总药量} \times 100\% \tag{11-2}$$

(四) 稳定性与渗漏率

由于脂质体膜有一定的通透性，放置一定时间后包封的药物会渗漏到膜外，导致包封率下降，故渗漏率是衡量脂质体稳定性的重要指标。对于脂质体，还应关注相变温度对药品状态的变化、不同内包装形式的脂质体药品的稳定性试验条件，以及标签和说明书上合理使用等内容。渗漏率可按式（11-3）计算。

$$渗漏率 = \frac{产品在贮存一定时间后渗漏到介质中的药量}{产品在贮存前包封的药量} \times 100\% \qquad (11-3)$$

(五)有机溶剂残留

药品中的残留溶剂指在原料药或辅料的生产中,以及在制剂制备过程中使用的,但在工艺过程中未能完全去除的有机溶剂。在生产过程中引入有害有机溶剂时,应按《中国药典》(2025年版)通则中残留溶剂测定法测定,并符合规定。

(六)药物释放

脂质体释药特性显著影响治疗效果。脂质体释药特性可以根据给药途径、给药部位,设计适当释放介质,进行体外检测。

(七)磷脂水解与氧化

1. 水解 磷脂分子中的甘油基受到酸、碱催化,容易水解脱去一条酰基链,形成单链溶血磷脂。溶血磷脂可以采用高效液相色谱法(HPLC)或薄层扫描色谱法(TLC)进行检测。

2. 氧化 含有不饱和碳链的磷脂易发生氧化反应,产生过氧化物、醛类、溶血磷脂等有害产物。磷脂氧化程度采用氧化系数为指标。氧化系数值应小于0.2。

$$氧化系数 = A_{233\,nm}/A_{215\,nm}$$

避免磷脂氧化的措施有:①用纯化的脂质和新鲜蒸馏的有机溶剂;②制备过程中避免高温;③加入抗氧化剂,减少膜氧化脂质水平;④去除残余有机溶剂;⑤脂质体在惰性气体中保存等。

八、脂质体技术在制剂中的应用

脂质体作为被成功应用于临床的新型载药系统之一,具备良好的应用前景和众多的优势。与传统剂型相比,脂质体制剂可以增加难溶性药物的溶解度、延长体内半衰期、改善药物的药动学性质、提高药物的疗效以及减轻不良反应等效果,在抗肿瘤、抗真菌、镇痛以及基因治疗领域都受到广泛的关注。

1995年首款脂质体制剂Doxil成功上市。三十年来,关于脂质体制剂的研究也愈发成熟,各种各样的脂质体制剂研究方兴未艾。脂质体制剂的研究和开发,已经成为当下生物制药领域的热门领域之一,受到了广泛的重视。已上市脂质体的适应证多集中在肿瘤、感染和镇痛领域。已上市脂质体的药物基本信息见表11-5。

表11-5 已上市的脂质体药物基本信息

脂质体产品	包载药物	厂家	上市时间与地区	适应证
Doxil	多柔比星	Johnson & Johnson	1995-US 1997-EU	卵巢癌、卡波氏瘤、转移性乳腺癌等
Myocet		Elan	2001-EU	转移性乳腺癌、卡波氏瘤
Lipo-Dox		Taiwan Liposome	2002-TW	转移性卵巢癌、转移性乳腺癌等
DaunoXome	柔红霉素	Diatos	1995-EU 1996-US	卡波氏瘤一线治疗
AmBisome	两性霉素B	Gilead	1990-EU 1997-US	深度真菌感染
Abelcet		Sigma-Tau	1995-US	
Amphotec		Ben Venue Laboratories	1996-US	

续表

脂质体产品	包载药物	厂家	上市时间与地区	适应证
DepoCyte	阿糖胞苷	Pacira	1999-US	淋巴性脑膜炎
DepoDur	硫酸吗啡	Pacira	2004-US	术后及外伤镇痛
EXPAREL	布比卡因	Pacira	2011-US	术后镇痛
Visudyne	维替泊芬	QLT（Novartis）	2000-US	老年性视网膜黄斑变性
Epaxal	甲肝灭活疫苗	Berna Biotech AG（Crucell NV）	1994-EU	甲肝
Inflexal V	流感病毒裂解疫苗	Berna Biotech AG（Crucell NV）	1997-EU	流感
Marqibo	硫酸长春新碱	Talon	2012-US	急性淋巴细胞白血病
NecLip-pdFVIII	凝血因子VIII	Recoly	2012-Rus	血友病
Mepact	胞壁三肽磷脂酰乙醇胺	Takeda	2004-EU	非转移性骨肉瘤
Onivyde	伊立替康	Merrimack	2015-US	晚期转移性胰腺癌
Shingrix	带状疱疹疫苗	GSK	2017-US	带状疱疹
Vyxeos	柔红霉素 & 阿糖胞苷	Jazz	2017-US	急性骨髓性白血病（AML）
Onpattro	patisiran	Alnylam	2018-US	遗传性ATTR淀粉样变性
Arikayce	阿米卡星	Insmed	2018-US	鸟分枝杆菌引起的非结核性分枝杆菌肺病
Arexvy	合胞病毒疫苗	GSK	2023-US	呼吸道合胞病毒（RSV）感染

第六节　纳米粒制备技术

一、概述

纳米粒（nanoparticle）由高分子物质组成，粒径在10～100 nm，药物可以溶解、包裹于其中或吸附在其表面上。由于纳米颗粒尺寸较小，因此表现出与宏观材料不同的性质，纳米材料开辟了一个全新的材料领域。纳米粒有多种类型，包括纳米脂质体、固体脂质纳米粒、纳米囊、纳米球和聚合物纳米胶束等。这些纳米粒可以用于改善难溶性药物的口服吸收、实现药物的靶向和定位释放，以及作为生物大分子的特殊载体。纳米粒子按结构可分为骨架实体型的纳米球（nanosphere）和膜壳药库型的纳米囊（nanocapsule）；按制备方法可分为药物纳米化和载药纳米载体。

（一）纳米粒的分类

1. 按结构分类

（1）骨架实体型的纳米球：是一种由高分子物质组成的球形骨架实体，药物可以溶解、包裹于其中或吸附在骨架实体上。骨架实体型的纳米球与膜壳药库型的纳米囊相比，缺少内部空腔，药物分布在整个骨架中。制备骨架实体型的纳米球的方法有多种，如乳化聚合法、凝聚法、液中干燥法等。

（2）膜壳药库型的纳米囊：是一种由两亲性聚合物自组装而成的具有独特纳米结构的物质，它们可以作为纳米载体和纳米反应器，来模拟自然界物质，如细胞、细胞器官等，并展现出巨大的应用前景。囊状空腔型的纳米囊可以根据不同的刺激条件，如pH、温度、光照等，实现形貌和性能的变化，从而达到药物可控释放、生物传感、生物成像等目的。制备纳米囊的方法包括乳液聚合法、自动乳化法、微流控电穿孔法等。

2. 按制备方法分类

（1）药物纳米化：是指采用特定制备方法直接将原料药等加工成纳米尺度的颗粒，然后再制成适用于不同给药途径的剂型。这个过程可以通过两种主要的方法来实现：自上而下法和自下而上法。自上而下法：这种方法通常是通过研磨或均质等方法，将难溶的大颗粒药物分散成小颗粒，无需有机溶剂。自下而上法：这种方法通常将难溶性药物溶解于适当的溶剂中，并通过适当方法控制析出颗粒的大小和分布。

药物纳米化的优势在于粒子粒径小、比表面积大，可以促进溶出，提高生物利用度；与其他纳米给药系统相比载药量大，适合大剂量给药，同时高载药量可以减少给药体积，对于只能小体积给药的肌内注射和眼部给药具有重要意义。例如，二丙酸倍他米松用于治疗皮肤炎症和瘙痒症；布地奈德用于支气管哮喘和哮喘性慢性支气管炎。

（2）载药纳米载体：是指以天然或合成的高分子聚合物、脂质材料、蛋白类大分子、无机材料等作为药物递送的载体材料，基于特定的制备工艺，将原料药以包载、分散、非共价或共价结合的方式与纳米载体结合形成的具有纳米尺度的颗粒。载药纳米载体主要包括基于脂质体的纳米颗粒、聚合物纳米颗粒、无机纳米颗粒、天然纳米颗粒等。

（二）纳米粒的特点

1. 优点

（1）纳米粒可以提高药物的生物利用率，实现靶向用药，减少药物的副作用。

（2）纳米粒粒径小，拥有较高的比表面积，可以包裹疏水性或亲水性的药物，包括小分子药物、蛋白质和核酸等，增加其溶解性和稳定性。

（3）纳米粒可以控制药物的释放速率和时间，实现持续或定时给药。

（4）纳米粒可以通过改变其材料、形状、大小以及表面修饰等方式，调节其在体内的分布和相互作用。

（5）纳米粒可跨越血脑屏障、血眼屏障及细胞生物膜屏障等的机体屏障，使药物到达病灶，提高药效。

2. 缺点

（1）纳米粒可能对人体和环境造成毒性或生物危害。纳米粒可能穿透细胞膜、血脑屏障和其他生物屏障，与生物分子或细胞发生不可预测的相互作用。

（2）纳米粒的制备和表征需要复杂的技术和设备，成本较高，难以实现规模化和标准化生产。

（3）纳米粒的稳定性、生物分布、药代动力学和药效学等方面还需要更多的研究和验证，以确保安全性和有效性。

（4）纳米粒的应用可能涉及一些社会、伦理和法律等方面的问题，比如知识产权、公众意识、监管政策等。

二、纳米粒制备技术的原理

纳米颗粒在液体介质中的团聚是吸附和排斥共同作用的结果。液体介质中的纳米颗粒的吸附作用有以下几个方面：量子隧道效应、电荷转移和界面原子的相互耦合产生的吸附；纳米颗粒分子间力、氢键、静电作用产生的吸附；纳米颗粒间的比表面积大，极易吸附气体介质或与其作用产生吸附；纳米粒子具有极高的表面能和较大的接触面，使晶粒生长的速度加快，从而粒子间易发生吸附。吸附作用存在的同时，液体介质中纳米颗粒间同样有排斥作用，主要有粒子表面产生溶剂化膜作用、双电层静电作用、聚合物吸附层的空间保护作用。如果吸附作用大于排斥作用，纳米颗粒团聚；如果吸附作用小于排斥作用，纳米颗粒分散。

纳米颗粒的团聚可分为两种：软团聚和硬团聚。软团聚主要是由颗粒间的静电力和范德瓦耳斯力所致，由于作用力较弱可以通过一些化学作用或施加机械能的方式来消除。硬团聚形成的原因除了静电力和范德瓦耳斯力之外，还存在化学键作用，因此硬团聚体不易破坏，需要采取一些特殊的方法进行控制。

三、纳米粒的制备方法

纳米粒制备所使用的材料因纳米粒类型不同而异。药物结晶纳米粒主要由药物及稳定剂组成，而载药纳米粒除主药之外需要使用载体材料及相关附加剂（如骨架材料、表面修饰材料、稳定剂等）。

（一）乳化法

乳化法（emulsification method）是最常用的载药纳米粒制备方法，包含乳化、纳米粒形成两个步骤。乳化是形成乳剂的过程（见图 11-6），在剪切外力作用下，使有机相和水相形成粒径适宜的初乳；为获得粒径更小的乳滴，需进一步通过高压乳化、超声波粉碎等方法降低乳滴的粒径，形成小于 500 nm 的乳滴。

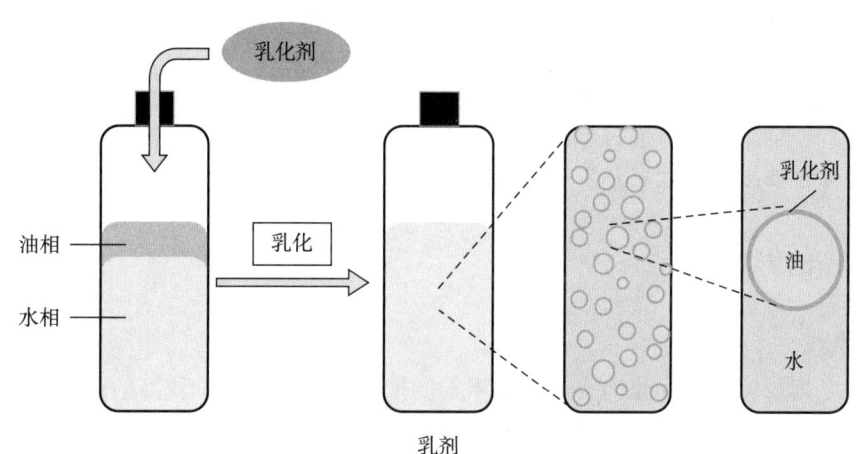

图 11-6　乳化过程示意图

一般载体材料和油溶性药物溶于有机相，而稳定剂（通常为表面活性剂）溶于水相，可通过单乳化法包载药物。若是水溶性药物，可通过复乳化法形成 W/O/W 乳剂进行药物包载。乳化后挥干有机溶剂，使乳滴内相中的载体材料和药物固化形成纳米粒，分离后即得载药纳米粒。单乳化法和复乳化法制备纳米粒的流程如图 11-7 所示。

载体材料类型、有机相比例、稳定剂的种类及浓度、制备方法等是影响乳滴粒径和稳定性的重要因素。通常在更多表面活性剂和更强的外力作用下，可获得粒径更小的乳滴，但需考虑过多的表面活性剂带来的安全性问题。

（二）纳米沉淀法

纳米沉淀法（nanoprecipitation method）也称溶剂置换法，是制备纳米粒最简单的方法之一。该方法的制备过程与自乳化法类似，药物与载体材料共溶于能与水互溶的有机溶剂（如丙酮和四氢呋喃），在搅拌或超声波条件下与水相混合，待有机溶剂扩散、蒸发后，制得载药纳米粒，如载多柔比星的 PLA 或 PLGA 纳米粒可用该法制备。

（三）凝聚法

凝聚法（coagulation method）常用于聚电解质纳米粒的制备，其原理是利用带正、负电荷的载体

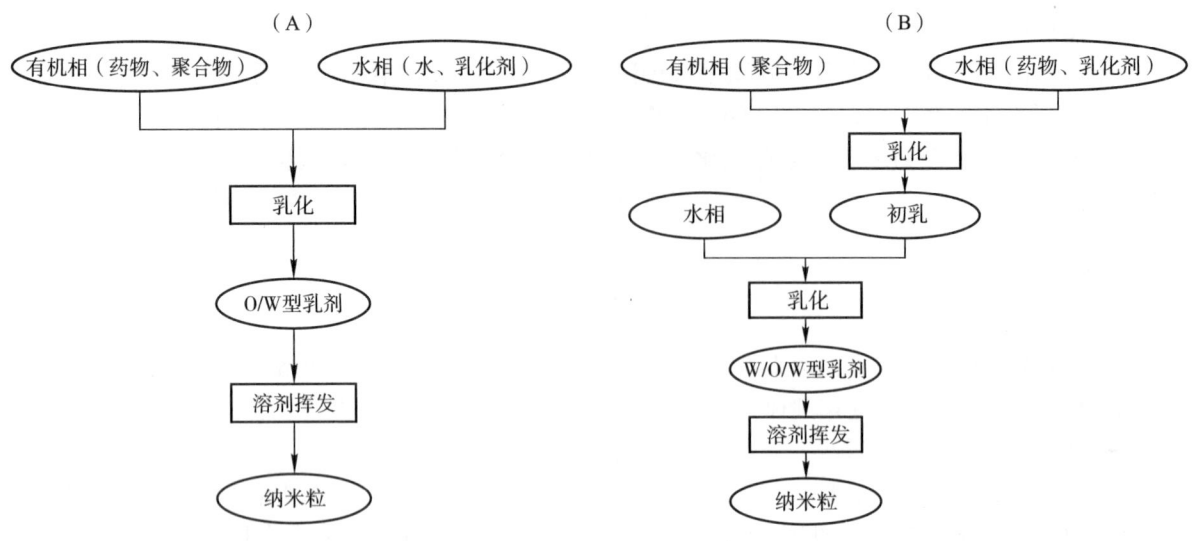

图 11-7 单乳化法（A）和复乳化法（B）制备纳米粒的流程示意图

材料之间的静电相互作用将药物包载于纳米粒中，制得载药纳米粒。例如，壳聚糖/三聚磷酸钠纳米粒、壳聚糖/羧酸化葡聚糖纳米粒等。

（四）其他方法

除上述方法外，纳米粒还可通过超临界液体法、乳化聚合法等进行制备。其中常用的超临界液体法包括超临界流体快速膨胀法和超临界反溶剂法。

四、纳米粒制备的影响因素

（一）溶剂选择

溶剂的极性、溶解度和表面张力会影响纳米粒的形成和生长过程。较高的溶剂极性和较低的表面张力有助于纳米粒的形成和稳定。

（二）温度和反应时间

较高的温度和较长的反应时间会促进纳米粒的生长，从而导致形成较大的纳米粒。相反，较低的温度和较短的反应时间会抑制纳米粒的生长，从而导致形成较小的纳米粒。

（三）材料比例和浓度

不同材料的比例和浓度对纳米粒的大小和性质有影响。例如，聚合物与药物的质量比、乳化剂的浓度等。

（四）制备方法

不同的制备方法（如沉淀法、乳化法、离子凝胶法等）会影响纳米粒的形成和性能。

五、纳米粒的质量评价

（一）有害有机溶剂的限度

有害有机溶剂是指在药物生产过程中使用的具有毒性或其他不良影响的有机溶剂，如苯、四氯化碳、三氯甲烷等。有害有机溶剂的残留量应该尽可能地降低，以保证药物的安全性和质量。根据《中国药典》（2025年版），有害有机溶剂的限度检查应按照残留溶剂测定法（通则）进行，测定方法一般采用气相色谱法或液相色谱法，根据残留溶剂的限度规定确定对照品溶液的浓度；若为定量测定，为保证定量结果的准确性，应根据供试品中残留溶剂的实际残留量确定对照品溶液的浓度；通常对照品溶液色谱峰面积不宜超过供试品溶液中对应的残留溶剂色谱峰面积的 2 倍。

（二）粒径及粒度分布

粒径及粒度分布是表征纳米粒最重要的参数，它们影响着纳米粒的表面性质、药物释放、生物分布等方面。常用的测定方法有动态光散射法、透射电子显微镜法、原子力显微镜法、X 射线小角散射法等。

（三）载药量和包封率

载药量和包封率是评价纳米粒载药效率和稳定性的重要指标，它们反映了纳米粒中药物的含量和包裹程度。常用的测定方法有分子排阻色谱法、离心法、透析法等。

（四）突释效应或渗透率

药物在纳米粒中的情况一般有三种，即吸附、包入和嵌入。在体外释放试验时，表面吸附的药物会快速释放，称为突释效应。开始 0.5 h 内的释放量要求低于 40%。微粒制剂应检查渗漏率，可由式（11-3）计算（详见本章第五节的相关内容）。

（五）氧化程度的检查

含有磷脂、植物油等容易被氧化载体辅料的微粒制剂，需进行氧化程度的检查。在含有不饱和脂肪酸的脂质混合物中，磷脂的氧化分三个阶段：单个双键的偶合、氧化产物的形成、乙醛的形成及键断裂。因为各阶段产物不同，氧化程度很难用一种试验方法评价。磷脂、植物油或其他易氧化载体辅料应采用适当的方法测定其氧化程度，并提出控制指标。

（六）靶向性检查

靶向性检查是指评价纳米药物是否能够有效地识别和富集于肿瘤或其他病变部位的方法。靶向性检查的目的是提高药物的治疗效果，减少药物的副作用和毒性，以及探索药物的作用机制。靶向性检查的方法主要包括分子影像法、组织学法、生化分析法等。

（七）稳定性

纳米粒稳定性研究应包括药品物理和化学稳定性以及微粒完整性等，并应符合《中国药典》（2025 年版）原料药物与制剂稳定性试验指导原则要求。对于脂质体制剂，除应符合上述指导原则的要求外，还应注意相变温度对药品状态的变化、不同内包装形式的脂质体药品的稳定性试验条件，以及标签和说明书上合理使用等内容。

第七节　自乳化释药技术

一、概述

自乳化释药系统（self-emulsifying drug delivery system，SEDDS）是由油相，表面活性剂和助表面活性剂组成的固体或液体制剂，一般分装于软或硬胶囊中。该系统在肠道内或 37℃ 环境、温和搅拌条件下可自发形成水包油型乳剂。

二、自乳化释药系统的分类

（一）液体 SEDDS

液体 SEDDS 的处方包括油相、表面活性剂和助表面活性剂。在水相或胃肠道环境中稀释后，由于系统的低自由能，处方中的组分会自发形成精细的水包油（O/W）型微/纳米乳液。根据粒径的不同可分为在 100~250 nm 的自微乳化给药系统（self-microemulsifying drug delivery system，SMEDDS）

和粒径小于 100 nm 的自纳米乳化给药系统（self-nanoemulsifying drug delivery system，SNEDDS）。

（二）固体 SEDDS

固体 SEDDS 是相对较新的技术突破，涉及脂质和固化辅料的相互作用。即采用不同的方法，将液体 SEDDS 转化为不同的剂型，如 SEDDS 微丸，控释片和微型胶囊等。固体 SEDDS 克服了与液体 SEDDS 相关的表面问题，如处方组分稳定性较差，辅料与胶囊壳的相互作用和表面活性剂对胃肠道黏膜的刺激作用等。

三、自乳化释药系统的特点

（一）优点

（1）剂量准确，服用方便。
（2）提高药物的稳定性，减少药物水解。
（3）体内自乳化，即在体温条件下，可以在胃肠道蠕动的作用下形成 O/W 型乳剂。
（4）SEDDS 具有较大的比表面积，有利于药物与肠道黏膜的接触和吸收。
（5）药物封装于细小的乳滴中，乳滴从胃中迅速排空，减小胃刺激。

（二）缺点

（1）SEDDS 的生产过程复杂，成本较高。
（2）SEDDS 中的乳化剂和药物之间的相互作用，可能导致药物的化学降解或聚合，从而影响药物的稳定性。
（3）体外释放行为差异。SEDDS 在不同 pH、离子强度等条件下的体外释放行为，可能有很大差异，这可能会影响药物在体内的吸收和分布。
（4）生物分布和清除速率。SEDDS 中的乳化剂可能会影响药物的生物分布和清除速率，从而影响药物的治疗效果。
（5）潜在毒性。一些乳化剂具有潜在毒性，尤其是在高剂量或长期使用时。因此，在选择乳化剂时，应充分考虑其安全性。

四、自乳化释药系统的形成原理

（一）热力学理论

当分散过程的熵变大于分散体表面积增加所需的能量时，就会发生自乳化。在自乳化系统中，形成乳剂所需的自由能非常低，甚至为负值时乳化能自发发生。

（二）负界面张力说

随着表面活性剂浓度的增加，油-水界面张力逐渐降低，当达到一定浓度时，会出现负的界面张力，系统会自发地分散成液滴。

（三）增溶理论

当存在高浓度的表面活性剂时，大量胶束对油或水都会产生增溶作用，油或水进入胶束内部使胶束发生"肿胀"，肿胀的胶束即是精细分散的液滴。

（四）界面膜-液晶层理论

该理论认为乳化的难易程度与水穿透各种液晶体的难易程度有关。当将油相混合物（油/表面活性剂）加入水中，油相和水相间会形成由表面活性剂组成的界面层。自乳化过程中，水相不断渗入界面层，最终表面活性剂形成液晶相。界面液晶相形成后，水向溶液内核快速穿透，加上自乳化时的轻微搅动，界面被打破并形成乳滴。

五、自乳化释药系统的组成

（一）油相

油相是 SEDDS 的核心，不仅能够溶解亲脂性药物并促进自乳化过程，还能提高亲脂性药物向肠道淋巴系统的转运，促进药物的肠道吸收。油相在 SEDDS 中的占比为 35%～70%，要求其安全、稳定，能以较少的用量溶解处方量的药物，即使在低温条件下药物亦不会析出，且易被乳化。

SEDDS 最早使用的油是天然植物油，包括油酸山梨醇酯、油酸甘油酯、亚油酸甘油酯和聚乙二醇月桂酸甘油酯等。然而，这些油溶解脂溶性药物的能力和自乳化性能相对较差。目前常用油相主要有：大豆油、油酸、亚油酸和具有不同饱和度的长链或中链甘油三酯。

（二）表面活性剂

表面活性剂可以提高脂质分子与肠膜之间的亲和力。细胞膜内的分裂导致脂质双分子层的结构组织被破坏，增加了膜的通透性，从而增强 SEDDS 的渗透性。因此，许多药物是通过被动的跨细胞途径吸收。SEDDS 中通常含有 30%～60% 的表面活性剂，但大量表面活性剂会对胃肠道产生刺激。因此，乳化剂的首要特点是安全性。具有高亲水亲油平衡值（HLB 值）的非离子表面活性剂应用最为广泛，如乙氧基聚氧乙烯甘油酯、聚氧乙烯油酸酯、吐温 80 等。此外，大多数天然乳化剂由于具有较高的安全性通常是首选，如卵磷脂。

（三）助表面活性剂

助表面活性剂一般可降低界面张力，增加界面膜的流动性或调节 HLB 值，起到辅助乳化的作用，也可辅助溶解药物。常用脂肪醇、多元醇、有机酸及聚甘油的衍生物作为助表面活性剂，如乙醇、异丙醇、甘油、聚乙二醇和乙二醇单乙基醚等。

（四）药物

处方中药物的性质对 SEDDS 的自乳化性能有一定的影响。药物可提高、降低或不影响自乳化性能。对于 SEDDS 制剂，高剂量的药物不推荐用自乳化制剂，除非它们在 SEDDS 的亲脂相中具有良好的溶解度。药物在亲脂相中的溶解度高度影响自乳化制剂将药物维持在溶解状态的能力。通常 BCS Ⅱ类（溶解度低、渗透率高）的药物更适合制备为 SEDDS。

六、自乳化释药系统的制备方法

（一）液体 SEDDS 的制备方法

1. **高压均质法** SEDDS 的制备需要高压，在高纯应力作用下形成细乳液。该方法可制备出粒径小于 100 nm 的乳液。

2. **高能法** 通过混合油、表面活性剂和助表面活性剂形成纳米乳液，需要高的机械能。纳米乳的处方广泛采用高能法。强大的破坏力是由高机械能提供的，用于将大尺寸的液滴分解成纳米尺寸的液滴，从而产生具有高动能的纳米乳液。

3. **微流化法** 微流化器是微流化法所需的一种装置，通过容积泵将产物推向相互作用室。微通道是在该系统中发现的小液滴通道，形成的产物通过微通道转移到撞击区，撞击区可产生非常细的液滴纳米乳液。然后，将水相和油相的混合物加入匀浆器中，形成过程乳液。最后，进一步处理可形成透明且均匀稳定的纳米乳。

4. **超声法** 超声法是形成 SEDDS 的有效方法之一。在超声乳化过程中，利用超声产生的空化力将大乳剂分解成纳米乳剂，这一过程减小了乳液的液滴尺寸，能够制备得到纳米尺寸的乳液。

(二)固体 SEDDS 的制备方法

可以采取物理吸附、冷冻干燥、喷雾干燥和熔融造粒方法将液体 SEDDS 系统转化为不同的剂型,如 SEDDS 微丸、控释片和微型胶囊等。

1. 物理吸附　自由流动的颗粒可以从使用吸附剂的液体自乳化配方中获得。物理吸附过程包括在搅拌器中混合液体 SEDDS 和吸附,所得产品可以直接填充到胶囊中。这是制备固体自乳化配方最简单、最经济的方法。

2. 冷冻干燥　液体 SEDDS 处方中存在的冷冻水相在低温和压力下升华,以获得粉末,粉末与水相重构,产生精细的微乳液/纳米乳液。冻干 SEDDS 具有药物稳定性好、疗效增强、患者依从性提高等优点。冻干机原理如图 11-8 所示。

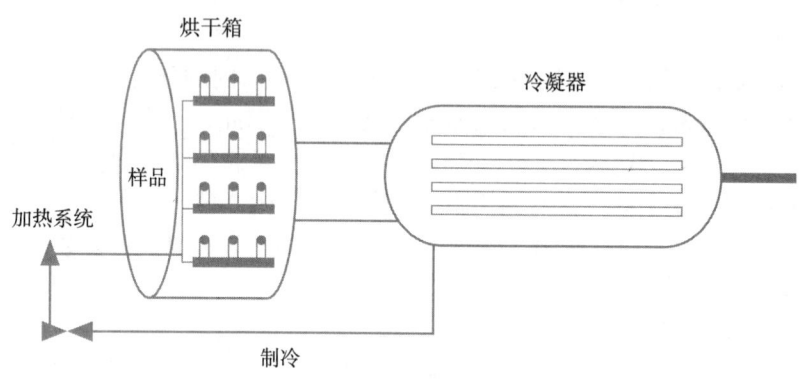

图 11-8　冻干机原理图

3. 喷雾干燥　该技术将分散在惰性载体中的 SEDDS 处方雾化,以获得液滴的薄雾,液滴干燥后转化为自由流动的粉末。这些颗粒可以装入胶囊或压缩成片剂。这种方法提高了制剂的稳定性,易于制造和规模化生产。喷雾干燥设备见图 11-9 所示。

4. 熔融造粒　熔融造粒是一种将液体自乳化处方滴入熔融聚合物(如 PEG 2000)并连续均质的过程。最后,将固化后的产物通过筛子进行筛分并储存。

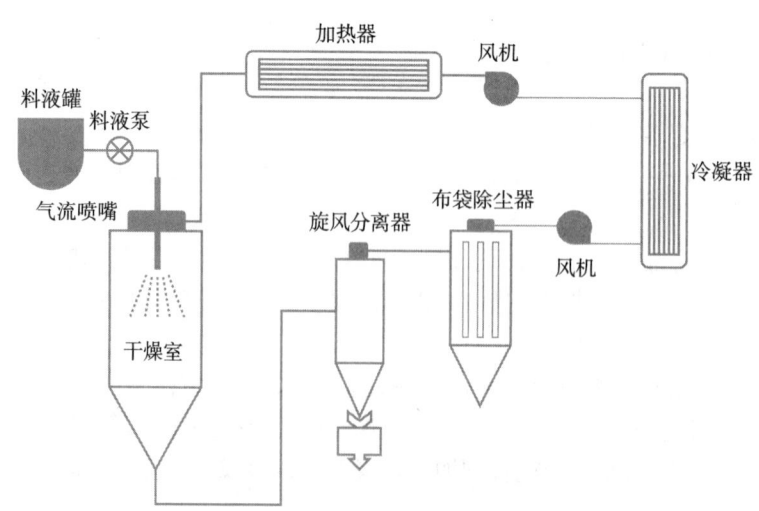

图 11-9　喷雾干燥设备示意图

七、自乳化释药系统的质量评价

（一）自乳化速率

自乳化速率是评价混合物自发形成稳定微乳或粒径均一乳滴能力的一个指标。自乳化速率可用如下方法检测：将一转速固定但剪切力极小的搅拌桨安装在含有水相的自乳化池内，将 SEDDS 注入水相中，通过比浊计测定乳化过程的散射光强度，并对时间作图，最大值时达到平衡，可以用来量化自乳化速率。

（二）乳滴粒径

乳滴粒径是 SEDDS 的主要特征参数，乳滴粒径的大小决定了药物释放和吸收的速率和程度。乳滴粒径越小，油水界面越大，自乳化所得乳剂的稳定性越好，药物释放速率越快。SEDDS 形成的微乳粒径可通过粒径测定仪、透射电镜或光子关联能谱法测定。

（三）乳滴电荷

由于游离脂肪酸的存在，乳滴带负电荷，但当存在正电荷脂质（如油酸胺）时，则会产生正电荷 SEDDS。Zeta 电位有助于识别油滴上的电荷，并评价油滴在乳液中的稳定性和絮凝速率。高的 Zeta 电位可以维持一个稳定的系统（稳定和不稳定的水分散体之间的分界线通常在 +30 mV 或 -30 mV 处）。如果电位降到某一水平以下，则由于引力作用而形成胶体聚集体。

（四）药物含量

通过制剂的含量测定来确定 SEDDS 的药物含量。将称重的样品溶解在合适的溶剂中并搅拌、过滤，根据药物的不同选择不同方法测定药物含量。

（五）伪三元相图

通过伪三元相图可确定微乳存在区域的宽度，反映制剂在水性介质中的稀释性能，预测自乳化系统加水稀释后的变化。此外，伪三元相图可确定不同成分的最佳浓度，有利于保持载药过程的均匀性和自乳化能力。

（六）药物的释放速率

药物从乳滴中释放的速率与粒径等有密切关系。由制剂在水性介质（pH 为 1.2 或 7.4）中的体外溶出试验测定系统中药物的释放速率，所选择的处方应具有最高的溶出速率。通常体外释药试验可采用透析袋扩散法、总体液平衡反向透析法、离心超滤法和低压超滤法等方法测定。

第八节　纳米混悬剂技术

一、概述

纳米混悬剂（nano-suspension）是指用少量表面活性剂为稳定剂，将难溶性固体药物以微粒状态分散于分散介质中形成的非均相胶体分散体系的液体制剂。与普通混悬剂最主要的区别在于其药物粒子的平均粒径小于 1 μm，一般在 200～500 nm。

（一）纳米混悬剂的分类

根据纳米颗粒的性质和悬浮剂的成分分类。

（1）无机纳米混悬剂：由无机纳米颗粒悬浮在溶液中的制剂。无机纳米材料常见的有金属氧化物、金属纳米颗粒等。

（2）有机纳米混悬剂：由有机纳米颗粒悬浮在溶液中的制剂。有机纳米材料常见的有有机小分子、有机聚合物等。

（3）生物纳米混悬剂：由生物纳米颗粒悬浮在溶液中的制剂。生物纳米颗粒可以是蛋白质、核酸、病毒等。

（4）磁性纳米混悬剂：由具有磁性的纳米颗粒悬浮在溶液中的制剂。磁性纳米颗粒可以是铁氧体、金属磁性材料等。

（5）复合纳米混悬剂：由不同类型的纳米颗粒悬浮在溶液中的制剂。复合纳米混悬剂可以将不同性质的纳米颗粒组合在一起，以实现特定的应用需求。

（二）纳米混悬剂的特点

纳米混悬剂无需载体材料，它是通过表面活性剂的稳定作用，将纳米尺度的药物粒子分散在水中形成的稳定体系。

1. 优点

（1）显著增加药物的吸收速度和吸收率，提高口服生物利用度。

（2）增加药物对生物膜的黏附性能，减少药物在胃肠道的滞留时间，降低个体差异对吸收的影响。

（3）作为一种中间剂型，纳米混悬剂可与传统剂型实现很好地结合。

（4）有助于实现难溶性药物的静脉注射给药，增加药物的吸收利用度。

（5）制备过程中不需要使用大量的载体材料，可明显提高载药量。

（6）不需使用大量的载体材料，在注射给药时可以降低毒副作用。

2. 缺点

（1）稳定性问题：纳米混悬剂在悬浮剂中容易发生聚集和沉淀，导致悬浮液的稳定性下降。

（2）毒性和环境影响：纳米混悬剂具有较大的比表面积和特殊的物理、化学性质，可能对生物体和环境产生潜在的毒性和环境影响。

（3）制备成本高：纳米颗粒的制备通常需要特殊的设备和较为复杂的工艺，成本较高。

（4）应用限制：应用过程中需要考虑纳米颗粒的尺寸、表面性质、生物相容性、生物分布和药物代谢等因素。

二、纳米混悬剂的形成原理

（一）聚集

纳米混悬剂中药物颗粒的聚集主要有两方面原因，其一，纳米颗粒表面的高疏水性降低了润湿性，与水形成氢键的能力变差，产生了较高的自由能，使颗粒倾向于聚集以达到能量最小化；其二，混悬剂中的小粒子进行着剧烈的布朗运动，颗粒间不断地相互碰撞，导致粒子的聚集。改善聚集不稳定性的主要方法是通过加入离子型或非离子型稳定剂，实现静电排斥作用和空间稳定作用。

（二）沉降

在纳米混悬液中，由于药物颗粒与分散介质的密度不同，药物颗粒会在重力作用下发生定向运动而发生沉降，除此之外，制剂的聚集不稳定性也会导致沉降的发生。沉降的速度遵循 Stokes 定律，在处方优化过程中，可通过计算沉降容积比（沉降物容积与沉降前混悬剂的容积之比）评价混悬剂的稳定性，在 0~1，比值越大，混悬剂越稳定。

（三）Ostwald 熟化

当固体颗粒的粒径小于 1 μm 时，粒子的饱和溶解度受到粒径大小的影响，即小粒子的溶解度大，而大粒子的溶解度小，这便导致小粒子逐渐溶解而大粒子逐渐变大，该现象称为奥氏熟化现象（Ostwald ripening）。Ostwald 熟化的原理是基于不同粒径药物的溶解度不同，小颗粒纳米晶体比大颗粒纳米晶体具有更高的溶解度。

（四）晶型转变

纳米混悬剂晶型转变方面的问题主要是无定型和结晶型之间的转变。在采用"自下而上"制备方法时，微粒主要经过成核和颗粒生长两个步骤，成核的过程中可能导致晶态和非晶态颗粒的生成，而在"自上而下"制备过程中，由于热量的产生容易使药物向非晶态转变。纳米混悬剂中的非晶态药物热力学不稳定，在制备和放置过程中，非晶态会向低能量状态的晶态转变，进一步引起Ostwald熟化效应，加剧纳米混悬剂的物理不稳定。

三、纳米混悬剂的组成

（一）表面活性剂

纳米混悬剂处方中表面活性剂的主要作用在于充分湿润药物粒子，通过形成静电斥力和产生高能屏障，抑制结晶成长。药物与表面活性剂之间的比例一般在1∶20~20∶1。常用的表面活性剂有羟丙甲纤维素（HPMC）、泊洛沙姆407、泊洛沙姆188、磷脂、聚山梨醇酯80、十二烷基硫酸钠以及聚乙烯吡咯烷酮等。

（二）助表面活性剂

当用微乳法制备纳米混悬剂时，需要使用助表面活性剂。助表面活性剂对微乳的形成和稳定以及载药量有很大的影响，对其筛选的原则与制备微乳相同。目前可使用的助表面活性剂有胆酸钠、去氧胆酸钠、四氢呋喃聚乙二醇醚、乙醇和异丙醇等。

（三）有机溶剂

在采用乳化法、溶剂蒸发沉降法来制备纳米混悬剂时，应尽量选择易于除去且毒性低的有机溶剂。例如，能与水完全互溶的乙醇、异丙醇或与水部分互溶的乙酸乙酯、乳酸丁酯、甘油三酯等，尽量避免使用毒性较大的三氯甲烷、二氯甲烷等有机溶剂。

（四）纳米混悬剂的稳定剂

纳米混悬剂生产过程中，为了避免在固化过程中纳米晶粒重新聚集，降低溶出速率和生物利用度，通常会加入稳定剂来保持其粒径。

1. 离子型表面活性剂 主要通过产生药物颗粒之间的静电斥力来增加纳米混悬剂的稳定性。目前用于纳米混悬剂的表面活性剂有泊洛沙姆407、泊洛沙姆188、磷脂、聚山梨醇酯80、十二烷基硫酸钠以及聚乙烯吡咯烷酮等。

2. 非离子型表面活性剂和高分子聚合物 一般通过空间位阻来维持纳米混悬剂的稳定性，主要利用疏水基团与药物的亲和力吸附或覆盖在药物颗粒表面，而亲水链则与分散介质相互作用，向外延伸形成动态的表面，限制药物颗粒的运动，从而维持药物颗粒之间的距离。此外，非离子型表面活性剂和聚合物会增加分散介质的黏度，阻碍粒子的流动和布朗运动，减少粒子的碰撞和聚集。主要有聚氧乙烯衍生物、烷基醇酰胺、多元醇单脂肪酸酯、烷基氧化胺等。

四、纳米混悬剂的制备方法

（一）Top-down技术

Top-down技术即"自上而下"，亦称为分散法，是将粒径较大的粒子通过机械力的作用破坏成小颗粒的方法（图11-10）。原料药通过一定的机械过程缩小药物颗粒尺寸至纳米范围，常用方法有介质研磨法和高压均质法（根据原理又分为微射流均质法和阀式均质法）。介质研磨法（图11-11）制备纳米药物的粒径大小主要受研磨介质的种类和大小、机械转速、表面活性剂种类、药物浓度及研磨时间等因素的影响。高压均质法制备的药物纳米晶体的粒径主要与药物本身的硬度、稳定剂类型、均

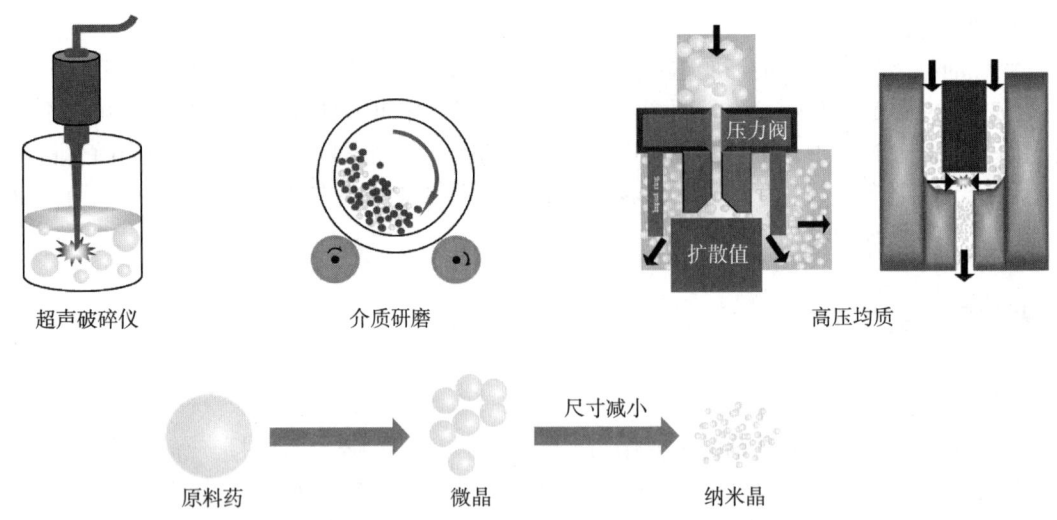

图 11-10 Top-down 技术制备纳米混悬剂的原理

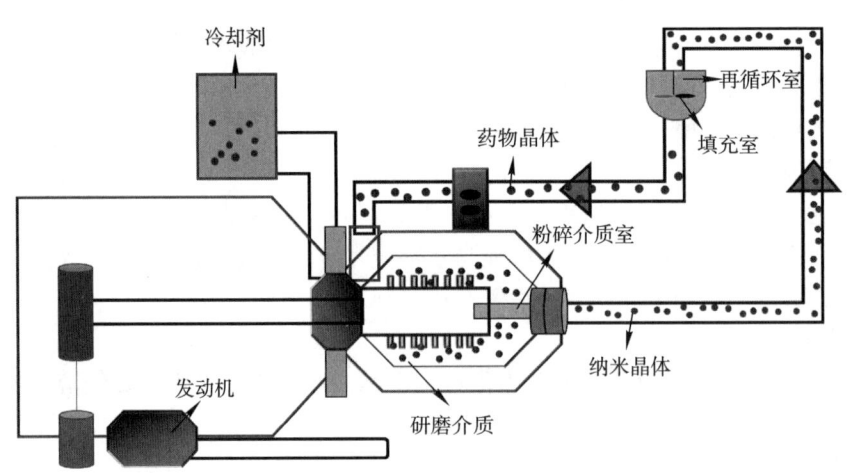

图 11-11 湿法介质研磨法制备纳米混悬剂的流程

质压力、循环次数等因素有关。

（二）Bottom-up 技术

Bottom-up 技术，即"自下而上"，亦称为沉淀法，是通过控制药物的结晶和成核过程得到粒径在纳米范围的药物晶体（图 11-12）。此技术是目前实验室制备药物纳米晶的常用手段。其生产过程为首先将药物溶解于有机溶剂中作为有机相，将稳定剂溶于蒸馏水中作为水相，然后在磁力搅拌的条件下将有机相缓缓注入水相中使药物结晶析出。

常见的制备技术有超临界流体技术、微量沉淀法、压缩流体法、溶剂蒸发沉降法、类乳化溶剂扩散法及固态反相胶束溶液法等。

（三）乳化法和微乳化法

乳化法是将药物溶解在有机溶剂中形成内相，先制备 O/W 型乳剂或者微乳，然后通过减压蒸馏的方法除去有机试剂，或加水稀释内相溶液析出药物，最后通过超速离心方法、高压均质法或者利用脂质体挤出器微孔滤膜过滤得到纳米药物粒子。乳化法或微乳法制备纳米混悬剂的流程如图 11-13 所示。

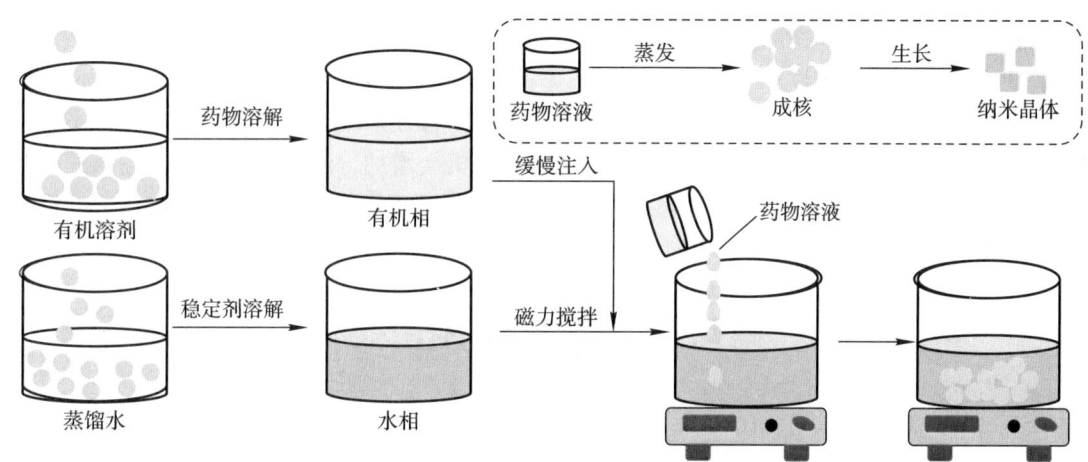

图 11-12　Bottom-up 技术制备纳米混悬剂的流程

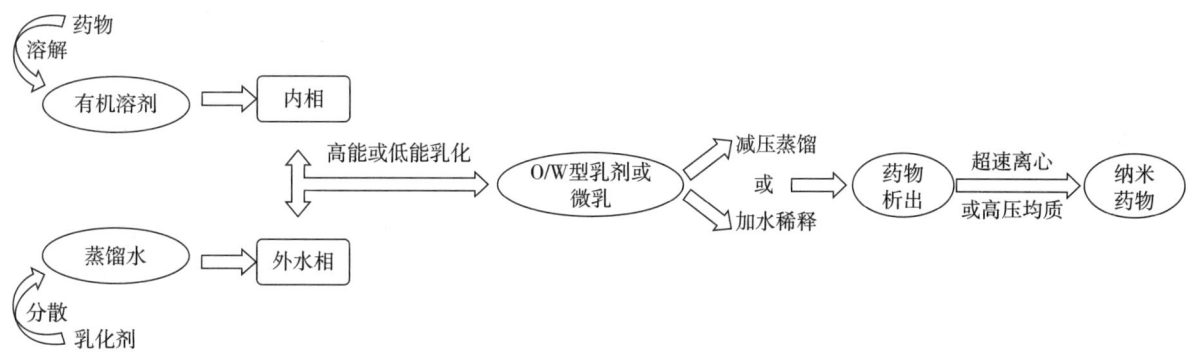

图 11-13　乳化法或微乳法制备纳米混悬剂的流程

一般选用的有机溶剂有二氯甲烷、三氯甲烷、乙酸乙酯、三乙酸甘油酯、乳酸丁酯等。微乳化法制备纳米混悬剂的原理同上，只是选用的有机溶剂是与水部分互溶的有机溶剂（如乳酸丁酯、三乙酸甘油酯等），使其作为内相制备乳剂，然后用水稀释，使内相的有机溶剂被水溶解而析出药物，再通过超速离心分离出药物的纳米粒子或浓缩得到纳米混悬液。

五、纳米混悬剂的质量评价

（一）粒径、粒径分布及其电位

多分散系数（polydispersity index，PDI）是衡量粒径分布均匀与否的标准，PDI 值在 0.1～0.25，说明纳米混悬剂粒径分布较窄，大于 0.5 说明粒径分布不均匀。粒径一般在 150～350 nm 相对稳定。一般 Zeta 电位在 25 mV 以下，混悬剂呈絮凝状态，Zeta 电位在 50～60 mV 时，混悬剂呈反絮凝状态。

（二）制剂晶型和外观

X 线衍射法（XRP）和差示热量扫描法（DSC）常用于确证药物的晶型。XRP 法能区分无定型态和结晶型态。另外，DSC 常作为 XRP 的补充，不同晶型间的熔点可能不同。对于微粒的外观形态，常用扫描电子显微镜、透射电子显微镜和原子力显微镜进行考察。

（三）饱和溶解度和溶出速率

透析袋法和溶出度法可测定不同纳米混悬剂的溶出速率。增加纳米粒子的饱和溶解度可提高药物溶出速率，饱和溶解度的测定通常将药物的过饱和溶液，在恒温条件搅拌或振摇直到溶解达到平衡，采用合适的分析方法进行浓度测定。

（四）纳米混悬剂的稳定性

纳米混悬剂属于热动力学不稳定体系，其稳定性主要由粒径来决定，与大粒子相比，小粒子比表面积大，具有较高的表面能。因此，粒子相互接触碰撞的机会增加，同时粒子间存在较强的相互吸引力，分子间相互作用力增强，粒子很容易发生不可逆聚集以降低其表面能。通常使用适量的稳定剂来提供给粒子足够的空间位阻力或静电斥力，以防止粒子聚集。

第九节　药物微粉化技术

一、概述

药物微粉化指借助机械力或者其他方法，将大块药物粉碎成微粉的过程，依据最终物料的粒度大小可进一步细分为微粉化和超微粉化。采用微粉化技术，药物粒度在 100 μm 以下，采用超微粉碎可使粒径降至纳米级。药物微粉化后，药物的粒径急剧减小、表面积及比表面积显著增大，可用于提高难溶性药物的生物利用度，改善制剂的疗效。

二、药物微粉化方法

药物微粉化最常见的技术是使用粉碎工艺将较大颗粒碎裂成微米级的小颗粒（"由上而下"），如机械研磨、气流粉碎、高压均质等。另一种途径则是利用可控的制备工艺直接生产微米级的颗粒（"由下而上"），如喷雾干燥、超临界流体沉淀等（图 11-14）。

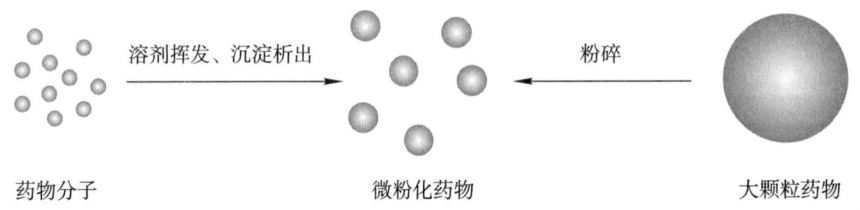

图 11-14　药物微粉化技术示意图

（一）机械研磨

在固体制剂章节中，利用机械研磨将大颗粒粉碎成小颗粒的机理、技术及设备已有介绍（详见第六章 固体制剂及其技术 第二节 固体制剂的单元操作技术），常用的有粉碎机、球磨机等。

（二）气流粉碎

利用气流粉碎制备微粉化药物亦属于"由上而下"法的常用技术之一，气流粉碎的原理是利用高压流体使药物颗粒与颗粒之间或颗粒与室壁间相互强烈碰撞而产生粉碎作用，流体可以是空气、蒸汽或惰性气体，速度可达音速或超音速，是最常用的超细粉碎方法之一。粗物料在高速流体的作用下粉碎并随上升气流运动至分级区，在高速旋转的分级涡轮产生的离心力作用下，粗细物料分离，符合粒度要求的细颗粒通过分级器收集，粗颗粒则下降至粉碎区继续粉碎。经气流粉碎得到的物料粒度与普通机械研磨相比，粒度更细，可达 0.5~20 μm，且粒度分布窄。此外，由于粉碎过程中高压气流的膨胀吸热，可产生明显的冷却效应，可以抵消粉碎产生的热量，适用于低熔点或对热敏感的药物的粉碎。

(三）高压均质

高压均质是指在高压作用下将液态物料中的固态物质打碎，实现固态颗粒的超细化。高压均质机的原理是在高压作用下将药物的粗混悬液注入均质机，在液体通过均质阀的瞬间产生失压作用，使物料高速喷出，产生空穴、湍流和撞击三种效应，达到对固态颗粒的细化和均质作用。通过高压均化制备的微米/纳米悬浮液常用于难溶性药物的注射剂、液体制剂、眼用制剂及其他局部外用制剂的工艺开发中。由于高压均质过程产热，不适用于热敏感药物，且高压均质机需配备冷却装置以维持稳定的工作温度。

（四）喷雾干燥

喷雾干燥技术是"由下而上"式制备微粉化药物的代表技术之一，是从液体物料中获得固态微粉化药物的一种方法。液体物料的形式可为溶液、混悬液或乳液，经雾化器将液体物料迅速雾化成极细小的雾滴后射入一定流速的热气流中，使雾滴迅速干燥，获得粉状产品。与机械研磨的微粉化药物相比，喷雾干燥得到的药物粒径小且均匀。例如，用于治疗哮喘的色甘酸钠吸入剂，采用喷雾干燥方式得到的吸入剂的细颗粒分数可提高至26%，而机械研磨的细颗粒分数仅为10%。然而，喷雾干燥更适合具有较高溶解度的水溶性药物，对于难溶性药物需使用有机溶剂，具有一定的生物毒性、使用安全性及环保等方面的问题，而这也在一定程度上限制了喷雾干燥技术的应用。

（五）冷冻喷雾干燥

冷冻喷雾干燥是喷雾冷冻及冷冻干燥两项技术的联合，喷雾冷冻干燥过程一般包含雾化、冷冻及干燥三个环节。具体而言，首先利用特殊设计的雾化器把需要干燥的液体雾化成为细小的雾滴，随后通过低温气体或者液体（液氮、液态丙烷等）把上述雾滴快速冻结形成冷冻冰晶，最后通过升华原理对上述冰晶进行干燥以获得粉末状的干燥成品。由于制备过程不涉及高温，可适用于生物制品如蛋白制品、酶类药物的制备工艺中。

（六）超临界流体技术

超临界流体（SCF）微粉化制备技术是利用改变压力来调节体系中药物的过饱和度，从而使溶质从溶剂中快速结晶或沉积出来，包括超临界流体快速膨胀法（RESS）和超临界流体反溶剂法（SAS）。

RESS是直接使用超临界流体作为溶剂，并利用其对溶质的溶解能力与流体密度正相关这一特性，首先将药物溶于压力较高（高密度）的超临界流体中并达到饱和平衡，随后通过快速膨胀减压使溶质组分在极短的时间内形成过高饱和度，进而产生大量的晶核并沉淀析出。如果将膨胀减压的过程通过一个微孔完成就可得到具有一定粒径的超细粉体。然后，由于绝大部分药物在超临界流体中的溶解度有限，故RESS的适用范围较窄。

SAS则采用超临界流体作为反溶剂，此种方法的机制是首先将药物溶解于某一溶剂（如乙醇）中形成溶液，随后将此溶液与反溶剂混合。当超临界流体与溶液接触时，反溶剂迅速扩散使溶液体积迅速膨胀、溶质的溶解度急剧降低，进而结沉淀析出。

超临界二氧化碳流体是RESS及SAS中的常用介质，由于二氧化碳具有较好的化学惰性及优良的生物安全性，且其超临界温度较低（31.1℃），故基于SCF的微粉化技术可用于热敏感药物。

三、药物微粉化在药物制剂中的应用

药物微粉化后，药物的粒径减小、比表面积增大，药物晶体结构亦会有一定的变化，与常规颗粒药物相比，药物微粉化在溶解速率、吸附性、吸湿性、表面张力等方面具有明显差异，进一步制成制剂后，会显著影响制剂的稳定性、体内药效及生物利用度。

根据Noyes-Whitney方程，增加溶出面积可提高药物的溶出速率、提高生物利用度，故对于难溶性药物，药物微粉化是这类药物固体制剂处方工艺中的常用技术，而药物原料药的粒度及粒度分布亦是这类药物生产过程中质量内控的关键指标之一。

目前已上市的微粉化药物多至数十种，代表性的药物有布洛芬、非诺贝特、帕利哌酮、阿立哌唑、地奥司明、醋酸炔诺酮等。然而，药物微粉化后，微粒的吸附作用较强，易重新聚集，故常在处方中加入亲水性物质，如羟丙甲基纤维素、聚乙二醇、聚维酮等，实现对药物微粉的亲水性修饰、提高稳定性、改善团聚性。例如，微粉化非诺贝特胶囊（Lipanthyl®）是将非诺贝特与适量表面活性剂十二烷基硫酸钠通过气流粉碎机微粉化，得到的药物颗粒平均粒径为 6~7 μm，体内实验结果显示，200 mg 规格的微粉化制剂能够与 300 mg 规格的普通制剂生物等效。

除了用于片剂、胶囊剂、颗粒剂等固体制剂中，药物微粉化在液体制剂中，尤其是混悬剂，应用广泛。以布洛芬混悬液（美林®）为例，其处方的主要成分包括布洛芬、预胶化淀粉、黄原胶、甘油、吐温 80 等，其中布洛芬经过微粉化处理后均匀分散于制剂中，甘油和吐温 80 作为润湿剂提高药物粒子的亲水性、防聚集，使用预胶化淀粉和黄原胶作为助悬剂增加了混悬剂的黏度，降低了粒子的沉降速度。药物的微粉化一方面可提高混悬液的稳定性、降低沉降速率，另一方面提高难溶性药物的吸收。

此外，干粉吸入剂的体内药效与活性成分的粒度分布密切相关，为了使药物粒子获得适宜的空气动力学特性，干粉吸入剂中的药物微粉化是制剂工艺的必要环节。通常而言，吸入制剂的空气动力学直径 d_a 需在 1~5 μm 以实现药物到达并滞留于肺组织。吸入产品的输送效率常用细颗粒分数（fine particle fraction，FPF）间接评估，FPF 的定义为空气动力学尺寸低于 4.7 μm 的制剂中颗粒的质量分数，参照《中国药典》（2025 年版），粉雾剂的 FPF 应不少于含量标示量的 10%。

近年来，微粉化技术在中药制剂中研究广泛。中药材微粉化又称中药超微粉碎、细胞级微粉碎，所得中药微粉亦称为中药超细粉体、细胞级微粉等。通过超微粉碎，中药材的粒径在 0.1~75 μm，该细度条件下植物细胞的破壁率大于 95%，在保持传统中药固有的药效学物质基础上，可突破细胞壁及细胞膜对于中药有效成分及有效部分的溶出，进而提高药材利用率及中药制剂的体内疗效。

第十节　磷脂复合物技术

一、概述

磷脂复合物（phospholipid complex）指药物和磷脂分子通过电荷间相互作用、氢键或者分子间的疏水作用结合而形成的复合物，主要成分包括药物及磷脂两部分。磷脂可选择天然磷脂如卵磷脂、大豆磷脂、脑磷脂以及合成磷脂如二硬脂酰磷脂酰胆碱、二棕榈酰磷脂酰乙醇胺等。与脂质体不同，在磷脂复合物中，药物并非包裹于磷脂的囊泡内或膜层间，而是与磷脂借助非共价键的相互作用形成新的复合分子。脂质体及磷脂复合物结构见图 11-15 所示。

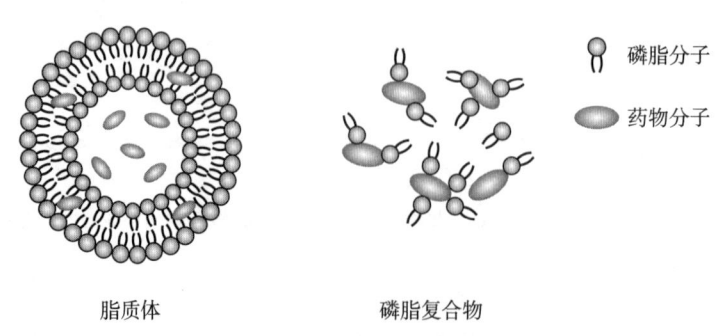

图 11-15　脂质体及磷脂复合物结构

(一) 磷脂复合物特点

1. 提高药物的亲脂性 磷脂分子的极性端带有易得电子的羟基氧原子及易失电子的氮原子,在一定条件下,可与分子结构中含有给电子或得电子基团的药物形成复合物。这类磷脂复合物的形成会使磷脂分子和药物分子的极性区域受到一定的掩蔽,同时磷脂分子的两条疏水长链可自由移动,形成亲脂层,故使药物的亲水性降低、亲脂性增高,提高药物油水分配系数。

2. 提高药物的亲水性 对于水溶性差或水溶性、脂溶性均差的药物,除上述电荷迁移的相互作用外,药物分子亦可与磷脂分子的疏水段发生疏水相互作用而形成复合物,分散于水溶液中以类似胶团的形式存在,此类磷脂复合物中磷脂发挥一定的表面活性剂功能,可同时提高药物的亲水性及亲脂性。例如,黄芩苷磷脂复合物在水中溶解度为原料药的3.5倍,在正辛醇中溶解度为原料药的70倍。

3. 降低药物的结晶性 磷脂复合物中药物分子处于无定形的分散状态,药物结晶性降低,类似固体分散体,可提高结晶性药物的溶出速率及口服吸收。

4. 提高药物生物利用度 磷脂复合物可增加药物的脂溶性,且由于磷脂为细胞膜的主要成分,故磷脂复合物可提高药物胃肠道的黏膜渗透性及黏膜吸收、改善药物的口服生物利用度,尤其适用于BCS Ⅲ类及Ⅳ类药物。此外,由于磷脂复合物亦可提高药物的水溶性,故该技术也适用于提高部分BCS Ⅱ类药物的生物利用度。

5. 提高药物稳定性 化学结构不稳定的药物制成磷脂复合物后,周围的磷脂分子可起到一定的保护作用,进而解决药物的稳定性问题。例如,羟喜树碱磷脂复合物可延缓药物在水溶液中的水解开环过程,提高其抗肿瘤药效;两性霉素B磷脂复合物可提高药物的光稳定性。

(二) 磷脂复合物的形成机制和基本特性

磷脂结构中磷原子上羟基中的氧原子有较强的得电子倾向,而氮原子有较强的失电子倾向,因此在一定条件下,它可与一定结构的药物分子生成复合物。如在灯盏花素的结构中,羧基上的氧以及酚羟基上的氧均具有负电性,均可与卵磷脂中带正电性的季胺氮产生偶极-偶极作用力形成复合物;葛根素和卵磷脂通过极性部位间的范德瓦耳斯力而结合形成磷脂复合物。

药物与磷脂形成复合物后,理化性质、生物学活性等都会发生很大程度的改变,表现出很多与母体药不同的特性。理化性质的改变如脂溶性明显增强,熔点、吸收系数、光谱特征等也会发生明显变化。生物学活性的改变如磷脂复合物的活性一般比母体药物更强、生物利用度更高、毒副作用更小。

二、磷脂复合物的制备方法

由于磷脂复合物中药物、磷脂间作用力主要为电荷、氢键及疏水等非共价作用力,故磷脂复合物的制备需在非质子传递体系中进行,以避免溶剂效应对非共价力的破坏,常用溶剂有三氯甲烷、丙酮、四氢呋喃等。制备过程常采用溶剂挥发法,分为药物、磷脂在介质中的溶解及有机溶剂的挥发两个过程,通常以药物与磷脂的复合率(Y)为指标,调节参数包括溶剂种类、药脂比、复合时间、溶剂挥发方式等。

$$Y = \frac{磷脂复合物中药物量}{药物总投量} \times 100\% \tag{11-4}$$

三、磷脂复合物的质量评价

(一) 紫外吸收光谱

紫外吸收光谱可用于判断分子的基本结构,但由于磷脂复合物中药物及磷脂间的相互作用为非共价键,故不影响药物的紫外吸收峰。

(二)红外吸收光谱

磷脂复合物的红外吸收光谱除观察到药物及磷脂的特征峰外,亦可在指纹区特征峰中观察到氢键或范德瓦耳斯力的存在。

(三)核磁共振谱

在核磁共振谱图中,参与磷脂复合物形成的基团特征峰信号显著减弱甚至消失,而非参与复合物形成的基团特征峰信号无显著变化。例如,对于强极性的化合物如皂苷、黄酮等,形成磷脂复合物后,磷脂极性头部基团(氨基、胆碱等)质子信号变钝变弱,而疏水脂肪链质子信号清晰无变化。

(四)热分析法

热分析法是在程序控制温度下,准确记录物质理化性质随温度变化的关系,在磷脂复合物中可用于研究药物的晶型、物相转化等,常用仪器为差示扫描量热仪(differential scanning calorimeter, DSC)。例如,在厚朴酚磷脂复合物的DSC谱图中,药物原有吸热峰(熔融峰)消失,而在原磷脂熔解峰区域出现一个更宽的吸热峰带,表明药物磷脂复合物的形成。

(五)X-射线衍射光谱

X-射线衍射光谱常用于表征药物的结晶性。结晶性药物制成磷脂复合物后,药物的晶体衍射峰显著变弱甚至消失,表明在复合物中药物的结晶性被抑制。

(六)扫描电镜(或透射电镜)

磷脂复合物的形貌可根据复合物的粒径大小选择扫描电镜(或透射电镜)进行观察。

四、磷脂复合物技术在制剂中的应用

磷脂复合物已广泛用于天然活性成分及蛋白类药物的剂型开发中,成功实现了提高药物生物利用度并一定程度降低不良反应的作用。目前已有多个产品上市,包括水飞蓟宾、姜黄素、银杏黄酮苷、人参提取物等(表11-6)。

表11-6 已上市的一些磷脂复合物

商品名	药物	适应证
Greenselct®	茶多酚	抗氧化
Ginkgoselect®	银杏黄酮苷	抗氧化、保护心脑血管
Siliohos®	水飞蓟宾	抗氧化、保肝药
Meriva®	姜黄素	抗炎
Ginselect®	人参提取物	增强免疫力
Oleaselect™ phytosome	橄榄油多酚提取物	抗氧化、抗炎、降脂
Hawthorn phytosome	山楂来源提取物	维护心血管功能、抗老化

五、应用举例

例11-5:水飞蓟宾磷脂复合物

【处方】水飞蓟宾42 g,卵磷脂78 g,乙醇适量。

【制法】称取处方量水飞蓟宾及卵磷脂溶于无水乙醇中,于室温下搅拌使其溶解至澄清透明,减压蒸馏去除乙醇，将制得品真空干燥 24 h，过 100 目筛，即得黄白色水飞蓟宾磷脂复合物。

【注解】水飞蓟宾是从菊科植物水飞蓟果实中提取分离得到的一种黄酮类化合物，有良好的治疗高脂血症及抗氧化作用，是代表性的肝损伤修复药。然而由于其脂、水均不溶，口服吸收差、生物利用度低。制成磷脂复合物后，水飞蓟宾脂溶性增加 87 倍，水溶性增加 2 倍，生物利用度增加 4.6 倍。

第十一节　药物共晶技术

一、概述

药物共晶是指活性药物成分（API）和共晶形成物（cocrystal former，CCF）在氢键、π-π 共轭堆积、范德瓦耳斯力及卤键等非共价键相互作用下结合而成的晶体，其中 API 与共晶形成物的纯态在室温下均为固体。可形成共晶的药物 API 涵盖酸、碱和非离子化合物，根据 API 的电性，共晶体系可进一步细分为共晶和盐类共晶。如图 11-16 所示，中性 API 与中性 CCF 发生相互作用形成共晶，当有水分子或其他溶剂分子存在于共晶的晶格中，则称为共晶水合物或共晶溶剂化物；带电 API、中性 CCF 及带相反电荷的反离子发生相互作用形成盐类共晶，当晶格中含有水分子或其他溶剂分子，则称为盐类共晶水合物或盐类共晶溶剂化物。

根据共晶形成物药用性质的不同，共晶可分为药物 – 药物共晶体系及药物 – 辅料共晶体系。在药物 – 药物共晶体系中，共晶形成物亦是 API，共晶中的两种药物一般适应证类似或者是有协同增效的作用，如阿司匹林/对乙酰氨基酚的共晶，甲氧苄啶/磺胺类药物的共晶。在药物 – 辅料共晶体系中，共晶形成物通常为低相对分子质量的有机酸、有机碱、糖类、氨基酸等非活性物质。

药物共晶的概念常与药物的盐类化合物混淆。盐类化合物是 API 与客体分子（酸、碱）间通过质子传递/转移而形成的晶体结构，属于离子或共价键的结晶化合物，分子间作用力为电荷转移。根据美国 FDA 颁布的《药物共晶监管分类指南》（2018 年版），药物共晶作为"制剂中间体"来管理和控制，不需要注册新的活性物质或化学实体，《中国药典》（2025 年版）通则中有关"共晶物"内容，明确共晶药物属晶型药物范畴，而药物的盐类化合物则作为原料药（改良新药）进行申报和管理。

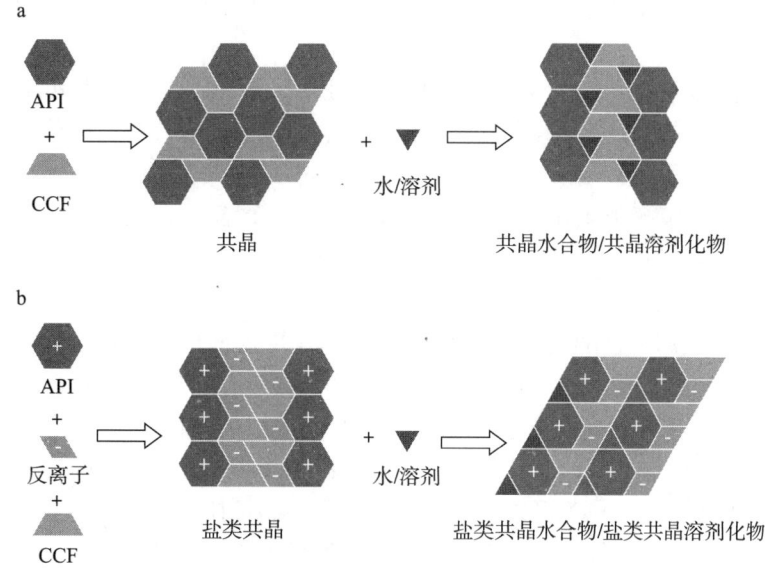

图 11-16　共晶（a）及盐类共晶（b）的结构

二、共晶的制备方法

将药物共晶的制备方法进行分类,根据组分在制备时的形态可分为固体法及溶液法。固体法是指 API 及 CCF 在制备过程中为固体,包括干法研磨(dry grinding method)、湿法研磨(wet grinding method)和熔融法(melting method);溶液法是指组分在制备过程中为液体状态,包括溶液挥发法(solution evaporation method)、反溶剂结晶法(antisolvent crystallization method)及冷却结晶法(cooling crystallization method)等。

(一)干法研磨

固态研磨是制备共晶的一种常用且较为环保的方法,制备过程中不需要液体辅助,共晶的形成借助研磨过程产生的机械能,机理可分为分子扩散、共熔物及无定型中间体。分子扩散:API 及 CCF 中存在易挥发物质(蒸气压高),研磨过程中,API 及 CCF 分子由于气相扩散形成共晶,如苦味酸和芳烃共晶;低共熔物:研磨下,组分间液化形成低共熔物,随后共熔物重结晶形成共晶,如磺胺噻唑混-尿素共晶;无定型中间体:API 及 CCF 具有较强的分子间作用力,在玻璃态转变温度下研磨可借助组分间的分子间力突破药物原有晶格的束缚而获得 API 和 CCF 的无定型中间体,室温放置下形成共晶,如卡马西平-糖精共晶。

(二)湿法研磨

湿法研磨是在干法研磨的基础上加入少量的溶剂,诱导共晶成核。与干法研磨相比,通过加入少量液体可以增强分子扩散,加速共晶形成。例如,在制备那格列奈-烟酰胺共晶中,加入乙醇或丙酮的湿法研磨可加速制备药物共晶。

(三)溶剂蒸发

采用先溶解、后蒸发的方式制备共晶,将 API 和 CCF 以一定化学计量比溶解在挥发性有机溶剂中,然后将溶剂完全蒸发以产生共晶体。在溶剂蒸发过程中,药物及共晶形成物间不同官能团形成非共价键,并以热力学上有利的共晶形式析出。

(四)溶析结晶

利用溶质在不同溶剂中的溶解度差异制备结晶的方法。将 API 和 CCF 以一定化学计量比溶解在良溶剂中,并在上述体系中逐渐加入不良溶剂使 API 和 CCF 以共晶形式析出。对于溶析结晶,溶剂与反溶剂的选择至关重要,两者应互溶,并且 API 和 CCF 在混合溶剂中应具有较小的溶解性。

(五)冷却结晶

冷却结晶通过降低体系温度,使 API 和 CCF 在溶液中过饱和,从而析出共晶。利用此种方法制备共晶需精准控制体系的浓度及降温速率,以调控共晶的粒度、粒度分布、形貌及收率等。例如,基于连续冷却结晶法,获得了纯度 99%、产率可达 330 g/h 的 α-硫辛酸-烟酰胺共晶。制备参数:16 g 烟酰胺、26.8 g α-硫辛酸溶解于 480 mL 混合有机溶剂中(异丙醇:正己烷,1:1,V/V);降温速率依次为 3.5℃ min^{-1}(40~6.6℃)、0.45℃ min^{-1}(6.6~2.5℃)、在 2.5℃保持 41 min。

(六)熔融共晶

将 API 与 CCF 加热至熔融,随后缓慢冷却至室温获得共晶的方法。单独的熔融结晶因缺少剪切力,混合效果不佳,常与热熔挤出技术联用获得高纯度的共晶。热熔挤出是将药物、共晶形成物等辅料加入分区域控温的料筒,高温熔融并通过螺杆旋转以及相互啮合研磨实现分子层面的充分混合。共晶的形成依赖药物分子与配体之间的非共价键结合,因此当药物与配体分子间存在相互作用力时,在熔融混合物冷却后可形成共晶。作为可连续操作的一种共晶制备技术,熔融共晶(热熔挤出)可实现大批量工业化生产,且在粒径、纯度、溶剂残留等方面均优于传统制备技术,适合玻璃化温度较低且具有较好热稳定性的药物共晶的制备。

三、共晶在药物制剂中的应用

（一）改善溶解度及生物利用度

结晶性药物的溶解度与晶格组成、晶格内分子间作用力密切相关，因此共晶技术亦被用于提高难溶性药物的溶解度，尤其对于不具备电离基团而无法成盐的药物分子，通常将难溶性的 API 与易溶的 CCF 共晶后，可提高 API 的溶解度。例如，槲皮素是一种具有抗炎及抗氧化作用的化合物，由于水溶性差，槲皮素口服难吸收、生物利用度差，将槲皮素制成槲皮素－咖啡因共晶后，槲皮素水溶性提高 14 倍；三种伊曲康唑共晶（琥珀酸、L-苹果酸和 L-酒石酸）的溶解度比结晶型伊曲康唑（粒径 <10 μm）高 4~20 倍。

由于形成共晶可以改善药物的溶解度，所以会显著提高 BCS Ⅱ 类和 Ⅳ 类药物的生物利用度。酮康唑－对氨基苯甲酸共晶溶解度比结晶型酮康唑高 10 倍、口服生物利用度高 6.7 倍。安立生坦水溶性差（0.06 mg/mL），属于 BCS Ⅱ 类药物，安立生坦与甘氨酰甘氨酸可借助安立生坦分子的羧基与甘氨酰甘氨酸分子的羟基（C＝O…HO）间的氢键作用形成共晶，安立生坦－甘氨酰甘氨酸共晶的最大血药浓度是安立生坦的 2.7 倍、血药浓度曲线下面积是安立生坦的 2 倍。

（二）提高药物稳定性

药物共晶可通过改变药物分子的晶格排列而影响药物的稳定性。例如，硝苯地平、卡马西平、依匹哌唑、阿德福韦酯、维生素 D3 等药物均可通过共晶技术提高化学稳定性。共晶提高药物稳定性的机理可概括为反应空间理论及活性位点距离理论。例如，依帕司他光不稳定，制成依帕司他－甜菜碱共晶后，由于依帕司他与甜菜碱分子间较强的作用力缩小了晶格间的有效反应空间，进而抑制了依帕司他的分子运动、防止其光异构化。尼可地尔在碱性环境下易降解，尤其是尼可地尔晶格内分子间的堆叠方式，使分子内吡啶环上氮原子（N1）和附近尼可地尔分子的 C8 上的孤对电子之间的距离为仅为 3.367 Å，短于 C 和 N 的范德瓦耳斯半径之和（3.484 Å），可稳定尼可地尔降解过程中的中间体，利用酸性配体（如水杨酸）将其制成共晶后，相邻分子间 N1 与 C8 的距离增大，失去了自催化作用从而提高药物的稳定性。

（三）降低药物引湿性

由于共晶中药物分子与 CCF 分子之间通过氢键等非共价键形成共晶，药物结构中可与水分子作用形成氢键的基团被占用，从而降低药物的引湿性。例如，在相对湿度 98% 的环境中，茶碱在 1 天内会全部解离形成水合物，与乙二酸形成共晶后，RH 98% 条件下 7 周内依然保持物理稳定性。

（四）药物缓释

将 API 与难溶性 CCF 共晶可延缓药物的溶解和溶出，实现药物缓释。磺胺甲二唑属于磺胺类抗生素，水溶性好，但由于半衰期短而生物利用度不佳，在服药过程中，需加大服药剂量以平衡药物的代谢。将其与难溶性的脂肪酸或辛二酸制成共晶后，其溶解度及溶出速度均显著降低，进而实现药物的缓释及提高生物利用度。

（五）掩味

药物不良味道降低了患者的服药顺应性，与传统的包衣掩味技术相比，共晶亦是一种成本低、工艺简单的掩味方法。在用于药物掩味中，糖精是常用的共晶形成物。例如，将小檗碱与糖精制成共晶后，可显著降低小檗碱的本身苦味，亦可降低其他人工甜味剂使用量。

（六）改善药物机械性能

原料的可压性一直是片剂生产中的关键参数，而片剂的拉伸强度取决于颗粒之间的结合力和结合强度，而塑性差的晶体药物往往由于颗粒间结合力弱导致可压性差。药物的晶型结构会影响药物的可压性，当特定药物制成共晶后可提高药物本身的机械性能，例如，黄芩素共晶（配体烟酰胺或咖啡因)平行分子层间具有弱氢键,而呈现出比黄芩素更高塑性和可压性。

第十二节 增材制造技术

一、概述

增材制造(additive manufacturing),又称3D打印(three-dimensional printing),属于快速成型技术的一种。3D打印是在数字化控制的基础上,利用特定的成型设备,以逐层打印的方式将材料依据系统输入的数字模型进行堆叠而形成产品。由于全部生产过程由计算机控制完成、无需模具或机械加工,3D打印可实现高精度、复杂化及个体化的药物设计及制造。2015年,美国FDA批准上市了第一个3D打印药物左乙拉西坦速溶片(Spritam®),是3D打印技术在医药领域的里程碑。2021年,我国医药公司自主研发的T19成功获得国家药品监督管理局的药物临床试验(IND)批准,用于治疗类风湿性关节炎,该产品在我国按照2.2类改良型新药进行注册申报,是已知公开的首个在中国获得IND批准的3D打印药物。

二、增材制造的方法

增材制造技术的发展主要依靠打印材料、固化机制及打印设备的进步,以打印精细度和产品机械性能为重要指标,常见的技术有粉液3D打印(powder based binder jet,BJ)、熔融沉积成型(fused deposition modeling,FDM)、半固体挤出(semi-solid extrusion,SSE)、立体光固化成型技术(stereo lithography apparatus,SLA)等。

(一)粉液3D打印

粉液3D打印是一种基于粉末的3D打印工艺,原理是将黏合剂根据设定好的模型信息从喷嘴中喷出并黏结粉末成型,左乙拉西坦速溶片(Spritam®)便是利用此种技术打印制得。仪器构造主要由粉盒、液盒及操作系统组成,在打印过程中,打印粉末预先置于粉盒内并由铺粉器铺撒于操作台上,随后打印喷头基于所需物体几何形状的图像设计文件将液盒中的黏合剂喷射至粉末上将特定位置的粉末黏合,未喷射黏合剂区域的粉末,可作为支撑材料,在随后的产品后处理过程中进行回收再利用。一层打印结束后,系统重新铺粉及喷液,以"分层制造、逐层叠加"的方式重复打印过程,直至获得所设计的产品。在粉液3D打印中,产品的结构完整性取决于黏合剂的喷射过程,喷射的精度、黏合剂的浓度、黏合剂与粉料间的相互作用都直接影响成品的质量。

(二)熔融沉积成型

熔融沉积成型技术是将热塑性物质熔融后按照模型信息通过一定直径的喷嘴喷出沉积于操作台上,并伴随降温固化的一种成型技术,其工艺简单、价格低廉,是工业界使用最为广泛的一种3D打印技术。自FDM关键技术专利过期后,桌面级FDM打印机价格已低至数百美元。然而,此种3D打印技术仅限于低熔点的材料,如聚己内酯、外消旋聚乳酸等,且主要用于组织工程领域如骨支架、宫内节育器、肿瘤术后植入物的个体化打印,不适用于热敏感药物及生物活性类药物。

(三)半固体挤出

半固体挤出是基于凝胶或糊状物的连续沉积的一种3D打印技术。首先利用气动或机械方式将半固体状态的凝胶或膏体从注射器中挤出,后续通过脱溶剂(加热或真空干燥)固化成型。与FDM相比,半固体挤出的3D打印采用较低的打印温度,因此适合药物递送和生物医学应用,如适用于打印皮肤组织、角膜和心脏贴片等富含细胞的组织。目前,在药物制剂领域,SSE技术已被开发用于咀嚼片、分散片、栓剂和植入剂的 3D 打印。

（四）立体光固化成型技术

光固化成型又称为立体印刷或立体光刻，是最早出现的 3D 打印技术，由赫尔（Charles Hull）在 1986 年提出，其原理是基于光敏高分子在紫外光下的聚合反应。在打印时，紫外光扫描到的地方光敏树脂液被固化，未被扫描的地方仍是液态树脂，当一个层面打印完成后，工作台下降一个层片厚度的距离，打印台重新覆盖一层液态光敏树脂，再次进行第二层打印，新固化的一层牢固地粘接在前一层上，如此重复直至整个三维产品制作完成。尽管 SLA 技术成熟、操作简单、打印精度高（可至 10 μm），但在医药领域的使用不及前三者，其原因在于打印材料中的光敏树脂及光敏聚合引发剂具有一定毒性，而光敏材料的残留所导致的生物安全隐患是限制此类技术在生物医药领域大规模使用的主要原因。

三、增材制造技术在药物制剂中的应用

（一）速释片

速释制剂崩解溶出速率快、起效快，对于精神类、心脑血管类、癫痫等疾病的药物开发具有重要意义。3D 打印避免了传统制粒、压片等工艺，成品可以具有很高的孔隙率，这些空隙在遇水后形成毛细管通道，水分迅速进入片剂内部，实现药片的快速崩解。同时，通过设计特定的精细结构并筛选不同黏合剂，保证成品在高孔隙率的情况下仍使产品具有较好的机械性能。例如，左乙拉西坦口腔速崩片在 15 s 内即可全部崩解，9 min 人体即达最大血药浓度，而传统左乙拉西坦分散片则需 15 min 全部溶出。左乙拉西坦口腔速崩片结构示意图见图 11-17。

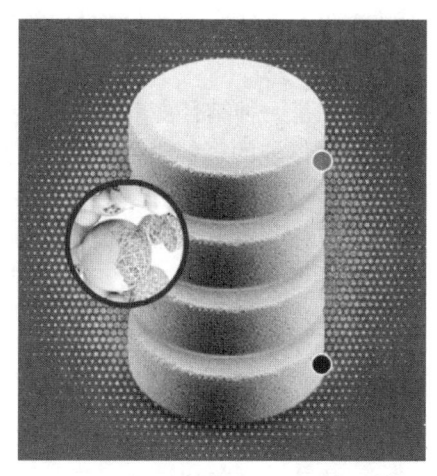

图 11-17　左乙拉西坦口腔速崩片结构（ZipDose®, aprecia corporation）

（二）缓释、控释片

3D 打印，仅需调节打印材料（打印粉体、打印液或打印凝胶）的组成便可得到市面上绝大多数的固体制剂，如在辅料中加入缓释、控释材料如 HPMC、尤特奇等便可获得相应的缓释片、控释片、肠溶片、胃漂浮片等（表 11-7）。

3D 打印亦可依据个体化需求设计特殊的药物制剂，如梯度载药系统或特殊形状给药系统等。例

表 11-7　3D 打印技术制备的部分缓释、控释片剂

剂型	API	辅料	打印技术
片剂	盐酸伪麻黄碱（溶于 PVP 溶液，打印液）	HPMC（打印粉）	粉液 3D 打印
胃漂浮片	二甲双胍（与 HPMC、PVP 共同作为打印粉）	Eudragit E-100 溶液（打印液）	粉液 3D 打印
双层片	愈创甘油醚	HPMC、MCC、羧甲基淀粉钠	固体挤出
片剂	萘哌地尔	HPMC、山梨醇、PEG 4000、PVP CL-F	固体挤出
片剂	格列吡嗪	HPMC、乳糖、MCC、PVP	固体挤出
胃漂浮片	双嘧达莫	HPMC、MCC、乳糖、PVP	固体挤出

如利用粉液 3D 打印机制备双氯芬酸钠的梯度控释片，片剂上下两层用乙基纤维素粉末铺层作为片剂的阻释层，中间层为一定比例的乳糖、HPMC 和 PVP 混粉，作为药物的释放层。药物溶解在打印液中，通过控制喷射量实现释放层药物的梯度载药，起到调节药物释放的作用，结果显示，12 h 内药物以零级释药的方式释放了 98%。

（三）膜剂

口腔膜剂是口腔黏膜给药系统中的一个新剂型，活性药物经口腔黏膜直接吸收，避免了首过效应，提高生物利用度。膜剂亦是 3D 打印技术制备的常见剂型，如采用粉液 3D 打印技术可制备硫酸沙丁胺醇多孔膜，用以治疗哮喘。首先，硫酸沙丁胺醇甘油水溶液作为打印液，马铃薯淀粉作为打印粉层，喷头喷出的硫酸沙丁胺醇液滴被吸收固化在淀粉膜上，制备得到载药膜剂，10 s 内可实现药物的全部溶出。

（四）植入剂

植入剂具有定位给药、用药次数少、长效的优点，尤其适用于半衰期短、代谢快药物的制备。传统植入剂制备方法有溶剂浇铸法、压膜成形法和熔融成形法等，但这些制备方法无法精确控制植入剂的内部结构，而 3D 打印可实现产品的精确成形和局部微结构的控制，从而对药物释放进行控制，如多孔载药人工骨支架、皮下埋植的炔雌醇避孕剂、载药多孔生物陶瓷植入剂等。

（五）微针

微针是一种结合皮下注射与透皮贴剂双重剂型优点的微侵袭透皮给药系统，可改善药物的经皮渗透性。传统的微针制备工艺如光刻、电化学和光化学蚀刻等均涉及了复杂的操作步骤，而 3D 打印技术以一步到位的方式生产微针，可提高微针的精密度和多样性，例如 3D 打印空心微针可在保证微针机械强度的基础上提高微针的载药量。目前 3D 打印微针在皮肤疾病治疗、胰岛素递送、癌症治疗和美容医疗等多方面应用广泛，可以显著提高药物经皮渗透率、给药精确性，减少全身副作用。

四、应用举例

例 11-6：左乙拉西坦口腔速溶片

【处方】①打印粉末（W/W）：左乙拉西坦 65%，胶体二氧化硅 0.7%，微晶纤维素 23.8%，甘露醇 10.5%（W/W）。②打印液（W/W）：PVP K29/32 8.51%，三氯蔗糖 5%，甘油 3.8%，聚山梨酯 20 1.9%，薄荷香精 0.03%，异丙醇 12.3%，纯化水 68.5%。

【制法】①将处方量的左乙拉西坦、胶体二氧化硅、微晶纤维素及甘露醇混合并装入打印机粉盒内；将处方量的 PVP、三氯蔗糖、甘油、聚山梨酯 20、薄荷香精溶于异丙醇水溶液中，并装入打印机液盒内。②依据数字模型文件，将药粉平铺于打印台，同时喷嘴按照模型设计在 X/Y 平面内移动喷射黏合剂，第一层打印结束后，喷头在 Z 轴方向移动指定距离，并开始下一层打印。③重复上述步骤直至模型打印完成。④回收未黏结的药粉循环利用。

【注解】①左乙拉西坦为抗癫痫药，起效剂量高，且原料药流动性及可压性差，传统制粒压片难以同时满足高载药量及快速释放的制剂需求。②左乙拉西坦口腔速溶片拥有 250 mg、500 mg、750 mg 和 1 000 mg 四种规格，通过设置打印不同厚度、不同直径的片剂以制备不同规格的片剂。③打印粉末中，左乙拉西坦是活性药物成分，胶体二氧化硅为润滑剂，微晶纤维素及甘露醇为填充剂。④打印液中 PVP K29/32 为黏合剂，三氯蔗糖、薄荷香精为矫味剂，甘油为润湿剂，聚山梨酯 20 为表面活性剂，异丙醇和水为溶剂。

（李翀、祁荣、陈艺、慈天元）

更多数字资源详见　新形态教材网

- 学习目标
- 思维导图
- 思政元素
- 案例讨论
- 动画
- 微视频
- 拓展阅读
- 本章小结
- 自测题
- 教学课件

第十二章 新型制剂各论

编者导学

章节导航

第一节 快速释放制剂　　　第四节 透皮制剂
第二节 缓释、控释制剂　　第五节 靶向制剂
第三节 黏膜给药制剂

药物递送系统（drug delivery system，DDS）是指通过选择适宜的剂型和给药方式，以最小的剂量达到最佳治疗效果的给药体系。设计DDS的目的在于实现药物的减毒增效，开发出具有"三效"（高效、速效和长效）或"三定"（定时、定量、定位）特征的新剂型或新制剂。药物新型制剂和新技术的引入，可以有效地改善普通药物制剂中的缺点，提高普通药物制剂的安全性、有效性和稳定性。

新型DDS的研究内容主要包括：①相较于普通制剂，具有速崩或速溶特性的快速释放制剂，给药后可快速起效。②基于平稳血药浓度、减少给药次数等为目的口服缓控释技术，是国内外开发研究的热点，尤其在心血管疾病治疗领域应用广泛。③提高药物在病灶的靶向性，减少药物在非靶部位的蓄积，进而提高药物的治疗作用。基于微粒技术的靶向传递系统，由于其天然的靶向性，能有效增加药物在病灶的蓄积，实现靶向治疗。④透皮给药具有安全、使用方便、无肝首过效应等优点，但透皮药物传递系统载药量低、药物皮肤透过量低，需要选择合适的促渗剂，提高药物的吸收。目前主要采用的促渗技术包括传统的贴剂技术、离子导入技术、电穿孔技术等。⑤黏膜给药除局部治疗外，也能实现全身治疗，主要包括口腔黏膜、鼻黏膜、眼部给药等。优点主要包括避免肝首过效应、减少全身毒副作用等。

第一节　快速释放制剂

一、概述

（一）定义

快速释放制剂泛指与普通制剂相比，给药后能够快速崩解或者溶解的固体制剂，药物主要通过口腔或胃肠道迅速释放并吸收。

（二）特点

该类制剂崩解迅速，起效快，尤其适用于剧烈疼痛、呕吐等急症的治疗；对于难溶性药物，可加快药物溶出，促进吸收，从而提高药物生物利用度；部分药物还可经口腔黏膜吸收入血，能够减弱胃肠道对药物的破坏或降低对胃肠道的刺激；普遍具有服用方便、用药顺应性强的优势，可无水或少量水服用，或遇水速崩形成溶液，改善老、幼或吞咽障碍者等特殊人群的用药不便境况等。此外，不同剂型又具备各自的用药优势，本节也将分剂型阐述。

（三）分类

快速释放制剂往往涉及新制剂或新技术的应用，以增加药物溶解度或溶出速度，如舌下片、滴丸剂、固体分散体、环糊精包合物、磷脂复合物、微粉化等，其中以口腔崩解片、分散片、咀嚼片、泡腾片为代表的口服速释剂型发展较为迅速，且应用广泛，故本节将重点阐述。

二、口腔崩解片

（一）定义

口腔崩解片亦称口崩片（orally disintegrating tablet，ODT），指在口腔内无需水或少量水即可速崩或溶解的片剂。将口腔崩解片置于舌面，无需咀嚼，借吞咽动作药物即可入胃进而起效。

（二）特点

（1）崩解速度快，药物颗粒的比表面积增大，加快溶出，吸收迅速，生物利用度高。尤其能提高难溶性药物的溶出速率，特别是需快速起效的药物。

（2）服用方便，患者顺应性高，可实现在特殊无水环境下用药，尤其适用于特殊人群，如老年人、婴幼儿、抑郁症患者、精神病患者、化疗后进水即呕的患者及卧床体位难变动的患者。

（3）胃肠道刺激小，不良反应少。崩解片在到达胃肠道之前就能迅速崩解分散成细小的颗粒，药物在胃肠道内的分散面积增大，增加吸收位点的同时减少因局部药物浓度过高而产生的刺激，减少不良反应的发生。

（4）减少肝的首过效应。口腔崩解片在崩解后大部分随吞咽动作进入胃肠道，但也有相当部分药物经口腔黏膜吸收，起效快，显著减少首过效应和毒性代谢物数量。

（三）组成

1. 药物 口腔崩解片适用于需迅速起效，且有效浓度与中毒浓度相差较大的药物，如一些战伤急救药、非甾体抗炎药、解痉止吐药及镇痛药等。另外，一些药物若血药浓度长期处于较平稳状态，易产生耐药性，而口崩片可克服此问题。

2. 辅料 辅料的选择是该类制剂制备的关键，不同辅料的种类、型号、用量等都会影响药物的崩解和溶出，而这恰好是口腔崩解片区别于普通片剂的主要指标。制备口腔崩解片选择辅料时应确保使颗粒具有较好的流动性和较强的可压性，同时为使药物崩解迅速、口感好，口腔崩解片通常需要大量优良的崩解剂，还需配伍少量填充剂、矫味剂、润滑剂等。目前常用的辅料如下。

（1）填充剂：一般可以采用乳糖、蔗糖、甘露醇、山梨醇、明胶等水溶性填充剂或淀粉、MCC、硫酸钙、磷酸氢钙等水不溶性填充剂，但水不溶性辅料可造成口腔崩解片在服用时产生沙砾感，较少作为填充剂使用。

（2）崩解剂：控制口腔崩解片质量的关键是选择合适的崩解剂，常用的有MCC、CMS-Na、PVPP、L-HPC、CCMC-Na和处理琼脂（TAG，由琼脂吸水溶胀再干燥处理）等，制备时多以两种或两种以上联合应用。

（3）矫味剂：口感是口腔崩解片质量要求中的一项重要指标，为掩盖药物的不良味道或刺激性，矫味剂的选择也需重点考虑，常用的矫味剂包括增香剂、甜味剂、酸味剂、蔽味剂等。

（4）其他辅料：表面活性剂有十二烷基硫酸钠、聚山梨酯-80等；泡腾崩解剂常用碳酸氢钠与柠檬酸；润滑剂有硬脂酸镁、超微粒无水二氧化硅及聚乙二醇等。

（四）制备

口腔崩解片的制备工艺主要包括直接压片法、湿法制粒压片法、冷冻干燥法、固态溶液技术、喷雾干燥法。

（1）直接压片法：将有效成分和适宜辅料的混合物直接加压而成，无需经过湿颗粒或干颗粒处理过程，可避免水分、加热影响药物稳定性。

（2）湿法制粒压片法：一般将易溶于水的填充剂如乳糖、甘露醇、山梨醇等与药物混匀后制软材，过筛制粒后，进行干燥、整粒，再与优良的崩解剂、黏合剂、润滑剂等混匀后进行压片，以提高崩解速度。

（3）冷冻干燥法：将药物同水溶性基质及冻干保护剂等制成混悬液或溶液后迅速冷冻成固体，通过升华作用除去水分。冻干口崩片一般结构疏松，具有高孔隙率，能迅速吸收水分崩解或溶解。

（4）固态溶液技术：指用明胶、果胶等亲水性物质作为骨架，连同药物、抗氧剂、矫味剂等溶于第一溶剂，并降低温度至该溶剂呈固态。再加入可与第一溶剂互溶、但与骨架材料不能互溶的第二溶剂，置换出第一溶剂，随后升温挥发第二溶剂，得到高孔隙药物骨架，固化后压片即得。该法所制片剂强度较好，孔隙均匀，成型性佳，但对溶剂、药物的要求较高，且药物大多数须在形成骨架后再加入，需考虑有机溶剂残留问题。

（5）喷雾干燥法：将含有相同静电荷的聚合物（如明胶等）、增溶剂及膨胀剂（如甘露醇）等分散于挥发性溶媒中，以喷雾干燥的方法制得多孔性颗粒，然后加入药物及其他辅料如黏合剂、填充剂及矫味剂等，混匀后压片。产物孔隙率大，遇唾液后水分可迅速渗入片芯，颗粒之间因同性电荷的排斥而立即崩解（约 20 s）。

（五）应用举例

例 12-1：罗通定口腔崩解片

【处方】罗通定 300 g，甘露醇 300 g，乳糖 200 g，低取代羟丙纤维素 80 g，MCC 50 g，硬脂酸镁 1.5 g，薄荷脑乙醇溶液 6 g。

【制法】①采用湿法制粒压片法，原辅料分别过 100 目筛，并将辅料置于 50℃烘箱烘 3 h，将处方量罗通定、甘露醇和乳糖混匀。将 12 g 薄荷脑溶于 15 mL 的 95% 乙醇中，制成薄荷脑乙醇溶液。②取 6 g 薄荷脑乙醇溶液均匀加入混合物料中，在 40℃烘箱内干燥。用蒸馏水制软材，30 目筛制粒，湿颗粒置 40℃烘干 30 min。③所得干颗粒经 30 目筛整粒，加入 1.5 g 的硬脂酸镁、50 g MCC、80 g 低取代羟丙纤维素，混合均匀，压片即得。

【注解】处方中罗通定为主药，甘露醇和乳糖为填充剂，低取代羟丙纤维素和 MCC 为崩解剂，硬脂酸镁为润滑剂，薄荷脑乙醇溶液为矫味剂。

（六）质量要求与评价

在片剂外观、硬度等符合有关规定的前提下，《中国药典》（2025 年版）规定，除冷冻干燥法制备的口腔崩解片外，口腔崩解片应进行崩解时限检查。对于难溶性原料药物制成的口腔崩解片，还应进行溶出度检查。对于经肠溶材料包衣的颗粒制成的口腔崩解片，还应进行释放度检查。介质首选用水，用量应不超过 2 mL，温度为 37℃，采用静态方法。冷冻干燥法制备的口腔崩解片可不进行脆碎度检查。

三、分散片

（一）定义

分散片（dispersible tablet）指在水中能迅速崩解并均匀分散的片剂，分散片中的原料药物应是难溶性的。相对于普通片剂或胶囊剂，分散片可有效避免崩解速度慢的局限性。

（二）特点

（1）速崩，高效。分散片于 19～21℃水中可在 3 min 内完全崩解并形成混悬液，促进药物快速吸收，显著提高难溶性药物的生物利用度。

（2）服用方便，顺应性好。相较于普通片剂、胶囊剂，其体积较小，可含于口中吮服或水中速崩后饮服，尤其适用于老、幼和吞咽不便的患者。

（3）制备工艺简单。相较于同样速崩的泡腾片，无泡腾剂和水溶性辅料的限制，制备工艺与普通片剂大体一致。

（4）生产储存成本高，质量控制难度大。原料药的微粉化处理、适宜崩解剂的选择，以及大量崩解剂的使用所带来的较强吸湿性，对制剂的生产、包装以及储存方面提出了更高的要求。

（三）组成

1. 药物 一般适用于需快速起效的难溶性药物、生物利用度低或单次服用剂量大的药物，如解热镇痛药布洛芬、中药提取物、抗菌药和抗酸药；也适用于少数具有较大胃肠道刺激性的水溶性药物如双氯芬酸钠，可提高胃肠道分散性并减少局部刺激。不适用于毒副作用较大、安全系数较低的药物。

2. 辅料

（1）崩解剂：崩解剂的选用直接关系分散片的崩解与溶出性，其可单独高剂量使用，或组合使用以提高崩解溶出效果。一般多采用处方量的 2%～5% 且溶胀度大于 5 mL/g 的崩解剂，常用的有 L-HPC、CMS-Na、CCMC-Na、PVPP 等。

（2）填充剂、助悬剂：多采用亲水溶胀性填充剂，以满足片剂成型与分剂量需求，并促进分散片的崩解。常见的有乳糖、甘露醇、山梨醇等水溶性填充剂。硫酸钙、碳酸氢钙等水不溶性填充剂，具有较强的吸油性而无引湿性，多被用于对水敏感的药物填充剂或中药分散片。此外，助悬剂如海藻酸钠、琼脂、PEG 类等可用于增加分散片分散后的混悬液稳定性，同时发挥填充、崩解或润湿的作用。

（3）黏合剂：黏合剂的选用同样直接影响分散片的崩解与溶出性。一般采用亲水性黏合剂的水溶液或稀醇溶液，如 PVP、HPMC、PEG 类、MCC、CMC-Na、海藻酸钠等，既能增加可压性又可提高分散片的亲水性，有利于药物溶出，一般不采用淀粉浆。对于疏水性药物，PVP-K30 尤其适用，通过改善颗粒的润湿性和提高药物的亲水性以促进药物溶出。对于某些本身或遇湿即产生较大黏性的药物或辅料，如中药提取物，加入水或适宜浓度的乙醇即可。

（4）溶胀辅料：分散片中还可通过添加溶胀辅料以促进崩解。常用的有预凝胶淀粉、亲水纤维素衍生物（CMC-Ca、HPC 或 HPMC 等）、瓜耳胶、苍耳胶、葡聚糖、藻酸盐等。

（5）润滑剂和助流剂：常用的有微粉硅胶、滑石粉、PEG 4000、PEG 6000 等。实际中多采用微粉硅胶，其不仅能够改善颗粒及粉末的流动性，结构上的硅醇基还表现出较强的亲水性，吸附药物后可显著加快分散片的崩解与难溶性药物的溶出。此外，还可组合使用润滑剂，以达到理想的润滑性或崩解性。

（6）表面活性剂：常用表面活性剂有十二烷基硫酸钠、磺基丁二酸二辛酯、吐温类等，其可改善片剂表面的润湿性，降低表面张力，有利于水分渗入，以促进崩解与溶出。

（7）其他调节剂：矫味剂或掩味剂如糖精钠、阿斯巴甜、胶浆类物质，可改善分散片较差的口感；着色剂可用于改善美观度等。

（四）制备

分散片与普通片剂的制备方法相同，均可采用湿法制粒压片法、干法制粒压片法、流化床法、喷雾干燥法等。但由于分散片的处方主要成分为药物与至少一种崩解剂和遇水形成高黏度的溶胀辅料，使其在规定时限内能够崩解溶出，故而在药物处理、辅料加入方式、制备工艺等方面仍然存在差别，主要体现在以下三个方面。

1. 药物和辅料粒度的控制

（1）药物微粉化：可采用的方法有机械粉碎法、重结晶法、固体分散技术等，可加速分散片中难溶性药物的溶出，并使分散片遇水崩解后形成均匀的分散体。一般要求湿粒粒径小于1 mm（18目），干粒粒径至少小于0.6 mm（30目）。

（2）药物与亲水性辅料共研磨：药物单独微粉化可减小粉末粒度，粒子的比表面积与表面自由能随之增大，但达到一定程度后自由能自动降低，小粒子聚集，反而阻碍药物的溶出。某些难溶性药物与亲水性辅料共研磨，可防止粒子的聚集，并增加粒子表面的润湿性，从而提高药物的溶出。

（3）流化床一步造粒或真空造粒机制粒：所制得的颗粒近似球形，粒度小而均匀且内含气孔，具备较好的流动性和可压性，压片所得的分散片质量高、崩解快、溶出性较优。

2. 崩解剂类辅料的加入方法

（1）崩解剂的加入方法：根据制粒前后可分为外加、内加、内外加法三种。外加是指在制粒后加入，外加崩解剂可使片剂首次崩解成粗颗粒。内加崩解剂可发挥二次崩解使粗颗粒成为细颗粒，从而更好地提高制剂的崩解速度和分散的均匀性。因此，内外加法的崩解效果与分散均匀性最为理想。

（2）表面活性剂的加入：作为辅助崩解剂，表面活性剂可通过溶于黏合剂内、与崩解剂混合加入干颗粒中、制成醇溶液喷入干颗粒中三种方法加入，其中第三种方法的崩解时间最短。

3. 分散片硬度的控制

片剂硬度增加通常会延长崩解的时间。应当综合考虑压片时的压力和各辅料的配比，使分散片有足够的孔隙率以符合崩解时限要求，且同时满足片剂的基本硬度和脆碎度要求。

（五）应用举例

例12-2：阿西美辛分散片

【处方】阿西美辛30 g，MCC 120 g，CMS-Na 30 g，淀粉115 g，1% HPMC溶液适量，微粉硅胶3 g。

【制法】分别取阿西美辛及辅料过100目筛，按处方量称取，混合均匀后以1% HPMC溶液为黏合剂制软材，18目筛制粒，55~60℃干燥1 h后整粒，加入微粉硅胶混合均匀，压片，检测。

【注解】在处方中，MCC和淀粉为填充剂，CMS-Na为崩解剂，1% HPMC溶液为黏合剂，微粉硅胶为润滑剂。所制片剂呈淡黄色、片面光洁，崩解时限20 s，溶出度、含量、分散均匀性均符合《中国药典》（2025年版）相关要求。

（六）质量要求与评价

根据《中国药典》（2025年版），分散片除应达到一般片剂规定的要求外，还应进行溶出度和分散均匀性检查。分散均匀性可依照通则中崩解时限检查法进行检查。

四、咀嚼片

（一）定义

咀嚼片（chewable tablet）指在口腔中咀嚼后吞服的片剂。其大小一般与普通片剂相同，可根据需要制成不同形状的异形片。由于咀嚼片会先在口中滞留一段时间，故通过提高掩味技术、筛选适合的矫味剂等来改善口感是其设计和制备过程中的一大关键。

（二）特点

（1）药片经咀嚼后表面积增大，促进药物在体内的溶解和吸收，起效快。

（2）无崩解过程，无需添加崩解剂。尤其对于难崩解的药物，可加速崩解、提高药效。

（3）服用方便，可无水服用，特别适用于老幼、吞服困难或胃肠功能较差的患者。

（4）减轻胃肠道负担；减少长期服药产生的拒药现象；多色多形片可提高儿童用药的顺应性。

(三)组成

1. 药物 可选择的药物范围较广,无特殊要求限制,因咀嚼片具有儿童用药优势,临床可多见如小儿贝诺酯维 B_1 咀嚼片、小儿清肺化痰咀嚼片、布洛芬咀嚼片等。但对口腔及胃黏膜有强烈刺激,或者在口腔及胃肠道极易被破坏,以及口感极差或有严重不良气味且难以遮掩的药物,不宜制成咀嚼片。

2. 辅料 辅料的应用类似于普通片剂,但咀嚼片经嚼碎咽下而无崩解过程,故无需添加崩解剂。但为避免因咀嚼不充分或吞服导致的药物不完全释放,也可加入适量崩解剂。此外,咀嚼片必须具有良好的口感,但多数药物特别是中药成分口感都较差,故矫味剂的选择需重点考量。

(1)矫味剂:口腔吸收的咀嚼片,应选用刺激性小的矫味剂或减少矫味剂用量,以减少唾液分泌和吞咽。而经胃肠道吸收的咀嚼片,一般选择甜味或略带酸味的矫味剂,嚼碎后口感凉爽,可刺激分泌唾液引起吞咽。

咀嚼片常需加入水溶性甜味剂和芳香矫味剂来改善患者用药口感,如天然蔗糖、甘露醇、山梨醇以及单糖浆(如橙皮糖浆、甘草糖浆、樱桃糖浆等)等。其中甘露醇、山梨醇在咀嚼时无硬颗粒感,不仅味甜,而且溶解时吸热可使口中有凉爽感,稳定性好,不易吸湿,较为常用。如果药味较苦时,可使用甜度较强的阿斯巴甜,其甜度比蔗糖高 150~200 倍,且无后苦味,不易导致龋齿,还可有效降低热量,较适用于糖尿病及肥胖症患者。

(2)黏合剂/润湿剂:与普通片类似,常用的黏合剂有淀粉、PVP、羧甲基纤维素钠、聚乙二醇等。当药物或辅料本身润湿发黏时,可加入适量润湿剂如水或不同浓度的乙醇溶液等。

(3)润滑剂:为改善颗粒的流动性,保证压片顺利进行及片剂表面光洁,可加入润滑剂,如硬脂酸镁、滑石粉、微粉硅胶等。润滑剂的用量不宜过高,尽量不超过 2.0%,以免粉末或颗粒间的摩擦力、黏着力太小而使咀嚼片硬度过小。

(四)制备

咀嚼片的制备工艺与普通片剂无大差别,根据工艺路线不同,通常分为湿法制粒压片法、粉末直接压片法及干法制粒压片法三种,多采用湿法制粒压片法。在制备咀嚼片时,除了添加一些矫味剂之外,包合技术和固体分散技术是其常用的掩味技术。

1. 包合技术 包合技术在咀嚼片中的应用主要是在制备得到包合物之后,将包合物作为原料药进一步利用常规的咀嚼片制备方法制备目标产品。该技术不仅可起到良好的掩味效果,还可提高药物的溶解度,增加药物的吸收,改善药物生物利用度。

2. 固体分散技术 制备固体分散体作为中间体,在此基础上制备的咀嚼片通常具有更高的生物利用度和稳定性,同时还有掩味的作用。

(五)应用举例

例 12-3:孟鲁司特钠咀嚼片

【处方】孟鲁司特钠 5.2 g,HPC 2.5 g,乙醇 50 g,氧化铁红 0.5 g,MCC 20 g,喷雾干燥乳糖 202.8 g,阿斯巴甜 0.5 g,CCMC-Na 15 g,硬脂酸镁 2.5 g,樱桃香精 1 g。

【制法】①取 HPC 加入 30 g 乙醇中,搅拌溶解,静置消泡。另取孟鲁司特钠加入 20 g 乙醇中,搅拌溶解。将孟鲁司特钠乙醇溶液加入 HPC 乙醇溶液中搅拌均匀,而后将氧化铁红加入上述溶液中混悬均匀,得到黏合剂溶液。②采用流化制粒的方法,将喷雾干燥乳糖与 MCC 的混合物置于流化床中保持流化状态,喷雾黏合剂溶液制粒,干燥后加入 CCMC-Na、阿斯巴甜、樱桃香精、硬脂酸镁混合均匀,压片,即得。

【注解】该处方中孟鲁司特钠为主药,MCC 与喷雾干燥乳糖为填充剂,氧化铁红为着色剂,HPC 为黏合剂,CCMC-Na 为崩解剂,硬脂酸镁为润滑剂,樱桃香精和阿斯巴甜为矫味剂,乙醇为溶剂。

（六）质量要求与评价

根据《中国药典》（2025年版），咀嚼片的质量评价除崩解时限不检查外，应符合片剂项下有关的各项规定。此外，抗酸类咀嚼片需要检查制酸力，以评价该类药物的治疗有效性。

五、泡腾片

（一）定义

泡腾片（effervescent tablet）指含有机酸和碳酸氢钠，遇水可产生二氧化碳而呈泡腾状并快速崩解的片剂。泡腾片不得直接吞服。根据给药途径，泡腾片可分为口服泡腾片、口腔泡腾片、阴道泡腾片等。口服泡腾片可在水中立即发生酸碱反应，速崩后形成澄清透明的溶液以供口服，如阿司匹林泡腾片、维C泡腾片等；口腔泡腾片咀嚼后吸水立即产生大量泡沫，药物随泡沫可与口腔各局部病灶接触，发挥药效，并可清洁牙齿间缝；阴道泡腾片置于阴道中可产生大量泡沫，增加药物与阴道、宫颈黏膜褶皱部位的接触以充分起效，多用于治疗阴道的局部疾患。

（二）特点

（1）剂型新颖，起效迅速，1~5 min 内快速崩解，生物利用度高，可提高临床疗效。

（2）口感好、服用方便、患者依从性好，特别适用于儿童、老年人以及吞服固体制剂困难的患者。

（3）疗效确切，崩解产生的大量泡沫增加了药物与病变部位的直接接触，可以更好地发挥疗效，因此泡腾片还用于治疗口腔、阴道疾病等。

（4）成本高，为避免酸碱提前反应，对生产、包装、储存等方面提出了更高的要求。

（三）组成

1. 药物　药物一般为易溶性的，加水产生气泡后即可溶解。常用的有胃肠道功能性调节药，如止血药、制酸药等，于胃肠道内均匀分散而形成保护膜；生物利用度低、有异味或刺激性大的药，如非甾体抗炎药阿司匹林、布洛芬、吲哚美辛等，红霉素及β-内酰胺类抗生素等，中草药浸膏或挥发油等。

2. 辅料

（1）泡腾崩解剂：泡腾片中使用的崩解剂为泡腾崩解剂，包括酸性崩解剂（酸源）和碱性崩解剂（碱源），遇水后碱源与酸源发生反应生成二氧化碳，促使制剂以泡腾状迅速崩解。

1）酸源：常用的有柠檬酸、苹果酸、酒石酸、富马酸、水溶性氨基酸等。

2）碱源：常用的有碳酸氢钠、碳酸钠、碳酸氢钾、碳酸钙等。碳酸氢钠因产气溶解速度快而最为常用，通常也会减少用量并与碳酸氢钾、碳酸钙等合用以减少钠的摄入。

（2）稀释剂：常用的稀释剂有乳糖、淀粉、糊精、葡萄糖、甘露醇、MCC、蔗糖粉等。

（3）黏合剂与润滑剂：常用的黏合剂包括HPMC水溶液、PVP乙醇溶液、淀粉浆、丙烯酸树脂水溶液、糖浆等。

（4）甜味剂与矫味剂：常用的包括糖、糖精钠、环己烷氨基磺酸钠、糖精钙、醇糖、二氢查耳酮、天冬甜精等。其中，糖精类和环己烷氨基磺酸盐类的游离酸可作为酸源的一部分，用作泡腾片的甜味剂尤为适宜。矫味剂包括薄荷醇、薄荷油、人造香草、肉桂等，一般用量不超过3%。

（四）制备

泡腾片的制备工艺与普通片剂大致相同，重点在避免酸源与碱源的提前反应，提高泡腾片的质量。

1. 粉末直接压片法　选取适宜的药物组分和辅料直接压片，可避免与水接触而增加泡腾片的稳定性。因填充剂占比较大，故填充剂的选取尤为重要。

2. **干法制粒**　一般中药成分自身黏度大，近年来该法在中药泡腾片中的应用渐广。操作技术有滚压法与重压法，前者因高效与低剂量润滑剂的使用，应用更广。

3. **湿法制粒**　将酸源和碱源分别用含水的黏合剂制粒并干燥，混合均匀后压片，可避免酸源和碱源在制备过程中的接触，有利于增加制剂的稳定性。但泡腾片对水分控制要求较高，湿法制粒时以低于30%的相对湿度为佳。

4. **非水制粒**　处方中药物、酸源、碱源及各种辅料混匀后用非水溶液（异丙醇、无水乙醇等）制粒，操作简单，稳定性高，片面美观。但成本会略高于湿法制粒，有些黏合剂需测残留量。

5. **流化床制粒**　又称一步制粒法，已应用于部分泡腾片的研发中。该法制成的颗粒分布均匀，流动性、压缩成型性好，可直接压片，物料损失少、生产效率高。

6. **喷雾干燥制粒**　常应用于高热敏性药品和料液浓缩过程中易分解药品的口服泡腾片制粒过程，所得颗粒细小均匀，分散性、流动性和溶解性较好。

（五）应用举例

例 12-4：维生素 C 泡腾片

【处方】维生素 C 50 g，柠檬酸 110 g，碳酸钠：碳酸氢钠（1∶9）85 g，乳糖 90 g，甘露醇适量，PEG 6000 适量，10% PVP 乙醇溶液适量，香精适量，矫味剂适量。

【制法】①将维生素 C、柠檬酸、碳酸钠、碳酸氢钠和乳糖分别过 100 目筛，然后等量递加法将物料混合均匀，加入适量 10% PVP 乙醇溶液，搅拌制软材。②16 目尼龙筛制粒，40~50℃沸腾干燥，14 目整粒。③加入适量 PEG 6000、香精、矫味剂等，混合均匀，在相对湿度≤45% 的环境下压片，即得。

【注解】①维生素 C 为主药，柠檬酸为泡腾崩解剂的酸源，碳酸钠、碳酸氢钠为碱源，乳糖、甘露醇作为稀释剂，PVP 乙醇溶液为黏合剂，PEG 6000 为润滑剂。②该处方钠含量较高，可考虑减少碳酸氢钠用量，或用碳酸氢钾、碳酸钙等代替或合用。

（六）质量要求与评价

根据《中国药典》（2025 年版），除阴道泡腾片不检查崩解时限外，其他应符合片剂项下有关的各项规定。与泡腾片相关的比较重要的质量评价主要有酸度、崩解时限、发泡量的检查等。

第二节　缓释、控释制剂

一、概述

缓释、控释制剂是在普通制剂的基础上发展起来的，目前发展日臻成熟，已经在临床应用上取得丰硕成果。其中，口服制剂占缓释与控释制剂的主导地位，工业生产上的设备和制剂工艺相对成熟，因此本节将重点介绍。

（一）定义

缓释、控释制剂是缓释制剂与控释制剂的统称，《中国药典》（2025 年版）将其归入调释制剂（modified-release preparation），并对缓释、控释、迟释制剂制定了指导原则。

（1）**缓释制剂**（sustained-release preparation）：指在规定的释放介质中，按要求缓慢地非恒速释放药物，与相应的普通制剂比较，给药频率减少一半或有所减少，且能显著增加患者用药依从性的制剂。

（2）**控释制剂**（controlled-release preparation）：指在规定的释放介质中，按要求缓慢地匀速释放药物，与相应的普通制剂比较，给药频率减少一半或有所减少，血药浓度比缓释制剂更加平稳，且能显著增加患者用药依从性的制剂。

（3）迟释制剂（delayed-release preparation）：指在给药后不立即释放药物的制剂，包括肠溶制剂、结肠定位制剂和脉冲制剂等。

（二）特点

1. 优点

（1）使用方便，减少给药次数，提高患者依从性。特别适用于长期服药的慢性病患者。

（2）血药浓度平稳，避免或减少峰谷现象，降低毒副作用，减小药物刺激性与耐药性。

（3）减少用药总剂量，可用最小剂量达到最大药效。

（4）增强药物稳定性，某些药物在胃中易失活，可通过缓释、控释、迟释制剂使其在肠中释药。

（5）药物定位、定时释放更有利于某些疾病的治疗，如胃肠道疾病，或某些时律性较强的疾病，如易晨间发作的哮喘。

2. 缺点

（1）剂量调节的灵活性差。如遇到特殊情况，往往不能立刻停止治疗。目前主要是通过增加缓释制剂品种的规格，以缓解此类问题。

（2）剂量是常规制剂的2~3倍，若释药速率波动或出现突释现象，易产生毒性反应。

（3）缓释制剂往往是基于健康人群的平均动力学参数设计，如果在疾患人群的体内药物动力学特性发生改变时，不能灵活调节给药方案。

（4）缓释、控释制剂的释药速率相对较慢，因此药物起效也相对较慢（图12-1）。

（5）单服剂量大、药效剧烈、溶解吸收很差或易受影响的药物，一般不宜制成缓（控）释制剂。

（6）制备工艺复杂，成本较高。

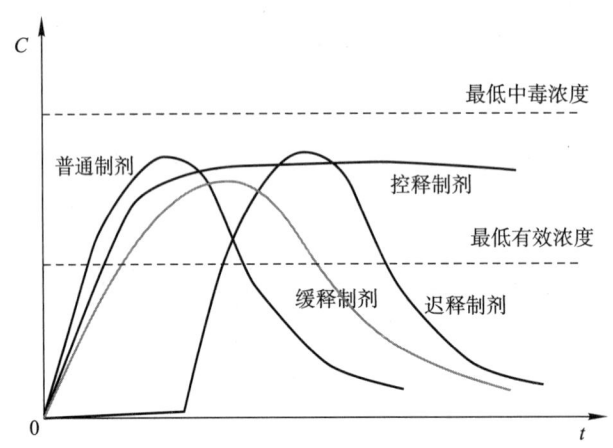

图 12-1　缓释、控释、迟释和普通制剂的血药浓度经时间曲线比较

（三）分类

口服缓释、控释给药系统指经口服延缓、控制药物释放或吸收的一类制剂，根据释药特点可大致分为定速、定时、定位三种释药类型。

1. 定速释药系统　指以一定速率在体内释放药物的一类制剂。该速率与体内药物的吸收速率可能存在一定相关性，但并不一定相等。根据释药原理，可细分为骨架型、膜控型、渗透泵型与离子交换型。

2. 定时释药系统　又称脉冲释放系统，是根据人体的生物节律变化，按生理治疗需求而定时定量释放药物的一种新型释药系统。依据疾病发病规律和药物特性，设计适宜的释药时间与给药剂量，从而降低毒副作用，达到最佳治疗效果。

3. 定位释药系统　指能在胃肠特定部位长时间滞留并释放药物，以达到增强局部治疗作用或增加特定部位对药物吸收的一类制剂。可细分为胃定位、小肠定位和结肠定位释药系统。

（四）释药原理

缓释、控释制剂的释药原理与其构造和所用的辅料具有很大的关系，主要原理有溶出、扩散、溶蚀、溶出与扩散相结合、渗透压以及离子交换等。

1. 控制溶出释药原理 溶出速度是药物释放过程的限速步骤，因此溶出速度慢的药物显示出缓释的性质。根据 Noyes-Whitney 溶出速度公式：

$$dC/dt = KS(C_s - C) \tag{12-1}$$

$$K = \frac{D}{V\delta} \tag{12-2}$$

式中，K 为溶出速度常数；D 为药物的扩散系数；δ 为扩散边界层厚；V 为溶出介质的量；S 为溶出界面积；C_s 为药物的饱和浓度；C 为溶液主体中药物的浓度。

根据方程，可通过增大药物粒径，减小药物溶解度的方式减小药物的溶出速度，从而达到缓释作用，主要策略有：①控制粒子大小，如提高难溶性药物的颗粒直径；②制成溶解度小的盐或酯，如青霉素钾盐制备成青霉素普鲁卡因盐后药效显著延长；③与高分子化合物生成难溶性盐，如将胰岛素制成鱼精蛋白胰岛素后缓释效果显著；④将药物包藏于溶蚀性骨架中；⑤将药物包藏于亲水性高分子材料中。

2. 控制扩散释药原理 根据控制扩散的基质不同，可将缓释、控释给药系统分为贮库型和骨架型。贮库型主要是通过控释膜实现控释，贮库内的药物先溶解形成溶液，再从制剂中扩散进入体液。骨架型主要依赖于骨架本身，当水进入骨架后，骨架可维持自身结构的相对稳定性，而药物溶解并通过骨架中错综复杂的孔道向外扩散，从而延缓释放。

（1）贮库型：本给药系统中药物的释放过程主要取决于包衣膜的性质。

1）水不溶性包衣膜：药物通过膜材料大分子链之间的空隙进行透膜扩散，如乙基纤维素包衣的微囊或小丸，其释放速度符合 Fick 第一定律：

$$\frac{dQ}{dt} = \frac{ADK\Delta C}{d} \tag{12-3}$$

式中，dQ/dt 为释放速度；A 为表面积；D 为扩散系数；d 为包衣层厚度；ΔC 为膜内外药物的浓度差；K 为药物在膜与囊心之间的分配系数。若 A、d、D、K 与 ΔC 保持恒定，则释放速度就是常数，系零级释放过程。若其中一个或多个参数改变，就是非零级过程。

2）含水性孔道的包衣膜：在体液环境中，包衣膜中的致孔剂溶解产生亲水性的孔道，药物通过这些微孔扩散。掺有甲基纤维素的乙基纤维素膜材符合该释药类型，药物的释放速度可表示为：

$$\frac{dQ}{dt} = \frac{AD\Delta C}{d} \tag{12-4}$$

式中，各项参数的意义同前，但少了药物在膜与囊心之间的分配系数 K，其释放接近零级释放过程。

（2）骨架型：骨架型给药系统中药物均匀地分散在水不溶性骨架材料中，释药不呈现零级释放特点。骨架最外层的药物最先暴露于释放介质中，溶解后通过骨架孔道扩散至骨架外，伴随着释放介质向骨架核心方向扩散，骨架内的药物逐渐向外扩散，这个过程不断进行直至释药完毕。随着扩散路径的不断增长，药物的释放速率呈递减趋势。显然，骨架中药物的溶出速度需大于药物的扩散速度。

基于以下假设：①药物释放时保持伪稳态（pseudo steady state）；②存在过量的溶质即药物；③理想的漏槽状态（sink condition）；④药物颗粒远小于骨架；⑤扩散系数 D 保持恒定，药物与骨架材料无相互作用。其释放符合 Higuchi 方程：

$$Q = [DS(p/\lambda)(2A - pS)t]^{\frac{1}{2}} \tag{12-5}$$

式中，Q 为单位面积在 t 时间的释放量；D 为药物在骨架中的扩散系数；p 为骨架中的孔隙率；S

为药物在释放介质中的溶解度；λ 为骨架中的弯曲因子；A 为单位体积骨架中的药物含量。若方程右边除了 t 外均保持恒定，则上式可简化为：

$$Q = K_H t^{1/2} \tag{12-6}$$

式中，K_H 为常数，即药物的释放量与 $t^{1/2}$ 成正比。

因此，可以通过改变①骨架中药物的初始浓度；②孔隙度；③骨架中的弯曲因子；④形成骨架的聚合物系统组成；⑤药物的溶解度，来控制骨架中药物的释放。实际应用中，可通过包衣、制成微囊、制成不溶性骨架片剂、增加黏度以减少扩散速度、制成植入剂、制成乳剂等方法延缓药物扩散。

3. 溶蚀、溶出与扩散相结合原理 实际情况中，药物的释放不仅仅只由单一的释药机制控制，因为其中某一机制的影响远超其他因素而归一处理。在生物溶蚀型骨架、亲水溶胀型骨架系统中，药物的释放受骨架的溶蚀速度与药物的扩散速度共同影响。对于溶胀型骨架，其释药机制可以用 Peppas 方程来表述：

$$\frac{Q_t}{Q_\infty} = kt^n \tag{12-7}$$

式中，Q_t、Q_∞ 分别为 t 和 ∞ 时间的累积释放量（%）；k 为骨架结构和几何特性常数；n 为释放指数，用以表示药物释放机制。

当 $n = 1$ 时，释药速率与时间无关，即符合零级动力学。对于片状系统，零级释放又被称为Ⅱ相转运。当 n 取极端值 0.5 和 1.0 时，是 Peppas 方程应用的两个特例，分别表示扩散控制和溶蚀控制的释放规律。n 值介于 0.5 和 1.0 之间时，表示释放规律是扩散和溶蚀综合作用的结果，为不规则转运。此外，极端值 0.5 和 1.0 仅适用于片状骨架，对于圆柱状和球状骨架，n 值是不同的（表 12-1）。

表 12-1 不同几何形状骨架药物的释放指数 n 及释放机制

释放指数（n）			释放机制
片状	圆柱体	球体	
0.5	0.45	0.43	Fick 扩散
0.5~1.0	0.45~0.89	0.43~0.85	不规则转运（扩散与溶蚀共同作用）
1.0	0.89	0.85	Ⅱ相转运（零级释放）

对于生物溶蚀型骨架，骨架溶蚀使药物扩散的路径长度改变，形成移动界面扩散系统，影响因素较多，从而难以控制其释药动力学。

4. 渗透泵原理 该类制剂以渗透压为动力，在水不溶性的半透膜上打孔作为释药孔道，实现对药物的控制释放。当片芯中药物保持饱和浓度时，释药速率恒定，符合零级释放；低于饱和浓度时，释药速率呈现抛物线式下降。渗透泵片（osmotic pump tablet）是迄今为止口服控释制剂中最理想的一种，可粗分为单室、双（多）室两种，单室型渗透泵片剂又可细分单层和双层两类。现以单室渗透泵片为例阐述其原理和构造：

片芯由水溶性的药物和聚合物或其他辅料组成，外层被水不溶性的聚合物包衣，形成水可透过而药物无法透过的半透膜，在膜表面通过适当方法（如激光）打一细孔即得。与水接触时，水分透过半透膜渗入片芯，使药物溶解成饱和溶液，膜内渗透压增大。加之高渗透压辅料的溶解，膜内的渗透压可达体液渗透压（0.76 MPa）的 5.3~6.7 倍。在膜内外渗透压差的作用下，药液从细孔流出，直到片芯内的药物完全溶解。其中，药液流出量与渗入膜内的水量相等，水渗透进入膜内的流速（dV/dt）可表示为：

$$\frac{dV}{dt} = \frac{kA}{h}(\Delta\pi - \Delta P) \qquad (12-8)$$

式中，k、A 和 h 分别为膜的渗透系数、面积和厚度；$\Delta\pi$ 为渗透压差；ΔP 为流体静压差。若释药孔足够大，则 $\Delta\pi \gg \Delta P$，且其他参数恒定，上式可简化为：

$$\frac{dV}{dt} = K' \qquad (12-9)$$

如以 dQ/dt 表示药物通过小孔的释放速率，C_s 为膜内药物饱和溶液的浓度，则：

$$\frac{dQ}{dt} = \frac{dV}{dt}C_s = K'C_s \qquad (12-10)$$

由式可知，若 C_s 恒定即膜内药物维持饱和状态，则释药速率恒定，为零级释放。此外，离子的无法透过性使其释放不受胃肠道 pH 的影响，片芯的处方组成、包衣膜的渗透性和厚度以及释药小孔的大小是影响渗透泵片释药的主要因素。

5. 离子交换原理 离子交换系统由水不溶性交联聚合物组成的树脂，其聚合物链的重复单元上含有成盐基团，药物可结合于树脂上，当带有适当电荷的离子与离子交换基团接触时，通过交换将药物游离释放出来。

$$树脂^+—药物^- + X^- \rightarrow 树脂^+—X^- + 药物^-$$
$$树脂^-—药物^+ + Y^+ \rightarrow 树脂^-—Y^+ + 药物^+$$

树脂-药物为药物与树脂通过离子键结合而形成的水不溶性复合物，X^- 和 Y^+ 为消化道中的离子，发生交换后，游离药物从药物树脂中扩散至胃肠液中。其扩散速度不仅受扩散面积、扩散路径长度和树脂的刚性（为树脂制备过程中交联剂用量的函数）所控制，还受胃肠道中离子种类、强度和温度的综合影响。只有解离型的药物才适用于制成药物树脂，一般阳离子交换树脂与有机胺类药物的盐交换，或阴离子交换树脂与有机羧酸盐或磺酸盐交换。

除离子交换树脂外，也有基于离子交换原理释放药物的其他类型制剂，如多柔比星羧甲基葡聚糖微球，以 $RCOO^-NH_3^+R'$ 表示。其在水中不释放，在体液中可与阳离子发生交换，释放出多柔比星阳离子 $R'NH_3^+$，并逐步达到平衡，实现缓释。

$$RCOO^-NH_3^+R' + Na^+Cl^- \rightarrow R'NH_3^+Cl^- + RCOO^-Na^+$$

（五）设计

质量源于设计（QbD）是美国 FDA、ICH 以及国际制药工业界共同推行的理念。合理的制剂设计应包括以下几步：一是确定临床需求，以药效学-药动学关系指导缓释、控释制剂的设计；二是通过药物特性及生物药学性质的实验研究和风险分析进行可行性评估；三是选择合适的缓释、控释制剂技术和体内外评价方法，对具有不同体内外释药速率的处方进行设计和评价，以确定具有预期体内行为的处方或处方调整修改的方向，并通过研究体内外相关性帮助产品研发或后续阶段的处方调整或变更。

对于一个特定药物，制剂设计的目标取决于临床适应证的需求，而能否实现预期的治疗效果则取决于药物理化性质、剂型特性、生物药剂学性质、药动学和药效学性质等多个重要因素。因此，设计新型释药系统的首要任务是将临床需求与药物特性相结合，以药效学-药动学关系，药物体内外相关性等指导和调整制剂的设计。

1. 药物的理化性质

（1）剂量：一般认为 0.5~1.0 g 是普通口服制剂单次给药的最大剂量，对口服缓释、控释制剂同样适用。对于单次给药剂量较大的药物，可采用一次服用多片的方法降低每片含药量，以达到有效剂量。但随着制剂技术的发展和异形片的出现，目前上市的口服片剂中已有很多超过此限。对于治疗窗较窄的药物，应根据安全范围的大小设计缓释、控释制剂，使其释药效果符合预期。

（2）溶解度：当口服药物进入胃肠道后，首先要溶出，才能被吸收，而药物的溶解度与溶出速率直接相关。因此，设计缓释、控释制剂对药物溶解度的要求下限为 0.1 mg/mL。若药物溶解度太低（<0.01 mg/mL），应考虑采取一定技术提高药物的溶解度，如微粉化、制备固体分散体和包合物等。对于难溶性药物，溶出速率慢，本身具有一定的缓释效果，但溶出为其释放和吸收的限速步骤，可能导致吸收不完全，所以不宜将其设计成膜扩散控制的释放系统，骨架型释药系统则较为合适。另外，由于结肠部位水分含量少、膜通透率较低，所以难溶性和剂量较大的药物不宜制备成结肠释药的剂型。

（3）解离常数：药物的解离常数反映了药物在不同 pH 环境下的解离程度。由于大多数药物呈弱酸或弱碱性，在胃肠道中可以解离型和非解离型两种形式存在，一般解离型水溶性大，非解离型脂溶性大，所以非解离型药物更容易通过脂质生物膜。当环境 pH 与药物 pK_a 值比较接近时，较小的 pH 变化就会引起药物解离程度的较大变化，从而显著影响溶解度，因此了解药物的 pK_a 和吸收环境的 pH 之间的关系非常重要。在胃肠道液中已溶解的弱酸或弱碱性药物以非解离性（分子型）和解离型两种形式存在，两者所占比例可根据药物的解离常数 pK_a 和胃肠道吸收部位 pH 估算，从而为缓释、控释制剂处方设计提供重要参考依据。

（4）分配系数：当口服药物进入体内后，需通过各种生物膜才有可能进入体循环以到达机体其他部位，从而发挥疗效。由于生物膜的类脂质膜特性，药物的分配系数对其能否有效地透过胃肠道生物膜起决定性的作用。分配系数过高的药物脂溶性太大，药物会与脂质膜形成强结合力而不能进入血液循环中；分配系数过小的药物，不易透过生物膜，生物利用度较差。因此，只有具有适宜分配系数的药物可以获得理想的生物膜透过量。

（5）药物相对分子质量：药物相对分子质量如果过大，则其扩散速率相对较小，对缓释、控释制剂的设计不利，相对分子质量在 500~700 范围内较佳。

2. 药动学性质 口服缓释、控释制剂的目的是要在较长时间内使血药浓度维持在有效治疗浓度之内，因此，最理想的缓释、控释制剂是通过缓慢释放和药物吸收，以保持药物进入血液循环的速度与其在体内的消除速度相同，最终维持体内稳定的血药浓度水平。制备缓释、控释制剂通常是由于药物的半衰期短，但是将半衰期过短的药物制成缓释、控释制剂，为了维持其缓释作用，单位给药剂量必须很大，从而使剂型增大，不方便给药。因此，一般半衰期太短（$t_{1/2} < 1$ h）的药物不宜制成缓释制剂；半衰期长（$t_{1/2} > 24$ h）的药物，因其本身药效可以维持较长时间，制成缓释、控释制剂反而增加了体内蓄积的风险，所以一般也不采用缓释剂型。半衰期为 2~8 h 的药物适合制成口服缓释、控释制剂，从而减少给药次数，降低体内血药浓度的波动。但个别半衰期长的药物，通过仔细设计给药剂量和服药间隔已经被制成缓释、控释制剂，仍能延长作用时间和减少某些不良反应，避免了蓄积。

3. 生物药剂学性质

（1）吸收速度：药物的吸收特性对缓释制剂设计影响很大。缓释、控释制剂通过控制制剂的释药速度来控制药物的吸收速度，因此，释药速度必须慢于吸收速度。此外，大多数药物和制剂在胃肠道中的运行时间是 8~12 h，因此药物吸收时间很难超过 8~12 h，则吸收的最大半衰期应近似于 3~4 h；否则药物还没有释放完全，制剂已离开吸收部位。一般来讲，缓释、控释制剂中药物的释放速度相当于其吸收速度，本身吸收速度常数非常低的药物，不太适宜制成口服缓释制剂。如果药物在结肠有吸收，则释放时间可增至 24 h。

（2）吸收部位：胃肠道生理环境的变化对药物吸收的影响较大，由于不同部位的表面积、膜通透性、分泌物、酶以及水量等不同，药物在胃肠道不同部位的吸收通常都有显著差异。如果剂型通过吸收部位时，药物释放不完全，则会有一部分药物不被吸收，生物利用度较差。因此，设计缓释、控释制剂时，确定特定药物在胃肠道的吸收部位或吸收窗是十分重要的。

如果药物是通过主动转运机制吸收，或者吸收局限于胃肠道的某一特定部位，则制成缓释制剂将不利于药物的吸收。例如，维生素 B_2 只在十二指肠上部吸收，而硫酸亚铁的吸收在十二指肠和空肠上端进行，因此药物应在通过这一区域前释放，否则不利于吸收。这类药物制剂的设计方法通常是增加药物在吸收部位的滞留时间或令药物在吸收部位之前缓慢释放药物，以保证药物有充足的吸收时间，有利于改善生物利用度。一般而言，在胃肠道整段或较长部分都能吸收的药物较适合制备成缓释、控释剂型。

（3）代谢：在吸收前有代谢作用的药物制成缓释剂型，生物利用度都会降低。因为大多数肠壁酶系统对药物的代谢作用具有饱和性，当药物缓慢释放到这些部位，由于酶代谢过程尚未饱和，较多量的药物被转换成代谢物；而当药物浓度超过代谢饱和浓度时，药物的代谢量就和药物浓度无关，而和药物作用时间有关，与快速释放相比，缓慢释放会导致更多药物转化为代谢物。因此可向制剂中加入药物代谢酶抑制剂，以改进上述剂型，减少或延缓药物的代谢，增加吸收，提高药物疗效。

（4）药物稳定性：口服药物在胃肠道中要经受酸碱水解、酶促降解以及细菌分解的作用。设计缓释、控释制剂时，必须考虑药物在各种物理化学环境中的稳定性。在胃中不稳定的药物，宜将其制成肠内释药制剂；易受结肠内菌群代谢的药物则不适合制成给药后 7~8 h 吸收的缓释制剂；而对在胃肠道中稳定性均较差的药物，制成口服缓释、控释制剂后，其生物利用度可能会大大降低，此时可考虑调整处方和制剂工艺，如加入抗酸辅料、酶抑制剂或微囊化等来增强其稳定性，或者选择其他给药途径。

（5）药物的蛋白结合：许多药物在血液中，能与血浆蛋白结合形成复合物，这种结合可影响药物的作用时间，药物蛋白复合物起着药物贮库的作用，因此高血浆蛋白结合率的药物能产生长效作用。但有些药物如季铵盐类能与胃肠道的黏蛋白结合，如果这种结合能作为药物贮库，则可实现长效作用，并利于药物吸收；如果这种结合不能作为药物贮库，且继续向胃肠道下部转移，反而导致部分药物无法吸收，生物利用度降低。

4. 缓释与控释制剂的设计要点

（1）药物的选择：一般半衰期较短的药物（$t_{1/2}$ = 2~8 h）适宜制成缓释、控释制剂，使血药浓度更加平稳，如普萘洛尔（$t_{1/2}$ = 3.1~4.5 h）、茶碱（$t_{1/2}$ = 3~8 h）以及吗啡（$t_{1/2}$ = 2.28 h）等。

随着制剂技术的发展，缓释、控释药物的选择范围逐渐扩大，有的限制也被逐渐打破。如①半衰期很短（$t_{1/2}$ < 1 h，如硝酸甘油）或很长（$t_{1/2}$ > 12 h，如地西泮）的药物已被制成缓释、控释制剂；②曾被认为长效易致细菌耐药性的抗生素也被纳入药物的可选范围，如克拉霉素缓释片等；③首过效应强的药物（如美托洛尔）同样如此；④某些具有成瘾性的药物（如硫酸吗啡）也被制成缓释制剂以满足医疗需求。

考虑到安全性与剂量调节性，剂量大、药效剧烈、吸收差，以及剂量需精确调控的药物一般不宜制成缓释、控释制剂。对于抗菌效果依赖于峰浓度的抗生素类药物，一般也不宜制成普通缓释、控释制剂。

（2）生物利用度（bioavailability）：缓释、控释制剂应与相应的普通制剂生物等效，即相对生物利用度为普通制剂的 80%~125%。若药物主要在胃和小肠吸收，宜设计成 12 h 口服一次的制剂，若药物在结肠也有一定吸收，则可考虑设计成 24 h 口服一次的制剂。为了保证缓释、控释制剂的生物利用度，除了根据药物在胃肠道中的吸收速率控制药物在制剂中的释放速度外，主要在处方设计时选择适宜的材料以获得较好的生物利用度。

（3）峰、谷浓度比值（C_{max}/C_{min}）：缓释、控释制剂稳态时峰浓度与谷浓度之比应小于或等于普通制剂，也可用波动百分数表示。根据此项要求，一般半衰期短、治疗窗窄的药物，可设计每 12 h 给药一次，而半衰期长或治疗窗宽的药物，可设计 24 h 给药一次。若设计成零级释放剂型，如渗透泵制剂，其峰、谷浓度比显著低于普通制剂，因此其血药浓度更加平稳。

二、口服缓释与控释制剂

（一）骨架型

骨架型缓释与控释制剂是指药物（以晶体、无定形、分子分散体等形式）与其他惰性成分均匀混合，通过压制或融合等特定工艺制成的固体制剂。根据控速骨架材料的特点，可将其分为亲水凝胶骨架制剂、不溶性骨架制剂以及溶蚀性骨架制剂。最常见的骨架型缓释、控释制剂为片剂，尤其以亲水凝胶骨架片最为普遍，其他骨架型制剂还包括颗粒状制剂（如微球、微丸）、模铸骨架型缓释、控释制剂（如特殊部位使用的栓剂、棒状植入剂等）、蜡质的滴丸剂等。

1. 亲水凝胶骨架

（1）概述：亲水凝胶骨架型缓释、控释制剂是指由亲水性聚合物或天然胶类为骨架材料与药物均匀混合制成的骨架片，骨架材料遇水膨胀，形成凝胶屏障而控制药物释放。常用的骨架材料有以下四类：①天然胶类，如海藻酸盐、琼脂和西黄蓍胶等；②纤维素类，如羟丙甲基纤维素、甲基纤维素、羟乙基纤维素等；③非纤维素多糖，如壳聚糖、半乳糖、甘露聚糖等；④乙烯聚合物和丙烯酸树脂类，如卡波姆、聚乙烯醇和聚羧乙烯等。选择不同性能的骨架材料及不同的用量可调节亲水性凝胶骨架片的释药速率。

（2）制备：其制备与传统的片剂制备方法相近，通常采用湿法制粒压片、干法制粒压片以及粉末直接压片等方法进行制备。因处方中加有骨架材料，制备过程与普通片剂略有区别。

1）湿法制粒压片：是指将药物和聚合物粉末及其他辅料混合均匀后加以适当的润湿剂或黏合剂，再制粒压片的方法。润湿剂主要有水、醇、一定比例的水与醇混合物。黏合剂主要有一定浓度的HPMC水溶液、一定比例的PVP水与醇溶液或一定浓度的EC、丙烯酸树脂醇液等。由于亲水凝胶本身黏度较大，多数情况下不需另加黏合剂。同时因亲水凝胶骨架材料吸水后迅速膨胀，黏度增大，易于结块，较难过筛，因此，处方中常采用60%~95%的乙醇溶液作为润湿剂。

2）干法制粒压片：将药物与聚合物及其他辅料混合后，先压制成大片或者板状后，再粉碎成一定大小的颗粒，整粒后加入助流剂压片。该法主要靠机械压缩力的作用使粒子间产生结合力。干法制粒压片常用于热敏性物料、遇水易分解的药物，其在亲水凝胶骨架缓释片的应用较少。

3）粉末直接压片：粉末不经过制粒过程直接把所有辅料混合均匀后进行压片。该法省去了制粒的步骤，因而具有工序少、省时节能、工艺简单的优点，尤其适用于对湿热不稳定的药物。药物及辅料的流动性、可压性等与所得片剂的质量密切相关，因此本法对物料的要求较高。以亲水凝胶为骨架材料的物料可压性较好，与药物粉末混合可以满足粉末直接压片对可压性和流动性的要求。

（3）应用举例

例12-5：卡托普利亲水凝胶骨架片（25 mg/片）

【处方】卡托普利25 g，HPMC 60 g，乳糖15 g，硬脂酸镁适量。

【制法】将卡托普利、HPMC、乳糖和适量硬脂酸镁（均过80目筛）按等量递加法初混，再过80目筛3次充分混匀后，用9 mm浅凹冲头粉末直接压片而成，共制成1 000片。

【注解】通过释放度研究发现，用Peppas方程拟合后，$n = 0.5$，表明该缓释片属于溶蚀和扩散结合的释放机制，且以扩散为主。随HPMC用量的增加，药物释放速度逐步减慢，当HPMC用量大于30%后，连续的凝胶层已经形成，因此再增加其用量，对缓释作用增加的程度不如较小用量时明显。

2. 生物溶蚀性骨架

（1）概述：溶蚀性骨架片又称蜡质类骨架片，是由水不溶但可蚀解的蜡质、脂肪酸及其酯类等物质为骨架材料制成，由于蜡质材料的逐渐溶蚀，通过孔道扩散与蚀解控制药物释放。主要材料有：①蜡类，如蜂蜡、巴西棕榈蜡等；②脂肪酸及其酯类，如硬脂酸、氢化植物油、聚乙二醇单硬脂酸酯、单硬脂酸甘油酯、甘油三酯等。

（2）制备：其制备工艺主要有湿法制粒压片、干法制粒压片、粉末直接压片方法，与传统的片剂生产工艺和设备相同，成本低廉，工艺简单，易于放大生产。由于采用了功能性骨架材料，因此，与普通片的制备有所区别，常用的制备方法有熔融法、水分散法以及热混合法。

1）熔融法：将药物与辅料直接加入熔融的蜡质中，温度控制在略高于蜡质熔点，熔融的物料铺开冷凝、固化、粉碎，或者倒入一旋转的盘中使成薄片，再粉碎过筛形成颗粒。该法设备简单，操作方便，生产速度快，批间质量差异小，可投入工业化生产，但不适宜热不稳定的药物。

2）水分散法：采用溶剂蒸发技术，将药物与辅料的水溶液或分散体加入熔融的蜡质相中，然后将溶剂蒸发除去，干燥，混合制成团块，再制成颗粒。该法制备的片剂释药速度较快，这可能与药物颗粒表面和骨架内部包藏有水分有关。

3）热混合法：将药物与鲸蜡醇在玻璃化温度60℃下混合，所得团块用玉米朊醇溶液制粒，此法制得的片剂释放性能稳定，因为天然蜡与脂质是一个复杂混合物，熔融过程是必需的，晶型的变化往往使药物释放发生变化。

（3）应用举例

例 12-6：硝酸甘油缓释片（2.6 mg/片）

【处方】硝酸甘油 0.26 g，鲸蜡醇 6.6 g，10% 乙醇溶液 2.95 mL，微晶纤维素 5.88 g，乳糖 4.98 g，硬脂酸镁 0.15 g，硬脂酸 6.0 g，聚维酮（PVP）3.1 g，微粉硅胶 0.54 g，滑石粉 2.49 g。

【制法】采用熔融法制备，将 PVP 溶于硝酸甘油乙醇溶液中，加微粉硅胶混匀，加硬脂酸和鲸蜡醇，水浴加热到60℃，使熔融。将微晶纤维素、乳糖、滑石粉的均匀混合物加入上述熔化的系统中，搅拌 1 h；将上述黏稠的混合物摊于盘中，室温放置 20 min，待成团块时，用 16 目筛制粒。30℃干燥，整粒，加入硬脂酸镁，压片。

【注解】本品 12 h 释放 76%，1 h 释放 23%，1 h 后以接近表观零级释放（释放曲线接近直线，但药物的释放速度并不保持恒定）。

3. 不溶性骨架

（1）概述：不溶性骨架片是指由不溶于水的高分子材料与药物制成的骨架片。用药后，胃肠液渗入骨架孔隙，药物溶解，药物自骨架孔道扩散释放。常用的不溶性骨架材料有三类：纤维素类，如乙基纤维素；聚烯烃类，如聚乙烯、聚丙烯和乙烯-醋酸乙烯共聚物；聚丙烯酸酯类，如聚甲基丙烯酸甲酯等。

（2）制备：不溶性骨架型缓释、控释制剂通常采用湿法制粒压片、干法制粒压片以及粉末直接压片等方法进行制备。

（3）应用举例

例 12-7：双氯芬酸钠缓释片

【处方】①缓释部分：双氯芬酸钠 40 mg，EC 50 mg，HPMC 20 mg，十八醇 30 mg，乳糖 10 mg；②速释部分：双氯芬酸钠 10 mg，乳糖 20 mg，磷酸氢钙 16 mg。

【制法】将缓释部分、速释部分分别混合均匀，以乙醇为润湿剂制软材，过 20 目筛制粒，45℃干燥，整粒。将上述两种颗粒混匀，加硬脂酸镁压片。

【注解】处方中的 HPMC、EC、十八醇为控释的阻滞剂，制成的不溶性骨架片释药的机制符合 Higuchi 方程，释药介质的 pH 对双氯芬酸钠释放速率没有影响。

（二）膜控型

1. 概述 膜控型缓释与控释制剂是指通过包衣膜来控制和调节制剂中药物的释放速率和释放行为的制剂。该类制剂通常以半透膜或微孔膜对片剂、小片或微丸进行包衣，基于扩散释药原理，以膜腔内的渗透压或药物分子的溶出扩散性为动力，实现对释药行为的控制。其既可以单独使用，也可作为中间制剂参与其他制剂的组成。

包衣膜是实现缓释、控释作用的关键，主要由产生膜控作用的成膜材料与辅助成膜的增塑剂构成，还可根据需要加入致孔剂、抗黏剂、着色剂等。根据成膜材料的溶解特性，可分为以下三种：

（1）水不溶型材料：一类不溶于水的高分子聚合物，溶解能力不受胃肠液 pH 的影响。主要包括乙基纤维素（EC）、醋酸纤维素（CA）以及丙烯酸树脂类（如 Eudragit RS30D、RL30D 和 NE30D）。

（2）胃溶型材料：主要有纤维素类衍生物（如羟丙甲纤维素、羟丙基纤维素、甲基纤维素等）、聚维酮、聚丙烯酸树脂（Eudragit E 型）等。

（3）肠溶型材料：在胃中不溶而在肠道溶解的高分子材料，常用的有醋酸纤维素酞酸酯（CAP）、醋酸纤维素苯三酸酯（CAT）、羟丙甲纤维素酞酸酯（HPMCP）、羟丙甲纤维素琥珀酸酯（HPMCAS）、聚乙烯醇酞酸酯（PVAP）、丙烯酸树脂 L100 型（Eudragit L100）和丙烯酸树脂 S100 型（Eudragit S100）等。

2. 制备 膜控型缓释、控释制剂的包衣根据对象不同，选取适宜的方法进行制备。片剂可采用包衣锅滚转包衣法、空气悬浮流化床包衣法和压制包衣法等。微丸剂或颗粒剂等多单元制剂多用空气悬浮流化床包衣法，也可用埋管锅包衣法等。

（1）微孔膜包衣片的制备：通常将含有致孔剂或水溶性药物的不溶性包衣液对片芯进行包衣。当包衣膜在胃肠道中与胃肠液接触时，膜上的致孔剂或水溶性药物部分溶解或脱落，可在包衣膜上形成无数的微孔或弯曲小道，使包衣膜具有通透性，从而促使水分入膜，在膜内外渗透压的作用下，药物通过微孔释放。包衣膜在胃肠道内不被破坏，最后由肠道排出体外。

（2）膜控型小片的制备：将药物和辅料按常规方法制粒并压制成直径约 3 mm 的小片，再用缓释膜包衣后装入硬胶囊即可。同一胶囊的小片可包上不同缓释作用的包衣或不同包衣厚度的小片组成，以达到需求的缓（控）释效果。

（3）膜控型小（微）丸的制备：膜控型小（微）丸是先制成丸芯后，再在丸芯外包裹膜衣。丸芯含药物、稀释剂、黏合剂等辅料，包衣材料与片剂包衣材料无异，可按需选择。

3. 应用举例

例 12-8：扎托洛芬（Zaltoprofen，ZP）缓释微丸胶囊

【处方】①含药微丸：空白丸芯 200 g，ZP 200 g，PVP-K30 90 g，NaCl 1.8 g，去离子水 3 000 mL。②ZP 缓释微丸处方：上药丸芯 200 g，EC 12 g，PEG 6000 3 g，HPMC 40 g，癸二酸二丁酯（DBS）2.2 mL，乙醇 400 mL，去离子水 60 mL。

【制法】①含药微丸制备：采用混悬液上药法制备扎托洛芬载药微丸。以空白蔗糖丸芯为载体，先将 PVP-K30 和氯化钠溶于去离子水中，待其完全溶解后，不断搅拌下加入扎托洛芬至溶液中形成混悬液，采用流化床底喷法进行上药。②包衣：将 EC 加入无水乙醇中，静置过夜使其充分溶解。将 PEG 6000 和 HPMC 加入去离子水中，搅拌使其完全溶解。不断搅拌下将水溶液加入乙醇溶液中，继续搅拌至溶液澄清。不断搅拌下将 DBS 加入溶液中，继续搅拌约 4 h。采用流化床底喷法进行包衣，制得扎托洛芬缓释微丸。③胶囊制备：含药微丸在流化床中干燥后，置于肠溶空心胶囊中，即得到 ZP 缓释胶囊。

【注解】该处方中，PVP-K30 为黏合剂；EC 和 HPMC 为包衣材料，EC 为不溶性包衣材料，HPMC 为亲水性包衣材料，EC 比例越高，释药速率越慢；PEG 6000 为致孔剂，其含量越高，微丸释药速率越快；DBS 为增塑剂。

（三）渗透泵型

1. 定义 渗透泵型控释制剂是以渗透压作为释药动力，以零级释放动力学为特征的一种释药系统，主要由药物、半透膜材料、渗透压活性物质和推动剂组成。除此之外，处方中还可加入助悬剂如阿拉伯胶、琼脂等；黏合剂如聚乙烯吡咯烷酮；润滑剂如硬脂酸镁等。

（1）半透膜材料：无活性且在胃肠道中不溶解的成膜聚合物，水分可自由通过半透膜，离子和药物则不能透过。半透膜材料主要有醋酸纤维素、乙基纤维素、丙酸纤维素、聚乙烯醇、聚氯乙烯、聚乙烯等。其中醋酸纤维素、乙基纤维素较为常用。

（2）渗透压活性物质：指能产生较高渗透压的物质，也称渗透促进剂，主要包括氯化钠、果糖、甘露醇、山梨醇、葡萄糖等，能够有效调节渗透压，其性质和用量与零级释药时间长短有关。

（3）推动剂：高分子亲水聚合物，也称为促渗透聚合物或助渗剂，能够吸水膨胀，产生推动力（driving force），促使药物从释药小孔释放。常用相对分子质量为 $1\times10^4 \sim 36\times10^4$ 的聚乙烯吡咯烷酮，相对分子质量为 $45\times10^4 \sim 400\times10^4$ 的卡波姆羧酸聚合物，相对分子质量为 $3\times10^4 \sim 500\times10^4$ 的聚羟基甲基丙烯酸烷基酯，相对分子质量为 $10\times10^4 \sim 700\times10^4$ 的聚氧乙烯等。

2. 制备 口服渗透泵制剂一般由片芯和包衣膜两部分组成，是在片芯外包被一层半透性的聚合物衣膜，用激光在片剂衣膜层上开一个或一个以上适宜大小的释药小孔制成。口服后胃肠道的水分通过半透膜进入片芯，使药物溶解形成饱和溶液，因渗透压活性物质溶解使膜内溶液形成高渗溶液，膜内外存在的渗透压差使水分继续进入膜内，从而迫使药物溶液从小孔释出。按照结构特点，可将其分为单层、多层和液体渗透泵片。

（1）单层渗透泵片：其制备工艺和普通薄膜包衣片的制备工艺类似，只是用激光或机械的方式在包衣膜上打上孔径适宜的释药孔。

（2）多层渗透泵片：其制备较为复杂，其片芯为双层片或多层片，一层为含药层，剩余部分为推动层。在制备片芯时，首先采用特殊的压片机，将药物与适当的辅料压制成含药层，再选用适宜的高分子材料作为推动层加在含药层的上面，进行二次压片，最终压制成双层片。将双层片用常规的包衣方法进行包衣，并运用适当方法制备释药孔，即制成多层渗透泵片。

（3）液体渗透泵片：适用于液体药物，包括软胶囊液体型和硬胶囊液体型，具有控释给药和提高生物利用度两大优势。软胶囊液体型是在含药软胶囊外依次包隔离层、推动层和控释膜层，并在这三层膜上打一释药小孔。由惰性高分子材料组成的隔离层，发挥渗透促进与隔离的作用，厚度不影响药物释放；推动层由促渗透聚合物、渗透压活性物质和成膜剂组成，水分透过控释膜层使推动层膨胀，系统内静压进一步升高，促使药液冲破释药孔处的水化凝胶层实现释药（图12-2）。硬胶囊液体型是将药液（溶液、混悬液或自乳化液）、隔离层和推动层装入硬胶囊内，胶囊外用控释膜包衣，而后在胶囊含药液的一端打一释药小孔，调节释药孔的深度以保持胶囊壳的完整性。与水接触后，水分透过控释膜，硬胶囊壳溶解，推动层吸水膨胀，挤压隔离层以推动药液经小孔释放。此外，也可在释药孔一侧附加一层时滞层，推动层遇水膨胀，时滞层首先被推动由小孔释放，随后药物释出，实现延缓释药的目的（图12-3）。

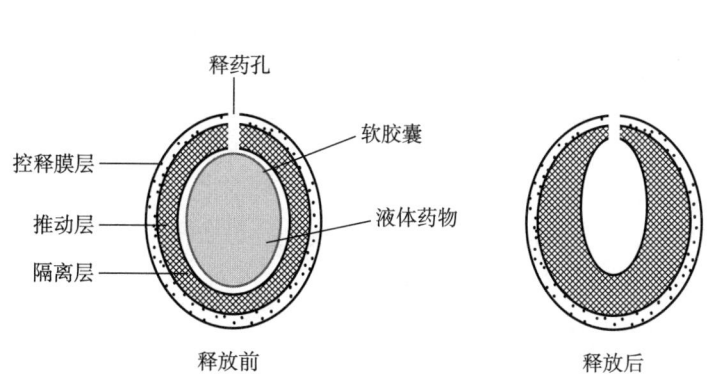

图12-2　软胶囊液体渗透泵模式图

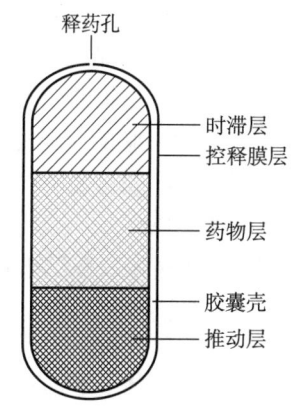

图12-3　硬胶囊液体渗透泵模式图

3. 应用举例

例12-9：硝苯地平渗透泵片

【处方】①药物层：硝苯地平100 g，聚环氧乙烷（MW 200 000）355 g，HPMC 25 g，氯化钾10 g，乙醇250 mL，硬脂酸镁10 g，异丙醇250 mL；②推动层：聚环氧乙烷（MW 5 000 000）170 g，氯化钠72.5 g，甲醇250 mL，异丙醇150 mL，硬脂酸镁适量；③包衣液：醋酸纤维素（乙酰基值39.8%）95 g，PEG 4000 5 g，三氯甲烷1 960 mL，甲醇820 mL。

【制法】①片芯含药层的制备：将处方中的4种固体物料置混合器中混合15～20 min，用处方中的混合溶剂50 mL喷入搅拌中的辅料，然后缓慢加入其余溶剂继续搅拌15～20 min，过16目筛，湿粒于室温下干燥24 h，加入硬脂酸镁混匀，压片。②片芯推动层的制备：制备方法同含药层，含药层压好后，即压上推动层。③打孔：压好双层片用流化床包衣，包衣完成后，50℃处理65 min，然后用0.26 mm孔径的激光打孔机打孔。

【注解】本品为硝苯地平双层推-拉式渗透泵片，每片含药30 mg，含药层为150 mg，推动层为75 mg，半透膜包衣厚0.17 mm，渗透泵片的直径为8 mm。体外以恒定的速率释药，体内产生平稳的血药浓度。

（四）离子交换树脂型

1. 概述 离子交换树脂型缓释、控释制剂是由离子交换树脂和离子型药物相结合而形成的高分子水不溶性复合物，也称药物树脂。当药物树脂口服进入胃肠道后，带有适当电荷的离子与离子交换基团接触，发生离子交换而使药物游离并释放。

离子交换树脂（ion exchange resin）是一类带有功能基团能发生离子交换或吸附的网状立体结构的高分子化合物，具备可再生并反复使用、不溶于酸、碱溶液以及有机溶剂的特性。根据离子交换树脂的化学活性基团的性质，可分为强酸阳离子、弱酸阳离子、强碱阴离子、弱碱阴离子、螯合性、两性与氧化还原树脂。根据离子交换树脂单体的不同，又可分为苯乙烯系、丙烯酸系、环氧系、酚醛系以及脲醛系等，其中苯乙烯系使用最为广泛。目前作为载体的离子交换树脂有Amberlite IRP69、Indion 224、Indion 244、Indion 254、Indion 284、Duolite AP143等。

2. 制备 只有解离型的药物才适用于制成药物树脂，且离子交换树脂的交换容量有限，故剂量大的药物不宜制备药物树脂。

（1）药物树脂的制备：药物与树脂结合的方法主要有两种，即静态交换法和动态交换法。①静态交换法：向离子交换树脂中加入适量的去离子水，在搅拌下加入药物混匀，静置，待达到平衡后，洗去未结合药物，于40～60℃干燥即得。②动态交换法：高浓度药物溶液从离子交换树脂柱上端缓缓注入，待药物与树脂交换接近饱和，即加入液与流出液的药物浓度大致相等，洗涤、干燥即得。

（2）药物树脂的浸渍：常用的凝胶型树脂长时间暴露在空气中或遇水时，其树脂功能基水合溶胀，易使薄膜包衣层崩裂。因此，需要在包衣前对药物树脂进行浸渍预处理，以增加树脂可塑性，提高包衣和释药中的结构稳定性。常用的浸渍剂有PEG 4000、乳糖、甲基纤维素、甘油等，用量一般不超过药物树脂重量的30%，可水溶液浸渍也可混合加热熔融浸渍。

（3）药物树脂的微囊化：为进一步控制药物树脂释放，还可采用微囊化技术对药物树脂进行包衣，常用的包衣膜有乙基纤维素或蜡质类等疏水性材料。

3. 应用举例

例12-10：左旋多巴树脂缓释混悬剂

【处方】①药物树脂处方：Amberlite IRP69树脂、左旋多巴；②浸渍处方：PEG 4000；③包衣处方：液体石蜡、丙酮、司盘80、PEG 400、Eudragit RL100；④混悬剂处方：蔗糖、黄原胶、丙二醇、草莓香精、对羟基苯甲酸乙酯、EDTA、去离子水。

【制法】①药物树脂采用动态法制备：称取500 mg Amberlite IRP69树脂湿法装入动态交换柱

中（截面积 4 cm²）。将 1 mg/mL 的左旋多巴溶液（0.01 mol/L HCl）注入柱中，流速 1 mL/min，载药 2.5 h。去离子水洗涤药物树脂 3 次，去除表面的游离药物，40~60℃烘箱干燥，即得。②药物树脂的浸渍：配置 30%（W/V）的 PEG 4000 水溶液，水浴 45℃使之溶解，加入适量药物树脂，室温下搅拌 1 h，抽滤、烘干即得浸渍后的药物树脂。③左旋多巴缓释微囊的制备：采用乳化溶剂包衣法。以液体石蜡为连续相、丙酮为分散相、司盘 80 为乳化剂，以 24∶8∶1 的比例形成乳化包衣体系。Eudragit RL100 为包衣材料，用量相当于药物树脂质量的 15%，包衣液浓度 1%，PEG 400（增塑剂）用量为包衣材料用量的 18%。二者同浸渍后的药物树脂依次加入分散相中，将分散相在 35℃搅拌的条件下缓慢滴加至连续相与乳化剂中，丙酮渐渐挥干，囊材固化于树脂表面形成一层包衣壳，包衣时间为 4 h。所得样品用石油醚洗涤 3 次，离心，抽滤，0℃干燥 4 h，即得药物树脂包衣微囊。④左旋多巴树脂缓释混悬剂的制备：将 0.8 g 黄原胶（助悬剂）和适量蔗糖（填充剂）用水溶解搅拌均匀，制得稳定的悬浮液。将左旋多巴缓释微囊（相当于左旋多巴 200 mg）分散在 0.6 mL 丙二醇（润湿剂）中，将悬浮剂黏液倒出并与润湿的微囊混合，然后连续加入适量的填充剂蔗糖（前后总量共 4 g）、EDTA（螯合剂）、0.03 g 对羟基苯甲酸乙酯（防腐剂）、0.03 g 草莓香精（矫味剂）。最后，将悬浮液用去离子水定容至 100 mL，并保存于避光容器中。

【注解】本制剂中以离子交换树脂为载体制备微囊，进而制备缓释混悬剂。由于药物以离子键形式结合在树脂上，其释放需要在离子环境中。将微囊分散在非离子体系中时，其渗漏率会大大降低，进而提高了缓释混悬剂的稳定性。

三、口服定时和定位制剂

（一）口服定时

1. 概述 定时治疗（择时治疗）是根据疾病发病的时间规律及治疗药物的时辰药理学特性，来设计不同的给药时间和剂量方案，选用合适的剂型，从而降低药物的毒副作用，达到最佳疗效。

口服定时释药系统（oral chronopharmacologic drug delivery system，OCDDS）是根据人体的生物节律变化，按照生理和治疗的需要而定时、定量释药的一种新型给药系统，已成为药物新剂型研究开发的热点之一。

2. 分类 根据药物的释放方式，口服定时释药系统可分为迟释-速释型释药系统、迟释-缓释型释药系统。其中迟释-速释型制剂服药后不立即释药，当到达治疗时机时呈现爆破式完全释药。迟释-缓释型制剂不仅具有一定的时滞，而且能够在特定时间段内平稳缓慢释药。而按照制备技术的不同，又可将其分为渗透泵型定时释药系统、包衣脉冲释药系统和定时脉冲塞胶囊剂等。

（1）渗透泵型定时释药系统：渗透泵型定时释药系统具有延迟释放和零级释药的双重特征，释药行为不受介质环境等因素的影响，以及体内外释药相关性较好等特点，是延迟释药中最为理想的一种。口服该类制剂后，胃肠道的水分通过半透膜进入片芯，药物溶解成饱和溶液，渗透活性物质产生较高的渗透压，促使水分继续进入膜内，药物则从小孔释放。因水分通过半透膜及渗透活性物质吸水产生足够的渗透压过程需要一定时间，因此时滞是渗透泵制剂的特点。包衣材料种类、配比，包衣增重，聚合物材料种类和用量都是控制药物释放时间的重要因素，必要时还可以在渗透泵片的外面包衣，以达到特定的释药间隔。

（2）包衣脉冲释药系统：包衣脉冲释药系统包括含活性药物成分的制剂核心（可以是片剂或微丸），以及具有一定时滞作用的包衣层（可以是一层或多层）。包衣层可阻滞药物从核心中释放，通过改变衣膜的组成、厚度可控制时滞的长短。当包衣层溶蚀或破裂后，制剂核心中的崩解剂可促使药物快速释放，其种类和用量决定了片芯的崩解速度。

包衣脉冲释药系统的外层包衣材料可分为半渗透型、溶蚀型和膨胀型，包衣方法主要有膜包衣技术和压制包衣技术，压制包衣技术常用于片剂的包衣，而薄膜包衣技术除了片剂还可用于制备多单元释药系统，如微丸、微球等。

（3）定时脉冲塞胶囊剂：定时脉冲塞胶囊剂主要由水不溶性胶囊壳体、药物贮库、定时柱塞和水溶性胶囊帽组成。脉冲胶囊根据定时塞的性质，可分为膨胀型、溶蚀型和酶可降解型等。当定时脉冲胶囊剂与水性液体接触后，水溶性胶囊帽溶解，柱塞遇水即膨胀，或溶蚀，或在酶作用下降解脱离水不溶性胶囊壳体，使贮库中药物快速释放。

膨胀型柱塞由亲水凝胶组成，如 HPMC 与聚氧乙烯（PEO），柱塞用柔性膜半透膜包衣，水可渗入，不影响膨胀；溶蚀型柱塞可用 L-HPMC、PVP、PEO 等压制而成，也可将聚乙烯甘油酯熔融浇铸而成；酶可降解型柱塞由底物和酶组成，二者混合可制成单层塞，如果胶和果胶酶；也可以分开压制成双层塞，遇水时，底物在酶的作用下分解，从而使贮库中的药物释放。

（二）口服定位

1. 概述 口服定位释药系统（oral site-specific drug delivery system）是指口服后能将药物选择性地递送到胃肠道的某一特定部位，以速释、缓释或控释释放药物的剂型。利用制剂的物理化学性质、胃肠道 pH、菌群或转运机制等特性，实现定位释放。

该类制剂通常具有以下优点：①避免蛋白质或多肽类药物在胃酸环境下变性失活，增强稳定性；②提高局部药物浓度，增强胃肠道局部疾病的治疗疗效；③避免首过效应，提高药物生物利用度；④减小胃肠道转运或环境对药物吸收的影响，降低个体差异。

2. 分类 根据药物在胃肠道的具体释药部位可分为胃定位释药系统、口服小肠定位释药系统和口服结肠定位释药系统。

（1）胃定位释药系统：胃定位释药系统又称胃内滞留给药系统（oral stomach-retained drug delivery system，OSDDS），通过延长药物在胃内的滞留时间以实现胃定位，适用于在酸性环境中溶解、在胃及小肠上部吸收率高或用于治疗胃、十二指肠溃疡等疾病的药物。实现胃滞留的主要策略有以下三种。

1）胃漂浮型给药系统：根据流体动力学平衡原理设计，在胃内因自身密度小于胃内容物密度而在胃液中呈漂浮状态。常用的主要材料为亲水凝胶，如 HPMC、MC、HPC、PVP 和卡波姆等。根据需要还可加入轻质的疏水性脂脂醇、酯或脂肪酸类作为助漂剂，以及碳酸氢钠、碳酸钙或碳酸镁等辅料作为发泡剂，用于增加胃漂浮力。

2）胃内膨胀型给药统：该类制剂可在胃内迅速体积膨胀至大于幽门而无法进入肠道，从而滞留于胃中。常用的膨胀材料有交联 PVP、交联 CMC、羧甲基淀粉钠等。

3）胃壁黏附型给药系统：利用高分子材料与胃黏膜或上皮细胞间的生物黏附作用，延长制剂在胃内的滞留时间。常用的生物黏附性材料主要有：天然黏附材料（明胶、透明质酸、海藻酸盐等），半合成黏附材料（HPMC、CMC-Na 等），合成生物黏附材料（卡波姆等）。

（2）口服小肠定位释药系统：口服小肠定位释药系统是指在胃中不释放药物，但可在小肠的特定位置处速释或缓释药物的制剂。该类制剂可有效避免药物在胃内失活，减少对胃部的刺激，提供迟释与定位的特性，并使药物以最佳状态与浓度递送至吸收部位。根据需求可选用适宜 pH 范围溶解的聚合物，以制备 pH 敏感型制剂，也可制备时滞型释药系统，通过调节时滞的长短控制药物释放的时间和位置。由于胃排空的差异化影响，可将时滞技术和肠包衣技术结合，确保药物的小肠定位释放。

常见的小肠定位释药制剂包括肠溶包衣片、肠溶胶囊，以及含有多种肠溶包衣微粒的胶囊或肠溶包衣微粒压成的片剂。

（3）口服结肠定位释药系统：口服结肠定位释药系统（oral colon-specific drug delivery system，OCDDS）是一种具有对结肠局部环境特异性响应，从而在回盲肠部后释放药物，以发挥局部或全身治疗作用的制剂。相较于胃和小肠，结肠具备更加有利的释药环境，如 pH 条件温和，代谢酶较少，转运时间长，可有效提高口服药物的稳定性，增加药物吸收，同时有利于结肠局部病变和受时间节律性影响疾病的治疗。根据释药原理可将 OCDDS 分为以下几种类型。

1）时控型 OCDDS：口服药物转运至结肠的时间约为 6 h，制备具有一定时滞的时控型制剂，可使药物在结肠部位释放。大多数此类释药系统的时滞性主要由药物贮库的外面包衣层或控制塞提供，一定时间后溶解、溶蚀或破裂从而释药，但易受食物的影响。

2）pH 敏感型 OCDDS：利用胃肠道的 pH 差异，采用可在结肠的高 pH 环境下溶解的高分子聚合物如聚丙烯酸树脂、醋酸纤维素酞酸酯等肠溶材料，使药物仅在结肠部位释放。

3）压力控制型 OCDDS：因水分的重吸收，含水量降低，导致肠道蠕动在结肠部位产生的压力更大，基于此可设计压力控制型 OCCDS。药物与基质注入在表面包有乙基纤维素（EC）外衣的明胶胶囊内，口服后在体温环境下基质液化，胶囊型变成圆球，在结肠部位因耐压有限而崩解释药。肠内压受多方面因素影响，故个体差异较大。

4）体外诱导型 OCDDS：也称为脉冲型，将药物、示踪物、对电磁或超声波敏感的材料及相应的高分子材料制成微球等类型。口服后体外监控其动向，待其到达结肠部位，通过体外电磁或超声波诱导，触发药物释放。该类制剂靶向效果显著，但对材料要求较高，应用范围受限。

5）生物降解型 OCDDS：利用结肠中大量细菌及独特的酶如偶氮降解酶，对某些材料的专一降解性制备而成，具体可分为材料降解型和前体药物型。目前研究最为广泛的降解材料包括合成的偶氮聚合物和天然的果胶、瓜尔胶、壳聚糖与 α- 淀粉等。前体药物中，偶氮降解型的 5- 氨基水杨酸前体药物已有部分应用于临床，如奥沙拉嗪（Olsalazine），巴柳氮（Balsalazide）等，在结肠内偶氮还原酶的作用下，偶氮键断开，释放 5- 氨基水杨酸发挥治疗作用。

6）复合型 OCDDS：由于个体差异和环境的多变性，可结合两种或两种以上释药机制，以实现更加可靠的结肠定位释药，常见的如 pH 敏感 - 时控型 OCDDS。

四、口服缓释与控释制剂体内外评价

（一）释放度考察

体外释放度试验是缓释、控释制剂体外质量评价的重要手段，即通过模拟体内消化道环境（如温度、介质、pH、搅拌速度等），以测定制剂中药物释放的速度和程度，最后制订出合理的体外药物释放度，以监测产品的生产过程并对产品进行质量控制。根据《中国药典》（2025 年版）通则，溶出度与释放度测定方法有篮法、桨法、小杯法、桨碟法、转筒法、流池法等。方法的选择以操作简便、质量可控、更符合体内环境为原则。

1. 释放度试验方法 释放试验的温度应控制在 37℃ ± 0.5℃范围内，释放介质常用脱气的新鲜纯化水，或根据药物的溶解特性、处方要求、吸收部位使用稀盐酸（0.001 ~ 0.1 mol/L）或 pH 3 ~ 8 的磷酸盐缓冲液，对难溶性药物不宜采用有机溶剂，可加入少量表面活性剂（如十二烷基硫酸钠等）以达到增溶的目的。释放介质的体积应符合漏槽条件，即释放介质的体积不少于形成药物饱和溶液量的 3 倍。

2. 取样点设计 体外释放速度试验应能反映受试制剂释药速度的变化特征，且能满足统计学处理的需要，释药全过程的时间应不低于给药的间隔时间，且累积释放率要求达到 90% 以上。制剂的质量研究中，通常将释药全过程的数据制作累积释放率 - 时间的释药曲线图，制订出合理的释放度检查方法和限度。除另有规定外，释药曲线图中至少选出 3 个取样时间点，第一点（累计释放量约 30%）为释放开始 0.5 ~ 2 h 之内，用于考察药物是否存在突释；第二点为中间时间取样点（累计释放量约 50%），用于确定释药特性；最后的取样时间点（累计释放量 > 75%），用于考察释药是否完全。

（二）药物释放曲线拟合与评价

1. 药物释放度的拟合 通过对体外释放度数据进行正确的拟合，可以探讨制剂的体外释药机制与规律，释药数据可用以下几种常用的数学模型进行拟合。

零级方程：
$$M_t/M_\infty = kt \tag{12-11}$$

一级方程：
$$\ln(1 - M_t/M_\infty) = -kt \tag{12-12}$$

Higuchi 方程：
$$M_t/M_\infty = kt^{1/2} \tag{12-13}$$

式中，M_t 为 t 时间的累积释放量，M_∞ 为 ∞ 时间累积释放量，M_t/M_∞ 为 t 时累积释放百分率。控释制剂的释药数据可用零级方程拟合；缓释制剂的释药数据可用一级方程或 Higuchi 方程拟合。拟合过程中相关系数（r）越大，而均方误差（MSE）越小，拟合程度越高。

2. 药物释放度的评价 在评判两种制剂的累计释放度曲线之间的差异时，常采用代入适宜数学模型加以评价，其中最具代表性的就是相似因子法，该方法简单可行，可直接对释放度数据进行统计分析，无需拟合各种释放度数据，已成为美国 FDA 的推荐方法，正在被广泛地应用。其基本方程如下：

$$f_2 = 50\lg\left\{1 + \left(\frac{1}{n}\right)\sum_{i=1}^{n}W_t(\overline{X}_{ii} - \overline{X}_{ni})^2\right\}^{-0.5} \times 100\% \tag{12-14}$$

式中，f_2 为相似因子，$\overline{X}_{ii}$ 和 $\overline{X}_{ni}$ 分别代表参比制剂和受试制剂 t 时间的累积释药百分率，n 为取点数目，W_t 为权重。

当 f_2 值处于 50～100 时，认为两制剂的体外释药行为无显著性差异；f_2 值越接近 100，两者相似程度就越高。

（三）缓释、控释制剂的体内评价

对缓释、控释制剂的安全性和有效性进行评价，应通过体内的药效学和药动学试验。首先对缓释、控释制剂中药物特性的物理化学性质应有充分了解，包括有关同质多晶、粒子大小及其分布、溶解性、溶出速度、稳定性，以及制剂可能遇到的其他生理环境极端条件下控制药物释放的变量。制剂中药物因受处方和制备工艺等因素的影响，溶解度等物理化学特性会发生变化，应测定相关条件下的溶解特性。难溶性药物的制剂处方中含有表面活性剂（如十二烷基硫酸钠）时，需要了解其溶解特性。

对于药动学试验，推荐使用该药物的普通制剂（静脉注射或口服溶液，或经批准的其他普通制剂）作为参考，通过对比药物释放、吸收情况，来评估缓释、控释制剂的释放、吸收情况。设计口服缓释、控释制剂时，测定药物在胃肠道各段（尤其是在结肠定位释药时的结肠段）的吸收是很有意义的。食物的影响也应进行研究。

制剂的药效学研究应该反映在足够广泛的剂量范围内血药浓度与临床响应值（治疗效果或副作用）之间的关系。此外，应对血药浓度和临床响应值之间的平衡时间特性进行研究。如果药物或药物的代谢物与临床响应值之间存在确定的相关关系，则缓释、控释制剂的临床表现可以通过血药浓度-时间曲线推测。如果无法得到这些数据，则应进行临床试验和药效学-药动学试验。

（四）生物利用度的研究

生物利用度（bioavailability）是指制剂中的药物吸收进入人体血液循环的速度和程度。生物等效性（bioequivalence）是指一种药物的不同制剂在相同实验条件下给予相同剂量，反映其吸收速度和程度的主要动力学参数没有明显的统计学差异。《中国药典》（2025 年版）规定缓释、控释制剂的生物利用度与生物等效性试验应在单次给药与多次给药两种条件下进行。

单次给药（双周期交叉）的实验目的在于比较受试者于空腹状态下服用缓释、控释受试制剂与参比制剂的吸收速度和吸收程度的生物等效性,并确认受试制剂的缓释、控释药物动力学特征。多次给药是比较受试制剂与参比制剂多次连续给药达稳态时,药物的吸收速度与程度、稳态血药浓度及其波动情况。

(1) 研究对象:临床生物利用度与生物等效性研究,一般选择年龄18~40周岁正常健康的男性受试者,体重应为标准体重或接近标准体重,避免选用过重或过轻的受试者。受试者应经过肝、肾功能及心电图等项检查,试验前停用一切药物,并持续停药至5~7个半衰期,且受试期间忌烟、酒。受试者人数一般为18~24例。

(2) 受试制剂与标准参比制剂:参比制剂一般应选用国内外上市的同类缓释、控释制剂主导产品。若系创新的缓释、控释制剂,则应选择国内外上市的同类普通制剂的主导产品。

(3) 分析方法的指标与要求:测定方法一般要求灵敏度高、专属性强、紧密度好、准确度高。

(4) 单剂量给药:如果比较两种制剂,即受试制剂与参比制剂,则采用随机、双周期、双顺序的单剂量交叉试验。为了避免前一次所用药物对后一次试验产生影响,可通过设置洗净期来分开给药周期,一般至少需要7个消除半衰期。

给药剂量一般应与该制剂临床治疗剂量一致,且受试制剂与参比制剂一般给予相等剂量。为了避免食物对药物吸收的影响,要求受试者禁食10 h后,早晨空腹给药,以200 mL温水送服,服药4 h后进统一食谱的标准餐。采样时间点可根据预试验结果安排,一个完整的口服血药浓度-时间曲线,应包括吸收相、平衡相和消除相。

(5) 多剂量给药:多次给药试验旨在比较缓释、控释受试制剂与参比制剂多次连续用药达稳态时,药物的吸收程度、稳态血药浓度及其波动情况。多次给药同样采用双周期交叉试验设计,洗净期为一周。受试者选择、人数、制剂、分析方法等试验条件与单剂量法相同,按设计要求给药(如每天一次或两次),以普通制剂作为参比制剂时,该参比制剂按照常规方法服用,但应与缓释、控释受试制剂的剂量相等。连续服药时间达7个消除半衰期后,通过连续测定至少3次的谷浓度(谷浓度采样时间应安排在不同日的同一时间内),以证实受试者血药浓度已达稳态。达稳态后最后一个给药间期内,参照单次给药采样时间点设计,测定血药浓度,特别要注意测定给药前(0时间)与剂量间隔末(τ时间)的血药浓度。

(6) 结果统计分析:生物利用度或生物等效性试验结果应进行统计分析,并作出判断。如缓释、控释受试制剂与缓释、控释参比制剂比较,若AUC、C_{max}、t_{max}均符合生物等效性要求,t统计上无显著性差异,可认定两种制剂生物等效。若缓释、控释受试制剂与普通制剂比较,AUC符合生物等效性要求,则认为吸收程度生物等效;若C_{max}明显降低,t_{max}明显延迟,并按生物等效性评价进行统计分析,其结果至少有1项指标不符合生物等效时,则显示该受试制剂具有缓释或控释动力学特征。

(五) 体内-体外相关性

体内-体外相关性指的是将制剂的生物学性质或由生物学性质衍生的参数(如t_{max}、C_{max}或AUC)与同一制剂的物理化学性质(如体外释放行为)之间建立的合理的定量关系。

缓释、控释、迟释制剂要求进行体内外相关性试验,它应反映整个体外释放曲线与血药浓度-时间曲线之间的关系。只有当体内外具有相关性,才能通过体外释放曲线预测体内情况。

一般地,按照相关程度将体内外相关性分类为三种:① A水平相关:体外释放曲线与体内吸收曲线(即由血药浓度数据反卷积而得到的曲线)上对应的各个时间点应分别相关,这种相关简称点对点相关,表明两条曲线可以重合或者通过使用时间标度重合。② B水平相关:应用统计矩分析原理建立体外释放的平均时间与体内平均滞留时间之间的相关。由于能产生相似的平均滞留时间可有很多不同的体内曲线,因此体内平均滞留时间不能代表体内完整的血药浓度-时间曲线。③ C水平相关:一个释放时间点($t_{50\%}$、$t_{90\%}$等)与一个药物动力学参数(如AUC、C_{max}或t_{max})之间单点相关,但它只说明部分相关。

《中国药典》（2025年版）指导原则中缓释、控释制剂体内外相关性是指体内吸收相的吸收曲线与体外释放曲线之间对应的各个时间点回归，得到直线回归的相关系数符合要求，即可认为具有相关性。

1. 体内-体外相关性的建立

（1）基于体外累积释放率-时间的体外释放曲线：如果缓释、控释制剂的释放行为随体外释放度试验条件（如装置的类型，介质的种类和浓度）变化而变化，则应该另外再制备两种供试品（一种比原制剂释放更慢；另一种更快），研究影响其释放快慢的外界条件，并按体外释放度试验的最佳条件，得到体外累积释放率-时间的释放曲线。

（2）基于体内吸收百分率-时间的体内吸收曲线：根据单剂量交叉试验所得血药浓度-时间曲线的数据，对体内吸收呈现单室模型的药物，可获得基于体内吸收百分率-时间的体内吸收曲线，体内任一时间药物的吸收百分率 F_a（%）可按以下 Wagner-Nelson 方程计算：

$$F_a = (C_t + kAUC_{0-t}/kAUC_{0-\infty}) \times 100\% \tag{12-15}$$

式中，C_t 为 t 时间的血药浓度，k 为由普通制剂求得的消除速度常数。

双室模型药物可用简化的 Loo-Reegelman 方程计算各时间点的吸收百分率。

非隔室模型药物可采用非模型依赖的反卷积法将血药浓度-时间曲线的数据换算为基于体内吸收百分率-时间的体内吸收曲线。

2. 体内-体外相关性检验 当药物释放为体内药物吸收的限速因素时，可利用线性最小二乘法回归原理，将同批试样体外释放曲线和体内吸收曲线上对应的各时间点的释放百分率、吸收百分率回归，得直线回归方程。如直线的相关系数大于临界相关系数（$P<0.001$），可确定体内外相关。

当血药浓度（或主药代谢物浓度）与临床治疗浓度（或有害浓度）之间的线性关系明确或可预计时，可用血药浓度测定法，否则可用药理效应法评价缓释、控释制剂的安全性与有效性。

第三节　黏膜给药制剂

黏膜给药系统（mucosal drug delivery system）也称黏膜用制剂，是通过口腔、鼻腔、眼部、肺部、结肠、直肠、阴道等黏膜给药的新型给药系统。目前上市的黏膜给药产品不多，有鼻腔用的缩宫素、反义核苷酸、那法瑞林、胰岛素粉末吸入给药系统等。

根据给药部位不同，可分为口腔黏膜给药制剂、鼻腔黏膜给药制剂、眼部黏膜给药制剂、肺部黏膜给药制剂、直肠黏膜给药制剂、阴道黏膜给药制剂和子宫黏膜给药制剂等。本节主要讨论口腔黏膜给药制剂和鼻腔黏膜给药制剂，而其他黏膜给药制剂已分别在相关章节有所涉及，在此不再讲述。

一、口腔黏膜给药制剂

口腔黏膜制剂（buccal and sublingual preparation）是指药物经口腔黏膜吸收后发挥局部或全身治疗作用的制剂。口腔黏膜给药可以分为三类：舌下黏膜给药，颊黏膜给药和局部给药。与传统的口服给药相比，口腔黏膜给药方便且可随时停止，尤其适用于儿童和吞咽困难的患者或缺水条件下的患者服用。口腔黏膜给药常用的剂型有贴剂、膜剂、喷雾剂、散剂、凝胶剂、软膏剂等。

（一）口腔黏膜生理结构

口腔黏膜面积约 200 cm^2，分为咀嚼黏膜（masticatory mucosa）、被覆黏膜（lining mucosa）、特殊分化黏膜（specialized mucosa）。硬腭黏膜和齿龈黏膜为角质化上皮，构成口腔保护屏障，而颊黏膜和舌下黏膜上皮均未角质化，利于吸收，是用于全身给药的主要部位。

拓展阅读　口腔黏膜结构图

（二）药物口腔黏膜吸收

1. 药物口腔黏膜吸收特点

（1）口腔黏膜递药具有以下优点：①颊黏膜和舌下黏膜几乎无角质化，血管密集，血流丰富，黏膜组织的通透性好，药物可通过毛细血管直接进入体循环，可避开肝首过效应及胃肠道的破坏；②起效快，适用于急症的治疗，如冠心病、心绞痛等；③口腔黏膜处酶活性较低，可减少药物的酶降解；④口腔黏膜具有较强的对外界刺激的耐受性，与鼻黏膜相比，口腔黏膜不易损伤，修复功能强；⑤给药方便，可根据组织通透情况进行局部调整，减少药物毒副作用发生概率；⑥既可治疗局部病变，又可发挥全身治疗作用。

（2）口腔黏膜递药系统存在以下不足：口腔黏膜的可渗透吸收面积较小，药物释放系统体积不能过大；不自主的唾液分泌以及咀嚼、吞咽等口腔活动会加速药物离开作用部位而影响吸收；该途径对药物制剂的味觉要求较高；受药物在口腔内滞留时间限制，只有具有较高药理活性的药物适合该系统。

2. 影响药物口腔黏膜吸收的因素 主要有：①生理因素，如给药部位，口腔黏膜作为全身用药途径，主要指颊黏膜吸收和舌下黏膜吸收，舌下黏膜给药后药物吸收迅速，给药方便，颊黏膜表面积较大，且受口腔中唾液冲洗作用影响小，有利于多肽、蛋白质类药物吸收及控释制剂释放。②药物因素，如药物性质，药物经口腔黏膜渗透的能力与药物本身的脂溶性、解离度和相对分子质量大小密切相关。③剂型因素，如吸收促进剂，表面活性剂等吸收促进剂可促进药物口腔黏膜吸收。影响药物口腔黏膜吸收的因素见表12-2。

表12-2 影响药物口腔黏膜吸收的因素

影响因表	影响情况
生理因素	①口腔黏膜渗透性：口腔黏膜渗透性的顺序为：舌下黏膜＞颊黏膜＞牙龈黏膜≈硬腭黏膜。 ②唾液的影响：唾液的流速影响其pH和组成，唾液pH的改变会影响药物的解离状态，从而影响药物的渗透性。唾液的流速也影响药物在口腔给药部位的滞留时间。 ③酶系统的影响：口腔中的酶会导致药物代谢，妨碍药物的吸收。
药物因素	①溶解度：某些在口腔黏液中溶解度极低的药物，不适宜制成口腔制剂。 ②相对分子质量：小分子药物能迅速透过口腔黏膜，而相对分子质量大于2 000的药物，其口腔黏膜渗透性急剧下降。 ③脂溶性：脂溶性较大和分子体积较小的药物更易透过口腔黏膜。 ④解离程度：分子型的药物易于透过，离子型药物难于透过，而分子型与离子型药物的比例则由环境的pH和药物的解离常数pK_a决定。 ⑤药物与黏膜相互作用：带正电荷的药物能与口腔黏膜中带负电荷的组分相结合而有利于吸收。多肽和蛋白质药物易与膜组分形成氢键，从而影响药物吸收。
剂型因素	①贴剂、膜剂比喷雾剂、散剂停留时间长，可以增加药物的吸收，而将药物制成单向多层贴片或膜剂可减少其黏膜外消除，增加药物吸收。 ②目前研究最多的是生物黏附制剂，其可与黏膜层接触，通过疏水键、氢键、静电吸引力、范德瓦耳斯力等综合作用而产生黏附特性，延长药物在口腔的作用时间，利于药物吸收，并具有缓释作用。

（三）口腔黏膜给药制剂的质量要求

（1）使用方便，满足口腔黏膜对药物吸收的要求。

（2）药物及辅料对口腔黏膜无毒性和刺激性。

（3）黏附基质要求基质形态变化适宜，黏附力和黏附时间满足口腔黏膜给药的需要。

（4）口腔黏膜给药制剂微生物限度、含量及体外溶出度的测定等应符合《中国药典》（2025年版)相关规定。

(四)处方设计

1. 药物性质 药物主要是通过非离子型药物被动扩散经口腔黏膜吸收,其效率与药物的脂溶性、离子化程度及相对分子质量大小有关。一般而言脂溶性非离子型药物易透过口腔黏膜吸收。通常认为舌下给药时,油水分配系数在40~2 000的非离子型药物具有较好吸收,油水分配系数大于2 000的药物,因高脂溶性而不溶于唾液,油水分配系数小于40的药物因跨膜透过性差而不易被吸收。药物相对分子质量大小对亲水性药物口腔黏膜吸收具有较大影响,如相对分子质量小于100的药物可迅速透过黏膜被吸收,但随着相对分子质量的增大,药物透过性会迅速下降。如果药物经矫臭、矫味后仍然让人难以接受则不适合进行舌下给药。同时药物制剂处方设计时,不应该选用可刺激唾液分泌的辅料等而避免药物随唾液被吞咽。

2. 辅料选择

(1)生物黏附材料:该类材料的使用旨在通过药物与黏膜保持长时间的接触来延长给药时间。理想的黏附材料应具有以下特性:无毒、可生物降解、可牢固而快速的黏附黏膜、可剥离的机械特性及具有良好的稳定性。常用的生物黏附材料包括天然的(明胶、果胶、阿拉伯胶、海藻酸钠、壳聚糖等)、半合成的(羧甲基纤维素钠、羟丙基甲基纤维素、羟乙基纤维素)及合成的材料(聚甲基丙烯酸树脂、卡波姆、聚乙烯吡咯烷酮、聚乙二醇等)三大类。

(2)黏膜吸收促进剂:口腔黏膜渗透屏障是发展黏膜给药的主要挑战,而黏膜吸收促进剂可以改善通透性而增加药物的吸收。

常用的黏膜吸收促进剂有:①表面活性剂(十二烷基硫酸钠、大豆磷脂、癸酸钠、聚山梨酯等);②非表面活性剂(月桂氮酮等);③胆酸盐(牛磺二氢伸胆酸霉素钠、脱盐胆酸盐等);④脂肪酸及其酯(癸酸、亚麻酸、油酸、月桂酸及其酯类);⑤亲水性小分子(丙二醇、二甲基亚砜、乙醇、二甲基甲酰胺等);⑥萜烯类(薄荷醇、挥发油等);⑦螯合剂(水杨酸盐、EDTA等);⑧其他类(纤维素衍生物、环糊精衍生物等)。在临床上使用吸收促进剂时,必须考虑上皮的损害,局部的刺激,长期毒性和病原微生物渗透性等。

(3)酶抑制剂:口腔和口腔上皮的环境具有很高的酶促活性,这可能导致药物在吸收前发生降解,从而降低生物利用度。例如,使用酶抑制剂和渗透性增强剂谷胱甘肽,通过口腔给药方式,可以改善垂体腺苷酸环化酶激活多肽的释放治疗Ⅱ型糖尿病。

(4)药物递送载体:其原理是保护包封在载体材料中的药物分子不受生物环境的破坏,改善跨黏膜表面的运输效率,并实现特定部位药物靶向的方法。这一改进可以在不改变药物结构或活性的情况下将药物递送到作用位点,从而提高生物利用度。还可以设计递送载体来控制药物的释放、改善循环时间和跨膜性能。因此,可以通过设计安全高效的递送载体,改善特别是多肽和核酸等高度亲水、易被酶降解的活性分子在上皮细胞间的扩散效率。

3. 应用举例

> **例12-11:硝酸甘油舌下片**
>
> 【处方】硝酸甘油6 g,二氧化硅1.3 g,单硬脂酸甘油酯3.3 g,预胶化淀粉42 g,单水乳糖636.4 g,硬脂酸钙2.1 g,共制2 000片。
>
> 【制法】将硝酸甘油与301.6 g单水乳糖混匀,单硬脂酸甘油酯与167.4 g单水乳糖混匀,再将二氧化硅与167.4 g单水乳糖在另一容器中混匀。将稀释的硝酸甘油加入单硬脂酸甘油酯/单水乳糖混合物中,搅拌10 min,再向其中加入二氧化硅/单水乳糖混合物及预胶化淀粉,搅拌5 min后,粉末直接压片。
>
> 【注解】硝酸甘油与单水乳糖混匀可使硝酸甘油得到稀释,其中单水乳糖为填充剂,预胶化淀粉为崩解剂,二氧化硅为助流剂。

二、鼻腔黏膜给药制剂

鼻腔黏膜给药制剂（intranasal preparation）指直接用于鼻腔，发挥局部或全身治疗作用的制剂。鼻用制剂应尽可能无刺激性，并不可影响鼻黏膜和鼻纤毛的功能。

鼻用制剂可分为鼻用液体制剂（滴鼻剂、洗鼻剂、喷雾剂等）、鼻用半固体制剂（鼻用软膏剂、鼻用乳膏剂、鼻用凝胶剂等）、鼻用固体制剂（鼻用散剂、鼻用粉雾剂、鼻用棒剂等）。

（一）鼻腔的生理结构

根据功能及组织结构的不同，可将鼻腔分为3个区域：鼻前庭、嗅区和呼吸区。其中呼吸区是鼻腔中最大的部分，也是鼻腔的主要吸收部位，药物由此吸收进入体循环。鼻腔壁上覆盖黏膜，其黏膜表面上皮细胞遍布微纤毛，这些微纤毛结构大大增加了鼻腔的有效吸收面积，同时鼻腔黏膜上皮细胞下还含有许多大而多孔的毛细血管和丰富的淋巴毛细管，能使药液迅速通过血管壁。

拓展阅读 人体鼻腔结构图

（二）药物鼻腔黏膜吸收

1. 药物鼻腔黏膜吸收途径 根据药物性质不同，药物经鼻黏膜的吸收主要通过两种途径：细胞旁路途径和跨细胞途径。细胞间的水性通道为水溶性药物的主要吸收途径，其他药物主要通过被动扩散跨细胞途径吸收。

2. 药物鼻腔黏膜吸收特点

（1）药物鼻腔吸收主要优点包括：①相对较大的吸收表面积，约150 cm^2；②皮下血管丰富，血流量大，药物吸收迅速，起效快；③药物吸收后直接进入体循环，可避免肝首过效应；④给药方便，患者顺应性好，适于急救、自救；⑤酶活性相对较低；⑥鼻腔组织的渗透性相对较高；⑦鼻黏膜给药后，一部分药物可经嗅觉神经绕过血脑屏障直接进入脑组织，有利于中枢神经系统疾病的治疗。

（2）鼻腔递药亦存在一些缺点：相对分子质量大于1 000的药物透过性受到限制；沉积在鼻腔的药物能被黏膜纤毛快速清除；制剂可能会对鼻黏膜造成刺激；鼻腔黏膜中的酶可能将药物代谢失活；鼻腔的有限容积限制了单次用药剂量。

3. 影响药物鼻腔黏膜吸收的因素 近年来药物的鼻黏膜吸收受到越来越多的关注，但影响因素却比较复杂。鼻腔的生理因素、黏附聚合物因素和环境因素都会影响鼻腔黏膜黏附，从而影响药物的吸收。影响药物鼻腔黏膜吸收的因素见表12-3。

表12-3 影响药物鼻腔黏膜吸收的因素

影响因素	影响情况
生理因素	①生理学因素（年龄、性别、姿势、睡眠、运动等）和病理学因素均会影响药物的吸收。 ②鼻黏膜中含有多种酶，这些酶会导致药物在鼻腔的代谢，妨碍药物的吸收。
药物因素	①相对分子质量：小于1 000的化合物易被吸收。 ②脂溶性：药物亲脂性增强，其鼻黏膜吸收越好。 ③解离程度：非解离分子比例越大，鼻黏膜吸收量越大。 ④氢键形成能力：形成氢键后影响药物吸收。
剂型因素	①鼻腔气雾剂、喷雾剂和吸入剂在鼻腔中弥散度和分布面较广泛，药物吸收快，但易被鼻黏膜纤毛清除。 ②凝胶剂及生物黏附性微球因黏性较大，能降低鼻腔纤毛的清除作用，延长药物与鼻黏膜接触时间，改善药物的吸收。 ③一些新的药物传递系统，如微球、脂质体、前体脂质体、纳米粒等，能保证药物在鼻腔的长时间滞留及与鼻黏膜的充分接触，因此更能提高药物的跨膜转运。

（三）鼻腔黏膜给药制剂的质量要求

（1）鼻用溶液剂不应含有沉淀及异物，应透明及澄清；混悬型滴鼻剂振摇后数分钟内不分层；乳剂型滴鼻剂应外观均一不分层；粉雾剂中颗粒粒径应在 30～150 μm。

（2）鼻用制剂应安全无刺激性，且对鼻黏膜、纤毛无毒性。

（3）鼻用制剂的各项标准应符合《中国药典》（2025年版）相关规定。

（四）鼻腔黏膜给药制剂处方设计

1. 药物性质　通常药物的相对分子质量<500，油水分配系数 lgP<5 具有良好的黏膜吸收性能；生物大分子等药物需要适当的吸收促进剂帮助吸收。

2. 辅料选择

（1）生物黏附材料：该类材料可延长药物在鼻黏膜表面的滞留时间而促进药物的吸收，其主要通过吸水膨胀作用或表面润湿作用等增加与鼻黏膜的接触而产生黏附作用。常用的生物黏附材料有：淀粉、明胶、甲壳素及其衍生物、人血白蛋白、树脂类、玻璃酸、纤维素衍生物、生物黏附性粉、聚丙烯酸、葡聚糖、甲壳素、卡波姆、β-环糊精、聚左旋乳酸、黄原胶等。

（2）黏膜吸收促进剂：理想的吸收促进剂能够快速、安全、有效地提高鼻黏膜的吸收。通常认为促进吸收的主要原理为其可以通过改变磷脂双分子膜的结构来增加膜的流动性、降低细胞间的紧密度以及增加细胞旁路转运而改善上皮细胞的渗透性。吸收促进剂以表面活性剂居多。优良的吸收促进剂不但能够显著促进药物吸收，同时应对鼻黏膜无毒副作用、刺激性小、对鼻纤毛功能影响小，如胆酸盐、牛磺胆酸盐、牛磺二氢褐霉素钠、甘胆酸盐、脱氧牛磺胆酸盐、脱氧胆酸盐以及聚氧乙烯月桂醇醚等。

（3）酶抑制剂：对于多肽类和蛋白类等生物大分子药物，会被鼻黏膜上含有大量的肽酶和蛋白质酶降解而影响药物功效。而肽酶和蛋白酶抑制剂的加入会降低药物的水解，提高药物的生物利用度。

3. 应用举例

例12-12：复方利巴韦林滴鼻剂

【处方】利巴韦林 10 g，甘油 100 mL，盐酸麻黄碱 10 g，苯扎溴铵 0.1 g，氯化钠 5.5 g，蒸馏水加至 1 000 mL。

【制法】按处方称取利巴韦林、盐酸麻黄碱和氯化钠，并溶于适量蒸馏水中，滤过，加入甘油，再加入蒸馏水至近刻度，摇匀，加入苯扎溴铵，缓慢加蒸馏水至刻度，轻微振摇混匀，分装即得。

【注解】①利巴韦林滴鼻剂的浓度不宜超15%，否则在贮存期易析出结晶，在室温条件下（20～30℃）对 10% 的样品进行3个月的观察，该制剂性质稳定，未见性状有任何改变，含量测定几无变化。临床上治疗上呼吸道感染疗效确切。②处方中加入甘油，可增加药液的黏度，延长药物在患处的停留时间，减少用药次数；加入苯扎溴铵、羟苯类防腐剂，起到防腐的作用。③本品为局部用药，部分药物可被黏膜吸收。吸收后在呼吸道分泌物中的浓度大多高于血药浓度，可透过血-脑脊液屏障和胎盘屏障。利巴韦林在肝内代谢，经肾排泄，亦可经乳汁排出。

拓展阅读　阴道黏膜给药制剂子宫给药系统

第四节　透皮制剂

透皮给药是药物通过皮肤吸收的一种给药方法。药物应用于皮肤，以一定的速率穿过角质层进入活性表皮，扩散至真皮层，由毛细血管吸收进入体循环的过程称为透皮吸收或经皮吸收。透皮给药系统或经皮吸收制剂，亦称透皮制剂，是指在皮肤表面给药，使药物以恒定速率（或接近恒定速率）通过皮肤，进入体循环产生全身或局部治疗作用的新剂型。

广义的透皮给药系统（transdermal drug delivery system，TDDS）包括软膏（ointment）、硬膏

（plaster）、巴布剂（cataplasm）、贴片（patch）、搽剂（liniment）、气雾剂（aerosol）、喷雾剂（spray）、泡沫剂（foam）和微型海绵剂（microsponge）等，其中用于完整皮肤表面，能将药物透过皮肤输送进入血液循环系统起全身作用的贴剂（片），也称透皮贴剂（transdermal patch）。透皮给药的理念源于中国，在大约公元前1300年的甲骨文中就有关于中药透皮给药的文字记载。现代透皮给药系统的实施起源于美国，于1979年上市的第一个TDDS产品——东莨菪碱贴剂一经出现，就以其独特的优点备受关注。

一、透皮制剂的特点

相比口服与注射给药制剂，透皮制剂显示了独特的优势：①可避免口服给药可能发生的肝首过效应及药物在胃肠道降解；②药物吸收不受酶、食物相互作用等胃肠道因素的影响；③单次给药即可较长时间维持恒定的血药浓度，既避免了口服或注射给药后血药浓度峰谷现象导致的毒副反应，又减少了给药次数；④无注射给药的疼痛感，大大增加了患者的顺应性；⑤如发生副作用，可以随时中断给药。

透皮制剂同样也存在一些不足：①不适于对皮肤有刺激性或致敏性的药物；②载药量有限，不适于剂量大的药物；③起效慢，不适于要求快速起效的药物；④人体皮肤存在较大的个体差异，加上生理、病理条件及环境等因素的影响，导致透皮吸收的个体差异较大。

二、药物的透皮吸收

（一）皮肤的结构

皮肤分为两层：表皮层和真皮层。

（1）表皮层（epidermis）：包括角质层、透明层、颗粒层、棘层和基底层。真皮层主要由结缔组织构成，与皮下组织层无明显界限。真皮中还包含大量的毛细血管、淋巴及神经丛。皮肤的附属器包括毛囊，皮脂腺及汗腺。这些附属器由表皮的管状开口延伸到真皮。

（2）角质层（stratum corneum）：是表皮的最外层，它是大多数物质透皮吸收的最主要屏障。角质层中的细胞间脂质主要由神经酰胺、胆固醇及脂肪酸组成，以多重薄片状双分子膜的形式存在。角质层中的蛋白质多数是由角化细胞浓缩而成的角蛋白纤维。

（二）药物透皮吸收途径

药物透皮吸收进入体循环的路径有两条，即经表皮途径和经附属器途径。

拓展阅读 皮肤结构图

（1）经表皮途径：是指药物透过表皮角质层进入活性表皮，扩散至真皮被毛细血管吸收进入体循环的途径。此途径是药物透皮吸收的主要途径。经表皮途径（transepidermal route）又分为细胞途径（transcellular route）和细胞间质途径（intercellular route），前者指药物穿过角质细胞到达活性表皮，后者指药物通过角质细胞间类脂双分子层到活性表皮。由于药物通过细胞途径时经多次亲水/亲脂环境的分配过程，所以药物的跨细胞途径占极小的一部分。药物分子主要通过细胞间质途径进入活性表皮，继而吸收进入体循环。

（2）经附属器途径（appendageal route）：是指药物通过毛囊、皮脂腺和汗腺吸收。药物通过附属器的渗透速度比经表皮途径快，但皮肤附属器仅占角质层面积的0.1%左右，因此该途径不是大部分药物透皮吸收的主要途径。对于一些离子型药物或极性较强的药物，由于难以通过富含类脂的角质层，因此透皮肤附属器途径就成为其透过皮肤的主要途径。

(三)影响药物透皮吸收的因素

1. 生理因素 皮肤的可透过性是影响药物透皮吸收的主要因素之一,皮肤的可透过性存在着个体差异,种属、性别、年龄、用药部位和皮肤的状态都可能引起皮肤可透过性的差异。

(1)种属:种属不同,皮肤及角质层的厚度不同,毛孔、汗腺等皮肤附属器数目及角质层脂质的构成也不同,因此不同种属皮肤的透过性有很大差别。一般认为家兔、大鼠及豚鼠的皮肤对药物的透过性较大,研究工作中常采用乳猪皮肤。

(2)性别:女性皮肤一般比男性皮肤薄,因此药物透过性有性别差异。另外女性皮肤角质层脂质含量随着年龄阶段而变化,而男性则基本没有变化。

(3)年龄:不同年龄的皮肤角质层含水量及皮肤内血流量有较大差异,导致药物透过性随年龄而改变。老年人皮肤较干燥、萎缩且附属器功能下降,引起皮肤可透过性降低。如睾酮在老年人皮肤内的透过性显著小于青年人。但年龄对不同药物透皮速率的影响并不是都很明显,这可能因药而异。

(4)部位:机体不同部位皮肤的角质层厚度、皮肤附属器数量、角质层脂质构成及皮肤血流状况不同,对药物的透过性有所差异。一般可透性的大小为:阴囊>耳后>腋窝区>头皮>手臂>腿部>胸部。如在人体的各个不同部位的皮肤应用氢化可的松,然后测定尿中药物的回收率,发现不同部位氢化可的松透皮吸收差异显著,有的部位差异可达几百倍(表12-4)。

表12-4 氢化可的松透皮吸收部位差异

皮肤部位	吸收率/%	皮肤部位	吸收率/%
阴囊	42.00	前臂内侧	1.00
颌面	13.00	手掌	0.83
前额	8.00	踝骨	0.42
头皮	3.70	足底	0.14
背脊部	1.70		

(5)皮肤状态:当皮肤因为机械、化学、病理等因素导致完整性遭到破坏时,会降低角质层的屏障作用,致使药物对皮肤的透过性明显增大。皮肤有病变时,屏障作用可能会发生改变,如银屑病与湿疹使皮肤的可透过性增加,皮肤有炎症时药物吸收加快,烫伤的皮肤角质层被破坏,药物更容易被吸收。皮肤疾病还可引起皮肤内酶的活性改变,如银屑病患者病变皮肤中芳香烃羟化酶的活性比正常皮肤低得多,痤疮皮肤中睾酮的分解比正常皮肤快2~20倍。皮肤的角质层能吸收水分使皮肤水化,引起角质层细胞膨胀、结构疏松,导致皮肤的可透过性变大。皮肤水化后可提高亲水性或亲脂性药物的透皮渗透速率。在皮肤的用药部位覆盖敷料如塑料薄膜等,或使用具有封闭作用的软膏基质如凡士林、脂肪及油等,能减少水分蒸发,引起皮肤水化,继而增加药物的透皮吸收。另外,药物透过速率可随皮肤温度的升高而增加。

2. 药物理化性质 药物的透皮吸收受药物、透皮给药制剂和皮肤三方面因素的影响。药物理化性质决定其在皮肤内的扩散速率。药物理化性质的影响比较复杂。了解各种理化性质对透皮速率影响的规律,将有助于药物的选择及对药物透皮吸收的预测。

(1)分子大小和形状:一般来说,相对分子质量大于500的化合物较难透过角质层。此外,药物分子形状与立体结构也会对药物透皮吸收产生影响。例如,线性分子通过角质细胞间类脂分子层的能力要明显强于非线性分子。

(2)熔点:与通过生物膜相似,低熔点的药物容易透过皮肤,这是因为低熔点的药物晶格能小,在介质(或基质)中的热力学活度较大。

（3）溶解度与分配系数：药物的油/水分配系数是影响药物透皮吸收最主要的理化性质。角质层为类脂膜，脂溶性大的药物易通过。药物穿过角质层后，需分散进入活性表皮继而被吸收。因活性表皮是水性组织，故脂溶性太大的药物难以分配进入活性表皮。所以具有适宜油/水分配系数的药物渗透系数较大。渗透系数通常与油/水分配系数呈抛物线关系。

（4）分子形式：很多有机弱酸或有机弱碱类药物，它们以分子型存在时具有较大的药物渗透性能，而离子型则难以透过皮肤。透皮吸收过程中药物溶解在皮肤表面的液体中，可能发生解离。当溶液中同时存在分子型与离子型两种形式的药物时，这两种形式的药物以不同的速率通过皮肤，总的透皮速率与它们各自的渗透系数与浓度有关。

（5）分子结构：药物分子具有氢键供体或受体结构，会和角质层类脂形成氢键，会阻碍药物透皮吸收。另外，手性药物分子的左旋体和右旋体可以有不同的透皮透过性。

3. 剂型因素

（1）剂型：剂型能影响药物的释放性能，进而影响药物的透皮速率。药物释放速率加快，则有利于药物的透皮吸收。一般凝胶剂、乳状型软膏中药物释放较快，骨架型透皮贴片中药物释放较慢。

（2）基质：溶解和分散药物的基质能影响药物在贮库中的热力学活性，影响药物的溶解、释放和药物在给药系统与皮肤之间的分配。基质和药物亲和力应适中，亲和力太强会使药物难以从基质中释放并转移到皮肤，过弱则载药量无法满足制剂要求。有的基质在穿透皮肤的过程中与皮肤发生相互作用，从而改变皮肤的屏障功能。

（3）pH：给药系统的 pH 会影响有机酸或有机碱类药物的解离程度。离子型药物的透过系数小，分子型药物的透过系数大。

（4）药物浓度与给药面积：通常，药物的稳态透过量与膜两侧的浓度梯度成正比。因此基质中药物浓度越高，药物透皮吸收量越大。给药面积越大，透皮吸收量也越大。然而，从临床使用考虑，贴剂的面积过大则会影响患者的依从性，一般面积不宜超过 60 cm^2。

三、药物透皮吸收的促进方法

透皮给药制剂的药物剂量与给药系统的有效释药面积有关，增加面积可以增加给药剂量。但如前所述，通常透皮给药制剂的面积不超过 60 cm^2，因此要求药物有一定的透皮速率。除了少数剂量小和理化性质满足要求的小分子药物，大多数药物的透皮速率都无法满足治疗要求，因此提高药物的透皮速率是开发透皮给药制剂的关键。促进药物透皮吸收的方法有：化学方法、物理学方法与药剂学方法等，如图 12-4 所示。使用透皮吸收促进剂、对药物进行结构修饰合成具有较大透皮速率的前体药物均是可行的化学方法。近年来微针、离子导入、超声波和电穿孔等物理学方法也普遍用于促进水溶性大分子药物的透皮吸收。

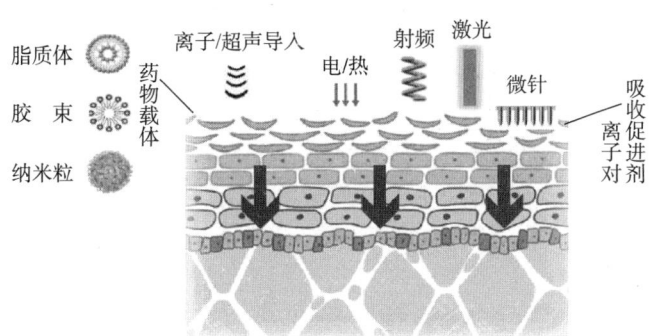

图 12-4　药物透皮吸收的促进方法

(一)化学方法

1. 透皮吸收促进剂 透皮吸收促进剂(percutaneous penetration enhancer)是指能够促进药物扩散进入皮肤、降低药物通过皮肤阻力的一类物质。透皮吸收促进剂只需加至原处方即可,不需要增加工艺和成本,也不改变产品形态和属性,因而成为改善药物透皮吸收最重要的方法。它应能可逆地降低皮肤的屏障性能,同时又不损害皮肤的其他功能。

理想的透皮吸收促进剂应满足:①对皮肤及机体无药理作用、无毒、无刺激性及无过敏反应;②应用后立即起作用,去除后皮肤能恢复正常的屏障功能;③不引起体内营养物质和水分通过皮肤时损失;④不与药物及其他附加剂产生物理化学作用;⑤无色、无臭。难点在于在保证吸收促进的同时不和药物产生相互作用,不对皮肤产生刺激性。

常用的透皮吸收促进剂可分为如下几类:

(1) 有机溶剂(如表 12-5):有机溶剂可以通过破坏角质层屏障功能,改善其渗透性,促进药物在角质层的扩散,从而显著提高药物皮肤透过量。

表 12-5 透皮吸收促进剂一览表

类型	举例	药物	作用机制
亚砜类	癸基甲基亚砜	氢化可的松、水杨酸、溴乙啡啶、茶碱、氟芬那酸、丙炎松等	角质层细胞内蛋白质变性;破坏角质层细胞间脂质的有序排列;脱去角质层脂质和脂蛋白
吡咯酮类	2-吡咯酮、5-甲基-2-吡咯酮、1,5-二甲基-2-吡咯酮	咖啡因、正辛醇、苯甲酸倍他米松、甲芬那酸	低浓度分配进入角蛋白,高浓度影响角质层脂质流动性并促进药物在角质层的分配;增加角质层的水含量
月桂氮䓬酮及其类似物	月桂氮䓬酮	克林霉素磷酸酯、褐霉素钠、氟尿嘧啶、丙缩羟强龙、地塞米松、醋酸环戊酮缩去炎松	渗入皮肤角质层,降低细胞间脂质排列的有序性;脱去细胞间脂质形成孔道;增加角质层含水量;降低角质层脂质的相转变温度
脂肪酸及其酯	油酸、肉豆蔻酸异丙酯、丙二醇二壬酸酯、癸二酸二乙酯	水杨酸、雌二醇、芬太尼、硝酸甘油、肝素、吲哚美辛	渗入角质层脂质,影响其有序排列;降低角质层脂质双分子层的相转变温度;进入角质层脂质固-液相分离和晶型转变;增加药物在角质层的分配
表面活性剂	月桂醇硫酸钠、泊洛沙姆	氟芬那酸、水杨酸	使角质层脂质排列无序化;乳化皮肤表面脂质,改善药物在角质层分配
醇类	乙醇、异丙醇、正十二醇、正辛醇	水杨酸、雌二醇、纳洛酮、左旋-18-甲基炔诺酮	作为溶剂增加药物在角质层的溶解度;脱去角质层脂质;渗入角质层脂质,影响其排列的有序性
多元醇类	丙二醇、丙三醇	水杨酸、5-氟尿嘧啶	使角蛋白溶剂化,占据蛋白质的氢键结合部位,减少药物-组织间结合;增加合用的其他渗透促进剂在角质层的分配
萜烯类	桉树脑、d-苧烯、橙花叔醇	普鲁卡因、吲哚美辛 5-氟尿嘧啶、肝素	促进药物在角质层的扩散;破坏角质层细胞间脂质屏障;提高组织电导率,打开角质层极性孔道;增加药物从基质向角质层的分配
胺类	尿素、十二烷基-N,N-二甲氨基乙酯	5-氟尿嘧啶	促进角质层水化,在角质层形成亲水性孔道;破坏角质层脂质结构

续表

类型	举例	药物	作用机制
酰胺类	二甲基甲酰胺、二甲基乙酰胺	咖啡因、正辛醇、氢化可的松	低浓度时分配进入角蛋白区,高浓度时影响角质层脂质的流动性
环糊精类	环糊精、2-羟丙基-环糊精	Liavozolel	将药物形成包合物,提高溶解度,并可把药物分子传递到皮肤表面
氨基酸及其酯	L-异亮氨酸、十二烷基焦谷氨酸酯	雌二醇、左旋18-甲基炔诺酮、茶碱	松弛皮肤的角蛋白,影响角质层脂质排列的有序性
大环化合物	十五烷酮	氢化可的松	增加药物在角质层中的溶解度
有机溶剂类	醋酸乙酯	水杨酸	破坏角质层脂质排列的密性
磷脂类	卵磷脂、豆磷脂、磷脂酰甘油、磷脂酰乙醇胺	双氢麦角胺、异山梨醇硝酸酯、茶碱吲哚美辛	促进药物从基质中释放,增加药物在皮肤中的扩散;作用于角质层细胞膜脂质,改善其渗透性

(2)离子对:离子型药物难以透过角质层。通过加入与药物带有相反电荷的离子形成离子对(ion pair),使之容易分配进入角质层类脂。如双氯芬酸、氟比洛芬等药物与三乙醇胺、二乙胺等有机胺形成离子对以后可显著提高药物皮肤透过量。

(二)物理方法

1. 离子导入 离子导入(iontophoresis)是指在电场作用下,离子型药物进入皮肤的过程。离子导入系统包括电源、含药贮库系统和回流贮库系统三个基本组成部分。为形成电流回路,一般将阳离子型药物贮库(贴片)置于阳极,阴离子型药物贮库(贴片)置于阴极。当两个电极与皮肤接触,电极之间产生的电流驱动药物贮库中的阳离子型药物离开贮库进入皮肤,达到促进药物透皮渗透的目的。

离子导入作为促进药物透皮吸收的物理方法,近年来已较多地应用于多肽等大分子药物的透皮给药。离子导入给药除具备透皮给药本身的优点之外,还有程序给药的特点。不仅能通过恒定的给药速率消除血药浓度的峰谷现象,而且能根据时辰药理学的需要,调节电场强度满足不同时间的剂量要求。离子导入给药非常适合个体化用药,只要简单地调节电场强度就能解决个体之间药物动力学差异问题。

由离子导入亚甲蓝和荧光素等荷电染料后,发现在电场存在下,离子型药物主要通过汗腺和毛囊等皮肤附属器途径进入皮肤。药物的离子导入过程,包括药物的被动扩散过程和电场对药物通过皮肤的促进作用。

离子导入能显著地提高多肽与蛋白质类药物的透皮速率,如精氨酸血管升压素是一个九肽激素,在用裸鼠皮肤进行离子导入的研究中,不加电场的渗透速率为0.94 ng/(cm²·h),时滞长达9.12 h,当使用电流强度为1.50 mA/cm²、频率为2 kHz、开关比为1:1的脉冲电流时,透皮速率提高190倍,达178 ng/(cm²·h),时滞小于0.51 h。

2. 电穿孔 电穿孔(electroporation)是采用瞬时的高压脉冲电场(通常10 μs～100 ms,100～1 000 V)在细胞膜等脂质双层形成瞬时可逆的亲水性孔道,使药物透皮给药的迟滞时间极大缩短而增加细胞及组织膜的渗透性。电穿孔对于采用传统被动扩散和离子导入无法实现透皮给药的药物具有巨大的潜力。与离子导入法相比,电穿孔不仅可辅助小分子药物透过皮肤,还可应用于其他带电或不带电的多肽和蛋白质类生物大分子药物的透皮给药,传递的药物种类更多,药物的相对分子质量可以更大。

3. 超声导入 超声波的温热作用、促进血液循环或局部按摩作用，最初应用于风湿病和关节炎等疾病的治疗。超声导入是指利用具有高能量和高穿透率的超声波，促使药物透过完整的活体表皮而促进吸收的方法。超声导入与化学促进剂相比安全性更高，超声停止后皮肤屏障功能恢复更快；与直流电离子导入相比适用药物范围广，不限于电离性和水溶性药物，更适合于生物大分子。超声波导入的促透作用可能与以下几种作用有关：

（1）空化效应：空化效应指在超声波的作用下，存在于细胞和介质内液体中的微气核空化泡随之振动，当声压达到一定值时发生的生长和崩溃的动力学过程。在超声波作用下，皮肤角质层可能由于空化效应引起明显空隙。近年来很多研究表明空化效应是超声波促进药物透皮吸收的主要作用机制。这种作用可引起皮肤外介质空化形成，改变皮肤类脂层的有序排列。特别是在低频（20 kHz）超声波作用下，空化效应更为明显，大量水分子进入类脂层，形成水溶性通道，皮肤有效扩散面积大大增加，从而促进药物的透皮吸收。

（2）对流运输：在超声波的作用下，扩散体系内气泡不断振动引起气泡周围的微粒旋转和液体环流，这种现象易在粗糙皮肤表面和多孔介质内发生，由此引起体系内溶剂流动，有助于药物以对流运输形成扩散进入皮肤，特别是以皮肤汗腺、毛囊为通道的对流运输更明显。

（3）热效应：超声波与药物基质、皮肤作用后可产生热能。一方面，皮肤温度升高使毛孔、汗腺导管增大，有利于药物的透皮扩散。另一方面，也增加了药物及皮肤细胞膜内糖类、脂类、蛋白质的动能。

超声导入促进药物透皮吸收主要受超声频率、超声强度、超声时间，以及药物本身理化性质的影响。

此外，驻极体、激光技术、射频消融、热穿孔技术及磁导入技术等物理方法，也被尝试应用于促进药物透皮吸收。

拓展阅读 微针

（三）药剂学方法

药剂学方法指借助于微米或纳米药物载体，以及前体药物的方法改善药物的透皮吸收。包括微乳或亚微乳、传递体、脂质体、醇质体、醇传递体等药物载体。

1. 微乳或亚微乳 微乳或亚微乳作为透皮给药制剂的载体，对亲脂或亲水性药物均有较高的溶解度，给药后在皮肤中形成药物贮库，产生较高的浓度梯度，可增加药物透皮速率维持恒定的有效血药浓度。此外，由于微乳极低的界面张力、所含表面活性剂的促渗作用以及油相对药物与皮肤亲和力的改变，均有利于药物进入角质层。有研究表明将酮洛芬和利多卡因制备成微乳，显著提高了药物的体外渗透率。

2. 传递体 传递体，又称柔性纳米脂质体，主要由磷脂、表面活性物质等组成，具有高度的形变性，在受到足够大外力的作用下可通过变形携带药物高效通过比自身尺寸小的细胞间隙，是大分子、小分子药物和水溶性、脂溶性药物的良好载体。研究发现双氯芬酸制成传递体后其透皮传递效率较凝胶剂高10倍。

3. 固体脂质纳米粒和脂质体 固体脂质纳米粒具有良好的皮肤黏附性，能够在皮肤表面形成一层膜，从而产生"封闭效应"，减少皮肤表面水分流失，增加皮肤的水合作用。脂质体结构与细胞膜类似，可包载水溶性及脂溶性的药物，其类脂双分子层可促进药物进入角质层或表皮，增加药物在皮肤中的滞留时间及滞留量。

4. 醇质体 醇质体是含有高浓度醇（20%～50%）的脂质体类似物，与普通脂质体相比其包封率及载药量较大，且随着醇浓度的增加其粒径逐渐变小，且膜流动性及柔性增加易与角质层融合。另一方面高浓度的醇通过增加药物溶解度及破坏生物膜有序结构，提高药物的透皮效率。目前抗病毒类药物、非甾体抗炎药及一些大分子类药物已有醇质体增强透皮吸收的报道。

5. 前体药物 前体药物为增加药物的透皮渗透，可对药物进行化学修饰制成前体药物。如亲水性药物制成脂溶性大的前体药物，可增加其在角质层内的溶解度；强亲脂性的药物引入亲水性基团，有利于从角质层向水性活性皮肤的组织分配。药物制成前体药物后相对分子质量增大，会引起扩散系数的降低，但由于溶解度增加，仍然能大幅提高透皮渗透速率。前体药物在通过皮肤的过程中，被活性表皮内酶或体内酶系分解转变成原药发挥作用。如抗真菌药物甲硝唑，局部应用治疗皮肤深层真菌感染时，在角质层内穿透力较弱。将甲硝唑制备成酯衍生物后发现，其乙酸酯、丙酸酯、丁酸酯和戊酸酯的透皮速率均有不同程度的增加，以丙酸酯和丁酸酯的透皮速率增加最为明显。

以制备前体药物方法促进药物的透皮吸收，由于改变了药物的化学结构，将会大幅度增加产品开发过程中的成本和工作量。

6. 超饱和药物传递系统 该系统通过将药物制成超饱和溶液，可提高药物的透皮渗透速率，对皮肤结构无影响且无皮肤刺激性。有报道这种方法可以提高布洛芬的皮肤渗透性。

增加药物透皮吸收的药剂学手段还包括环糊精包合物、微囊与纳米囊等。如将难以透过角质层的水溶性药物包载于烷基化的环糊精中，可增加其透皮吸收。也可将固态或液态药物包裹于高分子材料中制成微囊与纳米囊，通过改变药物膜转运机制而促进药物透皮吸收。

（四）生物学方法

促渗肽是一类可促进药物透皮吸收的短肽（大多含 10～30 个氨基酸残基），多数含有精氨酸和赖氨酸，呈正电性。促渗肽可与某些生物大分子类药物通过物理混合或共价结合发挥促渗作用，也可与多肽蛋白类药物通过基因工程方法形成融合蛋白促进其透皮吸收。除此之外，促渗肽还可修饰药物载体，促进药物载体进入深层皮肤从而促进其透皮吸收。

促渗肽发挥促渗作用的机制可能有：①与皮肤屏障中的某些结构（如毛囊、角质层）发生特异性作用，瞬时打开皮肤通道；②作用于活性表皮，可逆地增加细胞旁路途经的转运，从而促进药物的透皮吸收；③与药物直接作用促进其透皮吸收。

四、透皮贴剂的制备

设计透皮制剂首先需要了解药物的透皮速率与时滞。如果药物透皮速率达不到临床治疗要求，则需要筛选合适的透皮吸收促进剂，或合成透皮速率大的前体药物。考察药物在皮肤内的代谢、结合或吸附能力等，可为透皮速率的设计提供参考。另外需要关注介质种类、pH 等对药物透皮速率的影响，优化药物透皮速率测定的条件。

（一）选择药物的原则

在进行全面开发之前，首先要评估候选药物是否适合于制成透皮制剂。

适合设计成透皮制剂的药物，其性质如表 12-6 所示。

表 12-6 适合于透皮给药的药物性质

物理化学性质	药理性质
相对分子质量小于 500（<300）	剂量小（低于 50 mg/d）
熔点小于 200℃（150℃）	半衰期短（低于 5 h）
在液体石蜡或水中的溶解度都大于 1 mg/mL	首过效应大
饱和水溶液 pH 5～9	对皮肤无刺激性和过敏性反应

（二）透皮贴剂的辅料、材料

透皮制剂中除了主药、透皮吸收促进剂和溶剂外，还需要加入控制药物释放的高分子材料（控释膜或骨架材料），以及将给药系统固定在皮肤上的压敏胶，另外还有背衬材料与保护层。透皮制剂开发中通常需要选用不同的高分子材料以满足不同性能的药物及各种设计的要求。

1. 压敏胶　压敏胶（pressure sensitive adhesive，PSA）是对压力敏感的胶黏剂，它是一类无须借助溶剂、加热或其他手段，只需施加轻微压力即可与附着介质牢固黏合的材料。压敏胶在透皮制剂中的作用是使给药系统与皮肤紧密贴合，有时又可作为药物的贮库或载体材料调节药物的释放速率。压敏胶应具有良好的生物相容性，对皮肤无刺激性和致敏性，具有足够强的黏附力和内聚强度，化学性质稳定，对温度与湿气稳定，能容纳一定量的药物与透皮吸收促进剂而不影响其本身的化学稳定性与黏附力。在胶黏剂分散型给药系统中，压敏胶应能控制药物的释放速率。

透皮制剂常用的压敏胶有聚异丁烯、聚丙烯酸酯和聚硅氧烷三类，它们对药物的承载能力不同。如聚丙烯酸酯类压敏胶能容纳 50%（m/m）的硝酸甘油，聚异丁烯类压敏胶能负载产生治疗作用的硝酸甘油，而聚硅氧烷类压敏胶能负载硝酸甘油的量最小。

2. 背衬材料　背衬材料的作用是防止药物潮解和流失，除了要有一定强度能支撑给药系统外，还应有一定的柔软性，在应用于皮肤时无不适感。背衬材料不能与药物发生作用，应耐水、耐有机溶剂，药物在其中不扩散。在充填封闭型透皮给药制剂中，背衬膜应能与控释膜热合。背衬材料有聚氯乙烯、聚乙烯、铝箔、聚丙烯和聚酯等，常用它们的复合膜，厚 20~50 μm。

3. 控释膜　透皮给药制剂的控释膜分为均质膜与微孔膜，用于控制贮库中药物释放速率。用作均质膜的高分子材料，常用的有乙烯-乙酸乙烯共聚物和聚硅氧烷等。乙烯-乙酸乙烯共聚物（EVA）是乙烯和乙酸乙烯两种单体经共聚而得，其性能与相对分子质量和共聚物中乙酸乙烯的含量有关。EVA 的相对分子质量大，玻璃化温度高，机械强度大。EVA 中乙酸乙烯的含量从 9% 升高至 40%，其溶解度从 8.0 变为 8.5，而结晶度从 47% 降至 0，药物在其中的扩散系数和分配系数也随之改变，如乙酸乙烯含量从 9% 增至 16% 时，黄体酮的可透性增大 1 倍。因此，对于不同的药物及所需的不同释放速率，采用乙酸乙烯含量不同的材料。

微孔膜常用的是聚丙烯拉伸微孔膜，也有用醋酸纤维素膜的研究报道。

4. 骨架和贮库材料　聚合物骨架给药系统是用高分子材料作骨架负载药物，这些高分子骨架材料对药物的扩散阻力不能太大，使药物有适当的释放速率；骨架稳定，药物能稳定滞留；高温高湿条件下，保持结构与形态的完整；对皮肤没有刺激性，最好能黏附于皮肤上。

一些天然或合成的高分子材料都可作聚合物骨架材料，如疏水性的聚硅氧烷与亲水性的聚乙烯醇，它们可制成均质的小圆片作为药物的贮库粘贴在背衬材料上。

5. 保护层材料　保护层具有防黏合和保护制剂的作用。当除去时，应不会引起贮库及粘贴层等的剥离。可用表面自由能低的塑料薄膜作保护层，如聚乙烯、聚苯乙烯、聚丙烯等，且一般用有机硅隔离剂处理，避免压敏胶黏附。如硅化聚酯薄膜、氟聚合物涂覆聚酯薄膜、铝箔-硅脂复合物等。

（三）透皮贴剂的种类

透皮贴剂一般由背衬膜、含药基质、粘贴层和保护层等组成。根据结构的不同，贴剂可分为 4 种类型：胶黏分散型、聚合物骨架型、复合膜型和充填封闭型（图 12-5）。

1. 胶黏分散型　该型贴剂是将药物分散在胶黏剂中，铺于背衬膜上，加保护层制备而成。这类系统的特点是剂型薄、生产方便，与皮肤接触的表面都可释放药物。常用的胶黏剂有聚丙烯酸酯类、聚硅氧烷类和聚异丁烯类压敏胶。如果系统中只有一层胶黏剂，药物的释放速率通常随时间而减慢。为了克服这个缺点，可以采用成分不同的多层胶黏剂膜，与皮肤接触的最外层含药量低，内层含药量高，使药物释放速率接近于恒定。硝酸甘油透皮贴剂 Nitro-Dur II 即属于该类型。

2. 聚合物骨架型　相比于胶黏分散型制剂，该型贴剂是将药物分散在聚合物骨架中。常用亲水

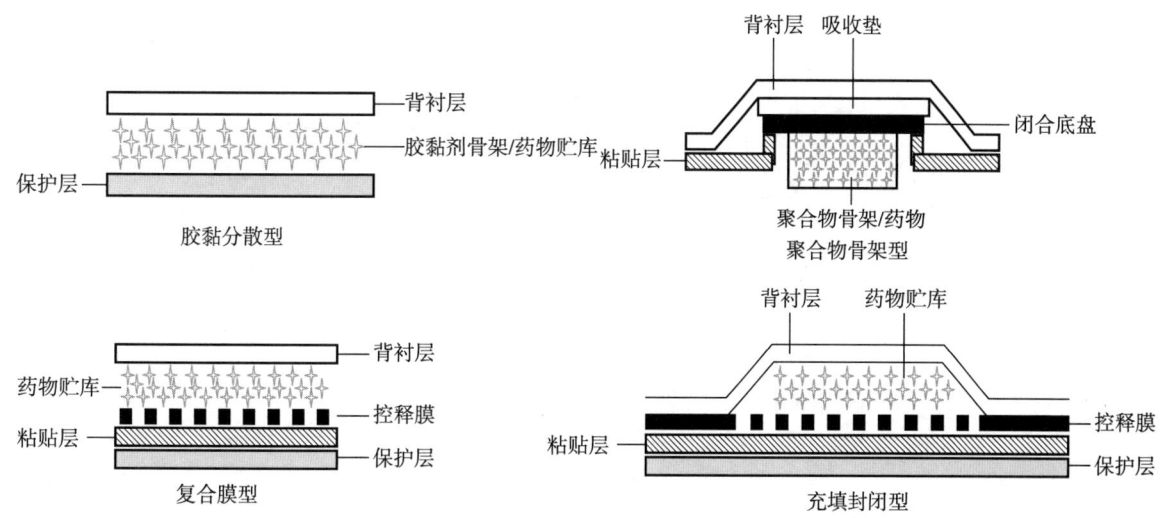

图 12-5 各种透皮制剂结构示意图

性聚合物材料作骨架,如天然的多糖与合成的聚乙烯醇、聚乙烯吡咯烷酮、聚丙烯酸酯和聚丙烯酰胺等,骨架中还含有一些湿润剂如水、丙二醇、乙二醇或聚乙二醇等。含药的骨架粘贴在背衬膜上,在骨架周围涂上压敏胶,加保护层即成(图 12-5)。亲水性聚合物骨架能与皮肤紧密贴合,通过湿润皮肤促进药物吸收。这类系统的药物释放速率受聚合物骨架组成与药物浓度影响。硝酸甘油透皮贴剂 Nitro-Dur 即属于该类型。

3. 复合膜型 该型贴剂由背衬膜、药物贮库、控释膜、粘贴层和保护层组成。其药物贮库是药物分散在压敏胶或聚合物中,控释膜是微孔膜或均质膜,结构如图 12-5 所示。

此类贴剂的背衬膜常为铝塑膜;药物贮库由药物分散在聚异丁烯等压敏胶中组成,可加入液体石蜡作为增黏剂;控释膜常用聚丙烯微孔膜,厚度为 10~100 μm,孔隙率为 0.1~0.5,曲率为 1~10。可通过改变膜厚度、微孔大小、孔隙率及充填微孔的介质等控制药物的释放速率;粘贴层也可用聚异丁烯压敏胶,在其中加入负荷剂量的药物,使药物能较快达到治疗的血药水平;保护层常用复合膜,如硅化聚氯乙烯/聚丙烯/聚对苯二甲酸乙酯等。东莨菪碱和可乐定透皮贴剂属于此类型。

4. 充填封闭型 该型贴剂由背衬膜、药物贮库、控释膜、粘贴层和保护层组成。药物贮库可以是液体、软膏或凝胶等半固体,充填封闭于背衬膜与控释膜之间,控释膜是乙烯-乙酸乙烯共聚物(EVA)的均质膜。该类系统中药物从贮库中分配进入控释膜,改变膜的组分可控制系统的药物释放速率,如 EVA 膜中乙酸乙烯的含量不同,药物渗透性不同,贮库中的材料也会影响药物的释放。该类系统所用的压敏胶常是聚硅氧烷压敏胶或聚丙烯酸酯压敏胶。雌二醇和芬太尼透皮贴剂属于此类型。

(四)透皮贴剂的制备工艺

透皮贴剂根据组成与类型的不同,采用的制备工艺也不同。其制备工艺可分三种类型:涂膜复合工艺,充填热合工艺和骨架黏合工艺(图 12-6)。

涂膜复合工艺是将药物分散在高分子材料(如压敏胶溶液)中,涂布于背衬膜上,加热烘干使溶解高分子材料的有机溶剂蒸发,可以进行第二层或多层膜的涂布,最后覆盖上保护层。也可以先制成含药物的高分子材料膜,再与各层膜叠合或黏合。胶黏分散型透皮贴剂即用此种工艺制备。

充填热合工艺是在定型机械中,于背衬膜与控释膜之间定量充填药物贮库材料,热合封闭,覆盖上涂有粘贴层的保护层。充填封闭型透皮贴剂即用此种制备工艺。

骨架黏合工艺是在骨架材料溶液中加入药物,浇铸、冷却成型,切割成小圆片,粘贴于背衬膜上,外周涂布粘贴层,最后覆盖保护层制得。聚合物骨架型透皮贴剂即用此种制备工艺。复合膜型透

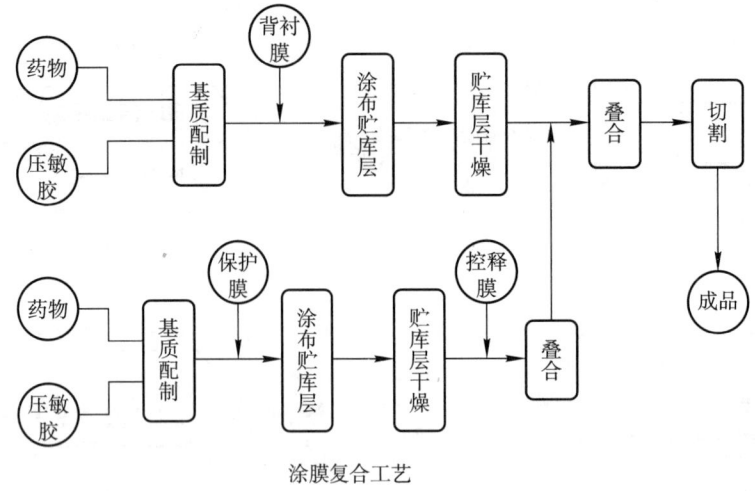

涂膜复合工艺

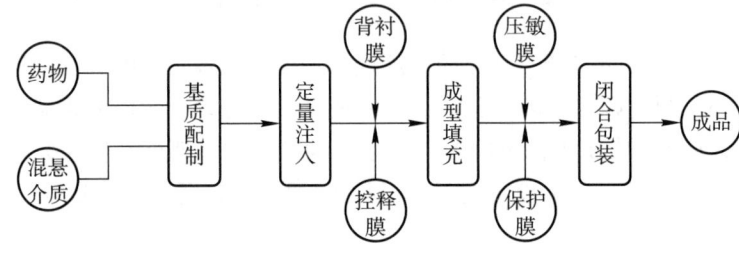

充填热合工艺

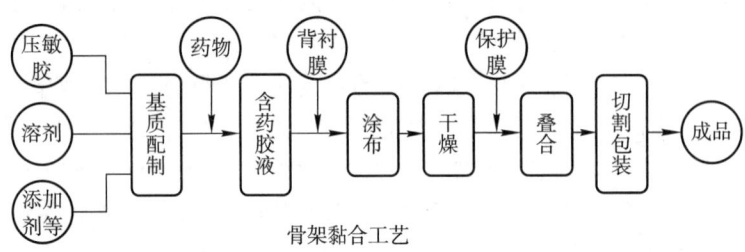

骨架黏合工艺

图 12-6　三种工艺的制备流程

皮贴剂生产工艺则稍复杂，需要分别制备贮库层和粘贴层。先将粘贴层与控释膜叠合，然后再与贮库层叠合，即得。

五、透皮制剂的质量控制

透皮制剂的质量评价分为体外（*in vitro*）评价和体内（*in vivo*）评价两部分。本章以贴剂为例介绍透皮制剂的质量控制。

（一）贴剂的质量要求

《中国药典》（2025 年版）通则规定，贴剂应检查以下项目。

1. **外观**　贴剂外观应完整光洁，有均一的应用面积，冲切口应光滑，无锋利的边缘。
2. **残留溶剂**　使用有机溶剂涂布的贴剂应按照残留溶剂测定方法检查，应符合规定。
3. **黏附力**　贴剂为贴覆于皮肤表面的制剂，首先要求对皮肤具有足够的黏附力，以利于将药物通过皮肤输送到体内循环系统中。通则中规定贴剂的压敏胶与皮肤作用的黏附力可用4个参数来衡量，即初黏力、持黏力、剥离强度和黏着力。

初黏力表示压敏胶与皮肤轻轻地快速接触时表现出对皮肤的黏接能力，即通常所谓的手感黏性；持黏力表示压敏胶内聚力的大小，即压敏胶抵抗持久性剪切外力所引起蠕变破坏的能力；剥离强度表示压敏胶黏结力的大小；黏着力限值反映贴剂在用药期间能否独立附着于皮肤并且在人体体感可接受范围内。

4. 释放度　除另有规定或来源于动、植物多组分且难以建立测定方法的贴剂外，按照溶出度与释放度测定法（第四法、第五法）测定，应符合规定。

5. 含量均匀度　贴剂照含量均匀度测定方法测定，应符合规定。

6. 重量差异　除来源于动、植物多组分且难以建立测定方法的贴剂外，中药贴剂按规定的检查法测定，应符合规定（进行含量均匀度检查的品种，可不进行重量差异）。

7. 微生物限度　除另有规定外，按照《中国药典》（2025年版）微生物限度检查法检查，应符合规定。

（二）体外评价

1. 黏附力　《中国药典》（2025年版）规定，贴剂的皮肤表面黏附力的大小测定时，应测定初黏力、持黏力、剥离强度及黏着力四项指标。其中，采用滚球斜坡停止法测定贴膏、贴剂的初黏力。适宜的系列钢球分别滚过置于倾斜板上的供试品黏性面，根据供试品黏性面能够黏住的最大球号钢球，评价其初黏性的大小。持黏力的测定方法为将供试品黏性面粘贴于试验板表面，垂直放置，沿供试品的长度方向悬挂一规定质量的砝码，记录供试品滑移直至脱落的时间或在一定时间内位移的距离。剥离强度采用180°剥离强度试验法测定。对于尺寸不小于35 mm×60 mm的贴剂还应测定其黏着力。制定黏着力限值的两个原则是：一贴剂在用药期间，应能独立附着于皮肤；二黏着力大小应在人体体感可接受范围内。

2. 释放度　《中国药典》（2025年版）规定贴剂的释放度用第四法（桨碟法）或第五法（转筒法）测定。

采用第四法测定时，分别量取溶出介质置各溶出杯内，实际量取的体积与规定体积的偏差应在±1%范围之内，待溶出介质预温至32℃±0.5℃；将透皮贴剂固定于两层碟片之间或网碟上，溶出面朝上，尽可能使其保持平整。再将网碟水平放置于溶出杯下部，并使网碟与桨底旋转面平行，两者相距25 mm±2 mm，按规定的转速启动装置。在规定取样时间点，吸取溶出液适量，及时补充相同体积的温度为32℃±0.5℃的溶出介质。

采用第五法测定时，分别量取溶出介质置各溶出杯内，实际量取的体积与规定体积的偏差应在±1%范围之内，待溶出介质预温至32℃±0.5℃；除另有规定外，按下述进行准备，除去贴剂的保护套，将有黏性的一面置于一片铜纺上，铜纺的边比贴剂的边至少大1 cm。将贴剂的铜纺覆盖面朝下放置于干净的表面，涂布适宜的胶黏剂于多余的铜纺边。如需要，可将胶黏剂涂布于贴剂背面。干燥1 min，仔细将贴剂涂胶黏剂的面安装于转筒外部，使贴剂的长轴通过转筒的圆心。挤压铜纺面除去引入的气泡。将转筒安装在仪器中，试验过程中保持转筒底部距溶出杯内底部25 mm±2 mm，立即按品种正文规定的转速启动仪器。在规定取样时间点，吸取溶出液适量，及时补充相同体积的温度为32℃±0.5℃的溶出介质。

3. 体外透皮渗透速率　透皮制剂中的药物通过透皮渗透进入皮下毛细血管，再进入体循环，产生全身药理作用。对于皮肤局部给药的制剂，药物也是透皮吸收达到皮下组织发挥治疗作用。因此，药物透皮渗透与透皮制剂的临床疗效密切相关，药物透皮渗透速率是透皮制剂研究和质量控制的重要指标之一。从透皮制剂的处方和工艺角度看，制剂中药物、透皮渗透促进剂和基质材料等的种类和比例、制剂的微相结构等都会影响药物体外透皮渗透，因此，药物体外透皮渗透速率也是透皮制剂处方组成、工艺参数设计和筛选的主要依据。体外透皮渗透速率测定通常在体外扩散池中进行，首先将剥离的皮肤夹在扩散池中，透皮制剂粘贴于皮肤的角质层面，另一面接触接收液，在一定的时间间隔，测定皮肤另一面接收介质中的药物浓度，分析药物透皮渗透动力学。

体外透皮试验（*in vitro* permeation testing）是为了模拟药品在生理条件下的透皮过程，部分地反映药品的质量与临床治疗的有效性。体外透皮试验目前主流方法为 Franz 扩散池法（diffusion cell），也可采用流通池法（flow through cell）或其他经过方法学研究证明可行的体外透皮试验方法。在建立体外透皮试验方法时，应对接受介质、温度和转速、皮肤种类与部位以及皮肤完整性进行研究，选择具有适宜区分力的试验条件开展体外透皮试验研究。

（三）体内评价

1. 生物利用度 透皮吸收制剂的生物利用度测定方法有血药浓度法、同位素示踪法和药理效应法。

血药浓度法是直接测定血浆或尿样中的药物量，求出曲线下面积（AUC），按照式（12-16）计算生物利用度。此法要求分析仪器具有很高的灵敏度。

$$BA = [AUC_{TTS}/D_{TTS}]/[AUC_{iv}/D_{iv}] \quad (12\text{-}16)$$

式中，BA 为生物利用度；D 为给药剂量；TTS 为经皮给药；iv 为静脉注射。

同位素示踪法是利用同位素标记的方法，给药后测定尿样或粪便中的放射量，生物利用度可由式（12-17）计算。

$$生物利用度 = 总放射性_{TTS}/总放射性 \quad (12\text{-}17)$$

药理效应法是测定生物或药理反应，并应用生物分析法计算吸收率。此法主要用于定性分析，意义较小。

2. 生物等效性 生物等效性是利用相对生物利用度，以药代动力学参数为终点指标，根据预先确定的等效标准和限度进行的比较研究。生物等效性研究是判断仿制产品与参比产品是否具有相同疗效、安全性的主要方法，只有二者具有生物等效性时，才能保证相互替代而不影响临床疗效及安全性。

评估等效性的方法包括：①相对生物利用度试验，检测血浆、血液或尿液等体液中的药物活性物质或一种、多种代谢产物；②比较性的人体药效学研究；③比较性的临床试验；④结合生物药剂学系统的体外溶出度试验。

第五节 靶向制剂

靶向制剂的概念是诺贝尔生理学或医学奖获得者、德国著名的病理和免疫学家 Paul Ehrlich 在 1906 年提出的。由于靶向制剂可以提高药效、降低毒性、提高药品的安全性、有效性、可靠性和患者用药的顺应性，所以日益受到国内外医药界的广泛重视。

一、靶向制剂的定义与特点

靶向制剂，也称为定位制剂或靶向给药系统（targeting drug delivery system，TDDS），指采用载体将药物通过循环系统浓集于或接近靶器官、靶组织、靶细胞和细胞内特定结构的一类新制剂，可提高疗效、降低对其他组织、器官及全身的毒副作用。

普通制剂给药后，药物通常被细胞、组织或器官摄取，呈全身分布，大部分药物在到达作用部位之前已被降解代谢或消除，只有少量药物才能到达靶器官、靶组织、靶细胞，在靶部位的药物浓度低，作用较弱，如果加大剂量，则有可能引起其他组织和器官的毒性反应。

与普通制剂相比，TDDS 具有诸多特点：如可靶向特定的器官和组织，使药物在靶部位具有较高的药物浓度，并维持较长的药物作用时间，以提高药物的生物利用度和治疗效果，避免药物全身分布所引起的毒副作用，减少药物用量等，部分 TDDS 也会在靶部位，通过对药物释放的有效控制，产生更好的治疗效果。TDDS 的靶标可以是组织或器官、细胞或细胞器，也可以是分子靶（如受体）或侵入人体的生物体（如病毒或细菌等）等。

理想的 TDDS 应具备定位浓集、控制释药及载体无毒、可生物降解等要素，从而实现将药物输送到特定靶器官、靶组织、靶细胞，甚至细胞器，并在靶部位以一定的药物浓度滞留足够长的时间发挥其药效的要求。

二、靶向制剂的分类

靶向制剂的分类如表 12-7 所示：

表 12-7 靶向制剂的分类

分类方式	分类情况
按药物分布的程度	一级靶向：将药输送至特定的组织或器官 二级靶向：将药物输送至特定组织器官的特定部位 三级靶向：将药物输送至病变部位的细胞内 四级靶向：将药物输送到病变部位细胞内的特定细胞器中
按靶向传递机制	被动靶向制剂、主动靶向制剂、物理化学靶向制剂
按给药途径	注射与非注射靶向给药系统
按靶向功能	单功能与多功能的靶向制剂
按靶向定位器官	脑靶向制剂、淋巴靶向制剂、结肠靶向制剂、肝靶向制剂和肾靶向制剂

实现靶向给药的方法手段很多，如利用各种微粒给药系统的被动靶向性能、在微粒给药系统的表面进行化学修饰、利用一些特殊的理化性能（热敏感、pH 敏感、磁性、光动力学等）、利用抗体介导靶向制剂、利用配体介导靶向制剂、利用前体药物（包括组织器官亲和性化合物的利用，药物与大分子共轭物等）及控制给药途径等。

三、被动靶向制剂

被动靶向制剂（passive targeting preparation）是指能够利用载体粒径和表面性质等特殊性使药物在体内特定靶点或部位自然富集的微粒给药系统，又称自然靶向制剂。具有被动靶向能力的微粒给药系统包括脂质体（liposome，LS）、纳米粒（nanoparticle，NP）、纳米囊（nanocapsule，NC）、微球（microsphere，MS）、微囊（microcapsule，MC）、胶束（micelle），以及细胞和乳剂等药物载体。被动靶向制剂与主动靶向制剂的最大差别在于，载体构建上不含有具有特定分子特异性作用的配体、抗体等。

理想的被动靶向微粒给药系统应具备以下条件：①药物在体内输送过程中不被降解或过早释放；②具备靶向性，能被靶组织或靶细胞识别；③载体材料安全且可在体内降解；④可按预期的速率释放药物；⑤具有生化稳定性而无免疫原性。

（一）被动靶向机理

被动靶向主要依赖于体内的单核吞噬细胞系统（mononuclear phagocyte system，MPS），这些细胞大多存在于肝、脾、肺、淋巴结，少量存在于骨髓中。一旦经静脉注射后，载药微粒颗粒首先分布于这些脏器中，构成对这些细胞及脏器的靶向。被动靶向的微粒经静脉注射后在体内的分布取决于粒径的大小和微粒的表面性质。单核吞噬细胞系统对微粒的摄取过程如下：首先微粒会吸附血液中的调理素（IgG、补体 Cb3 或纤维连结蛋白），随后吸附调理素的微粒黏附在巨噬细胞表面，再通过内吞、融合等作用被巨噬细胞摄取。

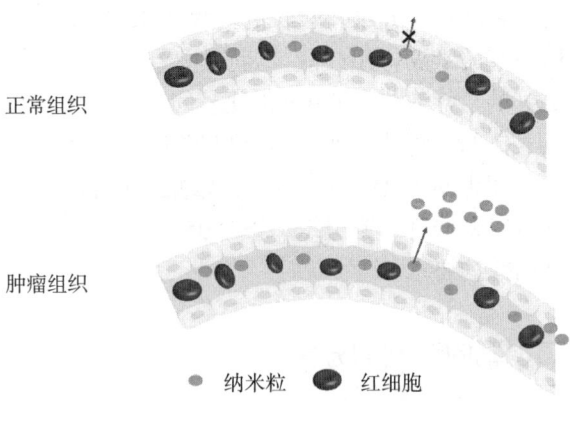

图 12-7　EPR 效应示意图

虽然是被动靶向，但并不意味着其靶向性完全不能控制。正常组织中的微血管内皮间隙致密、结构完整，大分子和微粒不易透过血管壁，而实体瘤组织中血管丰富、血管壁间隙较宽、结构完整性差，淋巴回流缺失，造成大分子类物质和微粒具有选择性高通透性和滞留性，这种现象被称作实体瘤组织的高通透性和滞留效应（enhanced permeability and retention effect），简称 EPR 效应（图 12-7）。另外，如静脉注射的普通纳米载体，在系统循环中与补体蛋白或调理素分子等相互作用，很容易被网状内皮系统捕捉并清除，如果表面修饰了 PEG 等亲水性大分子，它们在系统循环中就具有长循环作用。

（二）影响被动靶向效率的因素

微粒给药系统的靶向性可通过控制颗粒的大小、控制表面电荷、选择不同表面化学性能的载体材料等来实现。

（1）微粒大小：不同大小的微粒静脉注射给药后可进入不同的组织和器官。$0.1 \sim 3~\mu m$ 的微粒可被 RES 摄取而靶向肝、脾等组织，$7 \sim 30~\mu m$ 的微粒可被机械截留而靶向肺部，小于 100 nm 的微粒则可以进入骨髓组织。比较大的微粒（$50 \sim 300~\mu m$）可栓塞于肝或颈动脉。

（2）表面电荷：微粒表面的电荷在一定程度上可影响微粒的体内分布。例如，带负电的微粒可更多地靶向肝，而带正电的微粒可更多地靶向肺组织；如果在脂质体中掺入荷正电药物，可使肺内药物的滞留增加，而且药物在肿瘤部位中的分布也增加。有研究表明，荷正电脂质体在癌细胞中的摄取率比中性脂质体高出一倍以上。

（3）表面性质：微粒的表面物理化学性能对其体内分布也有影响。一般而言，如果微粒具有疏水性的表面，则相对容易透过生物膜，从而更容易被网状内皮系统（reticuloendothelial system，RES）摄取，并在 RES 中分布较多；相反，如微粒具有亲水性的表面，则不易透过生物膜，在 RES 中相对分布就少。

（三）常见的被动靶向制剂

常见的被动靶向制剂有脂质体（详见第十一章第五节）、纳米混悬剂（详见第十一章第八节）、纳米粒（详见第十一章第六节），这些制剂根据自身粒径、表面电性、药物释放的特性，靶向不同脏器，治疗多种疾病。

四、主动靶向制剂

主动靶向制剂（active targeting preparation）是指用修饰的药物或载药微粒作为"导弹"，将药物定位运送到靶区浓集，从而增强药效。载药微粒经配体或抗体修饰后，可以有效躲避巨噬细胞识别清除，并与靶细胞表面的受体结合，改变微粒在体内的自然分布而到达特定的靶部位；亦可将药物修饰成前体药物，即能在活性部位被激活的药理惰性物，在特定靶区被激活发挥作用。

（一）抗体介导的主动靶向制剂

抗体介导的主动靶向递药（antibody-mediated target delivery）是利用抗体与抗原的特异性结合，在药物或载药系统修饰抗体，使其在体内主动寻找和识别具有抗原的病灶组织，从而将药物输送至特定的组织或器官，实现靶向递药。目前抗体介导的主动靶向制剂主要包括单克隆抗体药物、抗体药物偶联、抗体修饰的载药微粒和抗体介导的酶敏感前药靶向制剂。

（二）受体介导的主动靶向制剂

受体介导的主动靶向递药（receptor-mediated target delivery）指药物或载药微粒经配体分子修饰后，利用配体分子与靶器官或靶组织上过度表达的受体可发生特异性结合的特点，从而将药物或载药微粒更多地导向特定的靶组织。常用的配体包括糖蛋白、脂蛋白、转铁蛋白、多肽类，激素和叶酸等。

（三）靶向前体药物

靶向前体药物（targeting prodrug）是活性药物经化学修饰后的物质，在体外呈现药理惰性，但在体内特定病灶部位通过化学反应或酶解反应转化为活性的母体药物而发挥治疗作用。前体药物不仅可以改善药物的溶解度和稳定性，还可以改变药物的体内药动学行为，提高药物的生物利用度，增加药物对某些组织器官的靶向性。

靶向前体药物要实现在特定的靶部位转化为母体药物，需要满足条件：①使前体药物转化的反应物或酶均应仅在靶部位存在或表现出活性。②前体药物应到达母体药物发挥作用的病灶部位。③病灶部位须有足够的酶或反应物的数量或活性，以确保产生足够量的母体药物。④产生的母体药物应尽可能多滞留在靶部位，而少进入循环系统产生毒副作用。

五、物理化学靶向制剂

物理化学靶向给药系统是指通过某些物理化学的方法，将药物通过局部给药或全身血液循环选择性地蓄积于病变组织、器官、细胞或细胞内结构，使病变部位的药物浓度明显提高，从而减少用药量并使治疗费用降低，最终减少药物对全身的毒副作用的靶向给药系统。物理化学靶向制剂主要包括磁性靶向制剂、热敏靶向制剂、栓塞靶向制剂和 pH 敏感靶向制剂。物理化学靶向制剂的类型及其靶向机理见表 12-8。

表 12-8　物理化学靶向制剂的类型及其靶向机理

物理化学靶向制剂分类	靶向机理
磁性靶向制剂	将磁性物质包裹于载药微粒中，在体外磁场的作用下，使载药微粒在体内定向移动、定位浓集，从而富集于病变部位发挥疗效
热敏靶向制剂	通过外部热源对靶区进行加热，使靶区的温度稍高于周围未加热区，实现载体中药物在靶区内释放
栓塞靶向制剂	通过选择性地插入动脉的导管将含药栓塞微球等输送到靶组织或靶器官，阻断对靶区的血供和营养，使靶区的肿瘤细胞缺血坏死，同时缓慢释放抗肿瘤药物，使化疗药物在肿瘤部位保持较高浓度和较长时间
pH 敏感靶向制剂	疾病状态会改变病理组织的 pH，如实体瘤细胞外 pH 为 6.5，明显低于生理 pH 7.4；溶酶体囊泡内的 pH 也明显低于细胞质的 pH；另外，消化道不同部位也呈现不同的 pH 范围。因此，利用这些 pH 差异，选择合适的载体材料即可将药物选择性地靶向到特定的组织、细胞或细胞内特定位置

六、器官组织靶向制剂

器官组织靶向制剂为药物分子与功能载体材料结合后,通过胃肠道、血液等给药途径,选择性地浓集、定位于脑、肝、结肠、肺、骨髓、淋巴系统、病灶、肿瘤、细胞等器官组织的靶向给药系统。

利用靶部位生理、病理等区别于其他组织器官的特征,靶向制剂可通过被动靶向、主动靶向和物理靶向等机制实现在靶部位的药物浓集。本节以肿瘤靶向制剂为例。

肿瘤靶向制剂给药策略主要分为三类。第一类是受体介导的肿瘤靶向给药系统:肿瘤实质细胞以及肿瘤血管内皮细胞表面高表达某些特异性的受体,如表皮生长因子受体、叶酸受体、转铁蛋白受体等,配体或抗体修饰的载药微粒经血液循环可与肿瘤相关细胞表面的相应受体特异性结合,通过受体介导的细胞内吞作用使药物进入肿瘤组织实现在肿瘤部位的靶向聚集。第二类是基于肿瘤部位组织的EPR效应的肿瘤靶向给药系统:利用肿瘤组织的EPR效应,将药物制备成为合适粒径的脂质体、微球、纳米粒等制剂,可使药物经血液循环渗漏富集在肿瘤组织,从而达到肿瘤靶向的目的。第三类是基于肿瘤微环境的肿瘤靶向给药系统:肿瘤微环境是指肿瘤细胞在生长过程中,由肿瘤细胞及细胞外间质相互作用后形成的肿瘤细胞生长的特殊环境。由于肿瘤细胞增殖旺盛,代谢速率很快,肿瘤区域的氧供给无法满足肿瘤细胞的氧需求,导致肿瘤细胞缺氧,发生无氧呼吸,产生大量乳酸堆积,从而使肿瘤组织内部pH降低,产生微酸性环境。人体正常组织pH约为7.4,而肿瘤区域pH可降至6.8左右。因此,将药物通过结构修饰或利用特殊的材料为载体构建给药系统,使其进入血液循环后在正常组织pH环境下不释放,而进入肿瘤低pH环境后释放出来,从而达到肿瘤靶向的目的。此外,肿瘤组织内部特异性高表达一些正常组织几乎不表达的酶类,如基质金属蛋白酶等,可将药物通过可酶切的连接分子修饰成为前体药物或构建给药系统,使其在肿瘤区域特异性酶的作用下才能发挥药效,从而达到肿瘤靶向的效果。

拓展阅读 其他靶向制剂

七、靶向制剂的入胞机制

靶向给药系统通过膜动转运的方式进入细胞内,主要机制包括内吞、吸附、融合、膜间转运,如图12-8所示。

(一) 内吞

内吞(endocytosis):指细胞外物质通过膜内陷和内化进入细胞的过程。药物包载入微粒给药系统后,掩蔽了药物本身的性质,而表现为微粒给药系统的细胞摄取性质,药物载体与细胞膜上的某种分子结合后,将信号传导到细胞内,诱导细胞表面发生包被凹陷或穴样凹陷内吞,微粒经内吞作用进入细胞,而后依次经过初级内体(early endosome)和次级内体(late endosome),此后可能与高尔基

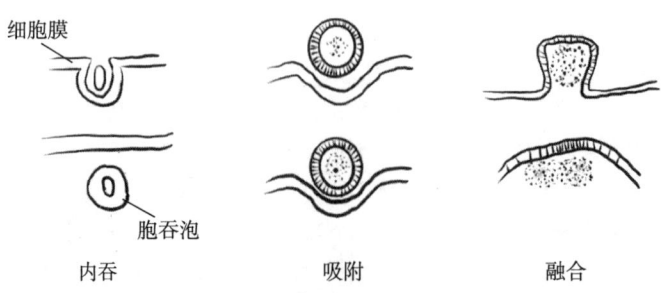

图12-8 靶向给药系统通过膜动转运入细胞内机制示意图

体作用被直接胞吐，也可能与胞内小泡融合进入前溶酶体（endolysosome）和溶酶体（lysosome）开始降解，逐步发生酶解或水解而释放出药物。药物可以从溶酶体逃逸后继续在细胞质中转运，最终到达药物作用的靶点，此类药物通常是蛋白质、核酸、酶等功能性生物分子。

（二）吸附

吸附（adsorption）：指微粒由于表面电荷吸附在细胞表面，吸附程度受微粒和细胞间的相互作用，粒子大小和表面电荷密度等因素影响。吸附作用发生后，必然导致进一步的内吞或融合。吸附作用具有温度依赖性，在接近或低于脂质体膜相变温度时，吸附性最好。另外，由于细胞膜表面带负电，可以通过设计带正电的微粒给药系统与细胞膜吸附产生内吞作用，从而将药物转运进入细胞内。

（三）融合

融合（fusion）：由于脂质体膜中的磷脂与细胞膜的组成成分相似，因此脂质体可与细胞膜融合，包载在脂质体中的药物能够直接释放进入细胞质。利用脂质体和细胞膜的融合作用，可以将生物活性大分子如酶、DNA、mRNA、环磷酸腺苷（cAMP）等转运入细胞内。脂质体所载的大分子药物可直接与细胞膜融合进入细胞，而不经过内涵体－溶酶体膜通路，可减少药物在溶酶体中的降解。

（四）膜间转运

膜间转运（intermembrane transfer）：指微粒和相邻的细胞膜间的脂质成分发生相互交换作用。如包载在脂质体双分子膜层内的脂溶性药物可与细胞膜间发生作用引起转运或释放，但包载在脂质体内水相中的药物则不受影响。膜间转运是一种微粒不被破坏、不进入细胞内的作用方式，对于那些不具吞噬能力细胞的药物摄取具有重要意义。

八、靶向制剂的评价

（一）靶向性评价

除了对靶向制剂的常规指标（如含量测定、有关物质、稳定性等）评价外，要特别重视靶向制剂特有的质量指标，尤其是其靶向性评价。比较常见的靶向性评价指标有以下几种。

1. 相对摄取率

$$r_e = \frac{(AUC_i)_p}{(AUC_i)_s} \tag{12-18}$$

式中，AUC 代表组织或器官的药物浓度－时间曲线下面积，p 代表制剂，s 代表溶液，i 代表第 i 个组织或器官。显然，相对摄取率 r_e 表示了不同制剂对同一组织或器官的选择性。如果 $r_e > 1$，则表示某制剂相对于溶液而言对该组织或器官具有靶向性，而且 r_e 越大，表示靶向性越好；如果 $r_e \leq 1$，则表示该制剂对该组织或器官没有靶向性。当然，此式可推广到任何靶向制剂与非靶向制剂的比较。

2. 峰浓度比

$$C_e = \frac{(C_{max})_p}{(C_{max})_s} \tag{12-19}$$

式中，C_{max} 为某个组织或器官中药物的峰浓度。p 代表制剂，s 代表溶液。峰浓度比 C_e 实际上也反映了不同制剂对同一组织或器官的选择性。C_e 越大，表示某制剂相对于溶液而言改变药物分布的作用越大。此式也可推广到任何靶向制剂与非靶向制剂的比较。

3. 靶向效率

$$t_e = \frac{(AUC)_T}{(AUC_i)_{NT}} \tag{12-20}$$

式中，AUC 代表组织或器官的药物浓度－时间曲线下面积，T 代表靶组织或器官，NT 代表非靶组织或器官。显然，靶向效率 t_e 表示了同一种制剂对不同组织或器官的选择性。t_e 越大，表示制剂对靶组织或器官的靶向性越强。因此，靶向制剂与非靶向制剂的 t_e 值之比可以反映前者的靶向性。

4. 综合靶向效率

$$T\% = \frac{(AUQ)_T}{(AUQ)_{NT}} \quad (12-21)$$

式中，AUQ 代表组织或器官的药量-时间曲线下面积，T 代表靶组织或器官，NT 代表非靶组织或器官。综合靶向效率 $T\%$ 表示某制剂相对于所有非靶组织对靶组织的选择性。同样，$T\%$ 越大，表示制剂对靶组织或器官的靶向性越强。

评价靶向制剂的指标是多种多样的。除上述指标外，$(AUQ)_T$/给药量、$(AUQ)_T$/所有组织器官（含靶组织）的 AUQ、$(AUC)_T/(AUC)_{NT}$ 等都可以从不同角度反映其靶向效率。

对靶向性的评价还需要研究其药物动力学。由于靶向制剂给药后，药物在靶组织或器官中浓度较高，而血药浓度可能较低，因此传统的房室药动学模型只从血药浓度来评价药物的体内过程，就会有偏颇。此时用生理药物动力学模型等来描述靶向制剂给药后药物的体内过程则可能是更合理的。最简单的生理模型可以包括血液室、肺室、靶室、非靶室和消除室。PK-PD 统一模型中设置生物室（作用部位即靶部位）的思路是可以借鉴的。房室模型中除中央室外，再设置靶室和非靶室，也是一种改良。

（二）体内靶向示踪

体内靶向示踪主要分为可见光成像（optical imaging）、核素成像（radio nuclide imaging）、磁共振成像（magnetic resonance imaging，MRI）、超声成像（ultrasound）和计算机断层摄影成像（computed tomography，CT）五大类。

1. 可见光成像　可见光成像是目前实验研究最为常用的活体动物成像技术，可以通过生物发光与荧光两种技术实现。生物发光是用萤光素酶基因标记细胞或 DNA 以表达萤光素酶，当外源给予其底物荧光素，即可在几分钟内产生发光现象。而催化荧光素的反应只有在活细胞内有 ATP 和氧气存在下才会发光。荧光技术则采用荧光报告基团（GFP、RFP、$Cy5$ 及 $Cy7$ 等）进行标记，形成体内的荧光光源，利用灵敏的光学检测仪器，直接监控活体生物体内的细胞活动和基因行为。

2. 核素成像　核素成像技术主要通过放射性同位素标记药物或载体，进入活体后，从体外检测同位素衰变放出的 γ 射线，从而构成放射性同位素在体内分布密度的图像。核素成像包括 SPECT 与 PET 两大类。SPECT（single-photon emission computed tomography）为单光子发射计算机断层显像，以 ^{99}Tcm 为最常用的放射性核素，因为其半衰期较短（6.02 h），所发射的 γ 射线能量低（0.141 MeV），副作用小。PET（positron emission tomography）为正电子发射计算机断层显像，利用 ^{11}C、^{14}N、^{15}O 及 ^{18}F 等核素衰变时发出正电子，正电子与活体内大量存在的电子发生中和反应，并发出两个方向相反、能量都为 511 keV 的光子，通过计算机对这些光子进行处理后重建图像。

3. 磁共振成像　磁共振成像是利用原子核在磁场内共振所产生信号经重建成像的一种成像技术。相对于核素成像及光学成像而言，磁共振成像的优势在于较高的分辨率（μm 级），同时也可获得解剖及生理信息，但是，磁共振成像的敏感性较低，比核素成像低几个数量级。

4. 超声成像　超声成像是利用超声声束扫描，通过对反射信号的接收、处理，以获得体内器官的图像。也可以利用超声微泡造影剂显著增强超声背向散射强度，得到更清晰的图像。

5. CT 成像　CT 成像是利用组织的密度不同造成对 X 射线透过率的不同而对活体成像的临床检测技术，常用于结构成像。近年来，CT 成像与 PET 或 SPECT 的结合，由于结合了功能成像和结构成像两方面的优点，能够实现更好的鉴别和定位。

（高建青、杨星钢）

更多数字资源详见　新形态教材网

| 学习目标 | 思维导图 | 思政元素 | 案例讨论 | 动画 |
| 微视频 | 拓展阅读 | 本章小结 | 自测题 | 教学课件 |

参考文献

[1] 方亮. 药剂学 [M]. 9 版. 北京：人民卫生出版社，2023.

[2] 吕万良，王坚成. 现代药剂学 [M]. 北京：北京大学医学出版社，2022.

[3] 何勤，张志荣. 药剂学 [M]. 3 版. 北京：高等教育出版社，2021.

[4] 孟胜男，胡容峰. 药剂学 [M]. 2 版. 北京：中国医药科技出版社，2021.

[5] 吴正红，周建平. 工业药剂学 [M]. 北京：化学工业出版社，2021.

[6] 孙洁胤. 药物制剂新技术与新剂型 [M]. 杭州：浙江大学出版社，2021.

[7] 杨明. 中药药剂学 [M]. 5 版. 北京：中国中医药出版社，2021.

[8] 国家药典委员会. 中华人民共和国药典 [M]. 2025 年版. 北京：中国医药科技出版社，2025.

[9] 吴正红，祁小乐. 药剂学 [M]. 北京：中国医药科技出版社，2020.

[10] 潘卫三，杨星钢. 工业药剂学 [M]. 4 版. 北京：中国医药科技出版社，2019.

[11] 朱圣庚，徐长法. 生物化学 [M]. 4 版. 北京：高等教育出版社，2017.

[12] 王沛. 药物制剂设备 [M]. 北京：中国医药科技出版社，2016.

[13] 刘建平. 生物药剂学与药物动力学 [M]. 5 版. 北京：人民卫生出版社，2016.

[14] 平其能，屠锡德，张钧寿，等. 药剂学 [M]. 4 版. 北京：人民卫生出版社. 2013.

[15] Kevin M G T, Michael E A. Aulton's pharmaceutics the design and manufacture of medicines[M].6th ed. London：Elsevier，2021.

[16] Sarwar Beg, Saquib Hasnain. Pharmaceutical quality by design principles and applications [M]. London：Elsevier，2019.

[17] Aulton M E, Taylor K M G. Aulton's pharmaceutics：the design and manufacture of medicine [M]. 5th ed. London：Elsevier，2017.

郑重声明

高等教育出版社依法对本书享有专有出版权。任何未经许可的复制、销售行为均违反《中华人民共和国著作权法》，其行为人将承担相应的民事责任和行政责任；构成犯罪的，将被依法追究刑事责任。为了维护市场秩序，保护读者的合法权益，避免读者误用盗版书造成不良后果，我社将配合行政执法部门和司法机关对违法犯罪的单位和个人进行严厉打击。社会各界人士如发现上述侵权行为，希望及时举报，我社将奖励举报有功人员。

反盗版举报电话　　（010）58581999　58582371
反盗版举报邮箱　　dd@hep.com.cn
通信地址　　北京市西城区德外大街4号　高等教育出版社知识产权与法律事务部
邮政编码　　100120

读者意见反馈

为收集对教材的意见建议，进一步完善教材编写并做好服务工作，读者可将对本教材的意见建议通过如下渠道反馈至我社。

咨询电话　　400-810-0598
反馈邮箱　　gjdzfwb@pub.hep.cn
通信地址　　北京市朝阳区惠新东街4号富盛大厦1座　高等教育出版社总编辑办公室
邮政编码　　100029

防伪查询说明

用户购书后刮开封底防伪涂层，使用手机微信等软件扫描二维码，会跳转至防伪查询网页，获得所购图书详细信息。

防伪客服电话　　（010）58582300